TABELA DE INTEGRAIS

1. $\int u\,dv = uv - \int v\,du$

2. $\int u^n\,du = \frac{1}{n+1}u^{n+1} + C,\ n \neq -1$

3. $\int \frac{du}{u} = \ln|u| + C$

4. $\int e^u\,du = e^u + C$

5. $\int a^u\,du = \frac{1}{\ln a}a^u + C$

6. $\int \operatorname{sen} u\,du = -\cos u + C$

7. $\int \cos u\,du = \operatorname{sen} u + C$

8. $\int \sec^2 u\,du = \operatorname{tg} u + C$

9. $\int \operatorname{cosec}^2 u\,du = -\operatorname{cotg} u + C$

10. $\int \sec u \operatorname{tg} u\,du = \sec u + C$

11. $\int \operatorname{cosec} u \operatorname{cotg} u\,du = -\operatorname{cosec} u + C$

12. $\int \operatorname{tg} u\,du = -\ln|\cos u| + C$

13. $\int \operatorname{cotg} u\,du = \ln|\operatorname{sen} u| + C$

14. $\int \sec u\,du = \ln|\sec u + \operatorname{tg} u| + C$

15. $\int \operatorname{cosec} u\,du = \ln|\operatorname{cosec} u - \operatorname{cotg} u| + C$

16. $\int \frac{du}{\sqrt{a^2 - u^2}} = \operatorname{sen}^{-1}\frac{u}{a} + C$

17. $\int \frac{du}{a^2 + u^2} = \frac{1}{a}\operatorname{tg}^{-1}\frac{u}{a} + C$

18. $\int \frac{du}{u\sqrt{u^2 - a^2}} = \frac{1}{a}\sec^{-1}\frac{u}{a} + C$

19. $\int \frac{du}{a^2 - u^2} = \frac{1}{2a}\ln\left|\frac{u+a}{u-a}\right| + C$

20. $\int \frac{du}{u^2 - a^2} = \frac{1}{2a}\ln\left|\frac{u-a}{u+a}\right| + C$

21. $\int \operatorname{sen}^2 u\,du = \frac{1}{2}u - \frac{1}{4}\operatorname{sen} 2u + C$

22. $\int \cos^2 u\,du = \frac{1}{2}u + \frac{1}{4}\operatorname{sen} 2u + C$

23. $\int \operatorname{tg}^2 u\,du = \operatorname{tg} u - u + C$

24. $\int \operatorname{cotg}^2 u\,du = -\operatorname{cotg} u - u + C$

25. $\int \operatorname{sen}^3 u\,du = -\frac{1}{3}(2 + \operatorname{sen}^2 u)\cos u + C$

26. $\int \cos^3 u\,du = \frac{1}{3}(2 + \cos^2 u)\operatorname{sen} u + C$

27. $\int \operatorname{tg}^3 u\,du = \frac{1}{2}\operatorname{tg}^2 u + \ln|\cos u| + C$

28. $\int \operatorname{cotg}^3 u\,du = -\frac{1}{2}\operatorname{cotg}^2 u - \ln|\operatorname{sen} u| + C$

29. $\int \sec^3 u\,du = \frac{1}{2}\sec u \operatorname{tg} u + \frac{1}{2}\ln|\sec u + \operatorname{tg} u| + C$

30. $\int \operatorname{cosec}^3 u\,du = -\frac{1}{2}\operatorname{cosec} u \operatorname{cotg} u + \frac{1}{2}\ln|\operatorname{cosec} u - \operatorname{cotg} u| + C$

31. $\int \operatorname{sen}^n u\,du = -\frac{1}{n}\operatorname{sen}^{n-1} u \cos u + \frac{n-1}{n}\int \operatorname{sen}^{n-2} u\,du$

32. $\int \cos^n u\,du = \frac{1}{n}\cos^{n-1} u \operatorname{sen} u + \frac{n-1}{n}\int \cos^{n-2} u\,du$

33. $\int \operatorname{tg}^n u\,du = \frac{1}{n-1}\operatorname{tg}^{n-1} u - \int \operatorname{tg}^{n-2} u\,du$

34. $\int \operatorname{cotg}^n u\,du = \frac{-1}{n-1}\operatorname{cotg}^{n-1} u - \int \operatorname{cotg}^{n-2} u\,du$

35. $\int \sec^n u\,du = \frac{1}{n-1}\operatorname{tg} u \sec^{n-2} u + \frac{n-2}{n-1}\int \sec^{n-2} u\,du$

36. $\int \operatorname{cosec}^n u\,du = \frac{-1}{n-1}\operatorname{cotg} u \operatorname{cosec}^{n-2} u + \frac{n-2}{n-1}\int \operatorname{cosec}^{n-2} u\,du$

37. $\int \operatorname{sen} au \operatorname{sen} bu\,du = \frac{\operatorname{sen}(a-b)u}{2(a-b)} - \frac{\operatorname{sen}(a+b)u}{2(a+b)} + C$

38. $\int \cos au \cos bu\,du = \frac{\operatorname{sen}(a-b)u}{2(a-b)} + \frac{\operatorname{sen}(a+b)u}{2(a+b)} + C$

39. $\int \operatorname{sen} au \cos bu\,du = -\frac{\cos(a-b)u}{2(a-b)} - \frac{\cos(a+b)u}{2(a+b)} + C$

40. $\int u \operatorname{sen} u\,du = \operatorname{sen} u - u\cos u + C$

41. $\int u \cos u\,du = \cos u + u \operatorname{sen} u + C$

42. $\int u^n \operatorname{sen} u\,du = -u^n \cos u + n\int u^{n-1}\cos u\,du$

43. $\int u^n \cos u\,du = u^n \operatorname{sen} u - n\int u^{n-1}\operatorname{sen} u\,du$

44. $\int \operatorname{sen}^n u \cos^m u\,du = -\frac{\operatorname{sen}^{n-1} u \cos^{m+1} u}{n+m} + \frac{n-1}{n+m}\int \operatorname{sen}^{n-2} u \cos^m u\,du = \frac{\operatorname{sen}^{n+1} u \cos^{m-1} u}{n+m} + \frac{m-1}{n+m}\int \operatorname{sen}^n u \cos^{m-2} u\,du$

45. $\int \operatorname{sen}^{-1} u\,du = u \operatorname{sen}^{-1} u + \sqrt{1-u^2} + C$

46. $\int \cos^{-1} u\,du = u\cos^{-1} u + \sqrt{1-u^2} + C$

TABELA DE INTEGRAIS

47. $\int \text{tg}^{-1} u\, du = u\, \text{tg}^{-1} u - \frac{1}{2} \ln(1 + u^2) + C$

48. $\int u\, \text{sen}^{-1} u\, du = \frac{2u^2 - 1}{4} \text{sen}^{-1} u + \frac{u\sqrt{1 - u^2}}{4} + C$

49. $\int u \cos^{-1} u\, du = \frac{2u^2 - 1}{4} \cos^{-1} u - \frac{u\sqrt{1 - u^2}}{4} + C$

50. $\int u\, \text{tg}^{-1} u\, du = \frac{u^2 + 1}{2} \text{tg}^{-1} u - \frac{u}{2} + C$

51. $\int u e^{au} du = \frac{1}{a^2} (au - 1) e^{au} + C$

52. $\int u^n e^{au} du = \frac{1}{a} u^n e^{au} - \frac{n}{a} \int u^{n-1} e^{au} du$

53. $\int e^{au}\, \text{sen}\, bu\, du = \frac{e^{au}}{a^2 + b^2} (a\, \text{sen}\, bu - b \cos bu) + C$

54. $\int e^{au} \cos bu\, du = \frac{e^{au}}{a^2 + b^2} (a \cos bu + b\, \text{sen}\, bu) + C$

55. $\int \ln u\, du = u \ln u - u + C$

56. $\int \frac{1}{u \ln u} du = \ln |\ln u| + C$

57. $\int u^n \ln u\, du = \frac{u^{n+1}}{(n + 1)^2} [(n + 1) \ln u - 1] + C$

58. $\int u^m \ln^n u\, du = \frac{u^{m+1} \ln^n u}{m + 1} - \frac{n}{m + 1} \int u^m \ln^{n-1} u\, du, m \neq -1$

59. $\int \ln(u^2 + a^2) du = u \ln(u^2 + a^2) - 2u + 2a\, \text{tg}^{-1} \frac{u}{a} + C$

60. $\int \ln |u^2 - a^2|\, du = u \ln |u^2 - a^2| - 2u + a \ln \left| \frac{u + a}{u - a} \right| + C$

61. $\int \text{senh}\, u\, du = \cosh u + C$

62. $\int \cosh u\, du = \text{senh}\, u + C$

63. $\int \text{tgh}\, u\, du = \ln \cosh u + C$

64. $\int \text{cotg}\, u\, du = \ln |\text{senh}\ u| + C$

65. $\int \text{sech}^2 u\, du = \text{tgh}\, u + C$

66. $\int \text{cosech}^2\ u\, du = -\, \text{cotgh}\, u + C$

67. $\int \text{sech}\, u\, \text{tgh}\, u\, du = -\, \text{sech}\, u + C$

68. $\int \text{cosech}\, u\, \text{cotgh}\, u\, du = -\, \text{cosech}\, u + C$

69. $\int \sqrt{a^2 + u^2}\, du = \frac{u}{2} \sqrt{a^2 + u^2} + \frac{a^2}{2} \ln |u + \sqrt{a^2 + u^2}| + C$

70. $\int u^2 \sqrt{a^2 + u^2}\, du = \frac{u}{8} (a^2 + 2u^2) \sqrt{a^2 + u^2} - \frac{a^4}{8} \ln |u + \sqrt{a^2 + u^2}| + C$

71. $\int \frac{\sqrt{a^2 + u^2}}{u} du = \sqrt{a^2 + u^2} - a \ln \left| \frac{a + \sqrt{a^2 + u^2}}{u} \right| + C$

72. $\int \frac{\sqrt{a^2 + u^2}}{u^2} du = -\frac{\sqrt{a^2 + u^2}}{u} + \ln |u + \sqrt{a^2 + u^2}| + C$

73. $\int \frac{du}{\sqrt{a^2 + u^2}} = \ln |u + \sqrt{a^2 + u^2}| + C$

74. $\int \frac{u^2\, du}{\sqrt{a^2 + u^2}} = \frac{u}{2} \sqrt{a^2 + u^2} - \frac{a^2}{2} \ln |u + \sqrt{a^2 + u^2}| + C$

75. $\int \frac{du}{u\sqrt{a^2 + u^2}} = -\frac{1}{a} \ln \left| \frac{\sqrt{a^2 + u^2} + a}{u} \right| + C$

76. $\int \frac{du}{u^2 \sqrt{a^2 + u^2}} = -\frac{\sqrt{a^2 + u^2}}{a^2 u} + C$

77. $\int \sqrt{u^2 - a^2}\, du = \frac{u}{2} \sqrt{u^2 - a^2} - \frac{a^2}{2} \ln |u + \sqrt{u^2 - a^2}| + C$

78. $\int u^2 \sqrt{u^2 - a^2}\, du = \frac{u}{8} (2u^2 - a^2) \sqrt{u^2 - a^2} - \frac{a^4}{8} \ln |u + \sqrt{u^2 - a^2}| + C$

79. $\int \frac{\sqrt{u^2 - a^2}}{u} du = \sqrt{u^2 - a^2} - a \cos^{-1} \frac{a}{u} + C$

80. $\int \frac{\sqrt{u^2 - a^2}}{u^2} du = -\frac{\sqrt{u^2 - a^2}}{u} + \ln |u + \sqrt{u^2 - a^2}| + C$

81. $\frac{du}{\sqrt{u^2 - a^2}} = \ln |u + \sqrt{u^2 - a^2}| + C$

82. $\int \frac{u^2\, du}{\sqrt{u^2 - a^2}} = \frac{u}{2} \sqrt{u^2 - a^2} + \frac{a^2}{2} \ln |u + \sqrt{u^2 - a^2}| + C$

83. $\int \frac{du}{u^2 \sqrt{u^2 - a^2}} = \frac{\sqrt{u^2 - a^2}}{a^2 u} + C$

84. $\int \frac{du}{(u^2 - a^2)^{3/2}} = -\frac{u}{a^2 \sqrt{u^2 - a^2}} + C$

85. $\int \sqrt{a^2 - u^2}\, du = \frac{u}{2} \sqrt{a^2 - u^2} + \frac{a^2}{2} \text{sen}^{-1} \frac{u}{a} + C$

86. $\int u^2 \sqrt{a^2 - u^2}\, du = \frac{u}{8} (2u^2 - a^2) \sqrt{a^2 - u^2} + \frac{a^4}{8} \text{sen}^{-1} \frac{u}{a} + C$

TABELA DAS TRANSFORMADAS DE LAPLACE

$f(t)$	$\mathscr{L}\{f(t)\} = F(s)$
1. 1	$\frac{1}{s}$
2. t	$\frac{1}{s^2}$
3. t^n	$\frac{n!}{s^{n+1}}$, n um inteiro positivo
4. $t^{-1/2}$	$\sqrt{\frac{\pi}{s}}$
5. $t^{1/2}$	$\frac{\sqrt{\pi}}{2s^{3/2}}$
6. t^{α}	$\frac{\Gamma(\alpha+1)}{s^{\alpha+1}}$, $\alpha > -1$
7. $\operatorname{sen} kt$	$\frac{k}{s^2+k^2}$
8. $\cos kt$	$\frac{s}{s^2+k^2}$
9. $\operatorname{sen}^2 kt$	$\frac{2k^2}{s(s^2+4k^2)}$
10. $\cos^2 kt$	$\frac{s^2+2k^2}{s(s^2+4k^2)}$
11. e^{at}	$\frac{1}{s-a}$
12. $\operatorname{senh} kt$	$\frac{k}{s^2-k^2}$
13. $\cosh kt$	$\frac{s}{s^2-k^2}$
14. $\operatorname{senh}^2 kt$	$\frac{2k^2}{s(s^2-4k^2)}$
15. $\cosh^2 kt$	$\frac{s^2-2k^2}{s(s^2-4k^2)}$
16. te^{at}	$\frac{1}{(s-a)^2}$
17. $t^n e^{at}$	$\frac{n!}{(s-a)^{n+1}}$, n um inteiro positivo
18. $e^{at} \operatorname{sen} kt$	$\frac{k}{(s-a)^2+k^2}$
19. $e^{at} \cos kt$	$\frac{s-a}{(s-a)^2+k^2}$
20. $e^{at} \operatorname{senh} kt$	$\frac{k}{(s-a)^2-k^2}$
21. $e^{at} \cosh kt$	$\frac{s-a}{(s-a)^2-k^2}$
22. $t \operatorname{sen} kt$	$\frac{2ks}{(s^2+k^2)^2}$
23. $t \cos kt$	$\frac{s^2-k^2}{(s^2+k^2)^2}$
24. $\operatorname{sen} kt + kt \cos kt$	$\frac{2ks^2}{(s^2+k^2)^2}$
25. $\operatorname{sen} kt - kt \cos kt$	$\frac{2k^3}{(s^2+k^2)^2}$
26. $t \operatorname{senh} kt$	$\frac{2ks}{(s^2-k^2)^2}$
27. $t \cosh kt$	$\frac{s^2+k^2}{(s^2-k^2)^2}$
28. $\frac{e^{at}-e^{bt}}{a-b}$	$\frac{1}{(s-a)(s-b)}$
29. $\frac{ae^{at}-be^{bt}}{a-b}$	$\frac{s}{(s-a)(s-b)}$
30. $1-\cos kt$	$\frac{k^2}{s(s^2+k^2)}$
31. $kt - \operatorname{sen} kt$	$\frac{k^3}{s^2(s^2+k^2)}$
32. $\frac{a \operatorname{sen} bt - b \operatorname{sen} at}{ab(a^2-b^2)}$	$\frac{1}{(s^2+a^2)(s^2+b^2)}$
33. $\frac{\cos bt - \cos at}{a^2-b^2}$	$\frac{s}{(s^2+a^2)(s^2+b^2)}$
34. $\operatorname{sen} kt \operatorname{senh} kt$	$\frac{2k^2 s}{s^4+4k^4}$
35. $\operatorname{sen} kt \cosh kt$	$\frac{k(s^2+2k^2)}{s^4+4k^4}$
36. $\cos kt \operatorname{senh} kt$	$\frac{k(s^2-2k^2)}{s^4+4k^4}$
37. $\cos kt \cosh kt$	$\frac{s^3}{s^4+4k^4}$
38. $J_0(kt)$	$\frac{1}{\sqrt{s^2+k^2}}$

TABELA DAS TRANSFORMADAS DE LAPLACE

$f(t)$	$\mathscr{L}\{f(t)\} = F(s)$
39. $\dfrac{e^{at} - e^{at}}{t}$	$\ln \dfrac{s - a}{s - b}$
40. $\dfrac{2(1 - \cos kt)}{t}$	$\ln \dfrac{s^2 + k^2}{s^2}$
41. $\dfrac{2(1 - \cosh kt)}{t}$	$\ln \dfrac{s^2 - k^2}{s^2}$
42. $\dfrac{\operatorname{sen} at}{t}$	$\operatorname{arctg}\left(\dfrac{a}{s}\right)$
43. $\dfrac{\operatorname{sen} at \cos bt}{t}$	$\dfrac{1}{2}\operatorname{arctg}\dfrac{a + b}{s} + \dfrac{1}{2}\operatorname{arctg}\dfrac{a - b}{s}$
44. $\dfrac{1}{\sqrt{\pi t}}\, e^{-a^2/4t}$	$\dfrac{e^{-a\sqrt{s}}}{\sqrt{s}}$
45. $\dfrac{a}{2\sqrt{\pi t^3}}\, e^{-a^2/4t}$	$e^{-a\sqrt{s}}$
46. $\operatorname{erfc}\left(\dfrac{a}{2\sqrt{t}}\right)$	$\dfrac{e^{-a\sqrt{s}}}{s}$
47. $2\sqrt{\dfrac{t}{\pi}}\, e^{-a^2/4t} - a \operatorname{erfc}\left(\dfrac{a}{2\sqrt{t}}\right)$	$\dfrac{e^{-a\sqrt{s}}}{s\sqrt{s}}$
48. $e^{ab} e^{b^2 t} \operatorname{erfc}\left(b\sqrt{t} + \dfrac{a}{2\sqrt{t}}\right)$	$\dfrac{e^{-a\sqrt{s}}}{\sqrt{s}(\sqrt{s} + b)}$
49. $-e^{ab} e^{b^2 t} \operatorname{erfc}\left(b\sqrt{t} + \dfrac{a}{2\sqrt{t}}\right) + \operatorname{erfc}\left(\dfrac{a}{2\sqrt{t}}\right)$	$\dfrac{be^{-a\sqrt{s}}}{s(\sqrt{s} + b)}$
50. $\delta(t)$	1
51. $\delta(t - t_0)$	e^{-st_0}
52. $e^{at} f(t)$	$F(s - a)$
53. $f(t - a)\,\mathscr{U}(t - a)$	$e^{-as} F(s)$
54. $\mathscr{U}(t - a)$	$\dfrac{e^{-as}}{s}$
55. $f^{(n)}(t)$	$s^n F(s) - s^{(n-1)} f(0) - \cdots - f^{(n-1)}(0)$
56. $t^n f(t)$	$(-1)^n \dfrac{d^n}{ds^n} F(s)$
57. $\int_0^t f(\tau) g(t - \tau)\, d\tau$	$F(s)G(s)$

EQUAÇÕES DIFERENCIAIS

Volume I

EQUAÇÕES DIFERENCIAIS

Volume 1

Dennis G. Zill
Michael R. Cullen

Loyola Marymount University

Tradução
Antonio Zumpano, Ph. D.
Professor de Matemática da Universidade Federal de Minas Gerais

Revisão Técnica
Antonio Pertence Jr.
Professor Titular de Matemática da Faculdade de Sabará (MG)
Pós-graduado em Educação Matemática pela UNI-BH
Membro Efetivo da Sociedade Brasileira de Matemática (SBM)

Pearson

abdr Respeite o direito autoral

São Paulo

Brasil Argentina Colômbia Costa Rica Chile Espanha
Guatemala México Peru Porto Rico Venezuela

Produtora editorial: Eugênia Pessotti
*Editoração e fotolitos em alta resolução:*J.A.G

Dados de Catalogação na Publicação

Zill, Dennis G.
Equações Diferenciais, volume 1 / Dennis G. Zill, Michael R. Cullen;
tradução Antonio Zumpano, revisão técnica: Antonio Pertence Jr.
São Paulo: Pearson Makron Books, 2001.

Título original: Differential Equations with Boundary-Value Problems – 3rd edition.

ISBN: 978-85-346-1291-3

Printed in Brazil by Reproset RPPA 225567

Direitos exclusivos para a língua portuguesa cedidos à
Pearson Education do Brasil Ltda.,
uma empresa do grupo Pearson Education
Avenida Santa Marina, 1193
CEP 05036-001 - São Paulo - SP - Brasil
Fone: 11 3821-3542
vendas@pearson.com

Distribuição
Grupo A Educação
www.grupoa.com.br
Fone: 0800 703 3444

FSC
www.fsc.org
MISTO
Papel | Apoiando o manejo florestal responsável
FSC® C103535

AGRADECIMENTOS

Revisar um texto requer um trabalho em equipe que envolve muitas pessoas. Somos especialmente gratos a Barbara Lovenvirth, responsável pelo desenvolvimento editorial, Patty Adams, editor de produção, Carol Reitz, copy editor, Warren e Carol Wright, por sua ajuda na preparação do manuscrito e pela produção do excelente manual de soluções, John Ellison do Grove City College, Grove City, PA, por sua valiosa contribuição para o Capítulo 9, e aos seguintes revisores, por seus conselhos, comentários, críticas e elogios:

Linda J. S. Allen, *Texas Tech University*
Stephen Breen, *California State University*
Dean R. Brown, *Youngstown State University*
Kalin N. Godev, *Penn State University*
Thomas G. Kudzma, *University of Massachusetts at Lowell*
Gilbert N. Lewis, *Michigan Technological University*
Clarence A. McGuff, *Austin Community College*

Queremos também reconhecer e estender nossa sincera consideração aos seguintes indivíduos, por terem reservado tempo de seu trabalho para contribuir com os ensaios encontrados nesta edição:

Michael Olinick, Department of Mathematics and Computer Science, *Middlebury College*, ***Dinâmica Populacional***.

John H. Hubbard and Beverly West, Department of Mathematics, *Cornell University*, ***Caos***.

Gilbert N. Lewis, Department of Mathematical and Computer Sciences, *Michigan Technological University*, ***O Colapso da Ponte Tacoma Narrows***.

C. J. Knickerbocker, Department of Mathematics, *St. Lawrence University*, ***Modelos para o Impulso Nerval***.

Ruth Favro, Department of Mathematics and Computer Science, *Lawrence Technological University*, ***Onde Está o Dó Médio***?

D.G.Z.
M.R.C.

Sumário

Volume 2

Volume 2

PREFÁCIO

Esta terceira edição tenta alcançar um equilíbrio entre os conceitos e a apresentação do material que interessaram aos leitores das edições anteriores e as mudanças significativas feitas para reforçar e modernizar alguns aspectos do texto. Achamos que esse equilíbrio foi alcançado, tornando o texto interessante para um público mais amplo. Muitas mudanças e acréscimos são resultados de sugestões e comentários de leitores e revisores. Além disso, essas mudanças foram feitas visando ao público fundamental — o estudante que utilizará o livro. Por essa razão, as soluções de cada exemplo foram cuidadosamente lidas, a fim de torná-las mais claras. Onde achamos que poderia ser útil, acrescentamos, também, mais explicações ou destacamos pontos cruciais para a seqüência da solução.

Como antes, este texto pretende satisfazer as necessidades de um instrutor que almeja mais do que simplesmente uma introdução ao assunto. Além do material básico de equações diferenciais ordinárias, o livro apresenta um capítulo sobre equações não-lineares e estabilidade e alguns capítulos sobre equações diferenciais parciais e problemas de valores de contorno. É recomendado para cursos de um ou dois semestres.

NOVOS ASPECTOS

Alguns aspectos novos, que esperamos que os estudantes achem interessantes e instigantes, foram acrescentados ao texto. Ensaios, escritos por matemáticos proeminentes em sua especialidade, foram incluídos no final dos Capítulos 3, 4 e 5 do volume 1, e 9 e 12 do volume 2. Cada ensaio reflete os pensamentos, criatividade e opiniões de seu autor e tem por finalidade ilustrar o material exposto no capítulo precedente. Esperamos que a inclusão desses ensaios desperte o interesse dos estudantes, encorajando-os a ler matemática e ajudando-os a se conscientizarem de que equações diferenciais não são simplesmente uma mera coleção seca de métodos, fatos e fórmulas, mas um assunto vibrante com os quais as pessoas podem trabalhar.

MUDANÇAS NESTA EDIÇÃO

Volume 1

- A Seção 1.2 trata agora somente do conceito de uma equação diferencial como um modelo matemático.
- O material sobre a equação diferencial de uma família de curvas foi suprimido. Uma breve discussão desse conceito aparece agora na Seção 3.1 (Trajetórias Ortogonais).
- O método dos coeficientes indeterminados é um dos tópicos mais controvertidos em um curso de equações diferenciais. Nas três últimas edições, esse tópico foi abordado usando-se um operador diferencial como uma ajuda para determinar a forma correta de uma solução em particular. Na preparação desta edição, muitos revisores apontaram que a abordagem por anuladores era muito sofisticada para seus alunos e solicitaram uma abordagem baseada em regras mais simples. Outros revisores, porém, estavam satisfeitos e não desejavam mudança alguma. Para atender a cada uma dessas preferências, ambas as abordagens foram apresentadas nesta edição. O instrutor pode agora escolher entre coeficientes indeterminados com base no princípio da superposição para equações diferenciais lineares não-homogêneas (Seção 4.4) ou com base no conceito de anuladores diferenciais (Seção 4.6). Além disso, nesta edição, a noção de um operador diferencial é agora apresentada em uma seção separada (Seção 4.5). Portanto, observamos que o importante e útil conceito de operador diferencial deverá ser apresentado de alguma maneira.
- A revisão de série de potências na Seção 6.2 foi bastante ampliada. Uma discussão sobre a aritmética de séries de potências (adição, multiplicação e divisão de séries) foi também adicionada.
- Uma breve discussão sobre determinação dos coeficientes em uma decomposição de frações parciais e uma nota histórica sobre Oliver Heaviside foram acrescentadas na Seção 7.2.
- A discussão sobre as propriedades operacionais da transformada de Laplace foi agora dividida em duas seções: Seção 7.3, Teoremas de Translação e Derivadas de Transformadas; e Seção 7.4, Transformadas de Derivadas, Integrais e Funções Periódicas. Essa separação permite maior clareza e um tratamento mais amplo dos tópicos.

Volume 2

- Eliminação Gaussiana, além de eliminação de Gauss-Jordan, é agora discutida na Seção 8.4. A notação para indicar operação nas linhas de uma matriz aumentada foi aprimorada.
- O Capítulo 9, "Métodos Numéricos para Equações Diferenciais Ordinárias", sofreu uma ampliação significativa e foi parcialmente reescrito. O método de Adams-Bashforth/Adams-Moulton foi adicionado à Seção 9.5. Seção 9.6 , Erros e Estabilidade, e Seção 9.8, Problemas de Valores de Contorno de Segunda Ordem, são novidades desta edição.

- Os programas BASIC, anteriormente no Capítulo 9, foram suprimidos.
- O Capítulo 10, "Sistemas Autônomos no Plano e Estabilidade", é novidade desta edição. Esses tópicos foram adicionados em resposta a reações favoráveis de leitores e revisores da edição anterior.
- O material dos Capítulos 10, 11 e 12 foi ampliado e reorganizado como Capítulos 11, 12, 13 e 14 nesta edição.
- Capítulo 15, "Métodos Numéricos para Equações Diferenciais Parciais", é novidade.
- Novos problemas, aplicações, ilustrações, observações e notas históricas foram acrescentadas ao longo do texto.

Dennis G. Zill
Michael R. Cullen
Los Angeles

Capítulo 1

INTRODUÇÃO ÀS EQUAÇÕES DIFERENCIAIS

Conceitos Importantes

Equações diferenciais ordinárias
Equações diferenciais parciais
Ordem de uma equação
Equação linear
Equação não-linear
Soluções
Solução trivial
Soluções explícitas e implícitas
Família de soluções a n- parâmetros
Solução particular
Solução singular
Solução geral
Modelo matemático

As palavras *diferencial* e *equações* obviamente sugerem a resolução de algum tipo de equação envolvendo derivadas. Na verdade, a frase anterior contém a história completa sobre o curso que você está prestes a iniciar. Mas antes de começar a resolver qualquer coisa, você tem de conhecer algumas definições e terminologias básicas sobre o assunto. Este é o conteúdo da Seção 1.1. A Seção 1.2. aborda a motivação. Por que você, um futuro cientista ou engenheiro, precisa estudar este assunto? A resposta é simples: equações diferenciais são o suporte matemático para muitas áreas da ciência e da engenharia. Por isso, na Seção 1.2, examinamos, ainda que brevemente, como as equações diferenciais surgem a partir da tentativa de formular, ou descrever, certos sistemas físicos em termos matemáticos.

1.1 TERMINOLOGIA E DEFINIÇÕES BÁSICAS

No curso de cálculo, você aprendeu que, dada uma função $y = f(x)$, a derivada

$$\frac{dy}{dx} = f'(x)$$

é também, ela mesma, uma função de x e é calculada por regras apropriadas. Por exemplo, se $y = e^{x^2}$, então

$$\frac{dy}{dx} = 2xe^{x^2} \text{ ou } \frac{dy}{dx} = 2xy. \quad \textbf{(1)}$$

O problema com o qual nos deparamos neste curso não é: dada uma função $y = f(x)$, encontre sua derivada. Nosso problema é: dada uma equação como $dy/dx = 2xy$, encontre, de algum modo, uma função $y = f(x)$ que satisfaça a equação. Em outras palavras, nós queremos resolver equações diferenciais.

DEFINIÇÃO 1.1 Equação diferencial

Uma equação que contém as derivadas ou diferenciais de uma ou mais variáveis dependentes, em relação a uma ou mais variáveis independentes, é chamada de **equação diferencial (ED)**.

Equações diferenciais são classificadas de acordo com o **tipo**, a **ordem** e a **linearidade**.

Classificação pelo Tipo

Se uma equação contém somente derivadas ordinárias de uma ou mais variáveis dependentes, com relação a uma única variável dependente, ela é chamada de **equação diferencial ordinária** (EDO). Por exemplo,

$$\frac{dy}{dt} - 5y = 1$$

$$(y - x)\, dx + 4x\, dy = 0$$

$$\frac{du}{dx} - \frac{dv}{dx} = x$$

$$\frac{d^2y}{dx^2} - 2\frac{dy}{dx} + 6y = 0$$

são equações diferenciais ordinárias. Uma equação que envolve as derivadas parciais de uma ou mais variáveis dependentes de duas ou mais variáveis independentes é chamada de **equação diferencial parcial** (EDP). Por exemplo,

$$\frac{\partial u}{\partial y} = -\frac{\partial v}{\partial x}$$

$$x\frac{\partial u}{\partial x} + y\frac{\partial u}{\partial y} = u$$

$$\frac{\partial^2 u}{\partial x^2} = \frac{\partial^2 u}{\partial t^2} - 2\frac{\partial u}{\partial t}$$

são equações diferenciais parciais.

Classificação pela Ordem

A ordem da derivada de maior ordem em uma equação diferencial é, por definição, a **ordem da equação**. Por exemplo,

segunda ordem ⇩ ⇩ primeira ordem

$$\frac{d^2y}{dx^2} + 5\left(\frac{dy}{dx}\right)^3 - 4y = e^x$$

é uma equação diferencial ordinária de segunda ordem (ou de ordem dois). Como a equação diferencial $(y - x)\,dx + 4x\,dy = 0$ pode ser escrita na forma

$$4x\frac{dy}{dx} + y = x$$

dividindo-se pela diferencial dx, trata-se então de uma equação diferencial ordinária de primeira ordem. A equação

$$a^2\frac{\partial^4 u}{\partial x^4} + \frac{\partial^2 u}{\partial t^2} = 0$$

é uma equação diferencial parcial de quarta ordem.

Embora as equações diferenciais parciais sejam muito importantes, seu estudo demanda um bom conhecimento da teoria de equações diferenciais ordinárias. Portanto, na discussão que se segue, limitaremos nossa atenção às equações diferenciais ordinárias.

Uma equação diferencial ordinária geral de n-ésima ordem é freqüentemente representada pelo simbolismo

$$F\left(x, y, \frac{dy}{dx}, \ldots, \frac{d^ny}{dx^n}\right) = 0. \qquad \textbf{(2)}$$

O que vem a seguir é um caso especial de (2).

Classificação como Linear ou Não-Linear

Uma equação diferencial é chamada de **linear** quando pode ser escrita na forma

$$a_n(x)\frac{d^ny}{dx^n} + a_{n-1}(x)\frac{d^{n-1}y}{dx^{n-1}} + \cdots + a_1(x)\frac{dy}{dx} + a_0(x)y = g(x).$$

Observe que as equações diferenciais lineares são caracterizadas por duas propriedades:

(i) A variável dependente y e todas as suas derivadas são do primeiro grau; isto é, a potência de cada termo envolvendo y é 1.

(ii) Cada coeficiente depende apenas da variável independente x.

Uma equação que não é linear é chamada de **não-linear**.
As equações

$$x\,dy + y\,dx = 0$$

$$y'' - 2y' + y = 0$$

e

$$x^3\frac{d^3y}{dx^3} - x^2\frac{d^2y}{dx^2} + 3x\frac{dy}{dx} + 5y = e^x$$

são equações diferenciais ordinárias de primeira, segunda e terceira ordens, respectivamente. Por outro lado,

coeficiente depende de y ⇩   potência ≠ 1 ⇩

$$yy'' - 2y' = x \quad \text{e} \quad \frac{d^3y}{dx^3} + y^2 = 0$$

são equações diferenciais ordinárias não-lineares de segunda e terceira ordens, respectivamente.

Soluções

Como mencionado antes, nosso objetivo neste curso é resolver ou encontrar soluções para equações diferenciais.

> **DEFINIÇÃO 1.2** Solução para uma Equação Diferencial
>
> Qualquer função f definida em algum intervalo I, que, quando substituída na equação diferencial, reduz a equação a uma identidade, é chamada de **solução** para a equação no intervalo.

Em outras palavras, uma solução para uma equação diferencial ordinária

$$F(x, y, y', \ldots, y^{(n)}) = 0$$

é uma função f que possui pelo menos *n* derivadas e *satisfaz* a equação; isto é,

$$F(x, f(x), f'(x), \ldots, f^{(n)}(x)) = 0$$

para todo x no intervalo I. Propositadamente, deixamos vaga a forma precisa do intervalo I na Definição 1.2. Dependendo do contexto da discussão, I pode representar um intervalo aberto $(a,\ b)$, um intervalo fechado $[a,\ b]$, um intervalo infinito $(0,\ \infty)$ e assim por diante.

EXEMPLO 1

Verifique que $y = x^4/16$ é uma solução para a equação não-linear

$$\frac{dy}{dx} = xy^{1/2}$$

no intervalo $(-\infty,\ \infty)$.

Solução Uma maneira de comprovar se uma dada função é uma solução é escrever a equação diferencial como $dy/dx - xy^{1/2} = 0$ e verificar, após a substituição, se a diferença acima $dy/dx - xy^{1/2}$ é zero para todo x no intervalo. Usando

$$\frac{dy}{dx} = 4\frac{x^3}{16} = \frac{x^3}{4} \text{ e } y^{1/2} = \left(\frac{x^4}{16}\right)^{1/2} = \frac{x^2}{4},$$

percebemos que

$$\frac{dy}{dx} - xy^{1/2} = \frac{x^3}{4} - x\left(\frac{x^4}{16}\right)^{1/2} = \frac{x^3}{4} - \frac{x^3}{4} = 0$$

para todo número real. ■

EXEMPLO 2

A função $y = xe^x$ é uma solução para a equação linear

$$y'' - 2y' + y = 0$$

no intervalo $(-\infty,\ \infty)$. Para verificar isso, calculamos

$$y' = xe^x + e^x \text{ e } y'' = xe^x + 2e^x.$$

Observe $$y'' - 2y' + y = (xe^x + 2e^x) - 2(xe^x + e^x) + xe^x = 0$$

para todo número real. ■

Note que, nos Exemplos 1 e 2, a função constante $y = 0$ também satisfaz a equação diferencial dada para todo x real. Uma solução para uma equação diferencial que é identicamente nula em um intervalo I é em geral referida como **solução trivial**.

Nem toda equação diferencial que escrevemos possui necessariamente uma solução.

EXEMPLO 3

(a) As equações diferenciais de primeira ordem

$$\left(\frac{dy}{dx}\right)^2 + 1 = 0 \text{ e } (y')^2 + y^2 + 4 = 0$$

não possuem soluções. Por quê?

(b) A equação de segunda ordem $(y'')^2 + 10y^4 = 0$ possui somente uma solução real. Qual?

■

Soluções Explícitas e Implícitas

Você deve estar familiarizado com as noções de funções explícitas vistas em seu estudo de cálculo. Similarmente, soluções de equações diferenciais são divididas em explícitas ou implícitas. Uma solução para uma equação diferencial ordinária (2) que pode ser escrita na forma $y = f(x)$ é chamada de **solução explícita**. Vimos em nossa discussão inicial que $y = e^{x^2}$ é uma solução explícita de $dy/dx = 2xy$. Nos Exemplos 1 e 2, $y = x^4/16$ e $y = xe^x$ são soluções explícitas de $dy/dx = xy^{1/2}$ e $y'' - 2y' + y = 0$, respectivamente. Dizemos que uma relação $G(x, y) = 0$ é uma **solução implícita** de uma equação diferencial ordinária (2) em um intervalo I, se ela define uma ou mais soluções explícitas em I.

EXEMPLO 4

Para $-2 < x < 2$, a relação $x^2 + y^2 - 4 = 0$ é uma solução implícita para a equação diferencial

$$\frac{dy}{dx} = -\frac{x}{y}.$$

Segue, por derivação implícita, que

$$\frac{d}{dx}(x^2) + \frac{d}{dx}(y^2) - \frac{d}{dx}(4) = 0$$

$$2x + 2y\frac{dy}{dx} = 0 \quad \text{ou} \quad \frac{dy}{dx} = -\frac{x}{y}.$$

■

A relação $x^2 + y^2 - 4 = 0$ no Exemplo 4 define duas funções diferenciais explícitas: $y = \sqrt{4 - x^2}$ e $y = -\sqrt{4 - x^2}$ no intervalo $(-2, 2)$. Além disso, note que qualquer relação da forma $x^2 + y^2 - c = 0$ satisfaz, *formalmente*, $dy/dx = -x/y$ para qualquer constante c. Porém, fica subentendido que a relação deve sempre fazer sentido no sistema dos números reais; logo, não podemos dizer que $x^2 + y^2 + 1 = 0$ determina uma solução da equação diferencial.

Como a distinção entre uma solução explícita e uma solução implícita é intuitivamente clara, não nos daremos ao trabalho de dizer sempre: "aqui temos uma solução explícita (implícita)".

Número de Soluções

Você deve se acostumar com o fato de que uma dada equação diferencial geralmente possui um número infinito de soluções. Por substituição direta, podemos verificar que qualquer curva – isto é, função – da família a um parâmetro $y = ce^{x^2}$, em que c é uma constante arbitrária, satisfaz (1). Como indicado na Figura 1.1, a solução trivial é um membro dessa família de soluções, correspondente a $c = 0$. No Exemplo 2, também podemos verificar por substituição que $y = cxe^x$ é uma família de soluções da equação diferencial dada.

EXEMPLO 5

Para qualquer valor de c, a função $y = c/x + 1$ é uma solução da equação diferencial de primeira ordem

$$x\frac{dy}{dx} + y = 1$$

no intervalo $(0, \infty)$. Temos,

$$\frac{dy}{dx} = c\frac{d}{dx}(x^{-1}) + \frac{d}{dx}(1) = -cx^{-2} = -\frac{c}{x^2}$$

então

$$x\frac{dy}{dx} + y = x\left(-\frac{c}{x^2}\right) + \left(\frac{c}{x} + 1\right) = 1.$$

Variando o parâmetro c, podemos gerar uma infinidade de soluções. Em particular, fazendo $c = 0$, obtemos uma solução constante $y = 1$. Veja a Figura 1.2. ■

No Exemplo 5, $y = c/x + 1$ é uma solução da equação diferencial em qualquer intervalo que não contenha a origem. A função não é diferenciável em $x = 0$.

Em alguns casos, quando somamos duas soluções de uma equação diferencial, obtemos uma outra solução.

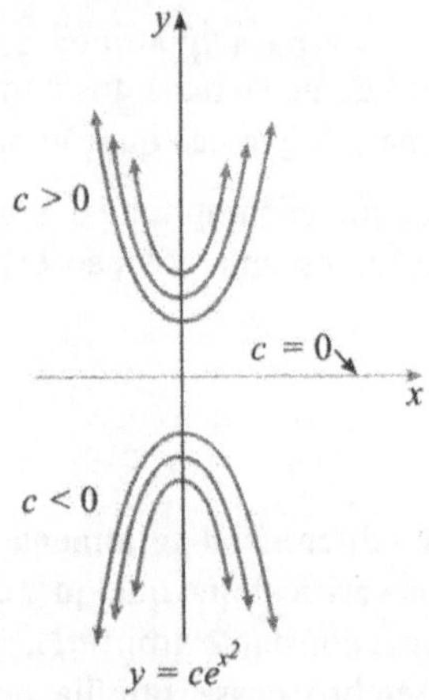

Figura 1.1

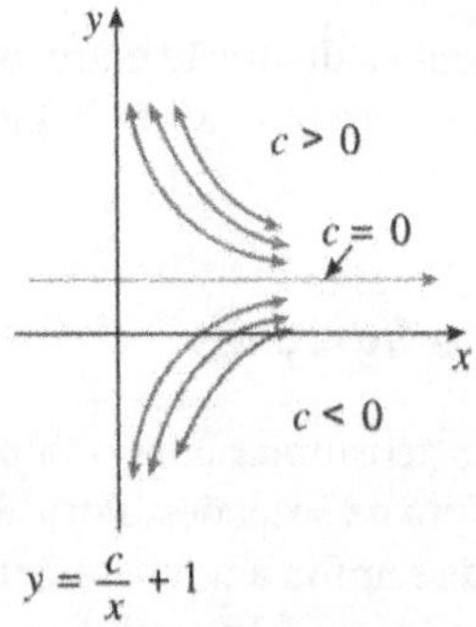

Figura 1.2

EXEMPLO 6

(a) As funções $y = c_1 \cos 4x$ e $y = c_2 \operatorname{sen} 4x$, em que c_1 e c_2 são constantes arbitrárias, são soluções para a equação diferencial

$$y'' + 16y = 0.$$

Para $y = c_1 \cos 4x$, as derivadas primeira e segunda são

$$y' = -4c_1 \operatorname{sen} 4x \quad \text{e} \quad y'' = -16c_1 \cos 4x,$$

então

$$y'' + 16y = -16c_1 \cos 4x + 16(c_1 \cos 4x) = 0.$$

Analogamente, para $y = c_2 \operatorname{sen} 4x$,

$$y'' + 16y = -16c_2 \operatorname{sen} 4x + 16(c_2 \operatorname{sen} 4x) = 0.$$

(b) A soma das duas soluções da parte (a), $y = c_1 \cos 4x + c_2 \operatorname{sen} 4x$, também é uma solução para $y'' + 16y = 0$. ■

EXEMPLO 7

Você deve ser capaz de verificar que

$$y = e^x,\ y = e^{-x},\ y = c_1e^x,\ y = c_2e^{-x},\ \text{e}\ y = c_1e^x + c_2e^{-x}$$

são todas soluções da equação diferencial linear de segunda ordem

$$y'' - y = 0.$$

Note que $y = c_1 e^x$ é uma solução para qualquer escolha de c_1, mas $y = e^x + c_1$, $c_1 \neq 0$, *não* satisfaz a equação, pois, para essa família de funções, temos $y'' - y = -c_1$. ■

O próximo exemplo mostra que uma solução de uma equação diferencial pode ser uma função definida por partes.

EXEMPLO 8

Qualquer função da família a um parâmetro $y = cx^4$ é uma solução para a equação diferencial

$$xy' - 4y = 0.$$

Temos $xy' - 4y = x(4cx^3) - 4cx^4 = 0$. A função definida por partes

$$y = \begin{cases} -x^4, & x < 0 \\ x^4, & x \geq 0 \end{cases}$$

é também uma solução. Observe que essa função não pode ser obtida a partir de $y = cx^4$ por intermédio de uma única escolha do parâmetro c. Veja a Figura 1.3(b). ■

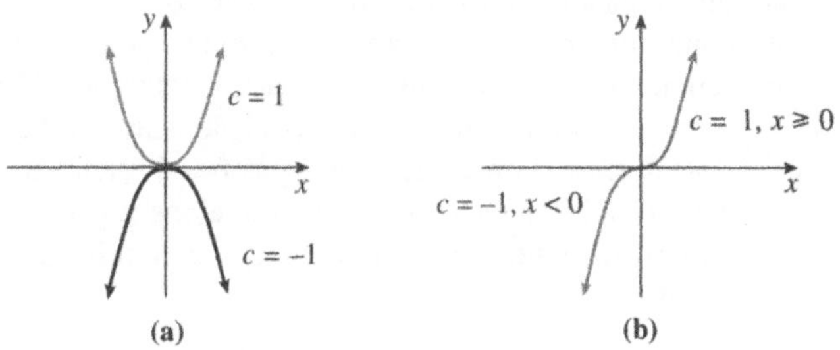

Figura 1.3

Mais Terminologia

O estudo de equações diferenciais é semelhante ao cálculo integral. Quando calculamos uma antiderivada ou integral indefinida, utilizamos uma única constante de integração. De maneira análoga, quando resolvemos uma equação diferencial de primeira ordem $F(x, y, y') = 0$, normalmente obtemos uma família de curvas ou funções $G(x, y, c) = 0$, contendo um parâmetro arbitrário tal que cada membro da família é uma solução da equação diferencial. Na verdade, quando resolvemos uma equação de *n-ésima* ordem $F(x, y, y', \ldots, y^{(n)}) = 0$, em que $y^{(n)}$ significa $d^{(n)}y/dx^n$, esperamos uma **família a n-parâmetros de soluções** $G(x, y, c_1, \ldots, c_n) = 0$.

Uma solução para uma equação diferencial que não depende de parâmetros arbitrários é chamada de **solução particular**. Uma maneira de obter uma solução particular é escolher valores específicos para o(s) parâmetro(s) na família de soluções. Por exemplo, é fácil ver que

$y = ce^x$ é uma família a um parâmetro de soluções para a equação de primeira ordem muito simples $y' = y$. Para $c = 0, -2$ e 5, obtemos as soluções particulares $y = 0$, $y = -2e^x$ e $y = 5e^x$, respectivamente.

Às vezes, uma equação diferencial possui uma solução que não pode ser obtida especificando-se os parâmetros em uma família de soluções. Tal solução é chamada de **solução singular**.

EXEMPLO 9

Na Seção 2.2, provaremos que uma família a um parâmetro de soluções para $y' = xy^{1/2}$ é dada por $y = (x^2/4 + c)^2$. Quando $c = 0$, a solução particular resultante é $y = x^4/16$. Neste caso, a solução trivial $y = 0$ é uma solução singular para a equação, pois ela não pode ser obtida da família através de uma escolha do parâmetro c. ■

Se *toda* solução para $F(x, y, y', \ldots, y^{(n)}) = 0$ no intervalo I pode ser obtida de $G(x, y, c_1, \ldots, c_n) = 0$ por uma escolha apropriada dos c_i, $i = 1, 2, \ldots, n$, dizemos que a família a n-parâmetros é uma solução **geral**, ou **completa**, para a equação diferencial.

Nota Há duas correntes de pensamento sobre o conceito de "solução geral". Uma definição alternativa assegura que uma solução geral para uma equação diferencial de *n-ésima* ordem é uma família de soluções que contém n parâmetros essenciais.* Em outras palavras, não é necessário que a família contenha todas as soluções para a equação diferencial em algum intervalo. A diferença dessas opiniões consiste na distinção entre soluções para equações lineares e para equações não-lineares. Na resolução de equações diferenciais lineares, devemos impor restrições relativamente simples aos coeficientes; com essas restrições, podemos assegurar a existência de solução em um intervalo e também que a família de soluções contenha realmente todas as possíveis soluções.

Outro fato deve ser mencionado neste momento. Equações não-lineares, com exceção de algumas equações de primeira ordem, são geralmente difíceis ou impossíveis de ser resolvidas em termos de funções elementares, tais como funções algébricas, exponenciais, logarítmicas, trigonométricas e trigonométricas inversas. Além disso, se acontecer de termos uma família de soluções para uma equação não-linear, não fica óbvio quando essa família constitui uma "solução geral". Em nível prático, a designação "solução geral" é aplicada somente a equações diferenciais lineares.

---

* Não tentaremos responder a este conceito. Mas *grosso modo* significa: não brinque com as constantes. Certamente, $y = x + c_1 + c_2$ representa uma família de soluções para $y' = 1$. Trocando $c_1 + c_2$ por c, a família tem *essencialmente* uma constante: $y = x + c$. Você pode verificar que $y = c_1 + \ln c_2x$ é uma solução para $x^2y'' + xy' = 0$ no intervalo $(0, \infty)$ para qualquer escolha de c_1 e $c_2 > 0$. Então, c_1 e c_2 são parâmetros essenciais?

1.1 EXERCÍCIOS

As respostas dos exercícios selecionados estão nas páginas 439 e 340.

Nos Problemas 1-10, classifique as equações diferenciais dizendo se elas são lineares ou não-lineares. Dê também a ordem de cada equação.

1. $(1 - x)y'' - 4xy' + 5y = \cos x$

2. $x\dfrac{d^3y}{dx^3} - 2\left(\dfrac{dy}{dx}\right)^4 + y = 0$

3. $yy' + 2y = 1 + x^2$

4. $x^2dy + (y - xy - xe^x)\,dx = 0$

5. $x^3y^{(4)} - x^2y'' + 4xy' - 3y = 0$

6. $\dfrac{d^2y}{dx^2} + 9y = \operatorname{sen} y$

7. $\dfrac{dy}{dx} = \sqrt{1 + \left(\dfrac{d^2y}{dx^2}\right)^2}$

8. $\dfrac{d^2r}{dt^2} = -\dfrac{k}{r^2}$

9. $(\operatorname{sen} x)y''' - (\cos x)y' = 2$

10. $(1 - y^2)\,dx + x\,dy = 0$

Nos Problemas 11-40, verifique se a função dada é uma solução para a equação diferencial. (c_1 e c_2 são constantes).

11. $2y' + y = 0;\ y = e^{-x/2}$

12. $y' + 4y = 32;\ y = 8$

13. $\dfrac{dy}{dx} - 2y = e^{3x};\ y = e3x + 10e^{2x}$

14. $\dfrac{dy}{dt} + 20y = 24;\ y = \frac{6}{5} - \frac{6}{5}e^{-20t}$

15. $y' = 25 + y^2;\ y = 5\operatorname{tg} 5x$

16. $\dfrac{dy}{dx} = \sqrt{\dfrac{y}{x}};\ y = (\sqrt{x} + c_1)^2,\ x > 0,\ c_1 > 0$

17. $y' + y = \operatorname{sen} x;\ y = \frac{1}{2}\operatorname{sen} x - \frac{1}{2}\cos x + 10e^{-x}$

18. $2xy\,dx + (x^2 + 2y)\,dy = 0;\ x^2y + y^2 = c_1$

19. $x^2dy + 2xy\,dx = 0;\ y = -\dfrac{1}{x^2}$

20. $(y')^3 + xy' = y;\ y = x + 1$

21. $y = 2xy' + y(y')^2;\ y^2 = c_1(x + \frac{1}{4}c_1)$

22. $y' = 2\sqrt{|y|};\ y = x|x|$

23. $y' - \dfrac{1}{x}y = 1;\ y = x\ln x,\ x > 0$

24. $\dfrac{dP}{dt} = p(a - bP);\ P = \dfrac{ac_1e^{at}}{1 + bc_1e^{at}}$

25. $\dfrac{dX}{dt} = (2 - X)(1 - X);\ \ln\dfrac{2 - X}{1 - X} = t$

26. $y' + 2xy = 1;\ y = e^{-x^2}\displaystyle\int_0^x e^{t^2}\,dt + c_1e^{-x^2}$

27. $(x^2 + y^2)\,dx + (x^2 - xy)\,dy = 0;\ c_1(x + y)^2 = xe^{y/x}$

28. $y'' + y' - 12y = 0;\ y = c_1e^{3x} + c_2e^{-4x}$

Um modelo matemático de um sistema físico geralmente envolve a variável tempo. A solução do modelo representa então o **estado do sistema**; em outras palavras, para valores apropriados do tempo t, os valores da variável dependente (ou variáveis) descrevem o sistema no passado, presente e futuro.

Corpo em Queda Livre

A descrição matemática de um corpo caindo verticalmente sob a influência da gravidade leva a uma simples equação diferencial de segunda ordem. A solução para essa equação fornece-nos a posição do corpo em relação ao solo.

EXEMPLO 1

É bem conhecido que um objeto em queda livre próximo à superfície da terra é acelerado a uma taxa constante g. Aceleração é a derivada da velocidade, que, por sua vez, é a derivada da distância s. Suponha que uma pedra seja atirada do alto de um edifício, como ilustrado na Figura 1.4. Definindo o sentido positivo para cima, então o enunciado matemático

$$\frac{d^2s}{dt^2} = -g$$

é a equação diferencial que governa a trajetória vertical do corpo. O sinal de subtração é usado porque o peso do corpo é uma força direcionada para baixo, ou seja, oposta à direção positiva.

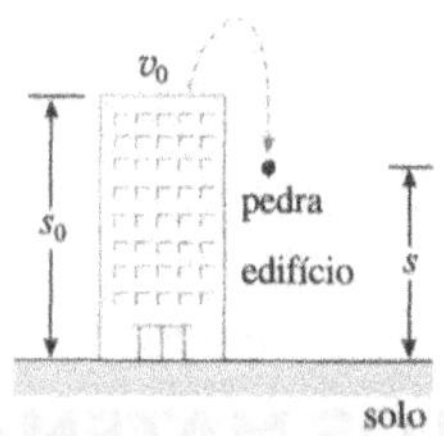

Figura 1.4

Se supusermos ainda que a altura do edifício é s_0 e a velocidade inicial da pedra, v_0, então temos de encontrar uma solução para a equação diferencial

$$\frac{d^2s}{dt^2} = -g, \quad 0 < t < t_1,$$

que também satisfaça as condições iniciais, $s(0) = s_0$ e $s'(0) = v_0$. Aqui, $t = 0$ é o instante em que a pedra deixa o telhado do edifício (tempo inicial) e t_1 é o instante em que a pedra atinge o solo. Como a pedra é atirada para cima na direção positiva, v_0 é naturalmente positivo.

Note que essa formulação do problema ignora outras forças, como a resistência do ar atuando sobre o corpo. ■

Sistema Massa-Mola

Quando a segunda lei de Newton sobre o movimento é combinada com a lei de Hooke, podemos obter uma equação diferencial que governa o movimento de uma massa atada a uma mola.

EXEMPLO 2

Para calcular o deslocamento vertical $x(t)$ de uma massa atada a uma mola, usamos duas leis empíricas: a segunda lei de Newton sobre o movimento e a lei de Hooke. A primeira delas diz que a resultante das forças que atuam sobre um sistema em movimento é $F = ma$, em que m é a massa e a, a aceleração. A lei de Hooke diz que a força restauradora de uma mola esticada é proporcional ao deslocamento $s + x$; isto é, a força restauradora é $k(s + x)$, em que $k > 0$ é uma constante. Como mostrado na Figura 1.5(b), s é o deslocamento da mola quando uma massa é atada em sua extremidade e o sistema está em posição de equilíbrio (a massa está pendurada na mola e não há movimento). Quando o sistema está em movimento, a variável x representa o deslocamento da massa em relação à posição de equilíbrio. No Capítulo 5, provaremos que, quando o sistema está em movimento, a força resultante atuando na massa é simplesmente $F = -kx$. Logo, na ausência de amortecimento ou outras forças externas quaisquer que poderiam estar atuando no sistema, a equação diferencial do movimento vertical do centro de gravidade da massa é:

$$m\frac{d^2x}{dt^2} = -kx.$$

Aqui, o sinal de subtração indica que a força restauradora da mola atua em direção oposta ao movimento, isto é, na direção da posição de equilíbrio. Na prática, essa equação diferencial de segunda ordem é escrita da seguinte forma:

$$\frac{d^2x}{dt^2} + \omega^2 x = 0, \tag{1}$$

em que $\omega^2 = k/m$.

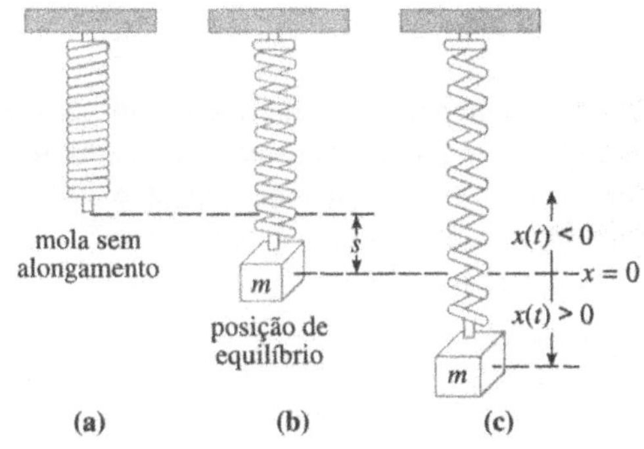

Figura 1.5

Unidades

Comentaremos os sistemas de unidades usados para descrever problemas de dinâmica como os ilustrados nos dois últimos exemplos. Três sistemas de unidades freqüentemente empregados são mostrados na tabela abaixo. Em cada sistema, a unidade básica de tempo é o segundo.

Grandeza	Sistema gravitacional inglês	Sistema Internacional (SI)	cgs
Força	pound (lb)	newton (N)	dina
Massa	slug	kilograma (kg)	grama (g)
Distância	foot (ft)	metro (m)	centímetro (cm)
Aceleração da gravidade g (aproximadamente)	32 ft/s^2	9,8 m/s^2	980 cm/s^2

A *força* gravitacional exercida pela terra sobre um corpo de massa m é chamada de peso W. Na ausência de resistência do ar, a única força que atua sobre um corpo em queda livre é seu peso. Portanto, pela segunda lei de Newton sobre o movimento, temos que a massa m e o peso W estão relacionados por

$$W = mg.$$

Por exemplo, no sistema inglês, a massa de $1/4$ slug corresponde a um peso de 8 lb. Como $m = W/g$, um peso de 64 lb corresponde a uma massa de $64/32 = 2$ slugs. No sistema cgs, um peso de 2450 dinas tem uma massa de $2450/980 = 2{,}5$ gramas. No sistema SI, um peso de 50 newtons tem uma massa de $50/9{,}8 = 5{,}1$ kilogramas. Note que

$$1 \text{ newton} = 10^5 \text{ dinas} = 0{,}2247 \text{ pound}$$

No próximo exemplo, deduziremos a equação diferencial que descreve o movimento de um pêndulo simples.

Pêndulo Simples

Qualquer objeto pendurado em movimento pendular é chamado de **pêndulo físico**. O pêndulo simples é um caso especial de pêndulo físico e consiste em uma haste com uma massa atada em uma das extremidades. Para descrever o movimento de um **pêndulo simples**, desprezaremos qualquer força exterior de amortecimento agindo sobre o sistema (tal como a resistência do ar).

EXEMPLO 3

Uma massa m de peso W está suspensa por uma haste de comprimento l. Queremos determinar o ângulo θ, medido a partir da linha vertical, como uma função do tempo t (consideramos $\theta > 0$ à direita de OP, e $\theta < 0$ à esquerda de OP). Lembre-se de que um arco s de um círculo de raio l está relacionado com o ângulo central θ através da fórmula $s = l\theta$. Logo, a aceleração angular é

$$a = \frac{d^2s}{dt^2} = l\frac{d^2\theta}{dt^2}.$$

Pela segunda lei de Newton, temos

$$F = ma = ml\frac{d^2\theta}{dt^2}.$$

Na Figura 1.6, vemos que a componente tangencial da força devida ao peso W é mg sen θ. Igualando as duas diferentes formulações da força tangencial, obtemos,

$$ml\frac{d^2\theta}{dt^2} = -mg\,\text{sen}\,\theta \quad \text{ou} \quad \frac{d^2\theta}{dt^2} + \frac{g}{l}\,\text{sen}\,\theta = 0. \tag{2}$$

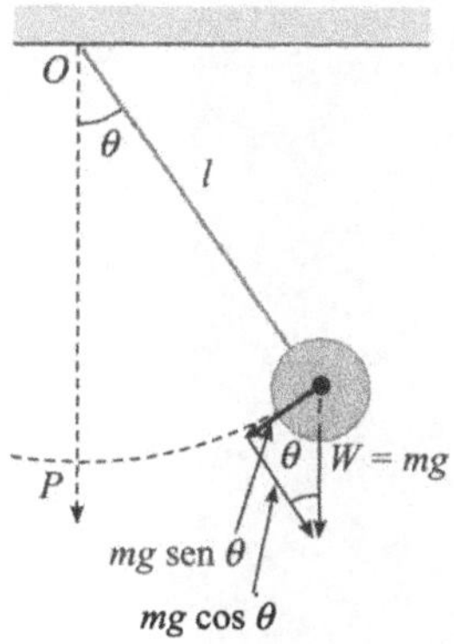

Figura 1.6

Por causa da presença do sen θ, a equação diferencial (2) é não-linear. É sabido que essa equação não pode ser resolvida em termos de funções elementares. Então, fazemos mais uma simplificação. Se o deslocamento angular θ não for muito grande, poderemos usar a aproximação $\theta \approx \theta$.* Daí, (2) pode ser substituída pela equação diferencial linear de segunda ordem

---

* Para pequenos valores de θ (em radianos), potências θ^3 e as de ordem superior podem ser ignoradas na série de Maclaurin, sen $\theta = \theta - \theta^3/3! + \ldots$, e assim, obtemos sen $\theta \approx \theta$. Use uma calculadora e compare os valores de sen (0,05) e sen (0,005) com 0,05 e 0,005.

$$\frac{d^2\theta}{dt^2} + \frac{g}{l}\theta = 0. \quad \textbf{(3)}$$

Colocando $\omega = g/l$, (3) possui exatamente a mesma estrutura da equação (1) que governa vibrações livres de um peso em uma mola. O fato de uma equação diferencial básica poder descrever diversos fenômenos físicos, ou mesmo sociais/econômicos, é uma ocorrência comum no estudo de matemática aplicada.

O relógio de parede e a balança de criança são exemplos de pêndulos. O deslocamento angular θ de um pêndulo simples de comprimento l é determinado pela equação diferencial não-linear de segunda ordem $d^2\theta/dt^2 + (g/l)\,\text{sen}\,\theta = 0$. Quando o deslocamento do pêndulo não é muito grande, podemos fazer a substituição $\text{sen}\,\theta \approx \theta$ e assim obter aproximadamente o valor de θ resolvendo a equação linear $d^2\theta/dt^2 + (g/l)\,\theta = 0$. Veja também as páginas 16 e 17.

Corda Giratória

Encontramos de novo a equação (1) na análise da corda giratória.

EXEMPLO 4

Suponha que uma corda de comprimento L, com densidade linear constante igual a ρ (massa por unidade de comprimento) esteja esticada ao longo do eixo x e fixada nas extremidades $x = 0$ e $x = L$. Suponha que ela seja então girada em torno desse eixo a uma velocidade angular constante igual a ω. Isso é análogo a duas pessoas segurando uma corda de pular e rodando-a de maneira sincronizada. Veja a Figura 1.7(a). Queremos encontrar a equação diferencial que determina a forma $y(x)$ da corda, ou a **curva de deflexão** em relação à sua posição inicial. Veja a Figura 1.7(b). Para isso, considere a porção da corda no intervalo $[x, x + \Delta x]$, em que Δx é pequeno. Se a magnitude T da tensão $\mathbf{T}$ atuando tangencialmente à corda for constante ao longo da corda, então a equação diferencial que queremos pode ser obtida igualando duas diferentes formulações da força resultante que atuam na corda no intervalo $[x, x + \Delta x]$. Primeiro, vemos na Figura 1.7(c) que a força resultante vertical é

$$F = T \operatorname{sen} \theta_2 - T \operatorname{sen} \theta_1. \tag{4}$$

Quando os ângulos θ_1 e θ_2 (medidos em radianos) são pequenos, temos

$$\operatorname{sen} \theta_2 \approx \operatorname{tg} \theta_2 \approx y'(x + \Delta x) \text{ e } \operatorname{sen} \theta_1 \approx \operatorname{tg} \theta_1 \approx y'(x),$$

e então (4) torna-se

$$F = T[y'(x + \Delta x) - y'(x)]. \tag{5}$$

Agora, a força resultante é dada também pela segunda lei de Newton, $F = ma$. Aqui, a massa da corda no intervalo é $m = \rho\, \Delta x$; a aceleração centrípeta de um ponto girando com velocidade angular ω em um círculo de raio r é $a = r\omega^2$. Com Δx pequeno, tomamos $r = y$. Logo, uma outra formulação da força resultante é

$$F \approx -(\rho\, \Delta x) y \omega^2, \tag{6}$$

em que o sinal de subtração decorre do fato de que a aceleração aponta na direção oposta à direção positiva y. Agora, igualando (5) e (6), temos

$$T[y'(x + \Delta x) - y'(x)] \approx -(\rho\, \Delta x) y \omega^2 \text{ ou } T\frac{y'(x + \Delta x) - y'(x)}{\Delta x} \approx -\rho\omega^2 y. \tag{7}$$

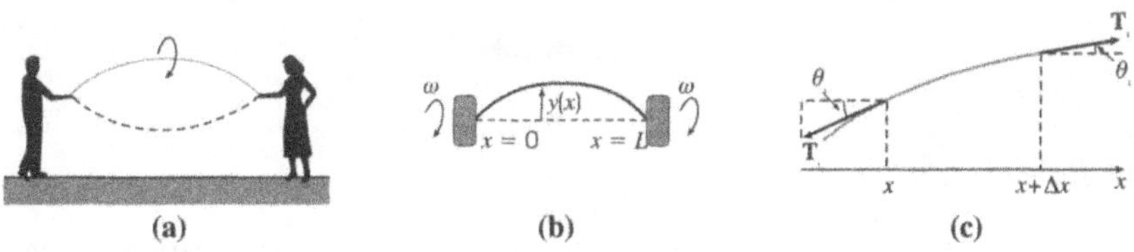

(a) (b) (c)

Figura 1.7

Para Δx próximo de zero, $[y'(x + \Delta x) - y'(x)]/\Delta x \approx d^2y/dx^2$, assim a última expressão em (7) nos dá,

$$T\frac{d^2y}{dx^2} = -\rho\omega^2 y \text{ ou } T\frac{d^2y}{dx^2} + \rho\omega^2 y = 0. \tag{8}$$

Como a corda está fixa em $x = 0$ e $x = L$, esperamos que a solução $y(x)$ da última equação satisfaça as condições de fronteira $y(0) = 0$ e $y(L) = 0$. ■

Dividindo a última equação em (8) por T, obtemos,

$$\frac{d^2y}{dx^2} + \frac{\rho\omega^2}{T}y = 0,$$

o que é análogo a (1) e (3). Se a magnitude T da tensão não é constante no intervalo $[0, L]$, então pode-se mostrar que a equação diferencial para a curva de deflexão da corda é

$$\frac{d}{dx}\left[T(x)\frac{dy}{dx}\right] + \rho\omega^2 y = 0. \tag{9}$$

Circuitos em Série

De acordo com a segunda lei de Kirchhoff, a diferença de potencial $E(t)$ em um circuito fechado é igual à soma das voltagens no circuito. A Figura 1.8 mostra os símbolos e as fórmulas para as respectivas voltagens (queda de tensão) através de um indutor, um capacitor e um resistor. A corrente em circuito, após a chave ser fechada, é denotada por $i(t)$; a carga em um capacitor no instante t é denotada por $q(t)$. As letras L, C e R são constantes conhecidas como indutância, capacitância e resistência, respectivamente.

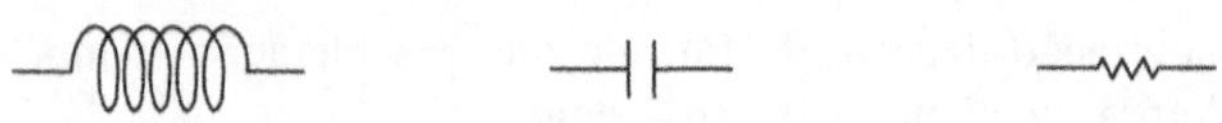

indutor	capacitor	resitor
$L\frac{di}{dt}$	$\frac{1}{C}q$	iR
(a)	(b)	(c)

Figura 1.8

EXEMPLO 5

Considere o circuito simples, em série, contendo um indutor, um resistor e um capacitor mostrado na Figura 1.9. Uma equação diferencial de segunda ordem para a carga $q(t)$ em um capacitor pode ser obtida somando as voltagens (queda de tensão):

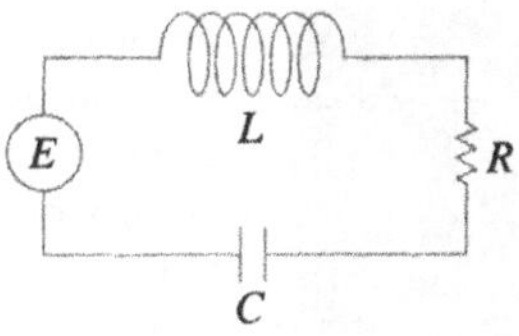

Figura 1.9

indutor $= L\dfrac{di}{dt} = L\dfrac{d^2q}{dt^2}$

corrente relacionada com a carga q por $i = dq/dt$

resitor $= iR = R\dfrac{dq}{dt}$

capacitor $= \dfrac{1}{C}q$

e igualando a soma à diferença de potencial $E(t)$:

$$L\frac{d^2q}{dt^2} + R\frac{dq}{dt} + \frac{1}{C}q = E(t). \tag{10}$$

■

No Exemplo 5, as condições iniciais $q(0)$ e $q'(0)$ representam a carga no capacitor e a corrente no circuito, respectivamente, no tempo $t = 0$. Ainda, a diferença de potencial ou voltagem $E(t)$ é chamada de **força eletromotriz**, ou **fem**. Uma fem, bem como a carga em um capacitor, causa a corrente no circuito. A tabela abaixo mostra as unidades básicas de medida usadas na análise de circuito.

Grandeza	**Unidade**
Diferença de potencial ou fem	volt (V)
Indutância L	henry (H)
Capacitância C	farad (F)
Resistência R	ohm (Ω)
Carga q	coulomb (C)
Corrente i	ampère (A)

Lei de Esfriamento de Newton

De acordo com a empírica lei de esfriamento de Newton, a taxa de esfriamento de um corpo é proporcional à diferença entre a temperatura do corpo e a temperatura do meio ambiente.

Antes de tomar um café, geralmente esperamos um pouco até que o líquido esfrie. Uma xícara de café fica quase intragável se esfriar até chegar à temperatura ambiente. Uma lei empírica de resfriamento atribuída a Isaac Newton assegura que a taxa de resfriamento de um corpo é proporcional à diferença entre a temperatura do corpo e a temperatura do meio. A frase acima é uma descrição verbal de uma equação diferencial. Veja também a página 107.

EXEMPLO 6

Suponha que $T(t)$ denote a temperatura de um corpo no instante t e que a temperatura do meio ambiente seja constante, igual a T_m. Se dT/dt representa a taxa de variação da temperatura do corpo, então a lei de esfriamento de Newton poderá ser expressa matematicamente da seguinte forma:

$$\frac{dT}{dt} \propto T - T_m \quad \text{ou} \quad \frac{dT}{dt} = k(T - T_m), \tag{11}$$

em que k é uma constante de proporcionalidade. Como, por hipótese, o corpo está esfriando, devemos ter $T > T_m$; logo, $k < 0$.

Cabo Suspenso

Suponha um cabo (ou corda) suspenso sobre a ação de seu próprio peso. A Figura 1.10(a) mostra um modelo físico para essa situação: um longo fio de telefone pendurado entre dois postes. Como no Exemplo 4, nosso objetivo no próximo exemplo é determinar a equação diferencial que descreve a forma (curva) de um cabo suspenso.

EXEMPLO 7

Vamos examinar somente a porção do cabo entre o ponto mais baixo P_1 e um ponto arbitrário P_2. Veja a Figura 1.10(b). Três forças estão agindo no cabo: o peso da porção P_1P_2 e as tensões $\mathbf{T}_1$ e $\mathbf{T}_2$ em P_1 e P_2, respectivamente. Se w for a densidade linear (medida, digamos, em N/m) e s for o comprimento do segmento P_1P_2, seu peso será ws.

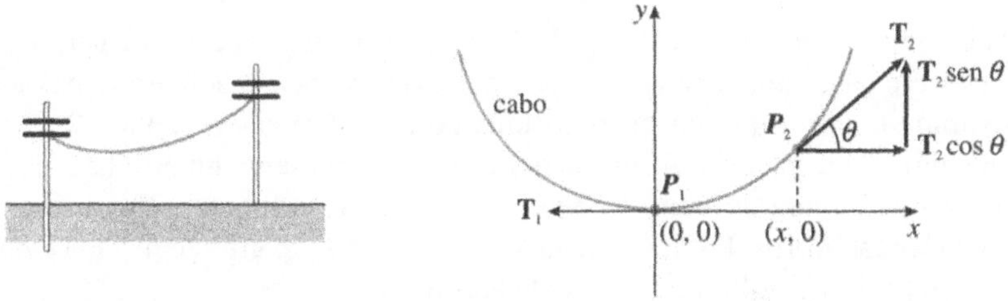

(a) **(b)**

Figura 1.10

Agora, a tensão $\mathbf{T}_2$ tem duas componentes, uma horizontal e outra vertical (quantidades escalares), $T_2 \cos\theta$ e $T_2 \operatorname{sen}\theta$. Como o sistema está em equilíbrio, podemos escrever

$$|\mathbf{T}_1| = T_1 = T_2 \cos\theta \text{ e } ws = T_2 \operatorname{sen}\theta.$$

Dividindo as duas últimas equações, obtemos

$$\operatorname{tg}\theta \ \frac{ws}{T_1}$$

ou

$$\frac{dy}{dx} \ \frac{ws}{T_1}. \tag{12}$$

Agora, como o comprimento do arco entre os pontos P_1 e P_2 é

$$s = \int_0^x \sqrt{1 + \left(\frac{dy}{dx}\right)^2}\, dx,$$

segue de uma das formas do teorema fundamental do cálculo que

$$\frac{ds}{dx} = \sqrt{1 + \left(\frac{dy}{dx}\right)^2}. \tag{13}$$

Derivando (12) com relação a x e usando (13), temos

$$\frac{d^2y}{dx^2} = \frac{w}{T_1}\frac{ds}{dx} \text{ ou } \frac{d^2y}{dx^2} = \frac{w}{T_1}\sqrt{1 + \left(\frac{dy}{dx}\right)^2}. \tag{14}$$

■

Poderíamos concluir pela Figura 1.10 que a forma de um cabo suspenso é parabólica. Porém, não é esse o caso; um cabo (fio ou corda grossa) suspenso sobre efeito somente de seu próprio peso toma a forma de um cosseno hiperbólico. Veja o Problema 12, Exercício 3.3. Lembre-se de que a curva cuja forma é o gráfico do cosseno hiperbólico é chamada de **catenária**, palavra que vem do latim *catena*, que significa "corrente". Os romanos usavam a catena para prender cachorros. Provavelmente o melhor exemplo gráfico de uma catenária seja o arco Gateway em St. Louis, Missouri, nos Estados Unidos.

Para determinar a forma de um cabo suspenso sob a ação de seu próprio peso, tal como um cabo telefônico suspenso entre dois postes, devemos resolver a equação diferencial não-linear $d^2y/dx^2 + (w/T)\sqrt{1 + (dy/dx)^2} = 0$. Pode-se mostrar que o cabo toma essencialmente a forma do gráfico de um cosseno hiperbólico. Esse gráfico de um cosseno hiperbólico chama-se *catenária*. O famoso arco Gateway em St. Louis tem a forma de uma catenária invertida.

Drenagem Através de um Orifício

Em hidrodinâmica, o teorema de Torricelli nos diz que a velocidade v de efluxo de água através de um pequeno orifício no fundo de um tanque cheio até uma altura h é igual à velocidade que um corpo (neste caso, uma gota d'água) adquire em queda livre de uma altura h:

$$v = \sqrt{2gh},$$

em que g é a aceleração devida à gravidade. A última expressão é obtida igualando a energia cinética $\frac{1}{2}mv^2$ à energia potencial mgh e explicitando v.

EXEMPLO 8

Um tanque cheio de água é drenado através de um orifício sobre a influência da gravidade. Gostaríamos de calcular a altura h da água no tanque em qualquer instante de tempo t.

Considere o tanque mostrado na Figura 1.11. Se a área do orifício é A_0 (em m^2) e a velocidade da água saindo do tanque é $v = \sqrt{2gh}$ (em m/s), então o volume de água que sai do tanque por segundo é $A_0\sqrt{2gh}$ (em m^3/s). Logo, se $V(t)$ denota o volume de água no tanque no instante t, temos

$$\frac{dV}{dt} = -A_0\sqrt{2gh}, \tag{15}$$

em que o sinal de subtração indica que V decresce com o tempo. Note que estamos ignorando qualquer possibilidade de atrito no orifício, o que reduziria a taxa de vazão da água.

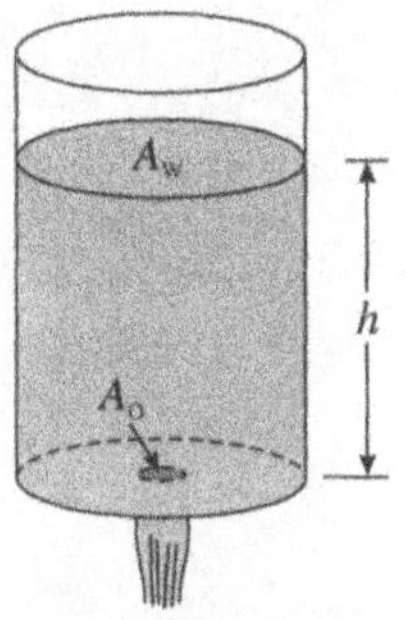

Figura 1.11

Agora , suponha que o volume da água no tanque no instante t possa ser escrito como $V(t) = A_w h$, em que A_w (em m^2) é a área da superfície da água (veja a Figura 1.11), que não depende da altura h. Daí, $dV/dt = A_w(dh/dt)$. Substituindo essa última expressão em (15), obtemos a equação diferencial para a altura h da água em função do tempo t:

$$\frac{dh}{dt} = -\frac{A_0}{A_w}\sqrt{2gh}. \tag{16}$$

■

É interessante observar que (16) permanece válida mesmo quando A_w não é constante. Neste caso, devemos expressar a área da superfície da água como uma função de h: $A_w = A(h)$. Veja o Problema 9 em Exercícios 1.2 e o Problema 19 nos Exercícios de Revisão do Capítulo 1.

Deflexão de Vigas

Em engenharia, um problema importante é determinar a deflexão estática de uma viga elástica causada por seu peso ou por uma carga externa. Supomos que a viga é homogênea e tem seções transversais uniformes ao longo de seu comprimento. Seja L o comprimento da viga. Na ausência de carga na viga (incluindo seu peso), a curva ligando os centróides de todas as seções transversais é uma linha reta chamada de **eixo de simetria**. Veja a Figura 1.12(a). Se uma carga for aplicada à viga em um plano vertical contendo o eixo de simetria, então, como mostrado na Figura 1.12(b), a viga sofre uma distorção e a curva ligando os centróides de todas as seções transversais é chamada de **curva de deflexão** ou **curva elástica**. No próximo exemplo, deduziremos a equação diferencial da curva de deflexão. Essa dedução usa princípios de elasticidade e um conceito do cálculo chamado curvatura.

Forças atuando em vigas causam estas distorções. Essa deformação, ou deflexão $y(x)$, é descrita pela equação diferencial de quarta ordem $EIy^{(4)} = w(x)$. Uma viga engastada em uma extremidade e solta na outra é chamada de **cantiléver** ou **viga em balanço**. Um trampolim, um braço estendido e uma asa de avião são exemplos comuns de tais vigas; mas mastros de bandeira, arranha-céus e o Washington Monument agem como vigas em balanço. Veja também as páginas 405, 411 e 418.

EXEMPLO 9

A título de ilustração, vamos considerar uma viga fixa (engastada) em sua extremidade esquerda e solta em sua extremidade direita, como na Figura 1.13. Faça coincidir o extremo esquerdo da viga com o ponto $x = 0$, e o extremo direito com o ponto $x = L$. O eixo x coincide com o eixo de simetria, e a deflexão $y(x)$ é medida a partir desse eixo e considerada positiva se estiver para baixo. Em teoria da elasticidade, mostra-se que o momento defletor (fletor) $M(x)$ em um ponto x ao longo da viga está relacionado com a carga por unidade de comprimento $w(x)$ através da equação

$$\frac{d^2M}{dx^2} = w(x). \tag{17}$$

Ainda, o momento defletor (fletor) $M(x)$ é proporcional à curvatura k da curva elástica:

$$M(x) = EIk, \tag{18}$$

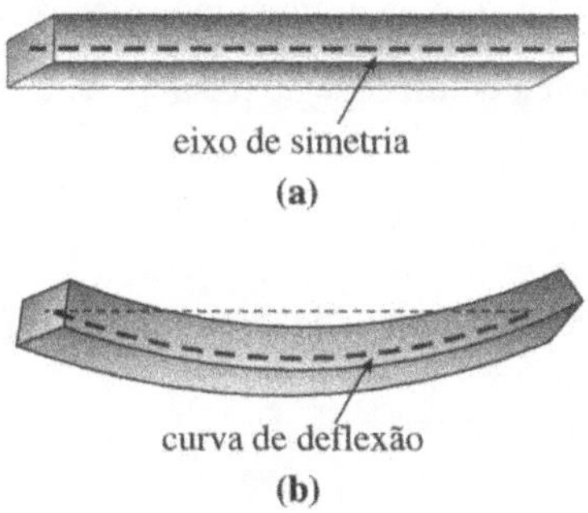

Figura 1.12

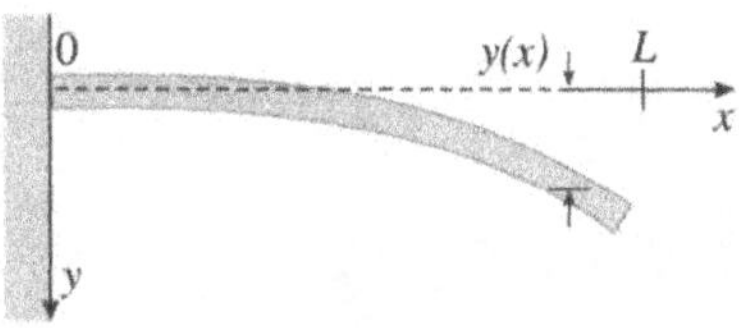

Figura 1.13

em que E e I são constantes; E é o módulo de elasticidade de Young racionado com o material da viga, e I é o momento de inércia de uma seção transversal da viga (em relação a um eixo conhecido como eixo neutro ou linha neutra). O produto EI é chamado de rigidez defletora da viga.

Agora, do cálculo, sabemos que a curvatura é dada por

$$\kappa = \frac{y''}{[1 + (y')^2]^{3/2}}.$$

Quando a deflexão $y(x)$ é pequena, a inclinação $y' \approx 0$ e daí $[1 + (y')^2]^{3/2} \approx 1$. Se $k = y''$, a equação (18) se torna $M = EIy''$. A segunda derivada desta última expressão é

$$\frac{d^2M}{dx^2} = EI\frac{d^2}{dx^2}y'' = EI\frac{d^4y}{dx^4}. \tag{19}$$

Usando o resultado obtido em (17) para substituir d^2M/dx^2 em (19), vemos que a deflexão $y(x)$ satisfaz a equação diferencial de quarta ordem

$$EI\frac{d^4y}{dx^4} = w(x). \tag{20}$$

■

Como veremos mais tarde, é extremamente importante observar qualquer condição de fronteira que acompanha a equação diferencial na descrição matemática de um fenômeno físico. Para a viga em balanço do Exemplo 9, além de satisfazer (20), esperamos que a deflexão $y(x)$ satisfaça as seguintes condições nas extremidades da viga:

- $y(0) = 0$, pois não há deflexão no extremo esquerdo engastado.
- $y'(0) = 0$, pois a curva de deflexão é tangente ao eixo x na extremidade esquerda.
- $y''(L) = 0$, pois o momento defletor (fletor) é nulo no extremo livre.
- $y'''(L) = 0$, pois a força de espoliação (cisalhamento) é zero na extremidade direita (livre).

A função $F(x) = dM/dx = EI(d^3y/dx^3)$ é chamada de força de espoliação (cisalhamento).

Crescimento Populacional

Nos próximos exemplos, examinamos alguns modelos matemáticos em crescimento biológico.

EXEMPLO 10

Parece plausível esperar que a taxa de crescimento de uma população P seja proporcional à população presente naquele instante. *Grosso modo*, quanto maior for a população presente, maior ela será no futuro. Logo, o modelo para o crescimento populacional é dado pela equação diferencial

$$\frac{dP}{dt} = kP, \tag{21}$$

em que k é uma constante de proporcionalidade. Como esperamos que a população cresça, devemos ter $dP/dt > 0$, e assim $k > 0$. ■

EXEMPLO 11

Na disseminação de uma doença contagiosa, uma virose, por exemplo, é razoável supor que a taxa de disseminação, dx/dt, seja proporcional não somente ao número de pessoas, $x(t)$, contaminadas, mas também ao número de pessoas, $y(t)$, que ainda não foram contaminadas, isto é,

$$\frac{dx}{dt} + kxy, \tag{22}$$

em que k é a constante de proporcionalidade usual. Se uma pessoa infectada for introduzida em uma população de n pessoas, então x e y estarão relacionados por

$$x + y = n + 1. \tag{23}$$

Usando (23) para eliminar y em (22), obtemos

$$\frac{dx}{dt} = kx(n + 1 - x). \tag{24}$$

A condição inicial óbvia que acompanha a equação (24) é $x(0) = 1$. ■

Equação Logística

A equação de primeira ordem não-linear (24) é um caso especial de uma equação mais geral

$$\frac{dP}{dt} = P(a - bP), \quad a \text{ e } b \text{ constantes,} \tag{25}$$

conhecida como **equação logística**. Veja Seção 3.3. A solução dessa equação é muito importante em ecologia, sociologia e mesmo em ciências contábeis e administração.

Capitalização Contínua

É muito comum as instituições financeiras anunciarem capitalização diária dos juros. Poderíamos ter capitalização a cada hora ou mesmo a cada minuto. Não há razão para parar aí, ou seja, juros poderiam ser capitalizados a cada segundo, a cada meio segundo, a cada décimo de segundo, a cada milésimo de segundo, e assim por diante. Isto quer dizer que os juros podem ser capitalizados continuamente.

EXEMPLO 12

Quando os juros são capitalizados continuamente, a taxa de crescimento é proporcional ao capital S, isto é,

$$\frac{dS}{dt} = rS, \tag{26}$$

em que r é taxa anual de juros. Essa descrição matemática é análoga ao crescimento populacional do Exemplo 10. A taxa de crescimento será grande quando o capital presente também for grande. Traduzindo geometricamente, isso significa que a reta tangente é mais inclinada quando S é grande. Veja a Figura 1.14.

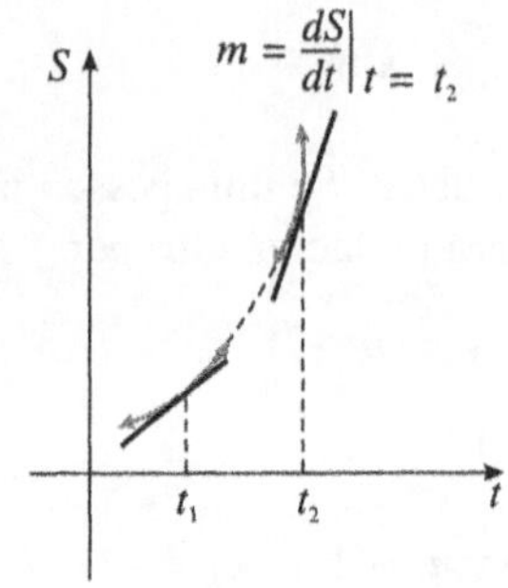

Figura 1.14

A definição de derivada proporciona uma interessante dedução de (26). Suponha que $S(t)$ seja o capital acumulado depois de t anos, quando a taxa de juros r é anual e estes são capitalizados continuamente. Seja h um incremento de tempo. Então, os juros obtidos no espaço de tempo $(t + h) - t$ é a diferença dos montantes acumulados:

$$S(t + h) - S(t) \qquad \textbf{(27)}$$

Como os juros são definidos por taxa × tempo × capital, podemos aproximar os juros ganhos no mesmo período por

$$rhS(t) \text{ ou } rhS(t + h).$$

Intuitivamente, $rhS(t)$ e $rhS(t + h)$ são cotas inferiores e superiores, respectivamente, para os juros reais (27); ou seja,

$$rhS(t) \le S(t + h) - S(t) \le rhS(t + h)$$

ou

$$rS(t) \le \frac{S(t + h) - S(t)}{h} \le rS(t + h). \qquad \textbf{(28)}$$

Passando ao limite em (28), quando $h \to 0$, obtemos

$$rS(t) \le \lim_{h \to 0} \frac{S(t + h) - S(t)}{h} \le rS(t),$$

e daí segue-se que

$$\lim_{h \to 0} \frac{S(t + h) - S(t)}{h} = rS(t) \text{ ou } \frac{dS}{dt} = rS. \qquad \blacksquare$$

1.2 EXERCÍCIOS

As respostas dos exercícios selecionados estão na página 440.

Nos Problemas 1-22, deduza a equação(es) diferencial(is) que descreve a situação física dada.

1. Em certas circunstâncias, um corpo B de massa m em queda, como o pára-quedista mostrado na Figura1.15, encontra resistência do ar proporcional à sua velocidade v. Use a segunda lei de Newton para encontrar a equação diferencial para a velocidade v do corpo em qualquer instante. Lembre-se de que a aceleração é $a = dv/dt$. Suponha neste caso que a direção positiva é para baixo.

2. Qual é a equação diferencial para a velocidade v de um corpo de massa m em queda vertical através de um meio (tal como a água) que oferece uma resistência proporcional ao quadrado da velocidade? Suponha a direção positiva para baixo.

3. Pela lei da gravitação universal de Newton, a aceleração de queda livre a de um corpo, tal como o satélite mostrado na Figura 1.16 caindo de uma grande altura, não é a constante g. Em vez disso, a aceleração a é inversamente proporcional ao quadrado da distância r entre o centro da terra e o corpo: $a = k/r^2$, em que k é a constante de proporcionalidade.

(a) Use o fato de que na superfície da terra $r = R$ e $a = g$ para determinar a constante de proporcionalidade k.

(b) Use a segunda lei de Newton e a parte (a) para encontrar uma equação diferencial para a distância r.

(c) Use a regra da cadeia na forma

$$\frac{d^2r}{dt^2} = \frac{dv}{dt} = \frac{dv}{dr}\frac{dr}{dt}$$

para expressar a equação diferencial da parte (b) como uma equação diferencial envolvendo v e dv/dr.

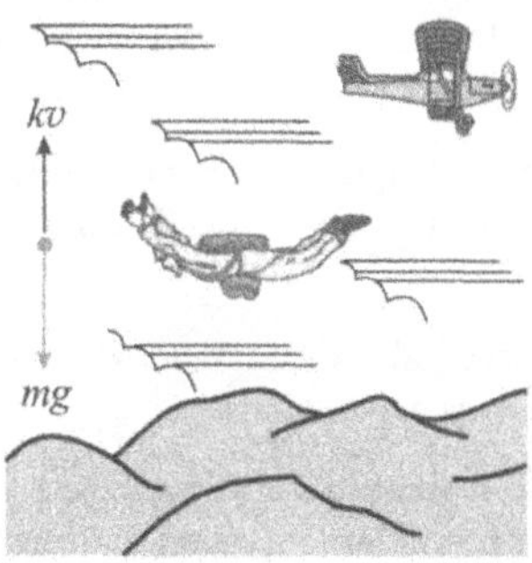

Figura 1.15

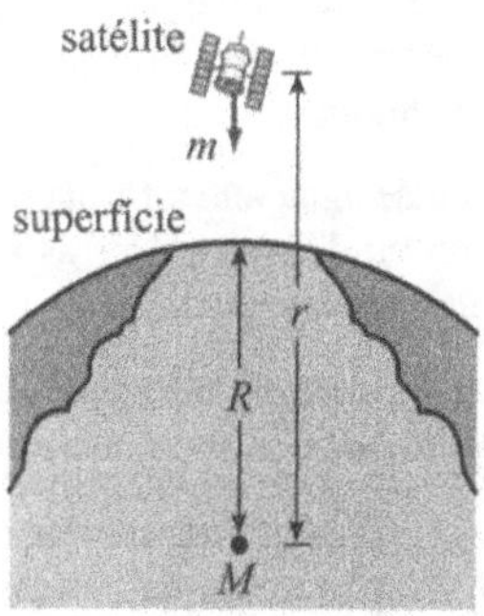

Figura 1.16

4. **(a)** Use a parte (b) do Problema 3 para encontrar a equação diferencial para r se a resistência ao satélite em queda for proporcional à sua velocidade.

(b) Próximo à superfície da terra, use a aproximação $R \approx r$ para mostrar que a equação diferencial da parte (a) se reduz à equação deduzida no Problema 1.

5. Um circuito em série contém um resistor e um indutor, como mostrado na Figura 1.17. Determine a equação diferencial para a corrente $i(t)$ se a resistência é R, a indutância é L e a diferença de potencial, $E(t)$.

6. Um circuito em série contém um resistor e um capacitor, como mostrado na Figura 1.18. Determine a equação diferencial para a carga $q(t)$ no capacitor se a resistência é R, a capacitância é C e a diferença de potencial, $E(t)$.

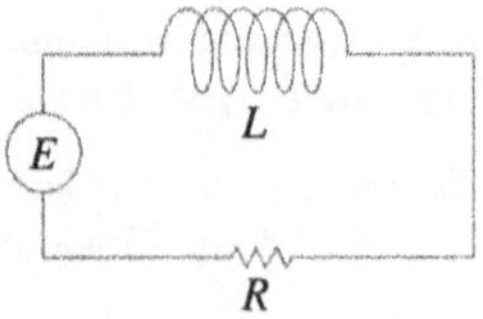

Figura 1.17

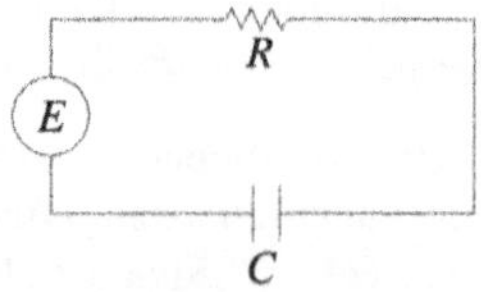

Figura 1.18

7. Suponha que a água de um tanque esteja sendo drenada por um orifício circular de área A_0 localizado no fundo do tanque. Foi mostrado experimentalmente que, quando o atrito da água no orifício é levado em consideração, o volume de água que sai do tanque por segundo é aproximadamente $0{,}6 A_0 \sqrt{2gh}$. Encontre a equação diferencial para a altura h de água em qualquer instante t no tanque cúbico da Figura 1.19. O raio do orifício mede 2 cm e $g = 10 \text{ m/s}^2$.

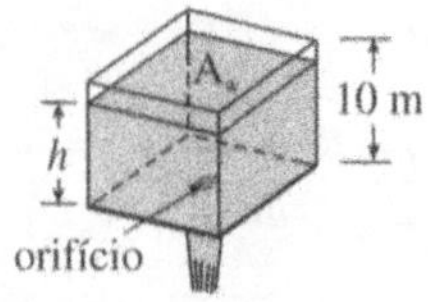

Figura 1.19

8. Suponha um tanque na forma de um cilindro circular reto de raio 2 m e altura 10 m. O tanque está inicialmente cheio de água, e a água vaza por um orifício circular de raio 1/2 cm no fundo. Use as informações do Problema 7 para obter a equação diferencial para a altura h da água em qualquer instante de tempo t.

9. Um tanque de água tem a forma de um hemisfério com raio 5 m. A água vaza por um orifício circular de 1 cm no fundo plano. Use as informações do Problema 7 para obter a equação diferencial para a altura h da água com relação ao tempo t.

10. A taxa de decaimento de uma substância radioativa é proporcional à quantidade $A(t)$ da substância remanescente no instante t. Determine a equação diferencial para a quantidade $A(t)$.

11. Uma droga é injetada na corrente sangüínea de um paciente a uma taxa constante de r gramas por segundo. Simultaneamente, a droga é removida a uma taxa proporcional à quantidade $x(t)$ de droga presente no instante t. Determine a equação diferencial que governa a quantidade $x(t)$.

12. Um projétil atirado de uma arma tem peso $w = mg$ e velocidade v tangente à trajetória de seu movimento. Desprezando a resistência do ar e todas as outras forças exceto seu peso, encontre o sistema de equações diferenciais que descreve o movimento. Veja a Figura 1.20. [*Sugestão:* Use a segunda lei de Newton na direção x e y.]

13. Determine as equações do movimento se o projétil no Problema 12 encontrar uma força de retardamento **k** (de magnitude k) agindo tangencialmente à trajetória mas, oposta ao movimento. Veja a Figura 1.21. [*Sugestão:* **k** é um múltiplo da velocidade, digamos $c\mathbf{v}$.]

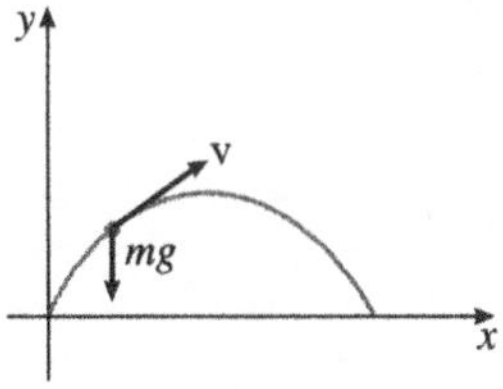

Figura 1.20

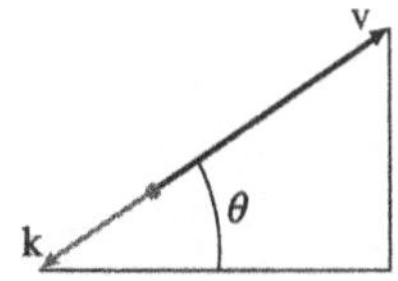

Figura 1.21

14. Dois reagentes químicos A e B são usados para formar um novo composto químico C. Supondo que as concentrações de A e B decrescem pela mesma quantidade de composto C formado, encontre a equação diferencial que governa a concentração $x(t)$ do composto C se a taxa a que a reação química ocorre é proporcional ao produto das concentrações remanescentes de A e B.

15. Uma curva C no plano reflete os raios de luz de tal modo que todo raio L paralelo ao eixo y é refletido para um único ponto 0. Determine a equação diferencial para a função $y = f(x)$ que descreve a forma da curva C. (O fato de o ângulo de incidência ser igual ao ângulo de reflexão é um princípio da ótica.) [*Sugestão:* a Figura 1.22 mostra que a inclinação da reta tangente em $P(x, y)$ é $\pi/2 - \theta$ e podemos escrever $\phi = 2\theta$. (Por quê?) Não tenha receio de usar as identidades trigonométricas.]

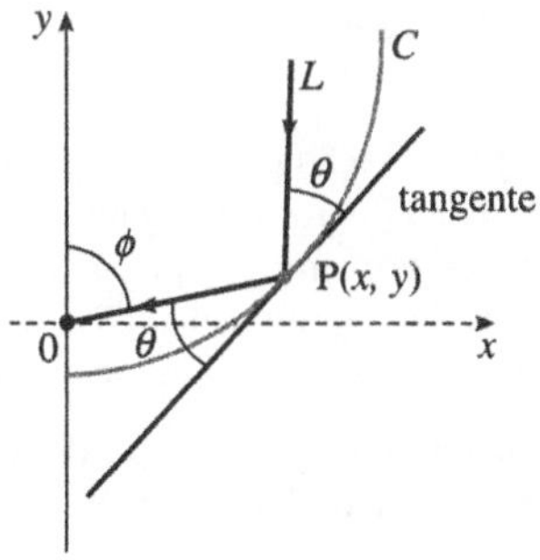

Figura 1.22

16. Um barril em forma cilíndrica, com s metros de diâmetro e w newtons de peso, flutua na água. O barril se movimenta para cima e para baixo ao longo de uma linha vertical. Usando a Figura 1.23(b), determine a equação diferencial para o deslocamento vertical $y(t)$, supondo a origem no eixo vertical na superfície da água quando o barril está em repouso. Use o princípio de Archimedes: o impulso da água no barril é igual ao peso da água deslocada. A densidade da água é $1000\,\text{kg/m}^3$. Suponha o sentido positivo para baixo e ignore a resistência da água.

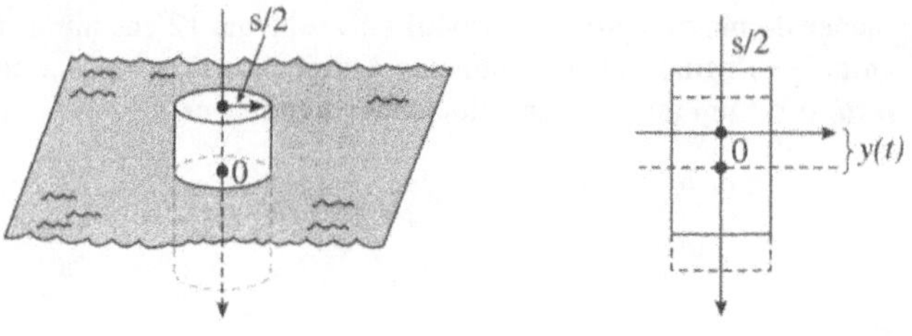

(a) (b)

Figura 1.23

17. Um foguete é lançado da superfície da terra verticalmente para cima. Depois de esgotado todo o combustível, a massa do foguete é constante igual a m. Use a segunda lei de Newton para o movimento e o fato de que a força da gravidade é inversamente proporcional ao quadrado da distância para encontrar a equação diferencial da distância y, do centro da terra ao foguete, em qualquer instante após a queima total do combustível. Enuncie condições iniciais apropriadas (no instante $t = 0$) associadas com essa equação diferencial.

18. A segunda lei de Newton $F = ma$ pode ser escrita como $F = d/dt(mv)$. Quando a massa de um objeto não é constante, esta última formulação é usada. A massa $m(t)$ de um foguete muda enquanto seu combustível é consumido.* Se $v(t)$ denota sua velocidade no instante t, pode ser mostrado que

$$-mg = m\frac{dv}{dt} - V\frac{dm}{dt}, \qquad \textbf{(29)}$$

em que V é a velocidade de escape dos gases em relação ao foguete. Use (29) para encontrar a equação diferencial de v, supondo conhecido que $m(t) = m_0 - at$ e $V = -b$, em que m_0, a e b são constantes.

19. Uma pessoa P, partindo da origem, move-se na direção positiva do eixo x, puxando um peso ao longo da curva C (chamada **tratriz**), como mostrado na Figura 1.24. O peso, inicialmente localizado no eixo y em $(0, s)$, é puxado por uma corda de comprimento s, que é mantida esticada durante todo o movimento. Encontre a equação diferencial da trajetória do movimento. [*Sugestão:* A corda fica sempre tangente a C; considere o ângulo de inclinação θ como mostrado na figura.]

20. Suponha uma abertura passando pelo centro da terra. Um corpo de massa m é atirado na abertura. Denote por r a distância do centro da terra à massa no instante t. Veja a Figura 1.25.

(a) Sejam M a massa da terra e M_r a massa da porção da terra limitada por uma esfera de raio r. A força da gravidade atuando em m é $F = -kM_r m/r^2$, em que o sinal de subtração indica que a força é uma atração. Use este fato para mostrar que

$$F = -k\frac{mM}{R^3}r.$$

[*Sugestão:* Suponha que a terra seja homogênea, isto é, a densidade é constante. Use massa = densidade × volume.]

---

* Estamos supondo que a massa total : *massa do veículo + massa do combustível + massa dos gases de escape* é constante. Neste caso, $m(t)$ = *massa do veículo + massa do combustível.*

(b) Use a segunda lei de Newton e o resultado da parte (a) para deduzir a equação diferencial

$$\frac{d^2r}{dt^2} + \omega^2 r = 0,$$

em que $\omega^2 = kM/R^3 = g/R$.

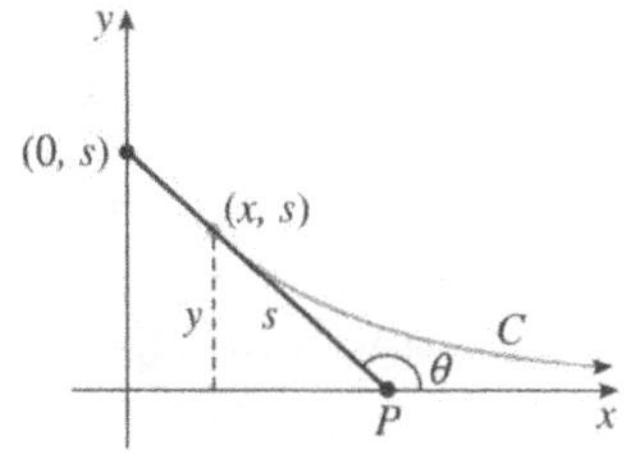

Figura 1.24

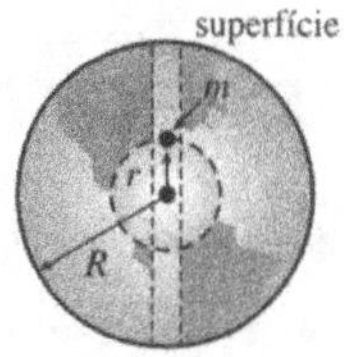

Figura 1.25

21. Em teoria de aprendizagem, a taxa à qual um assunto é memorizado é proporcional à quantidade ainda a ser memorizada. Se M denota a quantidade total a ser memorizada e $A(t)$ a quantidade memorizada no instante t, encontre a equação diferencial para A.

22. No Problema 21, suponha que a quantidade de material esquecida é proporcional à quantidade memorizada no instante t. Qual é a equação diferencial para A quando o esquecimento é levado em conta?

Capítulo 1 *REVISÃO*

Classificamos uma equação diferencial quanto ao tipo: **ordinária** ou **parcial**; quanto à **ordem**; e quanto à linearidade: **linear** ou **não-linear**.

Uma **solução** para uma equação diferencial é qualquer função suficientemente diferenciável que satisfaça a equação em algum intervalo.

Quando resolvemos uma equação diferencial ordinária de n-ésima ordem, esperamos encontrar uma família de soluções a n-parâmetros. Uma **solução particular** é qualquer solução, não dependente de parâmetros, que satisfaça a equação diferencial. Uma **solução singular** é qualquer solução que não pode ser obtida da família de soluções a n-parâmetros através de escolha dos parâmetros. Quando uma família de soluções a n-parâmetros fornece todas as soluções para uma equação diferencial em algum intervalo, ela é chamada solução **geral**, ou **completa**.

Na análise de um problema físico, muitas equações diferenciais podem ser obtidas igualando duas diferentes formulações empíricas da mesma situação. Por exemplo, uma equação diferencial sobre cinética pode, em geral, ser obtida simplesmente igualando a segunda lei de Newton sobre o movimento com as forças resultantes que atuam em um corpo.

Capítulo 1 *EXERCÍCIOS DE REVISÃO*

As respostas dos exercícios selecionados estão na página 441.

Nos Problemas 1-4, classifique a equação dada quanto ao tipo e à ordem. Classifique as equações diferenciais ordinárias quanto à linearidade.

1. $(2xy - y^2)\,dx + e^x dy = 0$

2. $(\operatorname{sen} xy)y''' + 4xy' = 0$

3. $\dfrac{\partial^2 u}{\partial x^2} + \dfrac{\partial^2 u}{\partial y^2} = u$

4. $x^2 \dfrac{d^2y}{dx^2} - 3x\dfrac{dy}{dx} + y = x^2$

Nos Problemas 5-8, verifique que a função indicada é uma solução para a equação diferencial dada.

5. $y' + 2xy = 2 + x^2 + y^2;\; y = x + \operatorname{tg} x$

6. $x^2y'' + xy' + y = 0;\; y = c_1 \cos(\ln x) + c_2 \operatorname{sen}(\ln x),\; x > 0$

7. $y''' - 2y'' - y' + 2y = 6;\; y = c_1e^x + c_2e^{-x} + c_3e^{2x} + 3$

8. $y^{(4)} - 16y = 0;\; y = \operatorname{sen} 2x + \cosh 2x$

Nos Problemas 9-16, determine, por inspeção, pelo menos uma solução para a equação diferencial dada.

9. $y' = 2x$

10. $\dfrac{dy}{dx} = 5y$

11. $y'' = 1$

12. $y' = y^3 - 8$

13. $y'' = y'$

14. $2y\dfrac{dy}{dx} = 1$

15. $y'' = -y$

16. $y'' = y$

17. Determine um intervalo, no qual $y^2 - 2y = x^2 - x - 1$ define uma solução para $2(y - 1)\,dy + (1 - 2x)\,dx = 0$.

18. Explique por que a equação diferencial

$$\left(\frac{dy}{dx}\right)^2 = \frac{4 - y^2}{4 - x^2}$$

não possui solução real em $|x| < 2$, $|y| > 2$. Há outras regiões do plano xy em que a equação não possui solução?

19. O tanque cônico, mostrado na Figura 1.26, derrama água por um orifício no fundo. Se a área da seção transversal do orifício é $1/4\text{m}^2$, encontre a equação diferencial que representa a altura da água h em relação ao tempo t. Ignore a força de atrito do orifício.

20. Um peso de 96 newtons desliza por um plano inclinado, fazendo um ângulo de 30° com a horizontal. Se o coeficiente de atrito é μ, determine a equação diferencial para a velocidade $v(t)$ do peso no instante t. Considere o fato de que a força de atrito no sentido oposto ao movimento é μN, em que N é a componente normal do peso. Veja a Figura 1.27.

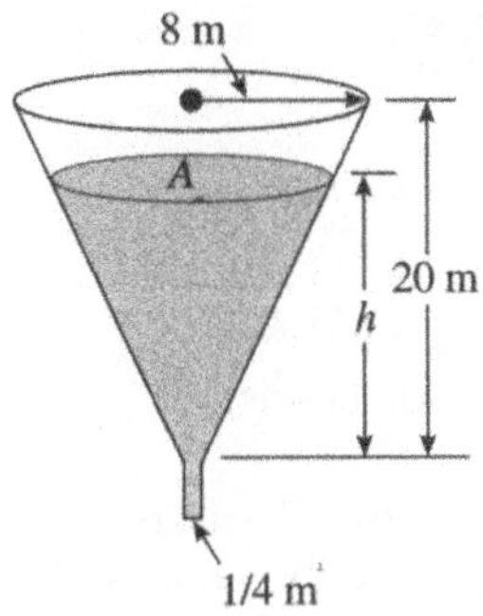

Figura 1.26

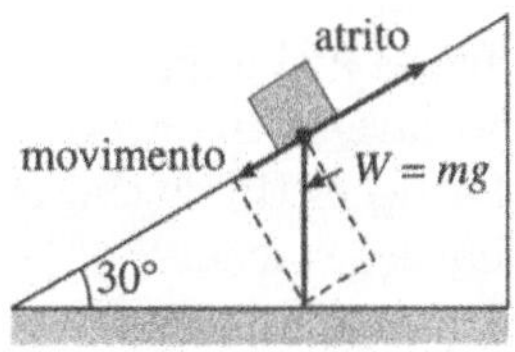

Figura 1.27

Capítulo 2

EQUAÇÕES DIFERENCIAIS DE PRIMEIRA ORDEM

Conceitos Importantes

Problema de valor inicial
Condição inicial
Existência de uma solução
Unicidade de uma solução
Separação de variáveis
Função homogênea
Equação homogênea
Diferencial exata
Equação exata
Fator de integração
Equação linear
Solução geral

Estamos agora em posição de resolver algumas equações diferenciais. Começamos com as equações diferenciais de primeira ordem.

Se uma equação diferencial de primeira ordem puder ser resolvida, veremos que a técnica ou método para resolvê-la depende do tipo da equação de primeira ordem com que estamos lidando. Durante anos, muitos matemáticos se esforçaram para resolver diversos tipos particulares de equações. Por isso, há vários métodos de solução; o que funciona para um tipo de equação de primeira ordem não se aplica necessariamente a outros tipos de equação. Embora consideremos métodos de solução para sete tipos clássicos de equações neste capítulo, centralizamos nossa atenção em quatro tipos de equações. Alguns desses quatro tipos são importantes nas aplicações.

2.1 TEORIA PRELIMINAR

Problema de Valor Inicial

Estamos interessados em resolver um equação diferencial de primeira ordem*

$$\frac{dy}{dx} = f(x, y)$$

sujeita à condição inicial $y(x_0) = y_0$, em que x_0 é um número no intervalo I e y_0 é um número real arbitrário. O problema

$$\begin{aligned} &\textit{Resolva: } \frac{dy}{dx} = f(x, y) \\ &\textit{Sujeito a: } y(x_0) = y_0 \end{aligned} \qquad \textbf{(2)}$$

é chamado de **problema de valor inicial**. Em termos geométricos, estamos procurando uma solução para a equação diferencial, definida em algum intervalo I tal que o gráfico da solução passe por um ponto (x_0, y_0) determinado *a priori*. Veja a Figura 2.1.

EXEMPLO 1

Vimos (páginas 9-10) que $y = ce^x$ é uma família a um parâmetro de soluções para $y' = y$ no intervalo $(-\infty, \infty)$. Se especificarmos, digamos, $y(0) = 3$, então substituindo $x = 0$, $y = 3$ na família, obteremos $3 = ce^0 = c$. Logo, como mostrado na Figura 2.2, a função

$$y = 3e^x$$

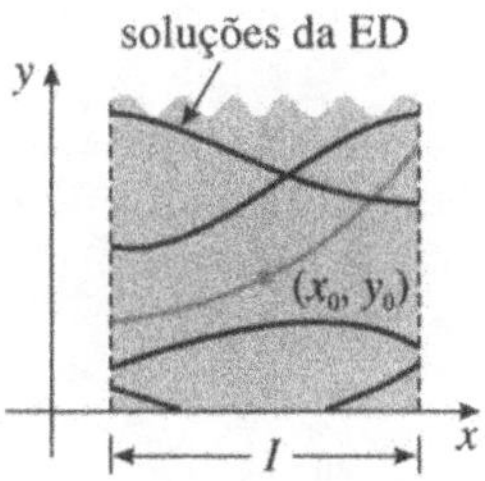

Figura 2.1

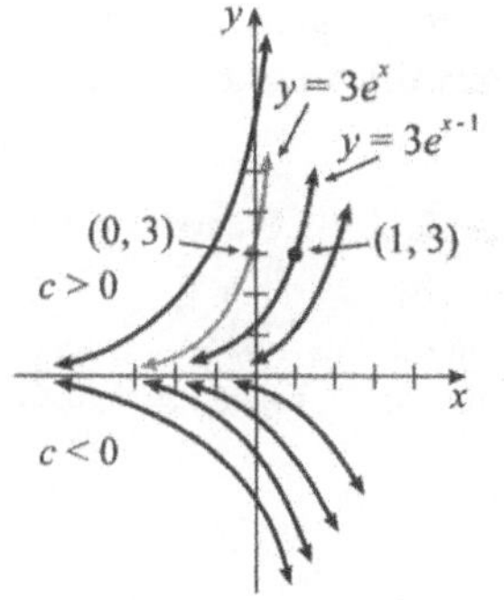

Figura 2.2

* Neste texto, supomos que uma equação diferencial $F(x, y, y', \ldots, y^{(n)}) = 0$ possa ser colocada na forma $y^{(n)} = f(x, y, y', \ldots, y^{(n-1)})$. Há exceções.

é uma solução para o problema de valor inicial

$$y' = y, \quad y(0) = 3.$$

Se tivéssemos pedido um solução de $y' = y$ que passasse pelo ponto (1, 3) em vez de (0, 3), então $y(1) = 3$ iria nos dar $c = 3e^{-1}$, e daí, $y = 3e^{x-1}$. O gráfico dessa solução está também indicado na Figura 2.2. ■

A questão fundamental surge quando consideramos um problema de valor inicial como (2):

Existe uma solução para o problema?
Se existe uma solução, ela é única?

Em outras palavras, a equação diferencial $dy/dx = f(x, y)$ possui uma solução cujo gráfico passa pelo ponto (x_0, y_0)? E será que essa solução, se existir, é única?

Como os próximos exemplos mostrarão, a resposta à segunda questão é: algumas vezes não.

EXEMPLO 2

Você deve verificar que cada uma das funções $y = 0$ e $y = x^4/16$ satisfaça a equação diferencial e a condição inicial no problema

$$\frac{dy}{dx} = xy^{1/2}, \quad y(0) = 0.$$

Como ilustrado na Figura 2.3, os gráficos de ambas as funções passam pelo ponto (0, 0).

Em geral, deseja-se saber, antes de considerar um problema de valor inicial, se uma solução existe e, quando existe, se é a única solução para o problema. O segundo teorema, devido a Picard,* nos dá condições suficientes para garantir existência e unicidade de soluções.

TEOREMA 2.1 Existência de uma Única Solução

Seja R uma região retangular no plano xy definida por $a \le x \le b, c \le y \le d$, que contém o ponto (x_0, y_0) em seu interior. Se $f(x, y)$ e $\partial f/\partial y$ são contínuas em R, então existe um intervalo I centrado em x_0 e uma única função $y(x)$ definida em I que satisfaz o problema de valor inicial (2).

* **Charles Émile Picard** (1856-1941) Picard foi um dos proeminentes matemáticos franceses do final do século passado e começo deste século. Fez significativas contribuições nas áreas de equações diferenciais e variável complexa. Em 1899, Picard lecionou na Universidade Clark em Worcester, estado de Massachusetts, Estados Unidos.

O resultado anterior é um dos mais populares teoremas de existência e unicidade para equações diferenciais de primeira ordem, porque os critérios de continuidade de $f(x, y)$ e $\partial f/\partial y$ são relativamente fáceis de ser verificados. Em geral, não é possível determinar um intervalo específico I no qual uma solução está definida sem realmente resolver a equação diferencial (veja Problema 16). A geometria do Teorema 2.1 está ilustrada na Figura 2.4. ■

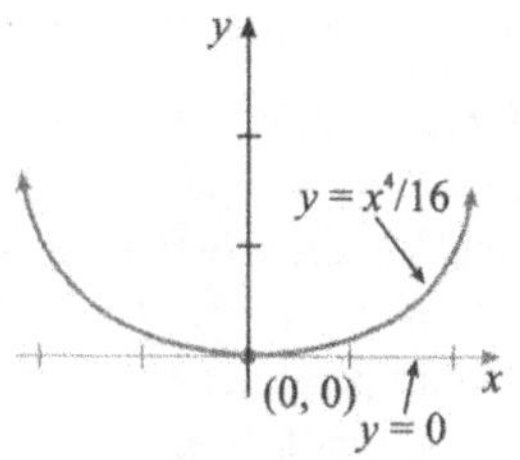

Figura 2.3

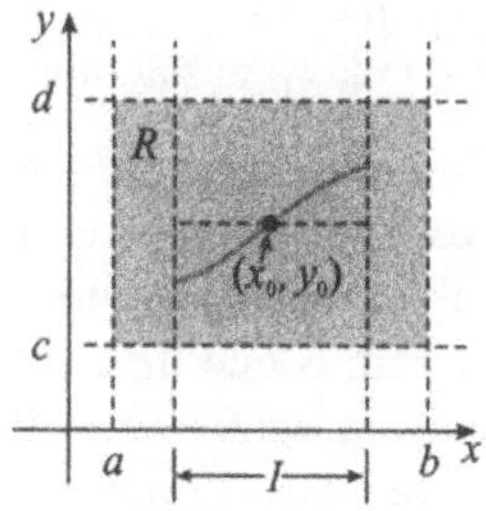

Figura 2.4

EXEMPLO 3

Vimos no Exemplo 2 que a equação diferencial

$$\frac{dy}{dx} = xy^{1/2}$$

possui pelo menos duas soluções cujos gráficos passam por (0, 0). As funções

$$f(x, y) = xy^{1/2} \quad \text{e} \quad \frac{\partial f}{\partial y} = \frac{x}{2y^{1/2}}$$

são contínuas no semiplano superior definido por $y > 0$. Concluímos do Teorema 2.1 que, dado um ponto qualquer (x_0, y_0) com $y_0 > 0$ (por exemplo, (0, 1)), existe algum intervalo em torno de x_0 no qual a equação diferencial dada possui uma única solução $y(t)$, tal que $y(x_0) = y_0$. ■

EXEMPLO 4

O Teorema 2.1 garante que existe um intervalo contendo $x = 0$ no qual $y = 3e^x$ é a única solução para o problema de valor inicial do Exemplo 1:

$$y' = y, \quad y(0) = 3.$$

Isso segue-se do fato de que $f(x, y) = y$ e $\partial f/\partial y = 1$ são contínuas em todo o plano xy. Pode ser mostrado ainda que esse intervalo seja $(-\infty, \infty)$. ■

EXEMPLO 5

Para

$$\frac{dy}{dx} = x^2 + y^2$$

observamos que $f(x, y) = x^2 + y^2$ e $\partial f/\partial y = 2y$ são contínuas em todo o plano xy. Logo, por qualquer ponto (x_0, y_0) passa uma e somente uma solução para a equação diferencial.

Nota **(i)** Devemos estar cientes da distinção entre a *existência* de uma solução e *poder exibir* tal solução. Evidentemente, se encontramos uma solução exibindo-a, podemos dizer que ela existe, mas, por outro lado, uma solução pode existir e não ser possível expressá-la. Pelo Exemplo 5, sabemos que uma solução para o problema $dy/dx = x^2 + y^2$, $y(0) = 1$ existe em algum intervalo em torno de $x = 0$ e é única. Porém, a equação não pode ser resolvida em termos de funções elementares; podemos expressar uma solução aproximada usando os métodos do Capítulo 9.

(ii) As condições enunciadas no Teorema 2.1 são *suficientes*, mas não *necessárias*. Quando $f(x, y)$ e $\partial f/\partial y$ são contínuas em uma região retangular R, segue-se sempre que existe uma única solução para (2) quando (x_0, y_0) é um ponto interior a R. Porém, se as condições enunciadas nas hipóteses do teorema não são satisfeitas, então o problema de valor inicial (2) pode ter ou não solução, ter mais de uma solução ou ter uma única solução. Ainda, a condição de continuidade de $\partial f/\partial y$ pode ser enfraquecida um pouco sem alteração da conclusão do teorema. Este resultado é uma forma mais forte do teorema, mas infelizmente sua aplicabilidade não é tão fácil quanto a do Teorema 2. Na verdade, se não estamos interessados em unicidade, então um famoso teorema elaborado pelo matemático italiano Giuseppe Peano diz que a continuidade de $f(x, y)$ em R é suficiente para garantir a existência de pelo menos uma solução para $dy/dx = f(x, y)$ passando por um ponto (x_0, y_0) interior a R.

2.1 EXERCÍCIOS

As respostas dos exercícios selecionados estão na página 441.

Nos Problemas 1-10, determine uma região do plano xy para a qual a equação diferencial teria uma única solução passando por um ponto (x_0, y_0) na região.

1. $\frac{dy}{dx} = y^{2/3}$

2. $\frac{dy}{dx} = \sqrt{xy}$

3. $x\frac{dy}{dx} = y$

4. $\frac{dy}{dx} - y = x$

5. $(4 - y^2)y' = x^2$

6. $(1 + y^3)y' = x^2$

7. $(x^2 + y^2)y' = y^2$

8. $(y - x)y' = y + x$

9. $\dfrac{dy}{dx} = x^3 \cos y$

10. $\dfrac{dy}{dx} = (x - 1)e^{y/(x-1)}$

Nos Problemas 11 e 12, determine, por inspeção, pelo menos duas soluções para o problema de valor inicial dado.

11. $y' = 3y^{2/3}, \ \ y(0) = 0$

12. $x\dfrac{dy}{dx} = 2y, \ \ y(0) = 0$

13. Por inspeção, determine uma solução para a equação diferencial não-linear $y' = y^3$ que satisfaça $y(0) = 0$. A solução é única?

14. Por inspeção, encontre uma solução para o problema de valor inicial

$$y' = |y - 1|, \quad y(0) = 1.$$

Diga por que as condições do Teorema 2.1 não são satisfeitas para essa equação diferencial. Embora não possamos provar, a solução para esse problema de valor inicial é única.

15. Verifique que $y = cx$ é uma solução para a equação diferencial $xy' = y$ para todo valor do parâmetro c. Encontre pelo menos duas soluções para o problema de valor inicial

$$xy' = y, \quad y(0) = 0.$$

Observe que a função definida por partes

$$y = \begin{cases} 0, & x < 0 \\ x, & x \geq 0 \end{cases}$$

satisfaz a condição $y(0) = 0$. Ela é uma solução para o problema de valor inicial?

16. **(a)** Considere a equação diferencial

$$\frac{dy}{dx} = 1 + y^2.$$

Determine uma região do plano xy tal que a equação tenha uma única solução passando por um ponto (x_0, y_0) da região.

(b) Formalmente, mostre que $y = \operatorname{tg} x$ satisfaz a equação diferencial e a condição inicial $y(0) = 0$.

(c) Explique por que $y = \operatorname{tg} x$ não é uma solução para o problema de valor inicial

$$\frac{dy}{dx} = 1 + y^2, \quad y(0) = 0,$$

no intervalo $(-2, 2)$.

(d) Explique por que $y = \operatorname{tg} x$ é uma solução para o problema de valor inicial da parte (c) no intervalo $(-1, 1)$.

Nos Problemas 17-20, verifique se o Teorema 2.1 garante unicidade de solução para a equação diferencial $y' = \sqrt{y^2 - 9}$, passando pelo ponto dado.

17. $(1, 4)$

18. $(5, 3)$

19. $(2, -3)$

20. $(-1, 1)$

2.2 VARIÁVEIS SEPARÁVEIS

Nota ao estudante: Na resolução para uma equação diferencial, você terá freqüentemente que utilizar, digamos, integração por partes, frações parciais ou possivelmente uma substituição. Será proveitoso gastar alguns minutos de seu tempo na revisão de algumas técnicas de integração.

Começamos nosso estudo da metodologia de resolução de equações de primeira ordem com a mais simples de todas as equações.

Se $g(x)$ é uma função contínua dada, então a equação de primeira ordem

$$\frac{dy}{dx} = g(x) \tag{1}$$

pode ser resolvida por integração. A solução para (1) é

$$y = \int g(x)\,dx + c.$$

EXEMPLO 1

Resolva (a) $\dfrac{dy}{dx} = 1 + e^{2x}$ e (b) $\dfrac{dy}{dx} = \operatorname{sen} x$.

Solução Como ilustrado acima, ambas as equações podem ser resolvidas por integração.

(a) $y = \int (1 + e^{2x})\,dx = x + \frac{1}{2}e^{2x} + c$

(b) $y = \int \operatorname{sen} x\,dx = -\cos x + c$ ■

A equação (1), bem como seu método de resolução, é apenas um caso especial do seguinte:

DEFINIÇÃO 2.1 Equação Separável

Uma equação diferencial da forma

$$\frac{dy}{dx} = \frac{g(x)}{h(y)}$$

é chamada **separável** ou tem **variáveis separáveis**.

Observe que uma equação separável pode ser escrita como

$$h(y)\frac{dy}{dx} = g(x). \tag{2}$$

É imediato que (2) se reduz a (1) quando $h(y) = 1$.

Agora, se $y = f(x)$ denota uma solução para (2), temos

$$h(f(x))f'(x) = g(x),$$

logo,

$$\int h(f(x))f'(x)\,dx = \int g(x)\,dx + c. \tag{3}$$

Mas $dy = f'(x)\,dx$, assim (3) é o mesmo que

$$\int h(y)\,dy = \int g(x)\,dx + c. \tag{4}$$

Método de Solução

A equação (4) indica o procedimento na resolução para equações diferenciais separáveis. Uma família a um parâmetro de soluções, em geral parada implicitamente, é obtida integrando ambos os lados de $h(y)\,dy = g(x)\,dx$.

Nota Não há necessidade de usar duas constantes na integração de uma equação separável pois,

$$\int h(y)\,dy + c_1 = \int g(x)\,dx + c_2$$

$$\int h(y)\,dy = \int g(x)\,dx + c_2 - c_1 = \int g(x)\,dx + c,$$

em que c é completamente arbitrária. Em várias instâncias, no decorrer dos capítulos seguintes, não hesitaremos em indexar constantes de uma maneira que possa ser mais conveniente para uma dada equação. Por exemplo, múltiplos de constantes ou combinações de constantes podem ser trocados por uma única constante.

EXEMPLO 2

Resolva $(1 + x)\,dy - y\,dx = 0.$

Solução Dividindo por $(1 + x)y$, podemos escrever, $dy/y = dx/(1 + x)$, da qual se segue que

$$\int \frac{dy}{y} = \int \frac{dx}{1 + x}.$$

$$\ln|y| = \ln|1 + x| + c_1$$

$$y = e^{\ln|1 + x| + c_1}$$

$$= e^{\ln|1 + x|} \times e^{c_1}$$

$$= |1 + x|e^{c_1}.$$

$$= \pm e^{c_1}(1 + x)$$

$|1 + x| = 1 + x,\ x \geq -1$
$|1 + x| = -(1 + x),\ x < -1$

Trocando $\pm e^{c_1}$ por c, temos, $y = c(1 + x)$.

Solução Alternativa Como cada integral resulta em um logaritmo, uma escolha conveniente para a constante de integração seria $\ln|c|$ em vez de c:

$$\ln|y| = \ln|1 + x| + \ln|c|$$

ou

$$\ln|y| = \ln|c(1 + x)|$$

assim,

$$y = c(1 + x)$$

Mesmo que as integrais indefinidas não sejam *todas* logarítmicas, ainda pode ser vantajoso usar $\ln|c|$. Porém, nenhuma regra pode ser dada. ■

EXEMPLO 3

Resolva o problema de valor inicial

$$\frac{dy}{dx} = -\frac{x}{y}, \quad y(4) = 3.$$

Solução De $y\,dy = -x\,dx$, obtemos

$$\int y\,dy = -\int x\,dx \quad \text{e} \quad \frac{y^2}{2} = -\frac{x^2}{2} + c_1.$$

Essa solução pode ser escrita como $x^2 + y^2 = c^2$, trocando as constantes $2c_1$ por c^2. A solução representa uma família de círculos concêntricos.

Agora, quando $x = 4$, $y = 3$ temos $16 + 9 = 25 = c^2$. Logo, o problema de valor inicial determina $x^2 + y^2 = 25$. Em vista do Teorema 2.1, podemos concluir que este é o único círculo da família que passa pelo ponto (4, 3). Veja a Figura 2.5. ■

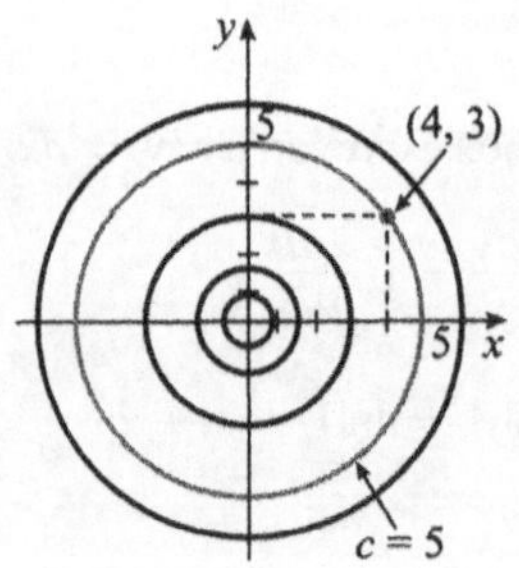

Figura 2.5

EXEMPLO 4

Resolva
$$xe^{-y}\,\text{sen}\,x\,dx - y\,dy = 0.$$

Solução Depois de multiplicar por e^y, obtemos

$$x\,\text{sen}\,x\,dx = ye^y\,dy.$$

A integração por partes em ambos os lados da equação resulta em

$$-x\cos x + \text{sen}\,x = ye^y - e^y + c.$$ ■

EXEMPLO 5

Resolva
$$xy^4\,dx + (y^2 + 2)e^{-3x}\,dy = 0. \tag{5}$$

Solução Multiplicando a equação dada por e^{3x} e dividindo por y^4, obtemos

$$xe^{3x}\,dx + \frac{y^2 + 2}{y^4}\,dy = 0 \text{ ou } xe^{3x}\,dx + (y^{-2} + 2y^{-4})\,dy = 0. \tag{6}$$

Usando integração por partes no primeiro termo, temos

$$\frac{1}{3}xe^{3x} - \frac{1}{9}e^{3x} - y^{-1} - \frac{2}{3}y^{-3} = c_1.$$

A família a um parâmetro de soluções pode também ser escrita como

$$e^{3x}(3x - 1) = \frac{9}{y} + \frac{6}{y^3} + c, \tag{7}$$

em que a constante $9c_1$ foi trocada por c. ■

Dois pontos devem ser mencionados neste instante. Primeiro, a menos que seja importante ou conveniente, não há necessidade de tentar resolver y como função de x em uma expressão que representa uma família de soluções. A equação (7) mostra que essa tarefa pode apresentar problemas que vão além da enfadonha manipulação de símbolos. Como conseqüência, é freqüente o caso em que o intervalo no qual uma solução é válida não é aparente. Segundo, deve-se estar atento à separação de variável para ter certeza de que os divisores não são nulos. Uma solução constante pode facilmente ser esquecida no embaralhamento do processo de resolução para o problema. No Exemplo 5, observe que $y = 0$ é uma solução para (5), mas não pertence ao conjunto de soluções definido em (7).

EXEMPLO 6

Resolva o problema de valor inicial

$$\frac{dy}{dx} = y^2 - 4, \quad y(0) = -2.$$

Solução Colocamos a equação na forma

$$\frac{dy}{y^2 - 4} = dx \tag{8}$$

e usamos frações parciais no lado esquerdo. Temos

$$\left[\frac{-\frac{1}{4}}{y+2} + \frac{\frac{1}{4}}{y-2}\right]dy = dx \tag{9}$$

assim
$$-\frac{1}{4}\ln|y+2| + \frac{1}{4}\ln|y-2| = x + c_1. \tag{10}$$

Logo,
$$\ln\left|\frac{y-2}{y+2}\right| = 4x + c_2$$

e
$$\frac{y-2}{y+2} = ce^{4x},$$

em que trocamos $4c_1$ por c_2 e e^{c_2} por c. Finalmente, resolvendo y na última equação, obtemos

$$y = 2\frac{1 + ce^{4x}}{1 - ce^{4x}}. \tag{11}$$

A substituição $x = 0, y = -2$ acarreta o seguinte dilema

$$-2 = 2\frac{1 + c}{1 - c}$$

$$-1 + c = 1 + c \quad \text{ou} \quad -1 = 1.$$

Examinaremos a equação diferencial mais cuidadosamente. O fato é: a equação

$$\frac{dy}{dx} = (y + 2)(y - 2)$$

é satisfeita por duas funções constantes, a saber, $y = -2$ e $y = 2$. Inspecionando as equações (8), (9) e (10), vemos que as soluções $y = -2$ e $y = 2$ não foram consideradas (pois anulariam o denominador). Mas é interessante observar que a solução $y = 2$ pode ser subseqüentemente recuperada fazendo $c = 0$ em (11). Porém nenhum valor de c nos dará a solução $y = -2$. Esta última função constante é a única solução para o problema de valor inicial. Veja a Figura 2.6. ■

Se, no Exemplo 6, tivéssemos usado $\ln|c|$ como a constante de integração, então a expressão da família a um parâmetro de soluções seria

$$y = 2\frac{c + e^{4x}}{c - e^{4x}}. \tag{12}$$

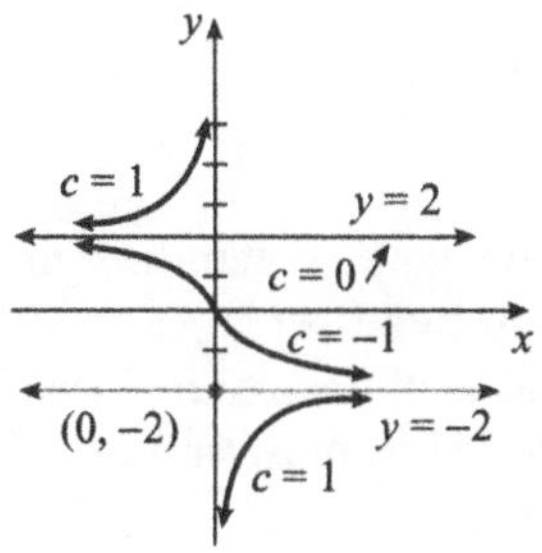

Figura 2.6

Note que (12) se reduz a $y = -2$ quando $c = 0$, mas agora nenhum valor de c nos dará a solução constante $y = 2$.

Quando uma solução para um problema de valor inicial pode ser obtida escolhendo um parâmetro particular em uma família a um parâmetro de soluções para uma equação diferencial de primeira ordem, os estudantes (e os professores) naturalmente se contentam com isso. Na Seção 2.1, vimos porém que uma solução para um problema de valor inicial pode não ser única. Por exemplo, o problema

$$\frac{dy}{dx} = xy^{1/2}, \quad y(0) = 0, \tag{13}$$

possui pelo menos duas soluções, a saber, $y = 0$ e $y = x^4/16$. Estamos agora em posição de resolver a equação. Separando as variáveis

$$y^{-1/2}\,dy = x\,dx$$

e integrando temos

$$2y^{1/2} = \frac{x^2}{2} + c_1 \quad \text{ou} \quad y = \left(\frac{x^2}{4} + c\right)^2.$$

Quando $x = 0$, $y = 0$, então necessariamente $c = 0$. Logo, $y = x^4/16$. A solução $y = 0$ foi desconsiderada quando dividimos por $y^{1/2}$. Ainda, o problema de valor inicial (13) possui infinitas soluções, pois, para cada escolha do parâmetro $a \geq 0$, a função definida por partes

$$y = \begin{cases} 0, & x < a \\ \dfrac{(x^2 - a^2)^2}{16}, & x \geq a \end{cases}$$

satisfaz o problema de valor inicial. Veja a Figura 2.7

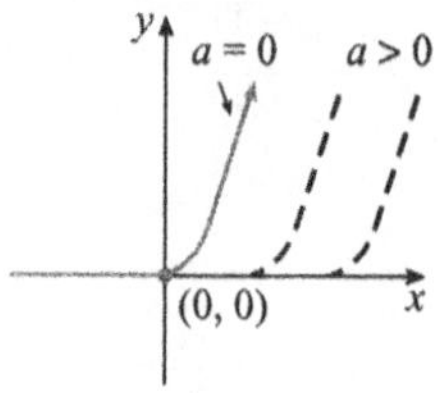

Figura 2.7

Nota Vimos em alguns exemplos que a constante na família a um parâmetro de soluções para uma equação diferencial de primeira ordem pode ser trocada quando conveniente. Também, pode facilmente acontecer que duas maneiras distintas de resolução levem a respostas diferentes. Por exemplo, por separação de variáveis, podemos mostrar que

$$\operatorname{arctg} x + \operatorname{arctg} y = c \quad \text{ou} \quad \operatorname{arctg} x + \operatorname{arctg} y = \operatorname{arctg} c \quad \text{ou} \quad \frac{x + y}{1 - xy} = c.$$

são famílias a um parâmetro de soluções para $(1 + y^2)\,dx + (1 + x^2)\,dy = 0$. Quando você estiver estudando as próximas seções, tenha em mente o fato de que famílias de soluções podem ser *equivalentes* no seguinte sentido: uma família pode ser obtida de outra por uma troca de constante ou por manipulação algébrica e trigonométrica.

2.2 EXERCÍCIOS

As respostas dos exercícios selecionados estão na página 441.

Nos Problemas 1-40, resolva a equação diferencial dada por separação de variável.

1. $\frac{dy}{dx} = \operatorname{sen} 5x$

2. $\frac{dy}{dx} = (x + 1)^2$

3. $dx + e^{3x}\,dy = 0$

4. $dx - x^2\,dy = 0$

5. $(x + 1)\frac{dy}{dx} = x + 6$

6. $e^x \frac{dy}{dx} = 2x$

7. $xy' = 4y$

8. $\frac{dy}{dx} + 2xy = 0$

9. $\frac{dy}{dx} = \frac{y^3}{x^2}$

10. $\frac{dy}{dx} = \frac{y + 1}{x}$

11. $\frac{dx}{dy} = \frac{x^2 y^2}{1 + x}$

12. $\frac{dx}{dy} = \frac{1 + 2y^2}{y \operatorname{sen} x}$

13. $\frac{dy}{dx} = e^{3x + 2y}$

14. $e^x y \frac{dy}{dx} = e^{-y} + e^{-2x - y}$

15. $(4y + yx^2)\,dy = (2x + xy^2)\,dx = 0$

16. $(1 + x^2 + y^2 + x^2y^2)\,dy = y^2\,dx$

17. $2y(x + 1)\,dy = x\,dx$

18. $x^2y^2\,dy = (y + 1)\,dx$

19. $y \ln x \frac{dx}{dy} = \left(\frac{y + 1}{x}\right)^2$

20. $\frac{dy}{dx} = \left(\frac{2y + 3}{4x + 5}\right)^2$

21. $\frac{dS}{dr} = kS$

22. $\frac{dQ}{dt} = k(Q - 70)$

23. $\frac{dP}{dt} = P - P^2$

24. $\frac{dN}{dt} + N = Nte^{t + 2}$

25. $\sec^2 x\,dy + \operatorname{cosec} y\,dx = 0$

26. $\operatorname{sen} 3x\,dx + 2y \cos^3 3x\,dy = 0$

27. $e^y \operatorname{sen} 2x\,dx + \cos x(e^{2y} - y)\,dy = 0$

28. $\sec x\,dy = x \operatorname{cotg} y\,dx$

29. $(e^y + 1)^2 e^{-y}\,dx + (e^x + 1)^3 e^{-x}\,dy = 0$

30. $\frac{y}{x}\frac{dy}{dx} = (1 + x^2)^{-1/2}(1 + y^2)^{1/2}$

31. $(y - yx^2)\frac{dy}{dx} = (y + 1)^2$

32. $2\frac{dy}{dx} - \frac{1}{y} = \frac{2x}{y}$

33. $\frac{dy}{dx} = \frac{xy + 3x - y - 3}{xy - 2x + 4y - 8}$

34. $\frac{dy}{dx} = \frac{xy + 2y - x - 2}{xy - 3y + x - 3}$

35. $\frac{dy}{dx} = \operatorname{sen} x(\cos 2y - \cos^2 y)$

36. $\sec y \frac{dy}{dx} + \operatorname{sen}(x - y) = \operatorname{sen}(x + y)$

37. $x\sqrt{1 - y^2}\,dx = dy$

38. $y(4 - x^2)^{1/2}\,dy = \left(4 + y^2\right)^{1/2} dx$

39. $(e^x + e^{-x})\frac{dy}{dx} = y^2$

40. $(x + \sqrt{x})\frac{dy}{dx} = y + \sqrt{y}$

Nos Problemas 41-48, resolva a equação diferencial dada sujeita à condição inicial indicada.

41. $(e^{-y} + 1) \operatorname{sen} x\,dx = (1 + \cos x)\,dy,$ $y(0) = 0$

42. $(1 + x^4)\,dy + x(1 + 4y^2)\,dx = 0,\ y(1) = 0$

43. $y\,dy = 4x(y^2 + 1)^{1/2}\,dx,\ y(0) = 1$

44. $\frac{dy}{dt} + ty = y,\ y(1) = 3$

45. $\frac{dx}{dy} = 4(x^2 + 1),\ x\left(\frac{\pi}{4}\right) = 1$

46. $\frac{dy}{dx} = \frac{y^2 - 1}{x^2 - 1},\ y(2) = 2$

47. $x^2 y' = y - xy,\ y(-1) = -1$

48. $y' + 2y = 1,\ y(0) = \frac{5}{2}$

Nos Problemas 49 e 50, encontre uma solução para a equação diferencial dada que passe pelos pontos indicados.

49. $\dfrac{dy}{dx} - y^2 = -9$

(a) $(0, 0)$ **(b)** $(0, 3)$ **(c)** $\left(\dfrac{1}{3}, 1\right)$

50. $x\dfrac{dy}{dx} = y^2 - y$

(a) $(0, 1)$ **(b)** $(0, 0)$ **(c)** $\left(\dfrac{1}{2}, \dfrac{1}{2}\right)$

51. Encontre uma solução singular para a equação do Problema 37.

52. Encontre uma solução singular para a equação do Problema 39.

A uma pequena mudança (perturbação) na condição inicial ou na própria equação, freqüentemente corresponde uma mudança radical na solução para uma equação diferencial. Nos Problemas 53-56, compare as soluções dos problemas de valor inicial dados.

53. $\dfrac{dy}{dx} = (y - 1)^2, \ y(0) = 1$

54. $\dfrac{dy}{dx} = (y - 1)^2, \ y(0) = 1{,}01$

55. $\dfrac{dy}{dx} = (y - 1)^2 + 0{,}01, \ y(0) = 1$

56. $\dfrac{dy}{dx} = (y - 1)^2 - 0{,}01, \ y(0) = 1$

Uma equação diferencial da forma $dy/dx = f(ax + by + c)$, $b \neq 0$, pode sempre ser reduzida a uma equação com variáveis separáveis por meio da substituição $u = ax + by + c$. Use este procedimento para resolver os Problemas 57-62.

57. $\dfrac{dy}{dx} = (x + y + 1)^2$

58. $\dfrac{dy}{dx} = \dfrac{1 - x - y}{x + y}$

59. $\dfrac{dy}{dx} = \mathrm{tg}^2(x + y)$

60. $\dfrac{dy}{dx} = \mathrm{sen}(x + y)$

61. $\dfrac{dy}{dx} = 2 + \sqrt{y - 2x + 3}$

62. $\dfrac{dy}{dx} = 1 + e^{y - x + 5}$

2.3 EQUAÇÕES HOMOGÊNEAS

Antes de considerar o conceito de equação **diferencial homogênea de primeira ordem** e seu método de solução, precisamos primeiro examinar de perto a natureza de uma **função homogênea**. Começamos com a definição deste conceito.

DEFINIÇÃO 2.2 Função Homogênea

Se uma função f satisfaz

$$f(tx, ty) = t^n f(x, y) \tag{1}$$

para algum número real n, então dizemos que f é uma **função homogênea de grau n**.

EXEMPLO 1

(a) $f(x, y) = x^2 - 3xy + 5y^2$

$$\begin{aligned} f(tx, ty) &= (tx)^2 - 3(tx)(ty) + 5(ty)^2 \\ &= t^2x^2 - 3t^2xy + 5t^2y^2 \\ &= t^2[x^2 - 3xy + 5y^2] = t^2 f(x, y) \end{aligned}$$

A função é homogênea de grau dois.

(b) $f(x, y) = \sqrt[3]{x^2 + y^2}$

$$f(tx, ty) = \sqrt[3]{t^2x^2 + t^2y^2} = t^{2/3} \sqrt[3]{x^2 + y^2} = t^{2/3} f(x, y)$$

A função é homogênea de grau 2/3.

(c) $f(x, y) = x^3 + y^3 + 1$

$$f(tx, ty) = t^3y^3 + t^3y^3 + 1 \neq t^3 f(x, y)$$

pois $t^3 f(x, y) = t^3x^3 + t^3y^3 + t^3$. A função não é homogênea.

(d) $f(x, y) = \dfrac{x}{2y} + 4$

$$f(tx, ty) = \frac{tx}{2ty} + 4 = \frac{x}{2y} + 4 = t^0 f(x, y)$$

A função é homogênea de grau zero. ■

Como as partes (c) e (d) do Exemplo 1 mostram, uma constante adicionada à função destrói a homogeneidade, a menos que a função seja homogênea de grau zero. Ainda, muitas vezes uma função homogênea pode ser reconhecida examinando o **grau** de cada termo.

EXEMPLO 2

(a) $f(x, y) = 6xy^3 - x^2y^2$

($6xy^3$: grau 1 + grau 3 = grau 4; x^2y^2: grau 2 + grau 2 = grau 4)

A função é homogênea de grau quatro.

(b) $f(x, y) = x^2 - y$

(x^2: grau 2; y: grau 1 — graus diferentes)

A função não é homogênea, pois os graus dos dois termos são diferentes. ■

Se $f(x, y)$ for uma função homogênea de grau n, note que poderemos escrever

$$f(x, y) = x^n f\left(1, \frac{y}{x}\right) \quad \text{e} \quad f(x, y) = y^n f\left(\frac{x}{y}, 1\right), \tag{2}$$

em que $f(1, y/x)$ e $f(x/y, 1)$ são ambas homogêneas de grau zero.

EXEMPLO 3

Vemos que $f(x, y) = x^2 + 3xy + y^2$ é homogênea de grau dois. Logo,

$$f(x, y) = x^2\left[1 + 3\left(\frac{y}{x}\right) + \left(\frac{y}{x}\right)^2\right] = x^2 f\left(1, \frac{y}{x}\right)$$

$$f(x, y) = y^2\left[\left(\frac{x}{y}\right)^2 + 3\left(\frac{x}{y}\right) + 1\right] = y^2 f\left(\frac{x}{y}, 1\right).$$

■

Uma equação diferencial homogênea de primeira ordem é definida em termos das funções homogêneas.

DEFINIÇÃO 2.3 Equação Homogênea

Uma equação diferencial da forma

$$M(x, y)\,dx + N(x, y)\,dy = 0 \tag{3}$$

é chamada de **homogênea** se ambos os coeficientes M e N são funções homogêneas do mesmo grau.

Em outras palavras, $M(x, y)\,dx + N(x, y)\,dy = 0$ é homogênea se

$$M(tx, ty) = t^n M(x, y) \quad \text{e} \quad N(tx, ty) = t^n N(x, y).$$

Método de Solução

Uma equação diferencial homogênea $M(x, y)\,dx + N(x, y)\,dy = 0$ pode ser resolvida por meio de uma substituição algébrica. Especificamente, a substituição $y = ux$ ou $x = vy$, em que u e v são as novas variáveis independentes, *transformará a equação em uma equação diferencial de primeira ordem separável.* Para ver isso, seja $y = ux$; então, sua diferencial $dy = u\,dx + x\,du$. Substituindo em (3), temos

$$M(x, ux)\,dx + N(x, ux)[u\,dx + x\,du] = 0.$$

Agora, pela propriedade de homogeneidade dada em (2), podemos escrever

$$x^n M(1, u)\,dx + x^n N(1, u)[u\,dx + x\,du] = 0$$

ou $$[M(1, u) + uN(1, u)]\,dx + xN(1, u)\,du = 0,$$

assim, $$\frac{dx}{x} + \frac{N(1, u)\,du}{M(1, u) + uN(1, u)} = 0.$$

A fórmula acima não deve ser memorizada. O melhor *é repetir o processo sempre que for necessário.* A prova que a substituição $x = vy$ em (3) também leva a uma equação separável é deixada como exercício. Veja o Problema 45.

EXEMPLO 4

Resolva $$(x^2 + y^2)\,dx + (x^2 - xy)\,dy = 0.$$

Solução Tanto $M(x, y)$ quanto $N(x, y)$ são homogêneas de grau dois. Se fizermos $y = ux$, segue-se que

$$(x^2 + u^2x^2)\,dx + (x^2 - ux^2)[u\,dx + x\,du] = 0$$

$$x^2(1 + u)\,dx + x^3(1 - u)\,du = 0$$

$$\frac{1 - u}{1 + u}\,du + \frac{dx}{x} = 0$$

$$\left[-1 + \frac{2}{1 + u}\right]du + \frac{dx}{x} = 0$$

Depois de integrar a última linha, obtemos

$$-u + 2\ln|1 + u| + \ln|x| = \ln|c|$$

$$\frac{-y}{x} + 2\ln\left|1 + \frac{y}{x}\right| + \ln|x| = \ln|c|.$$

Usando as propriedades do logaritmo, podemos escrever a solução precedente como

$$\ln\left|\frac{(x+y)^2}{cx}\right| = \frac{y}{x}.$$

A definição de um logaritmo implica

$$(x+y)^2 = cxe^{y/x}. \qquad \blacksquare$$

EXEMPLO 5

Resolva $$(2\sqrt{xy} - y)\,dx - x\,dy = 0.$$

Solução Os coeficientes $M(x, y)$ e $N(x, y)$ são homogêneos de grau um. Se $y = ux$, a equação diferencial torna-se, depois de simplificada,

$$\frac{du}{2 - 2u^{1/2}} + \frac{dx}{x} = 0.$$

A integral do primeiro termo pode ser calculada substituindo $t = u^{1/2}$. O resultado é,

$$\frac{dt}{t-1} + \frac{dx}{x} = 0.$$

Integrando, temos

$$\ln|t-1| + \ln|x| = \ln|c|$$

$$\ln\left|\sqrt{\frac{y}{x}} - 1\right| + \ln|x| = \ln|c| \qquad \Leftarrow\ t = u^{1/2} \text{ e } u = y/x$$

$$x\left(\sqrt{\frac{y}{x}} - 1\right) = c$$

$$\sqrt{xy} - x = c. \qquad \blacksquare$$

Você poderia perguntar agora: quando a substituição $x = vy$ deve ser usada? Embora ela possa ser usada em qualquer equação diferencial homogênea, na prática tentamos $x = vy$ quando a função $M(x, y)$ é mais simples que $N(x, y)$. Para resolver $(x^2+y^2)\,dx + (x^2 - xy)\,dy = 0$, por exemplo, sabemos que não há diferença significativa entre M e N; logo, $y = ux$ ou $x = vy$ pode ser usada. Também pode acontecer que, depois de fazer uma substituição, encontremos integrais que são difíceis ou impossíveis de serem calculadas; uma outra substituição pode resultar em problemas mais fáceis.

EXEMPLO 6

Resolva $$2x^3y\,dx + (x^4 + y^{4)}\,dy = 0.$$

Solução Cada coeficiente é uma função homogênea de grau quatro. Como o coeficiente de dx é um pouco mais simples que o coeficiente de dy, tentamos $x = vy$. Depois de substituir, simplificamos a equação

$$2v^3y^4[v\,dy + y\,dv] + (v^4y^4 + y^4)\,dy = 0$$

para
$$\frac{2v^3\,dv}{3v^4 + 1} + \frac{dy}{y} = 0.$$

A integração acarreta

$$\frac{1}{6}\ln(3v^4 + 1) + \ln|y| = \ln|c_1| \quad \text{ou} \quad 3x^4y^2 + y^6 = c,$$

em que $c = c_1^6$. Se a substituição $y = ux$ tivesse sido usada, então

$$\frac{dx}{x} + \frac{u^4 + 1}{u^5 + 3u}\,du = 0.$$

Você deve pensar agora em como calcular a integral do segundo termo da última equação. ■

Uma equação diferencial homogênea pode sempre ser expressa na forma alternativa

$$\frac{dy}{dx} = F\left(\frac{y}{x}\right).$$

Para ver isso, suponha que escrevamos a equação $M(x, y)\,dx + N(x, y)\,dy = 0$ como $dy/dx = f(x, y)$, em que

$$f(x, y) = -\frac{M(x, y)}{N(x, y)}.$$

A função $f(x, y)$ deve ser necessariamente homogênea de grau zero quando M e N são homogêneas de grau n. De (2), segue-se que

$$f(x, y) = -\frac{x^nM\left(1, \frac{y}{x}\right)}{x^nN\left(1, \frac{y}{x}\right)} = -\frac{M\left(1, \frac{y}{x}\right)}{N\left(1, \frac{y}{x}\right)}.$$

A última razão é uma função da forma $F(y/x)$. Deixamos como exercício a demonstração de que uma equação diferencial homogênea pode também ser escrita como $dy/dx = G(x/y)$. Veja o Problema 47.

EXEMPLO 7

Resolva o problema de valor inicial

$$x\frac{dy}{dx} = y + xe^{y/x}, \quad y(1) = 1.$$

Solução Escrevendo a equação na forma

$$\frac{dy}{dx} = \frac{y}{x} + xe^{y/x},$$

vemos que a função da direita da igualdade é homogênea de grau zero. Pela forma dessa função, somos induzidos a usar $u = y/x$. Depois de derivar $y = ux$ pela regra do produto e substituir, obtemos

$$u + x\frac{du}{dx} = u + e^{u} \quad \text{ou} \quad e^{-u}du = \frac{dx}{x}.$$

Integrando e substituindo $u = y/x$, temos

$$-e^{-u} + c = \ln|x|$$

$$-e^{-y/x} + c = \ln|x|.$$

Como $y = 1$ quando $x = 1$, temos $-e^{-1} + c = 0$ ou $c = e^{-1}$. Logo, a solução para o problema de valor inicial é

$$e^{-1} - e^{-y/x} = \ln|x|. \qquad \blacksquare$$

2.3 EXERCÍCIOS

As respostas dos exercícios selecionados estão na página 442.

Nos Problemas 1-10, determine se a função dada é homogênea. Especifique o grau de homogeneidade quando for o caso.

1. $x^3 + 2xy^2 - y^4/x$

2. $\sqrt{x + y}(4x + 3y)$

3. $\dfrac{x^3y - x^2y^2}{(x + 8y)^2}$

4. $\dfrac{x}{y^2 + \sqrt{x^4 + y^4}}$

5. $\cos\dfrac{x^2}{x + y}$

6. $\operatorname{sen}\dfrac{x}{x + y}$

7. $\ln x^2 - 2\ln y$

8. $\dfrac{\ln x^3}{\ln y^3}$

9. $(x^{-1} + y^{-1})^2$

10. $(x + y + 1)^2$

Nos Problemas 11-30, resolva a equação diferencial dada usando uma substituição apropriada.

11. $(x - y)\,dx + x\,dy = 0$

12. $(x + y)\,dx + x\,dy = 0$

13. $x\,dx + (y - 2x)\,dy = 0$

14. $y\,dx = 2(x + y)\,dy$

15. $(y^2 + yx)\,dx - x^2dy = 0$

16. $(y^2 + yx)\,dx + x^2dy = 0$

17. $\dfrac{dy}{dx} = \dfrac{y - x}{y + x}$

18. $\dfrac{dy}{dx} = \dfrac{x + 3y}{3x + y}$

19. $-y\,dx + (x + \sqrt{xy})\,dy = 0$

20. $x\dfrac{dy}{dx} - y = \sqrt{x^2 + y^2}$

21. $2x^2y\,dx = (3x^3 + y^3)\,dy$

22. $(x^4 + y^4)\,dx - 2x^3y\,dy = 0$

23. $\dfrac{dy}{dx} = \dfrac{y}{x} + \dfrac{x}{y}$

24. $\dfrac{dy}{dx} = \dfrac{y}{x} + \dfrac{x^2}{y^2} + 1$

25. $y\dfrac{dx}{dy} = x + 4ye^{-2x/y}$

26. $(x^2e^{-y/x} + y^2)\,dx = xy\,dy$

27. $\left(y + \operatorname{cotg}\dfrac{y}{x}\right)dx - x\,dy = 0$

28. $\dfrac{dy}{dx} = \dfrac{y}{x}\ln\dfrac{y}{x}$

29. $(x^2 + xy - y^2)\,dx - xy\,dy = 0$

30. $(x^2 + xy - 3y^2)\,dx - (x^2 + 2xy)\,dy = 0$

Nos Problemas 31-44, resolva a equação diferencial dada sujeita à condição inicial indicada.

31. $xy^2\dfrac{dy}{dx} = y^3 - x^3,\ \ y(1) = 2$

32. $(x^2 + 2y^2)\,dx = xy\,dy,\ \ y(-1) = 1$

33. $2x^2\dfrac{dy}{dx} = 3xy + y^2,\ \ y(1) = -2$

34. $xy\,dx - x^2dy = y\sqrt{x^2 + y^2}\,dy,\ \ y(0) = 1$

35. $(x + ye^{y/x})\,dx - xe^{y/x}\,dy = 0,\ \ y(1) = 0$

36. $y\,dx + \left(y\cos\dfrac{x}{y} - x\right)dy = 0,\ \ y(0) = 2$

37. $(y^2 + 3xy)\,dx = (4x^2 + xy)\,dy,\ \ y(1) = 1$

38. $y^3dx = 2x^3dy - 2x^2y\,dx,\ \ y(1) = \sqrt{2}$

39. $(x + \sqrt{xy})\dfrac{dy}{dx} + x - y = x^{-1/2}y^{3/2},\ \ y(1) = 1$

40. $y\,dx + x(\ln x - \ln y - 1)\,dy = 0,\ \ y(1) = e$

41. $y^2dx + (x^2 + xy + y^2)\,dy = 0,\ \ y(0) = 1$

42. $(\sqrt{x} + \sqrt{y})^2dx = x\,dy,\ \ y(1) = 0$

43. $(x + \sqrt{y^2 - xy})\dfrac{dy}{dx} = y, \; y(\tfrac{1}{2}) = 1$

44. $\dfrac{dy}{dx} - \dfrac{y}{x} = \cosh\dfrac{y}{x}, \; y(1) = 0$

45. Suponha que $M(x, y)\,dx + N(x, y)\,dy = 0$ seja uma equação homogênea. Mostre que a substituição $x = vy$ transforma a equação em uma com variáveis separáveis.

46. Suponha que $M(x, y)\,dx + N(x, y)\,dy = 0$ seja uma equação homogênea. Mostre que a substituição $x = r\cos\theta$, $y = r\,\text{sen}\,\theta$ leva a uma equação separável.

47. Suponha que $M(x, y)\,dx + N(x, y)\,dy = 0$ seja uma equação homogênea. Mostre que a equação pode ser escrita na forma alternativa $dy/dx = G(x, y)$.

48. Seja $f(x, y)$ uma função homogênea de grau n. Mostre que

$$x\frac{\partial f}{\partial x} + y\frac{\partial f}{\partial y} = nf.$$

2.4 EQUAÇÕES EXATAS

Embora a equação

$$y\,dx + x\,dy = 0$$

seja separável e homogênea, podemos ver que ela é também equivalente à diferencial do produto de x e y; isto é

$$y\,dx + x\,dy = d(xy) = 0.$$

Por integração, obtemos imediatamente a solução implícita $xy = c$.

Você deve se lembrar do cálculo que, se $z = f(x, y)$ é uma função com derivadas parciais contínuas em uma região R do plano xy, então sua *diferencial total* é

$$dz = \frac{\partial f}{\partial x}dx + \frac{\partial f}{\partial y}dy \tag{1}$$

Agora, se $f(x, y) = c$, segue-se de (1) que

$$\frac{\partial f}{\partial x}dx + \frac{\partial f}{\partial y}dy = 0. \tag{2}$$

Em outras palavras, dada uma família de curvas $f(x, y) = c$, podemos gerar uma equação diferencial de primeira ordem, calculando a diferencial total.

EXEMPLO 1

Se $x^2 - 5xy + y^3 = c$, então por (2)

$$(2x - 5y)\,dx + (-5x + 3y^2)\,dy = 0 \text{ ou } \frac{dy}{dx} = \frac{5y - 2x}{-5x + 3y^2}.$$ ■

Para nossos propósitos, é mais importante inverter o problema, isto é, dada uma equação como

$$\frac{dy}{dx} = \frac{5y - 2x}{-5x + 3y^2}, \tag{3}$$

podemos identificar a equação como sendo equivalente a

$$d(x^2 - 5xy + y^3) = 0?$$

Note que a equação (3) não é separável nem homogênea.

DEFINIÇÃO 2.4 Equação Exata

Uma expressão diferencial

$$M(x, y)\,dx + N(x, y)\,dy$$

é uma **diferencial exata** em uma região R do plano xy se ela corresponde à diferencial total de alguma função$f(x, y)$. Uma equação diferencial da forma

$$\mathbf{M(x, y)\,dx + N(x, y)\,dy = 0}$$

é chamada de uma **equação exata** se a expressão do lado esquerdo é uma diferencial exata.

EXEMPLO 2

A equação $x^2y^3dx + x^3y^2dy = 0$ é exata, pois

$$d(\tfrac{1}{3}x^3y^3) = x^2y^3\,dx + x^3y^2\,dy.$$ ■

O teorema seguinte é um teste para uma diferencial exata.

TEOREMA 2.2 Critério para uma Diferencial Exata

Sejam $M(x, y)$ e $N(x, y)$ funções contínuas com derivadas parciais contínuas em uma região retangular R definida por $a < x < b$, $c < y < d$. Então, uma condição necessária e suficiente para que

$$M(x, y)\,dx + N(x, y)\,dy$$

seja uma diferencial exata é

$$\frac{\partial M}{\partial y} = \frac{\partial N}{\partial x}. \tag{4}$$

Prova de que a Condição é Necessária Para simplificar, suponha que $M(x, y)$ e $N(x, y)$ tenham derivadas parciais de primeira ordem contínuas em todo plano (x, y). Agora, se a expressão $M(x, y)\,dx + N(x, y)\,dy$ é exata, existe alguma função f tal que

$$M(x, y)\,dx + N(x, y)\,dy = \frac{\partial f}{\partial x}dx + \frac{\partial f}{\partial y}dy$$

para todo (x, y) em R. Logo,

$$M(x, y) = \frac{\partial f}{\partial x},\quad N(x, y) = \frac{\partial f}{\partial y},$$

e

$$\frac{\partial M}{\partial y} = \frac{\partial}{\partial y}\left(\frac{\partial f}{\partial x}\right) = \frac{\partial^2 f}{\partial y\,\partial x} = \frac{\partial}{\partial x}\left(\frac{\partial f}{\partial y}\right) = \frac{\partial N}{\partial x}.$$

A igualdade das derivadas parciais mistas é uma conseqüência da continuidade das derivadas parciais de primeira ordem de $M(x, y)$ e $N(x, y)$. □

A prova de que a condição do Teorema 2.2 é suficiente consiste em mostrar que existe uma função f tal que $\partial f/\partial x = M(x, y)$ e $\partial f/\partial x = N(x, y)$. A construção de tal função na verdade reflete um procedimento básico na resolução para equações exatas.

Método de Solução

Dada a equação

$$M(x, y)\,dx + N(x, y)\,dy = 0 \tag{5}$$

mostre primeiro que

$$\frac{\partial M}{\partial y} = \frac{\partial N}{\partial x}.$$

Depois suponha que

$$\frac{\partial f}{\partial x} = M(x, y)$$

daí podemos encontrar f integrando $M(x, y)$ com relação a x, considerando y constante. Escrevemos,

$$f(x, y) = \int M(x, y)\,dx + g(y), \tag{6}$$

em que a função arbitrária $g(y)$ é a constante de integração. Agora, derivando (6) com relação a y e supondo $\partial f/\partial y = N(x, y)$:

$$\frac{\partial f}{\partial y} = \frac{\partial}{\partial y}\int M(x, y)\,dx + g'(y) = N(x, y).$$

Assim,
$$g'(y) = N(x, y) - \frac{\partial}{\partial y}\int M(x, y)\,dx. \tag{7}$$

Finalmente, integre (7) com relação a y e substitua o resultado em (6). A solução para a equação é $f(x, y) = c$.

Nota Algumas observações são necessárias. Primeira, é importante perceber que a expressão $N(x, y) - (\partial/\partial y)\int M(x, y)\,dx$ em (7) independe de x, pois

$$\frac{\partial}{\partial x}\left[N(x, y) - \frac{\partial}{\partial y}\int M(x, y)\,dx\right] = \frac{\partial N}{\partial x} - \frac{\partial}{\partial y}\left(\frac{\partial}{\partial x}\int M(x, y)\,dx\right)$$
$$= \frac{\partial N}{\partial x} - \frac{\partial M}{\partial y} = 0.$$

Segunda, poderíamos também começar o procedimento acima com a suposição de que $\partial f/\partial y = N(x, y)$. Depois, integrando N com relação a y e derivando o resultado, encontramos o análogo de (6) e (7), que seria, respectivamente,

$$f(x, y) = \int N(x, y)\,dy + h(x) \quad \text{e} \quad h'(x) = M(x, y) - \frac{\partial}{\partial x}\int N(x, y)\,dy.$$

Em qualquer caso, *nenhuma dessas fórmulas deve ser memorizada*. Ainda, para verificar se uma equação é exata ou não, assegure-se de que ela seja da forma (5). Freqüentemente, uma equação diferencial é escrita na forma $G(x, y)\,dx = H(x, y)\,dy$. Neste caso, escreva a equação na forma $G(x, y)\,dx - H(x, y)\,dy = 0$ e aí identifique $M(x, y) = G(x, y)$ e $N(x, y) = -H(x, y)$.

EXEMPLO 3

Resolva
$$2xy\,dx + (x^2 - 1)\,dy = 0.$$

Solução Com $M(x, y) = 2xy$ e $N(x, y) = x^2 - 1$, temos

$$\frac{\partial M}{\partial y} = 2x = \frac{\partial N}{\partial x}.$$

Logo, a equação é exata e, pelo Teorema 2.2, existe uma função $f(x, y)$, tal que

$$\frac{\partial f}{\partial x} = 2xy \quad \text{e} \quad \frac{\partial f}{\partial y} = x^2 - 1.$$

Da primeira dessas equações, obtemos, depois de integrar,

$$f(x, y) = x^2y + g(y).$$

Derivando a última expressão com relação a y e igualando o resultado a $N(x,\ y)$, temos

$$\frac{\partial f}{\partial y} = x^2 + g'(y) = x^2 - 1.$$

Segue-se que $$g'(y) = -1 \quad \text{e} \quad g(y) = -y.$$ N(x, y)

A constante de integração não precisa ser incluída, pois a solução é $f(x,\ y) = c$. Algumas curvas da família $x^2y - y = c$ são mostradas na Figura 2.8.

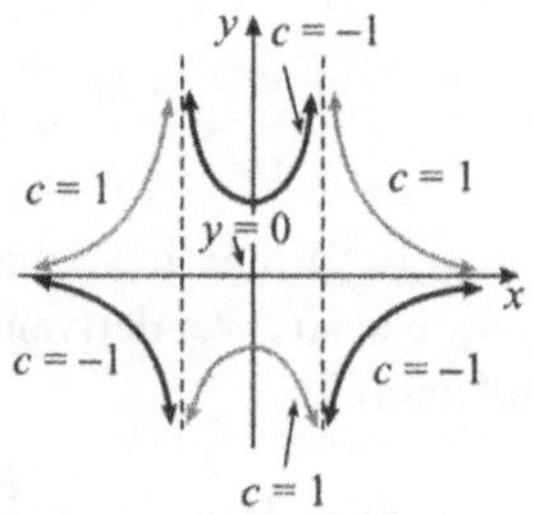

Figura 2.8

Nota A solução para a equação *não* é $f(x,\ y) = x^2y - y$. Antes, a solução é $f(x,\ y) = c$ ou $f(x,\ y) = 0$, se uma constante é usada na integração de $g'(y)$. Observe que a equação poderia também ser resolvida por separação de variáveis. ■

EXEMPLO 4

Resolva $$(e^{2y} - y\cos xy)\,dx + (2xe^{2y} - x\cos xy + 2y)\,dy = 0.$$

Solução A equação não é nem separável nem homogênea, mas exata, pois

$$\frac{\partial M}{\partial y} = 2e^{2y} + xy\,\text{sen}\,xy - \cos xy = \frac{\partial N}{\partial x}.$$

Logo, existe uma função $f(x,\ y)$ tal que

$$M(x,\ y) = \frac{\partial f}{\partial x} \quad \text{e} \quad N(x,\ y) = \frac{\partial f}{\partial y}.$$

Agora, para variar, começaremos supondo $\partial f/\partial y = N(x,\ y)$;

isto é, $$\frac{\partial f}{\partial y} = 2xe^{2y} - x\cos xy + 2y$$

$$f(x,\ y) = 2x\int e^{2y}dy - x\int \cos xy\,dy + 2\int y\,dy.$$

Lembre-se: a razão de podermos tirar o x de frente do símbolo de integral é que, na integração em relação a y, x é considerado como uma constante. Segue-se que

$$f(x, y) = xe^{2y} - \operatorname{sen} xy + y^2 + h(x)$$

$$\frac{\partial f}{\partial x} = e^{2y} - y\cos xy + h'(x) = e^{2y} - y\cos xy, \qquad \Leftarrow \boxed{M(x, y)}$$

assim
$$h'(x) = 0 \text{ e } h(x) = c.$$

Logo, uma família a um parâmetro de soluções é dada por

$$xe^{2y} - \operatorname{sen} xy + y^2 + c = 0.$$ ■

EXEMPLO 5

Resolva o problema de valor inicial

$$(\cos x \operatorname{sen} x - xy^2)\,dx + y(1 - x^2)\,dy = 0, \quad y(0) = 2.$$

Solução A equação é exata, pois

$$\frac{\partial M}{\partial y} = -2xy = \frac{\partial N}{\partial x}.$$

Agora,
$$\frac{\partial f}{\partial y} = y(1 - x^2)$$

$$f(x, y) = \frac{y^2}{2}(1 - x^2) + h(x)$$

$$\frac{\partial f}{\partial x} = -xy^2 + h'(x) = \cos x \operatorname{sen} x - xy^2.$$

A última equação implica

$$h'(x) = \cos x \operatorname{sen} x$$

$$h(x) = -\int (\cos x)(-\operatorname{sen} x\, dx) = -\frac{1}{2}\cos^2 x.$$

Logo,
$$\frac{y^2}{2}(1 - x^2) - \frac{1}{2}\cos^2 x = c_1$$

ou
$$y^2(1 - x^2) - \cos^2 x = c,$$

em que $2c_1$ foi trocado por c. A condição inicial $y = 2$ quando $x = 0$ demanda que $4(1) - \cos^2(0) = c$, ou seja, $c = 3$. Portanto, a solução para o problema é

$$y^2(1 - x^2) - \cos^2 x = 3.$$ ■

Fator de Integração

Algumas vezes, é possível converter uma equação diferencial não exata em uma equação exata multiplicando-a por uma função $\mu(x, y)$ chamada **fator de integração**. Porém, a equação exata resultante

$$\mu M(x, y)\,dx + \mu N(x, y)\,dy = 0$$

pode não ser equivalente à original no sentido de que a solução para uma é também a solução para a outra. A multiplicação pode ocasionar perdas ou ganhos de soluções.

EXEMPLO 6

Resolva $(x + y)\,dx + x \ln x\,dy = 0$, usando $\mu(x, y) = \dfrac{1}{x}$ em $(0, \infty)$.

Solução Sejam $M(x, y) = x + y$ e $N(x, y) = x \ln x$. Daí, $\partial M/\partial y = 1$ e $\partial N/\partial x = 1 + \ln x$. A equação não é exata. Porém, se multiplicarmos a equação por $\mu(x, y) = 1/x$, obtemos

$$\left(1 + \frac{y}{x}\right)dx + \ln x\,dy = 0.$$

Segue-se desta última forma que escrevemos as identificações:

$$M(x, y) = 1 + \frac{y}{x}, \quad N(x, y) = \ln x, \quad \frac{\partial M}{\partial y} = \frac{1}{x} = \frac{\partial N}{\partial x}.$$

Portanto, a segunda equação diferencial é exata. Logo,

$$\frac{\partial f}{\partial x} = 1 + \frac{y}{x} = M(x, y)$$

$$f(x, y) = x + y \ln x + g(y)$$

$$\frac{\partial f}{\partial y} = 0 + \ln x + g'(y) = \ln x$$

assim $$g'(y) = 0 \text{ e } g(y) = c.$$

Então, $f(x, y) = x + y \ln x + c$. Verifica-se facilmente que

$$x + y \ln x + c = 0$$

é uma solução para ambas as equações em $(0, \infty)$. ■

2.4 EXERCÍCIOS

As respostas dos exercícios selecionados etão na página 442 e 443.

Nos Problemas 1-24, verifique se a equação dada é exata. Se for, resolva.

1. $(2x - 1)\,dx + (3y + 7)\,dy = 0$

2. $(2x - y)\,dx - (x + 6y)\,dy = 0$

3. $(5x + 4y)\,dx + (4x - 8y^3)\,dy = 0$

4. $(\operatorname{sen} y - y \operatorname{sen} x)\,dx + (\cos x + x\cos y - y)\,dy = 0$

5. $(2y^2x - 3)\,dx + (2yx^2 + 4)\,dy = 0$

6. $\left(2y - \dfrac{1}{x} + \cos 3x\right)\dfrac{dy}{dx} + \dfrac{y}{x^2} - 4x^3 + 3y \operatorname{sen} 3x = 0$

7. $(x + y)(x - y)\,dx + x(x - 2y)\,dy = 0$

8. $\left(1 + \ln x + \dfrac{y}{x}\right)dx = (1 - \ln x)\,dy$

9. $(y^3 - y^2 \operatorname{sen} x - x)\,dx + (3xy^2 + 2y\cos x)\,dy = 0$

10. $(x^3 + y^3)\,dx + 3xy^2dy = 0$

11. $(y\ln y - e^{-xy})\,dx + \left(\dfrac{1}{y} + x\ln y\right)dy = 0$

12. $\dfrac{2x}{y}\,dx - \dfrac{x^2}{y^2}\,dy = 0$

13. $x\dfrac{dy}{dx} = 2xe^x - y + 6x^2$

14. $(3x^2y + e^y)\,dx + (x^3 + xe^y - 2y)\,dy = 0$

15. $\left(1 - \dfrac{3}{x} + y\right)dx + \left(1 - \dfrac{3}{y} + x\right)dy = 0$

16. $(e^y + 2xy\cosh x)y' + xy^2 \operatorname{senh} x + y^2\cosh x = 0$

17. $\left(x^2y^3 - \dfrac{1}{1 + 9x^2}\right)\dfrac{dx}{dy} + x^3y^2 = 0$

18. $(5y - 2x)y' - 2y = 0$

19. $(\operatorname{tg} x - \operatorname{sen} x \operatorname{sen} y)\,dx + \cos x\cos y\,dy = 0$

20. $(3x\cos 3x + \operatorname{sen} 3x - 3)\,dx + (2y + 5)\,dy = 0$

21. $(1 - 2x^2 - 2y)\dfrac{dy}{dx} = 4x^3 + 4xy$

22. $(2y \operatorname{sen} x\cos x - y + 2y^2e^{xy^2})\,dx = (x - \operatorname{sen}^2 x - 4xye^{xy^2})\,dy$

23. $(4x^3y - 15x^2 - y)\,dx + (x^4 + 3y^2 - x)\,dy = 0$

24. $\left(\dfrac{1}{x} + \dfrac{1}{x^2} - \dfrac{y}{x^2 + y^2}\right)dx + \left(ye^y + \dfrac{x}{x^2 + y^2}\right)dy = 0$

Nos Problemas 25-30, resolva a equação diferencial dada sujeita à condição inicial indicada.

25. $(x + y)^2\,dx + (2xy + x^2 - 1)\,dy = 0,\ y(1) = 1$

26. $(e^x + y)\,dx + (2 + x + ye^y)\,dy = 0,\ y(0) = 1$

27. $(4y + 2x - 5)\,dx + (6y + 4x - 1)\,dy = 0,\ y(-1) = 2$

28. $\left(\dfrac{3y^2 - x^2}{y^5}\right)\dfrac{dy}{dx} + \dfrac{x}{2y^4} = 0,\ y(1) = 1$

29. $(y^2 \cos x - 3x^2y - 2x)\,dx + (2y \operatorname{sen} x - x^3 + \ln y)\,dy = 0,\ y(0) = e$

30. $\left(\dfrac{1}{1 + y^2} + \cos x - 2xy\right)\dfrac{dy}{dx} = y(y + \operatorname{sen} x),\ y(0) = 1$

Nos Problemas 31-34, encontre o valor de k para que a equação diferencial dada seja exata.

31. $(y^3 + kxy^4 - 2x)\,dx + (3xy^2 + 20x^2y^3)\,dy = 0$

32. $(2x - y \operatorname{sen} xy + ky^4)\,dx - (20xy^3 + x \operatorname{sen} xy)\,dy = 0$

33. $(2xy^2 + ye^x)\,dx + (2x^2y + ke^x - 1)\,dy = 0$

34. $(6xy^3 + \cos y)\,dx + (kx^2y^2 - x \operatorname{sen} y)\,dy = 0$

35. Determine uma função $M(x, y)$ para que a seguinte equação diferencial seja exata:

$$M(x, y)\,dx + \left(xe^{xy} + 2xy + \frac{1}{x}\right)dy = 0.$$

36. Determine uma função $N(x, y)$ para que a seguinte equação diferencial seja exata:

$$\left(y^{1/2}x^{-1/2} + \frac{x}{x^2 + y}\right)dx + N(x, y)\,dy = 0.$$

Nos Problemas 37-42, resolva a equação diferencial dada, verificando que a função indicada $\mu(x, y)$ seja um fator de integração.

37. $6xy\,dx + (4y + 9x^2)\,dy = 0,\ \mu(x, y) = y^2$

38. $-y^2\,dx + (x^2 + xy)\,dy = 0,\ \mu(x, y) = 1/x^2y$

39. $(-xy \operatorname{sen} x + 2y \cos x)\,dx + 2x \cos x\,dy = 0,\ \mu(x, y) = xy$

40. $y(x + y + 1)\,dx + (x + 2y)\,dy = 0,\ \mu(x, y) = e^x$

41. $(2y^2 + 3x)\,dx + 2xy\,dy = 0,\quad \mu(x, y) = x$

42. $(x^2 + 2xy - y^2)\,dx + (y^2 + 2xy - x^2)\,dy = 0,\ \mu(x, y) = (x + y)^{-2}$

43. Mostre que qualquer equação diferencial separável de primeira ordem na forma $h(y)\,dy - g(x)\,dx = 0$ é também exata.

2.5 EQUAÇÕES LINEARES

No Capítulo 1, definimos a forma geral para uma equação diferencial linear de ordem n como,

$$a_n(x)\frac{d^ny}{dx^n} + a_{n-1}(x)\frac{d^{n-1}y}{dx^{n-1}} + \ldots + a_1(x)\frac{dy}{dx} + a_0(x)y = g(x).$$

Lembre-se de que linearidade significa que todos os coeficientes são funções de x somente e que y e todas as suas derivadas são elevadas à primeira potência. Agora, quando $n = 1$, obtemos uma equação linear de primeira ordem.

DEFINIÇÃO 2.5 Equação Linear

Uma equação diferencial da forma

$$a_1(x)\frac{dy}{dx} + a_0(x)y = g(x)$$

é chamada de **equação linear**.

Dividindo pelo coeficiente $a_1(x)$, obtemos uma forma mais útil de uma equação linear:

$$\frac{dy}{dx} + P(x)y = f(x). \qquad (1)$$

Procuramos uma solução para (1) em um intervalo I no qual as funções $P(x)$ e $f(x)$ são contínuas. Na discussão a seguir, supomos tacitamente que (1) possui uma solução.

Fator de Integração

Usando diferenciais, podemos escrever a equação (1) como

$$dy + [P(x)y - f(x)]\,dx = 0 \qquad (2)$$

Equações lineares possuem a agradável propriedade através da qual podemos sempre encontrar uma função $\mu(x)$ em que

$$\mu(x)\,dy + \mu(x)[P(x)y - f(x)]\,dx = 0 \qquad (3)$$

é uma equação diferencial exata. Pelo Teorema 2.2, o lado esquerdo da equação (3) é uma diferencial exata se

$$\frac{\partial}{\partial x}\mu(x) = \frac{\partial}{\partial y}\mu(x)[P(x)y - f(x)] \qquad (4)$$

ou

$$\frac{d\mu}{dx} = \mu P(x).$$

Esta é uma equação separável em que podemos determinar $\mu(x)$. Temos

$$\frac{d\mu}{\mu} = P(x)\,dx$$

$$\ln|\mu| = \int P(x)\,dx \qquad (5)$$

assim

$$\mu(x) = e^{\int P(x)\,dx}. \qquad (6)$$

A função $\mu(x)$ definida em (6) é um **fator de integração** para a equação linear. Note que não precisamos usar uma constante de integração em (5), pois (3) não se altera se a multiplicarmos por uma constante. Ainda, $\mu(x) \neq 0$ para todo x em I, e é contínua e diferenciável.

É interessante observar que a equação (3) é ainda uma equação diferencial exata mesmo quando $f(x) = 0$. Na verdade, $f(x)$ não desempenha papel algum na determinação de $\mu(x)$, pois vemos de (4) que $(\partial / \partial y)\mu(x)f(x) = 0$. Logo, ambas

$$e^{\int P(x)\,dx}dy + e^{\int P(x)\,dx}[P(x)y - f(x)]\,dx$$

e

$$e^{\int P(x)\,dx}dy + e^{\int P(x)\,dx}P(x)y\,dx$$

são diferenciais exatas. Agora, escrevemos (3) na forma

$$e^{\int P(x)\,dx}dy + e^{\int P(x)\,dx}P(x)y\,dx = e^{\int P(x)\,dx}f(x)\,dx$$

e verificamos que podemos escrevê-la como

$$d\,[e^{\int P(x)\,dx}y] = e^{\int P(x)\,dx}f(x)\,dx.$$

Integrando a última equação, temos

$$e^{\int P(x)\,dx}y = \int e^{\int P(x)\,dx}f(x)\,dx + c$$

ou

$$y = e^{-\int P(x)\,dx}\int e^{\int P(x)\,dx}f(x)\,dx + ce^{-\int P(x)\,dx}. \tag{7}$$

Em outras palavras, se (1) tiver uma solução, ela deverá ser da forma (7). Reciprocamente, é imediato que (7) constitui uma família a um parâmetro de soluções para a equação (1).

Resumo do Método

Nenhum esforço deve ser feito para memorizar a fórmula dada em (7). O procedimento deve ser repetido sempre, logo, por conveniência, resumimos os resultados.

Resolvendo uma Equação Linear de Primeira Ordem

(i) Para resolver uma equação linear de primeira ordem, primeiro coloque-a na forma (1); isto é, faça o coeficiente de *dy/dxümçìdyçì ç*"

(ii) Identifique $P(x)$ e encontre o fator de integração

$$e^{\int P(x)\,dx}.$$

(iii) Multiplique a equação obtida em (i) pelo fator de integração:

$$e^{\int P(x)\,dx}\frac{dy}{dx} + P(x)e^{\int P(x)\,dx}y = e^{\int P(x)\,dx}f(x).$$

(iv) O lado esquerdo da equação em (iii) é a derivada do produto do fator de integração e a variável dependente y; isto é,

$$\frac{d}{dx}[e^{\int P(x)\,dx}y] = e^{\int P(x)\,dx}f(x)\text{7Ç)çR).é}$$

(v) Integre ambos os lados da equação encontrada em (iv).

EXEMPLO 1

Resolva
$$x\frac{dy}{dx} - \frac{4}{x}y = x^6e^x.$$

Solução Escreva a equação como

$$\frac{dy}{dx} - \frac{4}{x}y = x^5e^x \tag{8}$$

dividindo por x. Como $P(x) = -4/x$, o fator de integração é

$$e^{-4\int dx/x} = e^{-4\ln|x|} = e^{\ln x^{-4}} = x^{-4}.$$

Aqui, usamos a identidade básica $b^{\log_b N} = N$, $N > 0$. Agora, multiplicamos (8) por este termo

$$x^{-4}\frac{dy}{dx} - 4x^{-5}y = xe^x \tag{9}$$

e obtemos
$$\frac{d}{dx}[x^{-4}y] = xe^x.\text{*} \tag{10}$$

Segue-se da integração por partes que

$$x^{-4}y = xe^x - e^x + c$$

ou
$$y = x^5e^x - x^4e^x + cx^4.$$
■

EXEMPLO 2

Resolva
$$\frac{dy}{dx} - 3y = 0.$$

Solução A equação já está na forma (1). Logo, o fator de integração é

$$e^{\int(-3)\,dx} = e^{-3x}.$$

---

* Você deve calcular muitas vezes as derivadas indicadas para ficar convencido de que todas as equações, tais como (8), (9) e (10), são formalmente equivalentes.

Portanto,

$$e^{-3x}\frac{dy}{dx} - 3e^{-3x}y = 0$$

$$\frac{d}{dx}[e^{-3x}y] = 0$$

$$e^{-3x}\,y = c$$

assim,

$$y = ce^{3x}.$$

■

Solução Geral

Por hipótese, $P(x)$ e $f(x)$ são contínuas em um intervalo I e x_0 é um ponto desse intervalo. Então, segue-se do Teorema 2.1 que existe uma única solução para o problema de valor inicial.

$$\frac{dy}{dx} + P(x)y = f(x), \quad y(x_0) = y_0. \tag{11}$$

Mas vimos antes que (1) possui uma família de soluções e que toda solução para a equação no intervalo I tem a forma (7). Logo, obter a solução para (11) é uma simples questão de encontrar um valor apropriado de c em (7). Conseqüentemente, estamos certos em chamar (7) de **solução geral** da equação diferencial. Você deve se lembrar de que em várias ocasiões encontramos soluções singulares para equações não-lineares. Isso não pode acontecer no caso de uma equação linear em que $P(x)$ e $f(x)$ são contínuas.

EXEMPLO 3

Encontre a solução geral para

$$(x^2 + 9)\frac{dy}{dx} + xy = 0.$$

Solução Escrevemos

$$\frac{dy}{dx} + \frac{x}{x^2 + 9}y = 9.$$

A função $P(x) = x/(x^2 + 9)$ é contínua em $(-\infty, \infty)$. O fator de integração para a equação é

$$e^{\int x\,dx/(x^2+9)} = e^{1/2}\int 2x\,dx/(x^2 + 9) = e^{1/2}\ \ln(x^2 + 9) = \sqrt{x^2 + 9}$$

assim

$$\sqrt{x^2 + 9}\,\frac{dy}{dx} + \frac{x}{\sqrt{x^2 + 9}}y = 0$$

$$\frac{d}{dx}[\sqrt{x^2 + 9}\,y] = 0$$

$$\sqrt{x^2 + 9}\,y = c.$$

Portanto, a solução geral no intervalo é

$$y = \frac{c}{\sqrt{x^2 + 9}}.$$

■

EXEMPLO 4

Resolva o problema de valor inicial

$$\frac{dy}{dx} + 2xy = x, \quad y(0) = -3.$$

Solução As funções $P(x) = 2x$ e $f(x) = x$ são contínuas em $(-\infty,\infty)$. O fator de integração é

$$e^{2\int x\,dx} = e^{x^2}$$

assim

$$e^{x^2}\frac{dy}{dx} + 2xe^{x^2}y = xe^{x^2}$$

$$\frac{d}{dx}[e^{x^2}y] = xe^{x^2}$$

$$e^{x^2}y = \int xe^{x^2}\,dx = \frac{1}{2}e^{x^2} + c.$$

Portanto, a solução geral para a equação diferencial é

$$y = \frac{1}{2} + ce^{-x^2}.$$

A condição $y(0) = -3$ corresponde a $c = -7/2$, logo a solução para o problema de valor inicial no intervalo é

$$y = \frac{1}{2} - \frac{7}{2}e^{-x^2}.$$

Veja a Figura 2.9, na próxima página. ■

EXEMPLO 5

Resolva o problema de valor inicial

$$x\frac{dy}{dx} + y = 2x, \quad y(1) = 0.$$

Solução Escreva a equação na forma

$$\frac{dy}{dx} + \frac{1}{x}y = 2$$

e observe que $P(x) = 1/x$ é contínua em qualquer intervalo que não contenha a origem. Tendo em vista a condição inicial, resolvemos o problema no intervalo $(0, \infty)$.

O fator de integração é

$$e^{\int dx/x} = e^{\ln|x|} = x$$

e daí

$$\frac{d}{dx}[xy] = 2x$$

implica

$$xy = x^2 + c.$$

A solução geral para a equação é

$$y = x + \frac{c}{x}. \qquad \textbf{(12)}$$

Mas, $y(1) = 0$ implica $c = -1$. Logo, obtemos

$$y = x - \frac{1}{x}, \quad 0 < x < \infty. \qquad \textbf{(13)}$$

Considerada como uma família a um parâmetro de curvas, o gráfico de (12) está representado na Figura 2.10. A solução (13) para o problema de valor inicial é indicada pela porção acinzentada do gráfico. ■

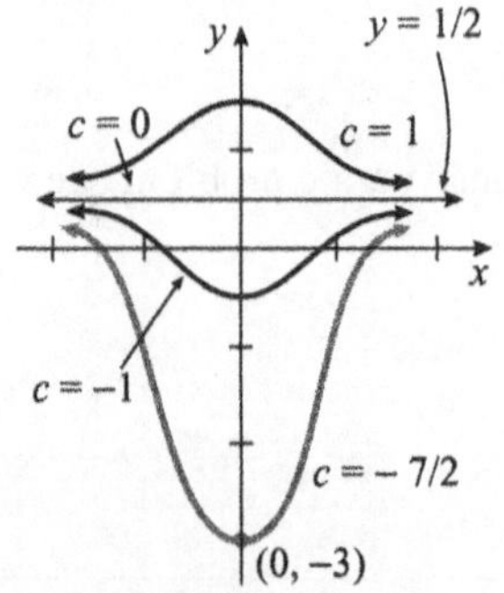

Figura 2.9

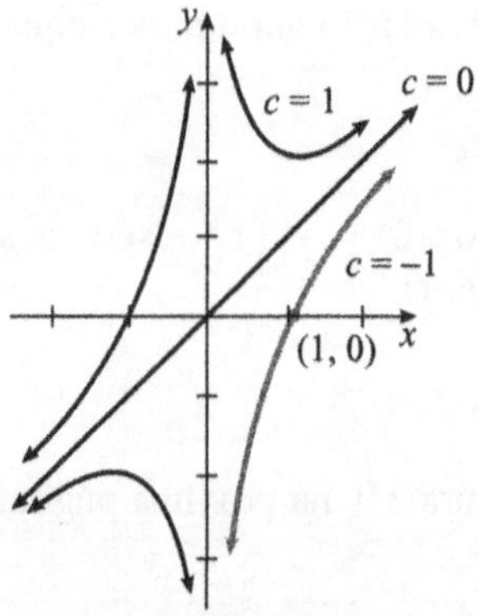

Figura 2.10

EXEMPLO 6

Resolva o problema de valor inicial

$$\frac{dy}{dx} = \frac{1}{x + y^2}, \quad y(-2) = 0.$$

Solução Esta equação diferencial não é separável, homogênea, exata ou linear na variável y. Porém, se invertermos as variáveis, teremos

$$\frac{dx}{dy} = x + y^2 \quad \text{ou} \quad \frac{dx}{dy} - x = y^2.$$

Esta última equação é linear em x, assim o fator de integração correspondente é $e^{-\int dy} = e^{-y}$. Logo,

$$\frac{d}{dy}[e^{-y}x] = y^2e^{-y}$$

$$e^{-y}x = \int y^2e^{-y}\,dy.$$

Integrando duas vezes por partes, obtemos

$$e^{-y}x = -y^2e^{-y} - 2ye^{-y} - 2e^{-y} + c$$

$$x = -y^2 - 2y - 2 + ce^{y}.$$

Quando $x = -2$, $y = 0$, encontramos $c = 0$ e daí

$$x = -y^2 - 2y - 2.$$ ■

O próximo exemplo ilustra uma maneira de resolver (1) quando a função f é descontínua.

EXEMPLO 7

Encontre uma solução contínua satisfazendo

$$\frac{dy}{dx} + y = f(x), \text{ em que } f(x) = \begin{cases} 1, & 0 \leq x \leq 1 \\ 0, & x > 1 \end{cases}$$

e a condição inicial $y(0) = 0$.

Solução Pela Figura 2.11, vemos que f é descontínua em $x = 1$. Conseqüentemente, resolvemos o problema em duas partes. Para $0 \leq x \leq 1$, temos

$$\frac{dy}{dx} + y = 1$$

$$\frac{d}{dx}[e^x y] = e^x$$

$$y = 1 + c_1e^{-x}.$$

Como $y(0) = 0$, devemos ter $c_1 = -1$, portanto

$$y = 1 - e^{-x}, \quad 0 \leq x \leq 1.$$

Para $x > 1$, temos $$\frac{dy}{dx} + y = 0,$$

o que implica $$y = c_2 e^{-x}.$$

Logo, podemos escrever $$y = \begin{cases} 1 - e^{-x}, & 0 \leq x \leq 1 \\ c_2 e^{-x}, & x > 1 \end{cases}$$

Agora, para y ser uma função contínua, certamente devemos ter $\lim_{x \to 1^+} y(x) = y(t)$. Para isso, $c_2 e^{-1} = 1 - e^{-1}$, ou seja, $c_2 = e - 1$. Como mostra a Figura 2.12, a função

$$y = \begin{cases} 1 - e^{-x}, & 0 \leq x \leq 1 \\ (e-1)e^{-x}, & x > 1 \end{cases}$$

é contínua, mas não diferenciável em $x = 1$. ■

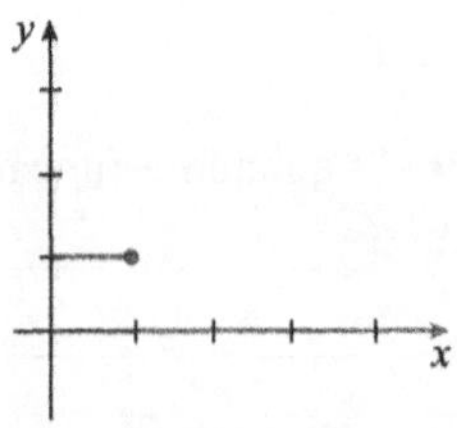

Figura 2.11

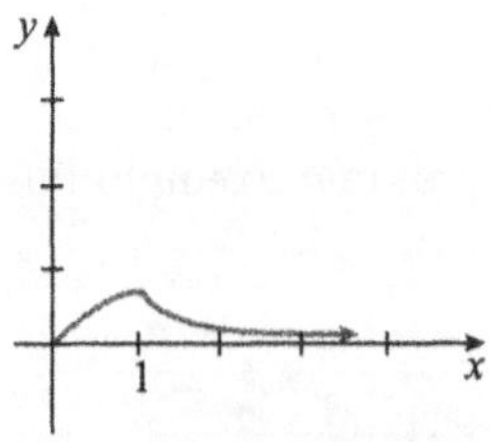

Figura 2.12

Nota A fórmula (7), representando a solução geral para (1), consiste na soma de duas soluções. Definimos

$$y = y_c + y_p, \tag{14}$$

em que

$$y_c = ce^{-\int P(x)\,dx} \text{ e } y_p = e^{-\int P(x)\,dx} \int e^{\int P(x)\,dx} f(x)\,dx.$$

A função y_c é a solução geral para $y' + P(x)y = 0$, e y_p é uma solução particular para $y' + P(x)y = f(x)$. Como veremos no Capítulo 4, a propriedade aditiva de soluções (14) para formar uma solução é uma propriedade intrínseca de equações lineares de qualquer ordem.

2.5 EXERCÍCIOS

As respostas dos exercícios selecionados começam na página 443.

Nos Problemas 1-40, encontre a solução geral para a equação diferencial dada. Especifique um intervalo no qual a solução geral é definida.

1. $\frac{dy}{dx} = 5y$

2. $\frac{dy}{dx} + 2y = 0$

3. $3\frac{dy}{dx} + 12y = 4$

4. $x\frac{dy}{dx} + 2y = 3$

5. $\frac{dy}{dx} + y = e^{3x}$

6. $\frac{dy}{dx} = y + e^{x}$

7. $y' = 3x^2y = x^2$

8. $y' + 2xy = x^3$

9. $x^2y' + xy = 1$

10. $y' = 2y + x^2 + 5$

11. $(x + 4y^2)\,dy + 2y\,dx = 0$

12. $\frac{dx}{dy} = x + y$

13. $x\,dy = (x \operatorname{sen} x - y)\,dx$

14. $(1 + x^2)\,dy + (xy + x^3 + x)\,dx = 0$

15. $(1 + e^x)\frac{dy}{dx} + e^xy = 0$

16. $(1 - x^3)\frac{dy}{dx} = 3x^2y$

17. $\cos x\frac{dy}{dx} + y \operatorname{sen} x = 1$

18. $\frac{dy}{dx} + y \operatorname{cotg} x = 2\cos x$

19. $x\frac{dy}{dx} + 4y = x^3 - x$

20. $(1 + x)y' - xy = x + x^2$

21. $x^2y' + x(x + 2)y = e^x$

22. $xy' + (1 + x)y = e^{-x} \operatorname{sen} 2x$

23. $\cos^2 x \operatorname{sen} x\,dy + (y\cos^3 x - 1)\,dx = 0$

24. $(1 - \cos x)\,dy + (2y \operatorname{sen} x - \operatorname{tg} x)\,dx = 0$

25. $y\,dx + (xy + 2x - ye^y)\,dy = 0$

26. $(x^2 + x)\,dy = (x^5 + 3xy + 3y)\,dx$

27. $x\frac{dy}{dx} + (3x + 1)y = e^{-3x}$

28. $(x + 1) = \frac{dy}{dx} + (x + 2)y = 2xe^{-x}$

29. $y\,dx - 4(x + y^6)\,dy = 0$

30. $xy' + 2y = e^x + \ln x$

31. $\frac{dy}{dx} + y = \frac{1 - e^{-2x}}{e^x + e^{-x}}$

32. $\frac{dy}{dx} - y = \operatorname{senh} x$

33. $y\,dx + (x + 2xy^2 - 2y)\,dy = 0$

34. $y\,dx = (ye^y - 2x)\,dy$

35. $\dfrac{dr}{d\theta}\; r\sec\theta = \cos\theta$

36. $\dfrac{dP}{dt} + 2tP = P + 4t - 2$

37. $(x + 2)^2\dfrac{dy}{dx} = 5 - 8y - 4xy$

38. $(x^2 - 1)\dfrac{dy}{dx} + 2y = (x + 1)^2$

39. $y' = (10 - y)\cosh x$

40. $dx = (3e^y - 2x)\,dy$

Nos Problemas 41-54, resolva a equação diferencial dada sujeita à condição inicial indicada.

41. $\dfrac{dy}{dx} + 5y = 20,\;\; y(0) = 2$

42. $y' = 2y + x(e^{3x} - e^{2x}),\;\; y(0) = 2$

43. $L\dfrac{di}{dt} + Ri = e\; E;\;\; L,\; R\; e\; E$ constantes, $i(0) = i_0$

44. $y\dfrac{dx}{dy} - x = 2y^2,\;\; y(1) = 5$

45. $y' + (\operatorname{tg} x)y = \cos^2 x,\;\; y(0) = -1$

46. $\dfrac{dQ}{dx} = 5x^4Q,\;\; Q(0) = -7$

47. $\dfrac{dT}{dt} = k(T - 50)$; k uma constante, $T(0) = 200$

48. $x\,dy + (xy + 2y - 2e^{-x})\,dx = 0,\;\; y(1) = 0$

49. $(x + 1)\dfrac{dy}{dx} + y = \ln x,\;\; y(1) = 10$

50. $xy' + y = e^x,\;\; y(1) = 2$

51. $x(x - 2)y' + 2y = 0,\;\; y(3) = 6$

52. $\operatorname{sen} x\dfrac{dy}{dx} + (\cos x)y = 0,\;\; y\left(-\dfrac{\pi}{2}\right) = 1$

53. $\dfrac{dy}{dx} = \dfrac{y}{y - x},\;\; y(5) = 2$

54. $\cos^2 x\dfrac{dy}{dx} + y = 1,\;\; y(0) = -3$

Nos Problemas 55-58, encontre uma solução contínua satisfazendo cada equação diferencial e a condição inicial dada.

55. $\dfrac{dy}{dx} + 2y = f(x),\;\; f(x) = \begin{cases} 1, & 0 \le x \le 3 \\ 0, & x > 3 \end{cases},\;\; y(0) = 0$

56. $\dfrac{dy}{dx} + y = f(x),\;\; f(x) = \begin{cases} 1, & 0 \le x \le 1 \\ -1, & x > 1 \end{cases},\;\; y(0) = 1$

57. $\dfrac{dy}{dx} + 2xy = f(x),\;\; f(x) = \begin{cases} x, & 0 \le x < 1 \\ 0, & x \ge 1 \end{cases},\;\; y(0) = 2$

58. $(1 + x^2)\dfrac{dy}{dx} + 2xy = f(x),\;\; f(x) = \begin{cases} x, & 0 \le x < 1 \\ -x, & x \ge 1 \end{cases},\;\; y(0) = 0$

[0] 2.6 EQUAÇÕES DE BERNOULLI, RICATTI E CLAIRAUT*

Nesta seção, não estudaremos nenhum tipo particular para equação diferencial. Consideraremos três equações clássicas que podem ser transformadas em equações já estudadas nas seções anteriores.

Equação de Bernoulli

A equação diferencial

$$\frac{dy}{dx} + P(x)y = f(x)y^n, \tag{1}$$

em que n é um número real qualquer, é chamada de **equação de Bernoulli**. Para $n = 0$ e $n = 1$, a equação (1) é linear em y. Agora, se $y \neq 0$, (1) pode ser escrita como

$$y^{-n}\frac{dy}{dx} + P(x)y^{1-n} = f(x). \tag{2}$$

Se fizermos $w = y^{1-n}$, $n \neq 0, n \neq 1$, então

$$\frac{dw}{dx} = (1 - n)y^{-n}\frac{dy}{dx}.$$

Com essa substituição, (2) transforma-se na equação linear

$$\frac{dw}{dx} + (1 - n)P(x)w = (1 - n)f(x). \tag{3}$$

Resolvendo (3) e depois fazendo $y^{1-n} = w$, obtemos uma solução para (1).

---

* **Jacques Bernoulli** (1654-1705) Os Bernoullis foram uma família suíça de acadêmicos cujas contribuições à matemática, física, astronomia e história datam do século XVI ao século XX. Jacques, o primeiro dos dois filhos do patriarca homônimo Jacques Bernoulli, deu várias contribuições ao cálculo e à probabilidade. Originalmente, a segunda das duas divisões principais do cálculo era chamada de *calculus summatorius*. Em 1696, por sugestão de Jacques Bernoulli (filho), este nome foi mudado para *calculus integralis*, como é conhecido atualmente.

Jacob Francesco Ricatti (1676-1754) Um conde italiano, Ricatti foi também matemático e filósofo.

Alex Claude Clairaut (1713-1765) Nascido em Paris em 1713, Clairaut foi uma criança prodígio que escreveu seu primeiro livro sobre matemática aos 11 anos. Foi um dos primeiros a descobrir soluções singulares para equações diferenciais. Como muitos matemáticos de sua época, Clairaut foi também físico e astrônomo.

EXEMPLO 1

Resolva
$$\frac{dy}{dx} + \frac{1}{x}y = xy^2.$$

Solução Em (1), identificamos $P(x) = 1/x$, $f(x) = x$ e $n = 2$. Logo, a mudança de variável $w = y^{-1}$ nos dá

$$\frac{dw}{dx} - \frac{1}{x}w = -x.$$

O fator de integração para essa equação linear em, digamos, $(0, \infty)$ é

$$e^{-\int dx/x} = e^{-\ln|x|} = e^{\ln|x|^{-1}} = x^{-1}.$$

assim
$$\frac{d}{dx}[x^{-1}w] = -1.$$

Integrando essa última forma, obtemos

$$x^{-1}w = -x + c \quad \text{ou} \quad w = -x^2 + cx.$$

Como $w = y^{-1}$, então $y = 1/w$ ou

$$y = \frac{1}{-x^2 + cx}.$$ ■

Para $n > 0$, note que a solução trivial $y = 0$ é uma solução para (1). No Exemplo 1, $y = 0$ é uma solução singular para a equação dada.

Equação de Ricatti

A equação diferencial não-linear

$$\frac{dy}{dx} = P(x) + Q(x)y + R(x)y^2 \tag{4}$$

é chamada de **equação de Ricatti**. Se y_1 é uma solução particular para (4), então as substituições

$$y = y_1 + u \quad \text{e} \quad \frac{dy}{dx} = \frac{dy_1}{dx} + \frac{du}{dx}$$

em (4) produzem a seguinte equação diferencial para u:

$$\frac{du}{dx} - (Q + 2y_1R)u = Ru^2. \tag{5}$$

Como (5) é uma equação de Bernoulli com $n = 2$, ela pode, por sua vez, ser reduzida à equação linear

$$\frac{dw}{dx} + (Q + 2y_1R)w = -R \tag{6}$$

através da substituição $w = u^{-1}$. Veja os Problemas 25 e 26.

Como o Exemplo 2 mostra, em muitos casos, uma solução para uma equação de Ricatti não pode ser expressa em termos de funções elementares.

EXEMPLO 2

Resolva
$$\frac{dy}{dx} = 2 - 2xy + y^2.$$

Solução Verifica-se facilmente que $y_1 = 2x$ é uma solução particular para uma equação . Em (4), fazemos as identificações $P(x) = 2$, $Q(x) = -2x$ e $R(x) = 1$. Resolvemos então a equação linear (6):

$$\frac{dw}{dx} + (-2x + 4x)w = -1 \quad \text{ou} \quad \frac{dw}{dx} + 2xw = -1.$$

O fator de integração para essa última equação é e^{x^2}, assim

$$\frac{d}{dx}[e^{x^2}w] = -e^{x^2}.$$

Agora, a integral $\int_{x_0}^{x} e^{t^2}\,dt$ não pode ser expressa em termos de funções elementares.* Portanto, escrevemos

$$e^{x^2}w = -\int_{x_0}^{x} e^{t^2}\,dt + c \quad \text{ou} \quad e^{x^2}\left(\frac{1}{u}\right) = -\int_{x_0}^{x} e^{t^2}\,dt + c,$$

assim
$$u = \frac{e^{x^2}}{c - \int_{x_0}^{x} e^{t^2}\,dt}.$$

Uma solução para a equação é então $y = 2x + u$. ■

Equação de Clairaut

Como exercício você deverá mostrar que uma solução para a equação de Clairaut

$$y = xy' + f(y') \tag{7}$$

---

* Quando uma integral $\int f(x)\,dx$ não pode ser resolvida em termos de funções elementares, ela é normalmente escrita como $\int_{x_0}^{x} f(t)\,dt$, em que x_0 é uma constante. Quando uma condição inicial é especificada, é imperativo que essa forma seja usada.

é a família de retas $y = cx + f(c)$, em que c é uma constante arbitrária. Veja o Problema 29. Ainda, (7) pode também possuir uma solução em forma paramétrica:

$$x = -f'(t),\ y = f(t) - tf'(t). \qquad \textbf{(8)}$$

Essa última solução é singular, pois, se $f''(t) \neq 0$, ela não pode ser obtida da família de soluções $y = cx + f(c)$.

EXEMPLO 3

Resolva
$$y = xy' + \frac{1}{2}(y')^2.$$

Solução Primeiro, fazemos a identificação $f(y') = (1/2)(y')^2$, o que implica $f(t) = (1/2)t^2$. Segue-se da discussão precedente que uma família de soluções é

$$y = cx + \frac{1}{2}c^2.$$

O gráfico dessa família é mostrado na Figura 2.13. Como $f'(t) = t$, uma solução singular é obtida de (8):

$$x = -t, \quad y = \frac{1}{2}t^2 - t \times t = -\frac{1}{2}t^2.$$

Depois de eliminar o parâmetro, vemos que esta última solução é a mesma que

$$y = -\frac{1}{2}x^2.$$

Percebemos facilmente que esta função não faz parte da família (9). Veja a Figura 2.14.

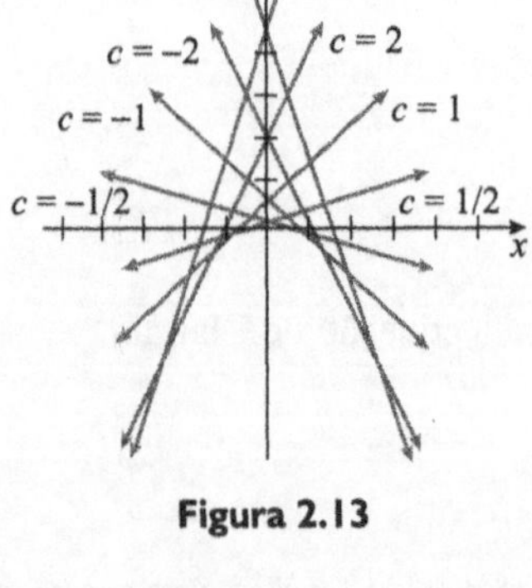

Figura 2.13

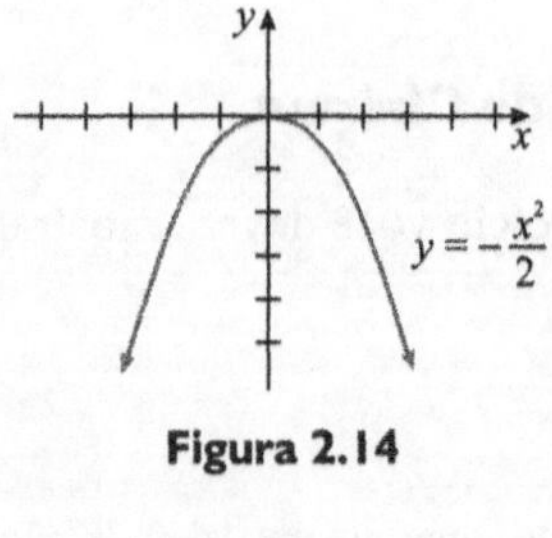

Figura 2.14

2.6 EXERCÍCIOS

As respostas dos exercícios selecionados estão nas páginas 443 e 444.

Nos Problemas 1-6, resolva a equação de Bernoulli dada.

1. $x\dfrac{dy}{dx} + y = \dfrac{1}{y^2}$

2. $\dfrac{dy}{dx} - y = e^x y^2$

3. $\dfrac{dy}{dx} = y(xy^3 - 1)$

4. $x\dfrac{dy}{dx} - (1 + x)y = xy^2$

5. $x^2\dfrac{dy}{dx} + y^2 = xy$

6. $3(1 + x^2)\dfrac{dy}{dx} = 2xy(y^3 - 1)$

Nos Problemas 7-10, resolva a equação diferencial dada sujeita à condição inicial indicada.

7. $x^2\dfrac{dy}{dx} - 2xy = 3y^4,\ y(1) = \dfrac{1}{2}$

8. $y^{1/2}\dfrac{dy}{dx} + y^{3/2} = 1,\ y(0) = 4$

9. $xy(1 + xy^2)\dfrac{dy}{dx} = 1,\ y(1) = 0$

10. $2\dfrac{dy}{dx} = \dfrac{y}{x} - \dfrac{x}{y^2},\ y(1) = 1$

Nos Problemas 11-16, resolva a equação de Ricatti dada; y_1 é uma solução conhecida para a equação.

11. $\dfrac{dy}{dx} = -2 - y + y^2,\ y_1 = 2$

12. $\dfrac{dy}{dx} = 1 - x - y + xy^2,\ y_1 = 1$

13. $\dfrac{dy}{dx} = -\dfrac{4}{x^2} - \dfrac{1}{x}y + y^2,\ y_1 = \dfrac{2}{x}$

14. $\dfrac{dy}{dx} = 2x^2 + \dfrac{1}{x}y - 2y^2,\ y_1 = x$

15. $\dfrac{dy}{dx} = e^{2x} + (1 + 2e^x)y + y^2,\ y_1 = -e^x$

16. $\dfrac{dy}{dx} = \sec^2 x - (\operatorname{tg} x)y + y^2,\ y_1 = \operatorname{tg} x$

17. Resolva $\dfrac{dy}{dx} = 6 + 5y + y^2$.

18. Resolva $\dfrac{dy}{dx} = 9 + 6y + y^2$.

Nos Problemas 19-24, resolva a equação de Clairaut dada. Obtenha uma solução singular.

19. $y = xy' + 1 - \ln y'$

20. $y = xy' + (y')^{-2}$

21. $y = x\dfrac{dy}{dx} - \left(\dfrac{dy}{dx}\right)^3$

22. $y = (x + 4)y' + (y')^2$

23. $xy' - y = e^{y'}$

24. $y - xy' = \ln y'$

25. Mostre que, se y_1 for uma solução para (4), então a substituição $y = y_1 + u$ em (4) implica (5).

26. Mostre que (5) se reduz a (6) por meio da substituição $w = u^{-1}$.

27. Quando $R(x) = -1$, a equação de Ricatti pode ser escrita como $y' + y^2 - Q(x)y - P(x) = 0$. Mostre que a substituição $y = w'/w$ conduz à equação linear de segunda ordem $w'' - Q(x)w' - P(w)w = 0$ (Quando Q e P são também constantes, não é difícil resolver equações deste tipo.)

28. Uma definição alternativa para a equação de Clairaut é qualquer equação na forma $F(y - xy', y') = 0$.

(a) Mostre que uma família de soluções para a última equação é

$$F(y - cx, c) = 0.$$

(b) Use o resultado da parte (a) para resolver

$$(xy' - y)^3 = (y')^2 + 5.$$

29. Mostre que $y = cx + f(c)$, em que c é uma constante arbitrária, é uma solução para (7).

30. Mostre que (8) é uma solução para (7). [*Sugestão*: Derive ambos os lados de (7) com relação a x e considere dois casos. Use diferenciação paramétrica para mostrar

$$\frac{dy}{dx} = \frac{dy/dt}{dx/dt} = t, \qquad f''(t) \neq 0.$$

Note que, como a inclinação de $y = cx + f(c)$ é constante, a solução singular não pode ser obtida desta família.]

[*0*] 2.7 SUBSTITUIÇÕES

Nas seções precedentes, vimos que em certas situações uma equação diferencial podia ser transformada, por meio de uma substituição, em uma forma em que era possível resolvê-la por um método padrão. Uma equação pode parecer diferente de todas as que vimos e estudamos, mas mudando a variável, talvez um problema aparentemente difícil possa ser facilmente resolvido. Embora não haja uma regra geral que indique *qual* substituição deve ser feita, um axioma prático é o seguinte: tente alguma coisa! Algumas vezes custa caro ser engenhoso.

EXEMPLO 1

A equação diferencial

$$y(1 + 2xy)\,dx + x(1 - 2xy)\,dy = 0$$

não é separável, homogênea, exata, linear ou Bernoulli. Porém, se olharmos bem a equação, podemos ser impelidos a tentar a substituição

$$u = 2xy \quad \text{ou} \quad y = \frac{u}{2x}.$$

Como

$$dy = \frac{x\,du - u\,dx}{2x^2},$$

a equação se torna depois de simplificada,

$$2u^2\,dx + (1 - u)x\,du = 0.$$

Percebemos que a última equação é separável, e daí,

$$2\frac{dx}{x} + \frac{1 - u}{u^2}\,du = 0$$

implica

$$2\ln|x| - u^{-1} - \ln|u| = c$$

$$\ln\left|\frac{x}{2y}\right| = c + \frac{1}{2xy}$$

$$\frac{x}{2y} = c_1 e^{1/2xy}$$

$$x = 2c_1 y e^{1/2xy},$$

em que e^c foi trocada por c_1. Podemos também trocar $2c_1$ por c_2 se desejarmos. ■

Note que a equação diferencial do Exemplo 1 possui a solução trivial $y = 0$, mas essa função não está incluída na família a um parâmetro de soluções.

EXEMPLO 2

Resolva

$$2xy\frac{dy}{dx} + 2y^2 = 3x - 6.$$

Solução A presença do termo $2y\frac{dy}{dx}$ nos impele a tentar $u = y^2$, pois

$$\frac{du}{dx} = 2y\frac{dy}{dx}.$$

Agora

$$x\frac{du}{dx} + 2u = 3x - 6$$

tem a forma linear

$$\frac{du}{dx} + \frac{2}{x}u = 3 - \frac{6}{x},$$

assim, multiplicar pelo fator de integração $e^{\int(2/x)\,dx} = e^{\ln x^2} = x^2$ acarreta

$$\frac{d}{dx}[x^2u] = 3x^2 - 6x$$

$$x^2u = x^3 - 3x^2 + c \quad \text{ou} \quad x^2y^2 = x^3 - 3x^2 + c.$$ ■

EXEMPLO 3

Resolva
$$x\frac{dy}{dx} - y = \frac{x^3}{y}e^{y/x}.$$

Solução Seja $u = y/x$. A equação diferencial pode ser simplificada para

$$ue^{-u}\,du = dx.$$

Integrando por partes e trocando $-c$ por c_1, temos

$$-ue^{-u} - e^{-u} = x + c$$
$$u + 1 = (c_1 - x)e^u.$$

Substituímos então $u = y/x$ e simplificamos:

$$y + x = x(c_1 - x)e^{y/x}.$$ ■

Algumas equações diferenciais de ordem mais alta podem ser reduzidas a equações de primeira ordem por substituição.

EXEMPLO 4

Resolva
$$y'' = 2x(y')^2.$$

Solução Faça $u = y'$; então, $du/dx = y''$ e a equação se torna separável. Temos,

$$\frac{du}{dx} = 2xu^2 \quad \text{ou} \quad \frac{du}{u^2} = 2x\,dx$$

$$\int u^{-2}\,du = \int 2x\,dx$$

$$-u^{-1} = x^2 + c_1^2.$$

A constante de integração é escrita como c_1^2 por conveniência. A razão ficará óbvia nas próximas etapas. Como $u^{-1} = 1/y'$, segue-se que

$$\frac{dy}{dx} = \frac{1}{x^2 + c_1^2} \quad \text{ou} \quad dy = -\frac{dx}{x^2 + c_1^2}$$

$$\int dy = -\int \frac{d}{x^2 + c_1^2}$$

$$y + c_2 = -\frac{1}{c_1}\,\mathrm{tg}^{-1}\frac{x}{c_1}.$$ ■

2.7 EXERCÍCIOS

As respostas dos exercícios selecionados estão na página 444.

Nos Problemas 1-26, resolva a equação diferencial dada usando uma substituição apropriada.

1. $xe^{2y}\dfrac{dy}{dx} + e^{2y} = \dfrac{\ln x}{x}$

2. $y' + y\ln y = ye^x$

3. $y\,dx + (1 + ye^x)\,dy = 0$

4. $(2 + e^{-x/y})\,dx + 2\left(1 - \dfrac{x}{y}\right)dy = 0$

5. $\dfrac{dy}{dx} - \dfrac{4}{x}y = 2x^5e^{y/x^4}$

6. $\dfrac{dy}{dx} + x + y + 1 = (x + y)^2e^{3x}$

7. $2yy' + x^2 + y^2 + x = 0$

8. $y' = y + x(y + 1)^2 + 1$

9. $2x\csc 2y\dfrac{dy}{dx} = 2x - \ln(\operatorname{tg} y)$

10. $x^2\dfrac{dy}{dx} + 2xy = x^4y^2 + 1$

11. $x^4y^2y' + x^3y^3 = 2x^3 - 3$

12. $xe^yy' - 2e^y = x^2$

13. $y' + 1 = e^{-(x+y)}\operatorname{sen} x$

14. $\operatorname{sen} y \operatorname{senh} x\,dx + \cos y\cosh x\,dy = 0$

15. $y\dfrac{dx}{dy} + 2x\ln x = xe^y$

16. $x\operatorname{sen} y\dfrac{dy}{dx} + \cos y = -x^2e^x$

17. $y'' + (y')^2 + 1 = 0$

18. $xy'' = y' + x(y')^2$

19. $xy'' = y' + (y')^3$

20. $x^2y'' + (y')^2 = 0$

21. $xy' - xy'' - (y'')^3 = 1$

22. $y'' = 1 + (y')^2$

23. $xy'' - y' = 0$

24. $y'' + (\operatorname{tg} x)y' = 0$

25. $y'' + 2y(y')^3 = 0$

26. $y^2y'' = y'$

$\left[\textit{Sugestão}\text{: Faça } u = y' \text{ para que } y'' = \dfrac{du}{dx} = \dfrac{du}{dy}\dfrac{dy}{dx} = \dfrac{du}{dy}u.\right]$

27. No cálculo, a curvatura de uma curva de equação $y = f(x)$ é definida pelo número

$$\kappa = \frac{y''}{[1 + (y')^2]^{3/2}}.$$

Determine uma função para a qual $\kappa = 1$. [*Sugestão*: Por simplicidade, ignore constantes de integração. Também considere uma substituição trigonométrica.]

[O] 2.8 MÉTODO DE PICARD

O problema de valor inicial

$$y' = f(x, y), \quad y(x_0) = y_0, \tag{1}$$

considerado na Seção 2.1 pode ser escrito de outra maneira. Seja f uma função contínua em uma região que contém o ponto (x_0, y_0). Integrando ambos os lados da equação diferencial em relação a x, obtemos

$$y(x) = c + \int_{x_0}^{x} f(t, y(t))\, dt.$$

Agora,

$$y(x_0) = c + \int_{x_0}^{x_0} f(t, y(t))\, dt = c$$

implica $c = y_0$. Logo,

$$y(x) = y_0 + \int_{x_0}^{x} f(t, y(t))\, dt. \tag{2}$$

Reciprocamente, se começarmos com (2), podemos obter (1). Em outras palavras, a equação integral (2) e o problema de valor inicial (1) são equivalentes. Tentaremos agora resolver (2) por um *método de aproximações sucessivas*.

Seja $y_0(x)$ uma função contínua arbitrária. Como $f(x, y_0(x))$ é uma função conhecida, dependendo apenas de x, ela pode ser integrada. Com $y(t)$ no lugar de $y_0(t)$, o lado direito de (2) define uma outra função, que escrevemos como

$$y_1(x) = y_0 + \int_{x_0}^{x} f(t, y_0(t))\, dt.$$

Espera-se que esta nova função esteja mais próxima da solução. Quando repetimos o procedimento, uma outra função é definida por

$$y_2(x) = y_0 + \int_{x_0}^{x} f(t, y_1(t))\, dt.$$

Dessa maneira, obtemos uma seqüência de funções, $y_1(x)$, $y_2(x)$, $y_3(x)$, ... cujo n-ésimo termo é definido pela relação

$$\boldsymbol{y_n(x) = y_0 + \int_{x_0}^{x} f(t, y_{n-1}(t))\, dt, \quad n = 1, 2, 3, \ldots} \tag{3}$$

Na aplicação de (3), é uma prática comum escolher $y_0(x) = y_0$ como função inicial. O uso repetitivo da fórmula (3) é conhecido como **método iterativo de Picard**.

EXEMPLO 1

Considere o problema

$$y' = y - 1, \quad y(0) = 2.$$

Use o método de Picard para encontrar as aproximações y_1, y_2, y_3, y_4.

Solução Se identificarmos $x_0 = 0$, $y_0(x) = 2$ e $f(t, y_{n-1}(t)) = y_{n-1}(t) - 1$, a equação (3) torna-se

$$y_n(x) = 2 + \int_0^x (y_{n-1}(t) - 1)\,dt, \qquad n = 1, 2, 3, \ldots$$

Integrando esta última expressão, temos

$$y_1(x) = 2 + \int_0^x 1 \times dt = 2 + x$$

$$y_2(x) = 2 + \int_0^x (1 + t)\,dt = 2 + x + \frac{x^2}{2}$$

$$\begin{aligned} y_3(x) &= 2 + \int_0^x \left(1 + t + \frac{t^2}{2}\right) dt \\ &= 2 + x + \frac{x^2}{2} + \frac{x^3}{2 \times 3} \end{aligned}$$

$$\begin{aligned} y_4(x) &= 2 + \int_0^x \left(1 + t + \frac{t^2}{2} + \frac{t}{2 \times 3}\right) dt \\ &= 2 + x + \frac{x^2}{2} + \frac{x^3}{2 \times 3} + \frac{x^4}{2 \times 3 \times 4}. \end{aligned}$$

■

Por indução, pode-se mostrar que o n-ésimo termo da seqüência de funções é

$$y_n(x) = 2 + x + \frac{x^2}{2!} + \frac{x^2}{3!} + \ldots + \frac{x^n}{n!} = 1 + \sum_{k=0}^{n} \frac{x^k}{k!}.$$

Desta última forma, vemos que o limite de $y_n(x)$ quando $n \to \infty$ é $y(x) = 1 + e^x$. Surpreendentemente, verificamos que a função é uma solução exata do problema de valor inicial dado.

Você não deve se deixar enganar pela relativa facilidade com que as iterações foram obtidas neste exemplo. Em geral, a iteração envolvida no processo de gerar cada $y_n(x)$ pode facilmente se tornar muito complicada. Também não é sempre aparente que a seqüência

$\{y_n(x)\}$ converge para uma simples e explícita função. Porém é necessário perguntar: o método de Picard é um meio prático de resolver uma equação de primeira ordem $y' = f(x, y)$ sujeita a $y(x_0) - y_0$? Na maioria dos casos, a resposta é não. Devemos perguntar ainda, com o espírito de um cientista ou engenheiro: para que serve este método? A resposta não é de todo favorável: o método de iteração de Picard é uma ferramenta teórica usada em considerações de existência e unicidade de soluções para equações diferenciais. Sob certas condições em $f(x, y)$, pode-se mostrar que, quando $n \to \infty$, a seqüência $\{y_n(x)\}$ definida por (3) converge para uma função $y(x)$ que satisfaz a equação integral (2) e portanto o problema de valor inicial (1). Na verdade, o método de aproximações sucessivas de Picard é que é usado na prova do teorema de Picard na Seção 2.1. Porém, a prova do Teorema 2.1 usa conceitos avançados de cálculo e não será apresentada aqui. Nosso propósito ao introduzir esse tópico é dar uma idéia do potencial do procedimento e obter pelo menos uma leve familiaridade com uma técnica iterativa. No Capítulo 9, consideraremos outros métodos de soluções aproximadas para equações diferenciais que também utilizam iteração.

2.8 EXERCÍCIOS

As respostas dos exercícios selecionados estão na página 444.

Nos Problemas 1-6, use o método de Picard para encontrar y_1, y_2, y_3, y_4. Determine o limite da seqüência $\{y_n(x)\}$ quando $n \to \infty$.

1. $y' = -y,\ y(0) = 1$

2. $y' = x + y,\ y(0) = 1$

3. $y' = 2xy,\ y(0) = 1$

4. $y' + 2xy = x,\ y(0) = 0$

5. $y' + y^2 = 0,\ y(0) = 0$

6. $y' = 2e^x - y,\ y(0) = 1$

7. **(a)** Use o método de Picard para encontrar y_1, y_2, y_3 do problema

$$y' = 1 + y^2,\ y(0) = 0$$

(b) Resolva o problema de valor inicial da parte (a) por um dos métodos deste capítulo.

(c) Compare os resultados da parte (a) e (b).

8. No método de Picard, a escolha inicial $y_0(x) = y_0$ não é necessária. Refaça o Problema 3 com **(a)** $y_0(x) = k$ uma constante e $k \neq 1$, e **(b)** $y_0(x) = x$.

Capítulo 2 *REVISÃO*

Um **problema de valor inicial** consiste em encontrar uma solução para

$$\frac{dy}{dx} = f(x, y),\ y(x_0) = y_0,$$

em um intervalo I contendo x_0. Se $f(x, y)$ e $\partial f/\partial y$ são contínuas em uma região retangular do plano xy com (x_0, y_0) em seu interior, então é garantido que existe um intervalo em torno de x_0 no qual o problema apresenta uma única solução.

O método de solução para a equação diferencial de primeira ordem depende de uma classificação apropriada da equação. Nós resumimos cinco casos.

Uma equação é **separável** se puder ser colocada na forma $h(y)\,dy = g(x)\,dx$. A solução decorre da integração de ambos os lados da equação.

Se $M(x, y)$ e $N(x, y)$ são funções homogêneas de mesmo grau, então $M(x, y)\,dx + N(x, y)\,dy = 0$ pode ser transformada em uma equação separável através da substituição $y = ux$ ou $x = vy$. A escolha da substituição depende da simplicidade de cada coeficiente.

A equação diferencial $M(x, y)\,dx + N(x, y)\,dy = 0$ será **exata** se a forma $M(x, y)\,dx + N(x, y)\,dy$ for uma diferencial exata. Quando $M(x, y)$ e $N(x, y)$ são contínuas e possuem derivadas parciais contínuas, $\partial M/\partial y = \partial N/\partial x$ é uma condição necessária e suficiente para que $M(x, y)\,dx + N(x, y)\,dy$ seja exata. Isso significa que existe alguma função $f(x, y)$ tal que $M(x, y) = \partial f/\partial x$ e $N(x, y) = \partial f/\partial y$. O método de solução para uma equação exata começa pela integração de uma dessas expressões.

Se uma equação de primeira ordem puder ser colocada na forma $dy/dx + P(x)y = f(x)$, dizemos que ela é **linear** na variável y. Resolvemos a equação encontrando primeiro o **fator de integração**, $e^{\int P(x)\,dx}$, multiplicando ambos os lados da equação por esse fator e depois integrando ambos os lados de

$$\frac{d}{dx}\left[e^{\int P(x)\,dx}y\right] = e^{\int P(x)\,dx}f(x).$$

Equação de Bernoulli é $dy/dx + P(x)y = f(x)y^n$, em que n é qualquer número real. Quando $n \neq 0$ e $n \neq 1$, a equação de Bernoulli pode ser transformada em uma equação linear através da substituição $w = y^{1-n}$.

Em certas circunstâncias, uma equação diferencial pode ser reduzida a uma forma familiar através de uma **substituição** apropriada, ou **mudança, de variável**. Claro que já sabemos que esse é o procedimento para resolver uma equação homogênea ou de Bernoulli. Em um contexto geral, nenhuma regra de substituição pode ser dada.

Convertendo um problema de valor inicial em uma equação integral equivalente, o **método de iteração de Picard** é uma maneira de obter uma aproximação da solução para o problema.

Capítulo 2 EXERCÍCIOS DE REVISÃO

As respostas dos exercícios selecionados estão nas páginas 444 e 445.

Resolva os Problemas 1-4 sem consultar o texto. Complete o espaço em branco ou responda verdadeiro/falso.

1. A equação diferencial $y' = 1/(25 - x^2 - y^2)$ possui uma única solução passando pelo ponto (x_0, y_0) na(s) região(ões) definida(s) por ________________.

2. O problema de valor inicial $xy' = 3y$, $y(0) = 0$, possui a solução $y = x^3$ e ________________.

3. O problema de valor inicial $y' = y^{1/2}$, $y(0) = 0$, não possui solução, pois $\partial f/\partial y$ é descontínua nos pontos da reta $y = 0$ ________________.

4. Existe um intervalo centrado em 2 no qual a única solução para o problema de valor inicial $y' = (y - 1)^3$, $y(2) = 1$, é $y = 1$ ________________.

5. Sem resolver, classifique cada uma das seguintes equações como: separável, homogênea, exata, linear, Bernoulli, Ricatti ou Clairaut.

(a) $\dfrac{dy}{dx} = \dfrac{1}{y - x}$

(b) $\dfrac{dy}{dx} = \dfrac{x - y}{x}$

(c) $\left(\dfrac{dy}{dx}\right)^2 + 2y = 2x\dfrac{dy}{dx}$

(d) $\dfrac{dy}{dx} = \dfrac{1}{x(x - y)}$

(e) $\dfrac{dy}{dx} = \dfrac{y^2 + y}{x^2 + x}$

(f) $\dfrac{dy}{dx} = 4 + 5y + y^2$

(g) $y\,dx = (y - xy^2)\,dy$

(h) $x\dfrac{dy}{dx} = ye^{x/y} - x$

(i) $xyy' + y^2 = 2x$

(j) $2xyy' + y^2 = 2x^2$

(k) $y\,dx + x\,dy = 0$

(l) $\left(x^2 + \dfrac{2y}{x}\right)dx = (3 - \ln x^2)\,dy$

(m) $\dfrac{dy}{dx} = \dfrac{x}{y} + \dfrac{y}{x} + 1$

(n) $\dfrac{y}{x^2}\dfrac{dy}{dx} + e^{2x^3 + y^2} = 0$

(o) $y = xy' + (y' - 3)^2$

(p) $y' + 5y^2 = 3x^4 - 2xy$

6. Resolva $(y^2 + 1)\,dx = y\sec^2 x\,dy$.

7. Resolva $\dfrac{y}{x}\dfrac{dy}{dx} = \dfrac{e^x}{\ln y}$ sujeito a $y(1) = 1$.

8. Resolva $y(\ln x - \ln y)\,dx = (x\ln x - x\ln y - y)\,dy$.

9. Resolva $xyy' = 3y^2 + x^2$ sujeito a $y(-1) = 2$.

10. Resolva $(6x + 1)y^2 \dfrac{dy}{dx} + 3x^2 + 2y^3 = 0$.

11. Resolva $ye^{xy} \dfrac{dx}{dy} + xe^{xy} = 12y^2$ sujeito a $y(0) = -1$.

12. Resolva $x\,dy + (xy + y - x^2 - 2x)\,dx = 0$.

13. Resolva $(x^2 + 4) \dfrac{dy}{dx} = 2x - 8xy$ sujeito a $y(0) = -1$.

14. Resolva $(2x + y)y' = 1$.

15. Resolva $x \dfrac{dy}{dx} + 4y = x^4 y^2$ sujeito a $y(1) = 1$.

16. Resolva $-xy' + y = (y' + 1)^2$ sujeito a $y(0) = 0$.

Nos Problemas 17 e 18, resolva a equação diferencial dada por meio de uma substituição.

17. $\dfrac{dy}{dx} + xy^3 \sec \dfrac{1}{y^2} = 0$

18. $y'' = x - y'$

19. Use o método de Picard para encontrar aproximações y_1 e y_2 para $y' = x^2 + y^2$, $y(0) = 1$.

20. Resolva $y' + 2y = 4$, $y(0) = 3$ por um dos métodos usuais. Resolva o mesmo problema pelo método de Picard e compare os resultados.

Capítulo 3

APLICAÇÕES DE EQUAÇÕES DIFERENCIAIS DE PRIMEIRA ORDEM

Conceitos Importantes

Trajetórias ortogonais
Crescimento e decrescimento exponenciais
Meia-vida
Cronologia do carbono
Termo transitório
Termo estacionário
Equação logística
Reações químicas
Velocidade de escape

Na Seção 1.2, vimos que uma equação diferencial usada para descrever o comportamento de alguns sistemas reais, sejam físicos, sociológicos ou mesmo econômicos, é chamada de **modelo matemático**. Modelos matemáticos para fenômenos como decrescimento radioativo, crescimento populacional, reações químicas, resfriamento de corpos, velocidade de um corpo em queda, taxa de memorização ou corrente em um circuito em série são freqüentemente equações diferenciais de primeira ordem.

Neste capítulo, preocupamo-nos com a resolução para algumas equações diferenciais lineares e não-lineares que aparecem freqüentemente nas aplicações.

3.1 TRAJETÓRIAS ORTOGONAIS

Equação Diferencial de uma Família de Curvas

No final da Seção 1.1 expressamos a expectativa, ou melhor, a esperança de que uma diferencial ordinária de n-ésima ordem levasse a uma família a n-parâmetros de soluções. Por outro lado, suponha que invertamos o problema: Começando com uma família a n-parâmetros de curvas, será que podemos encontrar uma equação diferencial de n-ésima ordem associada a essa família? Na maioria das vezes a resposta é sim.

Na discussão que segue, estamos interessados em encontrar a equação diferencial $dy/dx = f(x, y)$ de uma família a n-parâmetros de curvas.

EXEMPLO 1

Encontre a equação diferencial da família

$$y = c_1x^3.$$

Solução Derivando, temos

$$\frac{dy}{dx} = 3c_1x^2.$$

Podemos eliminar o parâmetro c_1 da equação usando $c_1 = y/x^3$ obtido da primeira equação:

$$\frac{dy}{dx} = 3\left(\frac{y}{x^3}\right)x^2 \quad \text{ou} \quad \frac{dy}{dx} = 3\frac{y}{x}. \qquad \blacksquare$$

Curvas Ortogonais

Lembre-se, do nosso estudo de geometria analítica, de que duas retas L_1 e L_2 não paralelas aos eixos coordenados são perpendiculares se, e somente se, seus respectivos coeficientes angulares satisfizerem a relação, $m_1m_2 = -1$. Por essa razão, os gráficos de $y = (-1/2)x + 1$ e $y = 2x + 4$ são obviamente perpendiculares. Duas curvas $\mathscr{C}_1$ e $\mathscr{C}_2$ são **ortogonais** em um ponto se, e somente se, suas retas tangentes T_1 e T_2 forem perpendiculares no ponto de interseção. Veja a Figura 3.1. Exceto no caso em que T_1 e T_2 são paralelas aos eixos coordenados, isso significa que os coeficientes angulares das tangentes são negativos inversos um do outro.

EXEMPLO 2

Mostre que as curvas $\mathscr{C}_1$ e $\mathscr{C}_2$ definidas por, $y = x^3$ e $x^2 + 3y^2 = 4$ são ortogonais no(s) ponto(s) de interseção.

Solução Na Figura 3.2, vemos que os pontos de interseção dos gráficos são (1, 1) e (– 1, – 1). Agora, a inclinação da reta tangente a $y = x^3$ em qualquer ponto é $dy/dx = 3x^2$. Logo,

$$\left.\frac{dy}{dx}\right|_{x=1} = \left.\frac{dy}{dx}\right|_{x=-1} = 3.$$

Usamos derivação implícita para obter dy/dx na segunda curva:

$$2x + 6y\frac{dy}{dx} = 0 \quad \text{ou} \quad \frac{dy}{dx} = -\frac{x}{3y}$$

e portanto
$$\left.\frac{dy}{dx}\right|_{(1,\,1)} = \left.\frac{dy}{dx}\right|_{(-1,\,-1)} = -\frac{1}{3}.$$

Então, em (1, 1) e em (– 1, – 1), temos

$$\left(\frac{dy}{dx}\right)_{\mathscr{C}_1} \times \left(\frac{dy}{dx}\right)_{\mathscr{C}_2} = -1. \qquad \blacksquare$$

É fácil mostrar que qualquer curva $\mathscr{C}_1$ da família $y = c_1x^3$, $c_1 \neq 0$ é ortogonal a cada curva $\mathscr{C}_2$ da família $x^2 + 3y^2 = c_2$, $c_2 > 0$. Pelo Exemplo 1, sabemos que a equação diferencial da primeira família é

$$\frac{dy}{dx} = 3\frac{y}{x}.$$

Derivação implícita de $x^2 + 3y^2 = c_2$ conduz exatamente à mesma equação diferencial de $x^2 + 3y^2 = 4$ no Exemplo 2, ou seja,

$$\frac{dy}{dx} = -\frac{x}{3y}.$$

Logo, no ponto (x, y) em cada curva,

$$\left(\frac{dy}{dx}\right)_{\mathscr{C}_1} \times \left(\frac{dy}{dx}\right)_{\mathscr{C}_2} = \left(\frac{3y}{x}\right)\left(-\frac{x}{3y}\right) = -1.$$

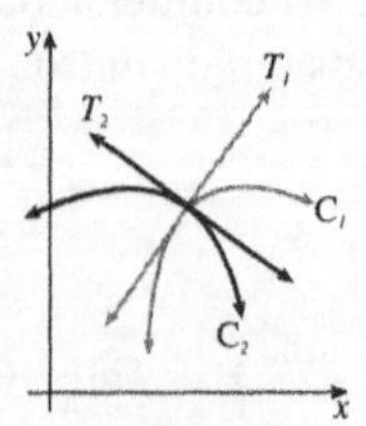

Figura 3.1

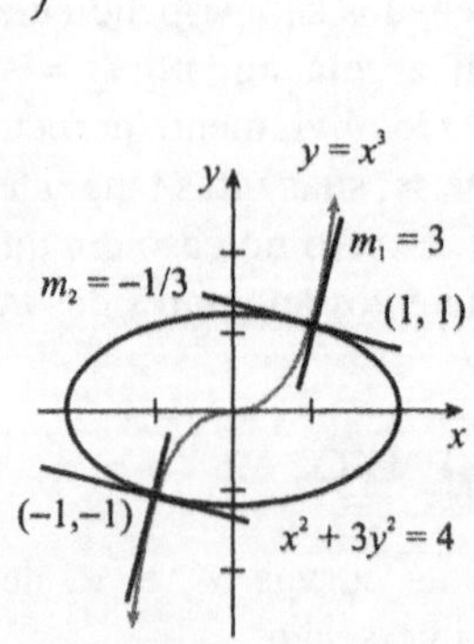

Figura 3.2

Como as inclinações das retas tangentes são negativas inversas, as curvas $\mathscr{C}_1$ e $\mathscr{C}_2$ se interceptam ortogonalmente.

Esta discussão leva à seguinte definição.

DEFINIÇÃO 3.1 Trajetórias Ortogonais

Quando *todas* as curvas de uma família $G(x, y, c_1) = 0$ interceptam ortogonalmente todas as curvas de outra família $H(x, y, c_2) = 0$, então dizemos que as famílias são **trajetórias ortogonais** uma da outra.

Em outras palavras, uma trajetória ortogonal é uma curva que intercepta toda a curva de uma família em ângulo reto.

EXEMPLO 3

(a) O gráfico de $y = (-1/2)x + 1$ é uma trajetória ortogonal de $y = 2x + c_1$. As famílias $y = (-1/2)x + c_2$ e $y = 2x + c_1$ são trajetórias ortogonais.

(b) O gráfico de $y = 4x^3$ é uma trajetória ortogonal de $x^2 + 3y^2 = c_2$. As famílias $y = c_1x^3$ e $x^2 + 3y^2 = c_2$ são trajetórias ortogonais.

(c) A Figura 3.3 mostra a família de retas $y = c_1x$ e a família $x^2 + y^2 = c_2$ de círculos concêntricos. Essas famílias são trajetórias ortogonais. ■

Trajetórias ortogonais ocorrem naturalmente na construção de mapas meteorológicos e no estudo de eletricidade e magnetismo. Por exemplo, em um campo elétrico em volta de dois corpos de cargas opostas, as linhas de força são perpendiculares às curvas eqüipotenciais (isto é, curvas ao longo das quais o potencial é constante.) As linhas de força estão indicadas na Figura 3.4 por linhas pontilhadas.

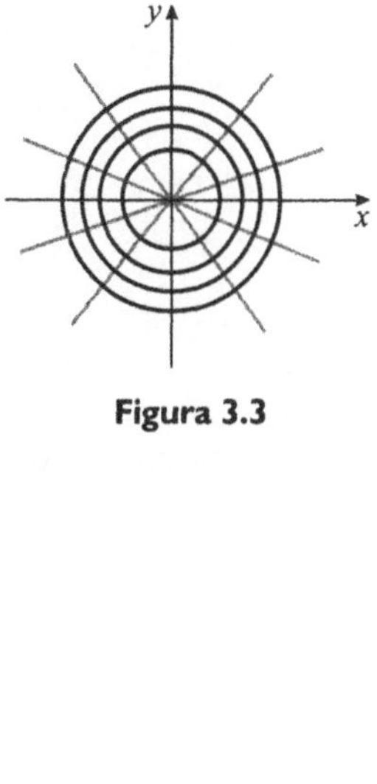

Figura 3.3

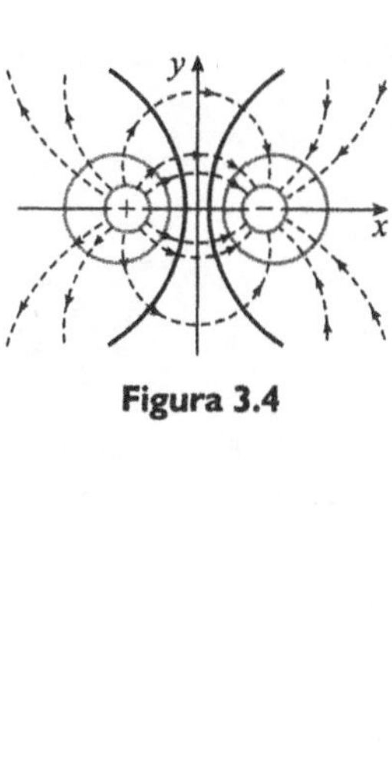

Figura 3.4

Método Geral

Para encontrar as trajetórias ortogonais de uma dada família de curvas, primeiro encontramos a equação diferencial

$$\frac{dy}{dx} = f(x, y)$$

que descreve a família. A equação diferencial da família ortogonal é então

$$\frac{dy}{dx} = \frac{-1}{f(x, y)}.$$

EXEMPLO 4

Encontre as trajetórias ortogonais da família de hipérboles,

$$y = \frac{c_1}{x}.$$

Solução A derivada de $y = c_1/x$ é

$$\frac{dy}{dx} = \frac{-c_1}{x^2}.$$

Trocando c_1 por $c_1 = xy$ temos a equação diferencial da família dada:

$$\frac{dy}{dx} = -\frac{y}{x}.$$

A equação diferencial da família ortogonal é portanto

$$\frac{dy}{dx} = \frac{-1}{(-y/x)} = \frac{x}{y}.$$

Resolvemos esta última equação por separação de variáveis:

$$y\,dy = x\,dx$$

$$\int y\,dy = \int x\,dx$$

$$\frac{y^2}{2} = \frac{x^2}{2} + c_2' \quad \text{ou} \quad y^2 - x^2 = c_2,$$

em que substituímos $2c_2'$ por c_2. Vemos que esta solução representa uma outra família de hipérboles. O gráfico de ambas, para vários valores de c_1 e c_2, está representado na Figura 3.5. ■

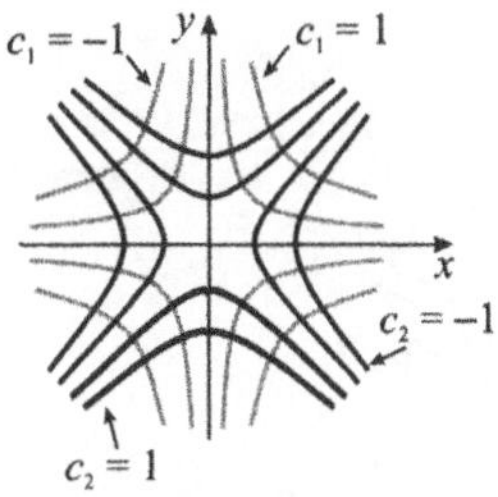

Figura 3.5

EXEMPLO 5

Encontre as trajetórias ortogonais de

$$y = \frac{c_1 x}{1 + x}.$$

Solução Pela regra do quociente, calculamos

$$\frac{dy}{dx} = \frac{c_1}{(1 + x)^2} \quad \text{ou} \quad \frac{dy}{dx} = \frac{y}{x(1 + x)},$$

pois $c_1 = y(1 = x)/x$. A equação diferencial das trajetórias ortogonais é portanto

$$\frac{dy}{dx} = -\frac{x(1 + x)}{y}.$$

Novamente, por separação de variáveis, temos:

$$y\,dy = -x(1 + x)\,dx$$

$$\int y\,dy = -\int (x + x^2)\,dx$$

$$\frac{y^2}{2} = -\frac{x^2}{2} - \frac{x^3}{3} + c_2' \quad \text{ou} \quad 3y^2 + 3x^2 + 2x^3 = c_2.$$ ■

Curvas em Coordenadas Polares

Vimos no cálculo que, para um gráfico de uma equação polar $r = f(\theta)$,

$$r\frac{d\theta}{dr} = \operatorname{tg}\psi,$$

em que ψ é o ângulo positivo anti-horário entre a reta radial e a reta tangente. Veja a Figura 3.6. Deixamos como exercício mostrar que duas curvas polares $r = f_1(\theta)$ e $r = f_2(\theta)$ são ortogonais em um ponto de interseção se, e somente se,

$$(\operatorname{tg}\psi_1)_{\mathscr{C}_1}(\operatorname{tg}\psi_2)_{\mathscr{C}_2} = -1. \tag{1}$$

Veja o Problema 42.

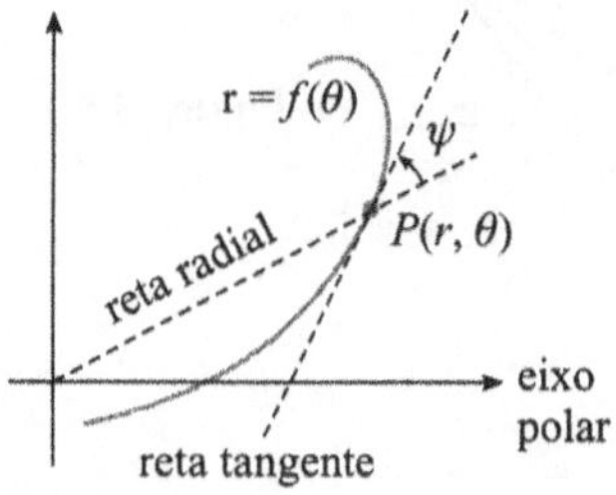

Figura 3.6

EXEMPLO 6

Encontre as trajetórias ortogonais de

$$r = c_1(1 - \operatorname{sen}\theta).$$

Solução Para a curva dada, podemos escrever

$$\frac{dr}{d\theta} = -c_1 \cos\theta = \frac{-r\cos\theta}{1 - \operatorname{sen}\theta}$$

assim

$$r\frac{d\theta}{dr} = -\frac{1 - \operatorname{sen}\theta}{\cos\theta} = \operatorname{tg}\psi_1.$$

Logo, por (1), a equação diferencial das trajetórias ortogonais é

$$r\frac{d\theta}{dr} = -\frac{\cos\theta}{1 - \operatorname{sen}\theta} = \operatorname{tg}\psi_2.$$

Separando as variáveis, obtemos

$$\frac{dr}{r} = \frac{1 - \operatorname{sen}\theta}{\cos\theta}\,d\theta = (\sec\theta - \operatorname{tg}\theta)\,d\theta$$

assim

$$\begin{aligned}\ln|r| &= \ln|\sec\theta + \operatorname{tg}\theta| + \ln|\cos\theta| + \ln c_2\\ &= \ln|c_2(1 + \operatorname{sen}\theta)|.\end{aligned}$$

Portanto,

$$r = c_2(1 + \operatorname{sen}\theta).$$ ■

3.1 EXERCÍCIOS

As respostas dos exercícios selecionados estão nas páginas 445 e 446.

Nos Problemas 1-26, encontre as trajetórias ortogonais da família de curvas dada.

1. $y = c_1 x$
2. $3x + 4y = c_1$
3. $y = c_1 x^2$
4. $y = (x - c_1)^2$
5. $c_1 x^2 + y^2 = 1$
6. $2x^2 + y^2 = c_1^2$
7. $y = c_1 e^{-x}$
8. $y = e^{c_1 x}$
9. $y^2 = c_1 x^3$
10. $y^a = c_1 x^b$, a e b constantes
11. $y = \dfrac{x}{1 + c_1 x}$
12. $y = \dfrac{1 + c_1 x}{1 - c_1 x}$
13. $2x^2 + y^2 = 4c_1 x$
14. $x^2 + y^2 = 2c_1 x$
15. $y^3 + 3x^2 y = c_1$
16. $y^2 - x^2 = c_1 x^3$
17. $y = \dfrac{c_1}{1 + x^2}$
18. $y = \dfrac{1}{c_1 + x}$
19. $4y + x^2 + 1 + c_1 e^{2y} = 0$
20. $y = -x - 1 + c_1 e^x$
21. $y = \dfrac{1}{\ln c_1 x}$
22. $y = \ln(\operatorname{tg} x + c_1)$
23. $\operatorname{senh} y = c_1 x$
24. $y = c_1 \operatorname{sen} x$
25. $x^{1/3} + y^{1/3} = c_1$
26. $x^a + y^a = c_1$, $a \neq 2$
27. Encontre as curvas das trajetórias ortogonais de $x + y = c_1 e^y$ que passam por (0, 5).
28. Encontre as curvas das trajetórias ortogonais de $3xy^2 = 2 + 3c_1 x$ que passam por (0, 10).

Nos Problemas 29-34, encontre as trajetórias ortogonais das curvas dadas.

29. $r = 2c_1 \cos\theta$
30. $r = c_1(1 + \cos\theta)$
31. $r^2 = c_1 \operatorname{sen} 2\theta$
32. $r = \dfrac{c_1}{1 + \cos\theta}$
33. $r = c_1 \sec\theta$
34. $r = c_1 e^\theta$
35. Uma família de curvas que intercepta uma dada família de curvas com um ângulo específico constante $\alpha \neq \pi/2$ é chamada de família isogonal. As duas famílias são chamadas de **trajetórias isogonais** uma da outra. Se $dy/dx = f(x, y)$ é a equação diferencial da família dada, mostre que a equação diferencial da família isogonal é

$$\frac{dy}{dx} = \frac{f(x, y) \pm \operatorname{tg}\alpha}{1 \mp f(x, y)\operatorname{tg}\alpha}.$$

Nos Problemas 36-38, use os resultados do Problema 35 para encontrar a família isogonal que intercepta a família a um parâmetro $y = c_1x$, com o ângulo dado.

36. $\alpha = 45°$ **37.** $\alpha = 60°$ **38.** $\alpha = 30°$

Uma família de curvas pode ser **auto-ortogonal** uma vez que um membro das trajetórias ortogonais é também um membro da família original. Nos Problemas 39 e 40, mostre que a família de curvas é auto-ortogonal.

39. parábolas $y^2 = c_1(2x + c_1)$

40. cônicas confocais $\dfrac{x^2}{c_1 + 1} + \dfrac{y^2}{c_1} = 1$

41. Verifique que as trajetórias ortogonais da família de curvas dada pelas equações paramétricas, $x = c_1e^t \cos t$, $y = c_1 e^t \operatorname{sen} t$ são

$$x = c_2e^{-t} \cos t, \quad y = c_2e^{-t} \operatorname{sen} t.$$

[*Sugestão:* $dy/dx = (dy/dt)/(dx/dt)$.]

42. Mostre que duas curvas polares $r = f_1(\theta)$ e $r = f_2(\theta)$ são ortogonais em um ponto de interseção se, e somente se,

$$(\operatorname{tg} \psi_1)_{\mathscr{C}_1}(\operatorname{tg} \psi_2)_{\mathscr{C}_2} = -1.$$

3.2 APLICAÇÕES DE EQUAÇÕES LINEARES

Crescimento e Decrescimento

O problema de valor inicial

$$\frac{dx}{dt} = kx, \qquad x(t_0) = x_0, \tag{1}$$

em que k é uma constante de proporcionalidade, ocorre em muitas teorias físicas envolvendo **crescimento** ou **decrescimento**. Por exemplo, em biologia, é freqüentemente observado que a taxa de crescimento de certas bactérias é proporcional ao número de bactérias presentes no dado instante. Durante um curto intervalo de tempo, a população de pequenos animais, tais como roedores, pode ser prevista com alto grau de precisão pela solução para (1). Em física, um problema de valor inicial como (1) proporciona um modelo para o cálculo aproximado da quantidade remanescente de uma substância que está sendo desintegrada através de radioatividade. A equação diferencial em (1) pode ainda determinar a temperatura de um corpo em resfriamento. Em química, a quantidade remanescente de uma substância durante certas reações também pode ser descrita por (1).

A constante de proporcionalidade k em (1) é positiva ou negativa e pode ser determinada pela solução para o problema usando um valor subseqüente de x em um instante $t_1 > t_0$.

EXEMPLO 1

Em uma cultura, há inicialmente N_0 bactérias. Uma hora depois, $t = 1$, o número de bactérias passa a ser $(3/2)N_0$. Se a taxa de crescimento é proporcional ao número de bactérias presentes, determine o tempo necessário para que o número de bactérias triplique.

Solução Primeiro, resolvemos a equação diferencial

$$\frac{dN}{dt} = kN \tag{2}$$

sujeita a $N(0) = N_0$. Então, usamos a condição empírica $N(1) = (3/2)N_0$ para determinar a constante de proporcionalidade k.

Agora, (2) é separável e linear. Quando colocada na forma

$$\frac{dN}{dt} - kN = 0,$$

vemos, por inspeção, que o fator de integração é e^{-kt}. Multiplicando ambos os lados da equação por esse termo, obtemos imediatamente

$$\frac{d}{dt}\,[e^{-kt}N] = 0.$$

Integrando ambos os lados dessa última equação, temos

$$e^{-kt}N = c \quad \text{ou} \quad N(t) = ce^{kt}.$$

Em $t = 0$, concluímos que $N_0 = ce^0 = c$; assim, $N(t) = N_0e^{kt}$. Em $t = 1$, temos

$$\frac{3}{2}N_0 = N_0e^k \quad \text{ou} \quad e^k = \frac{3}{2},$$

logo, $k = \ln(3/2) = 0{,}4055$ com quatro casas decimais. A expressão para $N(t)$ é portanto

$$N(t) = N_0e^{0{,}4055t}.$$

Para encontrar o tempo necessário para que o número de bactérias seja triplicado, resolvemos

$$3N_0 = N_0e^{0{,}4055t}.$$

Segue-se dessa equação que $0{,}4055t = \ln 3$ e daí

$$t = \frac{\ln 3}{0{,}4055} \approx 2{,}71 \text{ horas.}$$

Veja a Figura 3.7. ■

Nota Podemos escrever a função $N(t)$ obtida no Exemplo 1 em uma forma alternativa. Pela lei dos expoentes,

$$N(t) = N_0(e^k)^t = N_0\left(\frac{3}{2}\right)^t$$

pois $e^k = 3/2$. Essa última solução proporciona um método conveniente de calcular $N(t)$ para valores inteiros pequenos de t. Ela também mostra claramente a influência da observação experimental subseqüente em $t = 1$ na solução durante todo o tempo. Notamos também que o número atual de bactérias presentes no instante $t = 0$ não afeta o tempo de triplicação.

Como mostrado na Figura 3.8, a função exponencial e^{kt} cresce com o tempo quando $k > 0$, e decresce quando $k < 0$. Logo, problemas que descrevem crescimentos, como população, bactéria ou mesmo capital, são caracterizados por um valor positivo de k; por outro lado, problemas envolvendo decrescimento, como desintegração radioativa, conduzem a um valor negativo de k.

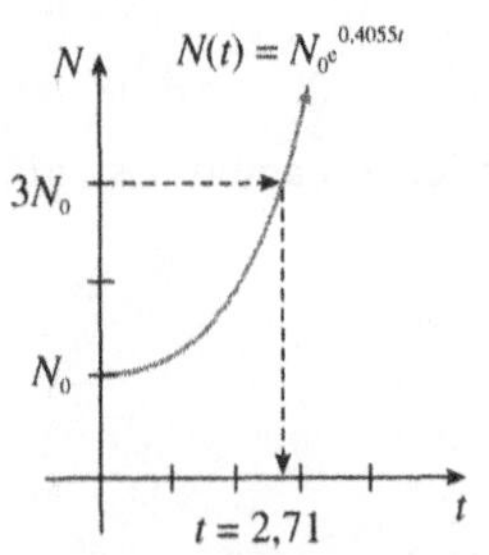

Figura 3.7

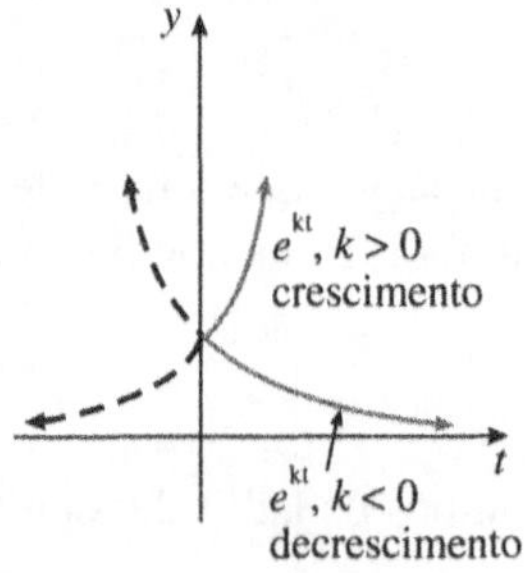

Figura 3.8

Qualquer fenômeno que tenha como modelo a equação diferencial $dx/dt = kx$ possui crescimento ($k > 0$) ou decrescimento ($k < 0$) exponencial. O crescimento da população P de bactérias, insetos ou mesmo de seres humanos pode ser previsto durante pequenos períodos de tempo pela solução exponencial $P(t) = ce^{kt}$. O estudo de substâncias que se desintegram pela radioatividade levou à descoberta da cronologia do carbono, que é um meio de datar fósseis ou mesmo uma múmia. Veja também o ensaio no final do Capítulo 3.

Meia-Vida

Em física, **meia-vida** é uma medida de estabilidade de uma substância radioativa. A meia-vida é simplesmente o tempo gasto para metade dos átomos de uma quantidade inicial A_0 se desintegrar ou se transmutar em átomos de outro elemento. Quanto maior a meia-vida de uma substância, mais estável ela é. Por exemplo, a meia-vida do ultra-radioativo rádio, Ra-226, é cerca de 1700 anos. Em 1700 anos, metade de uma dada quantidade de Ra-226 é transmutada em radônio, Rn-222. O isótopo de urânio mais comum, U-238, tem uma meia-vida de aproximadamente 4.500.000.000 de anos. Nesse tempo, metade de uma quantidade de U-238 é transmutada em chumbo, Pb-206.

EXEMPLO 2

Um reator converte urânio 238 em isótopo de plutônio 239. Após 15 anos, foi detectado que 0,043% da quantidade inicial A_0 de plutônio se desintegrou. Encontre a meia-vida desse isótopo, se a taxa de desintegração é proporcional à quantidade remanescente.

Solução Denote por $A(t)$ a quantidade de plutônio remanescente no instante t. Como no Exemplo 1, a solução para o problema de valor inicial

$$\frac{dA}{dt} = kA, \quad A(0) = A_0,$$

é

$$A(t) = A_0e^{kt}.$$

Se 0,043% dos átomos de A_0 se desintegrou, então 99,957% da substância permaneceu. Para calcular k, usamos $0{,}99957A_0 = A(15)$; isto é,

$$0{,}99957A_0 = A_0e^{15k}.$$

Resolvendo, $15k = \ln(0{,}99957)$, ou

$$k = \frac{\ln(0{,}99957)}{15} = -0{,}00002867.$$

Logo,

$$A(t) = A_0e^{-0{,}00002867\,t}.$$

Agora, a meia-vida é o tempo t no qual $A(t) = A_0/2$. Calculando o valor de t nessa equação, temos

$$\frac{A_0}{2} + A_0e^{-0{,}00002867t} \quad \text{ou} \quad \frac{1}{2} = e^{-0{,}00002867t}$$

$$-0{,}00002867t = \ln\left(\frac{1}{2}\right) = -\ln 2$$

$$t = \frac{\ln 2}{0{,}00002867} \approx 24{,}180 \text{ anos.}$$

■

Cronologia do Carbono

Por volta de 1950, o químico Willard Libby inventou um método para determinar a idade de fósseis usando o carbono radioativo. A teoria da **cronologia do carbono** se baseia no fato de que o isótopo do carbono 14 é produzido na atmosfera pela ação de radiações cósmicas no nitrogênio. A razão entre a quantidade de C-14 para carbono ordinário na atmosfera parece ser uma constante e, como conseqüência, a proporção da quantidade de isótopo presente em todos os organismos vivos é a mesma proporção da quantidade na atmosfera. Quando um organismo morre, a absorção de C-14, através da respiração ou alimentação, cessa. Logo, comparando a quantidade proporcional de C-14 presente, digamos, em um fóssil com a razão constante encontrada na atmosfera, é possível obter uma razoável estimativa da idade do fóssil. O método se baseia no conhecimento da meia-vida do carbono radioativo C-14, cerca de 5.600 anos. Por esse trabalho, Libby ganhou o Prêmio Nobel de química em 1960. O método de Libby tem sido usado para datar mobílias de madeira nos túmulos egípcios e os pergaminhos do Mar Morto.

EXEMPLO 3

Um osso fossilizado contém 1/1.000 da quantidade original do C-14. Determine a idade do fóssil.

Solução O ponto de início é novamente $A(t) = A_0e^{kt}$. Para determinar o valor de k, usamos o fato de que $A_0/2 = A(5.600)$, ou $A_0/2=A_0e^{5.600k}$. Temos então

$$5.600k = \ln\left(\frac{1}{2}\right) = -\ln 2$$

$$k = -\frac{\ln 2}{5.600} = -0{,}00012378.$$

Logo,

$$A(t) = A_0e^{-0{,}00012378t}.$$

Quando $A(t) = A_0/1000$, temos

$$\frac{A_0}{1.000} = A_0e^{-0{,}00012378t}$$

assim

$$-0{,}00012378t = \ln\left(\frac{1}{1.000}\right) = -\ln 1.000$$

$$t = \frac{\ln 1.000}{0{,}00012378} \approx 55.800 \text{ anos.}$$ ■

O resultado do Exemplo 3 está no limite de precisão deste método. A técnica do carbono 14 é limitada a meia-vidas do isótopo, ou seja, cerca de 50.000 anos. Uma razão é que a análise química necessária para obter uma medida acurada do C-14 remanescente se torna muito sofisticada além do ponto $A_0/1.000$. Também, essa análise exige a destruição de uma grande quantidade de amostra do espécimen. Se essa medida fosse feita indiretamente, baseada na radioatividade real do espécimen, seria muito difícil distinguir a radiação do fóssil e da radiação normal de fundo. Atualmente, o uso de um acelerador de partículas tem possibilitado aos cientistas separar o C-14 do estável C-12 diretamente. Calculando o valor preciso da razão de C-14 e C-12, a precisão desse método pode ser estendida a 70.000-100.000 anos. Outras técnicas isotópicas, como potássio 40 e argônio 40, podem fornecer datas de vários milhões de anos. Métodos não-isotópicos, baseados no uso de aminoácidos, algumas vezes também são possíveis.

Resfriamento

A lei de resfriamento de Newton diz que a taxa de variação de temperatura $T(t)$ de um corpo em resfriamento é proporcional à diferença entre a temperatura do corpo e a temperatura constante T_m do meio ambiente, isto é,

$$\frac{dT}{dt} = k(T - T_m), \tag{3}$$

em que k é uma constante de proporcionalidade.

EXEMPLO 4

Quando um bolo é retirado do forno, sua temperatura é de 300°F. Três minutos depois, sua temperatura passa para 200°F. Quanto tempo levará para sua temperatura chegar a 70 graus, se a temperatura do meio ambiente em que ele foi colocado for de exatamente 70°F?

Solução Em (3), fazemos a identificação $T_m = 70$. Devemos então resolver o problema de valor inicial

$$\frac{dT}{dt} = k(T - 70), \quad T(0) = 300, \tag{4}$$

e determinar o valor de k para que $T(3) = 200$.

A equação (4) é linear e separável. Separando as variáveis, temos

$$\frac{dT}{T - 70} = k\,dt$$

$$\ln|T - 70| = kt + c_1$$

$$T - 70 = c_2 e^{kt}$$

$$T = 70 + c_2 e^{kt}.$$

Quando $t = 0$, $T = 300$; assim $300 = 70 + c_2$ e $c_2 = 230$. Logo, $T = 70 + 230\,e^{kt}$.

De $T(3) = 200$, encontramos

$$e^{3k} = \frac{13}{23} \quad \text{ou} \quad k = \frac{1}{3}\ln\frac{13}{23} = -0{,}19018.$$

Então,

$$T(t) = 70 + 230e^{-0{,}19018t}. \tag{5}$$

Notamos que (5) não fornece nenhuma solução finita para $T(t) = 70$ pois $\lim_{t\to\infty} T(t) = 70$. Intuitivamente, esperamos que o bolo atinja a temperatura de seu meio ambiente após um longo período de tempo. O que é um longo período de tempo? Claro que não devemos ficar perturbados com o fato de o modelo (4) não ser tão fiel à nossa intuição física. As partes (a) e (b) da Figura 3.9 mostram claramente que o bolo estará aproximadamente em sua temperatura ambiente de 70°F em cerca de meia hora. ■

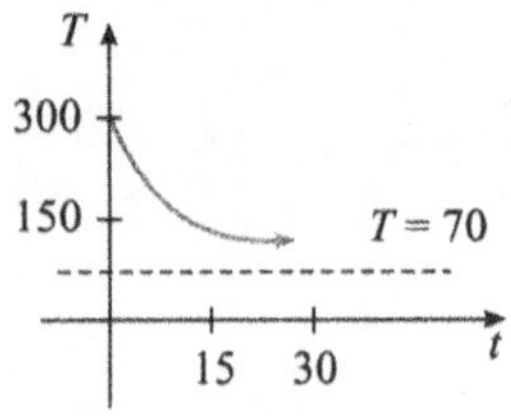

(a)

T(t)	t(minutos)
75°	20.1
74°	21.3
73°	22.8
72°	24.9
71°	28.6
70.5°	32.3

(b)

Figura 3.9

Circuitos em Série

Em um circuito em série contendo somente um resistor e um indutor, a segunda lei de Kirchhoff diz que a soma da queda de tensão no indutor ($L(di/dt)$) e da queda de tensão no resistor (iR) é igual à voltagem ($E(t)$) no circuito. Veja a Figura 3.10.

Logo, obtemos a equação diferencial linear para a corrente $i(t)$,

$$L\frac{di}{dt} + Ri = E(t), \tag{6}$$

em que L e R são constantes conhecidas como a indutância e a resistência, respectivamente. A corrente é algumas vezes chamada de **resposta** do sistema.

A queda de potencial em um capacitor com capacitância C é dada por $q(t)/C$, em que q é a carga no capacitor. Então, para o circuito em série mostrado na Figura 3.11, a segunda lei de Kirchhoff nos dá

$$Ri + \frac{1}{C}q = E(t) \tag{7}$$

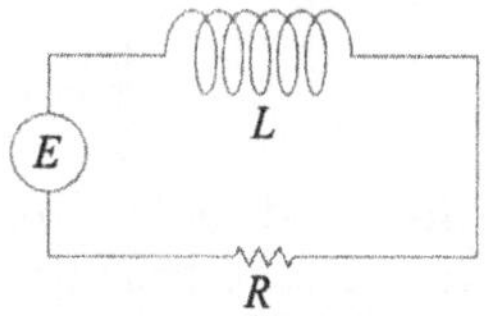

Circuito em Série *L-R*

Figura 3.10

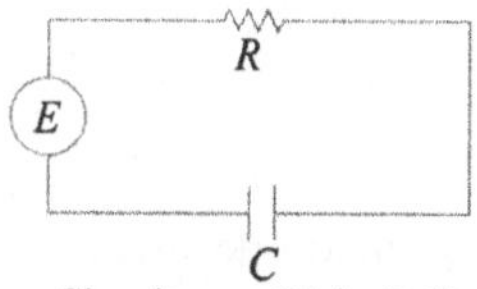

Circuito em Série *R-C*

Figura 3.11

Mas a corrente i e a carga q estão relacionadas por $i = dq/dt$, logo, (7) torna-se a equação diferencial linear

$$R\frac{dq}{dt} + \frac{1}{C}q = E(t). \tag{8}$$

EXEMPLO 5

Uma bateria de 12 volts é conectada a um circuito em série no qual a indutância é de 1/2 henry e a resistência, 10 ohms. Determine a corrente i se a corrente inicial é zero.

Solução De (6), vemos que devemos resolver

$$\frac{1}{2}\frac{di}{dt} + 10i = 12$$

sujeita a $i(0) = 0$. Primeiro, multiplicamos a equação diferencial por 2 e tiramos o fator de integração e^{20t}. Obtemos então

$$\frac{d}{dt}[e^{20t}i] = 24e^{20t}$$

$$e^{20t}i = \frac{24}{20}e^{20t} + c$$

$$i = \frac{6}{5} + ce^{-20t}.$$

Agora, $i(0) = 0$ implica $0 = 6/5 + c$, ou $c = -6/5$. Logo, a resposta é

$$i(t) = \frac{6}{5} - \frac{6}{5}e^{-20t}.$$ ■

Por (7) da Seção 2.5, podemos escrever uma solução geral para (6):

$$i(t) = \frac{e^{-(R/L)t}}{L}\int e^{(R/L)t}E(t)dt + ce^{-(R/L)t}. \tag{9}$$

Em particular, quando $E(t) = E_0$ é uma constante, (9) torna-se

$$i(t) = \frac{E_0}{R} + ce^{-(R/L)t}. \tag{10}$$

Note que, quando $t \to \infty$, o segundo termo da equação (10) se aproxima de zero. Tal termo é usualmente chamado de **termo transitório**; qualquer termo remanescente faz parte do **estado estacionário** da solução. Neste caso, E_0/R *também é chamado de* **corrente estacionária**. Após um longo período de tempo, a corrente no circuito é praticamente governada apenas pela lei de Ohm ($E = iR$).

Problemas de Misturas

Na mistura de dois fluidos, muitas vezes temos de lidar com equações diferenciais lineares de primeira ordem. No próximo exemplo, consideramos a mistura de duas soluções salinas com diferentes concentrações.

EXEMPLO 6

Inicialmente, 50 gramas de sal são dissolvidos em um tanque contendo 300 litros de água. Uma solução salina é bombeada para dentro do tanque a uma taxa de 3 litros por minuto, e a solução bem misturada é então drenada na mesma taxa. Veja a Figura 3.12. Se a concentração da solução que entra é 2 gramas por litro, determine a quantidade de sal no tanque em qualquer instante. Quantos gramas de sal estão presentes após 50 minutos? E depois de um longo tempo?

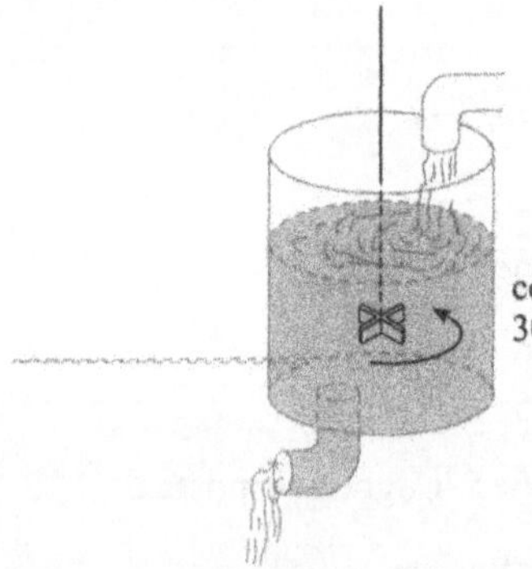

Figura 3.12

Solução Seja $A(t)$ a quantidade de sal (em gramas) no tanque no instante t. Para problemas desse tipo, a taxa de variação de $A(t)$ é dada por

$$\frac{dA}{dt} = \begin{pmatrix} \textbf{taxa de} \\ \textbf{entradade sal} \end{pmatrix} - \begin{pmatrix} \textbf{taxa de} \\ \textbf{saída de sal} \end{pmatrix} = R_1 - R_2. \tag{11}$$

Agora, a taxa pela qual o sal entra no tanque é, em gramas por minuto,

$$R_1 = (3\ \text{l/min}) \times (2\text{g/l}) = 6\ \text{g/min},$$

e a taxa pela qual o sal sai é

$$R_2 = (3\ \text{l/min}) \times \left(\frac{A}{300}\ \text{l/g} \right) = \frac{A}{100}\ \text{l/min.}$$

Com isso, a equação (11) torna-se

$$\frac{dA}{dt} = 6 - \frac{A}{100}, \tag{12}$$

a qual devemos resolver sujeita à condição $A(0) = 50$.

Como o fator de integração é $e^{t/100}$, podemos escrever (12) como

$$\frac{d}{dt}[e^{t/100}A] = 6e^{t/100}$$

assim
$$e^{t/100}A = 600e^{t/100} + c$$

$$A = 600 + ce^{t/100}. \tag{13}$$

Quando $t = 0$, $A = 50$, logo encontramos $c = -550$. Finalmente, obtemos

$$A(t) = 600 - 550e^{-t/100}. \tag{14}$$

Em $t = 50$, encontramos, $A(50) = 266{,}41$ gramas. Também, quando $t \to \infty$, podemos ver em (14) e na Figura 3.13 que $A \to 600$. Claro que esperávamos isso; durante um longo período de tempo, a quantidade de sal na solução deve ser

$$(300\ \text{l})(2\ \text{g/l}) = 600\ \text{g}. \qquad \blacksquare$$

No Exemplo 6, supomos que a taxa na qual a solução entrava era a mesma taxa na qual a solução saía. Porém, isso pode não ser o caso; a solução salina pode ser drenada a uma taxa maior ou menor do que a taxa de bombeamento. A equação diferencial resultante nesta última situação é linear com um coeficiente variável.

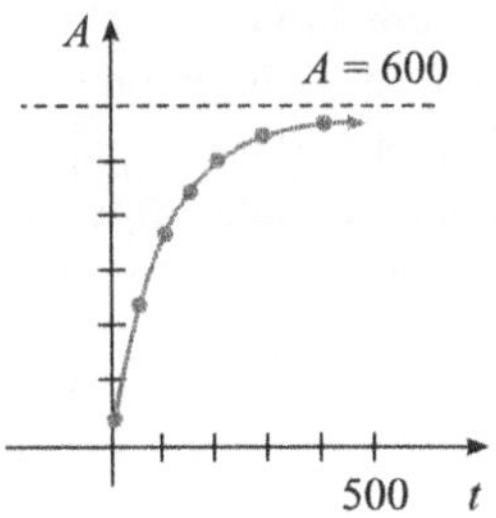

(a)

t(minutos)	A(g)
50	266.41
100	397.67
150	477.27
200	525.57
300	572.62
400	589.93

(b)

Figura 3.13

EXEMPLO 7

Se a solução do Exemplo 6 for drenada a uma taxa de 2 litros por minuto, então a solução se acumula a uma taxa de

$$(3 - 2) \text{ l/min} = 1 \text{ l/min}.$$

Depois de t minutos há $300 + t$ litros de solução no tanque. A taxa na qual o sal é drenado é portanto

$$R_2 = (2 \text{ l/min}) \times \left(\frac{A}{(300 + t)} \text{ g/l} \right) = \frac{2A}{300 + t} \text{ g/min}.$$

A equação (11) então torna-se

$$\frac{dA}{dt} = 6 - \frac{2A}{300 + t} \quad \text{ou} \quad \frac{dA}{dt} + \frac{2A}{300 + t} = 6.$$

Encontrando o fator de integração e resolvendo a última equação, obtemos

$$A(t) = 2(300 + t) + c(300 + t)^{-2}.$$

A condição inicial $A(0) = 50$ acarreta $c = -4{,}95 \times 10^7$, assim

$$A(t) = 2(300 + t) - (4{,}95 \times 10^7)(300 + t)^{-2}.$$ ■

Nota Considere a equação diferencial do Exemplo 1 que descreve o crescimento de bactéria. A solução $N(t) = N_0 e^{0,4055t}$ do problema de valor inicial $dN/dt = kN$, $N(t_0) = N_0$ 5t é evidentemente uma função contínua. Mas, no exemplo, estamos falando sobre uma população de bactérias, e o bom senso dita que N toma apenas valores inteiros positivos. Ainda, a população não cresce necessariamente de maneira contínua, isto é, cada segundo, cada milésimo de segundo e assim por diante, como previsto pela função $N(t) = N_0 e^{0,4055t}$, devem existir intervalos de tempo $[t_1, t_2]$ em que não há crescimento algum. Talvez, então, o gráfico mostrado na Figura 3.14(a) seja uma descrição mais realista de N que o gráfico dado por uma função exponencial. O ponto é, em muitas circunstâncias, que um modelo matemático descreve um sistema apenas em termos aproximados. Freqüentemente, é mais conveniente e acurado usar uma função contínua para descrever um fenômeno discreto. Porém, para alguns propósitos, estaremos satisfeitos se nosso modelo descrever o sistema acuradamente quando visto macroscopicamente, como na Figura 3.14(b) e (c), em vez de microscopicamente.

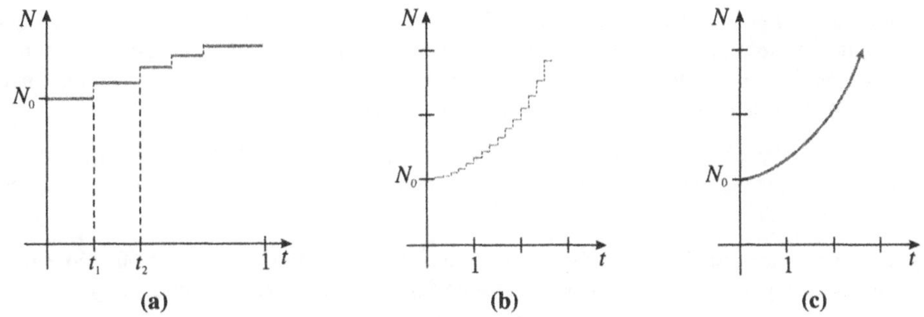

Figura 3.14

3.2 EXERCÍCIOS

As respostas dos exercícios selecionados estão na página 446.

1. Sabe-se que a população de uma certa comunidade cresce a uma taxa proporcional ao número de pessoas presentes em qualquer instante. Se a população duplicou em 5 anos, quando ela triplicará? Quando quadruplicará?

2. Suponha que a população da comunidade do Problema 1 seja 10.000 após 3 anos. Qual era a população inicial? Qual será a população em 10 anos?

3. A população de uma cidade cresce a uma taxa proporcional à população em qualquer tempo. Sua população inicial de 500 habitantes aumenta 15% em 10 anos. Qual será a população em 30 anos?

4. A população de bactérias em uma cultura cresce a uma taxa proporcional ao número de bactérias presentes em qualquer tempo. Após 3 horas, observa-se que há 400 bactérias presentes. Após 10 horas, existem 2000 bactérias presentes. Qual era o número inicial de bactérias?

5. O isótopo radioativo de chumbo, Pb-209, decresce a uma taxa proporcional à quantidade presente em qualquer tempo. Sua meia-vida é 3,3 horas. Se 1 grama de chumbo está presente inicialmente, quanto tempo levará para 90% de chumbo desaparecer?

6. Inicialmente, havia 100 miligramas de uma substância radioativa presente. Após 6 horas, a massa diminuiu 3%. Se a taxa de decrescimento é proporcional à quantidade de substância presente em qualquer tempo, encontre a quantidade remanescente após 24 horas.

7. Determine a meia-vida da substância radioativa descrita no Problema 6.

8. Mostre que a meia-vida de uma substância radioativa no caso geral é

$$t = \frac{(t_2 - t_1)\ln 2}{\ln(A_1/A_2)},$$

em que $A_1 = A(t_1)$ e $A_2 = A(t_2)$, $t_1 < t_2$.

9. Quando um raio de luz vertical passa através de uma substância transparente, a taxa na qual sua intensidade I decresce é proporcional a $I(t)$, em que t representa a espessura do meio (em metros). No mar, a intensidade a 3 metros abaixo da superfície é 25% da intensidade inicial I_0 do raio incidente. Qual é a intensidade do raio a 15 metros abaixo da superfície?

10. Quando a capitalização é feita de maneira contínua, a quantidade de dinheiro S aumenta a uma taxa proporcional à quantidade presente em qualquer tempo: $dS/dt = rS$, em que r é a taxa anual de juros (veja (26) da Seção 1.2).

(**a**) Encontre a quantidade de dinheiro acumulado no final de 5 anos, quando $5.000 são depositados em uma poupança com taxa anual de juros de 5,75% e capitalização contínua.

(**b**) Em quantos anos a soma inicial depositada duplicará?

(**c**) Use uma calculadora e compare o número obtido na parte (a) com o valor

$$S = 5.000\left(1 + \frac{0{,}0575}{4}\right)^{5(4)}.$$

Esse valor representa a quantidade acumulada quando a capitalização é trimestral.

11. Em um pedaço de madeira queimada, ou carvão, verificou-se que 85,5% do C-14 tinha se desintegrado. Use a informação do Exemplo 3 para determinar a idade aproximada da madeira. (Foi precisamente este dado que arqueologistas usaram para datar pinturas pré-históricas em uma caverna em Lascaux, França.)

12. Um termômetro é retirado de dentro de uma sala e colocado do lado de fora, em que a temperatura é de 5°C. Após 1 minuto, o termômetro marcava 20°C; após 5 minutos, 10°C. Qual a temperatura da sala?

13. Um termômetro é removido de uma sala, em que a temperatura é de 70°F, e colocado do lado de fora, em que a temperatura é de 10°F. Após 0,5 minuto, o termômetro marcava 50°F. Qual será a temperatura marcada no termômetro no instante $t = 1$ minuto? Quanto tempo levará para o termômetro marcar 15°F?

14. A fórmula (3) também é válida quando o corpo absorve calor do meio ambiente. Se uma pequena barra de metal, cuja temperatura inicial é de 20°C, é colocada em um vasilhame de água em ebulição, quanto tempo levará para a temperatura da barra atingir 90°C se é fato conhecido que sua temperatura aumenta 2° em 1 segundo? Quanto tempo levará para a temperatura da barra chegar a 98°C?

15. Uma força eletromatriz (fem) de 30 volts é aplicada a um circuito em série L-R no qual a indutância é de 0,5 henry e a resistência, 50 ohms. Encontre a corrente $i(t)$ se $i(0) = 0$. Determine a corrente quando $t \to \infty$.

16. Resolva a equação (6) supondo $E(t) = E_0 \; sen \; \omega t$ e $i(0) = i_0$.

17. Uma força eletromotiva de 100 volts é aplicada a um circuito R-C em série no qual a resistência é de 200 ohms e a capacitância, 10^{-4} farad. Encontre a carga $q(t)$ no capacitor se $q(0) = 0$. Encontre a corrente $i(t)$.

18. Uma força eletromatriz (fem) de 200 volts é aplicada a um circuito R-C em série no qual a resistência é 1000 ohms e a capacitância, 5×10^{-6} farad. Encontre a carga $q(t)$ no capacitor se $i(0) = 0{,}4$. Determine a carga quando $t \to \infty$.

19. Uma força eletromatriz.

$$E(t) = \begin{cases} 120, & 0 \leq t \leq 20 \\ 0, & t > 20 \end{cases}$$

é aplicada a um circuito L-R em série no qual a indutância é de 20 henrys e a resistência, 2 ohms. Encontre a corrente $i(t)$ se $i(0) = 0$.

20. Suponha que um circuito R-C em série tenha uma resistência variável. Se a resistência no instante t é dada por $R = k_1 + k_2 t$, em que $k_1 > 0$ e $k_2 > 0$ são constantes, então (8) torna-se

$$(k_1 + k_2 t)\frac{dq}{dt} + \frac{1}{C}q = E(t).$$

Mostre que, se $E(t) = E_0$ e $q(0) = q_0$, então

$$q(t) = E_0 C + (q_0 - E_0 C)\left(\frac{k_1}{k_1 + k_2 t}\right)^{1/Ck_2}$$

21. Um tanque contém 200 litros de fluido no qual são dissolvidos 30 g de sal. Uma solução salina contendo 1 g de sal por litro é então bombeada para dentro do tanque a uma taxa de 4 litros por minuto; a mistura é drenada à mesma taxa. Encontre a quantidade de gramas de sal $A(t)$ no tanque em qualquer instante.

22. Resolva o Problema 21 supondo bombeamento de água pura no tanque.

23. Um tanque contém 500 litros de água pura. Uma solução salina contendo 2 g de sal por litro é bombeada para dentro do tanque a uma taxa de 5 litros por minuto. A mistura é drenada à mesma taxa. Encontre a quantidade de gramas de sal $A(t)$ no tanque em qualquer instante.

24. Resolva o Problema 23 supondo que a solução seja drenada a uma taxa de 10 litros por minuto. Quando o tanque estará vazio?

25. Um tanque está parcialmente cheio com 100 litros de fluido nos quais 10 *g* de sal são dissolvidos. Uma solução salina contendo 0,5 g de sal por litro é bombeada para dentro do tanque a uma taxa de 6 litros por minuto. A mistura é então drenada a uma taxa de 4 litros por minuto. Descubra quantos gramas de sal haverá no tanque após 30 minutos.

26. Uma bebida contendo 6% de álcool por litro é bombeada em um tonel que inicialmente contém 400 litros de bebida com 3% de álcool. A taxa de bombeamento é de 3 litros por minuto, enquanto o líquido misturado é drenado a uma taxa de 4 litros por minuto. Encontre quantos litros de álcool $A(t)$ há no tanque em qualquer instante. Qual é a porcentagem de álcool no tanque após 60 minutos? Quando o tanque estará vazio?

Aplicações Diversas

27. A equação diferencial para a velocidade v de uma massa em queda m sujeita à resistência do ar proporcional à velocidade instantânea é

$$m\frac{dv}{dt} = mg - kv,$$

em que k é uma constante de proporcionalidade positiva.

(a) Resolva a equação sujeita à condição inicial $v(0) = v_0$.

(b) Determine a velocidade limite, ou terminal, da massa.

(c) Se a distância s está relacionada com a velocidade através da igualdade $ds/dt = v$, encontre uma expressão explícita para s, supondo que $s(0) = s_0$.

Sob certas circunstâncias, um corpo movendo-se através do ar encontra uma resistência que é proporcional à sua velocidade v. Em geral, a resistência do ar é diretamente proporcional a uma potência positiva da velocidade do corpo – quanto mais rapidamente o corpo se move, maior a resistência. Para corpos movendo-se em alta velocidade, tais como projéteis ou pára-quedistas em queda livre, a resistência do ar é freqüentemente tida como proporcional a v^2. Veja também o Problema 8, página 134.

28. A taxa na qual uma droga é disseminada na corrente sanguínea é dada pela equação diferencial em que A e B são constantes positivas. A função $X(t)$ descreve a concentração de droga na corrente sanguínea em relação ao tempo t. Encontre o valor limite de X quando $t \to \infty$. Quando a concentração atinge a metade desse valor limite? Suponha que $X(0) = 0$.

29. Um marcapasso, como mostrado na Figura 3.15, consiste em uma bateria, um capacitor e o coração como resistor. Quando a chave S está em P, o capacitor é carregado; quando S está em Q, o capacitor é descarregado, enviando um impulso elétrico ao coração. Durante esse tempo, a voltagem E aplicada ao coração é dada por

$$\frac{dE}{dt} = -\frac{1}{RC}E, \qquad t_1 < t < t_2,$$

em que R e C são constantes. Determine $E(t)$ se $E(t_1) = E_0$. (É claro que a chave é aberta e fechada periodicamente para simular o batimento cardíaco natural.)

30. Suponha uma célula suspensa em uma solução contendo um solvente de concentração constante C_s. Suponha ainda que a célula tenha volume constante V e que a área de sua superfície permeável também seja constante igual a A. Pela lei de Fick, a taxa de variação de sua massa m é diretamente proporcional à área A e à diferença $C_s - C(t)$, em que $C(t)$ é a concentração do solvente dentro da célula no instante t. Encontre $C(t)$ se $m = VC(t)$ e $C(0) = C_0$. Veja a Figura 3.16.

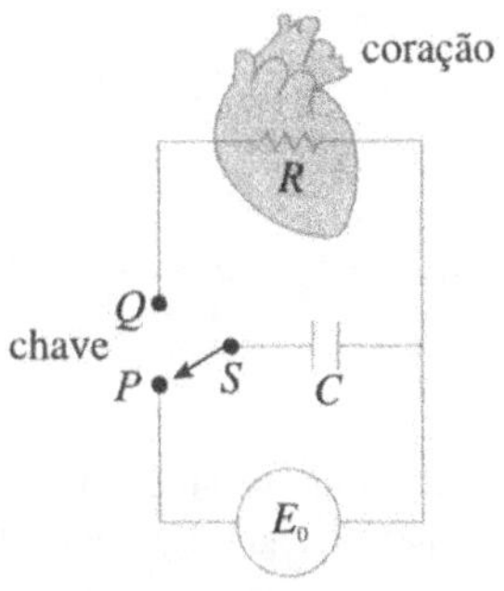

Figura 3.15

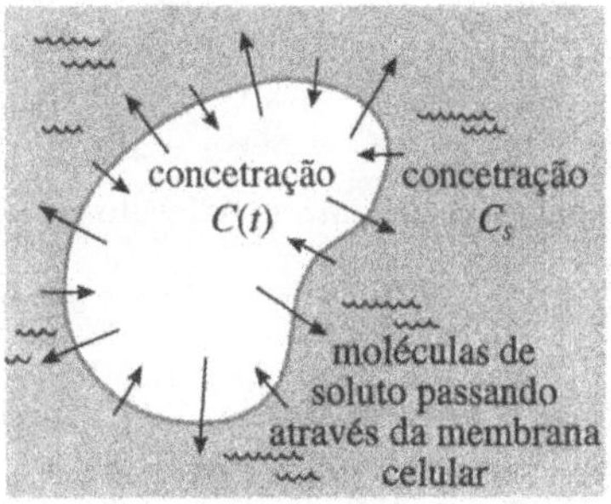

Figura 3.16

31. Em um modelo de variação populacional $P(t)$ de uma comunidade, é suposto que

$$\frac{dP}{dt} = \frac{dB}{dt} - \frac{dD}{dt},$$

em que dB/dt e dD/dt são as taxas de nascimento e óbito, respectivamente.

(a) Resolva para $P(t)$ se

$$\frac{dB}{dt} = k_1 P \text{ e } \frac{dD}{dt} = k_2 P,$$

(b) Analise os casos $k_1 > k_2$, $k_1 = k_2$ e $k_1 < k_2$.

32. A equação diferencial

$$\frac{dP}{dt} = (k \cos t)P,$$

em que k é uma constante positiva, é freqüentemente usada como um modelo de uma população sujeita à flutuações sazonais. Encontre $P(t)$ e faça um gráfico da solução. Suponha $P(0) = P_0$.

33. Em coordenadas polares, o momento angular de um corpo em movimento de massa m é definido por $L = mr^2(d\theta/dt)$. Suponha que as coordenadas do corpo sejam (r_1, θ_1) e (r_2, θ_2) nos instantes $t = a$ e $t = b$, $a < b$, respectivamente. Se L é constante, mostre que a área A varrida por r é $A = L(b - a)/2m$. Quando o sol é colocado na origem, isso prova a **segunda lei de Kepler sobre movimento planetário.***

* **Johannes Kepler** formulou e publicou em 1609 três leis sobre o movimento planetário. A primeira, e provavelmente a mais famosa, diz que um planeta gira em torno do Sol, descrevendo uma órbita elíptica, com o Sol em um dos focos. A segunda diz que o raio vetor ligando o planeta ao Sol varre áreas iguais em tempos iguais.

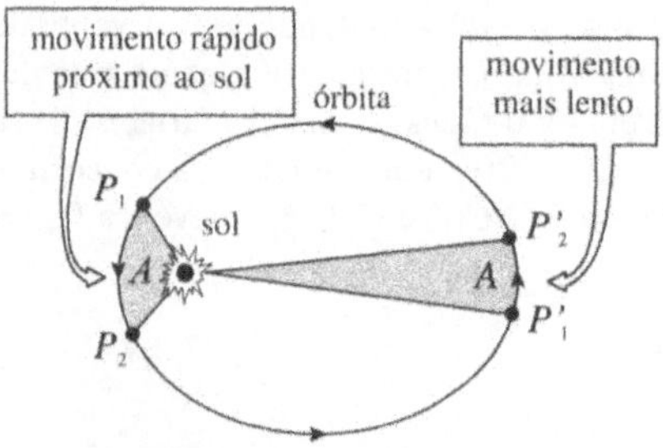

Figura 3.17

34. Quando o esquecimento é levado em conta, a taxa de memorização de uma pessoa é dada por

$$\frac{dA}{dt} = k_1(M - A) - k_2 A,$$

em que $k_1 > 0$, $k_2 > 0$, $A(t)$ é a quantidade de material memorizada no instante t, M é a quantidade total a ser memorizada e $M - A$ é a quantidade restante a ser memorizada. Encontre $A(t)$ e esboce um gráfico da solução. Suponha $A(0) = 0$. Calcule o valor limite de A quando $t \to \infty$ e interprete o resultado.

3.3 APLICAÇÕES DE EQUAÇÕES NÃO-LINEARES

Vimos que, se uma população P é descrita por

$$\frac{dP}{dt} = kP, \qquad k > 0, \tag{1}$$

então $P(t)$ apresenta um crescimento exponencial não limitado. Em muitas circunstâncias, essa equação diferencial proporciona um modelo irreal de crescimento de uma população, isto é, o que se observa de fato difere substancialmente do previsto pela equação.

Por volta de 1840, o matemático-biólogo P. F. Verhulst preocupou-se com as formulações matemáticas para previsão de populações humanas de vários países. Uma das equações estudadas por ele foi

$$\frac{dP}{dt} = P(a - bP), \tag{2}$$

em que a e b são constantes positivas. A equação (2) ficou conhecida como a **equação logística**, e sua solução é chamada de **função logística** (seu gráfico é naturalmente chamado de uma curva logística).

A equação (1) não representa um modelo acurado para crescimento populacional quando esta é muito grande. Condições de superpopulação com as conseqüentes deteriorações do meio ambiente, tais como poluição e excessiva e competitiva demanda por alimento e combustível, podem ter um efeito inibidor no crescimento populacional. Se a, $a > 0$, é uma taxa média de nascimento, vamos supor que a taxa média de óbito seja proporcional à população $P(t)$ no instante t. Logo, se $(1/P)(dP/dt)$ é a taxa de crescimento por indivíduo em uma população, então

$$\frac{1}{P}\frac{dP}{dt} = \begin{pmatrix}\text{taxa média}\\ \text{de nascimento}\end{pmatrix} - \begin{pmatrix}\text{taxa média}\\ \text{de óbito}\end{pmatrix} = a - bP, \tag{3}$$

em que b é uma constante positiva de proporcionalidade. Multiplicando (3) por P, obtemos imediatamente (2).

Como veremos, a solução para (2) é limitada quando $t \to N$. Se escrevermos (2) como $dP/dt = aP - bP^2$, o termo $-bP^2$, $b > 0$, pode ser interpretado como um "inibidor" ou "competidor". Ainda, na maioria das aplicações, a constante positiva a é muito maior que a constante b.

Curvas logísticas são modelos bem acurados para previsão de crescimento populacional, em um espaço limitado, de certos tipos de bactérias, protozoários, pulgas d'água (*Daphnia*) e moscas das frutas (*Drosophila*). Já vimos a equação (2) na forma $dx/dt = kx(n + 1 - x)$, $k > 0$. Essa equação diferencial proporciona um modelo razoável para descrever a disseminação de uma epidemia trazida inicialmente pela introdução de um indivíduo infectado em uma população estática. A solução $x(t)$ representa o número de indivíduos infectados em qualquer tempo t (veja Exemplo 11, Seção 1.2). Sociólogos e mesmo analistas financeiros têm usado este último modelo para estudar a propagação de informações e o impacto de anúncios em certos centros populacionais.

Solução

Um método para resolver a equação (2) é a separação de variável.* Usando frações parciais, podemos escrever

$$\frac{dP}{P(a - bP)} = dt$$

$$\left[\frac{1/a}{P} + \frac{b/a}{a - bP}\right]dP = dt$$

$$\frac{1}{a}\ln|P| - \frac{1}{a}\ln|a - bP| = t + c$$

$$\ln\left|\frac{P}{a - bP}\right| = at + ac$$

$$\frac{P}{a - bP} = c_1e^{at}. \tag{4}$$

* Na forma $(dP/dt) - aP = -bP^2$, devemos considerar a equação logística como um caso especial da equação de Bernoulli (veja Seção 2.6).

Segue-se da última equação que

$$P(t) = \frac{ac_1 e^{at}}{1 + bc_1 e^{at}} = \frac{ac_1}{bc_1 + e^{-at}}. \qquad \textbf{(5)}$$

Agora, se for dada uma condição inicial $P(0) = P_0$, $P_0 \neq a/b$,* a equação (4) implica $c_1 = P_0/(a - bP_0)$. Substituindo esse valor em (5) e simplificando, obtemos

$$\boldsymbol{P(t) = \frac{aP_0}{bP_0 + (a - bP_0)e^{-at}}}. \qquad \textbf{(6)}$$

Gráficos de $P(t)$

A forma básica do gráfico da função logística $P(t)$ pode ser obtida sem muito esforço. Embora a variável t represente usualmente o tempo e raramente nos preocupemos com exemplos em $t < 0$, será interessante incluir esse intervalo na elaboração dos vários gráficos de P. A partir de (6), vemos que,

$$P(t) \to \frac{aP_0}{bP_0} = \frac{a}{b} \text{ quando } t \to \infty \text{ e } P(t) \to 0 \text{ quando } t \to -\infty.$$

Agora, derivando (2) pela lei do produto, obtemos

$$\begin{aligned} \frac{d^2P}{dt^2} &= P\left(-b\frac{dP}{dt}\right) + (a - bP)\frac{dP}{dt} \\ &= \frac{dP}{dt}(a - 2bP) \\ &= P(a - bP)(a - 2bP) \\ &= 2b^2P\left(P - \frac{a}{b}\right)\left(P - \frac{a}{2b}\right). \end{aligned} \qquad \textbf{(7)}$$

No cálculo, vimos que os pontos em que $d^2P/dt^2 = 0$ são os possíveis pontos de inflexão, mas $P = 0$ e $P = a/b$ podem obviamente ser descartados. Logo, $P = a/2b$ é o único valor possível no qual a concavidade do gráfico pode mudar. Para $0 < P < a/2b$, segue-se de (7) que $P'' > 0$ e $a/2b < P < a/b$ implica $P'' < 0$. Portanto, o gráfico passa de convexo para côncavo no ponto correspondente a $P = a/2b$. Quando o valor inicial satisfaz $0 < P_0 < a/2b$, o gráfico de $P(t)$ assume a forma de um S, como podemos ver na Figura 3.18(a). Para $a/2b < P_0 < a/b$, o gráfico é ainda em forma de S, mas o ponto de inflexão ocorre em um valor negativo de t, como mostrado na Figura 3.18(b).

---

* Note que $P = a/b$ é uma solução singular para a equação (2).

Se $P_0 < a/b$, a equação (7) mostra que $P'' > 0$ para todo t no domínio de $P(t)$ no qual $P > 0$. Quando $P < 0$, a equação (7) implica $P'' < 0$. Porém, $P = 0$ não é um ponto de inflexão, pois, quando $a - bP_0 < 0$, uma inspeção de (6) revela uma assíntota vertical em

$$t = -\frac{1}{a}\ln\left(\frac{bP_0}{bP_0 - a}\right).$$

O gráfico de $P(t)$ neste caso é mostrado na Figura 3.19.

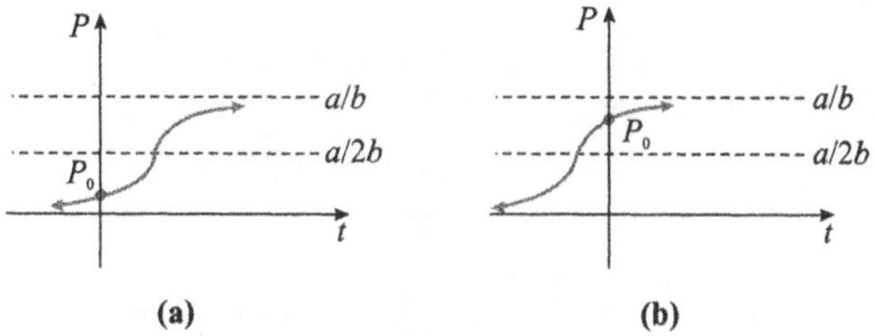

Figura 3.18

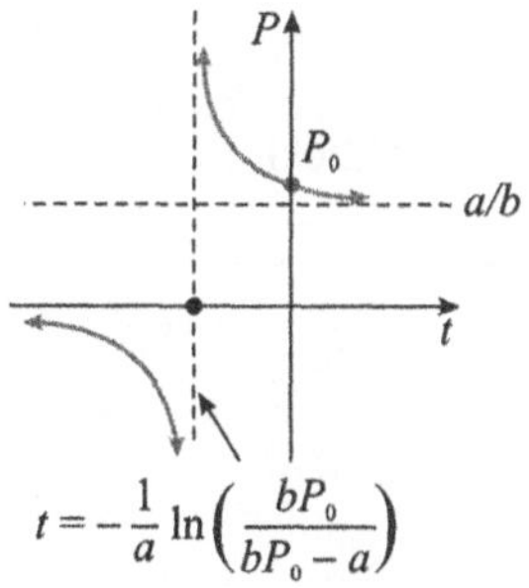

Figura 3.19

EXEMPLO 1

Suponha que um estudante infectado com um vírus da gripe retorne a uma faculdade isolada no campus onde se encontram 1000 estudantes. Presumindo que a taxa na qual o vírus se espalha é proporcional não somente à quantidade x de alunos infectados, mas também à quantidade de alunos não infectados, determine o número de alunos infectados após 6 dias se ainda é observado que depois de 4 dias $x(4) = 50$.

Solução Supondo que ninguém saia do campus enquanto durar a epidemia, devemos resolver o problema de valor inicial

$$\frac{dx}{dt} = kx(1000 - x), \qquad x(0) = 1.$$

Fazendo as identificações $a = 1.000k$ e $b = k$, concluímos imediatamente de (6) que

$$x(t) = \frac{1.000k}{k + 999ke^{-1.000kt}} = \frac{1.000}{1 + 999e^{-1.000kt}}, \quad \textbf{(8)}$$

Agora, usando a informação $x(4) = 50$, determinamos k através da equação

$$50 = \frac{1.000}{1 + 999e^{-4000k}}.$$

Encontramos
$$k = \frac{-1}{4.000}\ln\frac{19}{999} = 0{,}0009906.$$

Logo, (8) torna-se
$$x(t) = \frac{1.000}{1 + 999e^{-0{,}9906t}}.$$

Finalmente
$$x(6) = \frac{1.000}{1 + 999e^{-5{,}9436}} = 276 \text{ estudantes}.$$

Valores adicionais de $x(t)$ são dados na tabela da Figura 3.20. ■

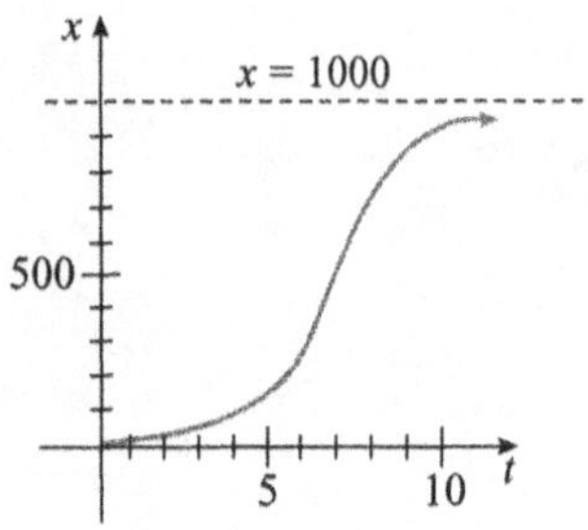

(a)

t(dias)	*x(número de infectados)*
4	50 (observado)
5	124
6	276
7	507
8	735
9	882
10	953

(b)

Figura 3.20

Curvas de Gompertz

Uma modificação da equação logística é

$$\frac{dP}{dt} = P(a - b\ln P), \quad \textbf{(9)}$$

em que a e b são constantes. Mostra-se facilmente por separação de variável (veja Problema 5) que uma solução para (9) é

$$P(t) = e^{a/b}e^{-ce^{-bt}}, \quad \textbf{(10)}$$

em que c é uma constante arbitrária. Notamos que, se $b > 0$, $P \to e^{a/b}$, quando $t \to \infty$, enquanto para $b < 0$, $c > 0$, $P \to 0$, quando $t \to \infty$. O gráfico da função (10), chamado **curva de Gompertz**, é muito semelhante ao gráfico da função logística. A Figura 3.21 mostra duas possibilidades para o gráfico de $P(t)$.

Funções tais como (10) são encontradas, por exemplo, nos estudos de crescimento ou decrescimento de certas populações, no crescimento de tumores, em previsões atuariais e no estudo de crescimento de renda na venda de um produto comercial.

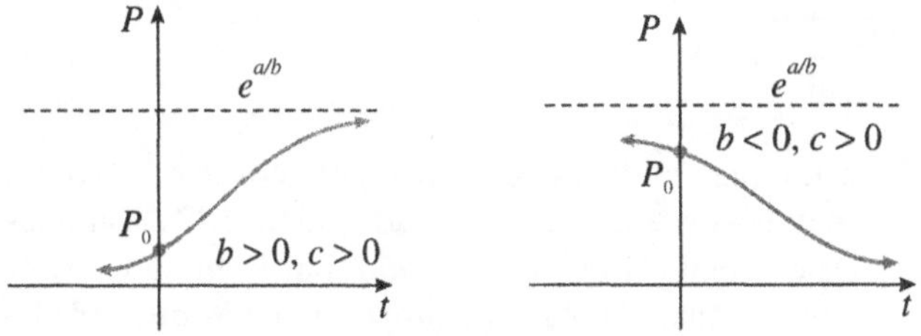

Figura 3.21

Reações Químicas

A desintegração de uma substância radioativa, governada pela equação (1) da seção precedente, é chamada de **reação de primeira ordem**. Em química, poucas reações seguem a mesma lei empírica: Se as moléculas de uma substância A se decompõem em moléculas menores, é uma suposição natural que a taxa na qual essa decomposição ocorre seja proporcional à quantidade da primeira substância que não tenha se submetido à conversão; isto é, se $X(t)$ é a quantidade de substância A remanescente em qualquer tempo, então

$$\frac{dX}{dt} = kX,$$

em que k é negativo, pois X é decrescente. Um exemplo de uma reação química de primeira ordem é a conversão de t-cloreto butílico em t-álcool butílico:

$$(CH_3)_3CCl + NaOH \to (CH_3)_3COH + NaCl.$$

Somente a concentração do t-cloreto butílico controla a taxa de reação.

Agora, na reação

$$CH_3Cl + NaOH \to CH_3OH + NaCl,$$

para cada molécula de cloreto metílico, uma molécula de hidróxido de sódio é consumida, formando assim uma molécula de álcool metílico e uma molécula de cloreto de sódio. Neste caso, a taxa na qual a reação se processa é proporcional ao produto das concentrações remanescentes de CH_3Cl e de NaOH. Se X denota a quantidade de CH_3OH formada e α e β são as quantidades dadas dos dois primeiros compostos químicos A e B, então as quantidades instantâneas não convertidas em C são $\alpha - X$ e $\beta - X$, respectivamente. Portanto, a taxa de formação de C é dada por

$$\frac{dX}{dt} = k(\alpha - X)(\beta - X), \tag{11}$$

em que k é uma constante de proporcionalidade. A reação descrita pela equação (11) é chamada de **segunda ordem**.

EXEMPLO 2

Um composto C é formado quando dois compostos químicos A e B são combinados. A reação resultante entre os dois compostos é tal que, para cada grama de A, 4 gramas de B são usados. É observado que 30 gramas do composto C são formados em 10 minutos. Determine a quantidade de C em qualquer instante se a taxa da reação é proporcional às quantidades de A e B remanescentes e se inicialmente havia 50 gramas de A e 32 gramas de B. Qual a quantidade do composto C que estará presente após 15 minutos? Interprete a solução quando $t \to \infty$.

Solução Seja $X(t)$ a quantidade em gramas do composto C, presente em qualquer instante. Claramente, $X(0) = 0$ e $X(10) = 30$.

Agora, por exemplo, se houver 2 gramas do composto C, teremos usado, digamos, a gramas de A e b gramas de B, de tal forma que

$$a + b = 2 \quad \text{e} \quad b = 4a.$$

Portanto, devemos usar $a = 2/5 = 2(1/5)$ g do composto A e $b = 8/5 = 2(4/5)$ g de B. No caso geral, para X g de C devemos usar

$$\frac{X}{5}\text{ g } de\ A \quad \text{e} \quad \frac{4}{5}X\text{ g } de\ B.$$

As quantidades de A e B remanescentes em qualquer instante são então

$$50 - \frac{X}{5} \quad \text{e} \quad 32 - \frac{4}{5}X,$$

respectivamente.

Agora, sabemos que a taxa na qual o composto C é formado satisfaz

$$\frac{dX}{dt} \propto \left(50 - \frac{X}{5}\right)\left(32 - \frac{4}{5}X\right).$$

Para simplificar, fatoramos 1/5 do primeiro termo e 4/5 do segundo, e daí introduzimos a constante de proporcionalidade:

$$\frac{dX}{dt} = k(250 - X)(40 - X).$$

Separando as variáveis e usando frações parciais, podemos escrever

$$\frac{dX}{(250 - X)(40 - X)} = k\,dt$$

$$-\frac{1/210}{250 - X}dX + \frac{1/210}{40 - X}dX = k\,dt$$

$$\ln\left|\frac{250 - X}{40 - X}\right| = 210kt + c_1$$

$$\frac{250 - X}{40 - X} = c_2 e^{210kt}. \qquad \textbf{(12)}$$

Quando $t = 0$, $X = 0$; logo, segue-se que $c_2 = 25/4$. Usando $X = 30$ em $t = 10$, encontramos

$$210k = \frac{1}{10}\ln\frac{88}{25} = 0{,}1258.$$

Com essa informação, resolvemos (12) explicitando X:

$$X(t) = 1000\frac{1 - e^{-0{,}1258t}}{25 - 4e^{-0{,}1258t}}. \qquad \textbf{(13)}$$

O comportamento de X como uma função do tempo é ilustrado na Figura 3.22. É claro, pelo acompanhamento da tabela e pela equação (13), que $X \to 40$ quando $t \to \infty$. Isso significa que há 40 gramas de composto C formado, deixando

$$50 - \tfrac{1}{5}(40) = 42 \text{ gramas de } A$$

e

$$32 - \tfrac{4}{5}(40) = 0 \text{ grama de } B. \qquad \blacksquare$$

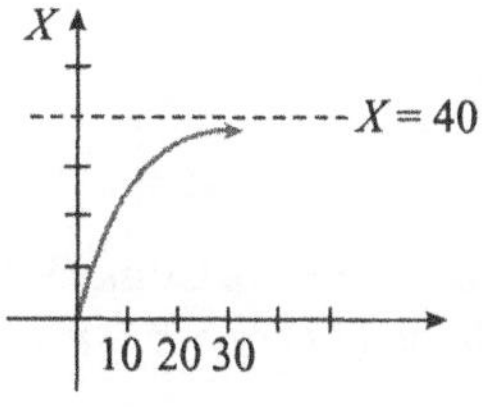

(a)

t(minutos)	X(gramas)
10	30 (medido)
15	34.78
20	37.25
25	38.54
30	39.22
35	39.59

(b)

Figura 3.22

Lei de Ação das Massas

O exemplo precedente pode ser generalizado da seguinte maneira. Suponha que a gramas de substância A são combinadas com b gramas de substância B. Se há M partes de A e N partes de B formadas na combinação, então as quantidades de substâncias A e B remanescentes em qualquer instante são, respectivamente,

$$a - \frac{M}{M+N}X \quad \text{e} \quad b - \frac{N}{M+N}X.$$

Assim,

$$\frac{dX}{dt} \propto \left[a - \frac{M}{M+N}X\right]\left[b - \frac{N}{M+N}X\right]. \tag{14}$$

Procedendo como antes, se fatorarmos $M/(M + N)$ no primeiro termo e $N/(M + N)$ no segundo, a equação diferencial resultante é a mesma de (11):

$$\frac{dX}{dt} = k(\alpha - X)(\beta - X), \tag{15}$$

em que

$$\alpha = \frac{a(M+N)}{M} \quad \text{e} \quad \beta = \frac{b(M+N)}{N}.$$

Os químicos se referem às reações descritas pela equação (15) como a **lei de ação das massas**.

Quando $\alpha \neq \beta$, pode-se mostrar facilmente (veja Problema 9) que uma solução para (15) é

$$\frac{1}{\alpha - \beta}\ln\left|\frac{\alpha - X}{\beta - X}\right| = kt + c. \tag{16}$$

Quando supomos a condição inicial natural $X(0) = 0$, a equação (16) conduz à seguinte solução explícita

$$X(t) = \frac{\alpha\beta[1 - e^{(\alpha - \beta)kt}]}{\beta - \alpha e^{(\alpha - \beta)kt}}. \tag{17}$$

Sem perda de generalidade, podemos supor em (17) que $\beta > \alpha$ ou $\alpha - \beta < 0$. Como $X(t)$ é uma função crescente, esperamos $k > 0$, e então segue-se imediatamente de (17) que $X \to \alpha$ quando $t \to \infty$.

Velocidade de Escape

No Exemplo 1 da Seção 1.2, vimos que a equação diferencial de um objeto em queda de massa m próximo à superfície da terra é dada por

$$m\frac{d^2s}{dt^2} = -mg \quad \text{ou simplifique} \quad \frac{d^2s}{dt^2} = -g,$$

em que s representa a distância da superfície da terra ao objeto e a direção positiva é considerada para cima. Em outras palavras, essencialmente, está sendo considerado aqui que a distância s ao objeto é pequena quando comparada com o raio da terra R; posto de outra maneira, a distância y do centro da terra ao objeto é aproximadamente a mesma que R. Se, por outro lado, a distância y a um objeto, tal como um foguete ou uma sonda espacial, for grande se comparada com R, então combinamos a segunda lei de Newton sobre o movimento e sua lei universal de gravitação para deduzir uma equação diferencial na variável y. A solução dessa equação diferencial pode ser usada para determinar a velocidade mínima, chamada **velocidade de escape**, necessária para um foguete se livrar da atração gravitacional da terra.

EXEMPLO 3

Um foguete é lançado verticalmente, como mostrado na Figura 3.23. Se considerarmos a direção positiva para cima e se a resistência do ar for ignorada, então a equação diferencial do movimento depois de esgotado o combustível é

$$m\frac{d^2y}{dt^2} = -k\frac{mM}{y^2} \quad \text{ou} \quad \frac{d^2y}{dt^2} = -k\frac{M}{y^2}, \tag{18}$$

em que k é uma constante de proporcionalidade, y é a distância do centro da terra ao foguete, M, a massa da terra e m, a massa do foguete. Para determinar a constante k, usamos o seguinte fato: quando $y = R$,

$$k\frac{mM}{R^2} = mg \quad \text{ou} \quad k = \frac{gR^2}{M}.$$

Logo, a última equação em (18) torna-se

$$\frac{d^2y}{dt^2} = -g\frac{R^2}{y^2}. \tag{19}$$

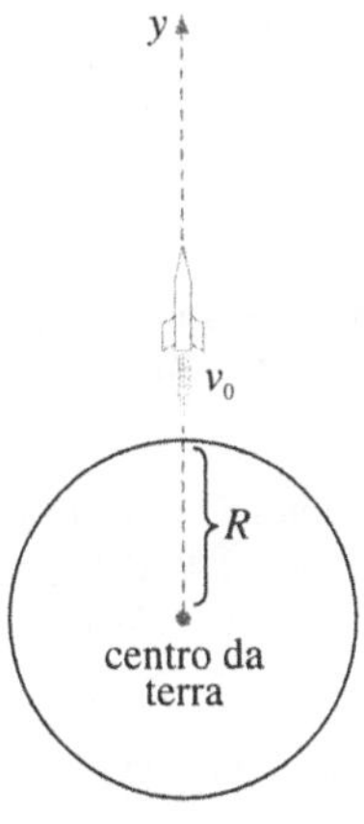

Figura 3.23
Uma bola ou um foguete lançado diretamente para cima voltará à terra sob a influência da gravidade, a menos que seja lançado com uma velocidade suficientemente grande. A equação diferencial de segunda ordem $md^2y/dt^2 = -kMm/y^2$ pode ser usada para determinar a assim chamada "velocidade de escape" que um objeto necessita para se livrar da atração gravitacional de um corpo celeste tal como a terra. A velocidade de escape independe da massa do objeto, assim a velocidade de escape na superfície da terra para uma bola é a mesma que para um foguete.

Embora isso não seja uma equação de primeira ordem, se escrevermos a aceleração como

$$\frac{d^2y}{dt^2} = \frac{dv}{dt} = \frac{dv}{dy}\frac{dy}{dt} = v\frac{dv}{dy},$$

então (19) torna-se uma equação de primeira ordem em v; isto é,

$$v\frac{dv}{dy} = -g\frac{R^2}{y^2}.$$

Esta última equação pode ser resolvida por separação de variáveis. De

$$\int v\,dv = -gR^2\int y^{-2}dy \text{ obtemos } \frac{v^2}{2} = g\frac{R^2}{y} + c. \tag{20}$$

Se supomos que a velocidade é $v = v_0$ quando o combustível acabar e que $y \approx R$ nesse momento, podemos obter o valor (aproximado) de c. De (20), encontramos $c = -gR + {v_0}^2/2$. Substituindo esse valor em (20) e multiplicando a equação resultante por 2, obtemos,

$$v^2 = 2g\frac{R^2}{y} - 2gR + v_0^2. \tag{21}$$

■

Você pode argumentar que, no Exemplo 3, não resolvemos realmente a equação original em y. Na verdade, a solução (21) nos fornece muita informação. Agora que fizemos a parte mais difícil, deixamos como exercício determinar a velocidade de escape da terra. Veja o Problema 11.

3.3 EXERCÍCIOS

As respostas dos exercícios selecionados estão nas páginas 447 e 448.

1. O número de supermercados $C(t)$ no país que estão usando um sistema computadorizado é descrito pelo problema de valor inicial

$$\frac{dC}{dt} = C(1 - 0{,}0005C), \quad C(0) = 1,$$

em que $t > 0$. Quantos supermercados estarão usando sistemas computadorizados quando $t = 10$? Quantas companhias estarão adotando esse novo procedimento depois de um longo período de tempo?

2. O número de pessoas $N(t)$ em uma comunidade que são expostas a um anúncio em particular é dado pela equação logística. Inicialmente $N(0) = 500$, e é observado que $N(1) = 1000$. Está previsto que o número máximo de pessoas na comunidade que verão o anúncio será 50.000. Determine $N(t)$ em qualquer tempo.

3. A população $P(t)$ de uma grande cidade é descrita pelo problema de valor inicial

$$\frac{dP}{dt} = P(10^{-1} - 10^{-7}P), \quad P(0) = 5000,$$

em que t é medido em meses. Qual é o valor limite da população? Quando a população será igual à metade desse valor limite?

4. Encontre uma solução para a equação **logística modificada**.

$$\frac{dP}{dt} = P(a - bP)(1 - c^{P-1}), \; a, \; b, \; c > 0.$$

5. **(a)** Resolva a equação (9):

(b) Determine o valor de c na equação (10) se $P(0) = Po$.

6. Supondo $0 < P_0 < e^{a/b}$ e $a > 0$, use a equação (9) para encontrar a ordenada do ponto de inflexão de uma curva de Gompertz.

7. Dois compostos químicos A e B são combinados para formar um terceiro composto C. A taxa ou velocidade da reação é proporcional à quantidade instantânea de A e B não convertida em C. Inicialmente, há 40 gramas de A e 50 gramas de B, e para cada grama de B, 2 gramas de A são usados. É observado que 10 gramas de C são formados em 5 minutos. Quanto é formado em 20 minutos? Qual é a quantidade limite de C após um longo período de tempo? Qual é a quantidade remanescente de A e B depois de um longo período de tempo?

8. Resolva o Problema 7 se 100 gramas de A estão presentes inicialmente. Quando temos a metade do composto C formada?

9. Obtenha uma solução para a equação

$$\frac{dX}{dt} = k(\alpha - X)(\beta - X)$$

que governa as reações de segunda ordem nos dois casos: $\alpha \neq \beta$ e $\alpha = \beta$.

10. Em uma reação química de terceira ordem, a quantidade de gramas X de um composto obtido pela combinação de três outros compostos é governada pela equação

$$\frac{dX}{dt} = k(\alpha - X)(\beta - X)(\gamma - X).$$

Resolva essa equação supondo $\alpha \neq \beta \neq \gamma$.

11. **(a)** Use a equação (21) para mostrar que a velocidade de escape do foguete é dada por $v_0 = \sqrt{2gR}$. [*Sugestão:* faça $y \to \infty$ em (21) e suponha $v > 0$ para todo t.]

(b) O resultado da parte (a) é válido para qualquer corpo no sistema solar. Use os valores $g = 9{,}8\,\text{m/s}$ e $R = 6350\,\text{km}$ para mostrar que a velocidade de escape da terra é de aproximadamente $v_0 = 11{,}2\,\text{km/s}$.

(c) Encontre a velocidade de escape da lua se a aceleração da gravidade é igual a $0{,}165\,g$ e $R = 1738\,\text{km}$.

Outras Aplicações

12. No Exemplo 7 da Seção 1.2, vimos que a equação diferencial que descreve a forma de um fio de densidade linear constante w suspenso sob a ação do próprio peso é

$$\frac{d^2y}{dx^2} = \frac{w}{T_1}\sqrt{1 + \left(\frac{dy}{dx}\right)^2},$$

em que T_1 é a tensão horizontal no fio em seu ponto mais baixo. Usando a substituição $p = dy/dx$, resolva essa equação sujeita à condição inicial $y(0) = 1$, $y'(0) = 0$.

13. Uma equação semelhante a do Problema 12 é

$$x\frac{d^2y}{dx^2} = \frac{v_1}{v_2}\sqrt{1 + \left(\frac{dy}{dx}\right)^2}.$$

Neste caso, a equação surge no estudo da forma do caminho que um perseguidor, correndo a uma velocidade v_2, deve percorrer para interceptar uma presa correndo a uma velocidade v_1. Use a mesma substituição do Problema 12 e a condição inicial $y(1) = 0$, $y'(1) = 0$ para resolver a equação. Considere os dois casos $v_1 = v_2$ e $v_1 \neq v_2$.

14. De acordo com a **lei de Stefan** sobre radiação, a taxa de variação da temperatura de um corpo com temperatura absoluta T é

$$\frac{dT}{dt} = k(T^4 - T_m^4),$$

em que T_m é a temperatura absoluta do meio ambiente. Encontre uma solução para essa equação diferencial. Pode ser mostrado que, quando $T - T_m$ é pequena em comparação a T_m, essa equação particular é aproximada pela lei de resfriamento de Newton [Equação (3), Seção 3.2].

15. A altura h da água que está fluindo através de um orifício no fundo de um tanque cilíndrico é dada por

$$\frac{dh}{dt} = -\frac{A_0}{A_w}\sqrt{2gh}, \quad g = 32\,\text{m/s}^2,$$

em que A_w e A_0 são as áreas das seções transversais da água e do orifício, respectivamente (veja Exemplo 8, Seção 1.2). Resolva a equação se a altura inicial da água era 20 m, $A_w = 50\,\text{m}^2$ e $A_0 = 1/4\,\text{m}^2$. Quando o tanque estará vazio?

16. A equação diferencial não-linear

$$\left(\frac{dr}{dt}\right)^2 = \frac{2\mu}{r} + 2h,$$

em que μ e h são constantes não-negativas, aparece no estudo do problema de dois corpos em mecânica celeste. Aqui, a variável r representa a distância entre as duas massas. Resolva a equação nos dois casos: $h = 0$ e $h > 0$.

17. Resolva a equação diferencial da **tratriz**

$$\frac{dy}{dx} = -\frac{y}{\sqrt{s^2 - y^2}}$$

(veja Problema 19, Exercícios 1.2). Suponha que o ponto inicial no eixo dos y seja $(0, 10)$ e o comprimento da corda seja $s = 10$ m.

18. Um corpo de massa m caindo através de um meio viscoso encontra uma força de resistência proporcional ao quadrado de sua velocidade instantânea. Nessa situação a equação diferencial para a velocidade $v(t)$ é

$$m\frac{dv}{dt} = mg - kv^2,$$

em que k é uma constante positiva de proporcionalidade. Resolva a equação sujeita a $v(0) = v_0$. Qual é a velocidade limite do corpo em queda?

19. A equação diferencial

$$x\left(\frac{dx}{dy}\right)^2 + 2y\frac{dx}{dy} = x,$$

em que $x = x(y)$, ocorre no estudo de ótica. A equação descreve o tipo de curva plana que refletirá todo raio de luz incidente para o mesmo ponto (veja Problema 15, Exercícios 1.2). Mostre que a curva é uma parábola. [*Sugestão:* use a substituição $w = x^2$ e reexamine a Seção 2.6.]

20. Resolva a equação do Problema 19 com a ajuda da fórmula quadrática.

21. As equações de Lotka e Volterra*

$$\frac{dy}{dt} = y(\alpha - \beta x)$$

$$\frac{dx}{dt} = x(-\gamma + \delta y),$$

* **A.J. Lotka** (1880-1949) Lotka, nascido na Áustria, foi um biomatemático americano.

Vito Volterra (1860-1940) Nascido em Ancona, Itália, Vito Volterra mostrou desde cedo aptidão para a matemática. Estudou cálculo por conta própria e investigou problemas em gravitação quando ainda estava com 12 anos. Apesar dos problemas financeiros, Volterra rapidamente obteve proeminência como cientista e matemático. Foi também ativista político e indicado para senador do reino da Itália em 1905. Volterra interessou-se pelas aplicações da matemática à ecologia em meados dos anos 20, e formulou esse sistema de equações diferenciais em uma tentativa de explicar as variações na população de peixes no Mediterrâneo como resultado de interações predador-presa. (Lotka, trabalhando independentemente, chegou ao mesmo sistema de equações e publicou o resultado em 1925 em seu texto *Elements of Physical Biology*.) Através de sua pesquisa de modelos matemáticos de populações, Volterra estabeleceu a base para um campo da matemática conhecido como equações integrais. Um homem de princípios, Volterra recusou-se a assinar um juramento de lealdade ao regime fascista de Benito Mussolini e, conseqüentemente, renunciou à sua cadeira de matemática na Universidade de Roma e a todas as participações em sociedades científicas italianas.

em que α, β, γ e δ são constantes positivas, ocorrem na análise do equilíbrio biológico de duas espécies de animais, tais como predador e presa (por exemplo, raposas e coelhos). Aqui, $x(t)$ e $y(t)$ denotam as populações das duas espécies no tempo t. Embora não exista nenhuma solução explícita para esse sistema, soluções podem ser encontradas relacionando as duas populações em qualquer tempo. Divida a primeira equação pela segunda e resolva a equação diferencial não-linear de primeira ordem resultante.

22. Um problema clássico em cálculo das variações é encontrar a forma de uma curva $\mathscr{C}$ tal que, uma conta, sob a influência da gravidade, escorregue de $A(0, 0)$ a $B(x_1, y_1)$ em tempo mínimo. Veja a Figura 3.24. Pode ser mostrado que a equação diferencial para a forma do caminho é $y[1 + (y')^2] = k$, em que k é uma constante. Primeiro, resolva para dx em termos de y e dy, e então use a substituição $y = k \operatorname{sen}^2 \theta$ para obter a forma paramétrica da solução. A curva $\mathscr{C}$ será uma ciclóide.

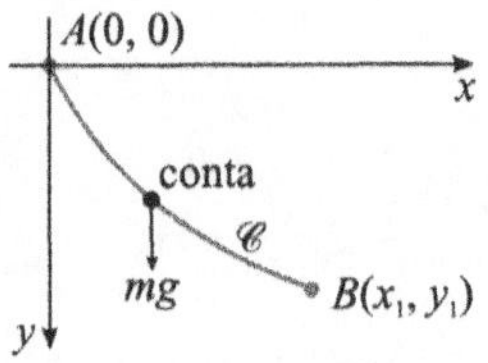

Figura 3.24

23. O problema de valor inicial que descreve o movimento de um pêndulo simples com velocidade inicial zero e ângulo inicial $\theta_0 > 0$ é

$$\frac{d^2\theta}{dt^2} + \frac{g}{l} \operatorname{sen} \theta = 0$$

$$\theta(0) = \theta_0, \quad \left.\frac{d\theta}{dt}\right|_{t=0} = 0.$$

(a) Obtenha a equação de primeira ordem

$$\left(\frac{d\theta}{dt}\right)^2 = \frac{2g}{l}(\cos\theta - \cos\theta_0).$$

[*Sugestão*: multiplique a equação dada por $2d\theta/dt$.]

(b) Use a equação da parte (a) para mostrar que o período de movimento é

$$T = 2\sqrt{\frac{2l}{g}} \int_0^{\theta_0} \frac{d\theta}{\sqrt{\cos\theta - \cos\theta_0}}.$$

Capítulo 3 *REVISÃO*

Se toda curva em uma família a um parâmetro de curvas $G(x, y, c_1) = 0$ é ortogonal a toda curva em uma segunda família a um parâmetro $H(x, y, c_2) = 0$, dizemos que as duas famílias são **trajetórias ortogonais**. Duas curvas são ortogonais se suas retas tangentes são perpendiculares no ponto de interseção. Quando dada uma família, encontramos sua equação diferencial $dy/dx = f(x, y)$ derivando a equação $G(x, y, c_1) = 0$ e eliminando o parâmetro c_1. A equação diferencial da segunda família ortogonal é então $dy/dx = -1/f(x, y)$. Resolvemos essa última equação pelos métodos do Capítulo 2.

Na análise matemática de crescimento populacional, decrescimento radioativo ou misturas químicas, freqüentemente encontramos equações diferenciais **lineares,** tais como

$$\frac{dx}{dt} = kx \quad \text{e} \quad \frac{dx}{dt} = a + bx$$

ou **não-lineares**, tais como

$$\frac{dx}{dt} = x(a - bx) \quad \text{e} \quad \frac{dx}{dt} = k(\alpha - x)(\beta - x).$$

Você deve ser capaz de resolver essas equações sem hesitação. Não é uma boa idéia simplesmente memorizar soluções para equações diferenciais.

Capítulo 3 *EXERCÍCIOS DE REVISÃO*

As respostas dos exercícios selecionados estão na página 448.

1. Encontre as trajetórias ortogonais da família de curvas $y(x^3 + c_1) = 3$.

2. Encontre a trajetória ortogonal da família $y = 4x + 1 + c_1e^{4x}$ que passa pelo ponto (0, 0).

3. Encontre as trajetórias ortogonais da família de parábolas convexas com vértices em (1, 2).

4. Mostre que, se uma população cresce a uma taxa proporcional ao número de pessoas presentes em qualquer tempo, então o tempo de duplicação da população é $T = (\ln 2)/k$, em que k é a taxa positiva de crescimento. Essa é a conhecida **lei de Malthus**.

5. Em março de 1976, a população mundial era de 4 bilhões. Uma revista previu que, com uma taxa de crescimento anual média de 1,8%, a população mundial seria de 8 bilhões em 45 anos. Como esse valor pode ser comparado com o previsto pelo modelo que diz que a taxa de crescimento é proporcional à população em qualquer tempo?

6. Ar contendo 0,06% de dióxido de carbono é bombeado em um salão cujo volume é de 8000 m^3. A taxa na qual o ar é bombeado é de 2000 cm^3/min, e o ar circulante é então bombeado para fora a uma mesma taxa. Se havia inicialmente uma concentração de 0,2% de dióxido de carbono, determine a quantidade subseqüente no salão em qualquer instante. Qual será a concentração em 10 minutos? Qual é a concentração estacionária (ou de equilíbrio) de dióxido de carbono?

7. As populações de duas espécies de animais são descritas pelo sistema não-linear de equações diferenciais de primeira ordem

$$\frac{dx}{dt} = k_1x(\alpha - x), \quad \frac{dy}{dt} = k_2xy.$$

Resolva o sistema obtendo x e y em termos de t.

8. Um projétil é atirado verticalmente no ar com uma velocidade inicial de v_0 m/s. Supondo que a resistência do ar é proporcional ao quadrado da velocidade instantânea, o movimento é descrito pelo par de equações diferenciais:

$$m\frac{dv}{dt} = -mg - kv^2, \quad k > 0,$$

eixo dos y positivo para cima, origem no solo de forma que $v = v_0$ em $y = 0$ e

$$m\frac{dv}{dt} = mg - kv^2, \quad k > 0,$$

eixo dos y positivo para baixo, origem na altura máxima de forma que $v = 0$ em $y = h$. A primeira e segunda equações descrevem o movimento do projétil subindo e descendo, respectivamente.

(a) Determine a velocidade limite ou terminal do projétil em queda. Compare essa velocidade terminal com a obtida no Problema 27 nos Exercícios 3.2.

(b) Prove que a velocidade de impacto v_i do projétil é menor que a velocidade inicial v_0. Pode também ser mostrado que o tempo t_1 necessário para atingir sua altura máxima h é menor que o tempo t_2 que ele leva para cair dessa altura. Veja a Figura 3.25.

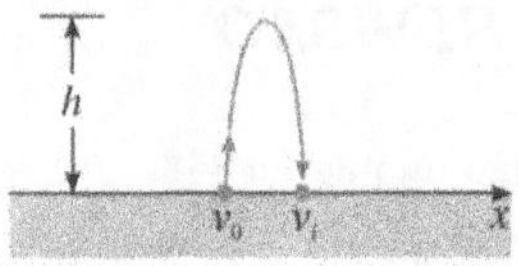

Figura 3.25

9. Considere a lei de resfriamento de Newton, $dT/dt = k(T - T_m)$, $k < 0$, em que a temperatura do meio ambiente T_m varia com o tempo. Suponha que a temperatura inicial de um corpo seja T_1 e que a temperatura inicial do meio ambiente seja T_2 e $T_m = T_2 + B(T_1 - T)$, em que $B > 0$ é uma constante.

(a) Encontre a temperatura do corpo em qualquer instante t.

(b) Qual é o valor limite da temperatura quando $t \to \infty$?

(c) Qual é o valor limite de T_m quando $t \to \infty$?

10. Um circuito em série L-R possui um indutor variável com a indutância definida por

$$L = \begin{cases} 1 - \dfrac{t}{10}, & 0 \le t < 10 \\ 0, & t \ge 10 \end{cases}$$

Encontre a corrente $i(t)$ se a resistência é de 0,2 ohm, a voltagem é $E(t) = 4$ e $i(0) = 0$. Esboce o gráfico de $i(t)$.

ENSAIO

Dinâmica Populacional

Michael Olinick
Departamento de Matemática e Ciência da Computação
Universidade de Middlebury

O fato de que a ecologia é essencialmente um assunto matemático é cada vez mais aceito", escreve Evelyn C. Pielou[2]. "Ecologistas em toda parte estão tentando formular e resolver seus problemas por raciocínio matemático." Historicamente, o primeiro e talvez mais importante ramo da ecologia matemática é a investigação da dinâmica populacional: como populações crescem e decrescem. Equações diferenciais de primeira ordem têm sido uma ferramenta crucial nesse estudo.

Muitos tentam modelar o crescimento populacional começando com a suposição de que a taxa de crescimento populacional depende do tamanho da população. Se P representa a população no instante t, então todos os modelos têm a forma

$$\frac{dP}{dt} = f(P),$$

em que f é alguma função da quantidade de habitantes P. Como f deve ser escolhida?

A figura central na história da população é Thomas Robert Malthus (1766-1834). Malthus graduou-se em matemática na Universidade de Cambridge, ordenou-se pastor da Igreja da Inglaterra e foi professor de história e economia política. Em um trabalho seminal, *An Essay on the Principle of Population* [3], Malthus argumentou que a forma apropriada para $f(P)$, pelo menos quando a população fosse pequena, deveria ser um múltiplo constante de P, isto é,

$$\frac{dP}{dt} = rP,$$

em que r é uma constante.

Como temos visto, esse modelo conduz ao **crescimento exponencial**, pois a solução para a equação diferencial é

$$P(t) = P_0 e^{rt}.$$

Uma característica do crescimento exponencial é **tempo de duplicação constante**: leva exatamente a mesma quantidade de tempo, $(ln\, 2)/r$, para a população se duplicar de P_0 para $2P_0$, independentemente do tamanho inicial P_0. Uma outra maneira de examinar o crescimento exponencial é verificar a população em unidades sucessivas de tempo:

$$P(0),\ P(1),\ P(2),\ P(3), \ldots, P(k),\ P(k+1), \ldots.$$

Como $P(k) = P_0 e^{rk} = P_0 (e^r)^k$, essas populações formam uma **seqüência geométrica**

$$a,\ ac,\ ac^2,\ ac^3,\ ac^4,\ ac^5, \ldots$$

com termo inicial $a = P_0$ e razão constante $c = e^r$. Malthus, de fato, começa seu famoso ensaio com a observação: "Olhando a natureza, ficamos perplexos com o prodigioso poder de crescimento das plantas e animais... quer eles aumentem devagar ou rapidamente, sua tendência natural é crescer em uma razão geométrica, isto é, por multiplicação; e seja qual for a taxa de crescimento durante qualquer período, se nenhum obstáculo lhes for imposto, eles prosseguirão em uma progressão geométrica". Depois de examinar cuidadosamente dados coletados durante os primeiros censos dos Estados Unidos e compará-los com outros países, Malthus conclui que "o crescimento natural de populações" foi de natureza exponencial com um tempo de duplicação de 25 anos para os humanos.

Como esse modelo assegura que não há limite para o número de indivíduos nessa população, fica claro que o modelo exponencial não é um quadro completamente realístico. O modelo exponencial *pode ser* realístico para crescimento de algumas populações durante um intervalo de tempo relativamente curto. A população dos Estados Unidos, durante o período de 1790 a 1860, aumentou exponencialmente, com uma taxa anual de crescimento em torno de 3%.

É instrutivo examinar o real censo nos Estados Unidos, comparando esses dados com os dados de um modelo exponencial de crescimento. Na Tabela E.1, mostramos a população real e a população prevista em milhões. A coluna "erro" mostra a diferença entre o número real e o número previsto. A coluna final, "% erro", é calculada pela razão entre o erro e a população real. "A população real" são os dados colhidos pelo U.S. Census Bureau. A "população prevista" é gerada pela equação

$$P(t) = 3{,}929\, e^{0{,}029655t}.$$

Pela tabela, vemos que o modelo de crescimento exponencial representa os dados reais do censo acuradamente para o período de 70 anos, começando em 1790; o maior erro é menor que 2%. "Realidade" e previsão do modelo começam a divergir em 1870; o modelo não tinha como prever a guerra civil, que durou de 1861 a 1865 e na qual morreram mais de meio milhão de jovens americanos. Finalizamos a tabela em 1890. A discrepância entre a população real e a população prevista torna-se enorme no século XX, atingindo um impressionante erro de 495% em 1990! Uma das conseqüências que podemos deduzir desse modelo é que, se a população dos Estados Unidos tivesse continuado a crescer na mesma taxa da primeira metade do século XIX, teríamos hoje uma nação seis vezes mais populosa. Vale a pena pensar nisso quando você estiver parado em um congestionamento ou na fila de um supermercado!

TABELA E.1

Ano	População Real	População Prevista	Erro	% Erro
1790	3,929	3,929	0,000	0,00
1800	5,308	5,285	0,023	0,43
1810	7,24	7,110	0,130	1,80
1820	9,638	9,564	0,074	0,76
1830	12,866	12,866	0,000	0,00
1840	17,069	17,307	- 0,238	- 1,40
1850	23,192	23,282	- 0,090	- 0,39
1860	31,433	31,319	0,114	0,36
1870	38,558	42,131	- 3,573	- 9,27
1880	50,156	56,675	- 6,519	- 13,00
1890	62,948	76,240	- 13,292	- 21,12

Há várias generalizações desse modelo. No modelo de **crescimento logístico**, desenvolvido primeiramente pelo matemático belga Pierre-Francois Verhulst (1804-1849), supomos que r não é constante, mas uma variável que *decresce* de forma linear simples quando a população cresce. Com isso, podemos representar r como $a - bP$, em que a e b são constantes positivas. Isso conduz ao modelo $dP/dt = (a - bP)P$, o qual possui uma solução da forma

$$P(t) = \frac{K}{1 + e^{d - at}}.$$

Embora Verhulst tenha tentado testar seu modelo em populações reais, frustrou-se com as informações imprecisas dos censos disponíveis na década de 1840, quando empreendeu seus estudos. Como os dados populacionais existentes na época eram inadequados para formar um teste efetivo do modelo logístico, o trabalho de Verhulst ficou esquecido por aproximadamente 80 anos. Foi redescoberto independentemente por dois cientistas americanos que trabalhavam na Universidade Johns Hopkins, Raymond Pearl e Lowell J. Reed.

Em 1920, Pearl e Reed examinaram a proximidade da curva de crescimento populacional dos Estados Unidos com curva logística. Usando dados dos censos de 1790, 1850 e 1910 para encontrar valores para K, d e a, verificaram que a equação logística

$$P(t) = \frac{197{,}274}{1 + e^{3{,}896 - 0{,}031t}}$$

correspondia à imagem da população atual para um período de 120 anos, começando em 1790. De fato, o modelo logístico nos fornece um excelente retrato das variações populacionais dos Estados Unidos de 1790 a 1950. A Tabela E.2 mostra a comparação entre as previsões desse modelo logístico e os dados do censo dos Estados Unidos.

TABELA E.2

Ano	População Prevista	População Censo	Erro	% Erro
1790	3,929	3,929	0,000	0,00
1800	5,336	5,308	0,028	0,53
1810	7,228	7,240	– 0,012	– 0,17
1820	9,757	9,638	0,119	1,23
1830	13,109	12,866	0,243	1,89
1840	17,506	17,069	0,437	2,56
1850	23,192	23,192	0,000	0,00
1860	30,412	31,433	– 1,021	– 3,25
1870	39,372	38,558	0,814	2,11
1880	50,177	50,156	0,021	0,04
1890	62,769	62,948	– 0,179	– 0,28
1900	76,870	75,996	0,874	1,15
1910	91,972	91,972	0,000	0,00
1920	107,395	105,711	1,684	1,59
1930	122,398	122,775	– 0,377	– 0,31
1940	136,318	131,669	4,649	3,53
1950	148,678	150,697	– 2,019	– 1,34
1960	159,230	179,323	– 20,093	– 11,20
1970	167,944	203,185	– 35,241	– 17,34
1980	174,941	226,546	– 51,605	– 22,78
1990	180,437	248,710	– 68,273	– 27,45

Temos uma excelente concordância entre as previsões do modelo e a população observada entre 1790 e 1950. O maior erro foi de cerca de 3,5%. Enquanto o modelo prevê um nivelamento populacional que deveria continuar depois da metade do século, os dados reais mostram o "baby boom" dos anos 50, que aumentou a população em quase 30 milhões em 10 anos.

É impressionante que um modelo relativamente simples como o logístico possa fornecer resultados tão acurados como esses por um período de 160 anos. A curva logística particular calculada por Pearl e Reed poderia ter sido deduzida em 1911, quando os resultados do censo de 1910 foram publicados. Sua equação poderia ter sido usada por 40 anos para fornecer projeções precisas de populações que teriam sido úteis em planos governamentais.

Como tem crescido a população dos Estados Unidos na segunda metade do século XX? Pode um simples modelo explicar as variações observadas e fornecer-nos uma razoável previsão para o futuro próximo? Quando as populações se tornam grandes, freqüentemente observamos um retardamento na taxa de crescimento. Várias razões para isso têm sido dadas, e a principal é a competição por recursos limitados.

Vamos olhar para a mais simples suposição matemática que podemos fazer: a taxa de crescimento é **inversamente** proporcional à população. Nosso modelo matemático é expresso pela equação

$$\frac{dP}{dt} = \frac{b}{P} \text{ com } P(0) = P_0,$$

em que b é uma constante positiva

A equação diferencial é facilmente resolvida por separação de variável e integração. Obtemos

$$P(t) = \sqrt{2bt + P_0^2}\,.$$

Se b for positivo, esse modelo prevê que a população continuará crescendo indefinidamente.

Se a população é observada em um tempo anterior t_1 como sendo P_1, então podemos determinar o valor do parâmetro b como

$$b = \frac{P_1^2 - P_0^2}{2t_1}.$$

Como um teste para esse modelo simples, observaremos os dados do censo dos Estados Unidos. Fazendo $t = 0$ corresponder com o dado de 1950 de 150,697 milhões e $t = 1$, com o censo de 1960 de 179,323 milhões, obtemos um valor de 4723,58 para b. Com isso, nosso modelo tem a forma

$$P(t) = \sqrt{9447{,}16t + (150{,}697)^2}$$

em que cada unidade de tempo t representa 10 anos.

Com esses valores, podemos comparar as previsões do modelo com as melhores estimativas do censo dos anos 1970, 1980 e 1990:

TABELA E.3

Ano	População Atual	População Prevista	% Erro
1970	203,302	203,970	0,33
1980	226,505	225,945	0,24
1990	248,710	245,964	1,10

(Aqui, ambas, atual e prevista, são dadas em milhões; o erro percentual é obtido comparando o valor absoluto da diferença entre valores atuais e previstos com o número de habitantes atuais.)

Observamos que esse simples modelo surpreendentemente fornece resultados acurados pelo menos para um conjunto de dados reais. Nosso valor em $t = 0$ corresponde aos dados do censo do dia 1º de abril de 1950. O U.S. Census Bureau faz projeções populacionais para o primeiro dia de julho. Uma projeção recente para 1º de julho do ano 2000 é de 268,266 milhões. Usando o valor correspondente para t de 5,025, nosso modelo prevê uma população de 264,918 milhões. A diferença é de cerca de 1,25%.

Modelos mais acurados de crescimento populacional podem ser obtidos refinando os modelos logísticos de várias maneiras diferentes. A função $f(P)$ – que é quadrática no modelo logístico – pode ser trocada por um polinômio de grau mais alto de tal forma que efeitos de maior ordem no tamanho da população possam ser incluídos na taxa de crescimento. Fatores adicionais podem ser acrescidos à equação diferencial para incorporar o conceito de que a taxa de variação da população é função não só da população, mas também do tempo; isto é, você pode estudar modelos da forma

$$\frac{dP}{dt} = f(P, t).$$

Devemos observar que o **modelo de Gompertz** também pode ser visto como uma generalização do modelo exponencial $dP/dt = rP$, com a constante r sendo substituída por uma variável $r(t)$, que decresce a uma taxa percentual constante, isto é,

$$\frac{dr}{dt} = \alpha r,$$

em que α é uma constante negativa. Isso nos dá r como $r_0 e^{\alpha t}$, e o modelo de Gompertz toma a forma

$$\frac{dP}{dt} = r_0 e^{\alpha t}.$$

Generalizações do modelo de Gompertz incluem abordagens em que $r(t)$ é um polinômio em t de grau fixo.

Demógrafos usam cada vez mais sofisticados e complexos modelos matemáticos de caráter determinístico e probabilístico para estudar variações no crescimento populacional no passado e fazer projeções sobre o futuro. Embora haja muitas abordagens diferentes para a criação de tais modelos, na maioria das vezes são extensões ou generalizações de uma equação diferencial não-linear de primeira ordem.

REFERÊNCIAS

1. Pearl, Raymond e Lowell Reed. "On the Rate of Growth of the United States Population Since 1790 and Its Mathematical Representation." *Proceedings of the National Academy of Sciences* **6** (1920): 275-288.

2. Pielou, E. C. *An Introduction to Mathematical Ecology*, 2ª ed. Nova York: Wiley, 1977.

3. Malthus, Thomas R. *An Essay on the Principle of Population and a Summary View of the Principle of Population*. Baltimore: Penguin, 1970.

Capítulo 4

EQUAÇÕES DIFERENCIAIS LINEARES DE ORDEM SUPERIOR

Conceitos Importantes

Problema de valor inicial
Condições iniciais
Problema de valor de contorno
Condições de contorno
Dependência linear
Independência linear
Wronskiano
Equação homogênea
Equação não-homogênea
Princípio de superposição
Conjunto fundamental de soluções
Solução geral
Solução completa
Solução particular
Função complementar
Redução de ordem
Equação auxiliar
Equação característica
Fórmula de Euler
Coeficientes indeterminados
Operador diferencial
Operador anulador
Variação dos parâmetros

Examinaremos agora soluções para equações diferenciais de ordem dois ou maior. Embora possamos resolver algumas equações não-lineares de primeira ordem através de técnicas consideradas no Capítulo 2, equações não-lineares de ordem maior geralmente resistem à solução. Isso não significa que uma equação não-linear não tenha solução, mas sim que não existem regras ou métodos pelos quais sua solução possa ser exibida em termos de funções elementares ou outros tipos. Como uma conseqüência, na tentativa de resolver equações de ordem maior, devemos deter-nos às equações lineares.

Começamos este capítulo primeiramente examinando a teoria subjacente às equações lineares. Como fizemos na Seção 2.5, colocamos condições na equação diferencial sob as quais podemos obter sua solução geral. Lembramos que uma *solução geral* contém todas as soluções para a equação em algum intervalo. No restante do capítulo, desenvolvemos métodos para obter uma solução geral para uma equação linear com *coeficientes constantes*. Veremos que nossa habilidade para resolver uma equação diferencial de n-ésima ordem com coeficientes constantes depende de nossa habilidade para resolver uma equação polinomial de grau n. O método de solução para equações lineares com coeficientes não-constantes será visto no Capítulo 6.

4.1 TEORIA PRELIMINAR

Começamos a discussão sobre equações diferenciais de ordem maior, como fizemos com equações de primeira ordem, com a noção de um problema de valor inicial. Porém, concentramos nossa atenção nas equações diferenciais lineares.

4.1.1 Problemas de valor inicial e de valor de contorno

Problema de valor inicial

Para uma equação diferencial de n-ésima ordem, o problema

$$\textit{Resolva:}\quad a_n(x)\frac{d^ny}{dx^n} + a_{n-1}(x)\frac{d^{n-1}y}{dx^{n-1}} + \ldots + a_1(x)\frac{dy}{dx} + a_0(x)y = g(x)$$

$$\textit{Sujeita a:}\quad y(x_0) = y_0,\ y'(x_0) = y_0',\ \ldots, y^{(n-1)}(x_0) = y_0^{(n-1)} \qquad (1)$$

em que $y_0, y_0', \ldots, y_0^{(n-1)}$ são constantes arbitrárias, é chamado de um **problema de valor inicial**. Os valores específicos $y(x_0) = y_0,\ y'(x_0) = y_0', \ldots, y^{(n-1)}(x_0) = y_0^{(n-1)}$ são chamados de **condições iniciais**. Procuramos uma solução em algum intervalo I contendo x_0.

No caso de uma equação linear de segunda ordem, uma solução para o problema de valor inicial

$$a_2(x)\frac{d^2y}{dx^2} + a_1(x)\frac{dy}{dx} + a_0(x)y = g(x),\quad y(x_0) = y_0,\quad y'(x_0) = y_0',$$

é uma função que satisfaça a equação diferencial em I cujo gráfico passa pelo ponto (x_0, y_0) com inclinação igual a y_0'. Veja a Figura 4.1.

O próximo teorema nos fornece condições suficientes para a existência de uma única solução para (1).

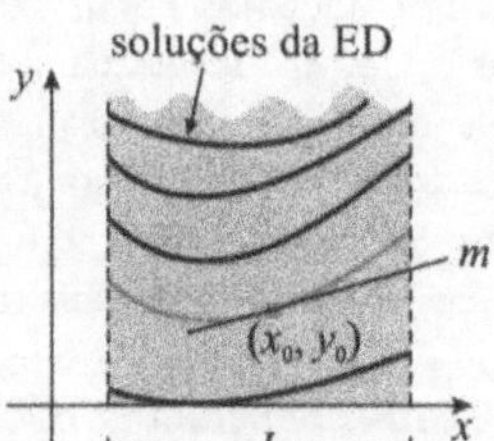

Figura 4.1

TEOREMA 4.1 Existência de uma Única Solução

Sejam $a_n(x)$, $a_{n-1}(x)$, ..., $a_1(x)$, $a_0(x)$ e $g(x)$ contínuas em um intervalo I com $a_n(x) \neq 0$ para todo x neste intervalo. Se $x = x_0$ é algum ponto deste intervalo, então existe uma única solução $y(x)$ para o problema de valor inicial (1) neste intervalo.

EXEMPLO 1

Você deve verificar que a função $y = 3e^{2x} + e^{-2x} - 3x$ é uma solução para o problema de valor inicial

$$y'' - 4y = 12x, \quad y(0) = 4, \quad y'(0) = 1.$$

Agora, a equação diferencial é linear, os coeficientes, bem como $g(x) = 12x$, são contínuos e $a_2(x) = 1 \neq 0$ em qualquer intervalo contendo $x = 0$. Concluímos a partir do Teorema 4.1 que a função dada é a única solução. ■

EXEMPLO 2

O problema de valor inicial

$$3y''' + 5y'' - y' + 7y = 0, \quad y(1) = 0, \quad y'(1) = 0, \quad y''(1) = 0,$$

possui a solução trivial $y = 0$. Como a equação de terceira ordem é linear com coeficientes constantes, segue-se que todas as condições do Teorema 4.1 são satisfeitas. Logo, $y = 0$ é a única solução em qualquer intervalo contendo $x = 1$. ■

EXEMPLO 3

A função $y = \frac{1}{4}$ sen $4x$ é uma solução para o problema de valor inicial

$$y'' + 16y = 0, \quad y(0) = 0, \quad y'(0) = 1.$$

Segue-se do Teorema 4.1 que, em qualquer intervalo contendo $x = 0$, a solução é única. ■

No Teorema 4.1, a continuidade de $a_i(x)$, $i = 0, 1, 2, \ldots, n$ e a hipótese $a_n(x) \neq 0$ para todo x em I são ambas importantes. Especificamente, se $a_n(x) = 0$ para algum x no intervalo, então a solução para um problema de valor inicial linear pode não ser única ou nem mesmo existir.

EXEMPLO 4

Verifique que a função $y = cx^2 + x + 3$ é uma solução para o problema de valor inicial

$$x^2y'' - 2xy' + 2y = 6, \quad y(0) = 3, \quad y'(0) = 1,$$

no intervalo $(-\infty, \infty)$ para qualquer escolha do parâmetro c.

Solução Como $y' = 2cx + 1$ e $y'' = 2c$, segue-se que

$$x^2y'' - 2xy' + 2y = x^2(2c) - 2x(2cx + 1) + 2(cx^2 + x + 3)$$

$$= 2cx^2 - 4cx^2 - 2x + 2cx^2 + 2x + 6 = 6.$$

Ainda,
$$y(0) = c(0)^2 + 0 + 3 = 3$$

e
$$y'(0) = 2c(0) + 1 = 1.$$ ■

Embora a equação diferencial do Exemplo 4 seja linear e os coeficientes e $g(x) = 6$ sejam contínuos em toda a reta, as dificuldades óbvias são que $a_2(x) = x^2$ se anula em $x = 0$ e que condições iniciais são impostas também no ponto $x = 0$.

Problema de Valor de Contorno

Um outro tipo de problema consiste em resolver uma equação diferencial de ordem dois ou maior na qual a variável dependente y ou suas derivadas são especificadas em *pontos diferentes*. Um problema como

$$\textit{Resolva}: \; a_2(x)\frac{d^2y}{dx^2} + a_1(x)\frac{dy}{dx} + a_0(x)y = g(x)$$

$$\textit{Sujeita a}: \; y(a) = y_0, \quad y(b) = y_1$$

é chamado de **problema de valor de contorno**. Os valores especificados $y(a) = y_0$ e $y(b) = y_1$ são chamados de **condições de contorno** ou **de fronteira**. Uma solução para o problema em questão é uma função que satisfaça a equação diferencial em algum intervalo I, contendo a e b, cujo gráfico passa pelos pontos (a, y_0) e (b, y_1). Veja a Figura 4.2

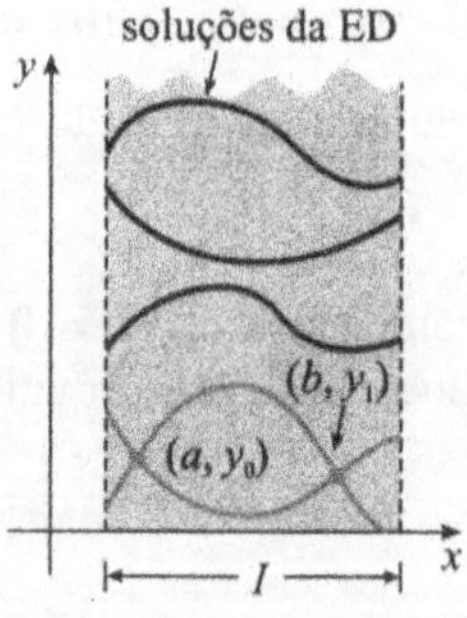

Figura 4.2

EXEMPLO 5

Você deve verificar que, no intervalo $(0, \infty)$, a função $y = 3x^2 - 6x + 3$ satisfaz a equação diferencial e as condições de contorno do problema de valor de contorno

$$x^2y'' - 2xy' + 2y = 6, \quad y(1) = 0, \quad y(2) = 3. \quad \blacksquare$$

Para uma equação diferencial de segunda ordem, outras condições de contorno podem ser

$$y'(a) = y_0', \quad y(b) = y_1;$$

$$y(a) = y_0, \quad y'(b) = y_1';$$

ou

$$y'(a) = y_0', \quad y'(b) = y_1',$$

em que y_0, y_0', y_1 e y_1' denotam constantes arbitrárias. Estes três pares de condições são casos especiais das condições gerais de contorno

$$\alpha_1 y(a) + \beta_1 y'(a) = \gamma_1$$

$$\alpha_2 y(b) + \beta_2 y'(b) = \gamma_2.$$

Os próximos exemplos mostram que, mesmo quando as condições do Teorema 4.1 são satisfeitas, um problema de valor de contorno pode ter

(i) várias soluções (como mostrado na Figura 4.2),

(ii) uma única solução, ou

(iii) nenhuma solução.

EXEMPLO 6

No Exemplo 6 da Seção 1.1, vimos que uma família a dois parâmetros de soluções para a equação diferencial $y'' + 16y = 0$ é

$$y = c_1 \cos 4x + c_2 \operatorname{sen} 4x.$$

Suponha agora que queiramos determinar aquela solução para a equação que também satisfaça as condições de contorno

$$y(0) = 0, \quad y\left(\frac{\pi}{2}\right) = 0.$$

Observe que a primeira condição

$$0 = c_1 \cos 0 + c_2 \operatorname{sen} 0$$

implica $c_1 = 0$; assim, $y = c_2$ sen $4x$. Mas, quando $x = \pi/2$, temos

$$0 = c_2 \text{ sen } 2\pi.$$

Como sen $2\pi = 0$, esta última condição é satisfeita com qualquer escolha de c_2. Segue-se então que uma solução para o problema

$$y'' + 16y = 0, \qquad y(0) = 0, \qquad y\left(\frac{\pi}{2}\right) = 0,$$

é a família a um parâmetro

$$y = c_2 \text{ sen } 4x.$$

Como a Figura 4.3 mostra, há uma infinidade de funções satisfazendo a equação diferencial cujos gráficos passam pelos pontos (0, 0) e ($\pi/2$, 0).

Se as condições de contorno fossem $y(0) = 0$ e $y(\pi/8) = 0$, então necessariamente c_1 e c_2 deveriam ser ambas nulas. Logo, $y = 0$ seria uma solução para esse novo problema de valor de contorno. De fato, como veremos mais tarde nesta seção, ela é a única solução.

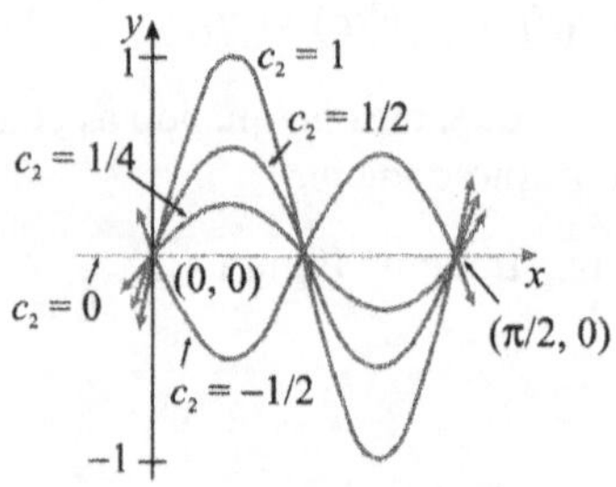

Figura 4.3

EXEMPLO 7

O problema de valor de contorno

$$y'' + 16y = 0, \qquad y(0) = 0, \qquad y\left(\frac{\pi}{2}\right) = 1,$$

não possui solução na família $y = c_1 \cos 4x + c_2$ sen $4x$. Como o Exemplo 6, a condição $y(0) = 0$ ainda implica $c_1 = 0$. Logo, $y = c_2$ sen $4x$ e, quando $x = \pi/2$, obtemos a contradição $1 = c_2 \times 0 = 0$. ■

Problemas de valor de contorno são freqüentemente encontrados nas aplicações de equações diferenciais parciais.

4.1.2 Dependência Linear e Independência Linear

Os dois próximos conceitos são básicos para o estudo de equações diferenciais lineares.

DEFINIÇÃO 4.1 Dependência Linear

Dizemos que um conjunto de funções $f_1(x), f_2(x), \ldots, f_n(x)$ é **linearmente dependente** em um intervalo I se existem constantes $c_1, c_2, \ldots, c_n$ não todas nulas, tais que

$$c_1 f_1(x) + c_2 f_2(x) + \ldots + c_n f_n(x) = 0$$

para todo x no intervalo.

DEFINIÇÃO 4.2 Independência Linear

Dizemos que um conjunto de funções $f_1(x), f_2(x), \ldots, f_n(x)$ é **linearmente independente** em um intervalo I se ele não é linearmente dependente no intervalo.

Em outras palavras, um conjunto de funções é linearmente independente em um intervalo se as únicas constantes para as quais

$$c_1 f_1(x) + c_2 f_2(x) + \ldots + c_n f_n(x) = 0,$$

para todo x no intervalo, são $c_1 = c_2 = \ldots c_n = 0$.

É fácil de entender essas definições no caso de duas funções $f_1(x)$ e $f_2(x)$. Se as funções são linearmente dependentes em um intervalo, então existem constantes c_1 e c_2, que não são ambas nulas, tais que, para todo x no intervalo,

$$c_1 f_1(x) + c_2 f_2(x) = 0.$$

Portanto, se supomos $c_1 \neq 0$, segue-se que

$$f_1(x) = -\frac{c_2}{c_1} f_2(x);$$

isto é, *se duas funções são linearmente dependentes, então uma é simplesmente uma constante múltipla da outra*. Reciprocamente, se $f_1(x) = c_2 f_2(x)$ para alguma constante c, então

$$(-1) \times f_1(x) + c_2 f_2(x) = 0$$

para todo x em algum intervalo. Logo, as funções são linearmente dependentes, pois pelo menos uma das constantes (a saber $c_1 = -1$) não é nula. Concluímos que *duas funções são linearmente independentes quando nenhuma delas é múltipla da outra* em um intervalo.

EXEMPLO 8

As funções $f_1(x) = \text{sen}\,2x$ e $f_2(x) = \text{sen}\,x\ \cos x$ são linearmente dependentes no intervalo $(-\infty, \infty)$, pois

$$c_1 \text{ sen } 2x + c_2 \text{ sen}\,x \cos x = 0$$

é satisfeita para todo x real se $c_1 = 1/2$ e $c_2 = -1$. (Lembre-se da identidade trigonométrica $\text{sen } 2x = 2 \text{ sen } x \cos x$.) ■

EXEMPLO 9

As funções $f_1(x) = x$ e $f_2(x) = |x|$ são linearmente independentes no intervalo $(-\infty, \infty)$. Inspecionando a Figura 4.4, convencemo-nos de que nenhuma função é múltipla da outra. Logo, para ter $c_1 f_1(x) + c_2 f_2(x) = 0$ para todo x real, devemos escolher $c_1 = 0$ e $c_2 = 0$. ■

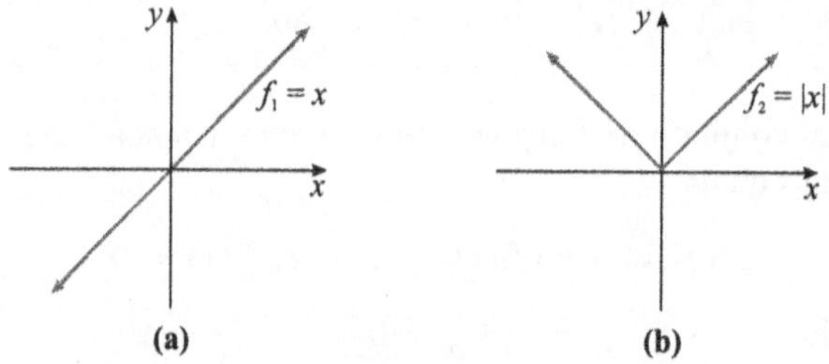

Figura 4.4

Na consideração de dependência linear ou independência linear, o intervalo no qual as funções são definidas é importante. As funções $f_1(x) = x$ e $f_2(x) = |x|$ do Exemplo 9 são linearmente dependentes no intervalo $(0, \infty)$, pois

$$c_{1x} + c_2|x| = c_1x + c_2x = 0$$

é satisfeita se, por exemplo, $c_1 = 1$ e $c_2 = -1$.

EXEMPLO 10

As funções $f_1(x) = \cos^2 x, f_2(x) = \text{sen}^2 x, f_3(x) = sec^2 x, f_4(x) = \text{tg}^2 x$ são linearmente dependentes no intervalo $(-\pi/2, \pi/2)$, pois

$$c_1 \cos^2 x + c_2 \text{ sen}^2 x + c_3 \sec^2 x + c_4 \text{ tg}^2 x = 0,$$

quando $c_1 = c_2 = 1$, $c_3 = -1$, $c_4 = 1$. Observamos que $\cos^2 x + \text{sen}^2 x = 1$ e $1 + \text{tg}^2 x = \sec^2 x$.

■

Dizemos que um conjunto de funções $f_1(x)$, $f_2(x)$, ..., $f_n(x)$ é linearmente dependente em um intervalo se pelo menos uma função pode ser expressa como uma combinação linear das outras funções.

EXEMPLO 11

As funções $f_1(x) = \sqrt{x} + 5$, $f_2(x) = \sqrt{x} + 5x$, $f_3(x) = x - 1$, $f_4(x) = x^2$ são linearmente dependentes no intervalo $(0, \infty)$, pois f_2 pode ser escrita como uma combinação linear de f_1, f_3 e f_4. Observe que

$$f_2(x) = 1 \times f_1(x) + 5 \times f_3(x) + 0 \times f_4(x)$$

para todo x no instante $(0, \infty)$. ■

Wronskiano

O seguinte teorema proporciona condição suficiente para a independência linear de n funções em um intervalo. Supomos que cada função seja diferenciável pelo menos $n - 1$ vezes.

TEOREMA 4.2 Critério para Independência Linear de Funções

Suponha que $f_1(x), f_2(x), \ldots, f_n(x)$ sejam diferenciáveis pelo menos $n - 1$ vezes. Se o determinante

$$\begin{vmatrix} f_1 & f_2 & \cdots & f_n \\ f_1' & f_2' & \cdots & f_n' \\ \vdots & \vdots & & \vdots \\ f_1^{(n-1)} & f_2^{(n-1)} & \cdots & f_n^{(n-1)} \end{vmatrix}$$

for diferente de zero em pelo menos um ponto do intervalo I, então as funções $f_1(x)$, $f_2(x)$, ..., $f_n(x)$ serão linearmente independentes no intervalo.

O determinante do teorema precedente é denotado por

$$W(f_1(x), f_2(x), \ldots, f_n(x))$$

e é chamado o **Wronskiano*** das funções.

* **Josef Maria Hoëne Wronski** (1778-1853) Nascido na Polônia e educado na Alemanha, Wronski passou a maior parte de sua vida na França. Mais um filósofo do que um matemático, ele acreditou que a verdade absoluta poderia ser alcançada através da matemática. Sua única contribuição digna de nota à matemática foi o determinante acima. Sempre um excêntrico, eventualmente tinha crises de insanidade.

Demonstração Provamos o Teorema 4.2 por contradição no caso em que $n = 2$. Suponha que $W(f_1(x_0), f_2(x_0)) \neq 0$ para um x_0 fixado no intervalo I e que, $f_1(x)$ e $f_2(x)$ sejam linearmente dependentes no intervalo. O fato de que as funções são linearmente dependentes significa que existem constantes c_1 e c_2, não ambas nulas, para as quais

$$c_1 f_1(x) + c_2 f_2(x) = 0$$

para todo x em I. Derivando essa combinação, temos

$$c_1 f_1'(x) + c_2 f_2'(x) = 0.$$

Obtemos então um sistema de equações lineares

$$\begin{aligned} c_1 f_1(x) + c_2 f_2(x) &= 0 \\ c_1 f_1'(x) + c_2 f_2'(x) &= 0. \end{aligned} \tag{2}$$

Mas a dependência linear de f_1 e f_2 implica que (2) possui uma solução não trivial para cada x no intervalo. Logo,

$$W(f_1(x), f_2(x)) = \begin{vmatrix} f_1(x) & f_2(x) \\ f_1'(x) & f_2'(x) \end{vmatrix} = 0$$

para todo x em I.* Isso contradiz a suposição de que $W(f_1(x_0), f_2(x_0)) \neq 0$. Concluímos que f_1 e f_2 são linearmente independentes. □

COROLÁRIO

Se $f_1(x), f_2(x), \ldots, f_n(x)$ possuem pelo menos $n - 1$ derivadas e são linearmente dependentes em I, então

$$W(f_1(x), f_2(x), \ldots, f_n(x)) = 0$$

para todo x no intervalo

EXEMPLO 12

As funções $f_1(x) = \operatorname{sen}^2 x$ e $f_2(x) = 1 - \cos 2x$ são linearmente dependentes em $(-\infty, \infty)$. (Por quê?) Pelo corolário precedente, $W(\operatorname{sen}^2 x, 1 - \cos 2x) = 0$ para todo número real. Para ver isso, fazemos o seguinte cálculo:

$$W(\operatorname{sen}^2 x, 1 - \cos 2x) = \begin{vmatrix} \operatorname{sen}^2 x & 1 - \cos 2x \\ 2 \operatorname{sen} x \cos x & 2 \operatorname{sen} 2x \end{vmatrix}$$

* Veja o Apêndice III para obter uma revisão sobre determinantes.

$$\begin{aligned}
&= 2\,\text{sen}^2 x\ \text{sen}\,2x - 2\,\text{sen}\,x\ \cos x \\
&\quad + 2\,\text{sen}\,x\ \cos x\ \cos 2x \\
&= \text{sen}\,2x[2\,\text{sen}^2 x - 1 + \cos 2x] \\
&= \text{sen}\,2x[2\,\text{sen}^2 x - 1 + \cos^2 x - \text{sen}^2 x] \\
&= \text{sen}\,2x[\text{sen}^2 x + \cos^2 x - 1] = 0
\end{aligned}$$

Aqui, usamos as identidades trigonométricas $\text{sen}\,2x = 2\,\text{sen}\,x\ \cos x$, $\cos 2x = \cos^2 x - \text{sen}^2 x$ e $\text{sen}^2 x + \cos^2 x = 1$. ■

EXEMPLO 13

Para $f_1(x) = e^{m_1 x}$, $f_2(x) = e^{m_2 x}$, $m_1 \neq m_2$,

$$W(e^{m_1 x}, e^{m_2 x}) = \begin{vmatrix} e^{m_1 x} & e^{m_2 x} \\ m_1 e^{m_1 x} & m_2 e^{m_2 x} \end{vmatrix} = (m_2 - m_1)e^{(m_1 + m_2)x} \neq 0$$

para todo valor real de x. Logo, f_1 e f_2 são linearmente independentes em qualquer intervalo do eixo x. ■

EXEMPLO 14

Se α e β são números reais, $\beta \neq 0$, então $y_1 = e^{\alpha x}\cos\beta x$ e $y_2 = e^{\alpha x}\,\text{sen}\,\beta x$ são linearmente independentes em qualquer intervalo do eixo x, pois

$$\begin{aligned}
W(e^{\alpha x}\cos\beta x, e^{\alpha x}\,\text{sen}\beta x) &= \begin{vmatrix} e^{\alpha x}\cos\beta x & e^{\alpha x}\,\text{sen}\,\beta x \\ -\beta e^{\alpha x}\,\text{sen}\,\beta x + \alpha e^{\alpha x}\cos\beta x & \beta e^{\alpha x}\cos\beta x + \alpha e^{\alpha x}\,\text{sen}\,\beta x \end{vmatrix} \\
&= \beta e^{2\alpha x}(\cos^2\beta x + \text{sen}^2\beta x) = \beta e^{2\alpha x} \neq 0.
\end{aligned}$$

Observe que, quando $\alpha = 0$, $\cos\beta x$ e $\text{sen}\,\beta x$, $\beta \neq 0$, são também linearmente independentes em qualquer intervalo do eixo x. ■

EXEMPLO 15

As funções $f_1(x) = e^x$, $f_2(x) = xe^x$ e $f_3(x) = x^2 e^x$ são linearmente independentes em qualquer intervalo do eixo x, pois

$$W(e^x, xe^x, x^2e^x) = \begin{vmatrix} e^x & xe^x & x^2e^x \\ e^x & xe^x + e^x & x^2e^x + 2xe^x \\ e^x & xe^x + 2e^x & x^2e^x + 4xe^x + 2e^x \end{vmatrix} = 2e^{3x}$$

não se anula em ponto algum. ■

EXEMPLO 16

No Exemplo 9, vimos que $f_1(x) = x$ e $f_2(x) = |x|$ são linearmente independentes em $(-\infty, \infty)$; porém, não podemos calcular o Wronskiano, pois f_2 não é diferenciável em $x = 0$. ■

Deixamos como exercício mostrar que um conjunto de funções $f_1(x), f_2(x), \ldots, f_n(x)$ pode ser linearmente independente em algum intervalo, mesmo que o Wronskiano seja nulo. Veja o Problema 30. Em outras palavras, se $W(f_1(x), f_2(x), \ldots f_n(x)) = 0$ para todo x em um intervalo, isso não implica necessariamente que as funções sejam linearmente dependentes.

4.1.3 Soluções para Equações Lineares

Equações Homogêneas

Uma equação diferencial de n-ésima ordem da forma

$$a_n(x)\frac{d^ny}{dx^n} + a_{n-1}(x)\frac{d^{n-1}}{dx^{n-1}} + \ldots + a_1(x)\frac{dy}{dx} + a_0(x)y = 0 \quad (3)$$

é chamada **homogênea**, enquanto

$$a_n(x)\frac{d^ny}{dx^n} + a_{n-1}(x)\frac{d^{n-1}y}{dx^{n-1}} + \ldots + a_1(x)\frac{dy}{dx} + a_0(x)y = g(x), \quad (4)$$

com $g(x)$ não identicamente zero, é chamada de **não-homogênea.**

A palavra homogênea neste contexto não se refere aos coeficientes como sendo funções homogêneas. Veja a Seção 2.3.

EXEMPLO 17

(a) A equação $$2y'' + 3y' - 5y = 0$$

é uma equação diferencial ordinária linear de segunda ordem homogênea.

(b) A equação $$x^3y''' - 2xy'' + 5y' + 6y = e^x$$

é uma equação diferencial ordinária linear de terceira ordem não-homogênea.

Veremos na última parte desta seção, e também nas seções subseqüentes deste capítulo, que, para resolver uma equação não-homogênea (4), devemos primeiro resolver a equação homogênea associada (3).

Nota Para evitar repetições desnecessárias no decorrer deste texto, faremos sempre as seguintes suposições importantes com relação às equações lineares (3) e (4). Em algum intervalo I,

- os coeficientes $a_i(x)$, $i = 0, 1, \ldots, n$, são contínuos;
- a função $g(x)$ é contínua; e
- $a_n(x) \neq 0$ para todo x no intervalo.

Princípio de Superposição

No próximo teorema, vemos que a soma, ou **superposição**, de duas ou mais soluções para uma equação diferencial linear homogênea é também uma solução.

TEOREMA 4.3 Princípio da Superposição – Equações Homogêneas

Sejam $y_1, y_2, \ldots, y_k$ soluções para a equação diferencial linear de n-ésima ordem homogênea (3) em um intervalo I. Então, a combinação linear

$$y = c_1y_1(x) + c_2y_2(x) + \ldots + c_ky_k(x), \tag{5}$$

em que os c_i, $i = 1, 2, \ldots, k$, são constantes arbitrárias, é também uma solução no intervalo.

Demonstração Provaremos o caso $n = k = 2$. Sejam $y_1(x)$ e $y_2(x)$ soluções para

$$a_2(x)y'' + a_1(x)y' + a_0(x)y = 0.$$

Se definirmos $y = c_1y_1(x) + c_2y_2(x)$, então

$$a_2(x)[c_1y_1'' + c_2y_2''] + a_1(x)[c_1y_1' + c_2y_2'] + a_0(x)[c_1y_1 + c_2y_2]$$

$$= c_1\underbrace{[a_2(x)y_1'' + a_1(x)y_1' + a_0(x)y_1]}_{\boxed{\text{zero}}} + c_2\underbrace{[a_2(x)y_2'' + a_1(x)y_2' + a_0(x)y_2]}_{\boxed{\text{zero}}}$$

$$= c_1 \times 0 + c_2 \times 0 = 0.$$

□

COROLÁRIOS

(A) Um múltiplo $y = c_1y_1(x)$ de uma solução $y_1(x)$ para uma equação diferencial linear homogênea é também uma solução.

(B) Uma equação diferencial linear homogênea sempre possui a solução trivial $y = 0$

O princípio da superposição definido por (5) e seu caso especial dado no Corolário (A) são propriedades que equações diferenciais não-lineares, em geral, não possuem. Veja os Problemas 31 e 32.

EXEMPLO 18

As funções
$$y_1 = x^2 \text{ e } y^2 = x^2 \ln x$$
são ambas soluções para a equação homogênea de terceira ordem
$$x^3y''' - 2xy' + 4y = 0$$
no intervalo $(0, \infty)$. Pelo princípio da superposição, a combinação linear
$$y = c_1x^2 + c_2x^2 \ln x$$
é também uma solução para a equação no intervalo. ■

EXEMPLO 19

As funções $y_1 = e^x$, $y_2 = e^{2x}$ e $y_3 = e^{3x}$ satisfazem a equação homogênea
$$\frac{d^3y}{dx^3} - 6\frac{d^2y}{dx^2} + 11\frac{dy}{dx} - 6y = 0$$
em $(-\infty, \infty)$. Pelo Teorema 4.3, uma outra solução é
$$y = c_1e^x + c_2e^{2x} + c_3e^{3x}.$$ ■

EXEMPLO 20

A função $y = x^2$ é uma solução para a equação linear homogênea
$$x^2y'' - 3xy' + 4y = 0$$
em $(0, \infty)$. Portanto, $y = cx^2$ é também uma solução. Para vários valores de c, vemos que $y = 3x^2$, $y = ex^2$, $y = 0$, ... são todas soluções para a equação no intervalo. ■

Soluções Linearmente Independentes

Estamos interessados em determinar quando n soluções $y_1, y_2, \ldots, y_n$ para a equação diferencial **homogênea** (3) são linearmente independentes. Surpreendentemente, o Wronskiano não nulo de um conjunto de n soluções em um intervalo I é necessário e suficiente para a independência linear.

TEOREMA 4.4 Critério para Independência Linear de Soluções

Sejam $y_1, y_2, \ldots, y_n$ n soluções para a equação diferencial linear homogênea de n-ésima ordem (3) em um intervalo I. Então, o conjunto de soluções é **linearmente independente** em I se e somente se

$$W(y_1, y_2, \ldots, y_n) \neq 0$$

para todo x no intervalo.

Demonstração Provemos o Teorema 4.4 no caso $n = 2$. Primeiro, se $W(y_1, y_2) \neq 0$ para todo x em I, segue-se imediatamente do Teorema 4.2 que y_1 e y_2 são linearmente independentes. Agora, devemos mostrar que, se y_1 e y_2 são soluções linearmente independentes para uma equação diferencial linear homogênea de segunda ordem, então $W(y_1, y_2) \neq 0$ para todo x em I. Para ver isso, vamos supor que y_1 e y_2 sejam linearmente independentes e que exista um ponto x_0 em I para o qual $W(y_1(x_0), y_2(x_0)) = 0$. Logo, existem c_1 e c_2, não nulas, tais que

$$\begin{aligned} c_1 y_1(x_0) + c_2 y_2(x_0) &= 0 \\ c_1 y_1'(x_0) + c_2 y_2'(x_0) &= 0. \end{aligned} \tag{6}$$

Se definirmos
$$y(x) = c_1 y_1(x) + c_2 y_2(x),$$

então, em vista de (6), $y(x)$ satisfaz também

$$y(x_0) = 0, \quad y'(x_0) = 0. \tag{7}$$

Mas a função identicamente nula satisfaz a equação diferencial e as condições iniciais (7). Portanto, pelo Teorema 4.1, ela é a única solução. Em outras palavras, $y = 0$, ou seja,

$$c_1 y_1(x) + c_2 y_2(x) = 0$$

para todo x em I. Isso contradiz a suposição de que y_1 e y_2 são linearmente independentes no intervalo. □

Da discussão acima, concluímos que, quando $y_1, y_2, \ldots, y_n$ são n soluções para (3) em um intervalo I, o wronskiano é identicamente nulo ou nunca se anula no intervalo.

DEFINIÇÃO 4.3 Conjunto Fundamental de Soluções

Qualquer conjunto $y_1, y_2, \ldots, y_n$ de n soluções linearmente independentes para a equação diferencial linear homogênea de n-ésima ordem (3) em um intervalo I é chamado de **conjunto fundamental de soluções** no intervalo.

TEOREMA 4.5

Sejam $y_1, y_2, \ldots, y_n$ n soluções linearmente independentes para a equação diferencial linear homogênea de n-ésima ordem (3) em um intervalo I. Então, toda solução $Y(x)$ para (3) é uma combinação linear das n soluções independentes $y_1, y_2, \ldots, y_n$, ou seja, podemos encontrar constantes $C_1, C_2, \ldots, C_n$, tais que

$$Y = C_1y_1(x) + C_2y_2(x) + \ldots + C_ny_n(x).$$

Demonstração Provamos o caso $n = 2$. Seja Y uma solução e sejam y_1, y_2 duas soluções linearmente independentes para

$$a_2(x)y'' + a_1(x)y' + a_0(x)y = 0$$

em um intervalo I. Suponha que $x = t$ seja um ponto desse intervalo para o qual $W(y_1(t), y_2(t)) \neq 0$. Suponha também que os valores de $Y(t)$ e $Y'(t)$ sejam dados por

$$Y(t) = k_1, \qquad Y'(t) = k_2.$$

Se examinarmos agora o sistema de equações

$$C_1y_1(t) + C_2y_2(t) = k_1$$

$$C_1y_1'(t) + C_2y_2'(t) = k_2,$$

segue-se que podemos determinar C_1 e C_2 de maneira única, desde que o determinante dos coeficientes satisfaça

$$\begin{vmatrix} y_1(t) & y_2(t) \\ y_1'(t) & y_2'(t) \end{vmatrix} \neq 0.$$

Mas esse determinante é simplesmente o wronskiano calculado no ponto $x = t$ e, por hipótese, $W \neq 0$. Definindo então a função,

$$G(x) = C_1y_1(x) + C_2y_{2(x)}$$

observamos que:

(i) $G(x)$ satisfaz a equação diferencial, pois ela é a superposição de duas soluções y1 e y2.

(ii) $G(x)$ satisfaz as condições iniciais

$$G(t) = C_1y_1(t) + C_2y_2(t) = k_1$$

$$G'(t) = C_1y_1'(t) + C_2y_2'(t) = k_2.$$

(iii) $Y(x)$ satisfaz a *mesma* equação linear e as *mesmas* condições iniciais.

Como a solução para esse problema linear de valor inicial é única (Teorema 4.1), temos $Y(x) = G(x)$, ou

$$Y(x) = C_1y_1(x) + C_2y_2(x). \qquad \square$$

A questão básica de existência de um conjunto fundamental para uma equação linear é respondida no próximo teorema.

TEOREMA 4.6 Existência de um Conjunto Fundamental

Existe um conjunto fundamental de soluções para a equação diferencial linear homogênea de n-ésima ordem (3) em um intervalo I.

A prova deste resultado segue-se do Teorema 4.1. A justificativa do Teorema 4.6 no caso especial de equações de segunda ordem é derivada como exercício.

Como mostramos que qualquer solução para (3) é obtida por uma combinação linear de funções em um conjunto fundamental de soluções, podemos dar a seguinte definição.

DEFINIÇÃO 4.4 Solução Geral – Equações Homogêneas

Sejam $y_1, y_2, \ldots, y_n$ n soluções linearmente independentes para a equação diferencial linear homogênea de n-ésima ordem (3) em um intervalo I. A **solução geral** para a equação no intervalo é definida por

$$y = c_1y_1(x) + c_2y_2(x) + \ldots + c_ny_n(x),$$

em que os c_i, $i = 1, 2, \ldots, n$ são constantes arbitrárias.

Lembre-se de que a solução geral, como definida na Seção 1.1, é também chamada de **solução completa** para a equação diferencial.

EXEMPLO 21

A equação de segunda ordem $y'' - 9y = 0$ possui duas soluções

$$y_1 = e^{3x} \quad \text{e} \quad y_2 = e^{-3x}.$$

Como
$$W(e^{3x}, e^{-3x}) = \begin{vmatrix} e^{3x} & e^{-3x} \\ 3e^{3x} & -3e^{-3x} \end{vmatrix} = -6 \neq 0$$

para todo valor de x, y_1 e y_2 formam um conjunto fundamental de soluções em $(-\infty, \infty)$. A solução geral para a equação diferencial no intervalo é

$$y = c_1e^{3x} + c_2e^{-3x}. \qquad \blacksquare$$

EXEMPLO 22

Você deve verificar que a função $y = 4 \operatorname{senh} 3x - 5e^{-3x}$ também satisfaz a equação diferencial do Exemplo 21. Escolhendo $c_1 = 2$, $c_2 = -7$ na solução geral $y = c_1e^{3x} + c_2e^{-3x}$, obtemos

$$\begin{aligned} y &= 2e^{3x} - 7e^{-3x} \\ &= 2e^{3x} - 2e^{-3x} - 5e^{-3x} \\ &= 4\left(\frac{e^{3x} - e^{-3x}}{2}\right) - 5e^{-3x} \\ &= 4 \operatorname{senh} 3x - 5e^{-3x}. \end{aligned}$$

■

EXEMPLO 23

As funções $y_1 = e^x$, $y_2 = e^{2x}$ e $y_3 = e^{3x}$ satisfazem a equação de terceira ordem

$$\frac{d^3y}{dx^3} - 6\frac{d^2y}{dx^2} + 11\frac{dy}{dx} - 6y = 0.$$

Como $$W(e^x, e^{2x}, e^{3x}) = \begin{vmatrix} e^x & e^{2x} & e^{3x} \\ e^x & 2e^{2x} & 3e^{3x} \\ e^x & 4e^{2x} & 9e^{3x} \end{vmatrix} = 2e^{6x} \neq 0$$

para todo valor real de x, y_1, y_2 e y_3 formam um conjunto fundamental de soluções em $(-\infty, \infty)$. Concluímos que

$$y = c_1e^x + c_2e^{2x} + c_3e^{3x}$$

é a solução geral para a equação diferencial no intervalo. ■

Equações Não-homogêneas

Voltamos agora nossa atenção para a definição de solução geral para uma equação linear **não-homogênea**. Qualquer função y_p, independente de parâmetros, que satisfaça (4) é chamada de **solução particular** para a equação (algumas vezes é chamada de **integral particular**).

EXEMPLO 24

(a) Uma solução particular para

$$y'' + 9y = 27$$

é $y_p = 3$ pois $y_p'' = 0$ e $0 + 9y_p = 9(3) = 27$.

(b) $y_p = x - x$ é uma solução particular para

$$x^2y'' + 2xy' - 8y = 4x^3 + 6x$$

pois $y_p' = 3x^2 - 1,\ y_p'' = 6x$, e

$$x^2y_p'' + 2xy_p' - 8y_p = x^{2(6x)} + 2x(3x^2 - 1) - 8\ (x^3 - x) = 4x^3 + 6x.$$ ■

TEOREMA 4.7

Sejam $y_1, y_2, \ldots, y_n$ soluções para a equação diferencial linear homogênea de n-ésima ordem (3) em um intervalo I e seja y_p qualquer solução para a equação não-homogênea (4) no mesmo intervalo. Então,

$$y = c_1y_1(x) + c_2y_2(x) + \ldots + c_ky_k(x) + y_p(x)$$

é também uma solução para a equação não-homogênea no intervalo para quaisquer constantes $c_1, c_2, \ldots, c_k$.

Podemos agora provar o análogo do Teorema 4.5 para as equações diferenciais não-homogêneas.

TEOREMA 4.8

Seja y_p uma dada solução para a equação diferencial linear não-homogênea de n-ésima ordem (4) em um intervalo I e sejam $\{y_1, y_2, \ldots, y_n\}$ um conjunto fundamental de soluções para a equação homogênea associada (3) no intervalo. Então, para qualquer solução $Y(x)$ de (4) em I, podemos encontrar constantes $C_1, C_2, \ldots, C_n$ tais que

$$Y = C_1y_1(x) + C_2y_2(x) + \ldots + C_ny_n(x) + y_p(x).$$

Demonstração Provamos o caso $n = 2$. Suponha que Y e y_p sejam ambas soluções para

$$a_2(x)y'' + a_1(x)y' + a_0(x)y = g(x).$$

Se definirmos uma função u por $u(x) = Y(x) - y_p(x)$, então

$$\begin{aligned} &a_2(x)u'' + a_1(x)u' + a_0(x)u \\ &= a_2(x)[Y'' - y_p''] + a_1(x)[Y' - y_p'] + a_0(x)[Y - y_p] \\ &= a_2(x)Y'' + a_1(x)Y' + a_0(x)Y - [a_2(x)y_p'' + a_1(x)y_p' + a_0(x)y_p] \\ &= g(x) - g(x) = 0. \end{aligned}$$

Portanto, em vista da Definição 4.4 e do Teorema 4.5, podemos escrev

$$u(x) = C_1y_1(x) + C_2y_2(x)$$

$$Y(x) - y_p(x) = C_1y_1(x) + C_2y_2(x)$$

ou

$$Y(x) = C_1y_1(x) + C_2y_2(x) + y_p(x). \quad \square$$

Logo, chegamos à última definição desta seção.

DEFINIÇÃO 4.5 Solução Geral – Equações Não-homogêneas

Seja y_p uma dada solução para a equação diferencial linear não-homogênea de n-ésima ordem (4) em um intervalo I e seja

$$y_c = c_1y_1(x) + c_2y_2(x) + \ldots + c_ny_n(x)$$

a solução geral para a equação homogênea associada (3) no intervalo. A **solução geral** para a equação não-homogênea no intervalo é definida por

$$y = c_1y_1(x) + c_2y_2(x) + \ldots + c_ny_n(x) + y_p(x) = y_c(x) + y_p(x).$$

Função Complementar

Na Definição 4.5, a combinação linear

$$y_c(x) = c_1y_1(x) + c_2y_2(x) + \ldots + c_ny_n(x),$$

que é a solução geral para (3), é chamada de **função complementar** para a equação (4). Em outras palavras, a solução geral para uma equação diferencial linear não-homogênea é

y = função complementar + qualquer solução particular.

EXEMPLO 25

Por substituição, verificamos facilmente que a função $y_p = -\frac{11}{12} - \frac{1}{2}x$ é uma solução particular para a equação não-homogênea

$$\frac{d^3y}{dx^3} - 6\frac{d^2y}{dx^2} + 11\frac{dy}{dx} - 6y = 3x. \tag{8}$$

Para escrever a solução geral para (8), devemos também ser capazes de resolver a equação homogênea associada

$$\frac{d^3y}{dx^3} - 6\frac{d^2y}{dx^2} + 11\frac{dy}{dx} - 6y = 0.$$

Mas no Exemplo 23 vimos que a solução geral para essa última equação no intervalo $(-\infty, \infty)$ era

$$y_c = c_1e^x + c_2e^{2x} + c_3e^{3x}.$$

Portanto, a solução geral para (8) no intervalo é

$$y = y_c + y_p = c_1e^x + c_2e^{2x} + c_3e^{3x} - \frac{11}{12} - \frac{1}{2}x.$$ ■

Outro Princípio de Superposição

O último teorema dessa discussão será útil na Seção 4.4, quando considerarmos um método para encontrar soluções particulares para equações não-homogêneas.

TEOREMA 4.9 Princípio de Superposição – Equações Não-homogêneas

Sejam $y_{p1}, y_{p2}, \ldots, y_{pk}$ k soluções particulares para a equação diferencial linear de n-ésima ordem (4) em um intervalo I, correspondendo a k funções distintas $g_1, g_2, \ldots, g_k$. Isto é, suponha que y_{pi} seja uma solução particular para a equação diferencial correspondente

$$a_n(x)y^{(n)} + a_{n-1}(x)y^{(n-1)} + \ldots + a_1(x)y' + a_0(x)y = g_i(x),$$

em que $i = 1, 2, \ldots, k$. Então,

$$y_p = y_{p1}(x) + y_{p2}(x) + \ldots + y_{pk}(x)$$

é uma solução particular para

$$a_n(x)y^{(n)} + a_{n-1}(x)y^{(n-1)} + \ldots + a_1(x)y' + a_0(x)y$$
$$= g_1(x) + g_2(x) + \ldots + g_k(x).$$

Deixamos a prova desse resultado quando $k = 2$ como exercício. Veja o Problema 50.

EXEMPLO 26

Você deve verificar que

$y_{p1} = -4x^2$ é uma solução particular para $y'' - 3y' + 4y = -16x^2 + 24x - 8$

$y_{p2} = e^{2x}$ é uma solução particular para $y'' - 3y' + 4y = 2e^{2x}$

$y_{p3} = xe^x$ é uma solução particular para $y'' - 3y' + 4y = 2xe^x - e^x$.

Segue-se do Teorema 4.9 que a superposição de y_{p1}, y_{p2} e y_{p3},

$$y = y_{p1} + y_{p2} + y_{p3} = -4x^2 + e^{2x} + xe^x,$$

é uma solução para

$$y'' - 3y' + 4y = \underbrace{-16x^{2x} + 24x - 8}_{g_1(x)} + \underbrace{2e^{2x}}_{g_2(x)} + \underbrace{2xe^x - e^x}_{g_3(x)}.$$

■

Antes de realmente começarmos a resolver equações diferenciais homogêneas e não-homogêneas, precisamos ainda da teoria adicional apresentada na próxima seção.

Nota Um sistema físico que varia com o tempo e cujo modelo matemático é uma equação diferencial linear

$$a_n(t)y^{(n)} + a_{n-1}(t)y^{(n-1)} + \ldots + a_1(t)y' + a_0(t)y = g(t)$$

é chamado de **sistema linear**. Os valores das variáveis $y(t)$, $y'(t)$, …, $y^{(n-1)}(t)$ em um tempo específico t_0 descrevem o **estado** do sistema. A função g é chamada de **função aplicada**, **função de força** ou **função de excitação**. Uma solução $y(t)$ para a equação diferencial é chamada de **saída** ou **resposta** do sistema. A dependência da resposta à função aplicada é ilustrada na Figura 4.5.

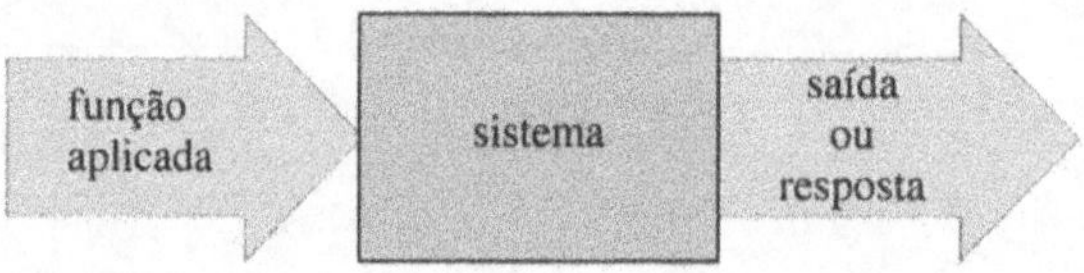

Figura 4.5

Para que um sistema físico seja um sistema linear, é necessário que o princípio de superposição (Teorema 4.9) seja válido no sistema; isto é, a resposta do sistema a uma superposição de aplicações é uma superposição de respostas.

4.1 EXERCÍCIOS

As respostas dos exercícios selecionados estão nas páginas 448 a 450.

[4.1.1]

1. Sabe-se que $y = c_1e^x + c_2e^{-x}$

é uma família a dois parâmetros de soluções para $y'' - y = 0$ no intervalo $(-\infty, \infty)$. Encontre um membro dessa família satisfazendo as condições iniciais $y(0) = 0$, $y'(0) = 1$.

2. Encontre uma solução para a equação diferencial do Problema 1 satisfazendo as condições de contorno $y(0) = 0,\ y(1) = 1$.

3. Sabe-se que $y = c_1e^{4x} + c_2e^{-x}$

é uma família a dois parâmetros de soluções para $y'' - 3y' - 4y = 0$ no intervalo $(-\infty, \infty)$. Encontre um membro dessa família que satisfaça as condições iniciais $y(0) = 1,\ y'(0) = 2$.

4. Sabe-se que $\quad y = c_1 + c_2 \cos x + c_3 \operatorname{sen} x$

é uma família a três parâmetros de soluções para $y''' + y' = 0$ no intervalo $(-\infty, \infty)$. Encontre um membro dessa família que satisfaça as condições iniciais $y(\pi) = 0,\ y'(\pi) = 2,\ y''(\pi) = -1$.

5. Sabe-se que $\quad y = c_1x + c_2x \ln x$

é uma família a dois parâmetros de soluções para $x^2y'' - xy' + y = 0$ no intervalo $(-\infty, \infty)$. Encontre um membro dessa família que satisfaça as condições iniciais $y(1) = 3,\ y'(1) = -1$.

6. Sabe-se que $\quad y = c_1 + c_2x^2$

é uma família a dois parâmetros de soluções para $xy'' - y' = 0$ no intervalo $(-\infty, \infty)$. Mostre que não existem constantes c_1 e c_2 para que um membro dessa família satisfaça as condições iniciais $y(0) = 0,\ y'(0) = 1$. Explique por que isso não constitui uma violação do Teorema 4.1.

7. Encontre dois membros da família de soluções para $xy'' - y' = 0$ dada no Problema 6, que satisfaçam as condições iniciais $y(0) = 0,\ y'(0) = 0$.

8. Encontre um membro da família de soluções para $xy'' - y' = 0$ dada no Problema 6, que satisfaça as condições de contorno $y(0) = 1,\ y'(1) = 6$. O Teorema 4.1 garante que esta solução é única?

9. Sabe-se que $\quad y = c_1e^x \cos x + c_2e^x \operatorname{sen} x$

é uma família a dois parâmetros de soluções para $y'' - 2y' + 2y = 0$ no intervalo $(-\infty, \infty)$. Encontre, se existir, um membro dessa família que satisfaça as condições

(a) $y(0) = 1, \quad y'(0) = 0$ **(b)** $y(0) = 1, \quad y(\pi) = -1$

(c) $y(0) = 1, \quad y(\pi/2) = 1$ **(d)** $y(0) = 0, \quad y(\pi) = 0$.

10. Sabe-se que $\quad y = c_1x^2 + c_2x^4 + 3$

é uma família a dois parâmetros de soluções para $x^2y'' - 5xy' + 8y = 24$ no intervalo $(-\infty, \infty)$. Encontre, se existir, um membro dessa família que satisfaça as condições

(a) $y(-1) = 0, \quad y(1) = 4$ **(b)** $y(0) = 1, \quad y(1) = 2$

(c) $y(0) = 3, \quad y(1) = 0$ **(d)** $y(0) = 3, \quad y(2) = 15$.

Nos Problemas 11 e 12, encontre um intervalo em torno de $x = 0$ no qual o problema de valor inicial dado tenha uma única solução.

11. $(x - 2)y'' + 3y = x; \qquad y(0) = 0,\ y'(0) = 1$

12. $y'' + (\operatorname{tg} x)y = e^x; \qquad y(0) = 1,\ y'(0) = 0$

13. Sabe-se que $y = c_1 \cos \lambda x + c_2 \text{ sen } \lambda x$ é uma família de soluções para a equação diferencial $y'' + \lambda^2 y = 0$. Determine os valores de parâmetro λ para os quais o problema de valor de contorno

$$y'' + \lambda^2 y = 0, \qquad y(0) = 0, \qquad y(\pi) = 0,$$

possua soluções não triviais.

14. Determine os valores do parâmetro λ para os quais o problema de valor de contorno

$$y'' + \lambda^2 y\ \lambda 0, \qquad y(0) = 0, \qquad y(5) = 0,$$

possua soluções não triviais. Veja o Problema 13.

[4.1.2]

Nos Problemas 15-22, determine se as funções dadas são linearmente independentes ou dependentes em $(-\infty, \infty)$.

15. $f_1(x) = x, \quad f_2(x) = x^2, \quad f_3(x) = 4x - 3x^2$

16. $f_1(x) = 0, \quad f_2(x) = x, \quad f_3(x) = e^x$

17. $f_1(x) = 5. \quad f_2(x) = \cos^2, \quad f_3(x) = \text{sen}^2 x$

18. $f_1(x) = \cos 2x, \quad f_2(x) = 1, \quad f_3(x) = \cos^2 x$

19. $f_1(x) = x, \quad f_2(x) = x - 1, \quad f_3(x) = x + 3$

20. $f_1(x) = 2 + x, \quad f_2(x) = 2 + |x|,$

21. $f_1(x) = 1 + x, \quad f_2(x) = x, \quad f_3(x) = x^2$

22. $f_1(x) = e^x, \quad f_2(x) = e^{-x}, \quad f_3(x) = \text{senh}\, x$

Nos Problemas 23-28, mostre, calculando o Wronskiano, que as funções dadas são linearmente independentes no intervalo indicado.

23. $x^{1/2}, x^2; \ (0, \infty)$

24. $1 + x, x^3; \ (-\infty, \infty)$

25. $\text{sen}\, x, \text{cosc}\, x; \ (0. \pi)$

26. $\text{tg}\, x, \text{cotg}\, x; \ (0, \pi/2)$

27. $e^x, e^{-x}. e^{4x}; \ (-\infty, \infty)$

28. $x, x \ln x, x^2 \ln x; \ (0, \infty)$

29. Observe que, para as funções $f_1(x) = 2$ e $f_2(x) = e^x$,

$$1 \times f_1(0) - 2 \times f_2(0) = 0.$$

Isso implica que as funções f_1 e f_2 são linearmente dependentes em qualquer intervalo contendo $x = 0$?

30. **(a)** Mostre graficamente que $f_1(x) = x^2$ e $f_2(x) = x|x|$ são linearmente independentes em $(-\infty, \infty)$.

(b) Mostre que $W(f_1(x), f_2(x)) = 0$ para todo número real.

[4.1.3]

31. **(a)** Verifique que $y = 1/x$ é uma solução para a equação diferencial não-linear $y'' = 2y^3$ no intervalo $(0, \infty)$.

(b) Mostre que um múltiplo $y = c/x$ não é uma solução para a equação quando $c \neq 0, \pm 1$.

32. **(a)** Verifique que $y_1 = 1$ e $y_2 = \ln x$ são soluções para a equação diferencial não-linear $y'' + (y')^2 = 0$ no intervalo $(0, \infty)$.

(b) $y_1 + y_2$ é uma solução para a equação? $c_1y_1 + c_2y_2$, c_1 e c_2 constantes arbitrárias, é uma solução para a equação?

Nos Problemas 33-40, verifique que as funções dadas formam um conjunto fundamental de soluções para a equação diferencial no intervalo indicado. Forme a solução geral.

33. $y'' - y' - 12y = 0;\ e^{-3x},\ e^{4x},\ (-\infty, \infty)$

34. $y'' - 4y = 0;\ \cosh 2x,\ \operatorname{senh} 2x,\ (-\infty, \infty)$

35. $y'' - 2y' + 5y = 0;\ e^x \cos 2x,\ e^x \operatorname{sen} 2x,\ (-\infty, \infty)$

36. $4y'' - 4y' + y = 0;\ e^{x/2},\ xe^{x/2},\ (-\infty, \infty)$

37. $x^2y'' - 6xy' + 12y = 0;\ x^3,\ x^4,\ (0, \infty)$

38. $x^2y'' + xy' + y = 0;\ \cos(\ln x),\ \operatorname{sen}(\ln x),\ (0, \infty)$

39. $x^3y''' + 6x^2y'' + 4xy' - 4y = 0;\ x,\ x^{-2},\ x^{-2} \ln x,\ (0, \infty)$

40. $y^{(4)} + y'' = 0;\ 1,\ x,\ \cos x,\ \operatorname{sen} x,\ (-\infty, \infty)$

Nos Problemas 41-44, verifique que a dada família a dois parâmetros de funções é a solução geral para a equação diferencial não-homogênea no intervalo indicado.

41. $y'' - 7y' + 10y = 24e^x$

$y = c_1e^{2x} + c_2e^{5x} + 6e^x,\ (-\infty, \infty)$

42. $y'' - y = \sec x$

$y = c_1 \cos x + c_2 \operatorname{sen} x + x \operatorname{sen} x + (\cos x) \ln(\cos x),\ (-\pi/2, \pi/2)$

43. $y'' - 4y' + 4y = 2e^{2x} + 4x - 12$

$y = c_1e^{2x} + c_2xe^{2x} + x^2e^{2x} + x - 2,\ (-\infty, \infty)$

44. $2x^2y'' + 5xy' + y = x^2 - x$

$y = c_1x^{-1/2} + c_2x^{-1} + \frac{1}{15}x^2 - \frac{1}{6}x,\ (0, \infty)$

45. **(a)** Verifique que $y_1 = x^3$ e $y_2 = |x|^3$ são linearmente independentes da equação diferencial $x^2y'' - 4xy' + 6y = 0$ em $(-\infty, \infty)$.

(b) Mostre que $W(y_1, y_2) = 0$ para todo número real.

(c) O resultado da parte (b) viola o Teorema 4.4?

(d) Verifique que $Y_1 = x^3$ e $Y_2 = x^2$ são também soluções linearmente independentes para a equação diferencial no intervalo $(-\infty, \infty)$.

(e) Encontre uma solução para a equação que satisfaça $y(0) = 0$, $y'(0) = 0$.

(f) Pelo princípio da superposição ambas as combinações lineares

$$y = c_1y_1 + c_2y_2 \quad \text{e} \quad y = c_1Y_1 + c_2Y_2$$

são soluções para a equação diferencial. Qual delas é a solução geral para a equação diferencial em $(-\infty, \infty)$?

46. Considere a equação diferencial de segunda ordem

$$a_2(x)y'' + a_1(x)y' + a_0(x)y = 0, \tag{9}$$

em que $a_2(x)$, $a_1(x)$ e $a_0(x)$ são contínuas em um intervalo I e $a_2(x) \neq 0$ para todo x no intervalo. Pelo Teorema 4.1, existe somente uma solução y_1 para a equação que satisfaça $y(x_0) = 1$ e $y'(x_0) = 0$, em que x_0 é um ponto de I. Da mesma forma, existe uma única solução y_2 para a equação que satisfaça $y(x_0) = 0$ e $y'(x_0) = 1$. Mostre que y_1 e y_2 formam um conjunto fundamental de soluções para a equação diferencial no intervalo I.

47. Sejam y_1 e y_2 duas soluções para (9).

(a) Se $W(y_1, y_2)$ é o Wronskiano de y_1 e y_2, mostre que

$$a_2(x)\frac{dW}{dx} + a_1(x)W = 0.$$

(b) Deduza a **fórmula de Abel***

$$W = ce^{-\int [a_1(x)/a_2(x)]dx}$$

em que c é uma constante.

* **Niels Henrik Abel** (1802-1829) Abel foi um brilhante matemático norueguês cuja morte trágica aos 26 anos, devida à tuberculose, representou uma perda inestimável para a matemática. Seu grande feito foi a solução para um problema que confundiu os matemáticos por séculos: ele mostrou que uma equação polinomial geral para quinta ordem não pode ser resolvida algebricamente – isto é, em termos de radicais. Contemporâneo de Abel, o francês Evariste Galois, então provou que era impossível resolver qualquer equação geral para grau maior que quatro algebricamente. Galois é outra figura trágica na história da matemática; ativista político, foi morto em um duelo aos 22 anos de idade.

(c) Usando uma forma alternativa da fórmula de Abel

$$W = ce^{-\int_{x_0}^{x} [a_1(t)/a_2(t)]dt},$$

para x_0 em I, mostre que

$$W(y_1, y_2) = W(x_0)\, e^{-\int_{x_0}^{x} [a_1(t)/a_2(t)]dt}.$$

(d) Mostre que, se $W(x_0) = 0$, então $W = 0$ para todo x em I, enquanto, se $W(x_0) \neq 0$, então $W \neq 0$ para todo x no intervalo.

Nos Problemas 48 e 49, use os resultados do Problema 47.

48. Se y_1 e y_2 são duas soluções para

$$(1 - x^2)y'' - 2xy' + n(n + 1)y = 0$$

em $(-1, 1)$, mostre que $W(y_1, y_2) = c/(1 - x^2)$, em que c é uma constante.

49. No Capítulo 6, veremos que as soluções y_1 e y_2 para $xy'' + y' + xy = 0$, $0 < x < \infty$, são séries infinitas. Suponha que consideremos as condições iniciais

$$y_1(x_0) = k_1, \quad y_1'(x_0) = k_2$$

e

$$y_2(x_0) = k_3, \quad y_2'(x_0) = k_4$$

para $x_0 > 0$. Mostre que

$$W(y_1, y_2) = \frac{(k_1k_4 - k_2k_3)x_0}{x}.$$

50. Suponha que um modelo matemático de um sistema linear seja dado por

$$a_2(t)\frac{d^2y}{dt^2} + a_1(t)\frac{dy}{dt} + a_0(t)\,y = E(t)$$

Se y_1 é uma resposta do sistema a uma aplicação $E_1(t)$ e y_2 é uma resposta do mesmo sistema a uma aplicação $E_2(t)$, mostre que, $y_1 + y_2$ é uma resposta do sistema à aplicação $E_1(t) + E_2(t)$.

4.2 CONSTRUINDO UMA SEGUNDA SOLUÇÃO A PARTIR DE UMA SOLUÇÃO CONHECIDA

Redução de Ordem

Um dos fatos mais interessantes e importantes no estudo de equações diferenciais lineares de *segunda ordem* é que podemos construir uma segunda solução a partir de uma solução *conhecida*. Suponha que $y_1(x)$ seja uma solução não trivial para a equação

$$a_2(x)y'' + a_1(x)y' + a_0(x)y = 0 \qquad \textbf{(1)}$$

Supomos, como fizemos na seção precedente, que os coeficientes em (1) são contínuos e $a_2(x) \neq 0$ para todo x em um intervalo I. O processo que usaremos para encontrar uma segunda solução $y_2(x)$ consiste em **reduzir a ordem** da equação (1), transformando-a em uma equação de primeira ordem. Por exemplo, verifica-se facilmente que $y_1 = e^x$ satisfaz a equação diferencial $y'' - y = 0$. Se tentarmos determinar uma solução da forma $y = u(x)e^x$ então

$$y' = ue^x + e^xu'$$

$$y'' = ue^x + 2e^xu' + e^xu''$$

assim $$y'' - y = e^x(u'' + 2u') = 0.$$

Como $e^x \neq 0$, esta última equação implica que $u'' + 2u' = 0$.

Se fizermos $w = u'$, então a equação acima será uma equação linear de primeira ordem em w, $w' + 2w = 0$. Usando o fator de integração e^{2x}, podemos escrever,

$$\frac{d}{dx}[e^{2x}w] = 0$$

$$w = c_1e^{-2x} \quad \text{ou} \quad u' = c_1e^{-2x}.$$

Logo, $$u = -\frac{c_1}{2}e^{-2x} + c_2$$

assim, $$y = u(x)e^x = -\frac{c_1}{2}e^{-x} + c_2e^x.$$

Escolhendo $c_2 = 0$ e $c_1 = -2$, obtemos a segunda solução $y_2 = e^{-x}$. Como $W(e^x, e^{-x}) \neq 0$ para todo x, as soluções são linearmente independentes em $(-\infty, \infty)$, portanto a expressão para y é de fato a solução geral para a equação dada.

EXEMPLO 1

Sabendo-se que $y_1 = x^3$ é uma solução para $x^2y'' - 6y = 0$, use redução de ordem para encontrar uma segunda solução no intervalo $(0, \infty)$.

Solução Defina $y = u(x)x^3$

em que $$y' = 3x^2u + x^3u'$$

$$y'' = x^3u'' + 6x^2u' + 6xu$$

$$x^2y'' - 6y = x^2(x^3u'' + 6x^2u' + 6xu) - 6ux^3$$

$$= x^5u'' + 6x^4u' = 0$$

desde que $u(x)$ seja uma solução para

$$x^5u'' + 6x^4u' = 0 \quad \text{ou} \quad u'' + \frac{6}{x}u' = 0.$$

Se $w = u'$, obtemos uma equação linear de primeira ordem

$$w' + \frac{6}{x}w = 0,$$

a qual possui o fator de integração $e^{6\int dx/x} = e^{6\ln x} = x^6$. Agora,

$$\frac{d}{dx}[x^6w] = 0 \quad \text{implica} \quad x^6w = c_1.$$

Portanto,

$$w = u' = \frac{c_1}{x^6}$$

$$u = -\frac{c_1}{5x^5} + c_2$$

$$y = u(x)x^3 = -\frac{c_1}{5x^2} + c_2x^3.$$

Escolhendo $c_2 = 0$ e $c_1 = -5$, obtemos a segunda solução $y_2 = 1/x^2$. ■

Caso Geral

Dividindo a equação (1) por $a_2(x)$, esta toma a forma padrão

$$y'' + P(x)y' + Q(x)y = 0, \tag{2}$$

em que $P(x)$ e $Q(x)$ são contínuas em algum intervalo I. Vamos supor ainda que $y_1(x)$ seja uma solução conhecida para (2) em I e que $y_1(x) \neq 0$ para todo x no intervalo. Se definirmos $y = u(x)y_1(x)$, segue-se que

$$y' = uy_1' + y_1u'$$

$$y'' = uy_1'' + 2y_1'u' + y_1u''$$

$$y'' + Py' + Qy = u\underbrace{[y_1'' + Py_1' + Qy_1]}_{\boxed{\text{zero}}} + y_1u'' + (2y_1' + Py_1)u' = 0.$$

Isso implica que devemos ter

$$y_1u'' + (2y_1' + Py_1)u' = 0$$

ou

$$y_1w' + (2y_1' + Py_1)w = 0, \tag{3}$$

em que substituímos $w = u'$. Observe que a equação (3) é linear e separável. Aplicando esta última técnica, obtemos

$$\frac{dw}{w} + 2\frac{y_1'}{y_1}dx + P\,dx = 0$$

$$\ln|w| + 2\ln|y_1| = -\int P\,dx + c$$

$$\ln|wy_1^2| = -\int P\,dx + c$$

$$wy_1^2 = c_1 e^{-\int P\,dx}$$

$$w = u' = c_1\frac{e^{-\int P\,dx}}{y_1^2}.$$

Integrando novamente $\quad u = c_1\displaystyle\int \frac{e^{-\int P\,dx}}{y_1^2}dx + c_2,\quad$ e portanto

$$y = u(x)y_1(x) = c_1 y_1(x)\int \frac{e^{-\int P(x)\,dx}}{y_1^2(x)}dx + c_2 y_1(x).$$

Escolhendo $c_2 = 0$ e $c_1 = 1$, concluímos que uma segunda solução para a equação (2) é

$$\boldsymbol{y_2 = y_1(x)\int \frac{e^{-\int P(x)\,dx}}{y_1^2(x)}dx.} \tag{4}$$

É um bom exercício de derivação começar com a fórmula (4) e verificar que a equação (2) é satisfeita.

Agora, $y_1(x)$ e $y_2(x)$ são linearmente independentes, pois

$$W(y_1(x),\ y_2(x)) = \begin{vmatrix} y_1 & y_1\displaystyle\int \frac{e^{-\int P\,dx}}{y_1^2}dx \\ y_1' & \dfrac{e^{-\int P\,dx}}{y_1} + y_1'\displaystyle\int \frac{e^{-\int P\,dx}}{y_1^2}dx \end{vmatrix} = e^{-\int P\,dx}$$

é diferente de zero em qualquer intervalo em que $y_1(x)$ seja diferente de zero.*

* Uma maneira alternativa é: se $y_2 = u(x)y_1$, então $W(y_1,\ y_2) = u'(y_1)^2 \neq 0$, pois, $y_1 \neq 0$ para todo x em algum intervalo. Se $u' = 0$, então u' = constante.

EXEMPLO 2

A função $y_1 = x^2$ é uma solução para $x^2y'' - 3xy' + 4y = 0$. Encontre a solução geral no intervalo $(0, \infty)$.

Solução Como a equação pode ser escrita na forma alternativa

$$y'' - \frac{3}{x}y' + \frac{4}{x^2}y = 0,$$

obtemos de (4)

$$y_2 = x^2 \int \frac{e^{3\int dx/x}}{x^4}\,dx \qquad \Leftarrow \boxed{e^{3\int dx/x} = e^{\ln x^3} = x^3}$$

$$= x^2 \int \frac{dx}{x} = x^2 \ln x.$$

A solução geral em $(0, \infty)$ é dada por $y = c_1y_1 + c_2y_2$; isto é,

$$y = c_1x^2 + c_2x^2 \ln x.$$

■

EXEMPLO 3

Pode ser verificado que $y_1 = \frac{\operatorname{sen} x}{\sqrt{x}}$ é uma solução para $x^2y'' + xy' + (x^2 - \frac{1}{4})y = 0$ em $(0, \pi)$. Encontre uma segunda solução.

Solução Primeiro, ponha a equação na forma

$$y'' = \frac{1}{x}y' + \left(1 - \frac{1}{4x^2}\right)y = 0.$$

Então, de (4) temos

$$y_2 = \frac{\operatorname{sen} x}{\sqrt{x}} \int \frac{e^{-\int dx/x}}{\left(\frac{\operatorname{sen} x}{\sqrt{x}}\right)^2}\,dx \qquad \Leftarrow \boxed{e^{-\int dx/x} = e^{\ln x^{-1}} = x^{-1}}$$

$$= \frac{\operatorname{sen} x}{\sqrt{x}} \int \operatorname{cosec}^2 x\,dx$$

$$= \frac{\operatorname{sen} x}{\sqrt{x}}(-\operatorname{cotg} x) = -\frac{\cos x}{\sqrt{x}}.$$

Como a equação diferencial é homogênea, podemos desconsiderar o sinal negativo e obter a segunda solução $y_2 = (\cos x)/\sqrt{x}$.

■

Observe que $y_1(x)$ e $y_2(x)$ no Exemplo 3 são soluções linearmente independentes da equação diferencial dada no intervalo maior $(0, \infty)$.

Observação Deduzimos e ilustramos como usar (4) porque você verá essa fórmula novamente na Seção 6.1. Usamos (4) simplesmente para economizar tempo na obtenção do resultado desejado. Seu professor irá dizer-lhe se você deve memorizar (4) ou se deve saber os primeiros princípios de redução de ordem.

4.2 EXERCÍCIOS

As respostas dos exercícios selecionados estão na página 450.

Nos Problemas 1-30, encontre uma segunda solução para cada equação diferencial. Use redução de ordem ou a fórmula (4) como ensinada. Suponha um intervalo apropriado.

1. $y'' + 5y' = 0;\ y_1 = 1$

2. $y'' - y' = 0;\ y_1 = 1$

3. $y'' - 4y' + 4y = 0;\ y_1 = e^{2x}$

4. $y'' + 2y^1 + y = 0;\ y_1 = xe^{-x}$

5. $y'' + 16y = 0;\ y_1 = \cos 4x$

6. $y'' + 9y = 0;\ y_1 = \operatorname{sen} 3x$

7. $y'' - y = 0;\ y_1 = \cosh x$

8. $y'' - 25y = 0;\ y_1 = e^{5x}$

9. $9y'' - 12y' + 4y = 0;\ y_1 = e^{2x/3}$

10. $6y'' + y' - y = 0;\ y_1 - e^{x/3}$

11. $x^2y'' - 7xy' + 16y = 0;\ y_1 = x^4$

12. $x^2y'' + 2xy' - 6y = 0;\ y_1 = x^2$

13. $xy'' + y' = 0;\ y_1 = \ln x$

14. $4x^2y'' + y = 0;\ x^{1/2}\ln x$

15. $(1-2x-x^2)y'' + 2(1+x)y' - 2y = 0;\ y_1 = x+1$

16. $(1 - x^2)y'' - 2xy' = 0;\ y_1 = 1$

17. $x^2y'' - xy' + 2y = 0;\ y_1 = x\operatorname{sen}(\ln x)$

18. $x^2y'' - 3xy' + 5y = 0;\ y_1 = x^2\cos(\ln x)$

19. $(1 + 2x)y'' + 4xy' - 4y = 0;\ y_1 = e^{-2x}$

20. $(1 + x)y'' + xy' - y = 0;\ y_1 = x$

21. $x^2y'' - xy' + y = 0;\ y_1 = x$

22. $x^2y'' - 20y = 0;\ y_1 = x^{-4}$

23. $x^2y'' - 5xy' + 9y = 0;\ y_1 = x^3\ln x$

24. $x^2y'' + xy' + y = 0;\ y_1 = \cos(\ln x)$

25. $x^2y'' - 4xy' + 6y = 0;\ y_1 = x^2 + x^3$

26. $x^2y'' - 7xy' - 20y = 0;\ y_1 = x^{10}$

27. $(3x+1)y'' - (9x + 6)y' + 9y = 0;\ y_1 = e^{3x}$

28. $xy'' - (x + 1)y' + y = 0;\ y_1 = e^x$

29. $y'' - 3(\operatorname{tg} x)y' = 0;\ y_1 = 1$

30. $xy'' - (2 + x)y' = 0;\ y_1 = 1$

Nos Problemas 31-34, use o método de redução de ordem para encontrar uma solução para a equação não-homogênea dada. A função indicada $y_1(x)$ é uma solução para a equação homogênea associada. Determine uma segunda solução para a equação homogênea e uma solução particular da equação não-homogênea.

31. $y'' - 4y = 2;\ y_1 = e^{-2x}$

32. $y'' + y' = 1;\ y_1 = 1$

33. $y'' - 3y' + 2y = 5e^{3x};\ y_1 = e^x$

34. $y'' - 4y' + 3y = x;\ y_1 = e^x$

35. Verifique por substituição direta que a fórmula (4) satisfaz a equação (2).

4.3 EQUAÇÕES LINEARES HOMOGÊNEAS COM COEFICIENTES CONSTANTES

Vimos que a equação linear de primeira ordem $dy/dx + ay = 0$, em que a é uma constante, possui a solução exponencial $y = c_1e^{-ax}$ em $(-\infty, \infty)$. Portanto, é natural procurar determinar se soluções exponenciais existem em $(-\infty, \infty)$ para equações de ordem maior como

$$a_ny^{(n)} + a_{n-1}y^{(n-1)} + \ldots + a_2y'' + a_1y' + a_0y = 0, \tag{1}$$

em que os a_i, $i = 0, 1, \ldots, n$ são constantes. O fato surpreendente é que *todas* as soluções para (1) são funções exponenciais ou construídas a partir de funções exponenciais. Começamos considerando o caso especial da equação de segunda ordem

$$\boldsymbol{ay'' + by' + cy = 0.} \tag{2}$$

Equação Auxiliar

Se tentarmos uma solução da forma $y = e^{mx}$, então $y' = me^{mx}$ e $y'' = m^2e^{mx}$; assim a equação (2) torna-se

$$am^2e^{mx} + bme^{mx} + ce^{mx} = 0 \quad \text{ou} \quad e^{mx}(am^2 + bm + c) = 0.$$

Como e^{mx} nunca se anula para valores reais de x, então a única maneira de fazer essa função exponencial satisfazer a equação diferencial é escolher m de tal forma que ele seja raiz da equação quadrática

$$\boldsymbol{am^2 + bm + c = 0} \tag{3}$$

Essa última equação é chamada de **equação auxiliar** ou **equação característica** da equação diferencial (2). Consideramos três casos, a saber: as soluções para a equação auxiliar correspondem a raízes reais distintas, raízes reais iguais e raízes complexas conjugadas.

CASO I Raízes Reais Distintas Com a hipótese de que a equação auxiliar (3) possui duas raízes reais distintas m_1 e m_2, encontramos duas soluções

$$y_1 = e^{m_1x} \quad \text{e} \quad y_2 = e^{m_2x}.$$

Vimos que essas funções são linearmente independentes em $(-\infty, \infty)$ (veja Exemplo 13, Seção 1.4) e portanto formam um conjunto fundamental. Segue-se que a solução geral para (2) nesse intervalo é

$$y = c_1e^{m_1x} + c_2e^{m_2x}. \tag{4}$$

CASO II Raízes Reais Iguais Quando $m_1 = m_2$, obtemos somente uma solução exponencial $y_1 = e^{m_1x}$. Porém, segue-se imediatamente da discussão da Seção 4.2 que uma segunda solução é

$$y_2 = e^{m_1x}\int \frac{e^{-(b/a)x}}{e^{2m_1x}}\,dx. \tag{5}$$

Mas, da forma quadrática, temos que $m_1 = -b/2a$, pois a única maneira de ter $m_1 = m_2$ é ter $b^2 - 4ac = 0$. Em vista do fato de que $2m_1 = -b/a$, (5) torna-se

$$y_2 = e^{m_1x}\int \frac{e^{2m_1x}}{e^{2m_1x}}\,dx = e^{m_1x}\int dx = xe^{m_1x}.$$

A solução geral para (2) é então

$$y = c_1e^{m_1x} + c_2xe^{m_1x}. \tag{6}$$

CASO III Raízes Complexas Conjugadas Se m_1 e m_2 são complexas, então podemos escrever

$$m_1 = \alpha + i\beta \quad \text{e} \quad m_2 = \alpha - i\beta,$$

em que α e $\beta > 0$ são reais e $i^2 = -1$. Formalmente, não há diferença entre este caso e o Caso 1, em que

$$y = C_1e^{(\alpha + i\beta)x} + C_2e^{(\alpha - i\beta)x}.$$

Porém, na prática, preferimos trabalhar com funções reais em vez de exponenciais complexas. Para este fim, usamos a fórmula de Euler:*

$$e^{i\theta} = \cos\theta + i\,\mathrm{sen}\,\theta,$$

* **Leonhard Euler** (1707-1783) Um homem com uma memória prodigiosa e um poder de concentração fenomenal, Euler teve interesses universais; foi teólogo, físico, astrônomo, lingüista, psicólogo, conhecedor dos clássicos e, principalmente matemático. Euler foi considerado um verdadeiro gênio do século. Em matemática, fez contribuições permanentes para a álgebra, trigonometria, geometria analítica, cálculo, cálculo das variações, equações diferenciais, variável complexa, teoria dos números e topologia. Sua produção matemática parece não ter sido afetada pelos 13 filhos ou pela cegueira que o acometeu em seus 17 últimos anos de vida. Euler escreveu mais de 700 trabalhos e 32 livros sobre matemática e foi responsável pela introdução de muitos símbolos (tais como e, π e $i = \sqrt{-1}$) e notações que ainda são usadas (como $f(x)$, Σ, sen x e cos x). Euler nasceu em Basiléia, Suíça, em 15 de abril de 1707 e morreu de derrame cerebral em São Petersburgo em 18 de setembro de 1783, quando trabalhava na corte da imperatriz russa Catarina, a Grande.

Veja o Apêndice IV para obter uma revisão sobre números complexos e uma dedução da fórmula de Euler.

em que θ é qualquer número real. Segue-se desta fórmula que

$$e^{i\beta x} = \cos\beta x + i\,\text{sen}\,\beta x \quad \text{e} \quad e^{-i\beta x} = \cos\beta x - i\,\text{sen}\,\beta x, \tag{7}$$

em que usamos $\cos(-\beta x) = \cos\beta x$ e $\text{sen}(-\beta x) = -\text{sen}\,\beta x$. Note que somando e depois subtraindo as duas equações em (7), obtemos, respectivamente,

$$e^{i\beta x} + e^{-i\beta x} = 2\cos\beta x \quad \text{e} \quad e^{i\beta x} - e^{-i\beta x} = 2i\,\text{sen}\,\beta x.$$

Como $y = C_1e^{(\alpha+i\beta)x} + C_2e^{(\alpha-i\beta)x}$ é uma solução para (2) para qualquer escolha das constantes C_1 e C_2, fazendo $C_1 = C_2 = 1$ e $C_1 = 1$, $C_2 = -1$, temos, nesta ordem, duas soluções:

$$y_1 = e^{(\alpha+i\beta)x} + e^{(\alpha-i\beta)x} \quad \text{e} \quad y_2 = e^{(\alpha+i\beta)x} - e^{(\alpha-i\beta)x}.$$

Mas, $\quad y_1 = e^{\alpha x}(e^{i\beta x} + e^{-i\beta x}) = 2e^{\alpha x}\cos\beta x$

e $\quad y_2 = e^{\alpha x}(e^{i\beta x} - e^{-i\beta x}) = 2ie^{\alpha x}\,\text{sen}\,\beta x.$

Portanto, pelo Corolário (A) e o Teorema 4.3, os dois últimos resultados mostram que as funções $e^{\alpha x}\cos\beta x$ e $e^{\alpha x}\,\text{sen}\,\beta x$ são soluções para (2). Ainda, do Exemplo 14 da Seção 4.1, temos que $W(e^{\alpha x}\cos\beta x, e^{\alpha x}\,\text{sen}\,\beta x), = \beta e^{2\alpha x} \neq 0$, $\beta > 0$, e daí podemos concluir que as duas funções formam um conjunto fundamental de soluções para a equação diferencial em $(-\infty, \infty)$. Pelo princípio de superposição, a solução geral é

$$\begin{aligned} y &= c_1e^{\alpha x}\cos\beta x + c_2e^{\alpha x}\,\text{sen}\,\beta x \\ &= e^{\alpha x}(c_1\cos\beta x + c_2\,\text{sen}\,\beta x). \end{aligned} \tag{8}$$

EXEMPLO 1

Resolva as seguintes equações diferenciais

(a) $2y'' - 5y' - 3y = 0$

(b) $y'' - 10y' - 25y = 0$

(c) $y'' + y' + y = 0$

Solução **(a)** $2m^2 - 5m - 3 = (2m + 1)(m - 3) = 0$

$$m_1 = -\tfrac{1}{2}, \quad m_2 = 3$$

$$y = c_1e^{-x/2} + c_2e^{3x}$$

(b) $m^2 - 10m + 25 = (m - 5)^2 = 0$

$$m_1 = m_2 = 5$$

$$y = c_1 e^{5x} + c_2 x e^{5x}$$

(c) $m^2 + m + 1 = 0$

$$m_1 = -\frac{1}{2} + \frac{\sqrt{3}}{2} i, \quad m_2 = -\frac{1}{2} - \frac{\sqrt{3}}{2} i$$

$$y = e^{-x/2}\left(c_1 \cos \frac{\sqrt{3}}{2} x + c_2 \operatorname{sen} \frac{\sqrt{3}}{2} x \right)$$ ■

EXEMPLO 2

Resolva o problema de valor inicial

$$y'' - 4y' + 13y = 0, \quad y(0) = -1, \quad y'(0) = 2.$$

Solução As raízes da equação auxiliar $m^2 - 4m + 13 = 0$ são $m_1 = 2 + 3i$ e $m_2 = 2 - 3i$. Logo,

$$y = e^{2x}(c_1 \cos 3x + c_2 \operatorname{sen} 3x).$$

A condição $y(0) = -1$ implica

$$-1 = e^0(c_1 \cos 0 + c_2 \operatorname{sen} 0) = c_1,$$

assim podemos escrever

$$y = e^{2x}(-\cos 3x + c_2 \operatorname{sen} 3x).$$

Derivando essa última expressão e usando $y'(0) = 2$, obtemos

$$y' = e^{2x}(3 \operatorname{sen} 3x + 3c_2 \cos 3x) + 2e^{2x}(-\cos 3x + c_2 \operatorname{sen} 3x)$$

$$2 = 3c_2 - 2$$

e $c_2 = 4/3$. Portanto,

$$y = e^{2x}\left(-\cos 3x + \frac{4}{3} \operatorname{sen} 3x \right).$$ ■

EXEMPLO 3

As duas equações

$$y'' + k^2 y = 0 \tag{9}$$

$$y'' - k^2 y = 0 \tag{10}$$

são encontradas freqüentemente no estudo de matemática aplicada. Para a primeira equação diferencial, a equação auxiliar $m^2 + k^2 = 0$ tem raízes $m_1 = ki$ e $m_2 = -ki$. Segue-se de (8) que a solução geral para (9) é

$$y = c_1 \cos kx + c_2 \operatorname{sen} kx. \tag{11}$$

A equação diferencial (10) tem a equação auxiliar $m^2 - k^2 = 0$, cujas raízes são $m_1 = k$ e $m_2 = -k$. Daí, a solução geral é

$$y = c_1 e^{kx} + c_2 e^{-kx}. \tag{12}$$

Note que, se escolhermos $c_1 = c_2 = 1/2$ em (12), então

$$y = \frac{e^{kx} + e^{-kx}}{2} = \cosh kx$$

é também uma solução para (10). Ainda, se $c_1 = 1/2$ e $c_2 = -\frac{1}{2}$, então (12) torna-se

$$y = \frac{e^{kx} - e^{-kx}}{2} = \operatorname{senh} kx.$$

Como $\cosh kx$ e $\operatorname{senh} kx$ são linearmente independentes em qualquer intervalo do eixo x, elas formam um conjunto fundamental. Logo, uma forma alternativa para a solução geral para (10) é

$$y = c_1 \cosh kx + c_2 \operatorname{senh} kx. \tag{13}$$

■

Equações de Ordem Superior

No caso geral, para resolver uma equação diferencial de n-ésima ordem

$$a_n y^{(n)} + a_{n-1} y^{(n-1)} + \ldots + a_2 y'' + a_1 y' + a_0 y = 0. \tag{14}$$

em que os a_i, $i = 0, 1, \ldots, n$, são constantes reais, devemos resolver uma equação polinomial de grau n

$$a_n m^n + a_{n-1} m^{n-1} + \ldots + a_2 m^2 + a_1 m + a_0 = 0 \tag{15}$$

Se todas as raízes de (15) são reais e distintas, então a solução geral para (14) é

$$y = c_1 e^{m_1 x} + c_2 e^{m_2 x} + \ldots + c_n e^{m_n x}. \tag{16}$$

É um pouco mais difícil resumir os análogos dos Casos II e III porque as raízes de uma equação auxiliar de grau maior que dois podem ocorrer com várias combinações. Por exemplo, uma equação de grau cinco pode ter cinco raízes reais distintas, ou três raízes reais distintas e duas complexas, ou uma raiz real e quatro complexas, ou cinco raízes reais e iguais, ou cinco raízes reais, mas duas delas iguais etc. Quando m_1 é uma raiz de multiplicidade k de uma equação auxiliar de grau n (isto é, k raízes são iguais a m_1), pode ser mostrado que as soluções linearmente independentes são

$$e^{m_1x},\ xe^{m_1},\ x^2e^{m_1x},\ \ldots,\ x^{k-1}e^{m_1x}$$

e a solução geral tem de conter a combinação linear

$$c_1e^{m_1x} + c_2xe^{m_1x} + c_3x^2e^{m_1x} + \ldots + c_kx^{k-1}e^{m_1x}.$$

Por último, devemos lembrar que, quando os coeficientes são reais, raízes complexas de uma equação auxiliar sempre aparecem em pares conjugados. Logo, por exemplo, uma equação polinomial cúbica pode ter no máximo duas raízes complexas.

EXEMPLO 4

Resolva $$y''' + 3y'' - 4y = 0.$$

Solução Por inspeção, verificamos que

$$m^3 + 3m^2 - 4 = 0$$

é raiz de $m_1 = 1$. Agora, se dividirmos $m^3 + 3m^2 - 4$ por $m - 1$, encontramos

$$m^3 + 3m^2 - 4 = (m - 1)(m^2 + 4m + 4) = (m - 1)(m + 2)^2,$$

logo, as outras raízes são $m_2 = m3 = -2$. A solução geral é portanto

$$y = c_1e^x + c_2e^{-2x} + c_3xe^{-2x}.$$ ■

É claro que a maior dificuldade na resolução para equações com coeficientes constantes é encontrar as raízes das equações auxiliares de grau maior que dois. Como ilustrado no Exemplo 4, uma maneira de resolver uma equação é "adivinhar" uma raiz m_1. Se tivermos encontrado uma raiz m_1, então sabemos pelo **teorema de fatoração** que $m - m_1$ é um fator do polinômio. Dividindo o polinômio por $m - m_1$, obtemos a fatoração $(m - m_1)Q(m)$. Tentamos então encontrar as raízes do quociente $Q(m)$. A técnica algébrica de **divisão sintética** é também muito útil para encontrar raízes **racionais** de equações polinomiais. Especificamente, se $m_1 = p/q$ é uma **raiz racional** (p e q inteiros primos entre si) de uma equação auxiliar

$$a_nm^n + \ldots + a_1m + a_0 = 0$$

com coeficientes inteiros, então p é um fator de a_0 e q é um fator de a_n. Logo, para determinar se uma equação polinomial possui raízes racionais, precisamos examinar somente as razões entre cada fator de a_0 e cada fator de a_n. Dessa maneira, construímos uma lista de todas as possíveis raízes racionais da equação. Testamos cada um desses números por divisão sintética. Se o resto é zero, o número m_1 testado é uma raiz da equação, assim, $m - m_1$ é um fator do polinômio.

O próximo exemplo ilustra esse método.

EXEMPLO 5

Resolva $$3y''' + 5y'' + 10y' - 4y = 0.$$

Solução A equação auxiliar é

$$3m^3 + 5m^2 + 10m - 4 = 0.$$

Os fatores de $a_0 = -4$ e $a_n = 3$ são

$$p: \pm 1, \pm 2, \pm 4 \quad \text{e} \quad q: \pm 1, \pm 3,$$

respectivamente. Portanto, as possíveis raízes racionais da equação auxiliar são

$$\frac{p}{q}: -1, 1, -2, 2, -4, 4, -\frac{1}{3}, \frac{1}{3}, -\frac{2}{3}, \frac{2}{3}, -\frac{4}{3}, \frac{4}{3}.$$

Testando cada um desses números por divisão sintética, encontramos

coeficientes da equação auxiliar

$\frac{1}{3}$	3	5	10	−4	
		1	2	4	
	3	6	12	0	resto

Conseqüentemente, $m_1 = 1/3$ é uma raiz. Ainda, você deve verificar que ela é a *única* raiz racional. Os números 3, 6 e 12 na divisão acima são os coeficientes do quociente. Logo, a equação auxiliar pode ser escrita como

$$\left(m - \frac{1}{3}\right)(3m^2 + 6m + 12) = 0 \quad \text{ou} \quad (3m - 1)(m^2 + 2m + 4) = 0.$$

Resolvendo $m^2 + 2m + 4 = 0$ pela fórmula quadrática, encontramos as raízes complexas $m_2 = -1 + \sqrt{3}i$ e $m_3 = -1 - \sqrt{3}i$. Portanto, a solução geral para a equação diferencial é

$$y = c_1e^{x/3} + e^{-x}(c_2 \cos \sqrt{3}x + c_3 \operatorname{sen} \sqrt{3}x).$$ ■

EXEMPLO 6

Resolva $$\frac{d^4y}{dx^4} + 2\frac{d^2y}{dx^2} + y = 0.$$

Solução A equação auxiliar

$$m^4 + 2m^2 + 1 = (m^2 + 1)^2 = 0$$

possui raízes $m_1 = m_3 = i$ e $m_2 = m_4 = -i$. Logo, pelo Caso III, a solução é

$$y = C_1e^{ix} + C_2e^{-ix} + C_3xe^{ix} + C_4xe^{-ix}.$$

Pela fórmula de Euler, $C_1e^{ix} + C_2e^{-ix}$ pode ser reescrito como

$$c_1 \cos x + c_2 \text{ sen } x$$

após uma troca de constantes. Analogamente, $x(C_3e^{ix} + C_4e^{-ix})$ pode ser expresso como $x(c_3 \cos x + c_4 \text{ sen } x)$. Então, a solução geral é

$$y = c_1 \cos x + c_2 \text{ sen } x + c_3x \cos x + c_4x \text{ sen } x.$$ ■

O Exemplo 6 ilustra um caso especial quando a equação auxiliar possui raízes complexas repetidas. No caso geral, se $m_1 = \alpha + i\beta$ é uma raiz complexa de multiplicidade k de uma equação auxiliar com coeficientes reais, então seu conjugado $m_2 = \alpha - i\beta$ é também uma raiz de multiplicidade k. A partir das $2k$ soluções complexas

$$e^{(\alpha + i\beta)x},\ xe^{(\alpha + i\beta)x},\ x^2e^{(\alpha + i\beta)x},\ \ldots,\ x^{k-1}e^{(\alpha + i\beta)x}$$
$$e^{(\alpha - i\beta)x},\ xe^{(\alpha - i\beta)x},\ x^2e^{(\alpha - i\beta)x},\ \ldots,\ x^{k-1}e^{(\alpha - i\beta)x}$$

concluímos, com a ajuda da fórmula de Euler, que a solução geral para a equação diferencial correspondente tem então de conter uma combinação linear das 2k soluções reais linearmente independentes

$$e^{\alpha x}\cos\beta x,\ xe^{\alpha x}, \cos\beta x,\ x^2e^{\alpha x}\cos\beta x,\ \ldots,\ x^{k-1}e^{\alpha x}\cos\beta x$$
$$e^{\alpha x}\, sen\,\beta x,\ xe^{\alpha x}, sen\,\beta x,\ x^2e^{\alpha x}\, sen\,\beta x,\ \ldots,\ x^{k-1}e^{\alpha x}\, sen\,\beta x$$

No Exemplo 6, temos $k = 2$, $\alpha = 0$ e $\beta = 1$.

4.3 EXERCÍCIOS

As respostas dos exercícios selecionados estão nas páginas 450 e 451.

Nos Problemas 1-36, encontre a solução geral para a equação diferencial dada.

1. $4y'' + y' = 0$

2. $2y'' - 5y' = 0$

3. $y'' - 36y = 0$

4. $y'' - 8y = 0$

5. $y'' + 9y = 0$

6. $3y'' + y = 0$

7. $y'' - y' - 6y = 0$

8. $y'' - 3y' + 2y = 0$

9. $\dfrac{d^2y}{dx^2} + 8\dfrac{dy}{dx} + 16y = 0$

10. $\dfrac{d^2y}{dx^2} - 10\dfrac{dy}{dx} + 25y = 0$

11. $y'' + 3y' - 5y = 0$

12. $y'' + 4y' - y = 0$

13. $12y'' - 5y' - 2y = 0$

14. $8y'' + 2y' - y = 0$

15. $y'' - 4y' + 5y = 0$

16. $2y'' - 3y' + 4y = 0$

17. $3y'' + 2y' + y = 0$

18. $2y'' + 2y' + y = 0$

19. $y''' - 4y'' - 5y' = 0$

20. $4y''' + 4y'' + y' = 0$

21. $y''' - y = 0$

22. $y''' + 5y'' = 0$

23. $y''' - 5y'' + 3y' + 9y = 0$

24. $y''' + 3y'' - 4y' - 12y = 0$

25. $y''' + y'' - 2y = 0$

26. $y''' + y'' - 4y = 0$

27. $y''' + 3y'' + 3y' + y = 0$

28. $y''' - 6y'' + 12y' - 8y = 0$

29. $\frac{d^4y}{dx^4} + \frac{d^3y}{dx^3} + \frac{d^2y}{dx^2} = 0$

30. $\frac{d^4y}{dx^4} - 2\frac{d^2y}{dx^2} + y = 0$

31. $16\frac{d^4y}{dx^4} + 24\frac{d^2y}{dx^2} + 9y = 0$

32. $\frac{d^4y}{dx^4} - 7\frac{d^2y}{dx^2} - 18y = 0$

33. $\frac{d^5y}{dx^5} - 16\frac{dy}{dx} = 0$

34. $\frac{d^5y}{dx^5} - 2\frac{d^4y}{dx^4} + 17\frac{d^3x}{dx^3} = 0$

35. $\frac{d^5y}{dx^5} + 5\frac{d^4y}{dx^4} - 2\frac{d^3y}{dx^3} - 10\frac{d^2y}{dx^2} + \frac{dy}{dx} + 5y = 0$

36. $2\frac{d^5y}{dx^5} - 7\frac{d^4y}{dx^4} + 12\frac{d^3y}{dx^3} + 8\frac{d^2y}{dx^2} = 0$

Nos Problemas 37-52, resolva a equação diferencial dada sujeita às condições iniciais indicadas.

37. $y'' + 16y = 0, \quad y(0) = 2, \quad y'(0) = -2$

38. $y'' - y = 0, \quad y(0) = y'(0) = 1$

39. $y'' + 6y' + 5y = 0, \quad y(0) = 0, \quad y'(0) = 3$

40. $y'' - 8y' + 17y = 0, \quad y(0) = 4, \; y'(0) = -1$

41. $2y'' - 2y' + y = 0, \quad y(0) = -1, \quad y'(0) = 0$

42. $y'' - 2y' + y = 0, \quad y(0) = 5, \quad y'(0) = 10$

43. $y'' + y' + 2y = 0, \quad y(0) = y'(0) = 0$

44. $4y'' - 4y' - 3y = 0, \quad y(0) = 1, \quad y'(0) = 5$

45. $y'' - 3y' + 2y = 0, \quad y(1) = 0, \quad y'(1) = 1$

46. $y'' + y = 0, \quad y(\pi/3) = 0, \quad y'(\pi/3) = 2$

47. $y''' + 12y'' + 36y' = 0, \quad y(0) = 0, \quad y'(0) = 1, \quad y''(0) = -7$

48. $y''' + 2y'' - 5y' - 6y = 0, \quad y(0) = y'(0) = 0, \quad y''(0) = 1$

49. $y''' - 8y = 0, \quad y(0) = 0, \quad y'(0) = -1, \quad y''(0) = 0$

50. $\frac{d^4y}{dx^4} = 0, \quad y(0) = 2, \quad y'(0) = 3, \quad y''(0) = 4, \quad y'''(0) = 5$

51. $\frac{d^4y}{dx^4} - 3\frac{d^3y}{dx^3} + 3\frac{d^2y}{dx^2} - \frac{dy}{dx} = 0, \quad y(0) = y'(0) = 0, \quad y''(0) = y'''(0) = 1$

52. $\frac{d^4y}{dx^4} - y = 0, \quad y(0) = y'(0) = y''(0) = 0, \quad y'''(0) = 1$

Nos Problemas 53-56, resolva a equação diferencial dada sujeita às condições de contorno indicadas.

53. $y'' - 10y' + 25y = 0, \quad y(0) = 1, \quad y(1) = 0$

54. $y'' + 4y = 0, \quad y(0) = 0, \quad y(\pi) = 0$

55. $y'' + y = 0, \quad y'(0) = 0, \quad y'\left(\frac{\pi}{2}\right) = 2$

56. $y'' - y = 0, \quad y(0) = 1, \quad y'(1) = 0$

57. As raízes de uma equação auxiliar são $m_1 = 4$, $m_2 = m_3 = -5$. Qual é a equação diferencial correspondente?

58. As raízes de uma equação auxiliar são $m_1 = -\frac{1}{2}$, $m_2 = 3 + i$, $m_3 = 3 - i$. Qual é a equação auxiliar correspondente?

Nos Problemas 59 e 60, encontre a solução geral para a equação dada, em que y_1 é uma solução conhecida.

59. $y''' - 9y'' + 25y' - 17y = 0; \quad y_1 = e^x$

60. $y''' + 6y'' + y' - 34y = 0; \quad y_1 = e^{-4x} \cos x$

Nos Problemas 61-64, determine uma equação diferencial linear homogênea com coeficientes constantes que tenham a solução dada.

61. $4e^{6x}, \ 3e^{-3x}$

62. $10 \cos 4x, \ -5 \operatorname{sen} 4x$

63. $3, \ 2x, \ -e^{7x}$

64. $8 \operatorname{senh} 3x, \ 12 \cosh 3x$

65. Use as identidades

$$i = \left(\frac{\sqrt{2}}{2} + \frac{\sqrt{2}}{2}i\right)^2 \quad \text{e} \quad -i = \left(\frac{\sqrt{2}}{2} - \frac{\sqrt{2}}{2}i\right)^2$$

para resolver a equação diferencial

$$\frac{d^4y}{dx^4} = y = 0.$$

[*Sugestão:* Escreva a equação auxiliar $m^4 + 1 = 0$ como $(m^2 + 1)^2 - 2m^2 = 0$. Veja o que acontece quando você fatora.]

4.4 COEFICIENTES INDETERMINADOS – ABORDAGEM POR SUPERPOSIÇÃO

Para o professor Nesta seção, o método dos coeficientes indeterminados é desenvolvido do ponto de vista do princípio de superposição para equações diferenciais não-homogêneas (Teorema 4.9). Na Seção 4.6, uma abordagem inteiramente diferente desse método será apresentada, utilizando o conceito de operadores diferenciais anuladores. Faça sua escolha.

Para obter a solução geral para uma equação diferencial linear não-homogênea temos que fazer duas coisas:

(i) Encontrar a função complementar y_c.

(ii) Encontrar *qualquer* solução particular y_p da equação não-homogênea.

Lembre-se da discussão da Seção 4.1 de que uma solução particular é qualquer função, independente de parâmetros, que satisfaz a equação diferencial identicamente. A solução geral para uma equação não-homogênea em um intervalo é então $y = y_c + y_p$.

Como na Seção 4.3 começamos com equações de segunda ordem, agora veremos o caso de equações não-homogêneas da forma

$$ay'' + by' + cy = g(x), \qquad \textbf{(1)}$$

em que a, b e c são constantes. Embora o **método dos coeficientes indeterminados** apresentado nesta seção não se limite a equações de segunda ordem, ele se limita a equações lineares não-homogêneas

- que têm coeficientes constantes, e
- em que $g(x)$ é uma constante k, uma função polinomial, uma função exponencial $e^{\alpha x}$, $\text{sen}\,\beta x$, $\cos\beta x$, ou somas e produtos dessas funções.

Nota Para ser preciso, $g(x) = k$ (constante) é uma função polinomial. Como uma função constante não é provavelmente a primeira coisa que vem em mente quando você pensa em uma função polinomial, continuaremos, para enfatizar, usando a redundância, "função constante, polinomial,..."

O que segue são exemplos de tipos de funções aplicadas $g(x)$ que são apropriadas para essa discussão:

$$g(x) = 10$$

$$g(x) = x^2 - 5x$$

$$g(x) = 15x - 6 + 8e^{-4x}$$

$$g(x) = \text{sen } 3x - 5x \cos 2x$$

$$g(x) = e^x \cos x - (3x^2 - 1)e^{-x}$$

Ou seja, $g(x)$ é uma combinação linear de funções do tipo

$$k\,\textbf{(constante)},\ x^n,\ x^n e^{\alpha x},\ x^n e^{\alpha x} \cos \beta x \quad \text{e} \quad x^n e^{\alpha x}\,\text{sen}\,\beta x,$$

em que n é um inteiro não negativo e α e β são números reais. O método dos coeficientes indeterminados não se aplica a equações da forma (1) quando, por exemplo,

$$g(x) = \ln x, \quad g(x) = \frac{1}{x}, \quad g(x) = \text{tg } x, \quad g(x) = \text{sen}^{-1} x.$$

Equações diferenciais com esses tipos de funções aplicadas serão consideradas na Seção 4.7.

O conjunto de funções que consiste em constantes, polinômios, exponenciais $e^{\alpha x}$, senos, co-senos, tem a notável propriedade: derivadas de suas somas e produtos são ainda somas e produtos de constantes, polinômios, exponenciais $e^{\alpha x}$, senos e co-senos. Como a combinação linear das derivadas $ay_p'' + by_p' + cy_p$ tem de ser identicamente igual a $g(x)$, parece razoável supor então que y_p *tem a mesma forma que* $g(x)$. Essa suposição poderia ser mais bem caracterizada como uma boa conjectura. Os dois próximos exemplos ilustram o método básico.

EXEMPLO 1

Resolva
$$y'' + 4y' - 2y = 2x^2 - 3x + 6. \qquad \textbf{(2)}$$

Solução

Passo 1. Primeiramente, resolvemos a equação homogênea associada $y'' + 4y' - 2y = 0$. Pela fórmula quadrática deduzimos que as raízes da equação auxiliar $m^2 + 4m - 2 = 0$ são $m_1 = -2 - \sqrt{6}$ e $m_2 = -2 + \sqrt{6}$. Então, a função complementar é

$$y_c = c_1 e^{-(2+\sqrt{6})x} + c_2 e^{(-2+\sqrt{6})x}.$$

Passo 2. Agora, como a função aplicada $g(x)$ é um polinômio quadrático, vamos supor uma solução particular que tenha também a forma de um polinômio quadrático:

$$y_p = Ax^2 + Bx + C.$$

Devemos determinar coeficientes *específicos* A, B e C para os quais y_p seja uma solução particular para (2). Substituindo y_p e as derivadas

$$y_p' = 2Ax + B \quad \text{e} \quad y_p'' = 2A$$

na equação diferencial (2) obtemos,

$$y_p'' + 4y_p' - 2y_p = 2A + 8Ax + 4B - 2Ax^2 - 2Bx - 2C = 2x^2 - 3x + 6.$$

Como a última equação é supostamente uma identidade, os coeficientes de potências iguais de x devem ser iguais:

igual

$$\boxed{-2A}\,x^2 + \boxed{8A - 2B}\,x + \boxed{2A + 4B - 2C} = 2x^2 - 3x + 6.$$

ou seja,
$$-2A = 2$$
$$8A - 2B = -3$$
$$2A + 4B - 2C = 6.$$

Resolvendo esse sistema de equações obtemos os valores $A = -1$, $B = -5/2$ e $C = -9$. Logo, uma solução particular é

$$y_p = -x^2 - \frac{5}{2}x - 9.$$

Passo 3. A solução geral para a equação dada é:

$$y = y_c + y_p = c_1 e^{-(2+\sqrt{6})x} + c_2 e^{(-2+\sqrt{6})x} - x^2 - \frac{5}{2}x - 9. \qquad \blacksquare$$

EXEMPLO 2

Encontre uma solução particular para $y'' - y' + y = 2 \text{ sen } 3x$.

Solução Um palpite natural para uma solução particular seria $A \text{ sen } 3x$. Mas, como derivações sucessivas de sen $3x$ produzem sen $3x$ *e* cos $3x$, somos persuadidos a procurar uma solução particular que inclua ambos os termos

$$y_p = A \cos 3x + B \text{ sen } 3x.$$

Derivando y_p e substituindo os resultados na equação diferencial, obtemos, depois de reagrupar,

$$y_p'' - y_p' + y_p = (-8A - 3B) \cos 3x + (3A - 8B) \text{ sen } 3x = 2 \text{ sen } 3x$$

ou

igual

$$\boxed{-8A - 3B} \cos 3x + \boxed{3A - 8B} \text{ sen } 3x = 0 \cos 3x + 2 \text{ sen } 3x.$$

Do sistema resultante de equações

$$-8A - 3B = 0$$

$$3A - 8B = 2$$

obtemos $A = 6/73$ e $B = -16/73$. Uma solução particular para a equação é

$$Y_p = \frac{6}{73} \cos 3x - \frac{16}{73} \text{ sen } 3x.$$

Como mencionamos, a forma que escolhemos para a solução particular y_p é plausível; não é uma adivinhação às cegas. Essa escolha deve levar em consideração não somente o tipo de funções que formam $g(x)$, mas também, como veremos no Exemplo 4, as funções que formam a função complementar y_c. $\blacksquare$

EXEMPLO 3

Resolva
$$y'' - 2y' - 3y = 4x - 5 + 6xe^{2x}. \tag{3}$$

Solução

Passo 1. Primeiramente, a solução para a equação homogênea associada $y'' - 2y' - 3y = 0$ é $y_c = c_1e^{-x} + c_2e^{3x}$.

Passo 2. Agora, a presença de $4x - 5$ em $g(x)$ sugere que a solução particular tenha um polinômio linear. Ainda, como a derivada do produto xe^{2x} produz $2xe^{2x}$ e e^{2x}, supomos também que a solução particular inclua ambas, xe^{2x} e e^{2x}. Em outras palavras, g é a soma de dois tipos de funções básicas:

$$g(x) = g_1(x) + g_2(x) = \textit{polinomial} + \textit{exponenciais}.$$

De maneira correspondente, o princípio da superposição para equações não-homogêneas (Teorema 4.9) sugere que procuremos uma solução particular

$$y_p = y_{p1} + y_{p2},$$

em que $y_{p1} = Ax + B$ e $y_{p2} = Cxe^{2x} + De^{2x}$. Substituindo,

$$y_p = Ax + B + Cxe^{2x} + De^{2x}$$

na equação (3) e agrupando os termos, temos,

$$y_p'' - 2y_p' - 3y_p = -3Ax - 2A - 3B - 3Cxe^{2x} + (2C - 3D)e^{2x} = 4x - 5 + 6xe^{2x}. \tag{4}$$

Desta identidade, obtemos um sistema de quatro equações e quatro incógnitas:

$$-3A = 4$$

$$-2A - 3B = -5$$

$$-3C = 6$$

$$2C - 3D = 0.$$

A última equação deste sistema resulta do fato do coeficiente de e^{2x} do membro direito de (4) ser zero. Resolvendo, encontramos $A = -4/3$, $B = 23/9$, $C = -2$ e $D = -4/3$. Conseqüentemente,

$$y_p = -\frac{4}{3}x + \frac{23}{9} - 2xe^{2x} - \frac{4}{3}e^{2x}.$$

Passo 3. A solução geral para a equação é

$$y = c_1e^{-x} + c_2e^{3x} - \frac{4}{3}x + \frac{23}{9} - \left(2x + \frac{4}{3}\right)e^{2x}.$$ ■

Em vista do princípio da superposição (Teorema 4.9), podemos também solucionar o Exemplo 3, dividindo-o em dois problemas mais simples. Você deve verificar que substituindo

$$y_{p1} = Ax + B \quad \text{em} \quad y'' - 2y' - 3y = 4x - 5$$

e

$$y_{p2} = Cxe^{2x} + De^{2x} \quad \text{em} \quad y'' - 2y' - 3y = 6xe^{2x}$$

acarreta $y_{p1} = -(4/3)x + 23/9$ e $y_{p2} = -(2x + 4/3)e^{2x}$. Uma solução particular para (3) é portanto $y_p = y_{p1} + y_{p2}$.

O próximo exemplo mostra que algumas vezes a escolha "óbvia" para a forma de y_p não é a escolha correta.

EXEMPLO 4

Encontre uma solução particular para $y'' - 5y' + 4y = 8e^x$.

Solução A derivação de e^x não produz novas funções. Logo, procedendo como antes, podemos simplesmente supor uma solução particular da forma

$$y_p = Ae^x.$$

Mas, neste caso, a substituição dessa expressão na equação diferencial conduz à afirmação contraditória

$$0 = 8e^x,$$

e, portanto, concluímos que fizemos a escolha errada para y_p.

A dificuldade aqui fica clara depois de examinarmos a função complementar $y_c = c_1e^x + c_2e^{4x}$. Observe que nossa escolha Ae^x já se encontra presente em y_c. Isso significa que e^x é uma solução para a equação diferencial homogênea associada, e um múltiplo Ae^x quando substituído na equação diferencial necessariamente anula esta identicamente.

Qual deve ser então a forma de y_p? Examinando o Caso II da Seção 4.3, veremos se podemos encontrar uma solução particular da forma

$$y_p = Ae^x.$$

Usando $\quad y_p' = Axe^x + Ae^x$ e $y_p'' = Axe^x + 2Ae^x$, obtemos

$$y_p'' - 5y_p' + 4y_p = Axe^x + 2Ae^x - 5Axe^x - 5Ae^x + 4Axe^x = 8e^x$$

ou

$$-3Ae^x = 8e^x.$$

Desta última equação, vemos que o valor de A é agora determinado por $A = -8/3$. Portanto,

$$y_p = -\frac{8}{3}xe^x$$

tem de ser uma solução particular para a equação dada. ■

A diferença nos procedimentos usados nos Exemplos 1-3 e no Exemplo 4 sugere que consideremos dois casos. O primeiro deles reflete a situação dos Exemplos 1-3.

CASO I *Nenhuma função da suposta solução particular é uma solução para a equação diferencial homogênea associada.*

Na tabela seguinte, ilustramos alguns exemplos específicos de $g(x)$ em (1) juntamente com a forma correspondente da solução particular. Estamos, evidentemente, tomando por garantia que nenhuma função da suposta solução particular y_p faça parte da função complementar y_c.

Tentativas para Soluções Particulares

	$g(x)$	Forma de y_p
1.	1 (qualquer constante)	A
2.	$5x + 7$	$Ax + B$
3.	$3x^2 - 2$	$Ax^2 + Bx + C$
4.	$x^3 - x + 1$	$Ax^3 + Bx^2 + Cx + D$
5.	sen $4x$	$A \cos 4x + B \text{ sen } 4x$
6.	cos $4x$	$A \cos 4x + B \text{ sen } 4x$
7.	e^{5x}	Ae^{5x}
8.	$(9x - 2)e^{5x}$	$(Ax + B)e^{5x}$
9.	x^2e^{5x}	$(Ax^2 + Bx + C)e^{5x}$
10.	e^{3x} sen $4x$	$Ae^{3x} \cos 4x + Be^{3x} \text{ sen } 4x$
11.	$5x^2$ sen $4x$	$(Ax^2 + Bx + C) \cos 4x + (Dx^2 + Ex + F) \text{ sen } 4x$
12.	$xe^{3x} \cos 4x$	$(Ax + B)e^{3x} \cos 4x + (Cx + D)e^{3x} \text{ sen } 4x$

EXEMPLO 5

Determine a forma de uma solução particular para

(a) $y'' - 8y' + 25y = 5x^3e^{-x} - 7e^{-x}$ e **(b)** $y'' + 4y = x \cos x$.

Solução **(a)** Podemos escrever

$$g(x) = (5x^3 - 7)e^{-x}.$$

Usando o número 9 da tabela como modelo, escolhemos uma solução particular da forma

$$y_p = (Ax^3 + Bx^2 + Cx + D)e^{-x}.$$

Note que não há duplicação entre os termos em y_p e os termos na função complementar $y_c = e^{4x}(c_1 \cos 3x + c_2 \text{ sen } 3x)$.

(b) A função $g(x) = x \cos x$ é semelhante à entrada 11 na tabela, exceto, é claro, pelo uso de um polinômio linear em vez de quadrático e cos x e *sen* x em vez de cos 4x e sen 4x na forma de y_p:

$$y_p = (Ax + B)\cos x + (Cx + D)\,\text{sen}\,x.$$

Observe novamente que não há duplicação de termos entre y_p e $y_c = c_1 \cos 2x + c_2\,\text{sen}\,2x$. ■

Se $g(x)$ consiste na soma de, digamos, m termos do tipo listado na tabela, então (como no Exemplo 3) a suposição para uma solução particular y_p consiste na soma das formas escolhidas $y_{p1}, y_{p2}, \ldots, y_{pm}$ correspondente a esses termos:

$$y_p = y_{p1} + y_{p2} + \ldots + y_{pm}.$$

Posto de um outro modo:

A forma de y_p é uma combinação linear de todas as funções linearmente independentes que são geradas por repetidas derivações $g(x)$.

EXEMPLO 6

Determine a forma de uma solução particular para

$$y'' - 9y' + 14y = 3x^2 - 5\,\text{sen}\,2x + 7xe^{6x}.$$

Solução

Correspondendo a $3x^2$, escolhemos: $y_{p1} = Ax^2 + Bx + C$

Correspondendo a -5 sen $2x$ escolhemos: $y_{p2} = D\cos 2x + E\,\text{sen}\,2x$

Correspondendo a $7xe^{6x}$ escolhemos: $y_{p3} = (Fx + G)e^{6x}$

A escolha para a solução particular é portanto

$$y_p = y_{p1} + y_{p2} + y_{p3} = Ax^2 + Bx + C + D\cos 2x + E\,\text{sen}\,2x + (Fx + G)e^{6x}.$$

Nenhum termo dessa escolha duplica um termo em $y_c = c_1e^{2x} + c_2e^{7x}$. ■

CASO II *Uma função na solução particular escolhida é também uma solução para a equação diferencial homogênea associada.*

O próximo exemplo é semelhante ao Exemplo 4.

EXEMPLO 7

Encontre uma solução particular para $y'' - 2y' + y = e^x$.

Solução A função complementar é $y_c = c_1e^x + c_2xe^x$. Como no Exemplo 4, a escolha $y_p = Ae^x$ não funciona, pois é evidente a partir de y_c que e^x é uma solução para a equação homogênea associada $y'' - 2y' + y = 0$. Ainda, não seremos capazes de encontrar uma solução particular da forma $y_p = Axe^x$, pois o termo xe^x é também parte de y_c. Tentamos então

$$y_p = Ax^2e^x.$$

Substituindo na equação diferencial dada, obtemos

$$2Ae^x = e^x \text{ e daí } A = 1/2.$$

Logo, uma solução particular é

$$y_p = \frac{1}{2}x^2e^x. \qquad \blacksquare$$

Suponha novamente que $g(x)$ consista de m termos do tipo dado na tabela e suponha ainda que a suposição usual para uma solução particular seja

$$y_p = y_{p1} + y_{p2} + \ldots + y_{pm},$$

em que os y_{pi}, $i = 1, 2, \ldots, m$, são as formas de soluções particulares tentadas correspondentes a esses termos. Sob a circunstância descrita no Caso II, podemos formular a seguinte **regra geral**:

Se alguma y_{pi} contém termos que duplicam termos em y_c, então, esta y_{pi} tem de ser multiplicada por x^n, em que n é o menor inteiro positivo que elimina essa duplicação.

EXEMPLO 8

Resolva o problema de valor inicial

$$y'' + y = 4x + 10 \text{ sen } x, \quad y(\pi) = 0, \quad y'(\pi) = 2.$$

Solução A solução da equação homogênea associada $y'' + y = 0$ é

$$y_c = c_1 \cos x + c_2 \text{ sen } x.$$

Agora, como $g(x)$ é a soma de um polinômio linear e uma função seno, nossa escolha normal para y_p das entradas 2 e 5 da tabela de tentativas de soluções seria a soma de $y_{p1} = Ax + B$ e $y_{p2} = C \cos x + D \text{ sen } x$:

$$y_p = Ax + B + C \cos x + D \text{ sen } x. \tag{5}$$

Mas há uma óbvia duplicação dos termos cos x e sen x nesta forma escolhida e dois termos na função complementar. Essa duplicação pode ser eliminada simplesmente multiplicando y_{p2} por x. Em vez de (5) usamos agora

$$y_p = Ax + B + Cx \cos x + Dx \text{ sen } x. \tag{6}$$

Derivando essa expressão e substituindo os resultados na equação diferencial, temos

$$y'' + y_p = Ax + B - 2C \text{ sen } x + 2D \cos x = 4x + 10 \text{ sen } x$$

e daí,

$$\begin{aligned} A &= 4 \\ B &= 0 \\ -2C &= 10 \\ 2D &= 0. \end{aligned}$$

As soluções do sistema são imediatas: $A = 4$, $B = 0$, $C = -5$ e $D = 0$. Portanto, de (6) obtemos

$$y_p = 4x - 5x \cos x.$$

A solução geral da equação dada é

$$y = y_c + y_p = c_1 \cos x + c_2 \text{ sen } x + 4x - 5x \cos x.$$

Agora, aplicamos as condições iniciais prescritas à solução geral para a equação. Primeiro, $y(\pi) = c_1 \cos \pi + c_2 \text{ sen } \pi + 4\pi - 5\pi \cos \pi = 0$ implica $c_1 = 9\pi$ pois $\cos \pi = -1$ e $\text{sen } \pi = 0$. Prosseguindo, da derivada

$$y' = -9\pi \text{ sen } x + c_2 \cos x + 4 + 5x \text{ sen } x - 5 \cos x$$

e

$$y'(\pi) = -9\pi \text{ sen } \pi + c_2 \cos \pi + 4 + 5\pi \text{ sen } \pi - 5 \cos \pi = 2$$

encontramos $c_2 = 7$. A solução para o problema de valor inicial é então

$$y = 9\pi \cos x + 7 \text{ sen} x + 4x - 5x \cos x.$$ ■

EXEMPLO 9

Resolva $$y'' - 6y' + 9y = 6x^2 + 2 - 12e^{3x}.$$

Solução A função complementar é

$$y_c = c_1 e^{3x} + c_2 x e^{3x}$$

e baseado nas entradas 3 e 7 da tabela, a escolha usual para uma solução particular seria

$$y_p = \underbrace{Ax^2 + Bx + C}_{\boxed{y_{p_1}}} + \underbrace{De^{3x}}_{\boxed{y_{p_2}}}.$$

Inspecionando essas funções, vemos que um termo em y_{p2} coincide com um termo de y_c. Se multiplicarmos y_{p2} por x, notamos que o termo xe^{3x} é ainda parte de y_c. Mas multiplicando y_{p2} por x^2, eliminamos todas as duplicações. Logo, a forma eficaz de uma solução particular é

$$y_p = Ax^2 + Bx + C + Dx^2e^{3x}.$$

Derivando esta última forma, substituindo na equação diferencial e agrupando os termos, obtemos,

$$y_p'' - 6y_p' + 9y_p = 9Ax^2 + (-12A + 9B)x + 2A - 6B + 9C + 2De^{3x}$$
$$= 6x^2 + 2 - 12e^{3x}.$$

Segue-se desta identidade que $A = 2/3$, $B = 8/9$, $C = 2/3$ e $D = -6$. Logo, a solução geral $y = y_c + y_p$ é

$$y = c_1e^{3x} + c_2xe^{3x} + \frac{2}{3}x^2 + \frac{8}{9}x + \frac{2}{3} - 6x^2e^{3x}.$$ ■

Equações de Ordem Superior

O método dos coeficientes indeterminados dado aqui não é restrito a equações de segunda ordem; mas pode ser usado com equações de ordem superior

$$a_ny^{(n)} + a_{n-1}y^{(n-1)} + \ldots + a_1y' + a_0y = g(x)$$

com coeficientes constantes. Só é necessário que $g(x)$ consista nos tipos próprios de funções discutidas acima.

EXEMPLO 10

Resolva $$y''' + y'' = e^x \cos x.$$

Solução As raízes da equação característica $m^3 + m^2 = 0$ são $m_1 = m_2 = 0$ e $m_3 = -1$. Então, a solução complementar para a equação é $y_c = c_1 + c_2x + c_3e^{-x}$. Com $g(x) = e^x \cos x$ vemos na entrada 10 da tabela de tentativas de soluções particulares que devemos escolher

$$y_p = Ae^x \cos x + Be^x \operatorname{sen} x.$$

Como não há nenhuma função em y_p que coincida com funções da solução complementar, procedemos da maneira usual. De

$$y_p''' + y_p'' = (-2A + 4B)e^x \cos x + (-4A - 2B)e^x \operatorname{sen} x = e^x \cos x$$

obtemos
$$-2A + 4B = 1$$
$$-4A - 2B = 0.$$

Desse sistema, determinamos $A = -1/10$ e $B = 1/5$. Logo, uma solução particular é

$$y_p = -\frac{1}{10}e^x \cos x + \frac{1}{5}e^x \operatorname{sen} x.$$

A solução geral para a equação é

$$y = y_c + y_p = c_1 + c_2x + c_3e^{-x} - \frac{1}{10}e^x \cos x + \frac{1}{5}e^x \operatorname{sen} x. \qquad \blacksquare$$

EXEMPLO 11

Determine a forma de uma solução particular para

$$y(4) + y''' = 1 - e^{-x}.$$

Solução Comparando a função complementar

$$y_c = c_1 + c_2x + c_3x^2 + c_4e^{-x}$$

com nossa escolha normal para uma solução particular

$$y_p = \underbrace{A}_{\boxed{y_{p_1}}} + \underbrace{Be^{-x}}_{\boxed{y_{p_2}}},$$

vemos que as duplicações entre y_c e y_p são eliminadas quando y_{p1} é multiplicada por x^3 e y_{p2} é multiplicada por x. Logo, a escolha correta para uma solução particular é

$$y_p = Ax^3 + Bxe^{-x}.$$

4.4 EXERCÍCIOS

As respostas dos exercícios selecionados estão na página 451.

Nos Problemas 1-26, resolva a equação diferencial dada pelo método dos coeficientes indeterminados.

1. $y'' + 3y' + 2y = 6$

2. $4y'' + 9y = 15$

3. $y'' - 10y' + 25y = 30x + 3$

4. $y'' + y' - 6y = 2x$

5. $\frac{1}{4}y'' + y' + y = x^2 - 2x$

6. $y'' - 8y' + 20y = 100x^2 - 26xe^x$

7. $y'' + 3y = -48x^2e^{3x}$

8. $4y'' - 4y' - 3y = \cos 2x$

9. $y'' - y' = -3$

10. $y'' + 2y' = 2x + 5 - e^{-2x}$

11. $y'' - y' + \frac{1}{4}y = 3 + e^{x/2}$

12. $y'' - 16y = 2e^{4x}$

13. $y'' + 4y = 3 \operatorname{sen} 2x$

14. $y'' + 4y = (x^2 - 3) \operatorname{sen} 2x$

15. $y'' + y = 2x \operatorname{sen} x$

16. $y'' - 5y' = 2x^3 - 4x^2 - x + 6$

17. $y'' - 2y' + 5y = e^x \cos 2x$

18. $y'' - 2y' + 2y = e^{2x}(\cos x - 3 \operatorname{sen} x)$

19. $y'' + 2y' + y = \operatorname{sen} x + 3 \cos 2x$

20. $y'' + 2y' - 24y = 16 - (x + 2)e^{4x}$

21. $y''' - 6y'' = 3 - \cos x$

22. $y''' - 2y'' - 4y' + 8y = 6xe^{2x}$

23. $y''' - 3y'' + 3y' - y = x - 4e^x$

24. $y''' - y'' - 4y' + 4y = 5 - e^x + e^{2x}$

25. $y^{(4)} + 2y'' + y = (x - 1)^2$

26. $y^{(4)} - y'' = 4x + 2xe^{-x}$

Nos Problemas 27 e 28, use uma identidade trigonométrica como auxílio para encontrar uma solução particular para a equação diferencial dada.

27. $y'' + y = 8 \operatorname{sen}^2 x$

28. $y'' + y = \operatorname{sen} x \cos 2x$

Nos Problemas 29-40, resolva a equação diferencial dada sujeita às condições iniciais indicadas.

29. $y'' + 4y = -2, \quad y\left(\frac{\pi}{8}\right) = \frac{1}{2}, \quad y'\left(\frac{\pi}{8}\right) = 2$

30. $2y'' + 3y' - 2y = 14x^2 - 4x - 11, \quad y(0) = 0, \quad y'(0) = 0$

31. $5y'' + y' = -6x, \quad y(0) = 0, \quad y'(0) = -10$

32. $y'' + 4y' + 4y = (3 + x)e^{-2x}, \quad y(0) = 2, \quad y'(0) = 5$

33. $y'' + 4y' + 5y = 35e^{-4x}, \quad y(0) = -3, \quad y'(0) = 1$

34. $y'' - y = \cosh x, \quad y(0) = 2, \quad y'(0) = 12$

35. $\dfrac{d^2x}{dt^2} + \omega^2 x = F_0 \operatorname{sen} \omega t, \quad x(0) = 0, \quad x'(0) = 0$

36. $\dfrac{d^2x}{dt^2} + \omega^2 x = F_0 \cos \gamma t, \quad x(0) = 0, \quad x'(0) = 0$

37. $y'' + y = \cos x - \operatorname{sen} 2x, \quad y\left(\frac{\pi}{2}\right) = 0, \quad y'\left(\frac{\pi}{2}\right) = 0$

38. $y'' - 2y' - 3y = 2\cos^2 x, \quad y(0) = -\frac{1}{3}, \quad y'(0) = 0$

39. $y''' - 2y'' + y' = 2 - 24e^x + 40e^{5x}, \quad y(0) = \frac{1}{2}, \quad y'(0) = \frac{5}{2}, \quad y''(0) = -\frac{9}{2}$

40. $y''' + 8y = 2x - 5 + 8e^{-2x}, \quad y(0) = -5, \quad y'(0) = 3, \quad y''(0) = -4$

Nos Problemas 41 e 42, resolva a equação diferencial dada sujeita às condições de contorno indicadas.

41. $y'' + y = x^2 + 1, \quad y(0) = 5, \quad y(1) = 0$

42. $y'' - 2y' + 2y = 2x - 2, \quad y(0) = 0, \quad y(\pi) = \pi$

43. Na prática, a função aplicada g(x) é freqüentemente descontínua. Resolva o problema de valor inicial

$$y'' + 4y = g(x), \quad y(0) = 1, \quad y'(0) = 2,$$

em que
$$g(x) = \begin{cases} \text{sen } x, & 0 \le x \le \pi/2 \\ 0, & x > \pi/2 \end{cases}$$

[*Sugestão:* Resolva o problema nos dois intervalos e então encontre uma solução de tal forma que y e y' sejam contínuas em $x = \pi/2$.]

4.5 OPERADORES DIFERENCIAIS

Em cálculo, usamos freqüentemente a letra maiúscula D para denotar derivação; isto é,

$$\frac{dy}{dx} = Dy.$$

O símbolo D é chamado de **operador diferencial**; ele transforma uma função diferenciável em outra função; por exemplo,

$$D(e^{4x}) = 4e^{4x}, \quad D(5x^3 - 6x^2) = 15x^2 - 12x, \quad D(\cos 2x) = -2 \text{ sen } 2x.$$

O operador diferencial D também possui uma propriedade de linearidade; D operando em uma combinação linear de duas funções diferenciáveis é o mesmo que a combinação linear de D operando nas funções individualmente. Em símbolos, isso significa

$$D\{af(x) + bg(x)\} = a\,Df(x) + b\,Dg(x), \tag{1}$$

em que a e b são constantes. Por causa da igualdade (1), dizemos que D é um **operador diferencial linear**.

Derivadas de Ordem Superior

Derivadas de ordem superior podem ser expressas em termos de D de uma maneira natural:

$$\frac{d}{dx}\left(\frac{dy}{dx}\right) = \frac{d^2y}{dx^2} = D(Dy) = D^2y \quad \text{e no caso geral} \quad \frac{d^ny}{dx^n} = D^ny,$$

em que y representa uma função suficientemente diferenciável. Expressões polinomiais envolvendo D, tais como

$$D + 3, \quad D^2 + 3D - 4, \quad \text{e} \quad 5D^3 - 6D^2 + 4D + 9$$

são também operadores diferenciais lineares.

Equações Diferenciais

Qualquer equação diferencial linear pode ser expressa em termos de D. Por exemplo, uma equação diferencial de segunda ordem com coeficientes constantes $ay'' + by' + cy = g(x)$ pode ser escrita como

$$aD^2y + bDy + cy = g(x) \text{ ou } (aD^2 + bD + c)y = g(x).$$

Se definirmos $L = aD^2 + bD + c$, então a última equação pode ser escrita de maneira compacta como

$$L(y) = g(x).$$

O operador $L = aD^2 + bD + c$ é chamado de **operador diferencial linear de segunda ordem com coeficientes constantes.**

EXEMPLO 1

A equação diferencial $y'' + y' + 2y = 5x - 3$ pode ser escrita como

$$(D^2 + D + 2)y = 5x - 3$$

■

Um **operador diferencial linear de n-ésima ordem**

$$L = a_nD^n + a_{n-1}D^{n-1} + \ldots + a_1D + a_0$$

com coeficientes constantes pode ser fatorado quando o polinômio característico $a_nm^n + a_{n-1}m^{n-1} + \ldots + a_1m + a_0$ também se fatora.* Por exemplo, se tratamos D como uma quantidade algébrica, então $D^2 + 5D + 6$ pode ser fatorado como $(D + 2)(D + 3)$ ou como $(D + 3)(D + 2)$. Em outras palavras, para uma função $y = f(x)$ duas vezes diferenciável

$$(D^2 + 5D + 6)y = (D + 2)(D + 3)y = (D + 3)(D + 2)y.$$

Para ver por que isso funciona assim, seja $w = (D + 3)y = y' + 3y$, então

$$(D + 2)w = Dw + 2w = \underbrace{(y'' + 3y')}_{\boxed{Dw}} + \underbrace{(2y' + 6y)}_{\boxed{2w}} = y'' + 5y' + 6y$$

Analogamente, se colocarmos $w = (D + 2)y = y' + 2y$, então

$$(D + 3)w = Dw + 3w = \underbrace{(y'' + 2y')}_{\boxed{Dw}} + \underbrace{(3y' + 6y)}_{\boxed{3w}} = y'' + 5y' + 6y.$$

Isso ilustra uma propriedade geral:

Fatores de um operador diferencial linear com coeficientes constantes comutam.

* Se desejarmos usar números complexos, então um operador diferencial com coeficientes constantes pode ser *sempre* fatorado. Estamos, porém, primeiramente preocupados em escrever equações diferenciais em forma de operador com coeficientes reais.

EXEMPLO 2

(a) O operador $D^2 - 1$ pode ser escrita como

$$(D + 1)(D - 1) \quad \text{ou} \quad (D - 1)(D + 1).$$

(b) O operador $D^2 + D + 2$ do Exemplo 1 não se fatora com números reais. ■

EXEMPLO 3

A equação diferencial $y'' + 4y' + 4y = 0$ pode ser escrita como

$$(D^2 + 4D + 4)y = 0 \quad \text{ou} \quad (D + 2)(D + 2)y = 0 \quad \text{ou} \quad (D + 2)^2y = 0.$$ ■

Operador Anulador

Se L é um operador diferencial com coeficientes constantes e $y = f(x)$ é uma função suficientemente diferenciável, tal que

$$L(y) = 0,$$

então dizemos que L é um anulador da função. Por exemplo, se $y = k$ (uma constante), então $Dk = 0$. Ainda, $D^2x = 0$, $D^3x^2 = 0$ e assim por diante.

O operador diferencial D^n anula cada uma das funções
$\mathbf{1, x, x^2, ..., n^{n-1}}$. **(2)**

Como conseqüência imediata de (2) e do fato de que a derivação pode ser feita termo a termo, um polinômio

$$c_0 + c_1x + \dots + c_{n-1}x^{n-1}$$

é anulado por um operador que anula a maior potência de x.

EXEMPLO 4

Encontre um operador diferencial que anula $1 - 5x^2 + 8x^3$.

Solução Por (2), sabemos que $D^4x^3 = 0$, e daí segue-se que

$$D^4(1 - 5x^2 + 8x^3) = 0.$$ ■

Nota As funções que são anuladas por um operador diferencial linear de n-ésima ordem L são simplesmente aquelas que podem ser obtidas a partir da solução geral para a equação diferencial homogênea $L(y) = 0$.

O operador diferencial $(D - \alpha)^n$ anula cada uma das funções
$$e^{\alpha x},\ xe^{\alpha x},\ x^2e^{\alpha x},\ \ldots,\ x^{n-1}e^{\alpha x}. \tag{3}$$

Para ver isso, note que a equação auxiliar da equação homogênea $(D - \alpha)^n y = 0$ é $(m - \alpha)^n = 0$. Como α é uma raiz de multiplicidade n, a solução geral é

$$y = c_1e^{\alpha x} + c_2xe^{\alpha x} + \ldots + c_nx^{n-1}e^{\alpha x}. \tag{4}$$

EXEMPLO 5

Encontre um operador anulador para

(a) e^{5x} e **(b)** $4e^{2x} - 6xe^{2x}$.

Solução (a) Por (3), com $\alpha = 5$ e $n = 1$, vemos que

$$(D - 5)e^{5x} = 0.$$

(b) Por (3) e (4), com $\alpha = 2$ e $n = 2$, vemos que

$$(D - 2)^2(4e^{2x} - 6xe^{2x}) = 0.$$ ■

Quando α e β são números reais, a fórmula quadrática mostra que $[m^2 - 2\alpha m + (\alpha^2 + \beta^2)]^n = 0$ possui raízes complexas $\alpha + i\beta$, $\alpha - i\beta$, ambas de multiplicidade n. Da discussão do final da Seção 4.3, temos o próximo resultado.

O operador diferencial $(D^2 - 2\alpha D + (\alpha^2 + \beta^2)]^n$ anula cada uma das funções
$$e^{\alpha x}, \cos \beta x,\ xe^{\alpha x}\cos \beta x,\ x^2e^{\alpha x}\cos \beta x\ \ldots,\ x^{n-1}e^{\alpha x}\cos \beta x,$$
$$e^{\alpha x}, \operatorname{sen} \beta x,\ xe^{\alpha x}\operatorname{sen} \beta x,\ x^2e^{\alpha x}\operatorname{sen} \beta x\ \ldots,\ x^{n-1}e^{\alpha x}\operatorname{sen} \beta x. \tag{5}$$

EXEMPLO 6

Por (5), com $\alpha = -1, \beta = 2$ e $n = 1$, vemos que

$$(D^2 + 2D + 5)e^{-x}\cos 2x = 0 \quad \text{e} \quad (D^2 + 2D + 5)e^{-x}\operatorname{sen} 2x = 0.$$ ■

Como $y_1(x) = e^{-x}\cos 2x$ e $y_2(x) = e^{-x}\operatorname{sen} 2x$ são duas funções linearmente independentes na solução geral para $(D^2 + 2D + 5)y = 0$, o operador linear $D^2 + 2D + 5$ também anula qualquer combinação linear dessas funções, tal como $5e^{-x}\cos 2x - 9e^{-x}\operatorname{sen} 2x$.

EXEMPLO 7

Por (5), com $\alpha = 0$, $\beta = 1$ e $n = 2$, vemos que o operador diferencial $(D^2 + 1)^2$ ou $D^4 + 2D^2 + 1$ anula $\cos x$, $x\cos x$, $\operatorname{sen} x$ e $x\operatorname{sen} x$. Ainda, $(D^2 + 1)^2$ anula qualquer combinação linear dessas funções. ■

Quando $\alpha = 0$ e $n = 1$, um caso especial de (5) é

$$(D^2 + \beta^2) \begin{cases} \cos \beta x \\ \operatorname{sen} \beta x \end{cases} = 0. \tag{6}$$

Estamos interessados em anuladores da soma de duas ou mais funções. Como vimos nos Exemplos 4-7, se L é um operador diferencial linear tal que $L(y_1) = 0$ e $L(y_2) = 0$, então L anula a combinação linear $c_1y_1(x) + c_2y_2(x)$. Isso é uma conseqüência direta do Teorema 4.3. Vamos supor agora que L_1 e L_2 são operadores diferenciais lineares com coeficientes constantes tais que, L_1 anula $y_1(x)$ e L_2 anula $y_2(x)$, mas $L_1(y_2) \neq 0$ e $L_2(y_1) \neq 0$. Então, o *produto* dos operadores diferenciais L_1L_2 anula a soma $c_1y_1(x) + c_2y_2(x)$. Podemos facilmente demonstrar isso usando linearidade e o fato de que $L_1L_2 = L_2L_1$:

$$\begin{aligned} L_1L_2(y_1 + y_2) &= L_1L_2(y_1) + L_1L_2(y_2) \\ &= L_2L_1(y_1) + L_1L_2(y_2) \\ &= L_2\underbrace{[L_1(y_1)]}_{\text{zero}} + L_1\underbrace{[L_2(y_2)]}_{\text{zero}} = 0. \end{aligned} \tag{7}$$

EXEMPLO 8

Encontre um operador diferencial que anula $7 - x + 6 \operatorname{sen} 3x$.

Solução Por (2) e (6) temos, respectivamente,

$$D^2(7 - x) = 0 \quad \text{e} \quad (D^2 + 9) \operatorname{sen} 3x = 0.$$

Segue-se de (7) que o operador $D^2(D^2 + 9)$ anula a combinação linear dada. ■

EXEMPLO 9

Encontre um operador diferencial que anula $e^{-3x} + xe^x$.

Solução Por (3),

$$(D + 3)e^{-3x} = 0 \quad \text{e} \quad (D - 1)^2xe^x = 0.$$

Logo, o produto dos dois operadores $(D + 3)(D - 1)^2$anula a combinação linear dada. ■

Observação O operador diferencial que anula uma função não é único. Por exemplo, sabemos que $D - 5$ anula e^{5x}, mas também os operadores diferenciais de ordem superior, como $(D - 5)(D + 1)$ e $(D - 5)D^2$, anulam essa função. (Verifique isso.) Quando procuramos um anulador diferencial para uma função $y = f(x)$, queremos o operador de menor ordem possível que faça este trabalho.

4.5 EXERCÍCIOS

As respostas dso exercícios selecionados estão na página 451.

As respostas dso exercícios selecionados estão na página 451.

Nos Problemas 1-6, a equação diferencial é dada na forma $L(y) = g(x)$, em que L é um operador diferencial com coeficientes constantes.

1. $\dfrac{dy}{dx} + 5y = 9 \operatorname{sen} x$

2. $4\dfrac{dy}{dx} + 8y = x + 3$

3. $3y'' - 5y' + y = e^x$

4. $y''' - 2y'' + 7y' - 6y = 1 - \operatorname{sen} x$

5. $y''' - 4y'' + 5y' = 4x$

6. $y^{(4)} - 2y'' + y = e^{-3x} + e^{2x}$

Nos Problemas 7-16, se possível, fatore o operador diferencial dado.

7. $9D^2 - 4$

8. $D^2 - 5$

9. $D^2 - 4D - 12$

10. $2D^2 - 3D - 2$

11. $D^3 + 10D^2 + 25D$

12. $D^3 + 4D$

13. $D^3 + 2D^2 - 13D + 10$

14. $D^3 + 4D^2 + 3D$

15. $D^4 + 8D$

16. $D^4 - 8D^2 + 16$

Nos Problemas 17-20, verifique que o operador diferencial dado anula a função indicada.

17. D^4; $y = 10x^3 - 2x$

18. $2D - 1$; $y = 4e^{x/2}$

19. $(D - 2)(D + 5)$; $y = 4e^{2x}$

20. $D^2 + 64$; $y = 2\cos 8x - 5 \operatorname{sen} 8x$

Nos Problemas 21-32, encontre um operador diferencial que anule a função dada.

21. $1 + 6x - 2x^3$

22. $x^3(1 - 5x)$

23. $1 + 7e^{2x}$

24. $x + 3xe^{6x}$

25. $\cos 2x$

26. $1 + \operatorname{sen} x$

27. $13x + 9x^2 - \operatorname{sen} 4x$

28. $8x - \operatorname{sen} x + 10\cos 5x$

29. $e^{-x} + 2xe^x - x^2e^x$

30. $(2 - e^x)^2$

31. $3 + e^x \cos 2x$

32. $e^{-x} \operatorname{sen} x - e^{2x} \cos x$

Nos Problemas 33-40 encontre funções linearmente independentes que são anuladas pelo operador diferencial dado.

33. D^5

34. $D^2 + 4D$

35. $(D - 6)(2D + 3)$

36. $D^2 - 9D - 36$

37. $D^2 + 5$

38. $D^2 - 6D + 10$

39. $D^3 - 10D^2 + 25D$

40. $D^2(D - 5)(D - 7)$

4.6 COEFICIENTES INDETERMINADOS – ABORDAGEM POR ANULADORES

Para obter a solução geral para uma equação diferencial linear não-homogênea devemos fazer duas coisas:

(i) Encontrar a função complementar y_c.

(ii) Encontrar uma solução particular y_p para a equação não-homogênea.

Lembre-se da discussão da Seção 4.1 de que uma solução particular é qualquer função, independente de constantes, que satisfaça a equação diferencial identicamente. A solução geral para uma equação não-homogênea em um intervalo é então $y = y_c + y_p$.

Se L denota um operador diferencial linear da forma $a_nD^n + a_{n-1}D^{n-1} + \ldots + a_1D + a_0$, então uma equação diferencial linear não-homogênea pode ser escrita simplesmente como

$$L(y) = g(x) \qquad \textbf{(1)}$$

O **método dos coeficientes indeterminados** apresentado nesta seção limita-se a equações lineares não-homogêneas

- que têm coeficientes constantes, e
- em que $g(x)$ é uma constante k, uma função polinomial, uma função exponencial $e^{\alpha x}$, $\operatorname{sen}\beta x$, $\cos\beta x$ ou somas e produtos finitos dessas funções.

Nota Precisamente, $g(x) = k$, (uma constante) é uma função polinomial. Como uma função constante não é provavelmente a primeira coisa que lhe vem à mente quando você pensa em funções polinomiais, para enfatizar, continuamos a usar a redundância "funções constantes, polinomiais,..."

O que segue são alguns exemplos de tipos de funções aplicadas $g(x)$ que são apropriados para essa discussão:

$$g(x) = 10$$

$$g(x) = x^2 - 5x$$

$$g(x) = 15x - 6 + 8e^{4x}$$

$$g(x) = \operatorname{sen} 3x - 5x \cos 2x$$

$$g(x) = e^x \cos x - (3x^2 - 1)e^{-x}$$

e assim por diante. Em outras palavras, $g(x)$ é uma combinação linear de funções da forma

$$k\,\textbf{(constante)},\ x^m,\ x^m e^{\alpha x},\ x^m e^{\alpha x}\cos\beta,\quad \text{e}\quad x^m e^{\alpha x}\,\text{sen}\,\beta x,$$

em que m é um inteiro não negativo e α e β são números reais. O método dos coeficientes indeterminados não se aplica a equações da forma (1) quando, por exemplo,

$$g(x) = \ln x,\quad g(x) = \frac{1}{x},\quad g(x) = \text{tg}\,x,\quad g(x) = \text{sen}^{-1}x.$$

Equações diferenciais com èste último tipo de função aplicada serão consideradas na Seção 4.7.

Como vimos na Seção 4.5, uma combinação linear de funções do tipo k, x^m, $x^m e^{\alpha x}$, $x^m e^{\alpha x}\cos\beta x$ e $x^m e^{\alpha x}\,\text{sen}\,\beta x$ é precisamente o tipo de função que pode ser anulada por um operador L_1 (de menor ordem) consistindo em um produto de operadores tais como D^n, $(D - \alpha)^n$ e $(D^2 - 2\alpha D + \alpha^2 + \beta^2)^n$. Aplicando L_1 a ambos os membros de (1), obtemos

$$L_1L(y) = L_1(g(x)) = 0 \qquad \textbf{(2)}$$

Resolvendo a *equação homogênea de ordem maior* $L_1L(y) = 0$, podemos descobrir a forma de uma solução particular y_p para a equação não-homogênea original $L(y) = g(x)$.

Os vários exemplos seguintes ilustram o método. A solução geral para cada equação está definida no intervalo $(-\infty, \infty)$.

EXEMPLO 1

Resolva
$$\frac{d^2y}{dx^2} + 3\frac{dy}{dx} = 2y = 4x^2. \qquad \textbf{(3)}$$

Solução

Passo 1. Primeiramente resolvemos a equação homogênea

$$\frac{d^2y}{dx^2} + 3\frac{dy}{dx} = 2y = 0.$$

Da equação auxiliar $m^2 + 3m + 2 = (m + 1)(m + 2) = 0$, encontramos $m_1 = -1$ e $m_2 = -2$, assim a função complementar é

$$y_c = c_1e^{-x} + c_2e^{-2x}.$$

Passo 2. Em vista de (2) da Seção 4.5, (3) pode se tornar homogênea se derivarmos três vezes cada lado da equação. Em outras palavras,

$$D^3(D^2 + 3D + 2)y = 4D^3x^2 = 0, \qquad \textbf{(4)}$$

desde que $D^3x^2 = 0$

A equação auxiliar de (4),

$$m^3(m^2 + 3m + 2) = 0 \quad \text{ou} \quad m^3(m + 1)(m + 2) = 0,$$

tem raízes 0, 0, 0, – 1 e – 2. Logo, sua solução geral é

$$y = c_1 + c_2x + c_3x^2 + c_4e^{-x} + c_5e^{-2x}. \tag{5}$$

Os dois últimos termos em (5) constituem a função complementar da equação original (3). Podemos então argumentar que uma solução particular y_p de (3) deve também satisfazer a equação (4). Isso significa que os termos remanescentes em (5) devem ser a estrutura básica de y_p:

$$y_p = A + Bx + Cx^2, \tag{6}$$

em que, por conveniência, trocamos c_1, c_2 e c_3 por A, B e C, respectivamente. Para (6) ser uma solução particular para (3), é necessário encontrar coeficientes específicos A, B e C. Derivando (6), temos

$$y_p' = B + 2Cx, \quad y_p'' = 2C,$$

e substituindo em (3), obtemos

$$y_p'' + 3y_p' + 2y_p = 2C + 3B + 6Cx + 2A + 2Bx + 2Cx^2 = 4x^2.$$

Como a última equação deve ser uma identidade, os coeficientes das potências iguais de x devem ser iguais:

igual

$$\boxed{2C}x^2 + \boxed{2B + 6C}x + \boxed{2A + 3B + 2C} = 4x^2 + 0x + 0.$$

Isto é,

$$\begin{aligned} 2C &= 4 \\ 2B + 6C &= 0 \\ 2A + 3B + 2C &= 0. \end{aligned} \tag{7}$$

Resolvendo (7), temos $A = 7$, $B = -6$ e $C = 2$. Logo, $y_p = 7 - 6x + 2x^2$.

Passo 3. A solução geral para (3) é $y = y_c + y_p$ ou

$$y = c_1e^{-x} + c_2e^{-2x} + 7 - 6x + 2x^2.$$

■

EXEMPLO 2

Resolva
$$y'' - 3y' = 8e^{3x} + 4 \text{ sen } x. \tag{8}$$

Solução

Passo 1. A equação auxiliar para a equação homogênea $y'' - 3y' = 0$ é $m(m - 3) = 0$, assim

$$y_c = c_1 + c_2e^{3x}.$$

Passo 2. Agora, como $(D - 3)e^{3x} = 0$ e $(D^2 + 1) \text{ sen } x = 0$, aplicamos o operador diferencial $(D - 3)(D^2 + 1)$ a ambos os lados de (8):

$$(D - 3)(D^2 + 1)(D^2 - 3D)y = 0 \tag{9}$$

A equação auxiliar de (9) é

$$(m - 3)(m^2 + 1)(m^2 - 3m) = 0 \quad \text{ou} \quad m(m - 3)^2(m^2 + 1) = 0.$$

Logo,
$$y = \boxed{c_1 + c_2e^{3x}} + c_3xe^{3x} + c_4 \cos x + c_5 \text{ sen } x. \tag{10}$$

Depois, excluindo a combinação linear dos dois primeiros termos que corresponde a y_c, chegamos à forma de y_p:

$$y_p = Axe^{3x} + B \cos x + C \text{ sen } x.$$

Substituindo y_p em (8) e simplificando, temos

$$\begin{aligned} y_p'' - 3y_p' &= 3Ae^{3x} + (-B - 3C) \cos x + (3B - C) \text{ sen } x \\ &= 8e^{3x} + 4 \text{ sen } x. \end{aligned}$$

Igualando os coeficientes, obtemos

$$3A = 8$$
$$-B - 3C = 0$$
$$3B - C = 4.$$

Assim, $A = 8/3$, $B = 6/5$, $C = -2/5$ e, conseqüentemente,

$$y_p = \frac{8}{3}xe^{3x} + \frac{6}{5} \cos x - \frac{2}{5} \text{ sen } x.$$

Passo 3. A solução geral para (8) é, portanto,

$$y = c_1 + c_2e^{3x} + \frac{8}{3}xe^{3x} + \frac{6}{5} \cos x - \frac{2}{5} \text{ sen } x. \quad \blacksquare$$

EXEMPLO 3

Resolva $$y' + 8y = 5x + 2e^{-x}. \tag{11}$$

Solução Por (2) e (3) da Seção 4.5, sabemos que $D^2x = 0$ e $(D + 1)e^{-x} = 0$, respectivamente. Então, aplicamos $D^2(D + 1)$ a (11):

$$D^2(D + 1)(D^2 + 8)y = 0.$$

Verificamos que

$$y = \boxed{c_1 \cos 2\sqrt{2}x + c_2 \operatorname{sen} 2\sqrt{2}x} + c_3 + c_4x + c_5e^{-x}$$

assim $$y_p = A + Bx + Ce^{-x}.$$

Substituindo y_p em (11), temos

$$y_p'' + 8y_p = 8A + 8Bx + 9Ce^{-x} = 5x + 2e^{-x}.$$

Isso implica $A = 0$, $B = 5/8$ e $C = 2/9$, assim, a solução geral para (11) é

$$y = c_1 \cos 2\sqrt{2}x + c_2 \operatorname{sen} 2\sqrt{2}x + \frac{5}{8}x + \frac{2}{9}e^{-x}.$$ ■

EXEMPLO 4

Resolva $$y'' + y = x \cos x - \cos x. \tag{12}$$

Solução No Exemplo 7 da Seção 4.5, vimos que $x \cos x$ e $\cos x$ são anulados pelo operador $(D^2 + 1)^2$. Logo,

$$(D^2 + 1)^2(D^2 + 1)y = 0 \quad \text{ou} \quad (D^2 + 1)^3y = 0.$$

Como i e $-i$ são ambas raízes complexas de multiplicidade 3 da equação auxiliar da última equação diferencial, concluímos que

$$y = \boxed{c_1 \cos x + c_2 \operatorname{sen} x} + c_3 x \cos x + c_4 \operatorname{sen} x + c_5 x^2 \cos x + c_6 x^2 \operatorname{sen} x.$$

Substituímos

$$y_p = Ax \cos x + Bx \operatorname{sen} x + Cx^2 \cos x + Ex^2 \operatorname{sen} x$$

em (12) e simplificamos:

$$y_p'' + y_p = 4Ex \cos x - 4Cx \operatorname{sen} x + (2B + 2C) \cos x + (-2A + 2E) \operatorname{sen} x$$

$$= x \cos x - \cos x.$$

Igualando os coeficientes, obtemos as equações

$$4E = 1$$

$$-4C = 0$$

$$2B + 2C = -1$$

$$-2A + 2E = 0,$$

das quais encontramos $E = 1/4$, $C = 0$, $B = -1/2$ e $A = 1/4$. Logo, a solução geral para (12) é

$$y = c_1 \cos x + c_2 \operatorname{sen} x + \frac{1}{4}x \cos x - \frac{1}{2}x \operatorname{sen} x + \frac{1}{4}x^2 \operatorname{sen} x. \quad ■$$

EXEMPLO 5

Determine a forma de uma solução particular para

$$y'' - 2y' + y = 10e^{-2x} \cos x \tag{13}$$

Solução A função complementar para a equação dada é $y_c = c_1e^x + c_2xe^x$.

Agora, por (5) da Seção 4.5, com $\alpha = -2, \beta = 1$ e $n = 1$, sabemos que

$$(D^2 + 4D + 5)e^{-2x} \cos x = 0.$$

Aplicando o operador $D^2 + 4D + 5$ a (13), temos

$$(D^2 + 4D + 5)(D^2 - 2D + 1)y = 0. \tag{14}$$

Como as raízes da equação auxiliar de (14) são $-2 - i, -2 + i$, 1 e 1,

$$y = \boxed{c_1e^x + c_2xe^x} + c_3e^{-2x} \cos x + c_4 e^{-2x} \operatorname{sen} x.$$

Logo, uma solução particular para (13) pode ser encontrada com a forma

$$y_p = Ae^{-2x} \cos x + Be^{-2x} \operatorname{sen} x. \quad ■$$

EXEMPLO 6

Determine a forma de uma solução particular para

$$y''' - 4y'' + 4y' = 5x^2 - 6x + 4x^2e^{2x} + 3e^{5x}. \tag{15}$$

Solução Observe que

$$D^3(5x^2 - 6x) = 0, \quad (D - 2)^3x^2e^{2x} = 0, \quad \text{e} \quad (D - 5)e^{5x} = 0.$$

Portanto, $D^3(D - 2)^3(D - 5)$ aplicado a (15) resulta

$$D^3(D - 2)^3(D - 5)(D^3 - 4D^2 + 4D)y = 0$$

ou

$$D^4(D - 2)^5(D - 5)y = 0.$$

As raízes da equação auxiliar para a última equação diferencial são 0, 0, 0, 0, 2, 2, 2, 2, 2 e 5. Logo,

$$y = \boxed{c_1} \quad c_2x + c_3x^2 + c_4x^3 + \boxed{c_5e^{2x} \; c_6xe^{2x}} \quad c_7x^2e^{2x} + c^8x^3e^{2x} + c_9x^4e^{2x} + c_{10}e^{5x}. \tag{16}$$

Como a combinação linear $c_1 + c_5e^{2x} + c_6xe^{2x}$ pode ser vista como a função complementar de (15), os outros termos em (16) fornecem a forma de uma solução particular para a equação diferencial:

$$y_p = Ax + Bx^2 + Cx^3 + Ex^2e^{2x} + Fx^3e^{2x} + Gx^4e^{2x} + He^{5x}.$$ ■

Resumo do Método

Para sua conveniência, o método dos coeficientes indeterminados está aqui resumido:

Coeficientes Indeterminados – Abordagem por Anuladores

A equação diferencial $L(y) = g(x)$ tem coeficientes constantes e a função consiste em somas e produtos finitos de constantes, funções polinomiais, funções exponenciais $e^{\alpha x}$, senos e co-senos.

(i) Encontre a solução complementar y_c para a equação homogênea $L(y) = 0$.

(ii) Opere em ambos os lados da equação não-homogênea $L(y) = g(x)$ com um operador diferencial L_1, que anula a função $g(x)$.

(iii) Encontre a solução geral para a equação diferencial homogênea de maior ordem $L_1L(y) = 0$.

(iv) Desconsidere todos os termos da solução encontrada em (iii) que estão duplicados na solução complementar y_c encontrada em (i). Forme uma combinação linear y_p dos termos restantes. Essa é a forma de uma solução particular para $L(y) = g(x)$.

(v) Substitua y_p encontrada em (iv) na equação $L(y) = g(x)$. Agrupe os coeficientes das funções em cada lado da igualdade e resolva o sistema resultante de equações para os coeficientes indeterminados em y_p.

(vi) Com a solução particular encontrada em (v), forme a solução geral $y = y_c + y_p$ para a equação diferencial dada.

4.6 EXERCÍCIOS

As respostas dos exercícios selecionados estão na página 452.

Nos Problemas 1-32, resolva a equação diferencial dada pelo método dos coeficientes indeterminados.

1. $y'' - 9y = 54$

2. $2y'' - 7y' + 5y = -29$

3. $y'' + y' = 3$

4. $y'' + 2y'' + y' = 10$

5. $y'' + 4y' + 4y = 2x + 6$

6. $y'' + 3y' = 4x - 5$

7. $y''' + y'' = 8x^2$

8. $y'' - 2y' + y = x^3 + 4x$

9. $y'' - y' - 12y = e^{4x}$

10. $y'' + 2y' + 2y = 5e^{6x}$

11. $y'' - 2y' - 3y = 4e^x - 9$

12. $y'' + 6y' + 8y = 3e^{-2x} + 2x$

13. $y'' + 25y = 6 \text{ sen } x$

14. $y'' + 4y = 4 \cos x + 3 \text{ sen } x - 8$

15. $y'' + 6y' + 9y = -xe^{4x}$

16. $y'' + 3y' - 10y = x(e^x + 1)$

17. $y'' - y = x^2e^x + 5$

18. $y'' + 2y' + y = x^2e^{-x}$

19. $y'' - 2y' + 5y = e^x \text{ sen } x$

20. $y'' + y' + \frac{1}{4}y = e^x(\text{sen } 3x - \cos 3x)$

21. $y'' + 25y = 20 \text{ sen } 5x$

22. $y'' + y = 4 \cos x - \text{sen } x$

23. $y'' + y' + y = x \text{ sen } x$

24. $y'' + 4y = \cos^2 x$

25. $y'' + 8y'' = -6x^2 + 9x + 2$

26. $y''' - y'' + y' - y = xe^x - e^{-x} + 7$

27. $y''' - 3y'' + 3y' - y = e^x - x + 16$

28. $2y''' - 3y'' - 3y' + 2y = (e^x + e^{-x})^2$

29. $y^{(4)} - 2y''' + y'' = e^x + 1$

30. $y^{(4)} - 4y''' = 5x^2 - e^{2x}$

31. $16y^{(4)} - y = e^{x/2}$

32. $y^{(4)} - 5y'' + 4y = 2 \cosh x - 6$

Nos Problemas 33-40, resolva a equação diferencial dada sujeita às condições iniciais indicadas.

33. $y'' - 64y = 16$, $y(0) = 1$, $y'(0) = 0$

34. $y'' + y' = x$, $y(0) = 1$, $y'(0) = 0$

35. $y'' - 5y' = x - 2$, $y(0) = 0$, $y'(0) = 2$

36. $y'' + 5y' - 6y = 10e^{2x}$, $y(0) = 1$, $y'(0) = 1$

37. $y'' + y = 8 \cos 2x - 4 \text{ sen } x$, $y(\pi/2) = -1$, $y'(\pi/2) = 0$

38. $y''' - 2y'' + y' = xe^x + 5$, $y(0) = 2$, $y'(0) = 2$, $y''(0) = -1$

39. $y'' - 4y' + 8y = x^3,\ y(0) = 2,\ y'(0) = 4$

40. $y^{(4)} - y''' = x + e^x,\ y(0) = 0,\ y'(0) = 0,\ y''(0) = 0,\ y'''(0) = 0$

Nos Problemas 41 e 42, determine a forma de uma solução particular para a equação diferencial dada.

41. $y'' - y = e^x(2 + 3x \cos 2x)$

42. $y'' + y' = 9 - e^{-x} + x^2 \operatorname{sen} x$

43. Mostre que o operador $(xD - 1)(D + 4)$ é diferente do operador $(D + 4)(xD - 1)$.

44. Prove que a equação diferencial

$$a_n y^{(n)} + a_{n-1} y^{(n-1)} + \ldots + a_1 y' + a_0 y = k,$$

k uma constante, $a_0 \neq 0$, tem como solução particular a função $y_p = k/a_0$.

4.7 VARIAÇÃO DOS PARÂMETROS

Revisão de Equações Lineares de Primeira Ordem

No Capítulo 2, vimos que a solução geral para a equação diferencial linear de primeira ordem

$$\frac{dy}{dx} + P(x)y = f(x), \tag{1}$$

em que $P(x)$ e $f(x)$ são contínuas em um intervalo I, é

$$y = e^{-\int P(x)\,dx} \int e^{\int P(x)\,dx} f(x)\,dx + c_1 e^{-\int P(x)\,dx}. \tag{2}$$

Agora, (2) tem a forma $y = y_c + y_p$, em que $y_c = c_1 e^{-\int P(x)\,dx}$ é uma solução para

$$\frac{dy}{dx} + P(x)y = 0 \tag{3}$$

e

$$y_p = e^{-\int P(x)\,dx} \int e^{\int P(x)\,dx} f(x)\,dx \tag{4}$$

é uma solução particular para (1). Para motivar um método adicional para resolver equações lineares não-homogêneas de ordem superior, vamos novamente deduzir (4), agora por um método conhecido como **variação dos parâmetros**. O procedimento básico é essencialmente aquele usado na Seção 4.2.

Suponha que y_1 seja uma solução conhecida para (3); isto é,

$$\frac{dy_1}{dx} + P(x)y_1 = 0.$$

Provamos na Seção 2.5 que $y_1 = e^{-\int P(x)\,dx}$ é uma solução e, como a equação diferencial é linear sua solução geral é $y = c_1y_1(x)$. Variação dos parâmetros consiste em encontrar uma função u_1 tal que

$$y_p = u_1(x)y_1(x)$$

seja uma solução particular para (1). Em outras palavras, trocamos o parâmetro c_1 por uma variável u_1.

Substituindo $y_p = u_1y_1$ em (1), obtemos

$$\frac{d}{dx}[u_1y_1] + P(x)u_1y_1 = f(x)$$

$$u_1\frac{dy_1}{dx} + y_1\frac{du_1}{dx} + P(x)u_1y_1 = f(x)$$

$$u_1\underbrace{\left[\frac{dy_1}{dx} + P(x)y_1\right]}_{\boxed{\text{zero}}} + y_1\frac{du_1}{dx} = f(x)$$

assim

$$y_1\frac{du_1}{dx} = f(x).$$

Separando as variáveis, encontramos

$$du_1 = \frac{f(x)}{y_1(x)}dx \quad \text{e} \quad u_1 = \int\frac{f(x)}{y_1(x)}dx,$$

segue-se então que

$$y = u_1y_1 = y_1\int\frac{f(x)}{y_1(x)}dx.$$

Pela definição de y_1, vemos que o último resultado é idêntico a (4).

Equações de Segunda Ordem

Para adaptar o procedimento precedente a equações diferenciais lineares de segunda ordem

$$a_2(x)y'' + a_1(x)y' + a_0(x)y = g(x), \tag{5}$$

colocamos (5) na forma padrão

$$y'' + P(x)y' + Q(x)y = f(x) \tag{6}$$

dividindo por $a_2(x)$. Aqui, supomos que $P(x)$, $Q(x)$ e $f(x)$ são contínuas em algum intervalo I. A equação (6) é análoga a (1). Como sabemos, quando $P(x)$ e $Q(x)$ são constantes, não temos nenhuma dificuldade em escrever y_c.

Suponha que y_1 e y_2 formem um conjunto fundamental de soluções em I da forma homogênea associada (6); isto é,

$$y_1'' + P(x)y_1' + Q(x)y_1 = 0 \quad \text{e} \quad y_2'' + P(x)y_2' + Q(x)y_2 = 0.$$

Agora, perguntamos: podemos encontrar duas funções u_1 e u_2 tais que

$$y_p = u_1(x)y_1(x) + u_2(x)y_2(x)$$

seja uma solução particular para (6)? Note que nossa suposição para y_p é a mesma que $y_c = c_1y_1 + c_2y_2$, mas substituímos c_1 e c_2 pelos "parâmetros variáveis" u_1 e u_2. Como queremos determinar duas funções desconhecidas, a razão nos diz que precisamos de duas equações. Como na discussão introdutória que resultou na descoberta de (4), uma dessas equações resulta da substituição $y_p = u_1y_1 + u_2y_2$ na equação diferencial dada (6). A outra equação que impomos é

$$y_1u_1' + y_2u_2' = 0. \tag{7}$$

Essa equação é uma suposição que fazemos para simplificar a primeira derivada e, conseqüentemente, a segunda derivada de y_p. Usando a regra do produto para derivar y_p, obtemos

$$y_p' = u_1y_1' + y_1u_1' + y_2y_2' = u_1y_1' + u_2y_2' + \underbrace{\mathbf{y_1u_1' + y_2u_2'}}_{\text{zero de (7)}} \tag{8}$$

assim $\quad y_p' = u_1y_1' + u_2y_2'.$

Continuando, encontramos $\quad y_p'' = u_1y_1'' + y_1'u_1' + u_2y_2'' + y_2'u_2'.$

Substituindo esses resultados em (6), temos

$$\begin{aligned} y_p'' + Py_p' + Qy_p &+ u_1y_1'' + y_1'u_1' + u_2y_2'' + y_2'u_2' + Pu_1y_1' + Pu_2y_2' + Qu_1y_1 + Qu_2y_2 \\ &= u_1\underbrace{[y_1'' + Py_1' + Qy_1]}_{\text{zero}} + u_2\underbrace{[y_2'' + Py_2' + Qy_2]}_{\text{zero}} + y_1'u_1' + y_2'u_2' = f(x). \end{aligned}$$

Em outras palavras, u_1 e u_2 têm de ser funções que também satisfaçam a condição

$$y_1'u_1' + y_2'u_2' = f(x) \tag{9}$$

As equações (7) e (9) constituem um sistema linear de equações para determinar as derivadas u_1' e u_2'. Pela regra de Cramer,* a solução para

---

* Veja o Apêndice III para obter uma revisão sobre a regra de Cramer.

$$y_1u_1' + y_2u_2' = 0$$

$$y_1'u_1' + y_2'u_2' = f(x)$$

pode ser expressa em termos de determinantes:

$$u_1' + \frac{W_1}{W} \quad \text{e} \quad u_2' + \frac{W_2}{W}, \tag{10}$$

em que

$$W = \begin{vmatrix} y_1 & y_2 \\ y_1' & y_2' \end{vmatrix}, \quad W_1 = \begin{vmatrix} 0 & y_2 \\ f(x) & y_2' \end{vmatrix}, \quad \text{e} \quad W_2 = \begin{vmatrix} y_1 & 0 \\ y_1' & f(x) \end{vmatrix} \tag{11}$$

O determinante W é o Wronskiano de y_1 e y_2. Pela independência linear de y_1 e y_2 em I, sabemos que $W(x) \neq 0$ para todo x no intervalo.

Resumo do Método

Em geral, não é uma boa idéia memorizar fórmulas em vez de entender o processo. Porém, o procedimento precedente é muito longo e complicado de usar cada vez que queremos resolver uma equação diferencial. Neste caso, é mais eficiente simplesmente usar as fórmulas de (10). Então, para resolver $a_2y'' + a_1y' + a_0y = g(x)$, primeiro encontre a função complementar $y_c = c_1y_1 + c_2y_2$ e então calcule o Wronskiano

$$W = \begin{vmatrix} y_1 & y_2 \\ y_1' & y_2' \end{vmatrix}.$$

Dividindo por a_2, colocamos a equação na forma $y'' + Py' + Qy = f(x)$ para determinar $f(x)$. Encontramos u_1 e u_2 integrando $u_1' = W_1/W$ e $u_2' = W_2/W$, em que W_1 e W_2 estão definidos em (11). Uma solução particular é $y_p = u_1y_1 + u_2y_2$. A solução geral para a equação é portanto $y = y_c + y_p$.

EXEMPLO 1

Resolva $$y'' - 4y' + 4y = (x + 1)e^{2x}.$$

Solução Como a equação auxiliar é $m^2 - 4m + 4 = (m - 2)^2 = 0$, temos

$$y_c = c_1e^{2x} + c_2xe^{2x}.$$

Identificando $y_1 = e^{2x}$ e $y_2 = xe^{2x}$, calculamos o Wronskiano

$$W(e^{2x}, xe^{2x}) = \begin{vmatrix} e^{2x} & xe^{2x} \\ 2e^{2x} & 2xe^{2x} + e^{2x} \end{vmatrix} = e^{4x}.$$

Como a equação diferencial dada já está na forma (6) (isto é, o coeficiente de y'' é 1), identificamos $f(x) = (x + 1)e^{2x}$. Por (11), obtemos

$$W_1 = \begin{vmatrix} 0 & xe^{2x} \\ (x+1)e^{2x} & 2xe^{2x} + e^{2x} \end{vmatrix} = -(x+1)xe^{4x}$$

$$W_2 = \begin{vmatrix} e^{2x} & 0 \\ 2e^{2x} & (x+1)e^{2x} \end{vmatrix} = (x+1)e^{4x}$$

e então, por (10),

$$u_1' = -\frac{(x+1)xe^{4x}}{e^{4x}} = -x^2 - x, \quad u_2' = \frac{(x+1)e^{4x}}{e^{4x}} = x + 1.$$

Segue-se que

$$u_1 = -\frac{x^3}{3} - \frac{x^2}{2} \quad \text{e} \quad u_2 = \frac{x^2}{2} + x.$$

Portanto,

$$y_p = \left(-\frac{x^3}{3} - \frac{x^2}{2}\right)e^{2x} + \left(\frac{x^2}{2} + x\right)xe^{2x}$$
$$= \left(\frac{x^3}{6} + \frac{x^2}{2}\right)e^{2x}.$$

Logo,

$$y = y_c + y_p = c_1e^{2x} + c_2xe^{2x} + \left(\frac{x^3}{6} + \frac{x^2}{2}\right)e^{2x}.$$ ■

EXEMPLO 2

Resolva $$4y'' + 36y = \text{cosec } 3x.$$

Solução Primeiro, colocamos a equação na forma padrão (6), dividindo por 4:

$$y'' + 9y = \frac{1}{4} \cos 3x.$$

Como as raízes da equação auxiliar $m^2 + 9 = 0$ são $m_1 = 3i$ e $m_2 = -3i$, a função complementar é

$$y_c = c_1 \cos 3x + c_2 \text{ sen } 3x.$$

Usando $y_1 = \cos 3x$, $y_2 = \text{sen } 3x$ e $f(x) = (1/4) \text{ cosec } 3x$, encontramos

$$W(\cos 3x, \text{ sen } 3x) = \begin{vmatrix} \cos 3x & \text{sen } 3x \\ -3 \text{ sen } 3x & 3 \cos 3x \end{vmatrix} = 3$$

$$W_1 = \begin{vmatrix} 0 & \text{sen}\, 3x \\ \frac{1}{4}\text{cosec}\, 3x & 3\cos 3x \end{vmatrix} = -\frac{1}{4} \quad \Leftarrow \boxed{\text{cosec}\, 3x = \frac{1}{\text{sen}\, 3x}}$$

$$W_2 = \begin{vmatrix} \cos 3x & 0 \\ -3\,\text{sen}\, 3x & \frac{1}{4}\text{cosec}\, 3x \end{vmatrix} = \frac{1}{4}\frac{\cos 3x}{\text{sen}\, 3x}.$$

Integrando,

$$u_1' = \frac{W_1}{W} = -\frac{1}{12} \quad \text{e} \quad u_2' = \frac{W_2}{W} = \frac{1}{12}\frac{\cos 3x}{\text{sen}\, 3x}$$

obtemos

$$u_1 = -\frac{1}{12}x \quad \text{e} \quad u_2 = \frac{1}{36}\ln|\text{sen}\, 3x|.$$

Então, uma solução particular é

$$y_p = -\frac{1}{12}x\cos 3x + \frac{1}{36}(\text{sen}\, 3x)\ln|\text{sen}\, 3x|.$$

A solução geral para a equação é

$$y = y_c + y_p = c_1\cos 3x + c_2\,\text{sen}\, 3x - \frac{1}{12}x\cos 3x + \frac{1}{36}(\text{sen}\, 3x)\ln|\text{sen}\, 3x|. \tag{12}$$

■

A equação (12) representa a solução geral para a equação diferencial no intervalo $(0, \pi/6)$.

Constantes de Integração

Quando calculamos as integrais indefinidas u_1' e u_2', não precisamos introduzir constantes. Isso ocorre porque

$$\begin{aligned} y = y_c + y_p &= c_1y_1 + c_2y_2 + (u_1 + a_1)y_1 + (u_2 + b_1)y_2 \\ &= (c_1 + a_1)y_1 + (c_2 + b_1)y_2 + u_1y_1 + u_2y_2 \\ &= C_1y_1 + C_2y_2 + u_1y_1 + u_2y_2. \end{aligned}$$

EXEMPLO 3

Resolva
$$y'' - y = \frac{1}{x}.$$

Solução A equação auxiliar $m^2 - 1 = 0$ tem raízes $m_1 = -1$ e $m_2 = 1$. Portanto

$$y_c = c_1e^x + c_2e^{-x}$$

$$W(e^x, e^{-x}) = \begin{vmatrix} e^x & e^{-x} \\ e^x & -e^{-x} \end{vmatrix} = -2$$

$$u_1' = -\frac{e^{-x}(1/x)}{-2}, \quad u_1 = \frac{1}{2}\int_{x_0}^{x} \frac{e^{-t}}{t}\,dt$$

$$u_2' = \frac{e^{-x}(1/x)}{-2}, \quad u_2 = -\frac{1}{2}\int_{x_0}^{x} \frac{e^{t}}{t}\,dt.$$

É sabido que as integrais que definem u_1 e u_2 não podem ser expressas em termos de funções elementares. Então, escrevemos

$$y_p = \frac{1}{2}e^x\int_{x_0}^{x} \frac{e^{-t}}{t}\,dt - \frac{1}{2}e^{-x}\int_{x_0}^{x} \frac{e^{t}}{t}\,dt,$$

assim

$$y = y_c + y_p = c_1e^x + c_2e^{-x} + \frac{1}{2}e^x\int_{x_0}^{x} \frac{e^{-t}}{t}\,dt - \frac{1}{2}e^{-x}\int_{x_0}^{x} \frac{e^{t}}{t}\,dt. \qquad ■$$

No Exemplo 3, podemos integrar em qualquer intervalo $x_0 \leq t \leq x$ que não contenha a origem.

Equações de Ordem Superior

O método que acabamos de examinar para equações diferenciais não-homogêneas de segunda ordem pode ser generalizado para equações lineares de n-ésima ordem que tenham sido colocadas na forma

$$y^{(n)} + P_{n-1}(x)y^{(n-1)} + \ldots + P_1(x)y' + P_0(x)y = f(x). \qquad \textbf{(13)}$$

Se $y = c_1y_1 + c_2y_2 + \ldots + c_ny_n$ é a função complementar de (13), então uma solução particular é

$$y_p = u_1(x)y_1(x) + u_2(x)y_2(x) + \cdots + u_n(x)y_n(x),$$

em que os u_k', $k = 1, 2, \ldots, n$ são determinados pelas n equações

$$
\begin{aligned}
y_1u_1' + \quad & y_2u_2' + \dots + \quad y_nu_n' = 0 \\
y_1'u_1' + \quad & y_2'u_1' + \dots + \quad y_n'u_n' = 0 \\
& \vdots \\
y_1^{(n-1)}u_1' + & y_2^{(n-1)}u_2' + \dots + y_n^{(n-1)}u_n' = f(x).
\end{aligned}
$$

As primeiras $n - 1$ equações do sistema, como em (7), são suposições feitas para simplificar as primeiras $n - 1$ derivadas de y_p. A última equação do sistema resulta da substituição da n-ésima derivada de y_p e as derivadas de ordem menor simplificadas em (13). Neste caso, a regra de Cramer nos dá

$$u_k' = \frac{W_k}{W}, \quad k = 1, 2, \dots, n,$$

em que W é o Wronskiano de $y_1, y_2, \dots, y_n$ e W_k é o determinante obtido substituindo a k-ésima coluna do Wronskiano pela coluna

$$\begin{matrix} 0 \\ 0 \\ \vdots \\ 0 \\ f(x). \end{matrix}$$

Quando $n = 2$, obtemos (10) e (11).

Observação (i) A variação dos parâmetros tem uma vantagem sobre o método dos coeficientes indeterminados. Ela *sempre* produz uma solução particular y_p, desde que a equação homogênea associada possa ser resolvida. O presente método não se limita a uma função $f(x)$ que seja combinação linear dos quatro tipos de funções listadas na página 183. Ainda, a variação dos parâmetros se aplica a equações diferenciais com coeficientes variáveis.

Nos problemas que seguem, não hesite em simplificar a forma de y_p. Dependendo de como as antiderivadas de u_1' e u_2' forem encontradas, você pode não obter a mesma y_p dada na seção de respostas. Por exemplo, no Problema 3, $y_p = (\operatorname{sen} x - x\cos x)/2$ e $y_p = (\operatorname{sen} x)/4 - (x\cos x)/2$ são respostas válidas. Em qualquer caso, a solução geral $y = y_c + y_p$ pode ser simplificada, ou seja, $y = c_1\cos x + c_2\,\operatorname{sen} x - (x\cos x)/2$. Por quê?

(ii) Nos Problemas 25-28, pede-se para resolver os problemas de valor inicial. Certifique-se de aplicar as condições iniciais à solução geral $y = y_c + y_p$. Estudantes freqüentemente cometem o erro de aplicar as condições iniciais somente à função complementar y_c, pois ela é a parte da solução que contém as constantes. Faça uma revisão do Exemplo 8 da Seção 4.4 para o correto procedimento.

4.7 EXERCÍCIOS

As respostas dos exercícios selecionados estão nas páginas 452 e 453.

Nos Problemas 1-24, resolva cada equação diferencial pelo método da variação dos parâmetros. Defina um intervalo no qual a solução geral seja válida.

1. $y'' + y = \sec x$

2. $y'' + y = \operatorname{tg} x$

3. $y'' + y = \operatorname{sen} x$

4. $y'' + y = \sec x \operatorname{tg} x$

5. $y'' + y = \cos^2 x$

6. $y'' + y = \sec^2 x$

7. $y'' - y = \cosh x$

8. $y'' - y = \operatorname{senh} 2x$

9. $y'' - 4y = e^{2x}/x$

10. $y'' - 9y = 9x/e^{3x}$

11. $y'' + 3y' + 2y = 1/(1 + e^x)$

12. $y'' - 3y' + 2y = e^{3x}/(1 + e^x)$

13. $y'' + 3y' + 2y = \operatorname{sen} e^x$

14. $y'' - 2y' + y = e^x \operatorname{arctg} x$

15. $y'' - 2y' + y = e^{-x}/(1 + x^2)$

16. $y'' - 2y' + 2y = e^x \sec x$

17. $y'' - 2y' + y = e^{-x} \ln x$

18. $y'' + 10y' + 25y = e^{-10x}/x^2$

19. $3y'' - 6y' + 30y = e^x \operatorname{tg} 3x$

20. $4y'' - 4y' + y = e^{x/2}\sqrt{1 - x^2}$

21. $y''' + y' = \operatorname{tg} x$

22. $y''' + 4y' = \sec 2x$

23. $y''' - 2y'' - y' + 2y = e^{3x}$

24. $y''' - 6y'' = x^2$

Nos Problemas 25-28, resolva cada equação diferencial pelo método da variação dos parâmetros, sujeita à condição inicial $y(0) = 1$, $y'(0) = 0$.

25. $4y'' - y = xe^{x/2}$

26. $2y'' + y' - y = x + 1$

27. $y'' + 2y' - 8y = 2e^{-2x} - e^{-x}$

28. $y'' - 4y' + 4y = (12x^2 - 6x)e^{2x}$

29. Sabendo que $y_1 = x$ e $y_2 = x \ln x$ formam um conjunto fundamental de soluções para $x^2y'' - xy' + y = 0$ em $(0, \infty)$, encontre a solução geral para

$$x^2y'' - xy' + y = 4x \ln x.$$

30. Sabendo que $y_1 = x^2$ e $y_2 = x^3$ formam um conjunto fundamental de soluções para $x^2y'' - 4xy' + 6y = 0$ em $(0, \infty)$, encontre a solução geral para

$$x^2y'' - 4xy' + 6y = \frac{1}{x}\cdot$$

31. Sabendo que $y_1 = x^{-1/2} \cos x$ e $y_2 = x^{-1/2}$ *sen* x formam um conjunto fundamental de soluções para $x^2y'' + xy' + (x^2 - \frac{1}{4})y = 0$ em $(0, \infty)$, encontre a solução geral para

$$x^2y'' + xy' + \left(x^2 - \frac{1}{4}\right)y = x^{3/2}.$$

32. Sabendo que $y_1 = \cos(\ln x)$ e $y_2 = \text{sen}(\ln x)$ são soluções linearmente independentes para $x^2y'' + xy' + y = 0$ em $(0, \infty)$:

(a) Encontre uma solução particular para

$$x^2y'' + xy' + y = \sec(\ln x).$$

(b) Dê a solução geral para a equação e defina um intervalo em que esta seja válida. [*Sugestão:* Não é $(0, \infty)$. Por quê?]

33. **(a)** Use o método dos coeficientes indeterminados para encontrar uma solução particular para

$$y'' + 2y' + y = 4x^2 - 3.$$

(b) Use o método da variação dos parâmetros para encontrar uma solução particular para

$$y'' + 2y' + y = \frac{e^{-x}}{x}.$$

(c) Use o princípio de superposição (Teorema 4.9) para encontrar uma solução particular para

$$y'' + 2y' + y = 4x^2 - 3 + \frac{e^{-x}}{x}.$$

34. Use o método delineado no Problema 33 para encontrar uma solução particular para

$$y'' + y = 2x - e^{3x} + \text{cotg}\, x.$$

Capítulo 4 *REVISÃO*

Resumimos os resultados importantes deste capítulo para equações diferenciais **lineares de segunda ordem**.

A equação

$$a_2(x)y'' + a_1(x)y' + a_0(x)y = 0 \quad \textbf{(1)}$$

é homogênea, enquanto

$$a_2(x)y'' + a_1(x)y' + a_0(x)y = g(x), \quad \textbf{(2)}$$

$g(x)$ não identicamente nula é **não-homogênea**. Na consideração de equações lineares (1) e (2), supomos que $a_2(x)$, $a_1(x)$, $a_0(x)$ e $g(x)$ são contínuas em um intervalo I e que $a_2(x) \neq 0$ para todo x no intervalo. Sob essas hipóteses, existe uma única solução para (2) que satisfaça a **condição inicial** $y(x_0) = y_0$, $y'(x_0) = y_0'$, em que x_0 é um ponto em I.

O **Wronskiano** de duas funções diferenciáveis $f_1(x)$ e $f_2(x)$ é o determinante

$$W(f_1(x), f_2(x)) = \begin{vmatrix} f_1(x) & f_2(x) \\ f_1'(x) & f_2'(x) \end{vmatrix}.$$

Quando $W \neq 0$ em pelo menos um ponto no intervalo, as funções são **linearmente independentes** no intervalo. Se as funções são **linearmente dependentes** no intervalo, então $W = 0$ para todo x no intervalo.

Na resolução da equação homogênea (1), queremos soluções linearmente independentes. Uma condição necessária e suficiente para duas soluções y_1 e y_2 serem linearmente independentes em I é $W(y_1, y_2) \neq 0$ para todo x em I. Dizemos que y_1 e y_2 formam um **conjunto fundamental** em I quando elas são soluções linearmente independentes de (1) no intervalo. Para quaisquer duas soluções y_1 e y_2, o **princípio de superposição** diz que a combinação linear $c_1y_1 + c_2y_2$ é também uma solução para (1). Quando y_1 e y_2 formam um conjunto fundamental, a função $y = c_1y_1 + c_2y_2$ é chamada de **solução geral** para (1). A **solução geral** para (2) é $y = y_c + y_p$, em que yc é a **função complementar**, ou solução geral, para (1) e y_p é qualquer **solução particular** para (2).

Para resolver (1) no caso $ay'' + by' + cy = 0$, a, b e c constantes, primeiro resolvemos a **equação auxiliar** $am^2 + bm + c = 0$. Há três formas de solução geral, dependendo das três possibilidades das raízes da equação auxiliar.

Raízes	Solução Geral
1. m_1 e m_2: reais e distintas	$y = c_1e^{m_1x} + c_2e^{m_2x}$
2. m_1 e m_2: reais mas $m_1 = m_2$	$y = c_1e^{m_1x} + c_2xe^{m_1x}$
3. m_1 e m_2: complexas	
$m_1 = \alpha + i\beta,\ m_2 = \alpha - i\beta$	$y = e^{\alpha x}(c_1 \cos \beta x + c_2 \operatorname{sen} \beta x)$

Para resolver uma equação diferencial não-homogênea, usamos ou o método dos **coeficientes indeterminados**, ou o método da **variação dos parâmetros**, para encontrar uma solução particular y_p. O primeiro procedimento limita-se a equações diferenciais $ay'' + by' + cy = g(x)$, em que a, b e c são constantes e $g(x)$ é uma constante, um polinômio, $e^{\alpha x}$, $\cos \beta x$, $\operatorname{sen} \beta x$, ou somas e produtos finitos dessas funções.

Capítulo 4 *EXERCÍCIOS DE REVISÃO*

As respostas dos exercícios selecionados estão na página 453.

Responda aos Problemas 1-10 sem consultar o texto. Preencha os espaços ou responda verdadeiro/falso. Em alguns casos, pode haver mais de uma resposta correta.

1. A única solução para $y'' + x^2y = 0$, $y(0) = 0$, $y'(0) = 0$ é __________.

2. Se duas funções diferenciáveis $f_1(x)$ e $f_2(x)$ são linearmente independentes em um intervalo, então $W(f_1(x), f_2(x)) \neq 0$ para pelo menos um ponto do intervalo. __________

3. Duas funções $f_1(x)$ e $f_2(x)$ são linearmente independentes em um intervalo se uma não é múltipla da outra. __________

4. As funções $f_1(x) = x^2$, $f_2(x) = 1 - x^2$ e $f_3(x) = 2 + x^2$ são linearmente __________ no intervalo $(-\infty, \infty)$.

5. As funções $f_1(x) = x^2$ e $f_2(x) = x|x|$ são linearmente independentes no intervalo __________, mas elas são linearmente dependentes no intervalo __________.

6. Duas soluções y_1 e y_2 de $y'' + y' + y = 0$ são linearmente dependentes se $W(y_1, y_2) = 0$ para todo valor real de x. __________

7. Um múltiplo de uma solução para uma equação diferencial é também uma solução. __________

8. Um conjunto fundamental de duas soluções para $(x - 2)y'' + y = 0$ existe em qualquer intervalo que não contenha o ponto__________.

9. No método dos coeficientes indeterminados, a forma da solução particular y_p para $y'' - y = 1 + e^x$ é __________.

10. Um operador diferencial que anula $e^{2x}(x + \operatorname{sen} x)$ é __________.

Nos Problemas 11 e 12, encontre uma segunda solução para a equação diferencial se $y_1(x)$ é uma dada solução.

11. $y'' + 4y = 0, \quad y_1 = \cos 2x$

12. $xy'' - 2(x + 1)y' + (x + 2)y = 0, \quad y_1 = e^x$

Nos Problemas 13-18, encontre a solução geral para cada equação diferencial.

13. $y'' - 2y' - 2y = 0$

14. $2y'' + 2y' + 3y = 0$

15. $y''' + 10y'' + 25y' = 0$

16. $2y''' + 9y'' + 12y' + 5y = 0$

17. $3y''' + 10y'' + 15y' + 4y = 0$

18. $2\dfrac{d^4y}{dx^4} + 3\dfrac{d^3y}{dx^3} + 2\dfrac{d^2y}{dx^2} + 6\dfrac{dy}{dx} - 4y = 0$

Nos Problemas 19-22, resolva cada equação diferencial pelo método dos coeficientes indeterminados.

19. $y'' - 3y' + 5y = 4x^3 - 2x$

20. $y'' - 2y' + y = x^2e^x$

21. $y''' - 5y'' + 6y = 2\operatorname{sen} x + 8$

22. $y''' - y'' = 6$

Nos Problemas 23 e 24, resolva a equação diferencial dada sujeita às condições indicadas.

23. $y'' - 2y' + 2y = 0, \quad y(\pi/2) = 0, \quad y(\pi) = -1$

24. $y'' - y = x + \operatorname{sen} x, \quad y(0) = 2, \quad y'(0) = 3$

Nos Problemas 25 e 26, resolva cada equação diferencial pelo método da variação dos parâmetros.

25. $y'' - 2y' + 2y = e^x \operatorname{tg} x$

26. $y'' - y' = 2e^x/(e^x + e^{-x})$

Nos Problemas 27 e 28, resolva a equação diferencial dada sujeita às condições indicadas.

27. $(2D^3 - 13D^2 + 24D - 9)y = 36, \quad y(0) = -4, \quad y'(0) = 0, \quad y''(0) = \frac{5}{2}$

28. $y'' + y = \sec^3 x, \quad y(0) = 1, \quad y'(0) = \frac{1}{2}$

ENSAIO

Caos

John H. Hubbard
Departamento de Matemática
Cornell University

Uma história famosa de ficção científica conta que um político, após ter ganho uma eleição, realizou uma viagem em uma máquina do tempo de volta à era dos dinossauros. Enquanto estava lá, tomou todo o cuidado para não perturbar nada. Mesmo assim, ele pisou sem querer em uma folha de grama e a entortou. Quando voltou ao seu tempo, descobriu que neste mundo modificado ele tinha perdido a eleição.

Isto é o que os matemáticos têm em mente quando dizem que um sistema apresenta caos: mínimas variações na condição inicial de um sistema podem decisivamente afetar o resultado. Estamos falando do efeito borboleta. O bater das asas de uma borboleta no Japão pode ter um efeito decisivo no tempo, um mês depois, nos Estados Unidos?

A maioria das pessoas consideraria essa questão absurda, ridícula, sem pensar duas vezes. Mas eu acho que é uma questão relevante, se o intervalo de tempo for de pelo menos seis meses, e proponho aqui dar algumas razões quantitativas para minhas conclusões.

Uma justificativa para o efeito borboleta não é de maneira alguma óbvia. Não temos uma máquina do tempo disponível; não podemos voltar no tempo seis semanas, pegar uma borboleta (sem perturbar nada, qualquer que seja o significado disto) e então retornar e observar as conseqüências. Precisamos tomar outro caminho.

Para ajudá-lo a acompanhar a idéia, descreverei um "modelo lúdico" que mostra claramente o "efeito borboleta", através do qual as idéias que serão apresentadas podem ser entendidas.

Considere o sistema (puramente matemático) no qual, a cada tique do relógio, um ângulo é dobrado. Um estado do sistema é um ângulo, e ele evolui dobrando seu valor a cada instante. Em símbolos, você pode descrever o sistema como uma seqüência de ângulos

$$\theta_0, \theta_1, \ldots,$$

em que θ_0 é o estado inicial do sistema e $\theta_{n+1} = 2\theta_n$.

Esse sistema representa o comportamento do efeito borboleta. Se θ_0 for perturbado por um bilionésimo de uma volta, então o estado após 30 tiques do relógio é completamente desconhecido. Na verdade, a incerteza em nosso conhecimento sobre o estado do sistema dobra a cada tique; após 30 tiques, nossa incerteza é agora de

$$\frac{2^{30}}{1.000.000.000},$$

Ou seja, mais de uma volta; nada mais sabemos.

O exemplo acima traz uma noção-chave em todas as descrições de caos: entropia. Isso é essencialmente a taxa de dissipação de informação. Há várias maneiras de descrever essa taxa com precisão, e elas têm vários nomes (por exemplo, exponencial de Lyapunov), mas, para o propósito deste texto, vou me contentar com o tempo de duplicação: **o tempo necessário para uma pequena incerteza se duplicar**.

Como faríamos para estimar esse tempo no sistema formado pelos fatores meteorológicos? É claro que não podemos "escolher dois estados iniciais separados um do outro por um épsilon e medir a taxa em que divergem", mas podemos fazer alguma coisa parecida com isso. Podemos verificar épocas passadas com condições meteorológicas semelhantes. Então podemos ver quanto tempo levou para uma mudança dessas condições. Isso tem sido feito, proporcionando o cálculo de um tempo de duplicação de dois dias e meio.

Você também pode ir ao departamento de meteorologia de um grande instituto de pesquisa (por exemplo, o Institut de Météorologie de l'université de Paris -VI) e perguntar qual é o tempo de duplicação calculado por suas melhores simulações computacionais. Você obterá o mesmo valor.

A próxima questão com que devemos nos deparar é: o que corresponde ao número um bilionésimo acima? Qual proporção do sistema (a atmosfera) representa nosso distúrbio (uma borboleta)? Uma maneira (talvez contestável) de estimar isso é simplesmente medir a razão das massas. O peso de uma borboleta grande é cerca de 1 grama, e a massa da atmosfera pesa 5 x 10^{21} gramas.

A pressão atmosférica é de aproximadamente 1 kg/cm^2, ou seja, há 1 kg de ar acima de todo centímetro quadrado da terra. A área de uma esfera de raio r é $4\pi r^2$, e o raio da terra é de cerca de 6000 km. Então, o peso da massa atmosférica é

$$1000 \times 4 \times \pi \times (6 \times 10^8)^2 \text{ gramas.}$$

Logo, uma borboleta não é um bilionésimo do tamanho do sistema; ela é precisamente mil-bilhão-bilionésimo.

Como 5×10^{21} é aproximadamente 2^{72}, deve levar cerca de 72 períodos de duplicação para os efeitos de uma única borboleta induzirem perturbações em uma escala global.

Uma conseqüência dessa análise é que previsões do tempo para períodos longos são completamente impossíveis. É inconcebível que alguém possa saber o estado da atmosfera como conseqüência do efeito de uma borboleta, ou mesmo em uma escala mil bilhões de vezes maior. Perturbações dessa escala decisivamente afetam a atmosfera em um mês.

Físicos, químicos, astrônomos e matemáticos estão mostrando agora que uma enorme quantidade de sistemas apresentam "caos", no sentido de que estão se expandindo e têm um tempo de duplicação para erros.

Um exemplo foi dado pelo meteorologista E. Lorenz, cuja descoberta pode ter sido o começo dessa linha inteira de pensamentos. Em 1961, ele estava realizando uma simulação meteorológica. Os computadores da época eram primitivos, por isso os dados tinham de ser drasticamente simplificados, para tornar possível o trabalho computacional. Ele observou vários comportamentos a partir de seu modelo, aparentemente bem satisfatórios, até o dia em que decidiu examinar alguma coisa que ele já tinha computado durante um período de tempo mais longo. Ele registrou o que pensou ser as condições iniciais originais, foi tomar uma xícara de café e quando voltou percebeu que seu novo tempo não estava de acordo com a previsão anterior de seu modelo.

Ele notou que registrara as condições iniciais com menos decimais que as condições iniciais da simulação anterior; e isso causara a discrepância. Após simplificar ainda mais seu modelo, Lorenz descobriu que o seguinte sistema de equações diferenciais exibia o mesmo tipo caótico de comportamento:

$$x' = 10(y - x)$$

$$y' = 28x - y - xz$$

$$z' = \frac{8}{3}z + xy.$$

Trabalhos posteriores nessas equações e outras em R^3 mostraram que comportamento caótico e atratores fractais são comuns.

A presença de caos tem um efeito devastador sobre as previsões, mas algumas vezes é útil; às vezes, o caos pode ser controlado.

A NASA não é capaz de construir foguetes com combustível suficiente para alcançar grandes distâncias. Então, eles fizeram com que o foguete tocasse delicadamente em Vênus, roubando dele um pouco da energia potencial necessária para alcançar a fantástica velocidade requerida. Apenas uma pequena variação na trajetória pode provocar uma grande variação na velocidade do foguete, e trajetória é um projeto factível. Mas imagine como isso dificulta previsões para longas trajetórias como órbitas de cometas, por exemplo.

A presença de caos também tem conseqüências filosóficas, como, por exemplo, o conflito entre determinismo e contingência. Como o ser humano pode ser livre se o universo é completamente governado por leis determinísticas?

Se as equações exibem caos, então segue-se que você não pode saber se são determinísticas, não importa o tempo que observe o sistema. Se você fosse observar uma seqüência de ângulos, cada um com 15 decimais, nunca poderia saber se está observando uma seqüência de duplicações exatas de um ângulo ou o mesmo sistema perturbado em uma escala menor que 10^{-15} (tal como erro de arredondamento)

Analogamente, se o cérebro não estivesse seguindo exatamente as leis da física, mas se encontrasse perturbado (por forças espirituais, liberdade, deus) em uma escala imensurável, sem afetar drasticamente o sistema (eu duvido que alguém reaja da mesma forma com eletrodos em seu cérebro), então, embora você nunca soubesse, em talvez 4 segundos, poderia decisivamente alterar todas as decisões. Precisamente, seria necessário o conhecimento sobre o tempo de duplicação do cérebro. A introspecção me diz que isso deve ser talvez 0,1 segundo, o tempo de uma compreensão elementar. Talvez, algum dia, os neurologistas cheguem a uma estimativa mais confiável. Se isso for acurado, então 4 segundos serão 40 tempos de duplicação, e $2^{40} \approx 10^{12}$ é aproximadamente o número de neurônios do cérebro.

Pessoalmente, não acho que haja um deus atrapalhando as leis físicas em meu cérebro, mas isso não é possível saber. O caos nos impede de saber tais coisas.

De modo mais geral, embora eu tenha a segurança que você poderia esperar de um cientista, acho que o mundo é essencialmente incompreensível, com toda sorte de pequenos eventos tendo enormes conseqüências sem nenhuma esperança de previsão ou entendimento.

Se você acha absurda a idéia de que suas menores ações provavelmente influenciam todo o mundo futuro, pense no seguinte fato: a menor variação no comportamento sexual de qualquer pessoa no ano 800 d.C., teria certamente afetado o mundo de várias maneiras incalculáveis.

Capítulo 5

APLICAÇÕES DE EQUAÇÕES DIFERENCIAIS DE SEGUNDA ORDEM: MODELOS VIBRATÓRIOS

Conceitos Importantes

Movimento livre
Movimento harmônico simples
Movimento livre sem amortecimento
Período
Freqüência
Equações do movimento
Amplitude
Ângulo de fase
Movimento livre amortecido
Superamortecimento
Amortecimento crítico
Subamortecimento
Movimento forçado
Termo transitório
Solução transitória
Solução do estado estacionário
Ressonância pura
Ressonância
Curva de ressonância
Vibrações elétricas
Circuito superamortecido
Circuito criticamente amortecido
Circuito subamortecido
Corrente do estado estacionário
Reatância
Impedância
Deslocamento extremo

Uma única equação diferencial pode servir como um modelo matemático para muitos fenômenos diferentes. A equação diferencial linear de segunda ordem $ay'' + by' + cy = f(t)$ aparece na análise de problemas na física, engenharia, química e biologia.

Neste capítulo, nosso foco principal é na aplicação: o movimento de uma massa atada a uma mola. Veremos o significado de cada termo da equação acima no contexto do sistema vibratório. Veremos também que a matemática de um circuito em série é idêntica à do sistema vibratório massa-mola; somente a terminologia e a interpretação física dos termos da equação são diferentes. Nosso propósito, é claro, não é estudar todas as aplicações possíveis, mas sim familiarizá-lo com os procedimentos matemáticos comuns a esses problemas.

5.1 MOVIMENTO HARMÔNICO SIMPLES

Lei de Hooke

Suponha, como na Figura 5.1(b), uma massa m_1 atada a uma mola flexível suspensa por um suporte rígido. Quando m_1 é substituída por uma massa diferente m_2, o alongamento da mola será obviamente diferente.

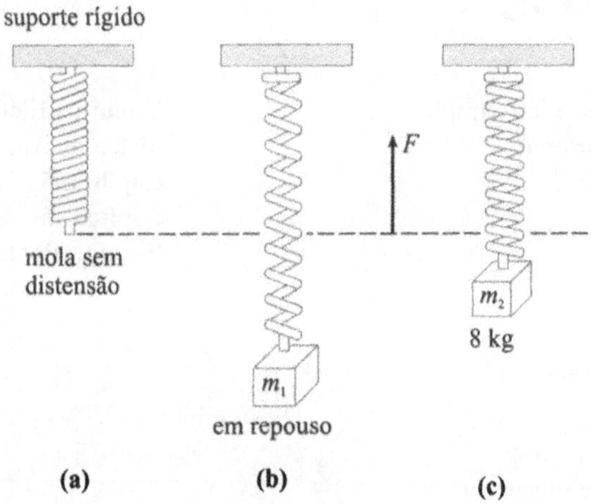

Figura 5.1

Pela lei de Hooke,* a mola exerce uma força restauradora F oposta à direção do alongamento e proporcional à distensão s. Simplesmente enunciada $F = ks$, em que k é uma constante de proporcionalidade. Embora massas com pesos diferentes distendam a mola com alongamentos diferentes, a mola é caracterizada pelo número k. Por exemplo, se uma massa pesando 10 kg provoca uma distensão de 2 cm em uma mola, então

$$98 = 2k \text{ implica } \quad k = 49 \text{ N/cm}$$

Necessariamente então uma massa pesando 8 kg provoca uma distensão na mesma mola de 1,6 cm.

* **Robert Hooke** (1635 – 1703) Físico e inventor inglês, Hooke publicou essa lei em 1658. A idéia de atar uma mola a um volante de relógio, causando movimento oscilatório que permite a um relógio marcar unidades de tempo, é atribuída a Hooke. O conceito da mola de equilíbrio levou à invenção do relógio de bolso por Christian Huygens em 1674. Hooke acusou Huygens de ter roubado sua invenção. Irritável e controvertido, Hooke acusou muitos colegas seus, especialmente Isaac Newton, de plagiadores.

Segunda Lei de Newton

Após uma massa m ser atada a uma mola, ela provoca uma distensão s na mola e atinge sua posição de equilíbrio na qual o peso W é igual à força restauradora ks. Lembre-se, da Seção 1.2, de que o peso é definido por

$$W = mg$$

em que a massa é medida em quilogramas e $g = 9{,}8\,\mathrm{m/s^2}$. Como indicado na Figura 5.2(b), a condição de equilíbrio é $mg = ks$, ou $mg - ks = 0$. Se a massa estiver deslocada por uma quantidade x de sua posição de equilíbrio e for solta, a força resultante nesse caso de dinâmica é dada pela **segunda lei de Newton** $F = ma$, em que a é a aceleração d^2x/dt^2. Supondo que não haja forças de retardamento agindo sobre o sistema e supondo que a massa vibre sem influência de outras forças externas – **movimento livre** –, podemos igualar F à força resultante do peso e da força restauradora:

$$\begin{aligned} m\frac{d^2x}{dt^2} &= -k(s + x) + mg \\ &= -kx + \underbrace{mg - ks}_{\text{zero}} = -kx. \end{aligned} \tag{1}$$

O sinal de subtração em (1) indica que a força restauradora da mola age em direção oposta ao movimento. Ainda, adotaremos como convenção que deslocamentos medidos *abaixo* da posição de equilíbrio são positivos. Veja a Figura 5.3.

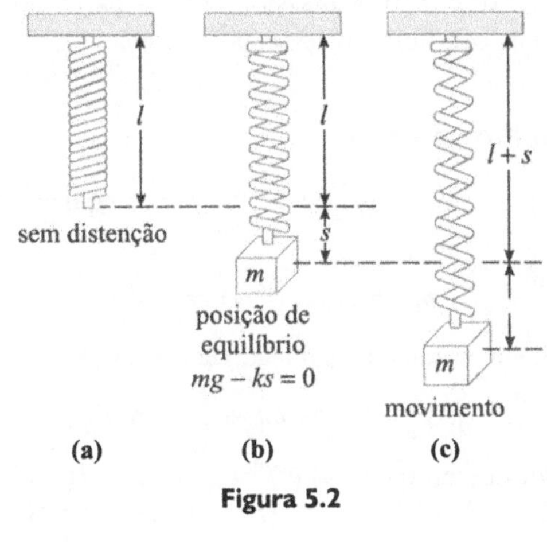

Figura 5.2

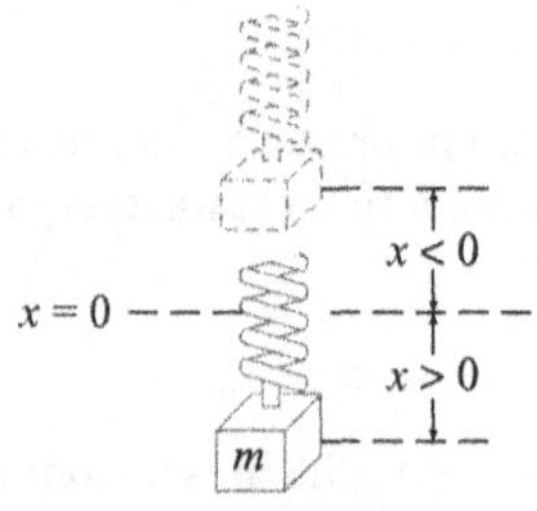

Figura 5.3

Equação Diferencial do Movimento Livre Sem Amortecimento

Dividindo (1) pela massa m, obtemos a equação diferencial de segunda ordem

$$\frac{d^2x}{dt^2} + \frac{k}{m}x = 0 \tag{2}$$

ou

$$\frac{d^2x}{dt^2} + \omega^2 x = 0, \tag{3}$$

em que $\omega^2 = k/m$. Dizemos que a equação (3) descreve um **movimento harmônico simples**, ou **movimento livre sem amortecimento**. Há duas condições iniciais óbvias associadas a (3):

$$x(0) = \alpha, \qquad x'(0) = \beta, \tag{4}$$

representando o deslocamento inicial e a velocidade inicial, respectivamente. Por exemplo, se $\alpha > 0, \beta < 0$, a massa parte de um ponto *abaixo* da posição de equilíbrio com velocidade inicial dirigida *para cima*. Se $\alpha < 0$, $\beta = 0$, a massa é solta a partir do *repouso* de um ponto $|\alpha|$ unidades *acima* da posição de equilíbrio, e assim por diante.

Solução e Equação de Movimento

Para resolver a equação (3), notamos que as soluções para a equação auxiliar $m^2 + \omega^2 = 0$ são números complexos

$$m_1 = \omega i, \qquad m_2 = -\omega i.$$

Então, de (8) da Seção 4.3, encontramos a solução geral para (3)

$$x(t) = c_1 \cos \omega t + c_2 \text{ sen } \omega t. \tag{5}$$

O **período** de vibrações livres descrito em (5) é $T = 2\pi/\omega$, e a **freqüência** é $f = 1/T = \omega/2\pi$.* Por exemplo, para $x(t) = 2 \cos 3t - 4 \, sen \, 3t$, o período é $2\pi/3$ e a freqüência, $3/2\pi$. O primeiro

* Às vezes o número ω é chamado de freqüência *circular de vibrações*. Para movimento livre sem amortecimento, os números $2\pi/\omega$ e $\omega/2\pi$ são também conhecidos como *período natural* e *freqüência natural*, respectivamente.

número significa que o gráfico de $x(t)$ se repete a cada $2\pi/3$ unidades; o último número significa que há 3 ciclos de gráfico em cada 2π unidades, ou de maneira equivalente, a massa está sujeita a $3/2\pi$ vibrações completas por unidade de tempo. Ainda pode ser mostrado que o período $2\pi/\omega$ é o intervalo de tempo entre dois máximos sucessivos de $x(t)$. Lembre-se de que um máximo de $x(t)$ é um deslocamento positivo correspondente à distância máxima atingida pela massa abaixo da posição de equilíbrio, enquanto um mínimo de $x(t)$ é um deslocamento negativo correspondente à altura máxima atingida pela massa acima da posição de equilíbrio. Iremos nos referir a cada caso como um **deslocamento extremo** da massa. Finalmente, quando as condições iniciais (4) são usadas para determinar as constantes c_1 e c_2 em (5), dizemos que a solução particular resultante é a **equação de movimento**.

EXEMPLO 1

Resolva e interprete o problema de valor inicial

$$\frac{d^2x}{dt^2} + 16x = 0, \qquad x(0) = 10, \qquad x'(0) = 0.$$

Solução O problema é equivalente a puxar uma massa atada a uma mola para baixo 10 unidades abaixo da posição de equilíbrio, segurando-a até $t = 0$, e então soltá-la a partir do repouso. Aplicando as condições iniciais à solução

$$x(t) = c_1 \cos 4t + c_2 \operatorname{sen} 4t$$

obtemos

$$x(0) = 10 = c_1 \times 1 + c_2 \times 0$$

de forma que $c_1 = 10$, e então

$$x(t) = 10 \cos 4t + c_2 \operatorname{sen} 4t$$

$$\frac{dx}{dt} = -40 \operatorname{sen} 4t + 4c_2 \cos 4t$$

$$x'(0) = 0 = 4c_2 \times 1.$$

A última equação implica que $c_2 = 0$; portanto, a equação de movimento é $x(t) = 10 \cos 4t$.

A solução mostra claramente que, uma vez que o sistema seja colocado em movimento, ele permanece em movimento com a massa oscilando para frente e para trás 10 unidades em cada lado da posição de equilíbrio $x = 0$. Como mostrado na Figura 5.4(b), o período de oscilação é $2\pi/4 = \pi/2$ segundos.

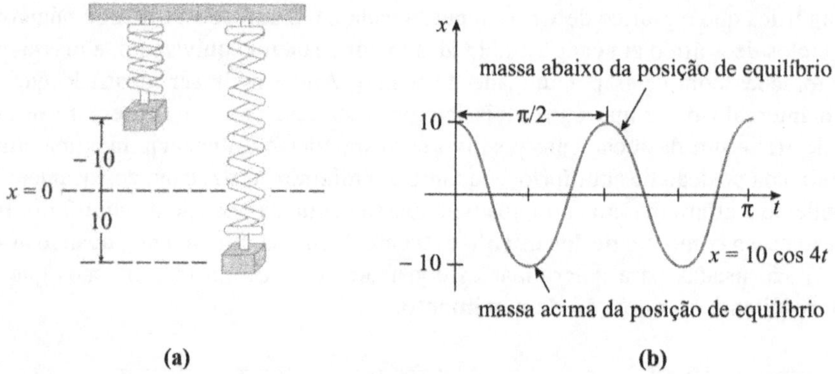

Figura 5.4

EXEMPLO 2

Uma massa pesando 2 kg distende uma mola em 6 cm. No instante $t = 0$, a massa é solta de um ponto a 8 cm abaixo da posição de equilíbrio com uma velocidade direcionada para cima de 25 cm/s. Determine a função $x(t)$ que descreve o movimento livre subseqüente.

Solução Pela lei de Hooke, $2 \times 9{,}8 = k6$, o que implica $k = 3{,}27\text{N/cm}$. Logo, $2(d^2x/dt^2) = -3{,}27x$. O deslocamento inicial e a velocidade inicial são $x(0) = 8$ e $x'(0) = -25$, respectivamente.

$$\frac{1}{16}\frac{d^2x}{dt^2} = -4x \quad \text{e} \quad \frac{d^2x}{dt^2} + 64x = 0.$$

O sinal de negativo na última condição indica a direção negativa da velocidade inicial, ou seja, para cima.

Então, $\omega^2 = 1{,}64$ ou $\omega = 1{,}28$, e a solução geral para a equação diferencial é

$$x(t) = c_1 \cos 8t + c_2 \text{ sen } -\frac{4}{3}, \tag{6}$$

Aplicando as condições iniciais em (6), obtemos

$$x(0) = \frac{2}{3} = c_1 \times 1 + c_2 \times 0, \quad \left(c_1 = \frac{2}{3}\right)$$

$$x(t) = \frac{2}{3} \cos 8t + c_2 \text{ sen } 8t$$

$$x'(t) = -\frac{16}{3} \text{ sen } 8t + 8c_2 \cos 8t$$

$$x'(0) = -\frac{4}{3} = -\frac{16}{3} \times 0 + 8c_2 \times 1, \quad \left(c_2 = -\frac{1}{6}\right).$$

Portanto, a equação de movimento é

$$x(t) = \frac{2}{3}\cos 8t - \frac{1}{6}\operatorname{sen} 8t \tag{7}$$

■

Nota A distinção entre massa e peso é freqüentemente obscura. Portanto, fala-se em movimento de uma massa em uma mola e também em movimento de um peso em uma mola.

Forma Alternativa de $x(t)$

Quando $c \neq 0$ e $c_2 \neq 0$, a **amplitude** A das vibrações livres não é óbvia a partir da equação (5). Por exemplo, embora a massa no Exemplo 2 esteja inicialmente deslocada 8 cm abaixo da posição de equilíbrio, a amplitude das vibrações é um número maior que 8. Logo, é conveniente converter uma solução na forma (5) em uma forma mais simples.

$$\boldsymbol{x(t) = A\ \operatorname{sen}(\omega t + \phi)}, \tag{8}$$

em que

$$A = \sqrt{c_1^2 + c_2^2}$$

e ϕ é um **ângulo de fase** definido por

$$\left.\begin{aligned} \operatorname{sen}\phi &= \frac{c_1}{A} \\ \cos\phi &= \frac{c_2}{A} \end{aligned}\right\} \quad \operatorname{tg}\phi = \frac{c_1}{c_2}. \tag{9}$$

Para verificar isso, desenvolvemos (8) usando a fórmula de adição da função seno:

$$A \operatorname{sen}\omega t \cos\phi + A\cos\omega t \operatorname{sen}\phi = (A\operatorname{sen}\phi)\cos\omega t + (A\cos\phi)\operatorname{sen}\omega t. \tag{10}$$

Segue-se da Figura 5.5 que, se ϕ é definido por

$$\operatorname{sen}\phi = \frac{c_1}{\sqrt{c_1^2 + c_2^2}} = \frac{c_1}{A}, \quad \cos\phi = \frac{c_2}{\sqrt{c_1^2 + c_2^2}} = \frac{c_2}{a},$$

então (10) torna-se

$$A\frac{c_1}{A}\cos\omega t + A\frac{c_2}{A}\operatorname{sen}\omega t = c_1 \cos\omega t + c_2 \operatorname{sen}\omega t = x(t).$$

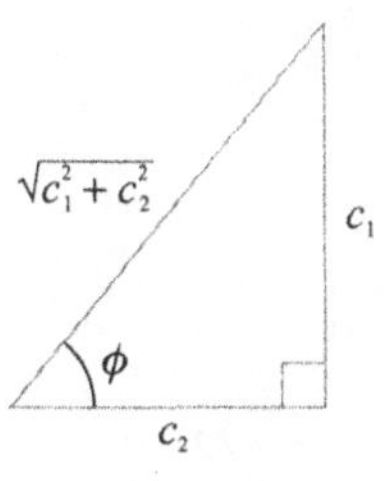

Figura 5.5

EXEMPLO 3

Em vista da discussão anterior, podemos escrever a solução (7) do Exemplo 2

$$x(t) = \frac{2}{3}\cos 8t - \frac{1}{6}\operatorname{sen} 8t \text{ de maneira alternativa } x(t) = A\operatorname{sen}(8t + \phi).$$

A amplitude é dada por 21,08 cm. Devemos ter um pouco de cuidado no cálculo do ângulo de fase ϕ definido por (9). Neste caso, $\operatorname{tg}\phi = -0{,}41$, e uma calculadora daria $\phi = -0{,}39$ radiano.* Mas esse ângulo está no quarto quadrante e portanto contradiz o fato de $\operatorname{sen}\phi > 0$ e $\cos\phi < 0$. Logo, devemos obter um ângulo ϕ no segundo quadrante cuja tangente seja $-0{,}41$. Para isso, $\phi = \pi - 0{,}39 = 2{,}75$ radianos. Temos então

$$x(t) = 21{,}08\operatorname{sen}(1{,}28t + 2{,}75) \tag{11}$$

■

A forma (8) é muito prática, pois a partir dela é muito fácil encontrar os valores de tempo para os quais o gráfico de $x(t)$ corta o eixo t (a reta $x = 0$). Observe que $\operatorname{sen}(\omega t + \phi) = 0$ quando

$$\omega t + \phi = n\pi,$$

em que n é um inteiro não negativo.

EXEMPLO 4

Para o movimento descrito por $x(t) = (\sqrt{17}/6)\operatorname{sen}(8t + 1{,}816)$, encontre o primeiro valor de t para o qual a massa passa pela posição de equilíbrio indo para baixo.

Solução Os valores t_1, t_2, t_3, ..., para os quais $\operatorname{sen}(8t + 1{,}816) = 0$ são determinados por

$$8t_1 + 1{,}816 = \pi, \quad 8t_2 + 1{,}816 = 2\pi, \quad 8t_3 + 1{,}816 = 3\pi, \ldots$$

Encontramos $t_1 = 0{,}166$, $t_2 = 0{,}558$, $t_3 = 0{,}951$, ..., respectivamente.

A Figura 5.6 mostra que a massa passa por $x = 0$, indo para baixo pela primeira vez quando $t = t_2 = 0{,}558$ segundo. ■

* A imagem da tangente inversa é $-\pi/2 < \operatorname{tg}^{-1}x < \pi/2$.

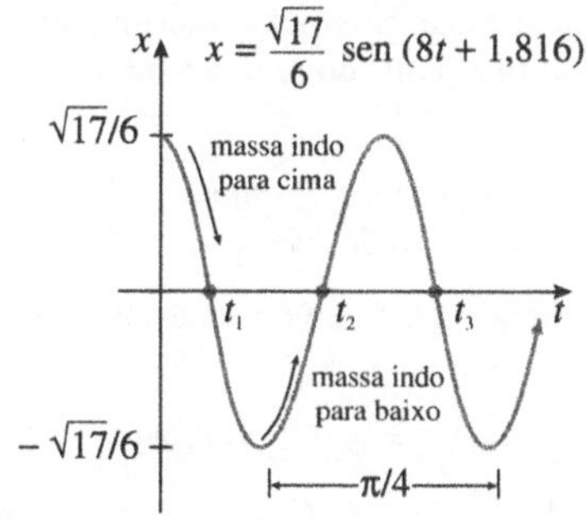

Figura 5.6

5.1 EXERCÍCIOS

As respostas dos exercícios selecionados estão na página 453.

Nos Problemas 1 e 2, descreva uma possível interpretação física para o problema de valor inicial dado.

1. $\frac{4}{32}x'' + 3x = 0$
$x(0) = -3,\ x'(0) = -2$

2. $\frac{1}{16}x'' + 4x = 0$
$x(0) = 0{,}7,\ x'(0) = 0$

Nos Problemas 3-8, escreva na forma (8) a solução para o problema de valor inicial dado.

3. $x'' + 25x = 0$
$x(0) = -2,\ x'(0) = 10$

4. $\frac{1}{2}x'' + 8x = 0$
$x(0) = 1,\ x'(0) = -2$

5. $x'' + 2x = 0$
$x(0) = -1,\ x'(0) = -2\sqrt{2}$

6. $\frac{1}{4}x'' = 16x = 0$
$x(0) = 4,\ x'(0) = 16$

7. $0{,}1x'' + 10x = 0$
$x(0) = 1,\ x'(0) = 1$

8. $x'' + x = 0$
$x(0) = -4,\ x'(0) = 3$

9. O período das oscilações livres sem amortecimento de uma massa presa a uma mola é de $\pi/4$ segundo. Se a constante da mola é 16N/m, qual é o peso da massa?

10. Uma mola está presa ao teto. Quando uma massa de 30 kg é atada à mola, esta distende-se em 12 cm. A massa é removida e uma pessoa segura a extremidade da mola e começa a balançar para cima e para baixo com um período de 1 segundo. Qual o peso dessa pessoa?

11. Um peso de 1/8 kg é atado a uma mola cuja constante de elasticidade é 16N/m. Qual o período do movimento harmônico simples?

12. Uma massa de 20 kg é atada a uma mola. Se a freqüência do movimento harmônico simples é de $2/\pi$ vibrações por segundo, qual a constante de elasticidade k? Qual a freqüência do movimento harmônico simples se a massa original for substituída por uma massa de 80 kg?

13. Uma massa de 750 gramas, atada a uma mola, provoca nesta uma distensão de 1/3 m. Encontre a equação de movimento se o peso for solto a partir do repouso de um ponto 0,25 m acima da posição de equilíbrio.

14. Determine a equação de movimento se o peso do Problema 13 for solto a partir da posição de equilíbrio com uma velocidade inicial para baixo de 2 m/s.

15. Um peso de 625 gramas distende uma mola em 0,5 m. O peso é solto a partir do repouso 0,5 m abaixo da posição de equilíbrio.

(a) Encontre a posição do peso nos instantes $t = \pi/12, \pi/8, \pi/6, \pi/4, 9\pi/32$ segundos.

(b) Qual é a velocidade do peso quando $t = 3\pi/16$? Qual a direção da velocidade nesse instante, ou seja, o peso está descendo ou subindo?

(c) Quando o peso passa pela posição de equilíbrio?

16. Uma força de 400 newtons distende uma mola em 2 m. Uma massa de 50 kg é atada à mola e solta na posição de equilíbrio com uma velocidade de 10 m/s para cima. Encontre a equação de movimento.

17. Uma outra mola de constante elástica 20N/m é suspensa no mesmo suporte rígido, mas paralela ao sistema massa mole do Problema 16. Uma massa de 20 kg é atada à segunda mola e ambas são soltas a partir da posição de equilíbrio com uma velocidade de 10 m/s para cima.

(a) Qual massa apresenta maior amplitude de movimento?

(b) Qual massa está se movendo mais rápido em $t = \pi/4$? E em $t = \pi/2$?

(c) Quando as duas massas estão na mesma posição? Onde elas estão nesse instante? Em qual direção elas estão se movendo?

18. Um peso de 2 kg distende uma mola em 2 cm. Determine a amplitude e o período de movimento se o peso for solto 1 cm acima da posição de equilíbrio com uma velocidade inicial de 2 cm/s para cima. Quantas vibrações completas o peso terá completado no final do 4π segundos?

19. Um peso 0,5 kg atado a uma mola está em movimento harmônico simples. Determine a equação de movimento se a constante da mola for 1 N/m e o peso for solto 0,5 m abaixo da posição de equilíbrio com uma velocidade de 1,5 m/s para baixo. Expresse a solução na forma (8).

20. Uma massa de 10 kg distende uma mola em 25 cm. Essa massa é substituída por uma massa de 30 kg, a qual é solta 30 cm acima da posição de equilíbrio com uma velocidade de 20 cm/s para baixo. Expresse a solução na forma (8). Quando a massa atinge a posição abaixo da posição de equilíbrio que é numericamente metade da amplitude?

21. Um peso de 2 kg atado a uma mola provoca uma distensão de 0,32 m na mesma. A massa é solta de uma posição 2/3 m acima da posição de equilíbrio com uma velocidade de 5 m/s para baixo.

(a) Encontre a equação de movimento.

(b) Qual é a amplitude e o período do movimento?

(c) Quantas vibrações completas o peso terá completado ao final de 3π segundos?

(d) Quando o peso passa pela posição de equilíbrio se dirigindo para baixo pela segunda vez?

(e) Quando o peso atinge seu deslocamento máximo (extremo) em cada lado da posição de equilíbrio?

(f) Qual a posição do peso no instante $t = 3$ segundos?

(g) Qual é sua velocidade instantânea em $t = 3$ segundos?

(h) Qual é a aceleração no instante $t = 3$ segundos?

(i) Qual é a velocidade no instante em que o peso passa pela posição de equilíbrio?

(j) Quando o peso está 5/12 m abaixo da posição de equilíbrio?

(k) Quando o peso está 5/12 m abaixo da posição de equilíbrio se dirigindo para cima?

22. Uma massa de 1 kg é suspensa por uma mola de constante característica 9 N/m. Inicialmente, a massa parte de um ponto 1 m acima da posição de equilíbrio com uma velocidade de $\sqrt{3}$ m/s para cima. Calcule os instantes nos quais a massa está se dirigindo para baixo com velocidade de 3 m/s.

23. Sob certas circunstâncias, quando duas molas paralelas, com constantes k_1 e k_2, suportam um único peso W, a **constante de elasticidade efetiva** do sistema é dada por $k = 4k_1k_2/(k_1 + k_2)$.* Um peso de 625 gramas distende uma mola em 0,5 m e uma outra mola em 1/6 m. As molas estão presas a um suporte rígido comum e uma chapa metálica é atada às duas molas simultaneamente . Como mostrado na Figura 5.7, um peso de 625 gramas é atado ao centro da chapa. Determine a constante de elasticidade efetiva do sistema. Encontre a equação de movimento se o peso for solto a partir da posição de equilíbrio com uma velocidade inicial de 2m/s para baixo.

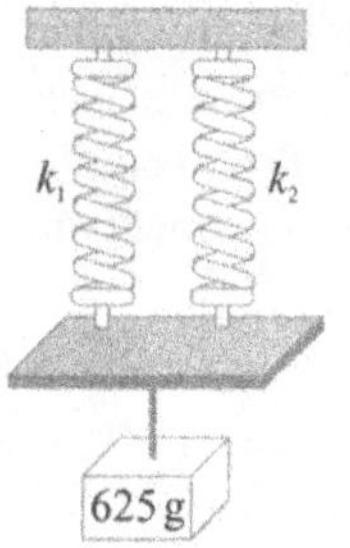

Figura 5.7

24. Um certo peso distende uma mola em 1/3 m e uma outra mola em 0,5 m. As duas molas são atadas a um suporte rígido comum da mesma maneira que no Problema 23 e na Figura 5.7. O peso é então substituído por um outro peso de 250 gramas e o sistema é posto em movimento. Se o período de movimento é $\pi/15$ segundo, determine o valor numérico do primeiro peso.

25. Se x_0 e v_0 são a posição inicial e a velocidade inicial, respectivamente, de um peso em movimento harmônico simples, mostre que a amplitude das vibrações é

$$A = \sqrt{x_0^2 + \left(\frac{v_0}{\omega}\right)^2}.$$

---

* Se as duas molas têm o mesmo comprimento natural e a chapa é mantida horizontalmente, de forma que as duas molas tenham sempre o mesmo comprimento, então a constante de elasticidade efetiva é simplesmente $k = k_1 + k_2$.

26. Mostre que qualquer combinação linear $x(t) = c_1 \cos \omega t + c_2 \operatorname{sen} \omega t$ pode também ser escrita na forma

$$x(t) = A\cos(\omega t + \phi), \quad \text{em que} \quad A = \sqrt{c_1^2 + c_2^2}$$

e

$$\operatorname{sen}\phi = -\frac{c_2}{A}, \quad \cos\phi = \frac{c_1}{A}.$$

27. Expresse a solução para o Problema 3 na forma de função co-seno dada no Problema 26.

28. Mostre que, quando um peso atado a uma mola apresenta movimento harmônico simples, o valor máximo da velocidade (isto é, $|v(t)|$) ocorre quando o peso está passando pela posição de equilíbrio.

29. Um peso atado a uma mola apresenta movimento harmônico simples. Mostre que a aceleração máxima do peso ocorre em um ponto de deslocamento extremo e tem magnitude $4\pi^2 A/T^2$, em que A é a amplitude e T, o período das vibrações livres.

30. Use (8) para provar que o intervalo de tempo entre dois máximos sucessivos de $x(t)$ é $2\pi/\omega$.

5.2 MOVIMENTO AMORTECIDO

A discussão sobre movimento harmônico livre é um tanto irrealista, pois o movimento descrito pela equação (2) da Seção 5.1 supõe que não haja força de retardamento agindo sobre a massa móvel. A menos que a massa esteja suspensa em um vácuo perfeito, haverá pelo menos uma força de resistência devida ao meio ambiente. Por exemplo, como mostra a Figura 5.8, a massa *m* poderia estar suspensa em um meio viscoso ou conectada a um dispositivo de amortecimento.

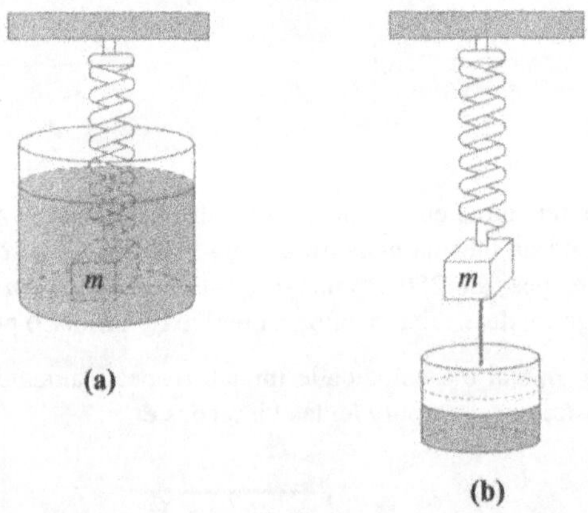

Figura 5.8

Equação Diferencial de Movimento com Amortecimento

Em mecânica, forças de amortecimento agindo em um corpo são consideradas como sendo proporcionais a uma potência da velocidade. Em particular, vamos supor em nossa discussão subseqüente que essa força seja proporcional a dx/dt.* Quando não há outras forças agindo sobre o sistema, segue-se da segunda lei de Newton que

$$m\frac{d^2x}{dt^2} = -kx - \beta\frac{dx}{dt}, \tag{1}$$

em que β é uma *constante de amortecimento* positiva e o sinal de subtração indica que a força de amortecimento atua em direção oposta ao movimento.

Dividindo (1) pela massa m, temos a equação diferencial de **movimento livre amortecido**:

$$\frac{d^2x}{dt^2} + \frac{\beta}{m}\frac{dx}{dt} + \frac{k}{m}x = 0 \tag{2}$$

ou

$$\frac{d^2x}{dt^2} + 2\lambda\frac{dx}{dt} + \omega^2 x = 0. \tag{3}$$

Fazemos as seguintes identificações na equação (3)

$$2\lambda = \frac{\beta}{m}, \quad \omega^2 = \frac{k}{m}, \tag{4}$$

O símbolo 2λ é usado somente por conveniência algébrica, pois a equação auxiliar é $m + 2\lambda m + \omega^2 = 0$ e as raízes correspondentes são, portanto,

$$m_{12} = -\lambda + \sqrt{\lambda^2 - \omega^2}, \quad m_2 = -\lambda - \sqrt{\lambda^2 - \omega^2}.$$

Podemos agora distinguir três casos possíveis, dependendo do sinal de $\lambda^2 - \omega^2$. Como cada solução contém o *fator de amortecimento* $e^{-\lambda t}$, $\lambda > 0$, o deslocamento da massa torna-se desprezível após um longo período de tempo.

CASO I $\lambda^2 - \omega^2 > 0$. Nessa situação, dizemos que o sistema é **superamortecido**, pois o coeficiente de amortecimento β é grande quando comparado com a constante de elasticidade k. A solução para (3) correspondente é

$$x(t) = c_1e^{m_1t} + c_2e^{m_2t}$$

ou

$$x(t) = e^{-\lambda t}(c_1e^{\sqrt{\lambda^2 - \omega^2}\,t} + c_2e^{\sqrt{-\lambda^2 - \omega^2}\,t}). \tag{5}$$

Essa equação representa um movimento suave sem oscilações. A Figura 5.9 mostra dois gráficos possíveis de $x(t)$.

---

* Em muitos casos, como em problemas de hidrodinâmica, a força de amortecimento é proporcional a $(dx/dt)^2$.

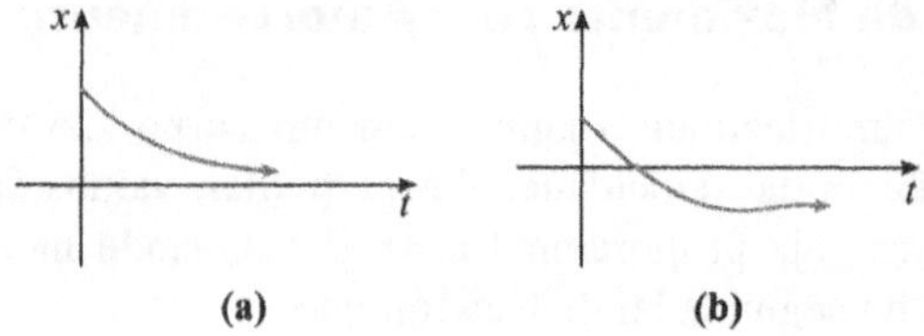

Figura 5.9

CASO II $\lambda^2 - \omega^2 = 0$. Dizemos que o sistema é **criticamente amortecido**, pois qualquer decréscimo na força de amortecimento resulta em um movimento oscilatório. A solução geral para (3) é

$$x(t) = c_1 e^{m_1 t} + c_2 t e^{m_1 t}$$

ou

$$x(t) = e^{-\lambda t}(c_1 + c_2 t). \tag{6}$$

Alguns gráficos de movimento típico estão representados na Figura 5.10. Note que o movimento é muito semelhante ao de um sistema superamortecido. É evidente, a partir da equação (6), que a massa pode passar pela posição de equilíbrio no máximo uma vez.*

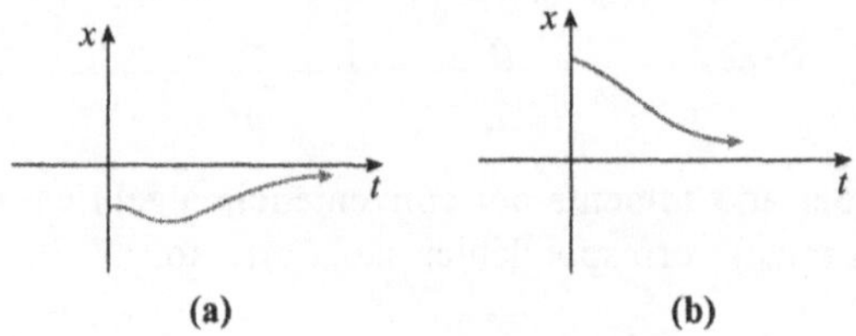

Figura 5.10

CASO III $\lambda^2 - \omega^2 < 0$. Neste caso, o sistema é dito **subamortecido**, pois o coeficiente de amortecimento é pequeno se comparado à constante de elasticidade. As raízes m_1 e m_2 são complexas:

$$m_1 = -\lambda + \sqrt{\omega^2 - \lambda^2} i, \quad m_2 = -\lambda - \sqrt{\omega^2 - \lambda^2} i,$$

portanto a solução geral para a equação (3) é

$$x(t) = e^{-\lambda t}(c_1 \cos \sqrt{\omega^2 - \lambda^2}\, t + c_2 \operatorname{sen} \sqrt{\omega^2 - \lambda^2}\, t). \tag{7}$$

Como mostrado na Figura 5.11, o movimento descrito por (7) é oscilatório; mas, por causa do fator $e^{-\lambda t}$, a amplitude de *vibração* $\to 0$ quando $t \to \infty$.

* Uma análise das derivadas de (5) e (6) mostra que essas funções podem ter em caso extremo um ponto mínimo local ou máximo local em $t > 0$.

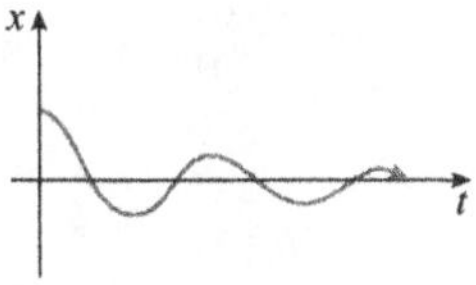

Figura 5.11

EXEMPLO 1

Verifica-se facilmente que a solução para o problema de valor inicial

$$\frac{d^2x}{dt^2} + 5\frac{dx}{dt} + 4x = 0, \quad x(0) = 1, \quad x'(0) = 1,$$

é

$$x(t) = \frac{5}{3}e^{-t} - \frac{2}{3}e^{-4t}. \tag{8}$$

O problema pode ser interpretado como um movimento superamortecido de uma massa em uma mola. A massa parte de uma posição 1 unidade *abaixo* da posição de equilíbrio com uma velocidade de 1 m/s *para baixo*.

Para esboçar o gráfico de $x(t)$, encontramos o valor de t no qual a função atinge um ponto extremo, isto é, o valor do tempo em que a derivada primeira (velocidade) é zero. Derivando (8), obtemos

$$x'(t) = -\frac{5}{3}e^{-t} + \frac{8}{3}e^{-4t}$$

assim $x'(t) = 0$ implica

$$e^{3t} = \frac{8}{5} \quad \text{ou} \quad t = \frac{1}{3}\ln\frac{8}{5} = 0{,}157.$$

Pelo teste da derivada primeira, bem como pela nossa intuição física, concluímos que $x(0{,}157) = 1{,}069$ m é realmente um máximo. Em outras palavras, a massa atinge um deslocamento extremo de 1,069 m abaixo da posição de equilíbrio.

Devemos verificar também se o gráfico cruza o eixo t, isto é, se a massa passa pela posição de equilíbrio. Isso não pode acontecer neste caso, pois a equação $x(t) = 0$, ou $e^{3t} = 2/5$, tem a solução, fisicamente irrelevante, $t = (1/3)\ln(2/5) = -0{,}305$.

O gráfico de $x(t)$ e uma tabela com dados pertinentes são mostrados na Figura 5.12. ■

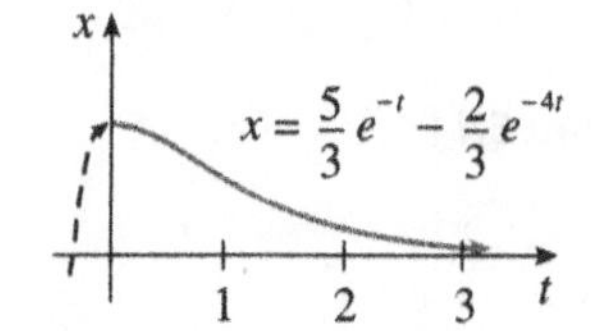

(a)

t	x(t)
1	0,601
1,5	0,370
2	0,225
2.5	0,137
3	0,083

(b)

Figura 5.12

EXEMPLO 2

Um peso de 0,25 kg é atado a uma mola com constante de elasticidade igual a 4 N/cm. Supondo que uma força de amortecimento igual ao dobro da velocidade instantânea atua no sistema, determine a equação de movimento se o peso parte da posição de equilíbrio com velocidade de 3 m/s para cima.

Solução Pela lei de Hooke, temos

$$8 = k(2), \qquad k = 4 \text{ kg/m}$$

e de $m = W/g$,

$$m = \frac{8}{32} = \frac{1}{4}\text{kg.}$$

A equação diferencial de movimento é

$$\frac{1}{4}\frac{d^2x}{dt^2} = -4x - 2\frac{dx}{dt} \quad \text{ou} \quad \frac{d^2x}{dt^2} + 8\frac{dx}{dt} + 16x = 0. \tag{9}$$

As condições iniciais são

$$x(0) = 0, \quad x'(0) = -3.$$

A equação auxiliar para (9) é

$$m^2 + 8m + 16 = (m + 4)^2 = 0,$$

assim $m_1 = m_2 = -4$. Portanto, o sistema é criticamente amortecido e

$$x(t) = c_1e^{-4t} + c_2te^{-4t}. \tag{10}$$

A condição inicial $x(0) = 0$ imediatamente demanda que $c_1 = 0$, enquanto $x'(0) = -3$ implica $c_2 = -3$. Logo, a equação de movimento é

$$x(t) = -3te^{-4t}. \tag{11}$$

Para esboçar o gráfico de $x(t)$, procedemos como no Exemplo 1

$$x(t) = -3(-4te^{-4t} + e^{-4t})$$
$$= -3e^{-4t}(1 - 4t).$$

Obviamente, $x'(t) = 0$ quando $t = 1/4$. O deslocamento extremo correspondente é

$$x\left(\frac{1}{4}\right) = -3\left(\frac{1}{4}\right)e^{-1} = -0{,}276\,\text{m}.$$

Como mostrado na Figura 5.13, o peso atinge uma altura de 0,276 m acima da posição de equilíbrio. ■

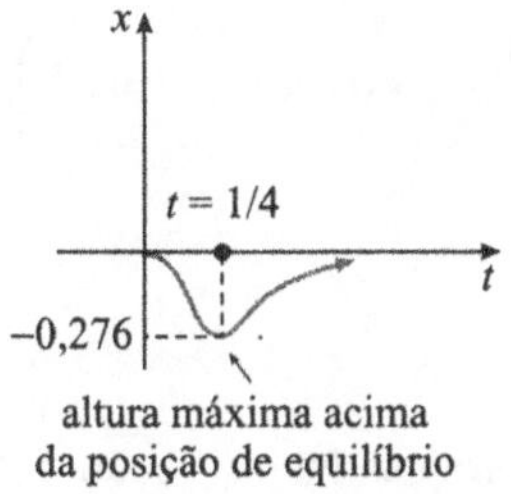

Figura 5.13

EXEMPLO 3

Um peso de 0,5 kg é atado a uma mola de 1,5 m de comprimento. Na posição de equilíbrio, o comprimento da mola é de 2,48 m. Se o peso for suspenso e solto a partir do repouso de um ponto 2 m acima da posição de equilíbrio, encontre o deslocamento $x(t)$ se é sabido ainda que o meio ambiente oferece resistência numericamente igual à velocidade instantânea.

Solução O alongamento da mola depois que o peso é atado é $2{,}48 - 1{,}5 = 0{,}98$ m. Segue-se então da lei de Hooke que $0{,}5 \times 9{,}8 = k(0{,}98)$, assim $k = 5$ N/m.

Ainda, $$m = \frac{16}{32} = \frac{1}{2}\,\text{kg}.$$

A equação diferencial é dada por

$$\frac{1}{2}\frac{d^2x}{dt^2} = -5x - \frac{dx}{dt} \quad \text{ou} \quad \frac{d^2x}{dt^2} + 2\frac{dx}{dt} + 10x = 0. \tag{12}$$

Essa última equação é resolvida sujeita às condições

$$x(0) = -2, \qquad x'(0) = 0.$$

Prosseguindo, temos que as raízes de $m^2 + 2m + 10 = 0$ são $m_1 = -1 + 3i$ e $m_2 = -1 - 3i$. Então, concluímos que o sistema é subamortecido e

$$x(t) = e^{-t}(c_1 \cos 3t + c_2 \operatorname{sen} 3t). \tag{13}$$

Agora,

$$x(0) = -2 = c_1$$

$$x(t) = e^{-t}(-2 \cos 3t + c_2 \operatorname{sen} 3t)$$

$$x'(t) = e^{-t}(6 \operatorname{sen} 3t + 3c_2 \cos 3t) - e^{-t}(-2 \cos 3t + c_2 \operatorname{sen} 3t)$$

$$x'(0) = 0 = 3c_2 + 2,$$

assim $c_2 = -2/3$. Finalmente, obtemos

$$x(t) = e^{-t}\left(-2 \cos 3t - \frac{2}{3} \operatorname{sen} 3t\right). \tag{14}$$

■

Forma Alternativa de Solução

De uma maneira idêntica ao procedimento usado na Seção 5.1, podemos escrever qualquer solução

$$x(t) = e^{-\lambda t}(c_1 \cos \sqrt{\omega^2 - \lambda^2}\, t + c_2 \operatorname{sen} \sqrt{\omega^2 - \lambda^2}\, t)$$

na forma alternativa

$$x(t) = Ae^{-\lambda t} \operatorname{sen}(\sqrt{\omega^2 - \lambda^2}\, t + \phi), \tag{15}$$

em que $A = \sqrt{c_1^2 + c_2^2}$ e o ângulo de fase ϕ é determinado pelas equações

$$\operatorname{sen} \phi = \frac{c_1}{A}, \quad \cos \phi = \frac{c_2}{A}, \quad \operatorname{tg} \phi = \frac{c_1}{c_2}.$$

O coeficiente $Ae^{-\lambda t}$ é algumas vezes chamado de **amplitude de amortecimento** de vibrações. Como (15) não é uma função periódica, o número $2\pi/\sqrt{\omega^2 - \lambda^2}$ é chamado de ***quasi* período** e $\sqrt{\omega^2 - \lambda^2}/2\pi$ é a ***quasi* freqüência**. O *quasi* período é o intervalo de tempo entre dois máximos consecutivos de $x(t)$.

Para esboçar o gráfico de uma equação tal como (15), calculamos primeiro as interseções $t_1, t_2, \ldots, t_k$; isto é, para algum inteiro n devemos resolver

$$\sqrt{\omega^2 - \lambda^2}\, t + \phi = n\pi$$

explicitando t. Segue-se que

$$t = \frac{n\pi - \phi}{\sqrt{\omega^2 - \lambda^2}}. \tag{16}$$

Ainda, observamos que $|x(t)| \leq Ae^{-\lambda t}$, pois,

$$|\text{sen}(\sqrt{\omega^2 - \lambda^2}\, t + \phi)| \leq 1.$$

O gráfico de (15) toca os gráficos de $\pm Ae^{-\lambda t}$ nos valores $t_1^*, t_2^*, \ldots, t_k^*, \ldots$ para os quais

$$\text{sen}(\sqrt{\omega^2 - \lambda^2}\, t + \phi) = \pm 1.$$

Isso significa que $\sqrt{\omega^2 - \lambda^2}\, t + \phi$ tem de ser um múltiplo ímpar de $\pi/2$,

$$\sqrt{\omega^2 - \lambda^2}\, t + \phi = (2n + 1)\frac{\pi}{2}$$

$$t = \frac{(2n + 1)\pi/2 - \phi}{\sqrt{\omega^2 - \lambda^2}}. \tag{17}$$

Por exemplo, para esboçar o gráfico de $x(t) = e^{-0,5t}\,\text{sen}(2t - \pi/3)$, calculamos as interseções com o eixo t positivo, resolvendo

$$2t_1 - \frac{\pi}{3} = 0, \quad 2t_2 - \frac{\pi}{3} = \pi, \quad 2t_3 - \frac{\pi}{3} = 2\pi, \ldots,$$

o que implica, respectivamente,

$$t_1 = \frac{\pi}{6}, \quad t_2 = \frac{4\pi}{6}, \quad t_3 = \frac{7\pi}{6}, \ldots$$

Note que, mesmo $x(t)$ não sendo periódica, a diferença entre duas raízes consecutivas é $t_k - t_{k-1} = \pi/2$ unidades, ou metade do *quasi* período de $2\pi/2 = \pi$ segundos. Também, $\text{sen}(2t - \pi/3) = \pm 1$ nas soluções para

$$2t_1^* - \frac{\pi}{3} = \frac{\pi}{2}, \quad 2t_2^* - \frac{\pi}{3} = \frac{3\pi}{2}, \quad 2t_2^* - \frac{\pi}{3} = \frac{5\pi}{2}, \ldots$$

ou

$$t_1^* = \frac{5\pi}{12}, \quad t_2^* = \frac{11\pi}{12}, \quad t_3^* = \frac{17\pi}{12}, \ldots$$

Verificamos facilmente que a diferença entre os valores sucessivos t_k^* é também $\pi/2$* O gráfico de $x(t)$ está esboçado na Figura 5.14.

* Notamos que os valores de t para os quais o gráfico de $x(t)$ toca os gráficos exponenciais não são os valores para os quais a função atinge seus extremos locais.

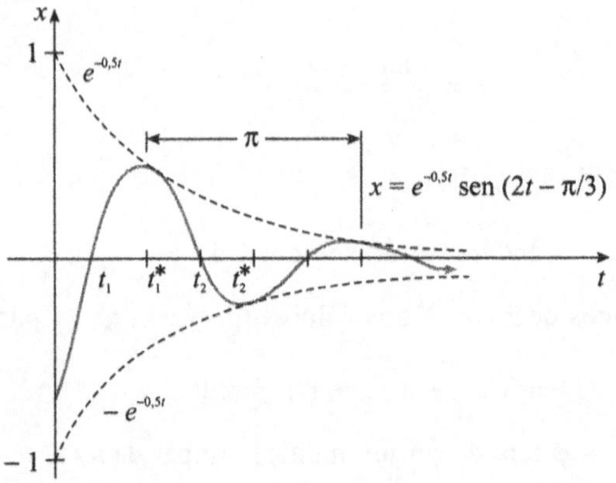

Figura 5.14

EXEMPLO 4

Usando (15), podemos escrever a solução para o problema de valor inicial

$$\frac{d^2x}{dt^2} + 2\frac{dx}{dt} + 10x = 0, \quad x(0) = -2, \quad x'(0) = 0,$$

do Exemplo 3 na forma $x(t) = Ae^{-t}\,\text{sen}(3t + \phi)$.

De (14), $c_1 = -2$, $c_2 = -2/3$. Assim

$$A = \sqrt{4 + \frac{4}{0}} = \frac{2}{3}\sqrt{10}$$

$$\text{tg}\,\phi = \frac{-2}{-2/3} = 3 \;\text{ e }\; \text{tg}^{-1}(3) = 1{,}249\,\text{radianos}.$$

Mas como sen $\phi < 0$ e cos $\phi < 0$, escolhemos ϕ no terceiro quadrante, ou seja, $\phi = \pi + 1{,}249 = 4{,}391$ radianos. Logo,

$$x(t) = \frac{2}{3}\sqrt{10}\,e^{-t}\,\text{sen}(3t + 4{,}391).$$

O gráfico dessa função está esboçado na Figura 5.15. Os valores de t_k e t_k^* dados na tabela são as interseções e os pontos nos quais o gráfico de $x(t)$ toca os gráficos de $\pm(2/3)\sqrt{10}\,e^{-t}$, respectivamente. Nesse exemplo, o *quasi* período é $2\pi/3$, portanto a diferença entre os sucessivos t_k (e os sucessivos t_k^*) é $\pi/3$ unidades. ■

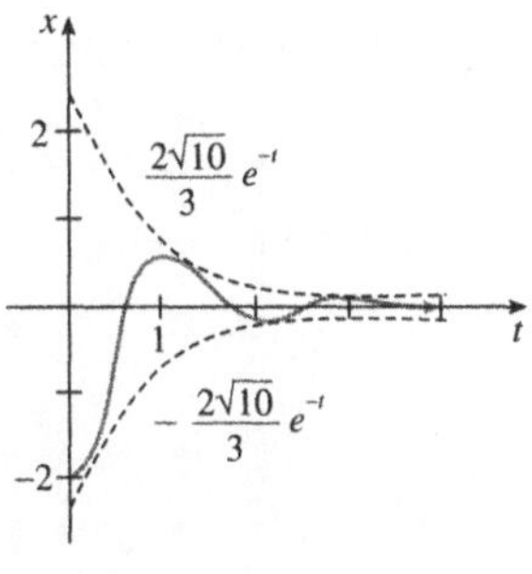

(a)

k	t_k	t_k^*	$x(t_k^*)$
1	0,631	1,154	0,665
2	1,678	2,202	−0,233
3	2,725	3,249	0,082
4	3,772	4,296	−0,029

(b)

Figura 5.15

5.2 EXERCÍCIOS

As respostas dos exercícios selecionados estão na página 454.

Nos Problemas 1 e 2, dê uma possível interpretação física para o problema de valor inicial dado.

1. $\frac{1}{16}x'' + 2x' + x = 0$

$x(0) = 0,\ x'(0) = -1{,}5$

2. $\frac{16}{32}x'' + x' + 2x = 0$

$x(0) = -2,\ x'(0) = 1$

Nos Problemas 3-6, as figuras dadas representam o gráfico de uma equação de movimento para uma massa em uma mola. O sistema massa-mola é amortecido. Use o gráfico para determinar:

(a) se o deslocamento inicial da massa está acima ou abaixo da posição de equilíbrio; e

(b) se a massa parte do repouso, dirigindo-se para baixo ou para cima.

3.

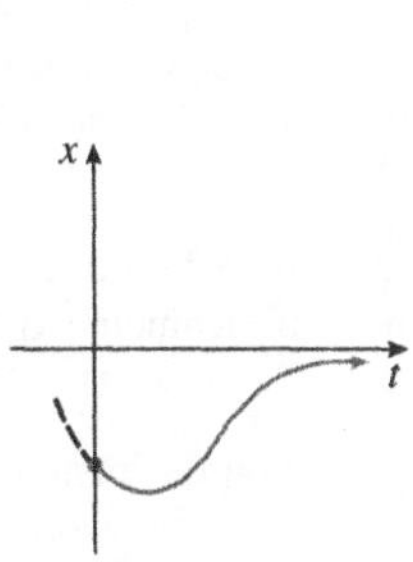

Figura 5.16

4.

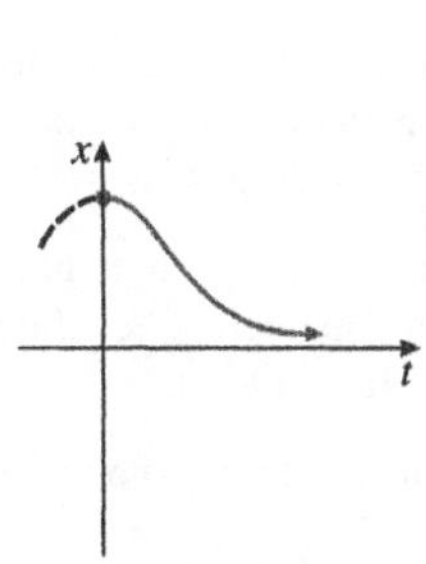

Figura 5.17

5.

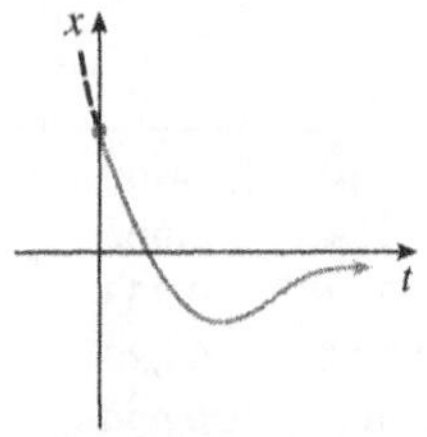

Figura 5.18

6.

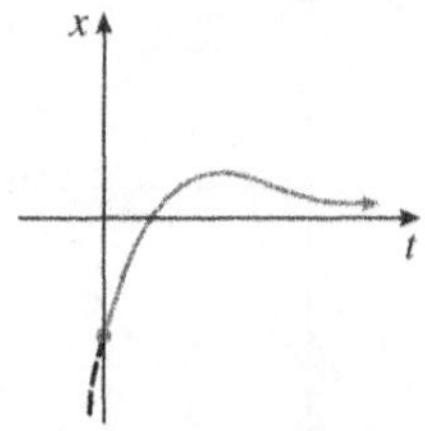

Figura 5.19

7. Um peso de 125 g é atado a uma mola de constante elástica igual a 2 N/m. O meio oferece uma resistência ao movimento do peso numericamente igual à velocidade instantânea. Se o peso parte de um ponto 1 m acima da posição de equilíbrio com uma velocidade de 8 m/s para baixo, determine o instante em que o peso passa pela posição de equilíbrio. Calcule o instante no qual o peso atinge seu deslocamento extremo em relação à posição de equilíbrio. Qual é a posição do peso nesse instante?

8. Uma mola de 4 cm de comprimento passa a medir 8 cm após um peso de 0,5 kg ser atado a ela. O meio no qual o peso se move oferece uma resistência numericamente igual a $\sqrt{2}$ vezes a velocidade instantânea. Encontre a equação do movimento se o peso for solto na posição de equilíbrio com uma velocidade de 5 cm/s para baixo. Encontre o instante em que o peso atinge seu deslocamento extremo em relação à posição de equilíbrio. Qual é a posição do peso nesse instante?

9. Uma massa de 1 kg é atada a uma mola cuja constante de elasticidade é 16 N/m e o sistema inteiro é então submerso em um líquido que oferece uma força de amortecimento numericamente igual a 10 vezes a velocidade instantânea. Determine as equações de movimento se

(a) o peso parte do repouso de um ponto a 1 m abaixo da posição de equilíbrio; e

(b) o peso parte de um ponto 1 m abaixo da posição de equilíbrio com uma velocidade de 12 m/s para cima.

10. Nas partes (a) e (b) do Problema 9, verifique se o peso passa pela posição de equilíbrio. Em cada caso, calcule o instante no qual o peso atinge seu deslocamento extremo em relação à posição de equilíbrio. Qual a posição do peso nesse instante?

11. Uma força de 2 N distende uma mola em 1 m. Um peso de 0,2 kg é atado à mola e o sistema é então imerso em um meio que oferece uma força de amortecimento numericamente igual a 0,4 vez a velocidade instantânea.

(a) Encontre a equação de movimento se o peso é solto a partir do repouso 1 m acima da posição de equilíbrio.

(b) Expresse a equação de movimento na forma dada em (15).

(c) Quando o peso cruza pela primeira vez a posição de equilíbrio se dirigindo para cima?

12. Quando um peso de 10 N é atado a uma mola de 5 cm de comprimento, esta distende-se e passa a ter 7 cm de comprimento. O peso de 10 N é removido e substituído por um outro de 8 N. O sistema é então inteiramente imerso em um meio que oferece uma resistência numericamente igual à velocidade instantânea.

(a) Encontre a equação de movimento se o peso é solto 0,5 cm abaixo da posição de equilíbrio com velocidade de 1 cm/s para baixo.

(b) Expresse a equação de movimento na forma dada em (15).

(c) Calcule os instantes nos quais o peso passa pela posição de equilíbrio se dirigindo para baixo.

(d) Esboce o gráfico da equação de movimento.

13. Um peso de 312,5 g é atado a uma mola cuja constante de elasticidade vale 5 N/m. O peso está acoplado a um dispositivo de amortecimento que oferece uma resistência igual a β ($\beta > 0$) vezes a velocidade instantânea. Determine os valores da constante de amortecimento β para os quais o movimento subseqüente seja (a) superamortecido, (b) criticamente amortecido e (c) subamortecido.

14. Um peso de 0,75 é atado a uma mola cuja constante elástica vale 6 N/m. O movimento subseqüente está sujeito a uma força de resistência numericamente igual a β ($\beta > 0$) vezes a velocidade instantânea. Se o peso parte da posição de equilíbrio com velocidade de 2 m/s para cima, mostre que, se $\beta > 3\sqrt{2}$, a equação de movimento é

$$x(t) = \frac{-3}{\sqrt{\beta^2 - 18}} e^{-2\beta t/3} \operatorname{senh} \frac{2}{3} \sqrt{\beta^2 - 18}\, t.$$

15. Uma massa de 40 g distende uma mola em 10 cm. Um dispositivo de amortecimento impõe uma resistência ao movimento numericamente igual a 560 vezes a velocidade instantânea. Encontre a equação de movimento se a massa parte da posição de equilíbrio com uma velocidade de 2 cm/s para baixo.

16. Encontre a equação de movimento para a massa do Problema 15 se a constante de amortecimento for duplicada.

17. Uma massa de 1 kg é atada a uma mola cuja constante de elasticidade vale 9 N/m. O meio oferece uma resistência ao movimento numericamente igual a 6 vezes a velocidade instantânea. A massa parte de um ponto localizado a 2/3 m acima da posição de equilíbrio com uma velocidade v_0 m/s para baixo. Determine os valores de v_0 para que a massa passe pela posição de equilíbrio.

18. O *quasi* período de um subamortecimento, vibrando uma massa de 1 kg em uma mola, é $\pi/2$ segundos. Se a constante de elasticidade da mola é 25 N/m, encontre a constante de amortecimento β.

19. No caso de movimento subamortecido, mostre que o intervalo de tempo entre dois máximos sucessivos da equação de movimento é $2\pi/\sqrt{\omega^2 - \lambda^2}$.

20. Use (16) para mostrar que, em (15), o intervalo de tempo entre duas interseções sucessivas com o eixo t é metade do *quasi* período.

21. Use (17) para mostrar que o intervalo de tempo entre dois valores sucessivos de t nos quais o gráfico de (15) toca os gráficos de $\pm Ae^{-\lambda t}$ é metade do *quasi* período.

22. Use a equação (17) para mostrar que o gráfico de $x(t) = Ae^{-\lambda t} \operatorname{sen}(\sqrt{\omega^2 - \lambda^2}\, t + \phi)$ intercepta o eixo t exatamente no valor médio dos instantes nos quais o gráfico de $x(t)$ toca os gráficos de $\pm Ae^{-\lambda t}$. Os valores de t para os quais $x(t)$ atinge um máximo ou um mínimo não estão no meio dos pontos em que o gráfico de $x(t)$ intercepta o eixo t. Verifique esta última afirmação analisando a função $x(t) = e^{-t} \operatorname{sen}(t + \pi/4)$.

23. No caso de movimento subamortecido, mostre que a razão entre os dois máximos (ou mínimos) consecutivos x_n e x_{n+2} é a constante

$$\frac{x_n}{x_{n+2}} = e^{2\pi\lambda/\sqrt{\omega^2 - \lambda^2}}.$$

O número $\delta = \ln(x_n/x_{n+2}) = 2\pi\lambda/\sqrt{\omega^2 - \lambda^2}$ é chamado de decremento logarítmico.

24. O decremento logarítmico definido no Problema 23 é um indicador da taxa em que o movimento está sendo amortecido.

(a) Descreva o movimento de um sistema subamortecido se δ for um número positivo muito pequeno.

(b) Calcule o decremento logarítmico do movimento descrito no Problema 12.

5.3 MOVIMENTO FORÇADO

Com Amortecimento

Consideraremos agora uma força externa $f(t)$ agindo em um sistema vibratório massa-mola. Por exemplo, $f(t)$ poderia ser uma força causando um movimento oscilatório vertical no suporte da mola. Veja a Figura 5.20. A inclusão de $f(t)$ na formulação da segunda lei de Newton nos dá a equação diferencial de **movimento forçado**

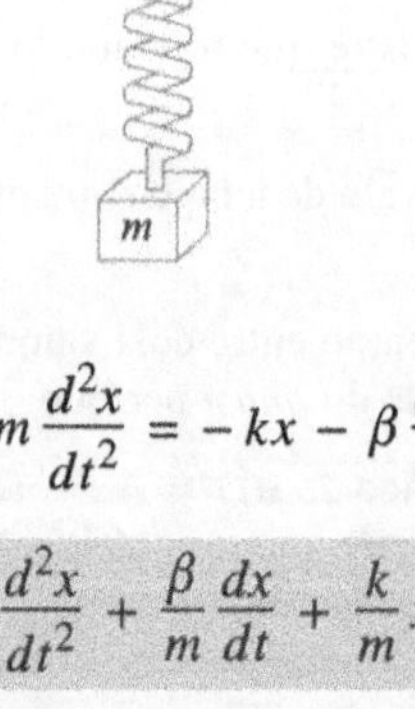

Figura 5.20

$$m\frac{d^2x}{dt^2} = -kx - \beta\frac{dx}{dt} + f(t), \tag{1}$$

$$\frac{d^2x}{dt^2} + \frac{\beta}{m}\frac{dx}{dt} + \frac{k}{m}x = \frac{f(t)}{m}, \tag{2}$$

ou

$$\frac{d^2x}{dt^2} + 2\lambda\frac{dx}{dt} + \omega^2 x = F(t), \tag{3}$$

em que $F(t) = f(t)/m$ e, como na seção precedente, $2\lambda = \beta/m$, $\omega^2 = k/m$. Para resolver essa equação não-homogênea, podemos usar o método dos coeficientes indeterminados ou a variação de parâmetros.

EXEMPLO 1

Interprete e resolva o problema de valor inicial

$$\frac{1}{5}\frac{d^2x}{dt^2} + 1{,}2\frac{dx}{dt} + 2x = 5\cos 4t, \quad x(0) = \frac{1}{2}, \quad x'(0) = 0. \tag{4}$$

Solução O problema representa um sistema vibrante que consiste em uma massa ($m = 1/5$ kg) atada a uma mola ($k = 2$ N/m). A massa parte do repouso 1/2 metro abaixo da posição de equilíbrio. O movimento é amortecido ($\beta = 1{,}2$) e está sob a ação de uma força externa periódica ($T = \pi/2$ segundos). Intuitivamente, esperamos que, mesmo com amortecimento, o sistema permaneça em movimento enquanto a força externa estiver atuando.

Primeiramente, multiplicamos (4) por 5 e resolvemos a equação homogênea

$$\frac{d^2x}{dt^2} + 6\frac{dx}{dt} + 10x = 0$$

pelos métodos usuais. Como $m_1 = -3 + i$, $m_2 = -3 - i$, segue-se que

$$x_c(t) = e^{-3t}(c_1 \cos t + c_2 \text{ sen } t).$$

Usando o método dos coeficientes indeterminados, tentamos uma solução particular da forma $x_p(t) = A \cos 4t + B \text{ sen } 4t$. Agora,

$$x_p' = -4A \text{ sen } 4t + 4B \cos 4t$$

$$x_p'' = -16A \cos 4t - 16B \text{ sen } 4t$$

então

$$\begin{aligned} x_p'' + 6x_p' + 10x_p &= -16A \cos 4t - 16B \text{ sen } 4t - 24A \text{ sen } 4t \\ &\quad + 24B \cos 4t + 10A \cos 4t + 10B \text{ sen } 4t \\ &= (-6A + 24B)\cos 4t + (-24A - 6B) \text{ sen } 4t \\ &= 25 \cos 4t. \end{aligned}$$

O sistema de equações resultantes

$$-6A + 24B = 25$$

$$-24A - 6B = 0$$

implica $A = -25/102$ e $B = 50/51$. Segue-se então que

$$x(t) = e^{-3t}(c_1 \cos t + c_2 \operatorname{sen} t) - \frac{25}{102}\cos 4t + \frac{50}{51}\operatorname{sen} 4t. \quad \textbf{(5)}$$

Fazendo $t = 0$, na equação acima obtemos $c_1 = 38/51$. Derivando a expressão $t = 0$, encontramos $c_2 = -86/51$. Portanto, a equação de movimento é

$$x(t) = e^{-3t}\left(\frac{38}{51}\cos t - \frac{86}{51}\operatorname{sen} t\right) - \frac{25}{102}\cos 4t + \frac{50}{51}\operatorname{sen} 4t. \quad \textbf{(6)}$$

■

Termos Transitórios (Transientes) e Estacionários

Note que a função complementar

$$c_c(t) = e^{-3t}\left(\frac{38}{51}\cos t - \frac{86}{51}\operatorname{sen} t\right)$$

no Exemplo 1 possui a propriedade

$$\lim_{t \to \infty} x_c(t) = 0.$$

Como $x_c(t)$ se torna desprezível (ou seja, $\to 0$) quando $t \to \infty$, dizemos que ele é um **termo transitório (transiente)** ou uma **solução transitória (transiente)**. Logo, após um longo período de tempo, os deslocamentos do peso no problema precedente são descritos aproximadamente pela solução particular $x_p(t)$. Esta última função é também chamada de **solução estacionária**, ou **solução do estado estacionário**. Quando F é uma função periódica, tal como $F(t) = F_0 \operatorname{sen} \gamma t$ ou $F(t) = F_0 \cos \gamma t$, a solução geral para (3) consiste em

$$x(t) = \textit{transiente} + \textit{estado estacionário}.$$

EXEMPLO 2

A solução para o problema de valor inicial

$$\frac{d^2x}{dt^2} + 2\frac{dx}{dt} + 2x = 4\cos t + 2\operatorname{sen} t, \quad x(0) = 0, \quad x'(0) = 3,$$

é facilmente encontrada, ou seja,

$$x = x_c + x_p = \underbrace{e^{-t}\operatorname{sen} t}_{\text{transiente}} + \underbrace{2\operatorname{sen} t}_{\text{estacionária}}.$$

A Figura 5.21 mostra que o efeito do termo transitório na solução é, neste caso, insignificante após $t > 2\pi$. ■

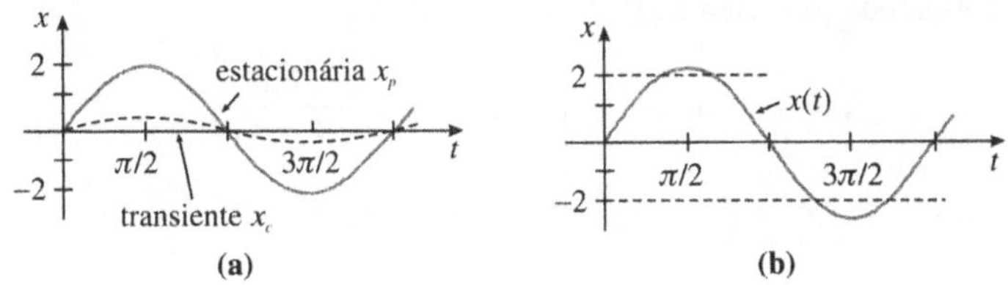

Figura 5.21

Sem Amortecimento

Com uma força externa agindo e sem nenhum amortecimento, não há termo transitório na solução para um problema. Ainda, veremos que a atuação de uma força externa periódica de freqüência próxima, ou igual, à freqüência de vibrações livres não amortecidas pode causar severos danos a um sistema mecânico oscilatório.

EXEMPLO 3

Resolva o problema de valor inicial

$$\frac{d^2x}{dt^2} + \omega^2 x + F_0 \text{ sen } \gamma t, \quad x(0) = 0, \quad x'(0) = 0, \tag{7}$$

em que F_0 é uma constante.

Solução A função complementar é $x_c(t) = c_1 \cos \omega t + c_2 \text{ sen } \omega t$. Para obter uma solução particular, supomos $x_p(t) = A \cos \gamma t + B\ sen\ \gamma t$, assim

$$\begin{aligned} x_p' &= -A\gamma \text{ sen } \gamma t + B\gamma \cos \gamma t \\ x_p'' &= -A\gamma^2 \cos \gamma t - B\gamma^2 \text{ sen } \gamma t \\ x_p'' + \omega^2 x_p &= A(\omega^2 - \gamma^2)\cos \gamma t + B(\omega^2 - \gamma^2) \text{ sen}\gamma t \\ &= F_0 \text{ sen } \gamma t. \end{aligned}$$

Segue-se que $A(\omega^2 - \gamma^2) = 0$, $B(\omega^2 - \gamma^{2)} = F_0$ e então

$$A = 0, \quad B = \frac{F_0}{\omega^2 - \gamma^2} \quad (\gamma \neq \omega).$$

Portanto,

$$x_p(t) = \frac{F_0}{\omega^2 - \gamma^2} \text{ sen } \gamma t.$$

Substituindo as condições iniciais dadas na solução geral

$$x(t) = c_1 \cos \omega t + c_2 \operatorname{sen} \omega t + \frac{F_0}{\omega^2 - \gamma^2} \operatorname{sen} \gamma t$$

obtemos $c_1 = 0$ e $c_2 = -\gamma F_0/\omega(\omega^2 - \gamma^2)$. Logo, a solução é

$$x(t) = \frac{F_0}{\omega(\omega^2 - \gamma^2)} (-\gamma \operatorname{sen} \omega t + \omega \operatorname{sen} \gamma t), \quad \gamma \neq \omega. \tag{8}$$

■

Ressonância Pura

Embora a equação (8) não esteja definida para $\gamma = \omega$, é interessante observar que seu limite quando $\gamma \to \omega$ pode ser obtido aplicando a regra de L'Hôpital. Isso é a mesma coisa que sintonizar a freqüência da força externa $(\gamma/2\pi)$ com a freqüência de vibrações livres $(\omega/2\pi)$. Intuitivamente, esperamos que após algum tempo possamos aumentar substancialmente a amplitude de vibração.* Para $\gamma = \omega$, definimos a solução por

$$x(t) = \lim_{\gamma \to \omega} F_0 \frac{-\gamma \operatorname{sen} \omega t + \omega \operatorname{sen} \gamma t}{\omega(\omega^2 - \gamma^2)}$$

$$= F_0 \lim_{\gamma \to \omega} \frac{\frac{d}{d\gamma}(-\gamma \operatorname{sen} \omega t + \omega \operatorname{sen} \gamma t)}{\frac{d}{d\gamma}(\omega^3 - \omega\gamma^2)}$$

$$= F_0 \lim_{\gamma \to \omega} \frac{-\operatorname{sen} \omega t + \omega t \cos \gamma t}{-2\omega\gamma}$$

$$= F_0 = \frac{-\operatorname{sen} \omega t + \omega t \cos \omega t}{-2\omega^2}$$

$$= \frac{F_0}{2\omega^2} \operatorname{sen} \omega t - \frac{F_0}{2\omega} t \cos \omega t. \tag{9}$$

Como esperado, os deslocamentos se tornam grandes quando $t \to \infty$; na verdade, $|x(t_n)| \to \infty$ quando $t_n = n\pi/\omega$, $n = 1, 2, \ldots$. O fenômeno que acabamos de descrever é conhecido como **ressonância pura**. O gráfico representado na Figura 5.22 mostra um movimento típico neste caso.

Observamos, portanto, que não é necessário usar um processo de limite em (8) para obter a solução quando $\gamma = \omega$. Alternativamente, a equação (9) pode ser obtida resolvendo o problema de valor inicial

---

* Isso pode ser observado quando empurramos uma criança em uma balança.

$$\frac{d^2x}{dt^2} + \omega^2 x = F_0 \text{ sen } \omega t, \qquad x(0) = 0,\ x'(0) = 0,$$

diretamente pelos métodos convencionais.

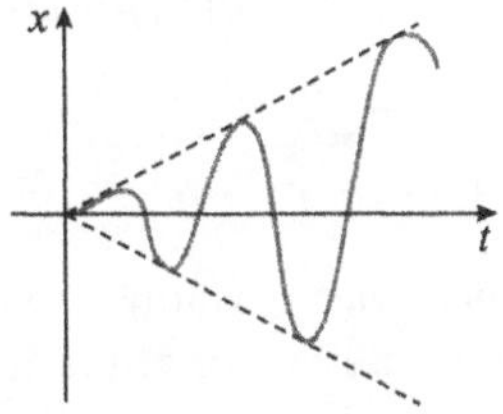

Figura 5.22

Curva de Ressonância

No caso de vibrações subamortecidas, a solução geral para a equação diferencial

$$\frac{d^2x}{dt^2} + 2\lambda \frac{dx}{dt} + \omega^2 x = F_0 \text{ sen } \gamma t \tag{10}$$

é

$$x(t) = Ae^{-\lambda t} \text{sen}(\sqrt{\omega^2 - \lambda^2}\, t + \phi) + \frac{F_0}{\sqrt{(\omega^2 - \gamma^2)^2 + 4\lambda^2\gamma^2}} \text{ sen}(\gamma t + \theta), \tag{11}$$

em que $A = \sqrt{c_1^2 + c_2^2}$ e os ângulos de fase ϕ e θ são, respectivamente, definidos por

$$\text{se } \phi = \frac{c_1}{A}, \qquad \cos \phi = \frac{c_2}{A}$$

$$\text{sen } \theta = \frac{-2\lambda\gamma}{\sqrt{(\omega^2 - \gamma^2)^2 + 4\lambda^2\gamma^2}}, \qquad \cos \theta = \frac{\omega^2 - \gamma^2}{\sqrt{(\omega^2 - \gamma^2)^2 + 4\lambda^2\gamma^2}}.$$

EXEMPLO 4

Analisando a equação (11), vemos que $x_c(t)$ é transiente quando há amortecimento, e então, após um longo período de tempo, a solução fica próxima da solução estacionária

$$x_p(t) = g(\gamma) \text{ sen}(\gamma t + \theta),$$

em que definimos

$$g(\gamma) = \frac{F_0}{\sqrt{(\omega^2 - \gamma^2)^2 + 4\lambda^2\gamma^2}}. \tag{12}$$

Embora a amplitude de x_p seja limitada, podemos ver facilmente que as oscilações máximas ocorrerão quando $\gamma_1 = \sqrt{\omega^2 - 2\lambda^2}$ (veja o Problema 11). Logo, quando a freqüência da força externa for $\sqrt{\omega^2 - 2\lambda^2}/2\pi$, dizemos que o sistema está em **ressonância**.

No caso específico, $k = 4$, $m = 1$, $F_0 = 2$, $g(\gamma)$ *torna-se*

$$g(\gamma) = \frac{2}{\sqrt{(4 - \gamma^2)^2 + \beta^2\gamma^2}}. \quad \textbf{(13)}$$

A Figura 5.23(a) mostra o gráfico de (13) para vários valores do coeficiente de amortecimento β. Essa família de gráficos é chamada de **curva de ressonância** do sistema. Observe o comportamento das amplitudes $g(\gamma)$ quando $\beta \to 0$, isto é, quando o sistema se aproxima da ressonância pura. ■

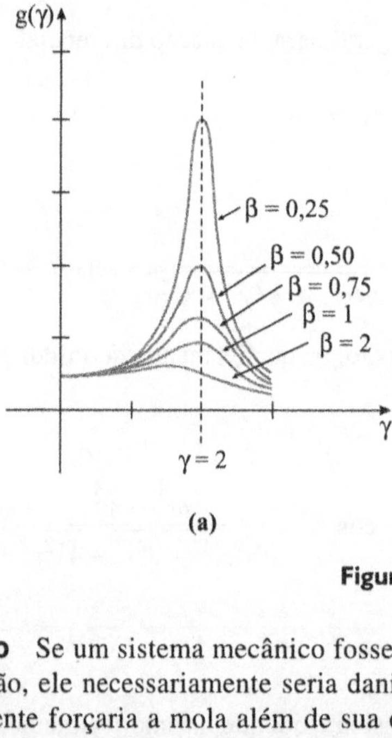

(a)

β	γ_1	$g(\gamma_1)$
2	1,41	0,58
1	1,87	1,03
0,75	1,93	1,36
0,50	1,97	2,02
0,25	1,99	4,01

(b)

Figura 5.23

Observação Se um sistema mecânico fosse realmente descrito por uma função tal como em (9) desta seção, ele necessariamente seria danificado. Grandes oscilações de um peso em uma mola certamente forçaria a mola além de sua elasticidade limite. Poderíamos argumentar também que o modelo ressonante apresentado na Figura 5.22 é completamente irreal, pois ignora qualquer efeito retardador de forças de amortecimento sempre presentes. Embora a ressonância pura nunca possa ocorrer quando qualquer amortecimento é levado em conta, grandes amplitudes de vibração, igualmente destrutivas, podem acontecer (embora limitadas quando $t \to \infty$).

Se você já teve a oportunidade de ver a asa de um avião voando, provavelmente observou que ela não é totalmente rígida. Uma pequena flexibilidade não é somente tolerada, mas também necessária para que ela não quebre. Em 1959 e em 1960, dois aviões comerciais caíram em conseqüência de um modelo relativamente novo de propulsão, ilustrando os efeitos destrutivos de grandes oscilações mecânicas.

O aspecto singular desses desastres foi que ambos aconteceram quando os aviões já estavam em pleno vôo horizontal, que é o período mais seguro de qualquer vôo. Sabe-se bem que um avião fica mais vulnerável a um acidente durante a decolagem e durante a aterrissagem. Então, ter dois aviões simplesmente caindo do céu não foi somente uma tragédia, mas um fato embaraçoso para as indústrias do ramo e um desafiador problema para os engenheiros de aerodinâmica. Em um desastre desse tipo, suspeita-se imediatamente de alguma falha estrutural. Após uma ostensiva perícia técnica, o problema foi localizado em cada caso. Verificaram que, quando cada avião ultrapassou uma velocidade crítica de aproximadamente 400 mph, uma hélice e um motor começaram a trepidar, causando uma força giroscópica que não podia ser absorvida pela caixa do motor. Essa força vibratória externa foi então transferida para a asa, que já apresentava um movimento oscilatório. Esse fato em si não é perigoso, pois as asas de um avião são projetadas para suportar forças excessivas e incomuns. Mas, infelizmente, após um curto período de tempo, durante o qual o motor trepidou rapidamente, a freqüência de força transmitida diminuiu para um ponto no qual se aproximou e finalmente coincidiu com a freqüência máxima de vibração da asa (cerca de 3 ciclos por segundo). A ressonância resultante finalmente efetuou o que os engenheiros de teste não conseguiram fazer, ou seja, as amplitudes de vibração da asa se tornaram grandes o suficiente para quebrar a asa. Veja a Figura 5.24.

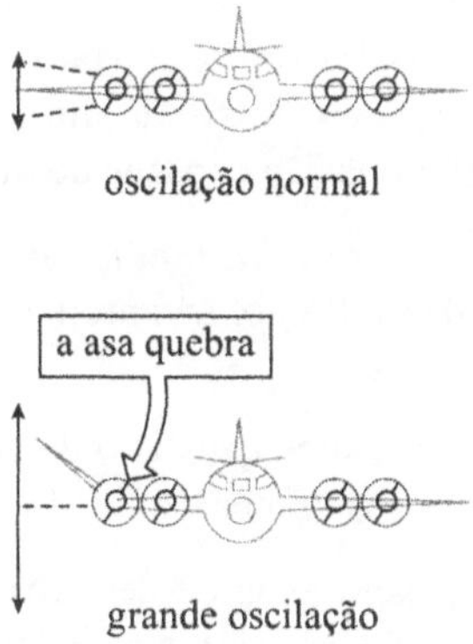

Figura 5.24

O problema foi resolvido em duas etapas. Todos os modelos desse avião em particular foram obrigados a voar a velocidades bem abaixo de 400 mph até que cada aeronave pudesse ser reparada com um substancial fortalecimento da caixa do motor. Uma caixa de motor mais fortalecida mostrou-se capaz de oferecer efeito amortecedor suficiente para prevenir o crítico fenômeno de ressonância, mesmo no caso de uma eventual trepidação subseqüente do motor.*

---

* Para obter um fascinante relatório sobre a investigação, veja Robert J. Serling, *Loud and Clear* (New York: Dell, 1970), Capítulo 5.

No final de 1959 e começo de 1960, ocorreram os dois acidentes citados anteriormente com aviões comerciais envolvendo o popular Lockheed Electra, um novo modelo com quatro motores de propulsão a jato. O Braniff Flight 542 caiu perto de Buffalo, no estado do Texas, em setembro de 1959 e o Northwest Flight 710 caiu perto de Tell City, no estado de Indiana, em março de 1960. Em ambos os casos uma asa se separou do avião quando este estava na altitude de cruzeiro. Esses acidentes ilustram os efeitos destrutivos de grandes oscilações mecânicas ou ressonância.

Você deve saber que os soldados geralmente não passam marchando sobre uma ponte. A razão disso é simplesmente evitar qualquer possibilidade de ressonância.

Vibrações acústicas podem ser tão destrutivas quanto grandes oscilações mecânicas. Em comerciais de televisão, cantores de jazz têm destruído um simples cálice de vinho. Veja a Figura 5.25. Sons emitidos por orgãos e flautins são capazes de quebrar janelas.

> Ergueu, pois, o povo o grito de guerra e fizeram ressoar as trompas. Logo que o som da trompa chegou aos ouvidos da multidão, levantou-se enorme clamor e as muralhas caíram sobre si mesmas... Josué 6:20

Será que o poder da ressonância acústica causou o desmoronamento das muralhas de Jericó? Essa é a suposição de alguns estudiosos contemporâneos.

Porém, o fenômeno de ressonância nem sempre é destrutivo. Por exemplo, é a ressonância de um circuito elétrico que permite que um rádio seja sintonizado em uma estação específica.

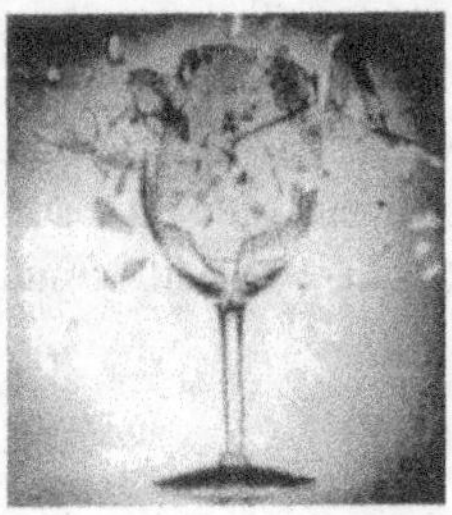

Figura 5.25

5.3 EXERCÍCIOS

As respostas dos exercícios selecionados estão nas páginas 454 e 455.

1. Uma massa de 0,5 kg é atada a uma mola que tem constante de elasticidade igual a 6 N/m. A massa parte do repouso 2 m abaixo da posição de equilíbrio e o movimento subseqüente está sujeito a uma força de amortecimento igual à metade da velocidade instantânea. Encontre a equação de movimento se o peso sofre a ação de uma força externa igual a $f(t) = 10 \cos 3t$.

2. Uma massa de 1 kg é atada a uma mola cuja constante vale 5 N/m. A massa é solta 1 cm abaixo da posição de equilíbrio com uma velocidade de 5 cm/s para baixo. O movimento subseqüente tem lugar em um meio que oferece uma força de amortecimento numericamente igual a duas vezes a velocidade instantânea.

(a) Encontre a equação de movimento se a massa sofre a ação de uma força externa igual a $f(t) = 12 \cos 2t + 3 \text{ sen } 2t$.

(b) Esboce os gráficos das soluções transiente e estacionária no mesmo eixo coordenado.

(c) Esboce o gráfico da equação de movimento.

3. Uma massa de 1 kg é atada a uma mola cuja constante é 16 N/m. Uma força externa igual a $f(t) = 8 \; sen\, 4t$ age no sistema a partir de $t = 0$. Encontre a equação de movimento se o meio oferece uma força de amortecimento numericamente igual a 8 vezes a velocidade instantânea.

4. No Problema 3, determine a equação de movimento se a força externa for $f(t) = e^{-t} \text{ sen } 4t$. Analise o deslocamento quando $t \to \infty$.

5. Uma massa de 2 kg é atada a uma mola cuja constante vale 32 N/m. Uma força igual a $f(t) = 68e^{-2t} \cos 4t$ atua no sistema a partir de $t = 0$. Encontre a equação de movimento na ausência de atrito.

6. No Problema 5, escreva a equação de movimento na forma $x(t) = A \text{ sen}(\omega t + \phi) + Be^{-2t} \text{sen}(4t + \theta)$. Qual é a amplitude de vibrações após um longo período de tempo?

7. Uma massa m é atada a uma mola cuja constante vale k. Após a massa atingir a posição de equilíbrio, seu suporte começa a oscilar verticalmente em relação a uma linha horizontal L de acordo com uma fórmula $h(t)$. O valor de h representa a distância em metros medida a partir de L. Veja a Figura 5.26. Determine a equação diferencial de movimento se todo o sistema move-se através de um meio que oferece uma força de amortecimento numericamente igual a $\beta(dx/dt)$.

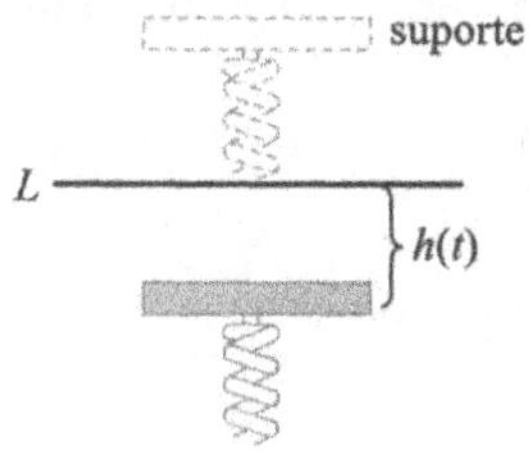

Figura 5.26

8. Resolva a equação diferencial do problema precedente se a mola distende-se 4 cm com um peso de 0,5 kg, e $\beta = 2$, $h(t) = 5\cos t$, $x(0) = x'(0) = 0$.

9. Uma massa de 100 g é atada a uma mola de constante elástica 0,016 N/cm. Após a massa atingir o equilíbrio, seu suporte oscila de acordo com a fórmula $h(t) = \operatorname{sen} 8t$, em que h representa o deslocamento a partir da posição de equilíbrio. Veja o Problema 7 e a Figura 5.26.

(a) Na ausência de amortecimento, determine a equação de movimento se a massa parte do repouso na posição de equilíbrio.

(b) Quando a massa passa pela posição de equilíbrio?

(c) Quando a massa atinge seus deslocamentos extremos?

(d) Quais são os deslocamentos máximo e mínimo?

(e) Esboce o gráfico da equação de movimento.

10. Mostre que a solução geral para a equação (10) é dada por (11).

11. **(a)** Prove que $g(\gamma)$ dado em (13) do Exemplo 4 possui um valor máximo em $\gamma_1 = \sqrt{\omega^2 - 2\lambda^2}$. [*Sugestão:* Derive em relação a γ.]

(b) Qual é o valor máximo de $g(\gamma)$ em ressonância?

12. **(a)** Se $k = 3$ N/m e $m = 1$ *kg*, use a informação do Exemplo 4 para mostrar que o sistema é subamortecido quando o coeficiente de amortecimento β satisfaz $0 < \beta < 2\sqrt{3}$, mas a ressonância pode ocorrer somente se $0 < \beta < \sqrt{6}$.

(b) Construa a curva de ressonância do sistema quando $F_0 = 3$.

13. Uma massa de 0,5 kg é suspensa por uma mola cuja constante é 6 N/m. O sistema é colocado em movimento em um meio que oferece uma força de amortecimento numericamente igual a duas vezes a velocidade instantânea. Encontre a solução para o estado estacionário se uma força externa $f(t) = 40\operatorname{sen} 2t$ age no sistema a partir de $t = 0$. Escreva essa solução na forma de um múltiplo de *sen*$(2t + \theta)$.

14. Verifique que o sistema mecânico descrito no Problema 13 está em ressonância. Mostre que a amplitude da solução estacionária é o valor máximo de $g(\gamma)$ descrito no Problema 11.

15. **(a)** Mostre que a solução para o problema de valor inicial

$$\frac{d^2x}{dt^2} + \omega^2 x = F_0 \cos \gamma t, \quad x(0) = 0, \quad x'(0) = 0,$$

é

$$x(t) = \frac{F_0}{\omega^2 - \gamma^2}(\cos \gamma t - \cos \omega t).$$

(b) Calcule $\displaystyle\lim_{\gamma \to \omega} \frac{F_0}{\omega^2 - \gamma^2}(\cos \gamma t - \cos \omega t).$

16. Compare o resultado obtido na parte (b) do Problema 15 com a solução obtida usando variação dos parâmetros quando a força externa for $F_0 \cos \omega t$.

Nos Problemas 17 e 18, resolva o problema de valor inicial dado.

17. $\dfrac{d^2x}{dt^2} + 4x = -5 \text{ sen } 2t + 3\cos 2t, \quad x(0) = -1, \quad x'(0) = 1$

18. $\dfrac{d^2x}{dt^2} + 9x = 5 \text{ sen } 3t, \quad x(0) = 2, \quad x'(0) = 0$

19. **(a)** Mostre que $x(t)$ dado na parte (a) do Problema 15 pode ser escrito na forma

$$x(t) = \frac{-2F_0}{\omega^2 - \gamma^2} \text{ sen } \frac{1}{2}(\gamma - \omega)t \text{ sen } \frac{1}{2}(\gamma + \omega)t.$$

(b) Se definirmos $\varepsilon = \frac{1}{2}(\gamma - \omega)$, mostre que, quando ε for pequeno, uma solução aproximada será

$$x(t) = \frac{F_0}{2\varepsilon\gamma} \text{ sen } \varepsilon t \text{ sen } \gamma t.$$

Quando ε é pequeno, a freqüência $\gamma/2\pi$ da força externa é próxima à freqüência $\omega/2\pi$ das vibrações livres. Quando isso ocorre, o movimento é igual ao indicado na Figura 5.27. Oscilações desse tipo são chamadas de batimentos e se devem ao fato de que a freqüência de sen εt é muito pequena em relação à freqüência de sen γt. As curvas pontilhadas, ou envoltórias, do gráfico de $x(t)$ são obtidas a partir dos gráficos de $\pm (F_0/2\,\varepsilon\gamma)$ sen εt. Use um computador com vários valores de F_0, ε e γ para verificar o gráfico da Figura 5.27.

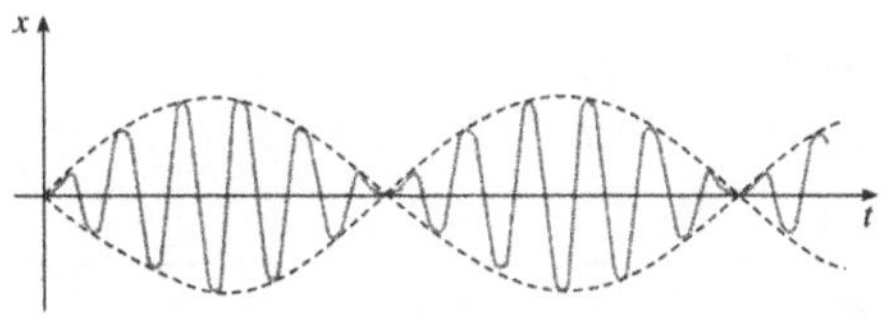

Figura 5.27

(c) Calcule $\displaystyle\lim_{\varepsilon \to 0} \frac{F_0}{2\varepsilon\gamma} \text{ sen } \varepsilon t \text{ sen } \gamma t.$

20. Mostre que a solução para o problema de valor inicial

$$\frac{d^2x}{dt^2} + 25x = 10\cos 7t, \quad x(0) = 0, \quad x'(0) = 0,$$

é $x(t) = \dfrac{5}{6}$ sen t sen $6t$. Use um computador para obter o gráfico de $x(t)$.

5.4 CIRCUITOS ELÉTRICOS E OUTROS SISTEMAS ANÁLOGOS

Circuitos em Série L–R–C

Como mencionado na introdução deste capítulo, vários sistemas físicos podem ser descritos por uma equação diferencial linear de segunda ordem semelhante à equação diferencial de movimento forçado com amortecimento:

$$m\frac{d^2x}{dt^2} + \beta\frac{dx}{dt} + kx = f(t). \tag{1}$$

Se $i(t)$ denota a corrente em um **circuito elétrico em série L–R–C** mostrado na Figura 5.28(a), então a queda de voltagem através do indutor, resistor e capacitor é igual à apresentada na Figura 5.28(b). Pela segunda lei de Kirchoff, a soma dessas voltagens é igual à voltagem $E(t)$ impressa no circuito, isto é,

$$L\frac{di}{dt} + Ri + \frac{1}{C}q = E(t). \tag{2}$$

Mas a carga $q(t)$ no capacitor está relacionada com a corrente $i(t)$ por $i = dq/dt$, e então (2) torna-se a equação diferencial linear de segunda ordem

$$L\frac{d^2q}{dt^2} + R\frac{dq}{dt} + \frac{1}{C}q = E(t). \tag{3}$$

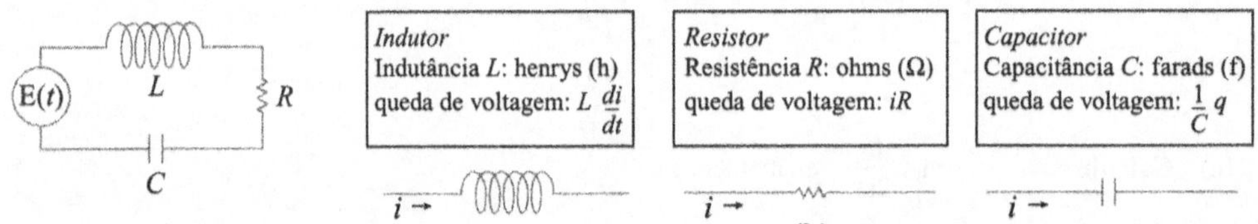

(a) (b)

Figura 5.28

A nomenclatura usada na análise de circuitos é semelhante à nomenclatura empregada para descrever um sistema massa-mola.

Se $E(t) = 0$, as **vibrações elétricas** do circuito são ditas livres. Como a equação auxiliar para (3) é $Lm^2 + Rm + 1/C = 0$, haverá três formas de solução quando $R \neq 0$, dependendo do valor do descriminante $R^2 - 4L/C$. Dizemos que o circuito é

	superamortecido	se $R^2 - 4L/C > 0$,
	criticamente amortecido	se $R^2 - 4L/C = 0$,
e	**subamortecido**	se $R^2 - 4L/C < 0$.

Em cada um desses três casos, a solução geral para (3) contém o fator $e^{-Rt/2L}$, portanto $q(t) \to 0$ quando $t \to \infty$. No caso subamortecido, quando $q(0) = q_0$, a carga no capacitor oscila quando ele decresce; em outras palavras, o capacitor é carregado e descarregado quando $t \to \infty$. Quando $E(t) = 0$ e $R = 0$, dizemos que o circuito é não-amortecido, e as vibrações elétricas não se aproximam de zero quando t aumenta de maneira ilimitada; a resposta do circuito é **harmônica simples**.

EXEMPLO 1

Considere um circuito em série ***L-C*** no qual $E(t) = 0$. Determine a carga $q(t)$ no capacitor para $t > 0$ se a carga inicial é q_0 e se inicialmente não há corrente circulando no circuito.

Solução Em um circuito ***L-C***, não há resistor, assim, de (3), obtemos

$$L\frac{d^2q}{dt^2} + \frac{1}{C}q = 0.$$

As condições iniciais são $q(0) = q_0$ e $i(0) = 0$. Como $q'(t) = i(t)$, a última condição é simplesmente $q'(0) = 0$. A solução geral para a equação diferencial é

$$q(t) = c_1 \cos \frac{1}{\sqrt{LC}}t + c_2 \operatorname{sen} \frac{1}{\sqrt{LC}}t.$$

Agora, as condições iniciais implicam $c_1 = q_0$ e $c_2 = 0$. Logo,

$$q(t) = q_0 \cos \frac{1}{\sqrt{LC}} t.$$ ■

No Exemplo 1, se quisermos encontrar a corrente no circuito, usamos $i(t) = q'(t)$:

$$i(t) = -\frac{q_0}{\sqrt{LC}} \operatorname{sen} \frac{1}{\sqrt{LC}} t.$$

EXEMPLO 2

Encontre a carga $q(t)$ no capacitor em um circuito em série L-R-C quando $L = 0{,}25$ henry, $R = 10$ ohms, $C = 0{,}001$ farad, $E(t) = 0$, $q(0) = q_0$ coulombs e $i(0) = 0$.

Solução Como $1/C = 1000$, a equação (3) torna-se

$$\frac{1}{4}q'' + 10q' + 1000q = 0 \quad \text{ou} \quad q'' + 40q' + 4000q = 0.$$

Resolvendo essa equação homogênea da maneira usual, verificamos que o circuito é sub-amortecido e

$$q(t) = e^{-20t}(c_1 \cos 60t + c_2 \operatorname{sen} 60t).$$

Aplicando as condições iniciais, encontramos $c_1 = q_0$ e $c_2 = q_0/3$. Logo, a solução é dada por

$$q(t) = q_0 e^{-20t}\left(\cos 60t + \frac{1}{3} \operatorname{sen} 60t\right). \qquad ■$$

A solução do Exemplo 2 pode ser escrita como uma única função seno usando o método discutido na Seção 5.2. De (15) daquela seção, obtemos

$$q(t) = \frac{q_0\sqrt{10}}{3} e^{-20t} \operatorname{sen}(60t + 1{,}249).$$

Quando há uma voltagem impressa no circuito, as vibrações elétricas são ditas forçadas. Note no Exemplo 1 que as vibrações elétricas livres são harmônicas simples com período $2\pi/(1/\sqrt{LC}) = 2\pi\sqrt{LC}$ e freqüência $1/(2\pi\sqrt{LC})$. Se uma voltagem periódica $E(t)$ com a mesma freqüência fosse impressa no circuito, o sistema estaria em **ressonância**. No caso em que $R \neq 0$, a função complementar $q_c(t)$ de (3) é chamada de **solução transiente**. Se $E(t)$ for periódica ou uma constante, então a solução particular $q_p(t)$ de (3) é uma solução **estacionária** ou solução do estado estacionário.

EXEMPLO 3

Encontre a solução estacionária $q_p(t)$ e a **corrente estacionária** (ou corrente do estado estacionário) em um circuito em série L-R-C quando a voltagem impressa for $E(t) = E_0 \operatorname{sen} \gamma t$.

Solução A solução estacionária $q_p(t)$ é uma solução particular para a equação diferencial

$$L\frac{d^2q}{dt^2} + R\frac{dq}{dt} + \frac{1}{C}q = E_0 \operatorname{sen} \gamma t.$$

Usando o método dos coeficientes indeterminados, supomos uma solução particular da forma

$$q_p(t) = A \operatorname{sen} \gamma t + B \cos \gamma t. \qquad (4)$$

Substituindo (4) na equação diferencial, simplificando e igualando os coeficientes, obtemos

$$A = \frac{E_0(L\gamma - 1/C\gamma)}{-\gamma\left[L^2\gamma^2 - \frac{2L}{C} + \frac{1}{C^2\gamma^2} + R^2\right]}$$

e

$$B = \frac{E_0 R}{-\gamma\left[L^2\gamma^2 - \frac{2L}{C} + \frac{1}{C^2\gamma^2} + R^2\right]}.$$

É conveniente expressar A e B em termos de alguns símbolos novos. Se

$$X = L\gamma - \frac{1}{C\gamma}, \text{ então } X^2 = L^2\gamma^2 - \frac{2L}{C} + \frac{1}{C^2\gamma^2}.$$

$$\text{Se } Z = \sqrt{X^2 + R^2}, \text{ então } Z^2 = L^2\gamma^2 - \frac{2L}{C} + \frac{1}{C^2\gamma^2} + R^2.$$

Portanto, $A = E_0X/(-\gamma Z^2)$ e $B = E_0R/(-\gamma Z^2)$. A carga estacionária é então

$$q_{p(t)} = -\frac{E_0X}{\gamma Z^2} \text{ sen } \gamma t - \frac{E_0R}{\gamma Z^2} \cos \gamma t.$$

Agora, a corrente estacionária é dada por $i_p(t) = q_p'(t)$:

$$i_p(t) = \frac{E_0}{Z}\left(\frac{R}{Z} \text{ sen } \gamma t - \frac{X}{Z} \cos \gamma t\right). \qquad \textbf{(5)}$$

■

As quantidades $X = L\gamma - 1/C\gamma$ e $Z = \sqrt{X^2 + R^2}$ definidas no Exemplo 3 são chamadas respectivamente de **reatância** e **impedância** do circuito. A reatância e a impedância são medidas em ohms.

Torção de um Cabo

A equação diferencial que governa o movimento de rotação de um peso atado à ponta de um cabo elástico é

$$I\frac{d^2\theta}{dt^2} + c\frac{d\theta}{dt} + k\theta = T(t). \qquad \textbf{(6)}$$

Na Figura 5.29, a função $\theta(t)$ representa a torção do peso em função do tempo.

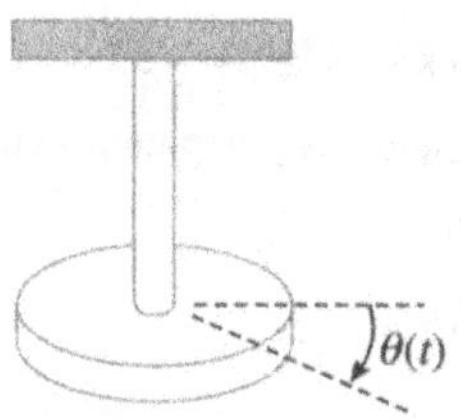

Figura 5.29

Comparando as equações (3) e (6) com (1), vemos que, com exceção da terminologia, não há absolutamente nenhuma diferença entre a matemática de molas vibrantes, circuitos em série e torções oscilatórias. A tabela seguinte apresenta uma comparação das partes análogas desses três tipos de sistema.

Mecânico	Elétrico (em série)	Torção
m (massa)	L (indutância)	I (momento de inércia)
β (amortecimento)	R (resistência)	c (amortecimento)
k (constante elástica)	$1/C$ (capacitância recíproca – chamada elastância)	k (constante elástica)
f(t) (força externa)	$E(t)$ (voltagem impressa)	$T(t)$ (torque)

Pêndulo Simples

No Exemplo 3 da Seção 1.2, vimos que o deslocamento angular θ de um pêndulo simples é descrito pela equação não-linear de segunda ordem

$$\frac{d^2\theta}{dt^2} + \frac{g}{l} \text{ sen } \theta = 0,$$

em que l é o comprimento da haste do pêndulo. Para pequenas oscilações, sen θ é substituído por θ, e a equação diferencial resultante

$$\frac{d^2\theta}{dt^2} + \frac{g}{l}\,\theta = 0 \tag{7}$$

mostra que o pêndulo apresenta movimento harmônico simples. Uma análise da solução (7) mostra que o período de pequenas oscilações é dado pela fórmula familiar da física $T = 2\pi\sqrt{l/g}$.

5.4 EXERCÍCIOS

As respostas dos exercícios selecionados estão nas páginas 455 e 456.

Nos Problemas 1 e 2, encontre a carga no capacitor e a corrente no circuito em série L-C dado. Suponha $q(0) = 0$ e $i(0) = 0$.

1. $L = 1$ henry, $C = \frac{1}{16}$ farad, $E(t) = 60$ volts

2. $L = 5$ henrys, $C = 0{,}01$ farad, $E(t) = 20t$ volts

Nos Problemas 3 e 4, sem resolver (3), determine se o circuito em série L-R-C dado é superamortecido, criticamente amortecido ou subamortecido.

3. $L = 3$ henrys, $R = 10$ ohms, $C = 0{,}1$ farad

4. $L = 1$ henry, $R = 20$ ohms, $C = 0{,}01$ farad

5. Encontre a carga no capacitor em um circuito em série *L-R-C* no instante $t = 0{,}01$ segundo quando $L = 0{,}05$ henry, $R = 2$ ohms, $C = 0{,}01$ farad, $E(t) = 0$ volt, $q(0) = 5$ coulombs e $i(0) = 0$ ampère. Determine o primeiro instante no qual a carga do capacitor é zero.

6. Encontre a carga no capacitor em um circuito em série *L-R-C* quando $L = 1/4$ henry, $R = 20$ ohms, $C = 1/300$ farad, $E(t) = 0$ volt, $q(0) = 4$ coulomb e $i(0) = 0$ ampère. A carga no capacitor se anula em algum instante?

Nos Problemas 7 e 8, encontre a carga no capacitor e a corrente no circuito em série *L-R-C* dado. Calcule a carga máxima no capacitor.

7. $L = 5/3$ henrys, $R = 10$ ohms, $C = 1/30$ farad, $E(t) = 300$ volts, $q(0) = 0$ coulomb, $i(0) = 2$ ampères.

8. $L = 1$ henry, $R = 100$ ohms, $C = 0{,}0004$ farad, $E(t) = 30$ volts, $q(0) = 0$ coulomb e $i(0) = 2$ ampères.

9. Encontre a carga e a corrente do estado estacionário em um circuito em série *L-R-C* quando $L = 1$ henry, $R = 2$ ohms, $C = 0{,}25$ farad e $E(t) = 50 \cos t$.

10. Mostre que a amplitude da corrente estacionária no circuito em série *L-R-C* do Exemplo 3 é dada por E_0/Z, em que Z é a impedância do circuito.

11. Mostre que a corrente estacionária em um circuito em série *L-R-C* quando $L = 1/2$ henry, $R = 20$ ohms, $C = 0{,}001$ farad e $E(t) = 100 \operatorname{sen} 60t$ volts é dada por $i_p(t) = (4{,}160) \operatorname{sen}(60t - 0{,}588)$. [Sugestão: Use o Problema 10.]

12. Encontre a corrente estacionária em um circuito em série *L-R-C* quando $L = 1/2$ henry, $R = 20$ ohms, $C = 0{,}001$ farad e $E(t) = 100 \operatorname{sen} 60t + 200 \cos 40t$.

13. Encontre a carga no capacitor em um circuito em série *L-R-C* quando $L = 1/2$ henry, $R = 10$ ohms, $C = 0{,}01$ farad, $E(t) = 150$ volts, $q(0) = 1$ coulomb e $i(0) = 0$ ampère. Qual é a carga no capacitor após um longo período de tempo?

14. Mostre que se L, R, C e E_0 são constantes, então a amplitude da corrente do estado estacionário do Exemplo 3 é máxima quando $\gamma = 1/\sqrt{LC}$. Qual é a amplitude máxima?

15. Mostre que se L, R, E_0 e γ são constantes, então a amplitude da corrente do estado estacionário do Exemplo 3 é máxima quando a capacitância for $C = 1/L\gamma^2$.

16. Encontre a carga no capacitor e a corrente em um circuito em série *L-C* quando $L = 0{,}1$ henry, $C = 0{,}1$ farad $E(t) = 100 \text{ sen } \gamma^{t}$ volts, $q(0) = 0$ coulomb e $i(0) = 0$ ampère.

17. Encontre a carga no capacitor e a corrente em um circuito em série *L-C* quando $E(t) = E_0 \cos \gamma t$, $q(0) = q_0$ e $i(0) = i_0$ ampères.

18. No Problema 17, encontre a corrente quando o circuito está em ressonância.

19. Encontre a equação de movimento que descreve pequenos deslocamentos $\theta(t)$ de um pêndulo simples de comprimento igual a 2 m solto no instante $t = 0$ com um deslocamento de 1/2 rad à direita do eixo vertical e velocidade angular de $2\sqrt{3}$ m/min para a direita. Calcule a amplitude, o período e a freqüência do movimento.

20. No Problema 19, em qual instante de tempo o pêndulo passa pela posição de equilíbrio ? Quando o pêndulo atinge seu deslocamento angular extremo em cada lado da posição de equilíbrio?

Capítulo 5 *REVISÃO*

Quando uma massa é atada a uma mola, esta se distende até atingir uma posição em que a força restauradora *ks* da mola se iguala ao peso *mg*. Qualquer movimento subseqüente é então medido *x* unidades acima ou abaixo da **posição de equilíbrio**. Quando a massa está acima da posição de equilíbrio, adotamos a convenção de que $x < 0$; quando a massa está abaixo da posição de equilíbrio, tomamos $x > 0$.

A equação diferencial de movimento é obtida igualando-a a segunda lei de Newton $F = ma = m(d^2x/dt^2)$ com a força resultante que age na massa no instante *t*. Distinguimos três casos.

CASO I A equação

$$m\frac{d^2x}{dt^2} = -kx \quad \text{ou} \quad \frac{d^2x}{dt^2} + \omega^2 x = 0, \tag{1}$$

em que $\omega^2 = k/m$, descreve o movimento na ausência de qualquer força de amortecimento e também qualquer força externa. A solução para (1) é $x(t) = c_1 \cos \omega t + c_2 \operatorname{sen} \omega t$ e dizemos, neste caso, que a massa está em **movimento harmônico simples**. As constantes c_1 e c_2 são determinadas pela posição inicial $x(0)$ e pela velocidade inicial $x'(0)$ da massa.

CASO II Quando uma força de amortecimento está presente, a equação diferencial torna-se

$$m\frac{d^2x}{dt^2} = -kx - \beta\frac{dx}{dt} \quad \text{ou} \quad \frac{d^2x}{dt^2} + 2\lambda\frac{dx}{dt} + \omega^2 x = 0, \tag{2}$$

em que $\beta > 0$, $2\lambda = \beta/m$ e $\omega^2 = k/m$. Dizemos que o movimento resultante é **superamortecido**, **criticamente amortecido** ou **subamortecido** de acordo com $\lambda^2 - \omega^2 > 0$, $\lambda 2 - \omega^2 = 0$, $\lambda^2 - \omega^2 < 0$. As respectivas soluções para (2) são então

$$x(t) = c_1 e^{m_1 t} + c_2 e^{m_2 t},$$

em que $\quad m_1 = -\lambda + \sqrt{\lambda^2 - \omega^2},\ m_2 = -\lambda - \sqrt{\lambda^2 - \omega^2};$

$$x(t) = c_1 e^{m_1 t} + c_2 t e^{m_1 t},$$

em que $m_1 = -\lambda$; e

$$x(t) = e^{-\lambda t}(c_1 \cos\sqrt{\omega^2 - \lambda^2}\, t + c_2 \operatorname{sen} \sqrt{\omega^2 - \lambda^2}\, t).$$

Em cada caso, a força de amortecimento é responsável pela diminuição do deslocamento, tornando-o desprezível após um longo período de tempo, isto é, $x \to 0$ quando $t \to \infty$.

O movimento descrito nos Casos I e II é chamado de **movimento livre**.

CASO III Quando uma força externa age no sistema, a equação diferencial torna-se

$$m\frac{d^2x}{dt^2} = -kx - \beta\frac{dx}{dt} + f(t) \quad \text{ou} \quad \frac{d^2x}{dt^2} + 2\lambda\frac{dx}{dt} + \omega^2 x + F(t), \tag{3}$$

em que λ e ω^2 são definidos no Caso III. A solução para a equação não-homogênea (3) é $x(t) = x_c + x_p$.

Como a função complementar x_c contém sempre o fator $e^{-\lambda t}$, ela será **transiente** (ou transitória); isto é, $x_c \to 0$ quando $t \to \infty$. Se $F(t)$ for periódica, então x_p será uma **solução estacionária** (ou solução do estado estacionário).

Na ausência de uma força de amortecimento, uma força periódica impressa pode causar grandes amplitudes de vibrações. Se a preferência pela força externa for igual à freqüência $\omega/2\pi$ das vibrações livres, dizemos que o sistema está em estado de **ressonância pura**. Nesse caso, as amplitudes de vibrações tornam-se ilimitadas quando $t \to \infty$. Na presença de uma força de amortecimento, amplitudes de movimento oscilatório são sempre limitadas. Porém, amplitudes grandes e potencialmente destrutivas podem ocorrer.

Quando um circuito em série contendo um indutor, resistor e capacitor está sob a ação de uma força eletromotiva $E(t)$, a equação diferencial resultante para a carga $q(t)$ ou a corrente $i(t)$ é muito semelhante à equação (3). Logo, a análise de tais circuitos é a mesma descrita acima.

Capítulo 5 *EXERCÍCIOS DE REVISÃO*

As respostas dos exercícios selecionados estão na página 456.

Resolva os Problemas 1- 9 sem consultar o texto. Complete os espaços ou responda verdadeiro/falso.

1. Se um peso de 10 kg distende uma mola em 2,5 cm, um peso de 32 kg irá distendê-la em ______ cm.

2. O período do movimento harmônico simples de um peso de 8 kg atado a uma mola cuja constante vale 6,25 N/m é __________ segundos.

3. A equação diferencial de um peso em uma mola é $x'' + 16x = 0$. Se o peso for solto em $t = 0$ será 1 m acima da posição de equilíbrio com uma velocidade de 3 m/s para baixo, a amplitude das vibrações será __________ m.

4. Ressonância pura não pode acontecer na presença de uma força de amortecimento __________ .

5. Na presença de amortecimento, os deslocamentos de um peso em uma mola irão aproximar-se sempre de zero quando $t \to \infty$. __________

6. Um peso em uma mola cujo movimento é criticamente amortecido pode passar pela posição de equilíbrio duas vezes.

7. Em amortecimento crítico, qualquer aumento do amortecimento resultará em um sistema _______ .

8. Quando um movimento harmônico crítico é descrito por $x = (\sqrt{2}/2)\ \text{sen}(2t + \phi)$, o ângulo de fase ϕ é __________ quando $x(0) = -1/2$ e $x'(0) = 1$.

9. Uma massa de 0,5 kg atada a uma mola apresenta movimento harmônico simples. Se a freqüência das oscilações for $3/2\pi$ vibrações/segundo, a constante da mola será __________ .

10. Um peso de 1,5 kg distende uma mola em 2 cm. O peso parte de um ponto 25 cm abaixo da posição de equilíbrio com uma velocidade de 1 m/s para cima.

(a) Encontre a equação que descreve o movimento harmônico simples resultante.

(b) Qual é a amplitude, o período, e a freqüência do movimento?

(c) Quando o peso retorna ao ponto localizado 25 cm abaixo da posição de equilíbrio?

(d) Quando o peso passa pela posição de equilíbrio se dirigindo para cima? E se dirigindo para baixo?

(e) Qual é a velocidade do peso no instante $t = 3\pi/16$ segundos?

(f) Quando a velocidade é zero?

11. Uma mola de constante elástica igual a 2 N/m tem uma de suas extremidades fixa e um peso de 0,25 kg é atado à outra extremidade. O sistema está sobre uma mesa que oferece uma força de atrito igual a 3/2 vez a velocidade instantânea. Inicialmente, o peso é deslocado 1/3 m acima da posição de equilíbrio e então solto a partir do repouso. Encontre a equação de movimento se o movimento se dá ao longo de uma reta horizontal que é tida como eixo x.

12. Um peso de 16 kg distende uma mola em 6 cm. O peso move-se em um meio que oferece uma força de amortecimento igual a β vezes a velocidade instantânea. Determine os valores de β para os quais o sistema apresentará movimento oscilatório.

13. Uma mola com constante $k = 2$ está imersa em um líquido que oferece uma força de amortecimento numericamente igual a 4 vezes a velocidade instantânea. Se uma massa m é suspensa pela mola, determine os valores de m para os quais o movimento livre subseqüente não é oscilatório.

14. O movimento vertical de um peso atado a uma mola é descrito pelo problema de valor inicial

$$\frac{1}{4}\frac{d^2x}{dt^2} + \frac{dx}{dt} + x = 0, \quad x(0) = 4, \quad x'(0) = 2.$$

Determine o deslocamento vertical máximo.

15. Um peso de 0,125 kg é atado a uma mola cuja constante vale (8/3) N/m. Uma força periódica igual a $f(t) = \cos \gamma t + \text{sen}\ \gamma t$ atua no sistema a partir do instante $t = 0$. Na ausência de amortecimento, para qual valor de γ o sistema estará em ressonância pura?

16. Encontre uma solução particular para $\dfrac{d^2x}{dt^2} + 2\lambda\dfrac{dx}{dt} + \omega^2 x = A$, em que A é uma força constante.

17. Um peso de 0,125 kg é suspenso por uma mola cuja constante vale 3 N/m. O sistema inteiro é imerso em um fluido que oferece uma força de amortecimento numericamente igual à velocidade instantânea. Começando em $t = 0$, uma força externa igual a $f(t) = e^{-t}$ age no sistema. Determine a equação de movimento se o peso parte do repouso 2 m abaixo da posição de equilíbrio.

18. **(a)** Duas molas são atadas em série, como mostrado na Figura 5.30. Ignorando a massa das molas, mostre que a constante elástica efetiva k é dada por $1/k = 1/k_1 + 1/k_2$.

(b) Um peso de W newtons distende uma mola em 1/2 m e distende uma outra em $\frac{1}{4}$ m. As duas molas são atadas como na Figura 5.30 e o peso W é então atado na mola dupla. Supondo o movimento livre e sem força de amortecimento, determine a equação de movimento se o peso é solto de um ponto localizado 1 m abaixo da posição de equilíbrio com uma velocidade de (2/3) m/s para baixo.

(c) Mostre que a velocidade máxima do peso é $(2/3)\sqrt{3g + 1}$.

19. Um circuito em série contém uma indutância $L = 1$ henry, uma capacitância $C = 10^{-4}$ farad e uma força eletromotriz $E(t) = 100$ sen $50t$ volts. Inicialmente, a carga q e a corrente i são nulas.

(a) Encontre a equação para a carga em relação ao tempo.

(b) Encontre a equação para a corrente em relação ao tempo.

(c) Encontre os instantes para os quais a carga no capacitor é nula.

20. Mostre que a corrente $i(t)$ em um circuito em série L-R-C satisfaz a equação diferencial

$$L\frac{d^2i}{dt^2} + R\frac{di}{dt} + \frac{1}{C}i = E'(t),$$

em que $E'(t)$ denota a derivada de $E(t)$.

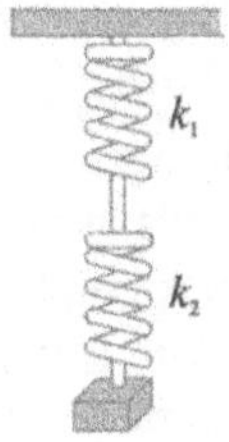

Figura 5.30

ENSAIO

O Colapso da Ponte Tacoma Narrows

Gilbert N. Lewis
Departamento de Matemática e Ciência da Computação
Michigan Technological University

Como pode ser visto na equação (9) e na Figura 5.22 da Seção 5.3, as oscilações no caso de ressonância tornam-se muito grandes após um certo período de tempo. Em um sistema físico, isso seria catastrófico, pois o aumento contínuo das amplitudes de oscilação quebrariam o sistema. Dois exemplos históricos disso já foram dados (as asas de um avião e soldados marchando sobre uma ponte). Nesses exemplos, forças periódicas com freqüência igual à freqüência natural das estruturas foram impressas na direção das vibrações, ocasionando a destruição das estruturas por ressonância.

Outro exemplo usado até recentemente para ilustrar o fenômeno de ressonância é o colapso da ponte Tacoma Narrows no estado de Washington. A ponte foi aberta ao tráfego no verão de 1940. Grandes oscilações da pista foram logo observadas, sempre quando havia vento. A ponte passou a ser chamada de "Galloping Gertie" (ponte galopante) e tornou-se uma atração turística. As pessoas gostavam de observar as vibrações e mesmo dirigir através da ponte em uma excitante montanha-russa. Finalmente, em 7 de novembro de 1940, toda a estrutura do vão foi fragmentada pelas grandes vibrações e houve o colapso. Veja a Figura 5.31.

Figura 5.31

Durante 50 anos, a ressonância foi responsabilizada pelo colapso. Pensava-se que, quando o vento soprava horizontalmente, formavam-se vórtices de vento alternados de baixo para cima e de cima para baixo, criando então uma força vertical periódica que agia na mesma direção da vibração da ponte. Veja a Figura 5.32. Ainda, supunham que a freqüência dessa força periódica era exatamente igual à freqüência natural da ponte, ocasionando então grande amplitude de vibrações (veja a equação (9)) e causando a queda ponte. Essa explicação foi (talvez erroneamente) atribuída ao notório engenheiro von Karman. Em sua autobiografia, ele explicou que o colapso da ponte foi realmente devido aos vórtices de von Karman [4]. Porém, em um relatório técnico enviado à "Federal Works Agency", ele e seus co-autores concluíram que "é pouco provável que ressonância devido a vórtices alternados tenha desempenhado um papel importante nas oscilações de pontes suspensas" [1]. Infelizmente, a ressonância permaneceu firme como uma explicação na literatura popular e matemática.

Ressonância é um fenômeno linear (note a equação diferencial linear (7) da Seção 5.3). Além do mais, é inteiramente dependente da coincidência da freqüência natural da ponte com a freqüência de alguma força externa periódica. Ainda, a ressonância requer absoluta ausência de amortecimento no sistema ($\lambda = 0$ na equação (3) da Seção 5.3). Não é de surpreender, portanto, que a ressonância não tenha sido o fator dominante no colapso da Ponte Tacoma Narrows.

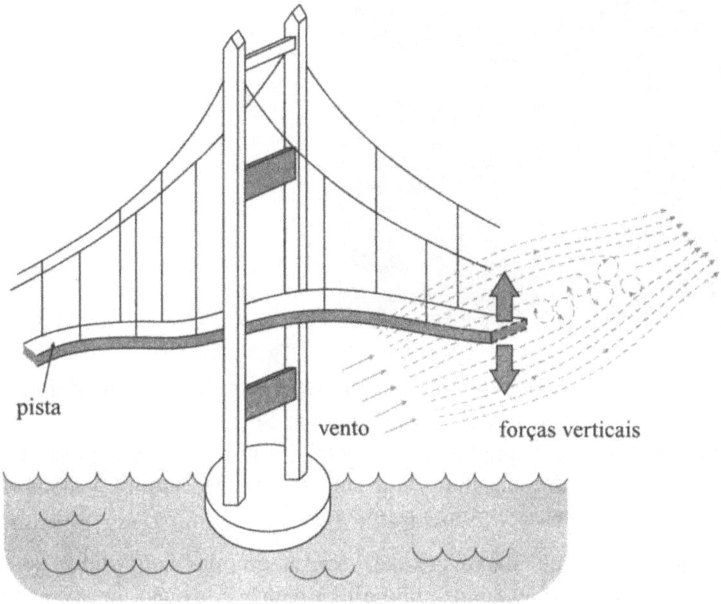

Figura 5.32

Se não foi ressonância, então qual é a explicação? Uma pesquisa recente forneceu uma explicação alternativa para o colapso da ponte. Lazer e McKenna (veja [3] para obter uma boa recapitulação do artigo) argumentam que efeitos não-lineares, e não ressonância linear, foram os principais fatores que provocaram grandes oscilações da ponte [2]. Não há dúvida de que o vento através da pista proporcionou a força externa que causou o movimento. Essa força poderia mesmo se dever parcialmente aos vórtices, como von Karman sugeriu. Porém, interações não-lineares entre a ponte e as forças externas são causas mais prováveis para o colapso.

Compare a estrutura reforçada da ponte Tacoma nessa fotografia, mostrando a ponte reconstruída, com a estrutura delicada de 1940, bem visível nas fotografias da página 270.

Na teoria linear, os cabos agem como uma mola elástica. Assim, o modelo matemático leva à equação diferencial linear (3), ou à equação (7) da Seção 5.3, se não há presença de amortecimento. Este último caso, em que há ressonância, é a única situação possível na teoria linear, em que pequenas forças externas poderiam causar grandes amplitudes de vibrações. Como mencionamos antes, esse cenário é pouco provável.

Por outro lado, efeitos não-lineares podem causar grandes amplitudes de vibrações com forças de pequenas amplitudes. Podem também explicar a transição de oscilações unidimensionais para oscilações transversais (torção), as quais foram as principais responsáveis pelo colapso da ponte.

A idéia básica no modelo de Lazer-McKenna é a seguinte. Quando os cabos verticais estão sob tensão (o peso da ponte está puxando-os para baixo), eles agem como uma mola elástica, e neste caso a equação diferencial é linear. Porém, quando forças externas provocam oscilações na ponte (ventos e possivelmente tremores de terra), os cabos não estarão sempre sob tensão, e haverá somente a gravidade atuando. Em outras palavras, o termo da lei de Hooke, $(k/m)x$ na equação (2) da Seção 5.3, não estará presente. Essa transição de um tipo de equação diferencial linear para outro é uma fonte de não-linearidade. Outras fontes de não-linearidade em pontes suspensas devem ser incluídas no modelo não-linear e não-simétrico ou interações dos cabos verticais com os cabos principais ou com as torres de suporte. Essa não-linearidade é combinada pelo fato de que cabos diferentes podem estar sob tensão em instantes diferentes. O resultado dessa não-linearidade, argumentam Lazer e McKenna, podem ser oscilações de grandes amplitudes sob moderadas forças externas.

Um outro aspecto das equações não-lineares é a imprevisibilidade. Isso pode explicar, por exemplo, por que a ponte experimentou oscilações de grande amplitude sob a ação de pequenos ventos e ficou perfeitamente estável sob a ação de fortes ventos.

Como Lazer e McKenna observaram, a teoria não-linear de pontes suspensas ainda não foi completamente desenvolvida. Porém, simulações numéricas do modelo estão de acordo com as observações. Parece que essa abordagem proporcionará explicações mais precisas para o colapso da Ponte Tacoma Narrows.

REFERÊNCIAS

1. Amann, O. H., T. von Karman, e G. B. Woodruff. *The Failure of the Tacoma Narrows Bridge.* Federal Works Agency, 1941.

2. Lazer, A. C., e P. J. McKenna. "Large-Amplitude Periodic Oscillations in Suspension Bridges: Some New Connections with Nonlinear Analysis." *SIAM Review* 32 (Dez. 1990): 537-578.

3. Peterson, I. "Rock and Roll Bridge." *Science News* 137 (1991): 344-346.

4. von Karman, T. *The Wind and Beyond, Theodore von Karman, Pionner in Aviation and Pathfinder in Space.* Boston: Little, Brown, 1967.

Capítulo 6

EQUAÇÕES DIFERENCIAIS COM COEFICIENTES VARIÁVEIS

Conceitos Importantes

Equação de Cauchy-Euler
Equação auxiliar
Séries de potências
Soluções por séries de potências
Relação de recorrência
Ponto ordinário
Ponto singular
Ponto singular regular (singularidade regular)
Ponto singular irregular (singularidade irregular)
Método de Frobenius
Equação indicial
Raízes indiciais
Equação de Bessel
Equação de Bessel paramétrica
Funções de Bessel
Equação de Legendre
Polinômios de Legendre

Até agora temos resolvido equações diferenciais lineares de ordem dois ou mais alta somente quando estas possuem coeficientes constantes. Em aplicações, equações lineares de ordem superior com coeficientes não-constantes (variáveis) são igualmente importantes, se não mais. Por exemplo, se quisermos encontrar a temperatura ou o potencial u na região compreendida entre duas esferas concêntricas, como mostrado na figura, então sob certas circunstâncias temos de resolver a equação diferencial.

$$r\frac{d^2u}{dt^2} + 2\frac{du}{dr} = 0.$$

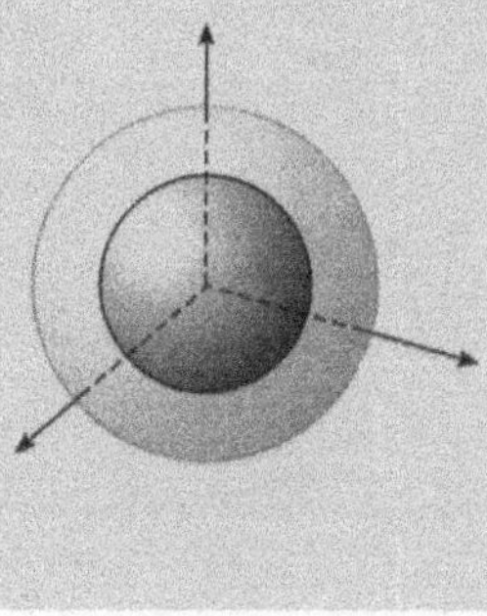

Continua

Continuação

em que a variável $r > 0$ representa a distância radial medida a partir do centro das esferas.

Equações diferenciais com coeficientes variáveis tais como

$$x^2y'' + xy' + (x^2 - v^2)y = 0,$$

$$(1 - x^2)y'' - 2xy' + n(n + 1)y = 0,$$

e $$y'' - 2xy' + 2ny = 0$$

ocorrem em aplicações como problema de potencial, distribuição de temperatura e fenômeno vibratório, para mecânica quântica.

Equações com coeficientes variáveis não podem ser resolvidas com a mesma facilidade com que resolvemos equações diferenciais com coeficientes constantes. Na verdade, não podemos esperar que a solução, mesmo de uma equação simples como $y'' - 2xy = 0$, possa ser expressa em termos de funções elementares construídas com potências de x, senos, co-senos, logaritmos e exponenciais. O melhor que podemos fazer em relação à equação $y'' - 2xy = 0$ é encontrar uma solução na forma de uma série infinita. Porém, há um tipo de equação diferencial com coeficientes variáveis, chamada equação de Cauchy-Euler, cuja solução geral pode sempre ser escrita em termos de funções elementares. Começamos este capítulo com essa equação.

6.1 EQUAÇÃO DE CAUCHY-EULER

Qualquer equação diferencial da forma

$$a_n x^n \frac{d^n y}{dx^n} + a_{n-1} x^{n-1} \frac{d^{n-1} y}{dx^{n-1}} + \ldots + a_1 x \frac{dy}{dx} + a_0 y = g(x),$$

em que $a_n, a_{n-1}, \ldots, a_0$ são constantes, é chamada de **equação de Cauchy-Euler**,* ou **equação eqüidimensional**. A característica desse tipo de equação diferencial é que o *grau* de cada coeficiente monomial coincide com a *ordem* de derivação:

mesmo mesmo

$$a_n x^n \frac{d^n y}{dx^n} + a_{n-1} x^{n-1} \frac{d^{n-1} y}{dx^{n-y}} + \ldots.$$

Somente para efeitos de discussão, concentraremos nossa atenção na resolução para a equação homogênea de segunda ordem

$$\boldsymbol{ax^2 \frac{d^2 y}{dx^2} + bx \frac{dy}{dx} + cy = 0.}$$

A solução para equações de ordem superior é análoga. Ainda, podemos resolver a equação não-homogênea

$$ax^2 \frac{d^2 y}{dx^2} + bx \frac{dy}{dx} + cy = g(x)$$

pelo método da variação dos parâmetros, uma vez determinada a função complementar $y_c(x)$.

Nota O coeficiente de d^2y/dx^2 é zero para $x = 0$. Então, para garantir que os resultados fundamentais do Teorema 4.1 possam ser aplicados à equação de Cauchy-Euler, devemos encontrar a solução geral no intervalo $(0, \infty)$. Soluções no intervalo $(-\infty, 0)$ podem ser obtidas substituindo $t = -x$ na equação diferencial.

Método de Soluções

Tentaremos uma solução da forma $y = x^m$, em que m deve ser determinado. A primeira e a segunda derivadas são, respectivamente,

$$\frac{dy}{dx} = mx^{m-1} \quad \text{e} \quad \frac{d^2 x}{dx^2} = m(m-1)x^{m-2}.$$

* **Augustin – Louis Cauchy** (1789 – 1857) Nascido em plena revolução francesa, Cauchy foi destinado a iniciar uma revolução própria – em matemática. Por suas contribuições originais, mas especialmente pelo esforço em elucidar confusões matemáticas e sua incessante busca por definições satisfatórias e provas rigorosas de teoremas, Cauchy é freqüentemente chamado de "o pai da análise moderna". Um escritor prolífico, Cauchy produziu cerca de 800 artigos em astronomia, física e matemática. Foi ele quem desenvolveu o conceito de convergência de uma série infinita e a teoria de funções complexas. A mesma mente que era sempre aberta e questionadora em ciência e matemática, era estreita e conservadora em muitas outras áreas. Franco e arrogante, Cauchy era impetuoso em relação a questões religiosas e políticas. Sua posição nesses assuntos freqüentemente o indispunham com seus colegas.

Conseqüentemente, a equação diferencial torna-se

$$ax^2 \frac{d^2y}{dt^2} + bx \frac{dy}{dx} + cy = ax^2 \times m(m-1)x^{m-2} + bx \times mx^{m-1} + cx^m$$

$$= am(m-1)x^m + bmx^m + cx^m$$

$$= x^m(am(m-1) + bm + c).$$

Logo, $y = x^m$ será uma solução para a equação diferencial quando m for uma solução para a **equação auxiliar**.

$$\boldsymbol{am(m-1) + bm + c = 0 \text{ ou } am^2 + (b-a)m + c = 0.} \quad (1)$$

Há três casos distintos a serem considerados, dependendo das raízes dessa equação quadrática, a saber: raízes reais e distintas, reais e iguais ou complexas. No último caso, as raízes são conjugadas.

CASO I Raízes Reais e Distintas Sejam m_1 e m_2 as raízes reais de (1) com $m_1 \neq m_2$. Então,

$$y_1 = x^{m_1} \quad e \quad y_2 = x^{m_2}$$

formam um conjunto fundamental de soluções, e a solução geral é

$$y = c_1x^{m_1} + c_2x^{m_2} \quad (2)$$

EXEMPLO 1

Resolva
$$x^2 \frac{d^2x}{dx^2} - 2x \frac{dy}{dx} - 4y = 0.$$

Solução Em vez de simplesmente memorizar a equação (1), é preferível supor que $y = x^m$ seja a solução para entender a origem e a diferença entre essa nova forma de equação auxiliar e a obtida no Capítulo 4. Derivando duas vezes

$$\frac{dy}{dx} = mx^{m-1}, \quad \frac{d^2y}{dx^2} = m(m-1)x^{m-2}$$

e substituindo na equação diferencial:

$$x^2\frac{d^2y}{dx^2} - 2x \frac{dy}{dx} - 4y = x^2 \times m(m-1)x^{m-2} - 2x \times mx^{m-1} - 4x^m$$

$$= x^m(m(m-1) - 2m - 4)$$

$$= x^m(m^2 - 3m - 4) = 0$$

se $m^2 - 3m - 4 = 0$. Agora, $(m + 1)(m - 4) = 0$ implica $m_1 = -1$ e $m_2 = 4$. Logo,

$$y = c_1x^{-1} + c_2x^4. \blacksquare$$

CASO II Raízes Reais e Iguais Se as raízes de (1) são iguais, isto é, $m_1 = m_2$, então obtemos somente uma solução, a saber, $y = x^{m_1}$. Quando as raízes da equação quadrática $am^2 + (b - a)m + c = 0$ são iguais, o discriminante dos coeficientes é necessariamente nulo. Segue-se dessa fórmula quadrática que a raiz é

$$m_1 = -(b - a)/2a.$$

Agora, podemos construir uma segunda solução y_2 usando (4) da Seção 4.2. Primeiro, escrevemos a equação de Cauchy-Euler na forma

$$\frac{d^2y}{dx^2} + \frac{b}{ax}\frac{dy}{dx} + \frac{c}{ax^2}y = 0$$

e fazemos a identificação $P(x) = b/ax$. Logo,

$$\begin{aligned} y_2 &= x^{m_1} \int \frac{e^{-\int (b/ax)dx}}{(x^{m_1})^2}\, dx \\ &= x^{m_1} \int \frac{e^{-(b/a)\ln x}}{x^{2m_1}}\, dx \\ &= x^{m_1} \int x^{-b/a} \times x^{-2m_1}\, dx && \Leftarrow \boxed{e^{-(b/a)\ln x} = e^{\ln x^{-b/a}} = x^{-b/a}} \\ &= x^{m_1} \int x^{-b/a} \times x^{(b-a)/a}\, dx && \Leftarrow \boxed{-2m_1 = (b-a)/a} \\ &= x^{m_1} \int \frac{dx}{x} = x^{m_1} \ln x. \end{aligned}$$

A solução geral é portanto

$$y = c_1x^{m_1} + c_2x^{m_1}\ln x. \tag{3}$$

EXEMPLO 2

Resolva
$$4x^2\frac{d^2y}{dx^2} + 8x\frac{dy}{dx} + y = 0.$$

Solução A substituição $y = x^m$ implica

$$4x^2\frac{d^2y}{dx^2} + 8x\frac{dy}{dx} + y = x^m(4m(m-1) + 8m + 1) = x^m(4m^2 + 4m + 1) = 0$$

quando $4m^2 + 4m + 1 = 0$ ou $(2m + 1)^2 = 0$. Como $m_1 = -1/2$, a solução geral é

$$y = c_1x^{-1/2} + c_2x^{-1/2}\ln x. \quad \blacksquare$$

Para equações de ordem superior, se m_1 for uma raiz de multiplicidade k, então pode ser mostrado que

$$x^{m_1},\quad x^{m_1}\ln x,\quad x^{m_1}(\ln x)^2,\ \ldots,\ x^{m_1}(\ln x)^{k-1}$$

são k soluções linearmente independentes. A solução geral para a equação diferencial deve portanto conter uma combinação linear dessas k soluções.

CASO III Raízes Complexas Conjugadas Se as raízes de (1) são complexas

$$m_1 = \alpha + i\beta,\quad m_2 = \alpha - i\beta,$$

em que α e $\beta > 0$ são reais, então uma solução é

$$y = C_1x^{\alpha + i\beta} + C_2x^{\alpha + i\beta}.$$

Mas, como no caso de equações com coeficientes constantes, quando as raízes da equação auxiliar são complexas, queremos escrever a solução em termos de funções reais somente. Notamos a identidade

$$x^{i\beta} = (e^{\ln x})^{i\beta} = e^{i\beta \ln x},$$

a qual, pela fórmula de Euler, é o mesmo que

$$x^{i\beta} = \cos(\beta \ln x) + i\ \text{sen}(\beta \ln x).$$

Analogamente, temos

$$x^{-i\beta} = \cos(\beta \ln x) - i\ \text{sen}(\beta \ln x).$$

Somando e substituindo os dois últimos resultados, temos, respectivamente,

$$x^{i\beta} + x^{-i\beta} = 2\cos(\beta \ln x)$$

e

$$x^{i\beta} - x^{-i\beta} = 2i\ \text{sen}(\beta \ln x).$$

Como $y = C_1x^{\alpha + i\beta} + C_2x^{\alpha - i\beta}$ é uma solução de $ax^2y'' + bxy' + cy = 0$ para qualquer valor das constantes C_1 e C_2, vemos que

$$y_1 = x^{\alpha}(x^{i\beta} + x^{-i\beta}),\quad (C_1 = C_2 = 1)$$

$$y_2 = x^{\alpha}(x^{i\beta} - x^{-i\beta}), \quad (C_1 = 1,\ C_2 = -1)$$

ou

$$y_1 = 2x^{\alpha}(\cos(\beta \ln x))$$

$$y_2 = 2ix^{\alpha}(\operatorname{sen}(\beta \ln x))$$

são também soluções. Como $W(x^{\alpha}\cos(\beta \ln x),\ x^{\alpha}\operatorname{sen}(\beta \ln x)) = \beta x^{2\alpha - 1} \neq 0$, $\beta > 0$, no intervalo $(0, \infty)$, concluímos que

$$y_1 = x^{\alpha}\cos(\beta \ln x) \quad \text{e} \quad y_2 = x^{\alpha}\operatorname{sen}(\beta \ln x)$$

constitui um conjunto fundamental de soluções para a equação diferencial. Logo, a solução geral é

$$y = x^{\alpha}[c_1\cos(\beta \ln x) + c_2\operatorname{sen}(\beta \ln x)]. \tag{4}$$

EXEMPLO 3

Resolva o problema de valor inicial

$$x^2\frac{d^2y}{dx^2} + 3x\frac{dy}{dx} + 3y = 0, \quad y(1) = 1, \quad y'(1) = -5.$$

Solução Temos

$$x^2\frac{d^2y}{dx^2} + 3x\frac{dy}{dx} + 3y = x^m(m(m-1) + 3m + 3) = x^m(m^2 + 2m + 3) = 0$$

quando $m^2 + 2m + 3 = 0$. Pela fórmula quadrática, encontramos $m_1 = -1 + \sqrt{2}i$ e $m_2 = -1 - \sqrt{2}i$. Se fizermos as identificações $\alpha = -1$ e $\beta = \sqrt{2}$, veremos por (4) que a solução para a equação diferencial é

$$y = x^{-1}[c_1\cos(\sqrt{2}\ln x) + c_2\operatorname{sen}(\sqrt{2}\ln x)].$$

Usando as condições $y(1) = 1$, $y'(1) = -5$ na solução acima, encontramos $c_1 = 1$ e $c_2 = -2\sqrt{2}$. Logo, a solução para o problema de valor inicial é

$$y = x^{-1}[\cos(\sqrt{2}\ln x) - 2\sqrt{2}\operatorname{sen}(\sqrt{2}\ln x)].$$

O gráfico dessa solução, obtido com a ajuda de um computador, está representado na Figura 6.1.

■

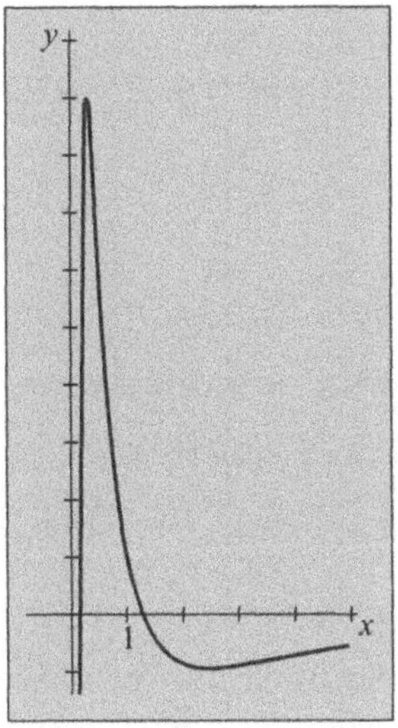

Figura 6.1

EXEMPLO 4

Resolva a equação de Cauchy-Euler de terceira ordem

$$x^3\frac{d^3y}{dx^3} + 5x^2\frac{d^2y}{dx^2} + 7x\frac{dy}{dx} + 8y = 0.$$

Solução As três primeiras derivadas de $y = x^m$ são

$$\frac{dy}{dx} = mx^{m-1}, \quad \frac{d^2y}{dx^2} = m(m-1)x^{m-2}, \quad \frac{d^3y}{dx^3} = m(m-1)(m-2)x^{m-3},$$

portanto a equação diferencial dada torna-se

$$\begin{aligned}
&x^3\frac{d^3y}{dx^3} + 5x^2\frac{d^2y}{dx^2} + 7x\frac{dy}{dx} + 8y \\
&= x^3m(m-1)(m-2)x^{m-3} + 5x^2m(m-1)x^{m-2} \\
&+ 7xmx^{m-1} + 8x^m \\
&= x^m(m(m-1)(m-2) + 5m(m-1) + 7m + 8) \\
&= x^m(m^3 + 2m^2 + 4m + 8).
\end{aligned}$$

Nesse caso, vemos que $y = x^m$ será uma solução para a equação diferencial se m for uma raiz da equação cúbica

$$m^3 + 2m^2 + 4m + 8 = 0 \quad \text{ou} \quad (m + 2)(m^2 + 4) = 0.$$

As raízes são: $m_1 = -2, m_2 = 2i, m_3 = -2i$. Logo, a solução geral é

$$y = c_1 x^{-2} + c_2 \cos(2 \ln x) + c_3 \operatorname{sen}(2 \ln x). \qquad \blacksquare$$

EXEMPLO 5

Resolva a equação não-homogênea

$$x^2 y'' - 3xy' + 3y = 2x^4 e^x.$$

Solução A substituição $y = x^m$ conduz à equação auxiliar

$$m(m-1) - 3m + 3 = 0 \quad \text{ou} \quad (m-1)(m-3) = 0.$$

Logo,
$$y_c = c_1 x + c_2 x^3.$$

Antes de usarmos a variação dos parâmetros para encontrar uma solução particular $y_p = u_1 y_1 + u_2 y_2$, lembramos que as fórmulas $u_1' = W_1/w$ e $u_2' = W_2/W$, em que

$$W_1 = \begin{vmatrix} 0 & y_2 \\ f(x) & y_2' \end{vmatrix}, \quad W_2 = \begin{vmatrix} y_1 & 0 \\ y_1' & f(x) \end{vmatrix},$$

e W é o Wronskiano de y_1 e y_2, foram deduzidas supondo-se que a equação diferencial tenha sido colocada na forma especial $y'' + P(x)y' + Q(x)y = f(x)$. Portanto, dividimos a equação dada por x^2, e na equação

$$y'' - \frac{3}{x} y' + \frac{3}{x^2} y = 2x^2 e^x$$

fazemos a identificação $f(x) = 2x^2 e^x$. Agora, com $y_1 = x$, $y_2 = x^3$ e

$$W = \begin{vmatrix} x & x^3 \\ 1 & 3x^2 \end{vmatrix} = 2x^3, \quad W_1 = \begin{vmatrix} 0 & x^3 \\ 2x^2 e^x & 3x^2 \end{vmatrix} = -2x^5 e^x \quad W_2 = \begin{vmatrix} x & 0 \\ 1 & 2x^2 e^x \end{vmatrix} = 2x^3 e^x$$

encontramos

$$u_1' = -\frac{2x^5 e^x}{2x^3} = -x^2 e^x \quad \text{e} \quad u_2' = \frac{2x^3 e^x}{2x^3} = e^x.$$

A integral da última função é imediata, mas no caso de u_1', integramos por partes duas vezes. Os resultados são

$$u_1 = -x^2 e^x + 2xe^x - 2e^x \quad \text{e} \quad u_2 = e^x.$$

Logo,
$$\begin{aligned} y_p &= u_1 y_1 + u_2 y_2 \\ &= (-x^2 e^2 + 2xe^x - 2e^x)x + e^x x^3 = 2x^2 e^x - 2xe^x. \end{aligned}$$

Finalmente, temos $$y = y_c + y_p = c_1x + c_23 + 2x^2e^x - 2xe^x.$$ ■

Método Alternativo de Solução

Qualquer equação diferencial de Cauchy-Euler pode ser reduzida a uma equação com coeficientes constantes por meio da substituição $x = e^t$. O próximo exemplo ilustra esse método.

EXEMPLO 6

Resolva $$x^2\frac{d^2y}{dx^2} - x\frac{dy}{dx} + y = \ln x.$$

Solução Com a substituição $x = e^t$ ou $t = \ln x$, temos que

$$\frac{dy}{dx} = \frac{dy}{dt}\frac{dt}{dx} = \frac{1}{x}\frac{dy}{dt}$$ ⇦ regra da cadeia

$$\frac{d^2y}{dx^2} = \frac{1}{x}\frac{d}{dx}\left(\frac{dy}{dt}\right) + \frac{dy}{dt}\left(-\frac{1}{x^2}\right)$$ ⇦ regra da cadeia e do produto

$$= \frac{1}{x}\left(\frac{d^2y}{dt^2}\frac{1}{x}\right) + \frac{dy}{dt}\left(-\frac{1}{x^2}\right) = \frac{1}{x^2}\left(\frac{d^2y}{dt^2} - \frac{dy}{dt}\right)$$

Substituindo na equação diferencial dada e simplificando, obtemos

$$\frac{d^2y}{dt^2} - 2\frac{dy}{dt} + y = t.$$

Como essa última equação tem coeficientes, sua equação auxiliar é $m^2 - 2m + 1 = 0$, ou $(m - 1)^2 = 0$. Logo, obtemos $y_c = c_1e^t + c_2te^t$.

Pelo método dos coeficientes indeterminados, tentamos uma solução particular na forma $y_p = A + Bt$. Essa suposição conduz a $-2B + A + Bt = t$, assim $A = 2$ e $B = 1$. Usando $y = y_c + y_p$, obtemos

$$y = c_1e^t + c_2te^t + 2 + t;$$

daí a solução geral para a equação diferencial original no intervalo $(0, \infty)$ é

$$y = c_1x + c_2x\ln x + 2 + \ln x.$$ ■

6.1 EXERCÍCIOS

As respostas dos exercícios selecionados estão na página 456.

Nos Problemas 1-22, resolva a equação diferencial dada.

1. $x^2y'' - 2y = 0$

2. $4x^2y'' + y = 0$

3. $xy'' + y' = 0$

4. $xy'' - y' = 0$

5. $x^2y'' + y' + 4y = 0$

6. $x^2y'' + 5xy' + 3y = 0$

7. $x^2y'' - 3xy' - 2y = 0$

8. $x^2y'' + 3xy' - 4y = 0$

9. $25x^2y'' + 25xy' + y = 0$

10. $4x^2y'' + 4xy' - y = 0$

11. $x^2y'' + 5xy' + 4y = 0$

12. $x^2y'' + 8xy' + 6y = 0$

13. $x^2y'' - xy' + 2y = 0$

14. $x^2y'' - 7xy' + 41y = 0$

15. $3x^2y'' + 6xy' + y = 0$

16. $2x^2y'' + xy' + y = 0$

17. $x^3y''' - 6y = 0$

18. $x^3y''' + xy' - y = 0$

19. $x^3\dfrac{d^3y}{dx^3} - 2x^2\dfrac{d^2y}{dx^2} - 2x\dfrac{dy}{dx} + 8y = 0$

20. $x^3\dfrac{d^3y}{dx^3} - 2x^2\dfrac{d^2y}{dx^2} + 4x\dfrac{dy}{dx} - 4y = 0$

21. $x\dfrac{d^4y}{dx^4} + 6\dfrac{d^3y}{dx^3} = 0$

22. $x^4\dfrac{d^4y}{dx^4} + 6x^3\dfrac{d^3y}{dx^3} + 9x^2\dfrac{d^2y}{dx^2} + 3x\dfrac{dy}{dx} + y = 0$

Nos Problemas 23-26, resolva a equação diferencial dada sujeita às condições iniciais indicadas.

23. $x^2y'' + 3xy' = 0,\ \ y(1) = 0,\ \ y'(1) = 4$

24. $x^2y'' - 5xy' + 8y = 0,\ \ y(2) = 32,\ \ y'(2) = 0$

25. $x^2y'' + xy' + y = 0,\ \ y(1) = 1,\ \ y'(1) = 2$

26. $x^2y'' - 3xy' + 4y = 0,\ \ y(1) = 5,\ \ y'(1) = 3$

Nos Problemas 27 e 28, resolva a equação diferencial dada sujeita às condições iniciais indicadas. [*Sugestão:* Faça $t = -x$.]

27. $4x^2y'' + y = 0,\ \ y(-1) = 2,\ \ y'(-1) = 4$

28. $x^2y'' - 4xy' + 6y = 0,\ \ y(-2) = 8,\ \ y'(-2) = 0$

Resolva os Problemas 29-34, usando variação dos parâmetros.

29. $xy'' + y' = x$

30. $xy'' - 4y' = x^4$

31. $2x^2y'' + 5xy' + y = x^2 - x$

32. $x^2y'' - 2xy' + 2y = x^4 - e^x$

33. $x^2y'' - xy' + y = 2x$

34. $x^2y'' - 2xy' + 2y = x^3 \ln x$

Nos Problemas 35-40, resolva a equação diferencial dada fazendo a substituição $x = e^t$.

35. $x^2 \dfrac{d^2y}{dx^2} + 10x\dfrac{dy}{dx} + 8y = x^2$

36. $x^2y'' - 4xy' + 6y = \ln x^2$

37. $x^2y'' - 3xy' + 13y = 4 + 3x$

38. $2x^2y'' - 3xy' - 3y = 1 + 2x + x^2$

39. $x^2y'' + 9xy' - 20y = 5/x^3$

40. $x^3\dfrac{d^3y}{dx^3} - 3x^2\dfrac{d^2y}{dx^2} + 6x\dfrac{dy}{dx} - 6y = 3 + \ln x^3$

41. Considere duas esferas concêntricas de raios $r = a$ e $r = b$, $a < b$, como mostrado na Figura 6.2. A temperatura $u(r)$ na região compreendida entre as esferas é determinada pelo problema de valor de fronteira

$$r\frac{d^2u}{dr^2} + 2\frac{du}{dr} = 0, \quad u(a) = u_0, \quad u(b) = u_1.$$

em que u_0 e u_1 são constantes. Resolva essa equação.

42. A temperatura no anel circular mostrado na Figura 6.3 é determinada pelo problema de valor de fronteira

$$r\frac{d^2u}{dr^2} + \frac{du}{dr} = 0, \quad u(a) = u_0, \quad u(b) = u_1.$$

em que u_0 e u_1 são constantes. Mostre que

$$u(r) = \frac{u_0 \ln(r/b) - u_1 \ln(r/a)}{\ln(a/b)}.$$

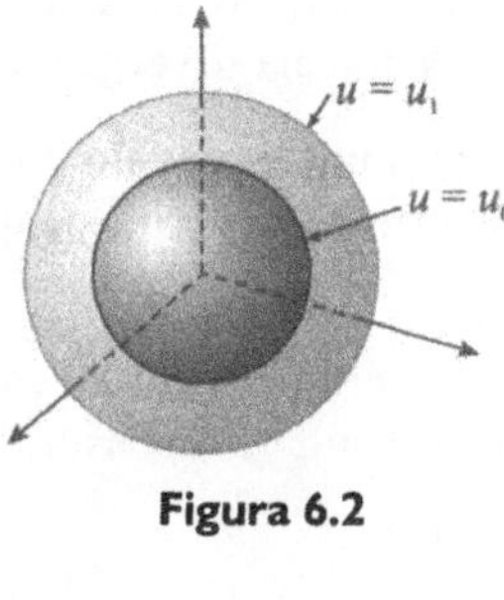

Figura 6.2

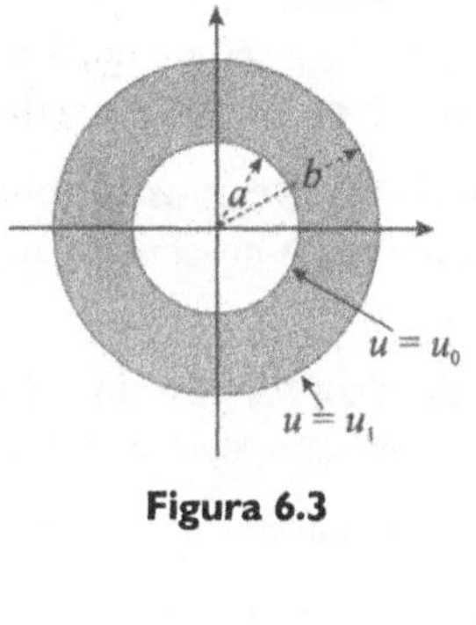

Figura 6.3

Nos Problemas 43-45, resolva a equação diferencial dada.

43. $(x-1)^2\dfrac{d^2y}{dx^2} - 2(x-1)\dfrac{dy}{dx} - 4y = 0$ [*Sugestão*: Faça $t = x - 1$].

44. $(3x + 4)^2y'' + 10(3x + 4)y' + 9y = 0$

45. $(x + 2)^2y'' + (x + 2)y' + y = 0$

6.2 REVISÃO DE SÉRIES DE POTÊNCIAS: SOLUÇÕES POR SÉRIES DE POTÊNCIAS

Revisão de Séries de Potências

Muitas equações diferenciais com coeficientes variáveis não podem ser resolvidas em termos de funções elementares. Uma técnica padrão para resolver equações diferenciais lineares de ordem superior com coeficientes variáveis é tentar encontrar uma solução na forma de uma série infinita. Freqüentemente, a solução pode ser encontrada na forma de uma série de potências. Por causa disso, é importante listar alguns dos fatos mais importantes sobre séries de potências. Porém, para uma revisão mais profunda dos conceitos de séries infinitas, você deve consultar um texto de cálculo.

- **Definição de uma Série de Potências** Uma **série de potências** em $x - a$ é uma série infinita na forma

$$\sum_{n=0}^{\infty} c_n(x - a)^n.$$

Uma série como essa é também conhecida como uma **série de potências centrada em *a*.** Por exemplo,

$$\sum_{n=1}^{\infty} \frac{(-1)^{n+1}}{n^2} x^n$$

é uma série de potências em x; a série é centrada em zero.

- **Convergência** Para um valor específico de x, uma série de potências é uma série de constantes. Se a série é igual a uma constante real finita para o x dado, então dizemos que a série **converge** em x. Se a série não converge em x, dizemos que ela **diverge** em x.

- **Intervalo de Convergência** Toda série de potências tem um **intervalo de convergência**. O intervalo de convergência é o conjunto de todos os números para os quais a série converge.

- **Raio de Convergência** Todo intervalo de convergência tem um **raio de convergência** R. Para uma série de potências $\Sigma_{n=0}^{\infty} c_{nm}(x - a)^n$, temos somente três possibilidades:

  (i) A série converge somente no seu centro a. Nesse caso, $R = 0$.

  (ii) A série converge para todo x que satisfaça $|x - a| < R$, em que $R > 0$. A série diverge para $|x - a| > R$.

  (iii) A série converge para todo x. Nesse caso, escrevemos $R = \infty$.

- **Convergência em um ponto extremo** Lembre-se: a desigualdade do valor absoluto $|x - a| < R$ é equivalente a $-R < x - a < R$, ou $a - R < x < a + R$. Se uma série de potências converge para $|x - a| < R$, em que $R > 0$, ela pode ou não convergir nos pontos extremos do intervalo $a - R < x < a + R$. A Figura 6.4 mostra quatro possíveis intervalos de convergência.

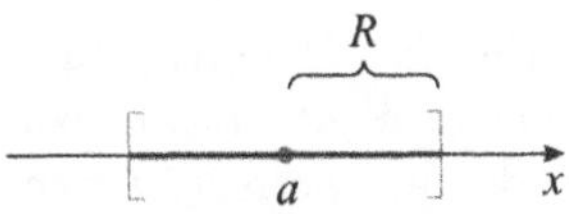

(a) $[a - R, a + R]$
A série converge
nos dois pontos extremos

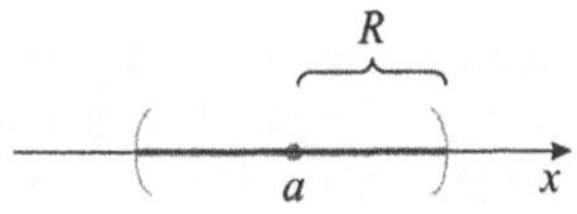

(b) $(a - R, a + R)$
A série diverge
nos dois pontos extremos

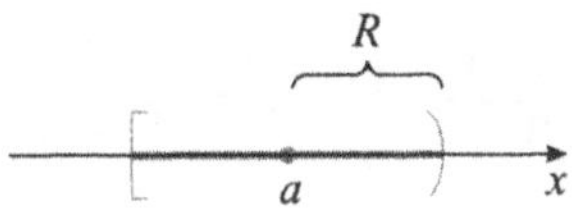

(c) $[a - R, a + R)$
A série converge em $a - R$,
diverge em $a + R$.

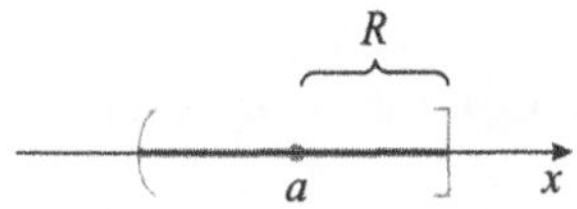

(d) $(a - R, a + R]$
A série diverge em $a - R$,
converge em $a + R$.

Figura 6.4

- **Convergência Absoluta** Em seu intervalo de convergência, uma série de potências converge absolutamente. Em outras palavras, para x no intervalo de convergência, a série de valores absolutos $\sum_{n=0}^{\infty} |c_n||(x - a)^n|$ converge.

- **Determinação do Intervalo de Convergência** A convergência de uma série de potências pode freqüentemente ser determinada pelo **teste da razão**

$$\lim_{n \to \infty} \left| \frac{c_{n+1}}{c_n} \right| |x - a| = L.$$

A série será convergente se $L < 1$. Por esse teste, vemos que o raio de convergência é dado por

$$R = \lim_{n \to \infty} \left| \frac{c_n}{c_{n+1}} \right| \quad \textbf{(1)}$$

desde que esse limite exista.

- **Uma Série de Potências Representa uma Função** Uma série de potências representa uma função

$$f(x) = \sum_{n=0}^{\infty} c_n(x - a)^n = c_0 + c_1(x - a) + c_2(x - a)^2 + c_3(x - a)^3 + \ldots$$

cujo domínio é o intervalo de convergência da série. Se a série tiver raio de convergência $R > 0$, então a função f será contínua, diferenciável e integrável no intervalo $(a - R, a + R)$. Ainda, $f(x)$ e $\int f(x)\,dx$ podem ser calculadas por derivação e integração termo a termo:

$$f'(x) = c_1 + 2c_2(x - a) + 3c_3(x - a)^2 + \ldots \sum_{n=1}^{\infty} nc_n(x - a)^{n-1}$$

$$\int f(x)\,dx = C + c_0(x - a) + c_1\frac{(x - a)^2}{2} + c_2\frac{(x - a)^3}{3} + \ldots = C + \sum_{n=0}^{\infty} c_n\frac{(x - a)^{n+1}}{n + 1}.$$

Embora o raio de convergência dessas duas séries seja R, o intervalo de convergência pode ser diferente. Pode-se perder a convergência em um ponto extremo na derivação termo a termo e pode-se obter convergência em um ponto extremo na integração termo a termo.

- **Séries Que São Identicamente Nulas** Se $\Sigma_{n=0}^{\infty} c_n(x - a)^n = 0$, $R > 0$ para todo x no intervalo de convergência, então $c_n = 0$ para todo n.

- **Analiticidade em um Ponto** Vemos nos curso de cálculo que funções como e^x, $\cos x$ e $\ln(x - 1)$ podem ser representadas por séries de potências (desenvolvimento em série de Taylor ou Maclaurin). Dizemos que a função f é **analítica no ponto *a*** quando ela pode ser representada por uma série de potências em $(x - a)$ com um raio de convergência positivo. A noção de analiticidade em um ponto será importante nas Seções 6.3 e 6.4.

- **Aritmética de uma Série de Potências** Séries de potências podem ser combinadas através das operações de adição, multiplicação e divisão. Os procedimentos para uma série de potências são semelhantes à maneira pela qual somamos, multiplicamos ou dividimos dois polinômios; isto é, somamos coeficientes das mesmas potências de x, multiplicamos termo a termo e usamos a propriedade distributiva para agrupar termos de mesma potência. Por exemplo, se a série de potências $f(x) = \Sigma_{n=0}^{\infty} c_n x^n$ e $g(x) = \Sigma_{n=0}^{\infty} b_n x^n$, forem ambas convergentes para $|x| < R$, então

$$f(x) + g(x) = \sum_{n=0}^{\infty} (c_n + b_n)x^n$$

e

$$f(x)g(x) = c_0b_1 + (c_0b_1 + c_1b_0)x + (c_0b_2 + c_1b_1 + c_2b_0)x^2 + \ldots$$

EXEMPLO 1

Encontre o intervalo de convergência da série de potências

$$\sum_{n=0}^{\infty} \frac{(x-3)^n}{2^n n}.$$

Solução A série está centrada em 3. Por (1), o raio de convergência é

$$R = \lim_{n \to \infty} \frac{2^{n+1}(n+1)}{2^n n} = 2.$$

A série converge absolutamente para $|x - 3| < 2$ ou $1 < x < 5$. No ponto extremo $x = 1$, verificamos que a série de constantes $\Sigma_{n=1}^{\infty}((-1)^n/n)$ é convergente pelo critério de Leibniz (série alternada). No ponto extremo $x = 5$, verificamos que a série $\Sigma_{n=1}^{\infty}(1/n)$ é a série harmônica divergente. Logo, o intervalo de convergência é $[1, 5)$. ■

EXEMPLO 2

Encontre os quatro primeiros termos de uma série de potências em x para $e^x \cos x$.

Solução As séries de Maclaurin para e^x e $\cos x$ são, respectivamente,

$$e^x = 1 + x + \frac{x^2}{2} + \frac{x^3}{6} + \frac{x^4}{24} + \ldots \text{ e } \cos x = 1 - \frac{x^2}{2} + \frac{x^4}{24} + \ldots.$$

Multiplicando termo a termo e agrupando os termos de mesma potência, obtemos

$$\begin{aligned} e^x \cos x &= \left(1 + x + \frac{x^2}{2} + \frac{x^3}{6} + \frac{x^4}{24} + \ldots\right)\left(1 - \frac{x^2}{2} + \frac{x^4}{24} - \ldots\right) \\ &= 1 + (1)x + \left(-\frac{1}{2} + \frac{1}{2}\right)x^2 + \left(-\frac{1}{2} + \frac{1}{6}\right)x^3 + \left(\frac{1}{24} - \frac{1}{4} + \frac{1}{24}\right)x^4 + \ldots \\ &= 1 + x - \frac{x^3}{3} - \frac{x^4}{6} + \ldots \end{aligned}$$

■

No Exemplo 2, o intervalo de convergência das séries de Maclaurin das duas funções e^x e $\cos x$ é $(-\infty, \infty)$. Conseqüentemente, o intervalo de convergência da série de potências para $e^x \cos x$ é também $(-\infty, \infty)$.

EXEMPLO 3

Encontre os quatro primeiros termos de uma série de potências em x para $\sec x$.

Solução Usaremos a série de Maclaurin de $\cos x$ dada no Exemplo 2. Como $\sec x = 1/\cos x$, temos

$$
\begin{array}{r}
\mathbf{1 + \frac{x^2}{2} + \frac{5x^4}{24} + \frac{61x^6}{720} + \cdots} \\
\cos x = 1 - \frac{x^2}{2} + \frac{x^4}{24} - \frac{x^6}{720} + \cdots \overline{)\,1 \qquad\qquad\qquad\qquad\qquad\qquad} \\
\mathbf{1} - \frac{x^2}{2} + \frac{x^4}{24} - \frac{x^6}{720} + \cdots \\
\hline
\frac{x^2}{2} - \frac{x^4}{24} + \frac{x^6}{720} - \cdots \\
\mathbf{\frac{x^2}{2}} - \frac{x^4}{4} + \frac{x^6}{48} - \cdots \\
\hline
\frac{5x^4}{24} - \frac{7x^6}{360} + \cdots \\
\mathbf{\frac{5x^4}{24}} - \frac{5x^6}{48} + \cdots \\
\hline
\mathbf{\frac{61x^6}{720}} - \cdots
\end{array}
$$

Logo,

$$\sec x = 1 + \frac{x^2}{2} + \frac{5x^4}{24} + \frac{61x^6}{720} + \cdots . \tag{2}$$

O intervalo de convergência dessa série é $(-\pi/2, \pi/2)$. Por quê? ■

O procedimento ilustrado nos Exemplos 2 e 3 são obviamente enfadonhos. Problemas desse tipo podem ser resolvidos através de um sistema algébrico computacional (**SAC**) ou (**CAS**)* como o Matemática. Quando você digita o comando: "Séries [Sec[x], {x, 0, 8}]"e "enter", o Matemática imediatamente fornece o resultado obtido em (2).

EXEMPLO 4

Escreva $\sum_{n=1}^{\infty} 2nc_n x^{n-1} + \sum_{n=0}^{\infty} 6c_n x^{n-1}$ como uma única série.

Solução Para somar essas séries, é necessário que os índices de adição comecem com o mesmo número e que as potências de x em cada série estejam "em fase", isto é, se uma série começa com um múltiplo de, digamos, x à primeira potência, então a outra série deve começar também com a mesma potência. Escrevendo

* N.T.: Sigla em inglês: Computer Algebra System.

série começando com x para $n = 2$ ⇩ série começando com x para $n = 0$ ⇩

$$\sum_{n=1}^{\infty} 2cn_n x^{n-1} + \sum_{n=0}^{\infty} 6c_n x^{n+1} = 2 \times 1 \times c_1 x^0 + \sum_{n=2}^{\infty} 2nc_n x^{n-1} + \sum_{n=0}^{\infty} 6c_n x^{n+1}, \quad (3)$$

temos ambas as séries do lado direito começando com x^1. Para obter a mesma indexação, devemos analisar os expoentes de x; fazemos $k = n - 1$ na primeira série e ao mesmo tempo $k = n + 1$ na segunda série. Com isso, o lado direito de (3) torna-se

$$2c_1 \sum_{k=1}^{\infty} 2(k + 1)c_{k+1}x^k + \sum_{k=1}^{\infty} 6c_{k-1}x^k. \quad (4)$$

Lembre-se de que o índice de somatório é uma "variável muda". O fato de que $k = n - 1$ em um caso e $k = n + 1$ em outro não deve causar nenhuma confusão se você tiver em mente que o importante é o valor do índice. Em ambos os casos, k tem valores sucessivos 1, 2, 3, ... para $n = 2, 3, 4, \ldots$ (pois $k = n - 1$) e $n = 0, 1, 2, \ldots$ (pois $k = n + 1$).

Estamos agora prontos para somar as séries em (4) termo a termo:

$$\sum_{n=1}^{\infty} 2nc_n x^{n-1} + \sum_{n=0}^{\infty} 6c_n x^{n+1} = 2c_1 + \sum_{k=1}^{\infty} [2(k + 1)c_{k+1} + 6c_{k-1}]x^k. \quad (5)$$

Se você não estiver convencido, então escreva alguns termos em ambos os lados de (5). ■

Solução para uma Equação Diferencial em Séries de Potências

Vimos na Seção 1.1 que a função $y = e^{x^2}$ é uma solução explícita para a equação diferencial linear de primeira ordem

$$\frac{dy}{dx} - 2xy = 0. \quad (6)$$

Substituindo x por x^2 na série de Maclaurin para e^x, podemos escrever a solução para (6) como

$$y = \sum_{n=0}^{\infty} \frac{x^{2n}}{n!}.$$

Essa última série converge para todos os valores reais de x. Em outras palavras, conhecendo previamente a solução, é possível encontrar uma série infinita que seja solução para a equação diferencial.

Tentaremos agora obter uma **solução em série de potências** para a equação (6) diretamente; o método é semelhante à técnica dos coeficientes indeterminados.

EXEMPLO 5

Encontre uma solução para $dy/dx - 2xy = 0$ na forma de uma série de potências em x.

Solução Tentamos uma solução para a equação dada na forma

$$y = \sum_{n=0}^{\infty} c_n x^n, \tag{7}$$

propomos a seguinte questão: podemos determinar coeficientes c_n tais que a série de potências convirja para uma função que satisfaça (6)? Formalmente,* derivamos (7) termo a termo e obtemos

$$\frac{dy}{dx} = \sum_{n=0}^{\infty} nc_n x^{n-1} = \sum_{n=1}^{\infty} nc_n x^{n-1}.$$

Note que, como o primeiro termo na primeira série (correspondendo a $n = 0$) é zero, começamos o somatório com $n = 1$. Usando o último resultado e supondo (7), encontramos

$$\frac{dy}{dx} - 2xy = \sum_{n=1}^{\infty} nc_n x^{n-1} - \sum_{n=0}^{\infty} 2_n c_n x^{n+1}. \tag{8}$$

Gostaríamos de somar as duas séries em (8). Com essa finalidade, escrevemos

$$\frac{dy}{dx} - 2xy = 1 \times c_1 x^0 + \sum_{n=2}^{\infty} nc_n x^{n-1} - \sum_{n=0}^{\infty} 2_n c_n x^{n+1} \tag{9}$$

e então procedemos como no Exemplo 4, fazendo $k = n - 1$ na primeira série e $k = n + 1$ na segunda. O lado direito de (8) torna-se

$$c_1 + \sum_{k=1}^{\infty} (k+1)c_{k+1} x^k - \sum_{k=1}^{\infty} 2c_{k-1} x^k.$$

Depois, somamos as séries termo a termo. Segue-se que

$$\frac{dy}{dx} - 2xy = c_1 + \sum_{k=1}^{\infty} [(k+1)c_{k+1} - 2c_{k-1}]x^k = 0. \tag{10}$$

* No momento, não conhecemos o intervalo de convergência.

Então, para termos (10) identicamente nulo, é necessário que os coeficientes satisfaçam

$$c_1 = 0 \text{ e } (k + 1)c_{k+1} - 2c_{k-1} = 0, \quad k = 1, 2, 3, \ldots. \tag{11}$$

A equação (11) proporciona uma **relação de recorrência** que determina c_k. Como $k + 1 \neq 0$ para todos os valores de k, podemos escrever (11) como

$$c_{k+1} = \frac{2c_{k-1}}{k+1}. \tag{12}$$

Iterando essa última fórmula, temos

$$k = 1, \qquad c_2 = \frac{2}{2}c_0 = c_0$$

$$k = 2, \qquad c_3 = \frac{2}{3}c_1 = 0$$

$$k = 3, \qquad c_4 = \frac{2}{4}c_2 = \frac{1}{2}c_0 = \frac{1}{2!}c_0$$

$$k = 4, \qquad c_5 = \frac{2}{5}c_3 = 0$$

$$k = 5, \qquad c_6 = \frac{2}{6}c_4 = \frac{1}{3 \times 2!}c_0 = \frac{1}{3!}c_0$$

$$k = 6, \qquad c_7 = \frac{2}{7}c_5 = 0$$

$$k = 7, \qquad c_8 = \frac{2}{8}c_6 = \frac{1}{4 \times 3!}c_0 = \frac{1}{4!}c_0$$

e assim por diante. Logo, a partir da suposição original (7), encontramos

$$y = \sum_{n=0}^{\infty} c_n x^n = c_0 + c_1 x + c_2 x^2 + c_3 x^3 + c_4 x^4 + c_5 x^5 + \ldots$$

$$= c_0 + 0 + c_0 x^2 + 0 \; \frac{1}{2!}c_0 x^4 + 0 + \frac{1}{3!}c_0 x^6 + 0 + \ldots$$

$$= c_0\left[1 + x^2 + \frac{1}{2!}x^4 + \frac{1}{3!}x^6 + \ldots\right] = c_0 \sum_{n=0}^{\infty} \frac{x^{2n}}{n!}. \tag{13}$$

Como a iteração de (12) deixa c_0 completamente indeterminado, encontramos de fato a solução geral para (6). ■

A equação diferencial do Exemplo 5, como a equação diferencial do exemplo seguinte, pode ser facilmente resolvida pelos métodos anteriores. O propósito desses dois exemplos é preparar você para as técnicas empregadas nas Seções 6.3 e 6.4.

EXEMPLO 6

Encontre soluções para $4y'' + y = 0$ na forma de série de potências em x.

Solução Se $y = \Sigma_{n=0}^{\infty} c_n x^n$ então,

$$y' = \sum_{n=0}^{\infty} nc_n x^{n-1} = \sum_{n=1}^{\infty} nc_n x^{n-1}$$

e

$$y'' = \sum_{n=1}^{\infty} n(n-1)c_n x^{n-2} = \sum_{n=2}^{\infty} n(n-1)c_n x^{n-2}.$$

Substituindo as expressões para y'' e y' na equação diferencial, obtemos

$$4y'' + y = \underbrace{\sum_{n=2}^{\infty} 4n(n-1)c_n x^{n-2} + \sum_{n=0}^{\infty} c_n x^n}_{\text{ambas as séries começam com } x^0}.$$

Fazendo $k = n - 2$ na primeira série e $k = n$ na segunda, temos (após trocarmos, por sua vez, $n = k + 2$ e $n = k$)

$$4y'' + y = \sum_{k=0}^{\infty} 4(k+2)(k+1)c_{k+2}x^k + \sum_{k=0}^{\infty} c_k x^k$$

$$= \sum_{k=0}^{\infty} [4(k+2)(k+1)c_{k+2} + c_k]x^k = 0.$$

Dessa última identidade, concluímos que

$$4(k-2)(k+1)c_{k+2} + c_k = 0$$

ou

$$c_{k+2} = \frac{-c_k}{4(k+2)(k+1)}, \quad k = 0, 1, 2, \ldots$$

Da iteração dessa relação de recorrência, segue-se que

$$c_2 = \frac{-c_0}{4 \times 2 \times 1} = -\frac{c_0}{2^2 \times 2!}$$

$$c_3 = \frac{-c_1}{4 \times 3 \times 2} = -\frac{c_1}{2^2 \times 3!}$$

$$c_4 = \frac{-c_2}{4 \times 4 \times 3} = \frac{c_0}{2^4 \times 4!}$$

$$c_5 = \frac{-c_3}{4 \times 5 \times 4} = \frac{c_1}{2^4 \times 5!}$$

$$c_6 = \frac{-c_4}{4 \times 6 \times 5} = -\frac{c_0}{2^6 \times 6!}$$

$$c_7 = \frac{-c_5}{4 \times 7 \times 6} = -\frac{c_1}{2^6 \times 7!}$$

e assim por diante. Essa iteração deixa c_0 e c_1 arbitrários. Da suposição original, temos que

$$y = c_0 + c_1x + c_2x^2 + c_3x^3 + c_4x^4 + c_5x^5 + c_6x^6 + c_7x^7 + \dots$$

$$= c_0 + c_1x - \frac{c_0}{2^2 \times 2!}x^2 - \frac{c_1}{2^2 \times 3!}x^3 + \frac{c_0}{2^4 \times 4!}x^4 + \frac{c_1}{2^4 \times 5!}x^5 - \frac{c_0}{2^6 \times 6!}x^6 - \frac{c_1}{2^6 \times 7!}x^7 + \dots$$

ou

$$y = c_0\left[1 - \frac{1}{2^2 \times 2!}x^2 + \frac{1}{2^4 \times 4!}x^4 - \frac{1}{2^6 \times 6!}x^6 + \dots\right]$$

$$+ c_1\left[x - \frac{1}{2^2 \times 3!}x^3 + \frac{1}{2^4 \times 5!}x^5 - \frac{1}{2^6 \times 7!}x^7 + \dots\right]$$

é a solução geral. Quando as séries são escritas com notação de somatório,

$$y_1(x) = c_0 \sum_{k=0}^{\infty} \frac{(-1)^k}{(2k)!}\left(\frac{x}{2}\right)^{2k} \quad \text{e} \quad y_2(x) = 2c_1 \sum_{k=0}^{\infty} \frac{(-1)^k}{(2k+1)!}\left(\frac{x}{2}\right)^{2k+1},$$

o teste da razão pode ser aplicado para mostrar que ambas as séries convergem para todo x. Você também deve reconhecer as séries de Maclaurin como $y_1(x) = c_0 \cos(x/2)$ e $y_2(x) = 2c_1 \operatorname{sen}(x/2)$. ■

6.2 EXERCÍCIOS

As respostas dos exercícios selecionados estão nas páginas 456 e 457.

Nos Problemas 1-10, encontre o intervalo de convergência das séries de potências dadas.

1. $\sum_{n=1}^{\infty} \frac{(-1)^n}{n} x^n$

2. $\sum_{n=1}^{\infty} \frac{x^n}{n^2}$

3. $\sum_{k=1}^{\infty} \frac{2^k}{k} x^k$

4. $\sum_{k=0}^{\infty} \frac{5^k}{k!} x^k$

5. $\sum_{n=1}^{\infty} \frac{(x-3)^n}{n^3}$

6. $\sum_{n=1}^{\infty} \frac{(x-7)^n}{\sqrt{n}}$

7. $\sum_{k=1}^{\infty} \frac{(-1)^k}{10^k} (x-5)^k$

8. $\sum_{k=1}^{\infty} \frac{k}{(k+2)^2} (x-4)^k$

9. $\sum_{k=0}^{\infty} k! 2^k x^k$

10. $\sum_{k=0}^{\infty} \frac{k-1}{k^{2k}} x^k$

Nos Problemas 11-20, encontre os quatro primeiros termos de uma série de potências em x para a função dada. Calcule a série à mão ou use um **SAC** como ensinado.

11. $e^n \operatorname{sen} x$

12. $e^{-x} \cos x$

13. $\operatorname{sen} x \cos x$

14. $e^x \ln(1-x)$

15. $\left(x - \frac{x^3}{3} + \frac{x^5}{5} - \frac{x^7}{7} + \ldots\right)^2$

16. $\left(1 - \frac{x^2}{2} + \frac{x^4}{3} - \frac{x^6}{4} + \ldots\right)^2$

17. $\operatorname{tg} x$

18. $\frac{1}{e^x + e^{-x}}$

19. $\frac{1}{1 - \frac{x^2}{2} + \frac{x^4}{3} - \frac{x^6}{4} + \ldots}$

20. $\frac{1}{\left(1 - \frac{x^2}{2} + \frac{x^4}{3} - \frac{x^6}{4} + \ldots\right)^2}$

Nos Problemas 21-30, resolva cada equação diferencial da maneira dos capítulos anteriores e então compare os resultados com as soluções obtidas através de séries de potências $y = \Sigma_{n=0}^{\infty} c_n x^n$.

21. $y' + y = 0$

22. $y' = 2y$

23. $y' - x^2 y = 0$

24. $y' + x^3 y = 0$

25. $(1 - x)y' - y = 0$

26. $(1 + x)y' - 2y = 0$

27. $y'' + y = 0$

28. $y'' - y = 0$

29. $y'' = y'$

30. $2y'' + y' = 0$

6.3 SOLUÇÕES EM TORNO DE PONTOS ORDINÁRIOS (NÃO-SINGULARES)

Suponha que a equação diferencial linear de segunda ordem

$$a_2(x)y'' + a_1(x)y' + a_0(x)y = 0 \tag{1}$$

seja escrita da seguinte forma,

$$y'' + P(x)y' + Q(x)y = 0 \tag{2}$$

Definimos.

DEFINIÇÃO 6.1 Pontos Singulares e Ordinários

Dizemos que um ponto x_0 é um **ponto ordinário** ou não-singular da equação diferencial (1) se $P(x)$ e $Q(x)$ são analíticas* em x_0. Um ponto que não é um ordinário é considerado como um **ponto singular** da equação.

EXEMPLO 1

Todo ponto x é um ponto ordinário da equação

$$y'' + (e^x)y' + (\text{sen}\ x)y = 0.$$

Em particular, $x = 0$ é um ponto ordinário, pois

$$e^x = 1 + \frac{x}{1!} + \frac{x^2}{2!} + \ldots \quad \text{e} \quad \text{sen}\,x = x - \frac{x^3}{3!} + \frac{x^5}{5!} - \ldots$$

convergem para todo valor de x. ■

EXEMPLO 2

A equação diferencial $xy'' + (\text{sen}\,x)y = 0$ possui um ponto ordinário em $x = 0$, pois pode ser mostrado que $Q(x) = (\text{sen}\,x)/x$ tem o desenvolvimento em série de potências

$$Q(x) = 1 - \frac{x^2}{3!} + \frac{x^4}{5!} - \frac{x^6}{7!} \ldots$$

* Veja as páginas 287-288.

que converge para todos os valores de x. ■

EXEMPLO 3

O ponto $x = 0$ é um ponto singular da equação $y'' + (\ln x)y = 0$ porque $Q(x) = \ln x$ não pode ser desenvolvido em série de potências centrada em $x = 0$. ■

Coeficientes Polinomiais

Iremos nos preocupar principalmente com o caso em que (1) tem coeficientes *polinomiais*. Como conseqüência da Definição 6.1, observamos que, quando $a_2(x)$, $a_1(x)$ e $a_0(x)$ são polinômios *sem fatores comuns*, um ponto $x = x_0$ é

(i) um ponto ordinário se $a_2(x_0) \neq 0$ ou

(ii) um ponto singular se $a_2(x_0) = 0$.

EXEMPLO 4

(a) Os pontos singulares da equação $(x^2 - 1)y'' + 2xy' + 6y = 0$ são as raízes de $x^2 - 1 = 0$ ou $x = \pm 1$. Todos os outros pontos são ordinários.

(b) Pontos singulares não são necessariamente números reais. As raízes de $x^2 + 1 = 0$, a saber, $x = \pm i$, são pontos singulares da equação $(x^2 + 1)y'' + xy' - y = 0$. Todos os outros pontos, reais ou complexos, são pontos ordinários. ■

EXEMPLO 5

A equação de Cauchy-Euler $ax^2y'' + bxy' + cy = 0$, em que a, b e c são constantes, tem um ponto singular em $x = 0$. Todos os outros pontos, reais ou complexos, são ordinários. ■

Para nossos propósitos, pontos ordinários e pontos singulares serão finitos. É possível que uma equação diferencial tenha, digamos, um ponto singular no infinito. (Veja o Problema 40, Exercícios 6.4.)

Enunciamos o seguinte teorema sobre existência de soluções em série de potências sem demonstração.

TEOREMA 6.1 Existência de Soluções em Série de Potências

Se $x = x_0$ for um ponto ordinário da equação diferencial (2), podemos sempre encontrar duas soluções linearmente independentes na forma de série de potências centrada em x_0:

$$y = \sum_{n=0}^{\infty} c_n(x - x_0)^n. \quad (3)$$

A série converge para uma solução em $|x - x_0| < R$, em que R é a distância do ponto x_0 ao ponto singular mais próximo (real ou complexo).

Uma solução para uma equação diferencial na forma dada em (3) é uma solução *em torno* do ponto ordinário x_0, ou em uma vizinhança do ponto x_0. A distância R dada no Teorema 6.1 é o valor mínimo do raio de convergência. Uma equação diferencial pode ter um ponto singular e ainda uma solução válida para todo x; por exemplo, a equação diferencial pode ter como solução um polinômio.

Para resolver uma equação linear de segunda ordem como em (2), encontramos duas seqüências de coeficientes c_n para termos duas séries de potências distintas $y_1(x)$ e $y_2(x)$, ambas desenvolvidas em torno do mesmo ponto ordinário x_0. O procedimento usado para resolver uma equação de segunda ordem é o mesmo do Exemplo 6 da Seção 6.2; isto é, supomos uma solução na forma de série de potências $y = \Sigma_{n=0}^{\infty} c_n(x - x_0)^n$ e então determinamos os coeficientes. A solução geral para a equação diferencial é $y = C_1y_1(x) + C_2y_2(x)$; de fato, pode ser mostrado que $C_1 = c_0$ e $C_2 = c_1$, em que c_0 e c_1 são arbitrários.

Nota Por uma questão de simplicidade, supomos que um ponto ordinário esteja sempre localizado na origem $x = 0$, pois, caso contrário, a substituição $t = x - x_0$ traduz o valor $x = x_0$ para $t = 0$.

EXEMPLO 6

Resolva

$$y'' - 2xy = 0.$$

Solução Vemos que $x = 0$ é um ponto ordinário da equação. Como não há pontos singulares, o Teorema 6.1 garante duas soluções na forma de série de potências $y = \Sigma_{n=0}^{\infty} c_nx^n$ convergente em $|x| < \infty$. Escrevemos

$$y' = \sum_{n=0}^{\infty} nc_nx^{n-1} = \sum_{n=1}^{\infty} nc_nx^{n-1}$$

$$y'' = \sum_{n=1}^{\infty} n(n-1)c_nx^{n-2} = \sum_{n=2}^{\infty} n(n-1)c_nx^{n-2},$$

em que usamos o fato de que o primeiro termo de cada série, correspondendo a $n = 0$ e $n = 1$, respectivamente, é zero. Portanto,

$$y'' - 2xy = \sum_{n=2}^{\infty} n(n-1)c_n x^{n-2} - \sum_{n=0}^{\infty} 2c_n x^{n+1}$$

$$= 2 \times 1c_2x^0 + \underbrace{\sum_{n=3}^{\infty} n(n-1)c_n x^{n-2} - \sum_{n=0}^{\infty} 2c_n x^{n+1}}_{\text{ambas as séries começam com } x}.$$

Fazendo $k = n - 2$ na primeira série e $k = n + 1$ na segunda, temos

$$y'' - 2xy = 2c_2 + \sum_{k=1}^{\infty} (k+2)(k+1)c_{k+2}x^k - \sum_{k=1}^{\infty} 2c_{k-1}x^k$$

$$= 2c_2 + \sum_{k=1}^{\infty} [(k+2)(k+1)c_{k+2} - 2c_{k-1}]x^k = 0.$$

Assim,

$$2c_2 = 0 \quad \text{e} \quad (k+2)(k+1)c_{k+2} - 2c_{k-1} = 0.$$

A última expressão é o mesmo que

$$c_{k+2} = \frac{2c_{k-1}}{(k+2)(k+1)}, \qquad k = 1, 2, 3, \ldots$$

A iteração nos dá

$$c_3 = \frac{2c_0}{3 \times 2}$$

$$c_4 = \frac{2c_1}{4 \times 3}$$

$$c_5 = \frac{2c_2}{5 \times 4} = 0$$

$$c_6 = \frac{2c_3}{6 \times 5} = \frac{2^2}{6 \times 5 \times 3 \times 2}c_0$$

$$c_7 = \frac{2c_4}{7 \times 6} = \frac{2^2}{7 \times 6 \times 4 \times 3}c_1$$

$$c_8 = \frac{2c_5}{8 \times 7} = 0$$

$$c_9 = \frac{2c_6}{9 \times 8} = \frac{2^3}{9 \times 8 \times 6 \times 5 \times 3 \times 2} c_0$$

$$c_{10} = \frac{2c_7}{10 \times 9} = \frac{2^3}{10 \times 9 \times 7 \times 6 \times 4 \times 3} c_1$$

$$c_{11} = \frac{2c_8}{11 \times 10} = 0$$

e assim por diante. Deve ficar claro que c_0 e c_1 são

$$y = c_0 + c_1x + c_2x^2 + c_3x^3 + c_4x^4 + c_5x^5 + c_6x^6 + c_7x^7 + c_8x^8$$

$$+ c_9x^9 + c_{10}x^{10} + c_{11}x^{11} + \ldots$$

$$= c_0 + c_1x + 0 + \frac{2}{3 \times 2} c_0x^3 + \frac{2}{4 \times 3} c_1x^4 + 0 + \frac{2^2}{6 \times 5 \times 3 \times 2} c_0x^6$$

$$+ \frac{2^2}{7 \times 6 \times 4 \times 3} c_1x^7 + 0 + \frac{2^3}{9 \times 8 \times 6 \times 5 \times 3 \times 2} c_0x^9$$

$$+ \frac{2^3}{10 \times 9 \times 7 \times 6 \times 4 \times 3} c_1x^{10} + 0 + \ldots$$

$$= c_0\left[1 + \frac{2}{3 \times 2}x^3 + \frac{2^2}{6 \times 5 \times 3 \times 2}x^6 + \frac{2^3}{9 \times 8 \times 6 \times 5 \times 3 \times 2}x^9 + \ldots\right]$$

$$+ c_1\left[1 + \frac{2}{4 \times 3}x^4 + \frac{2^2}{7 \times 6 \times 4 \times 3}x^7 + \frac{2^3}{10 \times 9 \times 7 \times 6 \times 4 \times 3}x^{10} + \ldots\right]. \blacksquare$$

Embora o padrão dos coeficientes no Exemplo 6 seja claro, algumas vezes é útil escrever as soluções com a notação de somatório. Usando as propriedades do fatorial, podemos escrever

$$y_1(x) = c_0\left[1 + \sum_{k=1}^{\infty} \frac{2^k[1 \times 4 \times 7 \ldots (3k-2)]}{(3k)!} x^{3k}\right]$$

e

$$y_2(x) = c_1\left[x + \sum_{k=1}^{\infty} \frac{2^k[2 \times 5 \times 8 \ldots (3k-1)]}{(3k-1)!} x^{3k+1}\right].$$

Nessa forma, o teste da razão pode ser usado para mostrar que cada série converge para todo $|x| < \infty$ real.

EXEMPLO 7

Resolva $$(x^2 + 1)y'' + xy' - y = 0.$$

Solução Como os pontos singulares são $x = \pm i$, uma solução em série de potências será convergente pelo menos para $|x| < 1$.* Supondo, $y = \sum_{n=0}^{\infty} c_n x^n$ temos

$$(x^2 + 1)\sum_{n=2}^{\infty} n(n-1)c_n x^{n-2} + x\sum_{n=1}^{\infty} nc_n x^{n-1} - \sum_{n=0}^{\infty} c_n x^n$$

$$= \sum_{n=2}^{\infty} n(n-1)c_n x^n + \sum_{n=2}^{\infty} n(n-1)c_n x^{n-2}$$

$$+ \sum_{n=1}^{\infty} nc_n x^n - \sum_{n=0}^{\infty} c_n x^n$$

$$= 2c_2 x^0 - c_0 x^0 + 6c_3 x + c_1 x - c_1 x + \underbrace{\sum_{n=2}^{\infty} n(n-1)c_n x^n}_{\boxed{k=n}}$$

$$+ \underbrace{\sum_{n=4}^{\infty} n(n-1)c_n x^{n-2}}_{\boxed{k=n-2}} + \underbrace{\sum_{n=2}^{\infty} nc_n x^n}_{\boxed{k=n}} - \underbrace{\sum_{n=2}^{\infty} c_n x^n}_{\boxed{k=n}}$$

$$= 2c_2 - c_0 + 6c_3 x$$

$$+ \sum_{k=2}^{\infty} [k(k-1)c_k + (k+2)(k+1)c_{k+2} + kc_k - c_k]x^k$$

$$= 2c_2 - c_0 + 6c_3 x$$

$$+ \sum_{k=2}^{\infty} [(k+1)(k-1)c_k + (k+2)(k+1)c_{k+2}]x^k = 0.$$

---

* O **módulo** ou magnitude do número complexo $x = i$ é $|x| = 1$. Se $x = a + bi$ for um ponto singular, então $|x| = \sqrt{a^2 + b^2}$. Veja Apêndice IV.

Logo,
$$2c_2 - c_0 = 0$$
$$c_3 = 0$$
$$(k+1)(k-1)c_k + (k+2)(k+1)c_{k+2} = 0$$

ou após dividir por $(k+2)(k+1)$,

$$c_2 = \frac{1}{2}c_0$$
$$c_3 = 0$$
$$c_{k+2} = \frac{1-k}{k+2}c_k, \quad k = 2, 3, 4, \ldots$$

Iteração dessa última fórmula proporciona

$$c_4 = -\frac{1}{4}c_2 = -\frac{1}{2\times 4}c_0 = -\frac{1}{2^2 2!}c_0$$
$$c_5 = -\frac{2}{5}c_3 = 0$$
$$c_6 = -\frac{3}{6}c_4 = \frac{3}{2\times 4\times 6}c_0 = \frac{1\times 3}{2^3 3!}c_0$$
$$c_7 = -\frac{4}{7}c_5 = 0$$
$$c_8 = -\frac{5}{8}c_6 = -\frac{3\times 5}{2\times 4\times 6\times 8}c_0 = -\frac{1\times 3\times 5}{2^4 4!}c_0$$
$$c_9 = -\frac{6}{9}c_7 = 0$$
$$c_{10} = -\frac{7}{10}c_8 = \frac{3\times 5\times 7}{2\times 4\times 6\times 8\times 10}c_0 = \frac{1\times 3\times 5\times 7}{2^5 5!}c_0$$

e assim por diante. Portanto,

$$\begin{aligned} y &= c_0 + c_1x + c_2x^2 + c_3x^3 + c_4x^4 + c_5x^5 + c_6x^6 + c_7x^7 + c_8x^8 + \ldots \\ &= c_1x + c_0\left[1 + \frac{1}{2}x^2 - \frac{1}{2^2 2!}x^4 + \frac{1\times 3}{2^2 3!}x^6 - \frac{1\times 3\times 5}{2^4 4!}x^8 + \frac{1\times 3\times 5\times 7}{2^5 5!}x^{10} - \ldots\right]. \end{aligned}$$

As soluções são

$$y_1(x) = c_0\left[1 + \frac{1}{2}x^2 + \sum_{n=2}^{\infty}(-1)^{n-1}\frac{1\times 3\times 5\cdots(2n-3)}{2^n n!}x^{2n}\right], \quad |x| < 1$$

$$y_{2(x)} = c_1 x.$$

■

EXEMPLO 8

Se procuramos uma solução $y = \Sigma_{n=0}^{\infty} c_n x^n$ para a equação

$$y'' - (1 + x)y = 0,$$

obtemos $c_2 = c_0/2$ e a relação de recorrência

$$c_{k+2} = \frac{c_k + c_{k-1}}{(k+1)(k+2)}, \qquad k = 1, 2, 3, \ldots .$$

Para simplificar a iteração, podemos primeiro escolher $c_0 \neq 0$, $c_1 = 0$; isso produz uma solução. A outra solução é obtida escolhendo $c_0 = 0$, $c_1 \neq 0$. Com a primeira escolha, encontramos

$$c_2 = \frac{1}{2}c_0$$

$$c_3 = \frac{c_1 + c_0}{2\times 3} = \frac{c_0}{2\times 3} = \frac{1}{6}c_0$$

$$c_4 = \frac{c_2 + c_1}{3\times 4} = \frac{c_0}{2\times 3\times 4} = \frac{1}{24}c_0$$

$$c_5 = \frac{c_3 + c_2}{4\times 5} = \frac{c_0}{4\times 5}\left[\frac{1}{2\times 3} + \frac{1}{2}\right] = \frac{1}{30}c_0$$

e assim por diante. Daí, uma solução é

$$y_1(x) = c_0\left[1 + \frac{1}{2}x^2 + \frac{1}{6}x^3 + \frac{1}{24}x^4 + \frac{1}{30}x^5 + \ldots\right].$$

Analogamente, se escolhemos $c_0 = 0$, então

$$c_2 = 0$$

$$c_3 = \frac{c_1 + c_0}{2\times 3} = \frac{c_1}{2\times 3} = \frac{1}{6}c_1$$

$$c_4 = \frac{c_2 + c_1}{3\times 4} = \frac{c_1}{3\times 4} = \frac{1}{12}c_1$$

$$c_5 = \frac{c_3 + c_2}{4 \times 5} = \frac{c_1}{2 \times 3 \times 4 \times 5} = \frac{1}{120} c_1$$

e assim por diante. Logo, uma outra solução é

$$y_2(x) = c_1 \left[x + \frac{1}{6} x^3 + \frac{1}{12} x^4 + \frac{1}{120} x^5 + \quad \right].$$

Cada série converge para todos os valores de x. ∎

Coeficientes Não-polinomiais

O próximo exemplo ilustra como encontrar uma solução, em série de potências, para uma equação diferencial em torno de um ponto ordinário quando seus coeficientes não são polinômios. Nesse exemplo, vemos uma aplicação de multiplicação de duas séries de potências que foi discutida na Seção 6.2.

EXEMPLO 9

Resolva

$$y'' + (\cos x)y = 0.$$

Solução Como $\cos x = 1 - \frac{x^2}{2!} + \frac{x^4}{4!} - \frac{x^6}{6!} + \ldots$, vemos que $x = 0$ é um ponto ordinário. Supondo então $y = \sum_{n=0}^{\infty} c_n x^n$, temos

$$\begin{aligned} y'' + (\cos x)y &= \sum_{n=2}^{\infty} n(n-1)c_n x^{n-2} + \left(1 - \frac{x^2}{2!} + \frac{x^4}{4!} - \ldots\right) \sum_{n=0}^{\infty} c_n x^n \\ &= (2c_2 + 6c_3 + 12c_4 x^2 + 20c_5 x^3 + \ldots) \\ &\quad + \left(1 - \frac{x^2}{2} + \frac{x^4}{24} - \ldots\right)(c_0 + c_1 x + c_2 x^2 + c_3 x^3 + \ldots) \\ &= 2c_2 + c_0 + (6c_3 + c_1)x + \left(12c_4 + c_3 - \frac{1}{2}c_0\right)x^2 \left(20c_5 + c_3 - \frac{1}{2}c_1\right)x^3 + \ldots . \end{aligned}$$

Como devemos ter a última linha identicamente nula, então

$$\begin{aligned} 2c_2 + c_0 &= 0 \\ 6c_3 + c_1 &= 0 \\ 12c_4 + c_2 - \frac{1}{2}c_0 &= 0. \\ 20c_5 + c_3 - \frac{1}{2}c_1 &= 0 \end{aligned}$$

e assim por diante. Como c_0 e c_1 são arbitrárias, encontramos

$$y_1(x) = c_0\left[1 - \frac{1}{2}x^2 + \frac{1}{12}x^4 - \dots\right] \text{ e } y_2(x) = c_1\left[x - \frac{1}{6}x^3 + \frac{1}{30}x^5 - \dots\right].$$

Como a equação diferencial não tem pontos singulares, ambas as séries convergem para todos os valores de x. ■

6.3 EXERCÍCIOS

As respostas dos exercícios selecionados estão página 457.

Nos Problemas 1-14, para cada equação diferencial, encontre duas soluções em série de potências linearmente independentes em torno do ponto ordinário $x = 0$.

1. $y'' = xy$

2. $y'' + x^2y = 0$

3. $y'' - 2xy' + y = 0$

4. $y'' - xy' + 2y = 0$

5. $y'' + x^2y' + xy = 0$

6. $y'' - 2xy' + 2y = 0$

7. $(x - 1)y'' + y' = 0$

8. $(x + 2)y'' + xy' - y = 0$

9. $(x^2 - 1)y'' + 4xy' + 2y = 0$

10. $(x^2 + 1)y'' - 6xy = 0$

11. $(x^2 + 2)y'' + 3xy' - y = 0$

12. $(x^2 + 1)y'' + xy' - y = 0$

13. $y'' - (x + 1)y' - y = 0$

14. $y'' - xy' - (x + 2)y = 0$

Nos Problemas 15-18, use o método de série de potências para resolver a equação diferencial dada sujeita às condições iniciais indicadas.

15. $(x - 1)y'' - xy' + y = 0,\quad y(0) = -2,\ y'(0) = 6$

16. $(x + 1)y'' - (2 - x)y' + y = 0,\quad y(0) = 2,\ y'(0) = -1$

17. $y'' - 2xy' + 8y = 0,\quad y(0) = 3,\quad y'(0) = 0$

18. $(x^2+1)y''+2xy' = 0,\quad y(0) = 0,\quad y'(0) = 1$

Nos Problemas 19-22, use o procedimento ilustrado no Exemplo 9 para encontrar duas soluções, em série de potências, para a equação diferencial dada em torno do ponto ordinário $x = 0$.

19. $y'' + (\operatorname{sen} x)y = 0$

20. $xy'' + (\operatorname{sen} x)y = 0$
[*Sugestão:* Veja Exemplo 2.]

21. $y'' + e^{-x}y = 0$

22. $y'' + e^xy' - y = 0$

Nos Problemas 23 e 24, use o método de série de potências para resolver a equação não-homogênea.

23. $y'' - xy = 1$

24. $y'' - 4xy' - 4y = e^x$

25. A equação diferencial $y'' - 2xy + 2ny = 0$ é conhecida como **equação de Hermite.*** Quando $n \geq 0$ é um inteiro, a equação de Hermite apresenta uma solução polinomial. Os polinômios de Hermite têm alguma importância no estudo de mecânica quântica. Obtenha as soluções polinomiais correspondentes a $n = 1$ e $n = 2$.

26. Na análise de uma coluna fina e uniforme de altura L que se curva sob a ação do próprio peso, encontramos o seguinte problema de valor de contorno:

$$\theta'' + \frac{\delta g}{EI}(L - x)\theta = 0, \quad \theta(0) = 0, \quad \theta'(L) = 0.$$

Aqui, E é o método de Young, I é o momento de inércia da seção transversal, δ, a densidade linear, x a distância medida ao longo da coluna e $\theta(x)$, a deflexão angular da coluna em relação à vertical em um ponto $P(x)$. Veja a Figura 6.5. Obtenha uma solução em série de potências para a equação diferencial que satisfaça a condição $\theta'(L) = 0$. Por conveniência, defina $\lambda^2 = \delta gL/EI$ e faça a mudança de variável $t = L - x$.

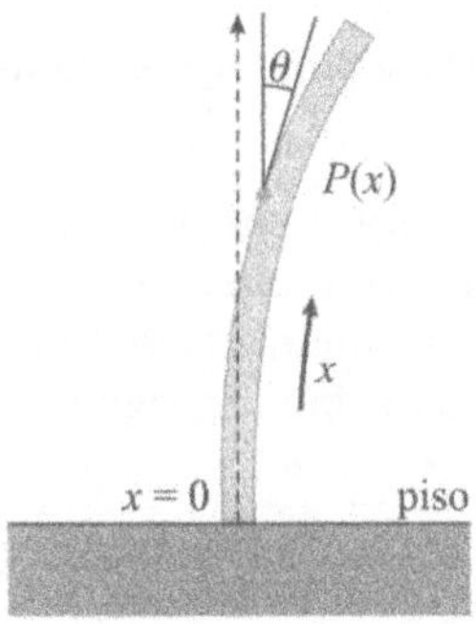

Figura 6.5

6.4 SOLUÇÕES EM TORNO DE PONTOS SINGULARES

6.4.1 Pontos Singulares Regulares: Método de Frobenius – Caso I

Vimos na seção precedente que não há problema algum para encontrar uma solução em série de potências para

$$a_2(x)y'' + a_1(x)y' + a_0(x)y = 0 \tag{1}$$

em torno de um ponto ordinário $x = x_0$. Porém, se $x = x_0$ for um ponto singular, nem sempre é possível encontrar uma solução na forma de uma série de potências. Mas podemos tentar encontrar uma solução na forma $y = \sum_{n=0}^{\infty} c_n(x - x_0)^{n+r}$, em que r é uma constante a ser determinada.

* Denominação dada em homenagem ao matemático francês **Charles Hermite** (1822-1901).

Pontos Singulares Regulares e Irregulares

Pontos singulares são classificados como regulares ou irregulares. Para definir esse conceito, colocamos novamente (1) na forma padrão

$$y'' + P(x)y' + Q(x)y = 0. \tag{2}$$

DEFINIÇÃO 6.2 Pontos Singulares Regulares e Irregulares

Dizemos que um ponto singular $x = x_0$ da equação (1) é um **ponto singular regular** (ou singularidade regular) se $(x - x_0)P(x)$ e $(x - x_0)^2Q(x)$ são analíticas em x_0. Um ponto singular que não é regular é chamado de **ponto singular irregular** (ou singularidade irregular) da equação.

Coeficientes Polinomiais

No caso em que os coeficientes de (1) são polinomiais sem fatores comuns, a Definição 6.2 é equivalente ao seguinte.

> Seja $a_2(x_0) = 0$. Reduza $a_1(x)/a_2(x)$ e $a_0(x)/a_2(x)$ aos menores termos para formar $P(x)$ e $Q(x)$, respectivamente. Se o fator $(x - x_0)$ aparecer no denominador de $P(x)$ com multiplicidade menor ou igual a 1 e no denominador de $Q(x)$ com multiplicidade menor ou igual a 2, então $x = x_0$ será um ponto singular regular.

EXEMPLO 1

Os pontos $x = -2$ e $x = 2$ são singulares da equação

$$(x^2 - 4)^2y'' + (x - 2)y' + y = 0.$$

Dividindo a equação por $(x^2 - 4)^2 = (x - 2)^2(x + 2)^2$, encontramos

$$P(x) = \frac{1}{(x-2)(x+2)^2} \quad \text{e} \quad Q(x) = \frac{1}{(x-2)^2(x+2)^2}.$$

Agora testamos $P(x)$ e $Q(x)$ em cada ponto singular.

Para que $x = -2$ seja uma singularidade regular, a multiplicidade do fator $x + 2$ no denominador de $P(x)$ tem de ser menor ou igual a 1 e no denominador de $Q(x)$, menor ou igual a 2. Inspecionando $P(x)$ e $Q(x)$, vemos que a primeira condição não é satisfeita. Concluímos então que $x = -2$ é um ponto singular irregular.

Para que $x = 2$ seja uma singularidade regular, a multiplicidade do fator $x - 2$ no denominador de $P(x)$ tem de ser no máximo 1 e no denominador de $Q(x)$, no máximo 2. Verificamos que essas condições são satisfeitas. Logo, $x = 2$ é uma singularidade regular. ■

EXEMPLO 2

Tanto $x = 0$ quanto $x = -1$ são pontos singulares da equação diferencial

$$x^2(x+1)^2y'' + (x^2-1)y' + 2y = 0.$$

Inspecionando $$P(x) = \frac{x-1}{x^2(x+1)} \quad \text{e} \quad Q(x) = \frac{2}{x^2(x+1)^2}$$

vemos que $x = 0$ é uma singularidade irregular, pois a multiplicidade do fator $(x - 0)$ no denominador de $P(x)$ é 2. Note, porém, que $x = -1$ é uma singularidade regular.

EXEMPLO 3

(a) $x = 1$ e $x = -1$ são pontos singulares regulares de

$$(1 - x^2)y'' - 2xy' + 30y = 0.$$

(b) $x = 0$ é um ponto singular irregular de

$$x^3y'' - 2xy' + 5y = 0$$

pois $$Q(x) = \frac{5}{x^3}.$$

(c) $x = 0$ é um ponto singular regular de

$$xy'' - 2xy' + 5y = 0$$

pois $$P(x) = -2 \quad \text{e} \quad Q(x) = \frac{5}{x}.$$ ■

Na parte (c) do Exemplo 3 note que $(x - 0)$ e $(x - 0)^2$ nem mesmo aparecem nos denominadores de $P(x)$ e $Q(x)$, respectivamente. Lembre-se: esses fatores podem aparecer no máximo dessa maneira. Para um ponto singular $x = x_0$, qualquer potência não negativa de $(x - x_0)$ menor que um (a saber, zero) e potência não negativa menor que dois (a saber, zero e um) nos denominadores de $P(x)$ e $Q(x)$, respectivamente, implicam x_0 um ponto singular regular.

Ainda, lembre-se de que pontos singulares podem ser números complexos. Deve ficar claro que $x = 3i$ e $x = -3i$ são singularidades regulares da equação $(x^2 + 9)y'' - 3xy' + (1 - x)y = 0$, pois

$$P(x) = \frac{-3x}{(x-3i)(x+3i)} \quad \text{e} \quad Q(x) = \frac{1-x}{(x-3i)(x+3i)}.$$

EXEMPLO 4

Podemos mostrar, a partir da discussão sobre a equação de Cauchy-Euler feita na Seção 6.1, que $y_1 = x^2$ e $y_2 = x^2 \ln x$ são soluções para a equação $x^2y'' - 3xy' + 4y = 0$ no intervalo $(0, \infty)$. Se o procedimento do Teorema 6.1 fosse seguido, isto é, se tentássemos encontrar uma solução na forma de uma série de potências centrada na singularidade regular $x = 0$, obteríamos somente a solução $y_1 = x^2$. O fato de não obtermos a segunda solução não é surpresa, visto que $\ln x$ não possui desenvolvimento em série de Taylor em uma vizinhança de zero. ■

EXEMPLO 5

A equação diferencial $6x^2y'' + 5xy' + (x^2 - 1)y = 0$ tem um ponto singular regular em $x = 0$, mas não possui solução alguma em série de potências. Pelo procedimento que consideraremos agora, pode ser mostrado, porém, que existem duas soluções em série na forma

$$y = \sum_{n=0}^{\infty} c_n x^{n + 1/2} \quad \text{e} \quad y = \sum_{n=0}^{\infty} c_n x^{n - 1/3}.$$ ■

Método de Frobenius

Para resolver uma equação diferencial como (1) em torno de uma singularidade regular, empregamos o seguinte teorema devido a Frobenius.*

TEOREMA 6.2 Teorema de Frobenius

Se $x = x_0$ for um ponto singular da equação 1, então existe pelo menos uma solução em série na forma

$$y = (x - x_0)^r \sum_{n=0}^{\infty} c_n(x - x_0)^n = \sum_{n=0}^{\infty} c_n(x - x_0)^{n + r}, \tag{3}$$

em que o número r é uma constante a ser determinada. A série convergirá pelo menos em algum intervalo $0 < x - x_0 < R$.

Observe as palavras "pelo menos" no Teorema 6.2. Isso significa que, em contraste com o Teorema 6.1, não podemos garantir duas soluções na forma indicada. O **método de Frobenius** consiste em identificar uma singularidade regular x_0, substituir y dado em (3) na equação diferencial e determinar o expoente r e os coeficientes c_n.

* **Ferdinand Georg Frobenius** (1848-1917) Embora a idéia básica desse método já aparecesse com Euler tempos antes, o matemático alemão Ferdinand Frobenius foi o primeiro a provar o resultado, publicado em 1878. Frobenius deu muitas contribuições na área de análise, mas seu nome aparece mais nos textos de álgebra abstrata do que nos textos de equações diferenciais. Suas contribuições mais significativas em matemática foram em teoria de grupo.

Como na seção precedente, por questão de simplicidade, vamos sempre supor $x_0 = 0$.

EXEMPLO 6

Como $x = 0$ é uma singularidade regular da equação diferencial

$$3xy'' + y' - y = 0, \tag{4}$$

tentamos uma solução na forma

$$y = \sum_{n=0}^{\infty} c_n x^{n+r}.$$

Agora,

$$y' = \sum_{n=0}^{\infty} (n + r)c_n x^{n+r-1}$$

$$y'' = \sum_{n=0}^{\infty} (n + r)(n + r - 1)c_n x^{n+r-2}$$

daí

$$3xy'' + y' - y = 3\sum_{n=0}^{\infty} (n + r)(n + r - 1)c_n x^{n+r-1}$$

$$+ \sum_{n=0}^{\infty} (n + r)c_n x^{n+r-1} - \sum_{n=0}^{\infty} c_n x^{n+r}$$

$$= \sum_{n=0}^{\infty} (n + r)(3n + 3r - 2)c_n x^{n+r-1} - \sum_{n=0}^{\infty} c_n x^{n+r}$$

$$= x^r\left[r(3r - 2)c_0 x^{-1} + \underbrace{\sum_{n=1}^{\infty} (n + r)(3n + 3r - 2)c_n x^{n-1}}_{\boxed{k = n - 1}} - \underbrace{\sum_{n=0}^{\infty} c_n x^n}_{\boxed{k = n}} \right]$$

$$= x^r\left[r(3r - 2)c_0 x^{-1} + \sum_{k=0}^{\infty} [(k + r + 1)(3k + 3r + 1)c_{k+1} - c_k]x^k \right] = 0$$

o que implica $$r(3r - 2)c_0 = 0$$

$$(k + r + 1)(3k + 3r + 1)c_{k+1} - c_k = 0, \quad k = 0, 1, 2, \ldots. \tag{5}$$

Como não se ganha nada fazendo $c_0 = 0$, devemos então ter

$$r(3r - 2) = 0 \tag{6}$$

e $$c_{k+1} = \frac{c_k}{(k + r + 1)(3k + 3r + 1)}, \quad k = 0, 1, 2, \ldots. \tag{7}$$

Os dois valores de r que satisfazem (6), $r_1 = 2/3$ e $r_2 = 0$, quando substituídos em (7), fornecem duas diferentes relações de recorrência:

$$r_1 = \frac{2}{3}, \quad c_{k+1} = \frac{c_k}{(3k + 5)(k + 1)}, \quad k = 0, 1, 2, \ldots, \tag{8}$$

e $$r_2 = 0, \quad c_{k+1} = \frac{c_k}{(k + 1)(3k + 1)}, \quad k = 0, 1, 2, \ldots. \tag{9}$$

Iterando (8), temos

$$c_1 = \frac{c_0}{5 \times 1}$$

$$c_2 = \frac{c_1}{8 \times 2} = \frac{c_0}{2!5 \times 8}$$

$$c_3 = \frac{c_2}{11 \times 3} = \frac{c_0}{3!5 \times 8 \times 11}$$

$$c_4 = \frac{c_3}{14 \times 4} = \frac{c_0}{4!5 \times 8 \times 11 \times 14}$$

$$\vdots$$

$$c_n = \frac{c_0}{n!5 \times 8 \times 11 \ldots (3n + 2)}, \quad n = 1, 2, 3, \ldots,$$

enquanto a iteração de (9) proporciona:

$$c_1 = \frac{c_0}{1 \times 1}$$

$$c_2 = \frac{c_1}{2 \times 4} = \frac{c_0}{2!1 \times 4}$$

$$c_3 = \frac{c_2}{3 \times 7} = \frac{c_0}{3!1 \times 4 \times 7}$$

$$c_4 = \frac{c_3}{4 \times 10} = \frac{c_0}{4!1 \times 4 \times 7 \times 10}$$

$$\vdots$$

$$c_n = \frac{c_0}{n!1 \times 4 \times 7 \ldots (3n + 2)}, \quad n = 1, 2, 3, \ldots .$$

Portanto, obtemos duas soluções em série

$$y_1 = c_0 x^{2/3}\left[1 + \sum_{n=1}^{\infty} \frac{1}{n!5 \times 8 \times 11 \ldots (3n + 2)} x^n\right] \tag{10}$$

e

$$y_2 = c_0 x^0\left[1 + \sum_{n=1}^{\infty} \frac{1}{n!1 \times 4 \times 7 \ldots (3n - 2)} x^n\right]. \tag{11}$$

Pelo teste da razão, pode ser demonstrado que (10) e (11) convergem para todos os valores de x. Ainda, deve ficar claro a partir da forma de (10) e (11) que nenhuma série é múltipla uma da outra, portanto $y_1(x)$ e $y_2(x)$ são linearmente independentes. Logo, pelo princípio de superposição

$$y = C_1 y_1(x) + C_2 y_2(x) = C_1\left[x^{2/3} + \sum_{n=1}^{\infty} \frac{1}{n!5 \times 8 \times 11 \ldots (3n + 2)} x^{n + 2/3}\right]$$

$$+ C_2\left[1 + \sum_{n=1}^{\infty} \frac{1}{n!1 \times 4 \times 7 \ldots (3n - 2)} x^n\right], \quad |x| < \infty.$$

é outra solução para (4). Em qualquer intervalo que não contenha a origem, essa combinação representa a solução geral para a equação diferencial. ■

Embora o Exemplo 6 ilustre o procedimento geral do método de Frobenius, devemos alertar que nem sempre seremos capazes de encontrar duas soluções tão facilmente, ou mesmo encontrar duas soluções em séries infinitas consistindo inteiramente de potências de x.

Equação Indicial

A equação (6) é chamada de **equação indicial** do problema, e os valores $r_1 = 2/3$e $r_2 = 0$ são chamados de **raízes indiciais**, ou **expoentes**, da singularidade. Se $x = 0$ for uma singularidade regular de (1), então as funções $xP(x)$ e $x^2Q(x)$ obtidas de (2) são analíticas em zero, isto é, os desenvolvimentos

$$\begin{aligned} xP(x) &= p_0 + p_1 x + p_2 x^2 + \dots \\ x^2 Q(x) &= q_0 + q_1 x + q_2 x^2 + \dots \end{aligned} \qquad \textbf{(12)}$$

são válidos em intervalos que têm raios de convergência positivos. Após substituir y em (1) ou (2) e simplificar, a equação indicial é uma equação quadrática em r que resulta da identificação do coeficiente da menor potência de x a zero. Deixamos como exercício mostrar que a equação indicial geral é

$$r(r-1) + p_0 r + q_0 = 0 \qquad \textbf{(13)}$$

Veja o Problema 38. Resolvemos então essa última equação e substituímos os dois valores do expoente encontrados em uma relação de recorrência como (7). O Teorema 6.2 garante que pelo menos uma solução na forma dessa série pode ser encontrada.

EXEMPLO 7

A equação diferencial

$$xy'' + 3y' - y = 0 \qquad \textbf{(14)}$$

possui uma singularidade regular em $x = 0$. Pelo método de Frobenius, temos

$$xy'' + 3y' - y = x^r \left[r(r+2)c_0 x^{-1} + \sum_{k=0}^{\infty} [(k+r+1)(k+r+3)c_{k+1} - c_k]x^k \right] = 0$$

e a equação indicial e os expoentes são $r(r+2) = 0$ e $r_1 = 0$, $r_2 = -2$, respectivamente.

Como

$$(k+r+1)(k+r+3)c_{k+1} - c_k = 0, \quad k = 0, 1, 2, \dots, \qquad \textbf{(15)}$$

segue-se que, quando $r_1 = 0$,

$$c_{k+1} = \frac{c_k}{(k+1)(k+3)}$$

$$c_1 = \frac{c_0}{1 \times 3}$$

$$c_2 = \frac{c_1}{2 \times 4} = \frac{2c_0}{2!4!}$$

$$c_3 = \frac{c_2}{3 \times 5} = \frac{2c_0}{3!5!}$$

$$c_4 = \frac{c_3}{4 \times 6} = \frac{2c_0}{4!6!}$$

$$\vdots$$

$$c_n = \frac{2c_0}{n!(n+2)!}, \quad n = 1, 2, 3, \ldots.$$

Logo, uma solução em série é

$$y_1 = c_0 x^0 \left[1 + \sum_{n=1}^{\infty} \frac{2}{n!(n+2)!} x^n \right]$$

$$= c_0 \sum_{n=0}^{\infty} \frac{2}{n!(n+2)!} x^n, \quad |x| < \infty. \tag{16}$$

Agora, quando $r_2 = -2$, (15) torna-se

$$(k-1)(k+1)c_{k+1} - c_k = 0, \tag{17}$$

mas note que *não dividimos* imediatamente por $(k-1)(k+1)$, pois esse termo se anula para $k = 1$. Porém, usamos a relação de recorrência (17) para os $k = 0$ e $k = 1$:

$$-1 \times 1c_1 - c_0 = 0 \quad \text{e} \quad 0 \times 2c_2 - c_1 = 0.$$

A última equação implica $c_1 = 0$ e a anterior implica $c_0 = 0$. Continuando, encontramos

$$c_{k+1} = \frac{c_k}{(k-1)(k+1)}, \quad k = 2, 3, 4, \ldots,$$

e daí,

$$c_3 = \frac{c_2}{1 \times 3}$$

$$c_4 = \frac{c_3}{2 \times 4} = \frac{2c_2}{2!4!}$$

$$c_5 = \frac{c_4}{3 \times 5} = \frac{2c_2}{3!5!}$$

$$\vdots$$

$$c_n = \frac{2c_2}{(n-2)!n!}, \quad n = 2, 3, 4, \ldots.$$

Logo,
$$y_2 = c_2 x^{-2} \sum_{n=2}^{\infty} \frac{2}{(n-2)!n!} x^n. \tag{18}$$

Porém, uma inspeção detalhada de (18) revela que y_2 é simplesmente um múltiplo de (16). Para ver isso, faça $k = n - 2$ em (18). Concluímos que o método de Frobenius nos dá somente uma solução em série para (14). ■

Casos de Raízes Indiciais

Quando usamos o método de Frobenius, normalmente distinguimos três casos que correspondem à natureza das raízes indiciais. Para exemplificar, suponha que r_1 e r_2 sejam duas raízes reais da equação indicial e que r_1 *seja a maior delas.*

CASO I Raízes Que Não Diferem por um Inteiro Se r_1 e r_2 são raízes distintas e não diferem por um inteiro, então existem duas soluções linearmente independentes para a equação (1) na forma

$$y_1 = \sum_{n=0}^{\infty} c_n x^{n+r_1}, \qquad c_0 \neq 0, \tag{19a}$$

$$y_2 = \sum_{n=0}^{\infty} b_n x^{n+r_2}, \qquad b_0 \neq 0, \tag{19b}$$

EXEMPLO 8

Resolva
$$2xy'' + (1 + x)y' + y = 0. \tag{20}$$

Solução Se $y = \sum_{n=0}^{\infty} c_n x^{n+r}$, então

$$2xy'' + (1 + x)y' + y = 2\sum_{n=0}^{\infty} (n+r)(n+r-1)c_n x^{n+r-1} + \sum_{n=0}^{\infty} (n+r)c_n x^{n+r-1}$$

$$+ \sum_{n=0}^{\infty} (n+r)c_n x^{n+r} + \sum_{n=0}^{\infty} c_n x^{n+r}$$

$$= \sum_{n=0}^{\infty} (n+r)(2n+2r-1)c_n x^{n+r-1} + \sum_{n=0}^{\infty} (n+r+1)c_n x^{n+r}$$

$$= x^r\left[r(2r-1)c_0x^{-1} + \underbrace{\sum_{n=1}^{\infty}(n+r)(2n+2r-1)c_nx^{n-1}}_{\boxed{k=n-1}} \right.$$

$$\left. + \underbrace{\sum_{n=0}^{\infty}(n+r+1)c_nx^n}_{\boxed{k=n}} \right] = 0,$$

$$= x^r\left[r(2r-1)c_0x^{-1} + \sum_{k=0}^{\infty}[(k+r+1)(2k+2r+1)c_{k+1} \right.$$

$$\left. + (k+r+1)c_k]x^k \right] = 0,$$

o que implica

$$r(2r-1) = 0 \tag{21}$$

$$(k+r+1)(2k+2r+1)c_{k+1} + (k+r+1)c_k = 0, \quad k = 0, 1, 2, \ldots. \tag{22}$$

Para $r_1 = 1/2$, podemos dividir por $k + 3/2$ em (22) e obter

$$c_{k+1} = \frac{-c_k}{2(k+1)}$$

$$c_1 = \frac{-c_0}{2\times 1}$$

$$c_2 = \frac{-c_1}{2\times 2} = \frac{c_0}{2^2\times 2!}$$

$$c_3 = \frac{-c_1}{2\times 3} = \frac{-c_0}{2^3\times 3!}$$

$$\vdots$$

$$c_n = \frac{(-1)^n c_0}{2^n n!}, \quad n = 1, 2, 3, \ldots.$$

Portanto, temos

$$y_1 = c_0x^{1/2}\left[1 + \sum_{n=1}^{\infty}\frac{(-1)^n}{2^n n!}xn\right]$$

$$= c_0 \sum_{n=0}^{\infty} \frac{(-1)^n}{2^n n!} x^{n+1/2}, \tag{23}$$

a qual converge para $x \geq 0$. Na forma em que está, a série não tem significado para $x < 0$ por causa da presença de $x^{1/2}$.

Agora, para $r_2 = 0$, (22) torna-se

$$c_{k+1} = \frac{-c_k}{2k+1}$$

$$c_1 = \frac{-c_0}{1}$$

$$c_2 = \frac{-c_1}{3} = \frac{c_0}{1 \times 3}$$

$$c_3 = \frac{-c_2}{5} = \frac{-c_0}{1 \times 3 \times 5}$$

$$c_4 = \frac{-c_3}{7} = \frac{c_0}{1 \times 3 \times 5 \times 7}$$

$$\vdots$$

$$c_n = \frac{(-1)^n c_0}{1 \times 3 \times 5 \times 7 \ldots (2n-1)}, \qquad n = 1, 2, 3, \ldots .$$

Concluímos que uma segunda solução para (20) é

$$y_2 = c_0 \left[1 + \sum_{n=1}^{\infty} \frac{(-1)^n}{1 \times 3 \times 5 \times 7 \ldots (2n-1)} x^n \right], \qquad |x| < \infty. \tag{24}$$

No intervalo $(0, \infty)$, a solução geral é $y = C_1 y_1(x) + C_2 y_2(x)$. ■

6.4.2 Método de Frobenius Casos II e III

Quando as raízes da equação indicial diferem por um inteiro, podemos ou não ser capazes de encontrar duas soluções para (1) na forma (3). Se não, então uma solução correspondendo à menor raiz contém um termo logarítmico.

Quando os expoentes são iguais, uma segunda solução sempre contém um logaritmo. Essa última situação é análoga às soluções para a equação diferencial de Cauchy-Euler quando as raízes da equação auxiliar são iguais. Temos os dois próximos casos.

CASO II Raízes Que Diferem por um Inteiro Positivo Se $r_1 - r_2 = N$, em que N é um inteiro positivo, então existem duas soluções linearmente independentes para a equação (1) na forma

$$y_1 = \sum_{n=0}^{\infty} c_n x^{n+r_1}, \quad c_0 \neq 0 \tag{25a}$$

$$y_2 = Cy_1(x) \ln x + \sum_{n=0}^{\infty} b_n x^{n+r_2}, \quad b_0 \neq 0, \tag{25b}$$

em que C é uma constante que pode ser zero.

CASO III Raízes Indiciais Iguais Se $r_1 = r_2$, há sempre duas soluções linearmente independentes para a equação (1) na forma

$$y_1 = \sum_{n=0}^{\infty} c_n x^{n+r_1}, \quad c_0 \neq 0 \tag{26a}$$

$$y_2 = y_1(x) \ln x + \sum_{n=0}^{\infty} b_n x^{n+r_1}, \quad b_0 \neq 0. \tag{26b}$$

EXEMPLO 9

Resolva

$$xy'' + (x - 6)y' - 3y = 0. \tag{27}$$

Solução A suposição $y = \sum_{n=0}^{\infty} c_n x^{n+r}$ conduz a

$$xy'' + (x - 6)y' - 3y$$

$$= \sum_{n=0}^{\infty} (n+r)(n+r-1)c_n x^{n+r-1} - 6\sum_{n=0}^{\infty} (n+r)c_n x^{n+r-1} + \sum_{n=0}^{\infty} (n+r)c_n x^{n+r} - 3\sum_{n=0}^{\infty} c_n x^{n+r}$$

$$= x^r\left[r(r-7)c_0x^{-1} + \underbrace{\sum_{n=1}^{\infty}(n+r)(n+r-7)c_nx^{n-1}}_{\boxed{K=n-1}} + \underbrace{\sum_{n=0}^{\infty}(n+r-3)c_nx^n}_{\boxed{k=n}} \right]$$

$$= x^r\left[r(r-7)c_0x^{-1} + \sum_{n=1}^{\infty}[(k+r+1)(k+r-6)c_{k+1} + (k+r-3)c_k]x^k \right] = 0.$$

Logo, $r(r-7) = 0$, assim $r_1 = 7$, $r_2 = 0$, $r_1 - r_2 = 7$ e

$$(k+r+1)(k+r-6)c_{k+1} + (k+r-3)c_k = 0, \qquad k = 0, 1, 2, \ldots. \tag{28}$$

Para a menor raiz $r_2 = 0$, (28) torna-se

$$(k+1)(k-6)c_{k+1} + (k-3)c_k = 0. \tag{29}$$

Como $k - 6 = 0$ quando $k = 6$, não dividimos por esse termo até $k > 6$. Encontramos

$$\begin{aligned}
1 \times (-6)c_1 + (-3)c_0 &= 0\\
2 \times (-5)c_2 + (-2)c_1 &= 0\\
3 \times (-4)c_3 + (-1)c_2 &= 0\\
4 \times (-3)c_4 + 0 \times c_3 &= 0\\
5 \times (-2)c_5 + 1 \times c_4 &= 0\\
6 \times (-1)c_6 + 2 \times c_5 &= 0\\
7 \times 0c_7 + 3 \times c_6 &= 0
\end{aligned}$$

implica $c_4 = c_5 = c_6 = 0$, mas c_0 e c_7 podem ser escolhidos arbitrariamente

Logo,

$$c_1 = -\frac{1}{2}c_0$$

$$c_2 = -\frac{1}{5}c_1 = \frac{1}{10}c_0 \tag{30}$$

$$c_3 = -\frac{1}{12}c_2 = -\frac{1}{120}c_0$$

e para $k \geq 7$

$$c_{k+1} = \frac{-(k-3)c_k}{(k+1)(k-6)}$$

$$c_8 = \frac{-4}{8 \times 1}c_7$$

$$c_9 = \frac{-5}{9 \times 2} c_8 = \frac{4 \times 5}{2!8 \times 9} c_7$$

$$c_{10} = \frac{-6}{10 \times 3} c_9 = \frac{-4 \times 5 \times 6}{3!8 \times 9 \times 10} c_7$$

$$\vdots$$

$$c_n = \frac{(-1)^{n+1} 4 \times 5 \times 6 \ldots (n-4)}{(n-7)!8 \times 9 \times 10 \ldots n} c_7, \qquad n = 8, 9, 10, \ldots. \tag{31}$$

Se escolhermos $c_7 = 0$ e $c_0 \neq 0$, obtemos a solução polinomial

$$y_1 = c_0\left[1 - \frac{1}{2}x + \frac{1}{10}x^2 - \frac{1}{120}x^3\right], \tag{32}$$

mas, quando $c_7 \neq 0$ e $c_0 = 0$, segue-se que uma segunda solução, embora em série infinita, é

$$y_2 = c_7\left[x^7 + \sum_{n=8}^{\infty} \frac{(-1)^{n+1} 4 \times 5 \times 6 \ldots (n-4)}{(n-7)!8 \times 9 \times 10 \ldots n} x^n\right]$$

$$= c_7\left[x^7 + \sum_{k=1}^{\infty} \frac{(-1)^{k} 4 \times 5 \times 6 \ldots (k+3)}{k!8 \times 9 \times 10 \ldots (k+7)} x^{k+7}\right], \qquad |x| < \infty. \tag{33}$$

Finalmente, a solução geral para (27) no intervalo $(0, \infty)$ é

$$y = C_1 y_1(x) + C_2 y_2(x)$$

$$= C_1\left[1 - \frac{1}{2}x + \frac{1}{10}x^2 - \frac{1}{120}x^3\right] + C_2\left[x^7 + \sum_{k=1}^{\infty} \frac{(-1)^{k} 4 \times 5 \times 6 \ldots (k+3)}{k!8 \times 9 \times 10 \ldots (k+7)} x^{k+7}\right].$$

■

É interessante observar que, no Exemplo 9, a maior raiz $r_1 = 7$ não foi usada. Se a tivéssemos usado, teríamos obtido uma solução em série da seguinte forma*

* Observe que (33) e (34) começam com a potência x^7. No Caso II, é sempre uma boa idéia trabalhar primeiro com a menor raiz.

$$y = \sum_{n=0}^{\infty} c_n x^{n+7}, \tag{34}$$

em que c_n é definido por (28) com $r_1 = 7$:

$$c_{k+1} = \frac{-(k+4)}{(k+8)(k+1)} c_k, \qquad k = 0, 1, 2, \ldots .$$

A iteração dessa última relação de recorrência produziria então somente *uma* solução, a saber, a solução dada por (33) (com c_0 no lugar de c_7).

Quando as raízes da equação indicial diferem por um inteiro positivo, a segunda solução pode conter um logaritmo. Na prática, isso é algo que não sabemos previamente, mas é determinado após termos encontrado as raízes indiciais e cuidadosamente examinado a relação de recorrência que define os coeficientes c_n. Como mostra o próximo exemplo, é apenas uma questão de sorte encontrar duas soluções envolvendo somente potências de x. Por outro lado, se não for possível encontrar uma segunda solução em forma de série, podemos sempre usar o fato de que

$$y_2 = y_1(x) \int \frac{e^{-\int P(x)\,dx}}{y_1^2(x)}\,dx \tag{35}$$

é também uma solução para a equação $y'' + P(x)y' + Q(x)y = 0$, sempre quando y_1 for uma solução conhecida (veja Seção 4.2).

EXEMPLO 10

Encontre a solução geral para $\qquad xy'' + 3y' - y = 0$

Solução Vimos no Exemplo 7 que o método de Frobenius proporciona somente uma solução para essa equação, a saber,

$$y_1 = \sum_{n=0}^{\infty} \frac{2}{n!(n+2)!} x^n = 1 + \frac{1}{3}x + \frac{1}{24}x^2 + \frac{1}{360}x^3 + \ldots, \tag{36}$$

De (35), obtemos uma segunda solução:

$$y_2 = y_1(x) \int \frac{e^{-\int (3/x)\,dx}}{y_1^2(x)}\,dx = y_1(x) \int \frac{dx}{x^3\left[1 + \frac{1}{3}x + \frac{1}{24}x^2 + \frac{1}{360}x^3 + \ldots\right]^2}$$

$$= y_1(x) \int \frac{dx}{x^3\left[1 + \frac{2}{3}x + \frac{7}{36}x^2 + \frac{1}{30}x^3 + \dots\right]}$$ ⇦ elevando ao quadrado

$$= y_1(x) \int \frac{1}{x^3}\left[1 - \frac{2}{3}x + \frac{1}{4}x^2 - \frac{19}{270}x^3 + \dots\right]dx$$ ⇦ divisão

$$= y_1(x) \int \left[\frac{1}{x^3} - \frac{2}{3x^2} + \frac{1}{4x} - \frac{19}{270} + \dots\right]dx$$

$$= y_1(x) \int \left[-\frac{1}{2x^2} + \frac{2}{3x} + \frac{1}{4}\ln x - \frac{19}{270}x + \dots\right]$$

ou
$$y_2 = \frac{1}{4}y_1(x)\ln x + y_1(x)\left[-\frac{1}{2x^2} + \frac{2}{3x} - \frac{19}{270}x + \dots\right]. \tag{37}$$

Logo, no intervalo $(0, \infty)$, a solução geral é

$$y = C_1y_1(x) + C_2\left[\frac{1}{4}y_1(x)\ln x + y_1(x)\left(-\frac{1}{2x^2} + \frac{2}{3x} - \frac{19}{270}x + \dots\right)\right], \tag{38}$$

em que $y_1(x)$ é definida por (36).

■

Procedimento Alternativo

Há vários procedimentos alternativos para lidar com a fórmula (35) quando o método de Frobenius não proporciona uma segunda solução em série. Embora o próximo exemplo seja enfadonho, ele é canônico, direto. A idéia básica é supor uma solução na forma (25b) ou (26b) e determinar os coeficientes b_n em termos dos coeficientes c_n que definem a solução conhecida $y_1(x)$.

EXEMPLO 11

A menor das duas raízes indiciais para a equação $xy'' + 3y' - y = 0$ é $r_2 = -2$. De (25b), supomos agora uma segunda solução

$$y_2 = y_1 \ln x + \sum_{n=0}^{\infty} b_n x^{n-2}, \tag{39}$$

em que
$$y_1 = \sum_{n=0}^{\infty} \frac{2}{n!\,(n+2)!}x^n. \tag{40}$$

Derivando (39), obtemos

$$y_2' = \frac{y_1}{x} + y_1' \ln x + \sum_{n=0}^{\infty} (n-2)b_n x^{n-3}$$

$$y_2'' = -\frac{y_1}{x^2} + \frac{2y_1'}{x} + y_1'' \ln x + \sum_{n=0}^{\infty} (n-2)(n-3)b_n x^{n-4}$$

assim

$$xy_2'' + 3y_2' - y_2 = \ln x \underbrace{\left[xy_1'' + 3y_1' - y_1 \right]}_{\boxed{\textbf{zero}}} + 2y_1' + \frac{2y_1}{x} + \sum_{n=0}^{\infty} (n-2)(n-3)b_n x^{n-3}$$

$$+ 3\sum_{n=0}^{\infty} (n-2)b_n x^{n-3} - \sum_{n=0}^{\infty} b_n x^{n-2}$$

$$= 2y_1' + \frac{2y_1}{x} + \sum_{n=0}^{\infty} (n-2)nb_n x^{n-3} - \sum_{n=0}^{\infty} b_n x^{n-2}, \tag{41}$$

em que combinamos os dois primeiros somatórios e usamos o fato de que $xy_1'' + 3y_1' - y1 = 0$.

Derivando (40), podemos escrever (41) como

$$\sum_{n=0}^{\infty} \frac{4n}{n!(n+2)!} x^{n-1} + \sum_{n=0}^{\infty} \frac{4}{n!\,(n+2)!} x^{n-1} + \sum_{n=0}^{\infty} (n-2)nb_n x^{n-3} - \sum_{n=0}^{\infty} b_n x^{n-2}$$

$$= 0(-2)b_0 x^{-3} + (-b_0 - b_1)x^2 + \underbrace{\sum_{n=0}^{\infty} \frac{4(n+1)}{n!\,(n+2)!} x^{n-1}}_{\boxed{k=n}} + \underbrace{\sum_{n=2}^{\infty} (n-2)nb_n x^{n-3}}_{\boxed{k=n-2}} - \underbrace{\sum_{n=1}^{\infty} b_n x^{n-2}}_{\boxed{k=n-1}}$$

$$= -(b_0 + b_1)x^{-2} + \sum_{k=0}^{\infty} \left[\frac{4(k+1)}{k!\,(k+2)!} + k(k+2)b_{k+2} - b_{k+1} \right] x^{k-1}. \tag{42}$$

Igualando (42) a zero, verificamos que $b_1 = -b_0$ e

$$\frac{4(k+1)}{k!(k+2)!} + k(k+2)b_{k+2} - b_{k+1} = 0, \quad \text{para } k = 0, 1, 2, \ldots. \tag{43}$$

Quando $k = 0$ em (43), temos $2 + 0 \times 2b_2 - b_1 = 0$, assim $b_1 = 2$, $b_0 = -2$ e b_2 é arbitrário.

Reescrevendo (43) como

$$b_{k+2} = \frac{b_{k+1}}{k(k+2)} - \frac{4(k+1)}{k!(k+2)!\,k(k+2)} \tag{44}$$

e desenvolvendo para $k = 1, 2, \ldots$, temos

$$b_3 = \frac{b_2}{3} - \frac{4}{9}$$

$$b_4 = \frac{1}{8}b_3 - \frac{1}{32} = \frac{1}{24}b_2 - \frac{25}{288}$$

e assim por diante. Portanto, podemos finalmente escrever

$$\begin{aligned} y_2 &= y_1 \ln x + b_0x^{-2} + b_1x^{-1} + b_2 + b_3x + \ldots \\ &= y_1 \ln x - 2x^{-2} + 2x^{-1} + b_2 + \left(\frac{b_2}{3} - \frac{4}{9}\right)x + \ldots, \end{aligned} \tag{45}$$

em que b_2 é arbitrário. ∎

Soluções Equivalentes

Você deve estar agora perguntando se (37) e (45) são realmente equivalentes. Se escolhermos $C_2 = 4$ em (38), então

$$\begin{aligned} y_2 &= y_1 \ln x + y_1\left(-\frac{2}{x^2} + \frac{8}{3x} - \frac{38}{135}x + \ldots\right) \\ &= y_1 \ln x + \left(1 + \frac{1}{3}x + \frac{1}{24}x^2 + \frac{1}{360}x^3 + \ldots\right)\left(-\frac{2}{x^2} + \frac{8}{3x} - \frac{38}{135}x + \ldots\right) \\ &= y_1 \ln x - 2x^{-2} + 2x^{-1} + \frac{29}{36} - \frac{19}{108}x + \ldots, \end{aligned} \tag{46}$$

que é precisamente o que teríamos obtido de (45) se tivéssemos escolhido $b_2 = 29/36$.

O próximo exemplo ilustra o caso em que as raízes indiciais são iguais.

EXEMPLO 12

Encontre a solução geral para

$$xy'' + y' - 4y = 0. \tag{47}$$

Solução Tentamos uma solução da forma $y = \sum_{n=0}^{\infty} c_n x^{n+r}$. Temos então

$$xy'' + y' - 4y = \sum_{n=0}^{\infty} (n + r)(n + r - 1)c_n x^{n+r-1} + \sum_{n=0}^{\infty} (n + r)c_n x^{n+r-1} - 4 \sum_{n=0}^{\infty} c_n x^{n+r}$$

$$= \sum_{n=0}^{\infty} (n + r)^2 c_n x^{n+1} - 4 \sum_{n=0}^{\infty} c_n x^{n+r}$$

$$= x^r \left[r^2 c_0 x^{-1} + \underbrace{\sum_{n=1}^{\infty} (n + r)^2 c_n x^{n-1}}_{\boxed{k = n - 1}} - 4 \underbrace{\sum_{n=0}^{\infty} c_n x^n}_{\boxed{k = n}} \right]$$

$$= x^r \left[r^2 c_0 x^{-1} + \sum_{k=0}^{\infty} [(k + r + 1)^2 c_{k+1} - 4c_k] x^k \right] = 0.$$

Assim $r^2 = 0$ e as raízes indiciais são iguais: $r_1 = r_2 = 0$. Ainda, temos

$$(k + r + 1)^2 c_{k+1} - 4c_k = 0, \qquad k = 0, 1, 2, \ldots . \tag{48}$$

É claro que a raiz $r_1 = 0$ proporcionará somente uma solução correspondendo aos coeficientes definidos pela iteração de

$$c_{k+1} = \frac{4c_k}{(k + 1)^2}, \qquad k = 0, 1, 2, \ldots .$$

O resultado é

$$y_1 = c_0 \sum_{n=0}^{\infty} \frac{4^n}{(n\,!)^2} x^n, \qquad |x| < \infty. \tag{49}$$

Para obter a segunda solução linearmente independente, faça $c_0 = 1$ em (49) e então use (35):

$$y_2 = y_1(x) \int \frac{e^{-\int (1/x)\,dx}}{y_1^2(x)}\, dx = y_1(x) \int \frac{dx}{x\left[1 + 4x + 4x^2 + \frac{16}{9}x^3 + \ldots \right]^2}$$

$$= y_1(x) \int \frac{dx}{x\left[1 + 8x + 24x^2 + \frac{16}{9}x^3 + \dots\right]}$$

$$= y_1(x) \int \frac{1}{x}\left[1 - 8x + 40x^2 - \frac{1472}{9}x^3 + \dots\right] dx$$

$$= y_1(x) \int \left[\frac{1}{x} - 8 + 40x - \frac{1472}{9}x^2 + \dots\right] dx$$

$$= y_1(x) \int \left[\ln x - 8x + 20x^2 - \frac{1472}{27}x^3 + \dots\right]. \quad \textbf{(50)}$$

Logo, no intervalo $(0, \infty)$, a solução geral para (47) é

$$y = C_1 y_1(x) + C_2\left[y_1(x) \ln x + y_1(x)\left(-8x + 20x^2 - \frac{1472}{27}x^3 + \dots\right)\right], \quad \textbf{(51)}$$

em que $y_1(x)$ é definido por (49). ■

Como no Caso II, podemos também determinar $y_2(x)$ no Exemplo 11 diretamente a partir da suposição (26b).

Observações **(i)** Não consideramos propositalmente duas outras complicações na resolução para uma equação diferencial como (1) em torno de um ponto x_0 em que $a_2(x_0) = 0$. Quando usamos (3), é bem possível que as raízes da equação indicial sejam complexas. Quando os expoentes r_1 e r_2 são complexos, a relação $r_1 > r_2$ não tem sentido e deve ser substituída por $\text{Re}(r_1) > \text{Re}(r_2)$ (por exemplo, se $r = \alpha + i\beta$, então $\text{Re}(r) = \alpha$). Em particular, quando a equação indicial tem coeficientes reais, as raízes complexas são sempre conjugadas $r_1 = \alpha + i\beta$, $r_2 = \alpha - i\beta$, e $r_1 - r_2 = z_i\beta$ nunca será um inteiro. Logo, para $x_0 = 0$, haverá sempre duas soluções

$$y_1 = \sum_{n=0}^{\infty} c_n x^{n + r_1} \quad \text{e} \quad y_2 = \sum_{n=0}^{\infty} b_n x^{n + r_2}.$$

Infelizmente, ambas as soluções têm valores complexos para todo x real. Essa última dificuldade pode ser superada com o princípio de superposição. Como uma combinação de soluções é também uma solução para a equação diferencial, podemos formar combinações apropriadas de $y_1(x)$ e $y_2(x)$ para obtermos soluções reais (veja o Caso III da solução para a equação de Cauchy-Euler).

(ii) Se $x = 0$ for um ponto singular irregular, devemos notar que talvez não sejamos capazes de encontrar solução *alguma* na forma serial $y = \sum_{n=0}^{\infty} c_n x^{n+r}$.

(iii) No estudo avançado de equações diferenciais é importante examinar a natureza de um ponto singular no ∞. Dizemos que uma equação diferencial possui um ponto singular no ∞ se, depois de fazermos a substituição $z = 1/x$, a equação resultante tiver uma singularidade em $z = 0$. Por exemplo, a equação diferencial $y'' + xy = 0$ não possui pontos singulares "finitos". Porém, pela regra de cadeia, a substituição $z = 1/x$ transforma a equação em

$$z^5 \frac{d^2y}{dz^2} + 2z^4 \frac{dy}{dz} + y = 0.$$

(Verifique isso.) Uma inspeção em $P(z) = 2/z$ e $Q(z) = 1/z^5$ mostra que $z = 0$ é um ponto singular irregular da equação. Logo, ∞ é um ponto singular irregular. Veja o Problema 40.

6.4 EXERCÍCIOS

As respostas dos exercícios selecionados estão nas páginas 457 a 459.

[6.4.1]

Nos Problemas 1-10, determine os pontos singulares de cada equação diferencial. Classifique cada ponto singular como regular ou irregular.

1. $x^3y'' + 4x^2y' + 3y = 0$

2. $xy'' - (x + 3)^{-2}y = 0$

3. $(x^2 - 9)^2y'' + (x + 3)y' + 2y = 0$

4. $y'' - \frac{1}{x}y' + \frac{1}{(x - 1)^3}y = 0$

5. $(x^3 + 4x)y'' - 2xy' + 6y = 0$

6. $x^2(x - 5)^2y'' + 4xy' + (x^2 - 25)y = 0$

7. $(x^2 + x - 6)y'' + (x + 3)y' + (x - 2)y = 0$

8. $x(x^2 + 1)^2y'' + y = 0$

9. $x^3(x^2 - 25)(x - 2)^2y'' + 3x(x - 2)y' + 7(x + 5)y = 0$

10. $(x^3 - 2x^2 - 3x)^2y'' + x(x - 3)^2y' - (x + 1)y = 0$

Nos Problemas 11-22, mostre que as raízes indiciais não diferem por um inteiro. Use o método de Frobenius para obter duas soluções seriais linearmente independentes em torno do ponto singular regular $x_0 = 0$. Encontre a solução geral em $(0, \infty)$.

11. $2xy'' - y' + 2y = 0$

12. $2xy'' + 5y' + xy = 0$

13. $4xy'' + \frac{1}{2}y' + y = 0$

14. $2x^2y'' - xy' + (x^2 + 1)y = 0$

15. $3xy'' + (2 - x)y' - y = 0$

16. $x^2y'' - \left(x - \frac{2}{9}\right)y = 0$

17. $2xy'' - (3 + 2x)y' + y = 0$

18. $x^2y'' + xy' + \left(x^2 - \frac{4}{9}\right)y = 0$

19. $9x^2y'' + 9x^2y' + 2y = 0$

20. $2x^2y'' + 3xy' + (2x - 1)y = 0$

21. $2x^2y'' - x(x - 1)y' - y = 0$

22. $x(x - 2)y'' + y' - 2y = 0$

[6.4.2]

Nos Problemas 23-34, mostre que as raízes indiciais diferem por um inteiro. Use o método de Frobenius para obter duas soluções seriais linearmente independentes em torno da singularidade regular $x_0 = 0$. Encontre a solução geral em $(0, \infty)$.

23. $xy'' + 2y' - xy = 0$

24. $x^2y'' + xy' + \left(x^2 - \frac{1}{4}\right)y = 0$

25. $x(x - 1)y'' + 3y' - 2y = 0$

26. $y'' + \frac{3}{x}y' - 2y = 0$

27. $xy'' + (1 - x)y' - y = 0$

28. $xy'' + y = 0$

29. $xy'' + y' + y = 0$

30. $xy'' - xy' + y = 0$

31. $x^2y'' + x(x - 1)y' + y = 0$

32. $xy'' + y' - 4xy = 0$

33. $xy'' + (x - 1)y' - 2y = 0$

34. $xy'' - y' + x^3y = 0$

Nos Problemas 35 e 36, note que $x_0 = 0$ é uma singularidade irregular de cada equação. Em cada caso verifique se o método de Frobenius forneceu uma solução.

35. $x^3y'' + y = 0$

36. $x^2y'' - y' + y = 0$

37. Resolva a equação de Cauchy-Euler

$$x^2y'' + 3xy' - 8y = 0$$

pelo método de Frobenius

38. Se $x = 0$ é uma singularidade regular, use (12) em (2) para mostrar que (13) é a equação indicial obtida pelo método de Frobenius.

39. Use (13) para encontrar a equação indicial e os expoentes de

$$x^2y'' + \left(\frac{5}{3}x + x^2\right)y' - \frac{1}{3}y = 0.$$

40. **(a)** Mostre que a equação diferencial $x^2y'' - 4y = 0$ tem uma singularidade no infinito. [*Sugestão*: Veja página 328.]

(b) Classifique o ponto singular no infinito como regular ou irregular.

6.5 DUAS EQUAÇÕES ESPECIAIS

As duas equações

$$x^2y'' + xy' + (x^2 - v^2)y = 0 \tag{1}$$

$$(1 - x^2)y'' - 2xy' + n(n + 1)y = 0 \tag{2}$$

ocorrem freqüentemente em estudos avançados de matemática aplicada, física e engenharia. Elas são chamadas de **equação de Bessel** e **equação de Legendre**, respectivamente.* Na resolução para (1), vamos supor $v \geq 0$; enquanto em (2) consideraremos somente o caso em que n é um inteiro não negativo. Como procuramos soluções seriais (na forma de série infinita) de cada equação em torno de $x = 0$, observamos que a origem é um ponto singular regular da equação de Bessel e um ponto ordinário da equação de Legendre.

6.5.1 Solução para a Equação de Bessel

Suponhamos que $y = \sum_{n=0}^{\infty} c_n x^{n+r}$, então

$$x^2y'' + xy' + (x^2 - v^2)y = \sum_{n=0}^{\infty} c_n(n + r)(n + r - 1)x^{n+r} + \sum_{n=0}^{\infty} c_n(n + r)x^{n+r} + \sum_{n=0}^{\infty} c_n x^{n+r+2}$$

$$- v^2 \sum_{n=0}^{\infty} c_n x^{n+r}$$

$$= c_0(r^2 - r + r - v^2)x^r + x^r \sum_{n=1}^{\infty} c_n[(n + r)(n + r - 1)$$

* **Friedrich Wilhelm Bessel** (1784-1846) Bessel foi um astrônomo alemão que em 1838 mediu pela primeira vez a distância da estrela 61 Cygni. Em 1840, ele previu a existência de uma massa planetária além da órbita de Urano. O planeta Netuno foi descoberto seis anos depois. Bessel foi também o primeiro a calcular a órbita do cometa Halley. Embora Bessel tenha certamente estudado a equação (1) em seu trabalho sobre movimento planetário, a equação diferencial e sua solução foram provavelmente descobertas por Daniel Bernoulli em sua pesquisa sobre determinação dos deslocamentos de uma corrente oscilatória.

Adrien Marie Legendre (1752-1833) Matemático francês, Legendre é mais conhecido por gastar quase 40 anos de sua vida estudando e calculando integrais elípticas. Porém, as particulares soluções polinomiais da equação que leva seu nome foram encontradas em seus estudos sobre gravitação.

$$+ (n + r) - \nu^2]x^n + x^r \sum_{n=0}^{\infty} c_n x^{n+2}$$

$$= c_0(r^2 - \nu^2)x^r + x^r \sum_{n=1}^{\infty} c_n[(n + r)^2 - \nu^2]x^n + x^r \sum_{n=0}^{\infty} c_n x^{n+2}. \tag{3}$$

Em (3), vemos que a equação indicial é $r^2 - \nu^2 = 0$, portanto as raízes indiciais são $r_1 = \nu$ e $r_2 = -\nu$. Quando $r_1 = \nu$, (3) torna-se

$$x^\nu \sum_{n=1}^{\infty} c_n n(n + 2\nu)x^n + x^\nu \sum_{n=0}^{\infty} c_n x^{n+2}$$

$$= x^\nu\left[(1 + 2\nu)c_1 x + \underbrace{\sum_{n=2}^{\infty} c_n n(n + 2\nu)x^n}_{\boxed{k = n - 2}} + \underbrace{\sum_{n=0}^{\infty} c_n x^{n+2}}_{\boxed{k = n}}\right]$$

$$= x^\nu\left[(1 + 2\nu)c_1 x + \sum_{k=0}^{\infty} [(k + 2)(k + 2 + 2\nu)c_{k+2} + c_k]x^{k+2}\right] = 0.$$

Logo, pelo argumento usual, podemos escrever

$$(1 + 2\nu)c_1 = 0$$

$$(k + 2)(k + 2 + 2\nu)c_{k+2} + c_k = 0$$

ou

$$c_{k+2} = \frac{-c_k}{(k + 2)(k + 2 + 2\nu)}, \qquad k = 0, 1, 2, \ldots. \tag{4}$$

A escolha $c_1 = 0$ em (4) implica $c_3 = c_5 = c_7 = \ldots = 0$. Daí, para $k = 0, 2, 4, \ldots$, encontramos, após fazer $k + 2 = 2n$, $n = 1, 2, 3, \ldots$, que

$$c_{2n} = -\frac{c_{2n-2}}{2^2 n(n + \nu)}. \tag{5}$$

Logo,

$$c_2 = -\frac{c_0}{2^2 \times 1 \times 1\ (1 + \nu)}$$

$$c_4 = -\frac{c_2}{2^2 \times 2(2 + \nu)} = \frac{c_0}{2^4 \times 1 \times 2(1 + \nu)(2 + \nu)}$$

$$c_6 = -\frac{c_4}{2^2 \times 3(3 + \nu)} = -\frac{c_0}{2^6 \times 1 \times 2 \times 3(1 + \nu)(2 + \nu)(3 + \nu)}$$

$$\vdots$$

$$c_{2n} = \frac{(-1)^n c_0}{2^{2n} n!\,(1+\nu)(2+\nu)\dots(n+\nu)}, \qquad n = 1, 2, 3, \dots. \tag{6}$$

É uma prática padrão escolher pra c_0 um valor específico, a saber,

$$c_0 = \frac{1}{2^\nu \Gamma(1+\nu)},$$

em que $\Gamma(1+\nu)$ é a função Gama. Veja o Apêndice I. Como essa última função possui a conveniente propriedade $\Gamma(1+\alpha) = \alpha\Gamma(\alpha)$, podemos reduzir o produto indicado no denominador de (6) a um termo. Por exemplo,

$$\Gamma(1+\nu+1) = (1+\nu)\,\Gamma(1+\nu)$$

$$\begin{aligned}\Gamma(1+\nu+2) &= (2+\nu)\,\Gamma(2+\nu)\\ &= (2+\nu)(1+\nu)\,\Gamma(1+\nu).\end{aligned}$$

Com isso, podemos escrever (6) como

$$\begin{aligned}c_{2n} &= \frac{(-1)^n}{2^{2n+\nu} n!\,(1+\nu)(2+\nu)\dots(n+\nu)\,\Gamma(1+\nu)}\\ &= \frac{(-1)^n}{2^{2n+\nu} n!\,\Gamma(1+\nu+n)}, \qquad n = 0, 1, 2, \dots.\end{aligned}$$

Segue-se que uma solução é

$$y = \sum_{n=0}^{\infty} c_{2n} x^{2n+\nu} = \sum_{n=0}^{\infty} \frac{(-1)^n}{n!\,\Gamma(1+\nu+n)} \left(\frac{x}{2}\right)^{2n+\nu}$$

Se $\nu \ge 0$, a série converge pelo menos no intervalo $[0, \infty)$.

Funções de Bessel de Primeira Espécie

A seguinte solução serial é usualmente denotada por $J_n(x)$:

$$J_\nu(x) = \sum_{n=0}^{\infty} \frac{(-1)^n}{n!\,\Gamma(1+\nu+n)} \left(\frac{x}{2}\right)^{2n+\nu}. \tag{7}$$

Ainda, para o seguinte expoente $r_2 = -\nu$, obtemos, exatamente da mesma maneira,

$$J_{-\nu}(x) = \sum_{n=0}^{\infty} \frac{(-1)^n}{n!\,\Gamma(1-\nu+n)} \left(\frac{x}{2}\right)^{2n-\nu}. \tag{8}$$

As funções $J_\nu(x)$ e $J_{-\nu}(x)$ são chamadas de **funções de Bessel de primeira espécie** de ordem ν e $-\nu$, respectivamente. Dependendo do valor de ν, (8) pode conter potências negativas de x e então converge em $(0, \infty)$.*

Agora, devemos ter algum cuidado ao escrever a solução geral para (1). Quando $\nu = 0$, é óbvio que (7) e (8) são iguais. Se $\nu > 0$ e $r_1 - r_2 = \nu - (-\nu) = 2\nu$ não é um inteiro, segue-se do Caso I da Seção 6.4 que $J_\nu(x)$ e $J_{-\nu}(x)$ são soluções linearmente independentes de (1) em $(0, \infty)$, e daí a solução geral no intervalo é $y = c_1 J_\nu(x) + c_2 J_{-\nu}(x)$. Mas também sabemos do Caso II da Seção 6.4 que, quando $r_1 - r_2 = 2\nu$ é um inteiro, uma segunda solução serial para (1) *pode* existir. Nesse segundo caso, distinguimos duas possibilidades. Quando $\nu = m =$ inteiro positivo, $J_{-m}(x)$ definida por (8) e $J_m(x)$ não são soluções linearmente independentes. Pode ser mostrado que J_{-m} é um múltiplo de J_m (veja Propriedade (i) na página 335). Ainda, $r_1 - r_2 = 2\nu$ pode ser um inteiro quando ν for metade de um inteiro ímpar. Pode ser mostrado nesse último caso que $J_\nu(x)$ e $J_{-\nu}(x)$ são linearmente independentes. Em outras palavras, a solução geral para (1) em $(0, \infty)$ é

$$y = c_1 J_\nu(x) + c_2 J_{-\nu}(x), \qquad \nu \neq \textbf{inteiro}. \tag{9}$$

Os gráficos de $y = J_0(x)$ e $y = J_1(x)$ estão representados na Figura 6.6. Observe que os gráficos de J_0 e J_1 lembram gráficos amortecidos de co-seno e seno, respectivamente.**

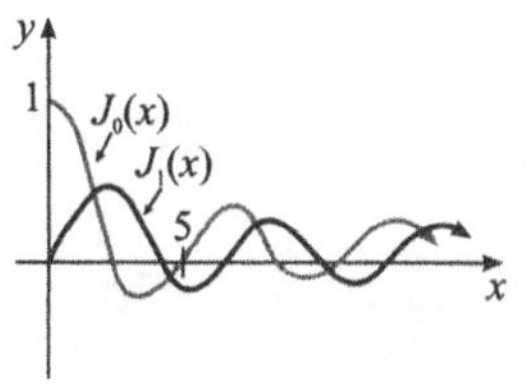

Figura 6.6

EXEMPLO 1

Encontre a solução geral para a equação

$$x^2 y'' + xy' + \left(x^2 - \frac{1}{4}\right)y = 0$$

em $(0, \infty)$.

* Trocando x por $|x|$, as séries dadas em (7) e (8) convergem em $0 < |x| < \infty$.

** As funções de Bessel pertencem a uma classe de funções chamadas "quase periódicas".

Solução Verificamos que $\nu^2 = 1/4$, ou seja, $\nu = 1/2$. De (9), concluímos que a solução geral para a equação é

$$y = c_1J_{1/2}(x) + c_2J_{-1/2}(x).$$ ■

Funções de Bessel de Segunda Espécie

Se $\nu \neq$ inteiro, a função definida pela combinação linear

$$Y_\nu(x) = \frac{\cos \nu\pi J_\nu(x) - J_{-\nu}(x)}{\operatorname{sen} \nu\pi} \quad \textbf{(10)}$$

e a função $J_\nu(x)$ são soluções linearmente independentes de (1). Logo, uma outra forma para a solução geral de (1) é $y = c_1J_\nu(x) + c_2Y_\nu(x)$, desde que $\nu \neq$ inteiro. Quando $\nu \to m$, m um inteiro, (10) possui a forma indeterminada 0/0. Porém, pode ser mostrado pela regra de L'Hôpital, que $\lim_{\nu \to m} Y_\nu(x)$ existe. Ainda, a função

$$Y_m(x) = \lim_{\nu \to m} Y_\nu(x)$$

e $J_m(x)$ são soluções linearmente independentes de $x^2y'' + xy' + (x^2 - m^2)y = 0$. Portanto, para *qualquer* valor de ν, a solução geral para (1) em $(0,\infty)$ pode ser escrita como

$$y = c_1J_\nu(x) + c_2Y_\nu(x). \quad \textbf{(11)}$$

$Y_\nu(x)$ é algumas vezes chamada de **função de Neumann**;* mais comumente, $Y_\nu(x)$ é chamada de **função de Bessel de segunda espécie** de ordem ν. A Figura 6.7 mostra os gráficos de $Y_0(x)$ e $Y_1(x)$.

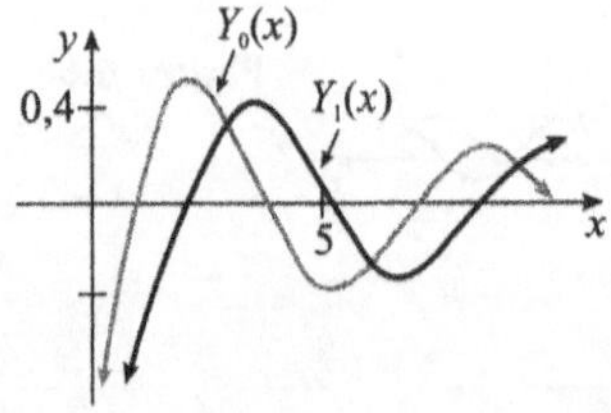

Figura 6.7

EXEMPLO 2

Encontre a solução geral para a equação

$$x^2y'' + xy' + (x^2 - 9)y = 0$$

em $(0, \infty)$.

---

* A função em (10) é também denotada por $N_\nu(x)$ em homenagem ao matemático alemão C. Neumann (1832-1925), que investigou suas propriedades.

Solução Vemos que $\nu = 3$. Segue-se de (11) que a solução geral para a equação diferencial é

$$y = c_1 J_3(x) + c_2 Y_3(x). \qquad \blacksquare$$

Equação de Bessel Paramétrica

Trocando x por λx em (1) e usando a regra de cadeia, obtemos uma forma alternativa da equação de Bessel conhecida como **equação de Bessel paramétrica** :

$$x^2 y'' + xy' + (\lambda^2 x^2 - \nu^2)y = 0. \tag{12}$$

A solução geral para (12) é

$$y = c_1 J_\nu(\lambda x) + c_2 Y_\nu(\lambda x). \tag{13}$$

Propriedades

Listamos abaixo algumas propriedades úteis das funções de Bessel de ordem m, $m = 0, 1, 2, \ldots$:

(i) $J_{-m}(x) = (-1)^m J_m(x)$

(ii) $J_m(-x) = (-1)^m J_m(x)$

(iii) $J_m(0) = 0, \quad m > 0$

(iv) $J_0(0) = 1$

(v) $\lim_{x \to 0^+}, \quad Y_m(x) = -\infty$

Note que a Propriedade (ii) indica que $J_m(x)$ é uma função par se m for um inteiro par e uma função ímpar se m for um inteiro ímpar. Os gráficos de $Y_0(x)$ e $Y_1(x)$ na Figura 6.7 ilustram a Propriedade (v): $Y_m(x)$ é ilimitada na origem. Esse fato não é óbvio a partir de (10). Pode ser mostrado por (10) ou pelos métodos da Seção 6.4 que, para $x > 0$,

$$Y_0(x) = \frac{2}{\pi} J_0(x)\left[\gamma + \ln \frac{x}{2}\right] - \frac{2}{\pi} \sum_{k=1}^{\infty} \frac{(-1)^k}{(k!)^2}\left(1 + \frac{1}{2} + \ldots + \frac{1}{k}\right)\left(\frac{x}{2}\right)^{2k},$$

em que $\gamma = 0{,}57721566\ldots$ é a **constante de Euler-Mascheroni**. Observe que, por causa da presença do termo logarítmico, $Y_0(x)$ é descontívo em $x = 0$.

Valores Numéricos de $J_0(x)$ e $J_1(x)$

Valores funcionais de $J_0(x)$ e $J_1(x)$ para alguns valores selecionados de x são dados na Tabela 6.1. Os zeros dessas duas funções, a saber, os valores de x para os quais $J_0(x) = 0$ e $J_1(x) = 0$, são importantes em algumas aplicações de equações diferenciais parciais. Valores numéricos de $\int_0^x J_0(r)\,dr$ são também importantes.*

Tabela 6.1 Valores Numéricos de J_0 e J_1

x	$J_0(x)$	$J_1(x)$
0	1,0000	0,0000
1	0,7652	0,4401
2	0,2239	0,5767
2,405	0,0000	0,5191
3	− 0,2601	0,3391
3,832	− 0,4028	0,0000
4	− 0,3971	− 0,0660
5	− 0,1776	− 0,3276
5,520	0,0000	− 0,3403
6	0,1506	− 0,2767
7	0,3001	− 0,0047
7,016	0,3001	0,0000
8	0,1717	0,2346
8,654	0,0000	0,2715
9	− 0,0903	0,2453
10	− 0,2459	0,0435
10,173	− 0,2497	0,0000
11	− 0,1712	− 0,1768
11,792	0,0000	− 0,2325
12	0,0477	− 0,2234
13	0,2069	− 0,0703
13,323	0,2184	0,0000
14	0,1711	0,1334
14,931	0,0000	0,2065

Relação de Recorrência

Fórmulas de recorrência que relacionam funções de Bessel de diferentes ordens são importantes em aplicações e também têm importância teórica. No próximo exemplo, deduziremos uma **relação de recorrência diferencial**.

* Veja *Handbook of Mathematical Functions*, editado por Milton Abramowitz e Irene A. Stegun (New York: Dover Publications, 1972).

EXEMPLO 3

Deduza da fórmula

$$xJ'_\nu(x) = \nu J_\nu(x) - xJ_{\nu+1}(x).$$

Solução Segue-se de (7) que

$$xJ_\nu(x) = \sum_{n=0}^{\infty} \frac{(-1)^n (2n+\nu)}{n!\,\Gamma(1+\nu+n)}\left(\frac{x}{2}\right)^{2n+\nu}$$

$$= \nu \sum_{n=0}^{\infty} \frac{(-1)^n}{n!\,\Gamma(1+\nu+n)}\left(\frac{x}{2}\right)^{2n+\nu} + 2\sum_{n=0}^{\infty} \frac{(-1)^{nx}}{n!\,\Gamma(1+\nu+n)}\left(\frac{x}{2}\right)^{2n+\nu}$$

$$= \nu J_\nu(x) + \underbrace{x\sum_{n=1}^{\infty} \frac{(-1)^n}{(n-1)!\,\Gamma(1+\nu+n)}\left(\frac{x}{2}\right)^{2n+\nu-1}}_{k=n-1}$$

$$= \nu J_\nu(x) - x\sum_{k=0}^{\infty} \frac{(-1)^k}{k!\,\Gamma(2+\nu+k)}\left(\frac{x}{2}\right)^{2k+\nu+1}$$

$$= \nu J_\nu(x) - xJ_{\nu+1}(x).$$ ■

O resultado do Exemplo 3 pode ser escrito em uma forma alternativa. Dividindo $xJ_\nu'(x) - \nu J_\nu(x) = -xJ_{\nu+1}(x)$ por x, obtemos

$$J_\nu'(x) - \frac{\nu}{x}J_\nu(x) = -J_{\nu+1}(x).$$

Essa última expressão é uma equação diferencial linear de primeira ordem em $J_\nu(x)$. Multiplicando ambos os lados da igualdade pelo fator de integração $x^{-\nu}$, temos

$$\frac{d}{dx}[x^{-\nu}J_\nu(x)] = -x^{-\nu}J_{\nu+1}(x). \tag{14}$$

Deixamos como exercício deduzir uma fórmula semelhante:

$$\frac{d}{dx}[x^{-\nu}J_\nu(x)] = -x^{-\nu}J_{\nu+1}(x). \tag{15}$$

(Veja o Problema 20.)

Quando ν = metade de um inteiro ímpar, $J_\nu(x)$ pode ser expresso em termos de sen x, cos x e potências de x. Tais funções de Bessel são chamadas **funções de Bessel esféricas**.

EXEMPLO 4

Encontre uma expressão alternativa para $J_{1/2}(x)$. Use o fato de que $\Gamma(\frac{1}{2}) = \sqrt{\pi}$.

Solução Com $\nu = 1/2$, obtemos de (7)

$$J_{1/2}(x) = \sum_{n=0}^{\infty} \frac{(-1)^n}{n!\,\Gamma(1 + \frac{1}{2} + n)} \left(\frac{x}{2}\right)^{2n + 1/2}$$

Agora, em vista da propriedade $\Gamma(1 + \alpha) = \alpha\Gamma(\alpha)$, concluímos

$$n = 0, \quad \Gamma\left(1 + \frac{1}{2}\right) = \frac{1}{2}\Gamma\left(\frac{1}{2}\right) = \frac{1}{2}\sqrt{\pi}$$

$$n = 1, \quad \Gamma\left(1 + \frac{3}{2}\right) = \frac{3}{2}\Gamma\left(\frac{3}{2}\right) = \frac{3}{2^2}\sqrt{\pi}$$

$$n = 2, \quad \Gamma\left(1 + \frac{5}{2}\right) = \frac{5}{2}\Gamma\left(\frac{5}{2}\right) = \frac{5 \times 3}{2^3}\sqrt{\pi} = \frac{5 \times 4 \times 3 \times 2 \times 1}{2^3 4 \times 2}\sqrt{\pi} = \frac{5!}{2^5 2!}\sqrt{\pi}$$

$$n = 3, \quad \Gamma\left(1 + \frac{7}{2}\right) = \frac{7}{2}\Gamma\left(\frac{7}{2}\right) = \frac{7 \times 5!}{2^6 2!}\sqrt{\pi} = \frac{7 \times 6 \times 5!}{2^3 6 \times 6 \times 2!}\sqrt{\pi} = \frac{7!}{2^7 3!}\sqrt{\pi}.$$

No caso geral,
$$\Gamma\left(1 + \frac{1}{2} + n\right) = \frac{(2n + 1)!}{2^{2n + 1} n\,1}\sqrt{\pi}.$$

Logo,
$$J_{1/2}(x) = \sum_{n=0}^{\infty} \frac{(-1)^n}{n!\,\dfrac{(2n + 1)!\sqrt{\pi}}{2^{2n + 1} n!}} \left(\frac{x}{2}\right)^{2n + \frac{1}{2}}$$

$$= \sqrt{\frac{2}{\pi x}} \sum_{n=0}^{\infty} \frac{(-1)^n}{(2n + 1)!} x^{2n + 1}.$$

Como a série na última linha é a série de Maclaurin de $\operatorname{sen} x$, mostramos que

$$J_{1/2}(x) = \sqrt{\frac{2}{\pi x}} \operatorname{sen} x. \qquad \blacksquare$$

6.5.2 Solução para a Equação de Legendre

Como $x = 0$ é um ponto ordinário da equação (2), tentamos uma solução na forma $y = \sum_{k=0}^{\infty} c_k x^k$. Portanto,

$$(1 - x^2)y'' - 2xy' + n(n+1)y = (1 - x^2)\sum_{k=0}^{\infty} c_k k(k-1)x^{k-2} - 2\sum_{k=0}^{\infty} c_k k x^k + n(n+1)\sum_{k=0}^{\infty} c_k x^k$$

$$= \sum_{k=2}^{\infty} c_k k(k-1)x^{k-2} - \sum_{k=2}^{\infty} c_k k(k-1)x^k$$

$$- 2\sum_{k=1}^{\infty} c_k k x^k + n(n+1)\sum_{k=0}^{\infty} c_k x^k$$

$$= [n(n+1)c_0 + 2c_2]x^0 + [n(n+1)c_1 - 2c_1 + 6c_3]x$$

$$+ \underbrace{\sum_{k=4}^{\infty} c_k k(k-1)x^{k-2}}_{\boxed{k = k-2}} - \underbrace{\sum_{k=2}^{\infty} c_k k(k-1)x^k}_{\boxed{j = k}}$$

$$- 2\underbrace{\sum_{k=2}^{\infty} c_k k x^k}_{\boxed{j = k}} + n(n+1)\underbrace{\sum_{k=2}^{\infty} c_k x^k}_{\boxed{j = k}}$$

$$= [n(n+1)c_0 + 2c_2] + [(n-1)(n+2)c_1 + 6c_3]x$$

$$+ \sum_{j=2}^{\infty} [(j+2)(j+1)c_{j+2} + (n-j)(n+j+1)c_j]x^j = 0$$

implicaque

$$n(n+1)c_0 + 2c_2 = 0$$

$$(n-1)(n+2)c_1 + 6c_3 = 0$$

$$(j+2)(j+1)c_{j+2} + (n-j)(n+j+1)c_j = 0$$

ou

$$c_2 = -\frac{n(n+1)}{2!}c_0$$

$$c_3 = -\frac{(n-1)(n+2)}{3!}c_1$$

$$c_{j+2} = -\frac{(n-j)(n+j+1)}{(j+2)(j+1)}c_j, \qquad j = 2, 3, 4, \ldots. \tag{16}$$

Expandindo (16), obtemos

$$c_4 = -\frac{(n-2)(n+3)}{4 \times 3}c_2 = \frac{(n-2)n(n+1)(n+3)}{4!}c_0$$

$$c_5 = -\frac{(n-3)(n+4)}{5 \times 4}c_3 = \frac{(n-3)(n-1)(n+2)(n+4)}{5!}c_1$$

$$c_6 = -\frac{(n-4)(n+5)}{6 \times 5}c_4 = -\frac{(n-4)(n-2)n(n+1)(n+3)(n+5)}{6!}c_0$$

$$c_7 = -\frac{(n-5)(n+6)}{7 \times 6}c_5$$

$$= -\frac{(n-5)(n-3)(n-1)(n+2)(n+4)(n+6)}{7!}c_1$$

e assim por diante. Então, pelo menos em $|x| < 1$, obtemos duas soluções linearmente independentes dadas em série de potências

$$y_1(x) = c_0\left[1 - \frac{n(n+1)}{2!}x^2 + \frac{(n-2)n(n+1)(n+3)}{4!}x^4 - \frac{(n-4)(n-2)n(n+1)(n+3)(n+5)}{6!}x^6 + \ldots\right] \tag{17}$$

$$y_2(x) = c_1\left[x - \frac{(n-1)(n+2)}{3!}x^3 + \frac{(n-3)(n-1)(n+2)(n+4)}{5!}x^5 - \frac{(n-5)(n-3)(n-1)(n+2)(n+4)(n+6)}{7!}x^7 + \ldots\right].$$

Note que, se n for um inteiro par, a primeira série é finita, enquanto $y_2(x)$ é uma série infinita. Por exemplo, se $n = 4$, então

$$y_1(x) = c_0\left[1 - \frac{4 \times 5}{2!}x^2 + \frac{2 \times 4 \times 5 \times 7}{4!}x^4\right] = c_0\left[1 - 10x^2 + \frac{35}{3}x^4\right].$$

Analogamente, quando n for um inteiro ímpar, a série para $y_2(x)$ termina com x^n; isto é, *quando n for um inteiro não negativo, obtemos uma solução polinomial de grau n* da equação de Legendre.

Como qualquer múltiplo de uma solução para a equação de Legendre é também uma solução, é tradicional escolher valores específicos para c_0 e c_1, dependendo do inteiro positivo n, se n for par ou ímpar, respectivamente. Para $n = 0$, escolhemos $c_0 = 1$ e para $n = 2, 4, 6, \ldots,$

$$c_0 = (-1)^{n/2} \frac{1 \times 3 \dots (n-1)}{2 \times 4 \dots n},$$

enquanto que para $n = 1$, escolhemos $c_1 = 1$ e para $n = 3, 5, 7, \dots,$

$$c_1 = (-1)^{(n-1)/2} \frac{1 \times 3 \dots n}{2 \times 4 \dots (n-1)}.$$

Por exemplo, quando $n = 4$, temos

$$\begin{aligned} y_1(x) &= (-1)^{4/2} \frac{1 \times 3}{2 \times 4}\left[1 - 10x^2 + \frac{35}{3}x^4\right] \\ &= \frac{3}{8} - \frac{30}{8}x^2 + \frac{35}{8}x^4 \\ &= \frac{1}{8}(35x^4 - 30x^2 + 3). \end{aligned}$$

Polinômios de Legendre

Esses polinômios são chamados de **polinômios de Legendre** e são denotados por $P_n(x)$. Através das séries para $y_1(x)$ e $y_2(x)$ e pelas escolhas de c_0 e c_1, encontramos os polinômios de Legendre, ou seja,

$$\begin{aligned} &\boldsymbol{P_0(x) = 1}, && \boldsymbol{P_1(x) = x}, \\ &\boldsymbol{P_2(x) = \frac{1}{2}(3x^2 - 1)}, && \boldsymbol{P_3(x) = \frac{1}{2}(5x^3 - 3x)}, \\ &\boldsymbol{P_4(x) = \frac{1}{8}(35x^4 - 30x^2 + 3)}, && \boldsymbol{P_5(x) = \frac{1}{8}(63x^5 - 70x^3 + 15x)}. \end{aligned} \qquad \textbf{(18)}$$

Lembre-se de que, $P_0(x)$, $P_1(x)$, $P_2(x)$, $P_3(x)$, ... são soluções particulares para as equações diferenciais

$$\begin{aligned} n = 0, &\quad (1 - x^2)y'' - 2xy' = 0 \\ n = 1, &\quad (1 - x^2)y'' - 2xy' + 2y = 0 \\ n = 2, &\quad (1 - x^2)y'' - 2xy' + 6y = 0 \\ n = 3, &\quad (1 - x^2)y'' - 2xy' + 12y = 0 \end{aligned} \qquad \textbf{(19)}$$

Os gráficos dos quatro primeiros polinômios de Legendre no intervalo $-1 \leq x \leq 1$ estão representados na Figura 6.8.

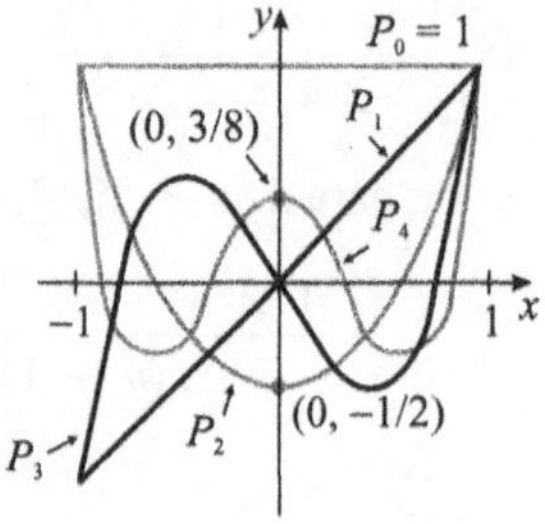

Figura 6.8

Propriedades

As seguintes propriedades dos polinômios de Legendre podem ser facilmente verificadas a partir de (18) e da Figura 6.8:

(i) $P_n(-x) = (-1)^n P_n(x)$

(ii) $P_n(1) = 1$

(iii) $P_n(-1) = (-1)^n$

(iv) $P_n(0) = 0, \quad n = 1, 3, 5, \ldots .$

(v) $P_n'(0) = 0, \quad n = 0, 2, 4, \ldots .$

A propriedade (i) implica que $P_n(x)$ é uma função par ou ímpar, dependendo se n é par ou ímpar.

Relação de Recorrência

Relações de recorrência que relacionam polinômios de Legendre de diferentes graus são muito importantes em alguns aspectos de suas aplicações. Reduziremos uma dessas relações usando a fórmula

$$(1 - 2xt + t^2)^{-1/2} = \sum_{n=0}^{\infty} P_n(x)t^n. \tag{20}$$

A função da esquerda é chamada de **função geradora** dos polinômios de Legendre. Sua dedução segue-se do teorema binomial e iremos deixá-la como exercício. (Veja o Problema 43.)

Derivando ambos os lados de (20) em relação a t, obtemos

$$(1 - 2xt + t^2)^{-3/2}(x - t) = \sum_{n=0}^{\infty} nP_n(x)t^{n-1} = \sum_{n=1}^{\infty} nP_n(x)t^{n-1}$$

e daí, após multiplicarmos por $1 - 2xt + t^2$, temos

$$(x - t)(1 - 2xt + t^2)^{-1/2} = (1 + 2xt + t^2) \sum_{n=1}^{\infty} nP_n(x)t^{n-1}$$

ou

$$(x - t) \sum_{n=0}^{\infty} P_n(x)t^n = (1 - 2xt + t^2) \sum_{n=1}^{\infty} nP_n(x)t^{n-1}. \quad \textbf{(21)}$$

Multiplicamos termo a termo e reescrevemos (21) como

$$\sum_{n=0}^{\infty} xP_n(x)t^n - \sum_{n=0}^{\infty} P_n(x)t^{n+1} - \sum_{n=1}^{\infty} nP_n(x)t^{n-1} + 2x \sum_{n=1}^{\infty} nP_n(x)t^n - \sum_{n=1}^{\infty} nP_n(x)t^{n+1} = 0$$

ou

$$x + x^2t + \sum_{n=2}^{\infty} xP_n(x)t^n - t - \sum_{n=1}^{\infty} P_n(x)t^{n+1} - x - 2\left(\frac{3x^2-1}{2}\right)t$$

$$- \sum_{n=3}^{\infty} nP_n(x)t^{n-1} + 2x^2t + 2x \sum_{n=2}^{\infty} nP_n(x)t^n - \sum_{n=1}^{\infty} nP_n(x)t^{n+1} = 0.$$

Observando os cancelamentos apropriados, simplificando e trocando os índices de soma, concluímos

$$\sum_{k=2}^{\infty} [-(k+1)P_{k+1}(x) + (2k+1)xP_k(x) - kP_{k-1}(x)]\, t^k = 0.$$

Igualando o coeficiente de t^k a zero, conseguimos a seguinte relação

$$(k+1)P_{k+1}(x) - (2k+1)xP_k(x) + kP_{k-1}(x) = 0, \qquad k = 2, 3, 4, \ldots . \quad \textbf{(22)}$$

Essa fórmula é válida também quando $k = 1$.

Em (18), listamos os seis primeiros polinômios de Legendre. Se, digamos, quisermos encontrar $P_6(x)$, podemos usar (22) com $k = 5$. Essa relação expressa então $P_6(x)$ em termos de quantidades conhecidas $P_4(x)$ e $P_5(x)$. (Veja o Problema 45.)

6.5 EXERCÍCIOS

As respostas dos exercícios selecionados estão nas páginas 459 e 460.

[6.5.1]

Nos Problemas 1-8, encontre a solução geral para a equação diferencial dada em $(0, \infty)$.

1. $x^2y'' + y' + \left(x^2 - \frac{1}{9}\right)y = 0$

2. $x^2y'' + xy' + (x^2 - 1)y = 0$

3. $4x^2y'' + 4xy' + (4x^2 - 25)y = 0$

4. $16x^2y'' + 16xy' + (16x^2 - 1)y = 0$

5. $xy'' + y' + xy = 0$

6. $\frac{d}{dx}[xy'] + \left(x - \frac{4}{2}\right)y = 0$

7. $x^2y'' + xy' + (9x^2 - 4)y = 0$

8. $x^2y'' + xy' + \left(36x^2 - \frac{1}{4}\right)y = 0$

9. Use a mudança de variável $y = x^{-1/2}v(x)$ para encontrar a solução geral para a equação

$$x^2y'' + 2xy' + \lambda^2x^2y = 0, \qquad x > 0.$$

10. Verifique que a equação diferencial

$$xy'' + (1 - 2n)y' + xy = 0\ , \qquad x > 0.$$

possui a solução particular $y = x^nJ_n(x)$.

11. Verifique que a equação diferencial

$$xy'' + (1 + 2n)y' + xy = 0\ , \qquad x > 0.$$

possui a solução particular $y = x^{-n}J_n(x)$.

12. Verifique que a equação diferencial

$$x^2y'' + \left(\lambda^2x^2 - \nu^2 + \frac{1}{4}\right)y = 0, \qquad x > 0.$$

possui a solução particular $y = \sqrt{x}\,J_\nu(\lambda x)$, em que $\lambda > 0$.

Nos Problemas 13-18, use os resultados dos Problemas 10, 11 e 12 para encontrar uma solução particular para a equação diferencial dada em $(0, \infty)$.

13. $y'' + y = 0$

14. $xy'' - y' + xy = 0$

15. $xy'' + 3y' + xy = 0$

16. $4x^2y'' + (16x^2 + 1)y = 0$

17. $x^2y'' + (x^2 - 2)y = 0$

18. $xy'' - 5y' + xy = 0$

Nos Problemas 19-22, deduza a relação de recorrência dada.

19. $xJ_\nu'(x) = -\nu J_\nu(x) + xJ_{\nu-1}(x)$ [*Sugestão* : $2n + \nu = 2(n + \nu) - \nu$.]

20. $\frac{d}{dx}[x^\nu J_\nu(x)] = x^\nu J_{\nu-1}(x)$

21. $2\nu J_\nu(x) = xJ_{\nu+1}(x) + xJ_{\nu-1}(x)$

22. $2J_\nu'(x) = J_{\nu-1}(x) - J_{\nu+1}(x)$

Nos Problemas 23-26, use (14) ou (15) para obter os resultados pedidos.

23. $\int_0^x rJ_0(r)\,dr = xJ_1(x)$

24. $J_0'(x) = J_{-1}(x) = -J_1(x)$

25. $\int x^n J_0(x)\,dx = x^n J_1(x) + (n-1)x^{n-1}J_0(x) - (n-1)^2 \int x^{n-2} J_0(x)\,dx$

26. $\int x^3 J_0(x)\,dx = x^3 J_1(x) + 2x^2 J_0(x) - 4xJ_1(x) + c$

27. Proceda como no Exemplo 4 e expresse $J_{-1/2}(x)$ em termos de $\cos x$ e uma potência de x.

Nos Problemas 28-33, use a relação de recorrência dada no Problema 21 e os resultados obtidos no Problema 27 e no Exemplo 4 para expressar a função de Bessel pedida em termos de $\operatorname{sen} x$, $\cos x$ e potências de x.

28. $J_{3/2}(x)$

29. $J_{-3/2}(x)$

30. $J_{5/2}(x)$

31. $J_{-5/2}(x)$

32. $J_{7/2}(x)$

33. $J_{-7/2}(x)$

34. Mostre que $i^{-\nu}J_\nu(ix)$, $i^2 = -1$ é uma função real. A função definida por $I_\nu(x) = i^{-\nu}J_\nu(ix)$ é chamada de **função de Bessel modificada de primeira espécie** de ordem ν.

35. Encontre a solução geral para a equação diferencial

$$x^2y'' + xy' - (x^2 + \nu^2)y = 0, \quad x > 0, \quad \nu \neq \text{inteiro.}$$

[*Sugestão:* $i^2x^2 = -x^2$.]

36. Se $y_1 = J_0(x)$ for uma solução para a equação de Bessel de ordem zero, verifique que uma outra solução é

$$y_2 = J_0(x)\ln x + \frac{x^2}{4} - \frac{3x^4}{128} + \frac{11x^6}{13{,}824} = - \dots .$$

37. Use (8) com $\nu = m$, em que m é um inteiro positivo, e o fato de que $1/\Gamma(N) = 0$, em que N é um inteiro negativo, para mostrar que

$$J_{-m}(x) = (-1)^m J_m(x).$$

38. Use (7) com $\nu = m$, em que m é um inteiro não negativo, para mostrar que

$$J_m(-x) = (-1)^m J_m(x).$$

[6.5.2]

39. **(a)** Use as soluções explícitas $y_1(x)$ e $y_2(x)$ da equação de Legendre e escolhas apropriadas de c_0 e c_1 para encontrar os polinômios de Legendre $P_6(x)$ e $P_7(x)$.

(b) Escreva as equações diferenciais explícitas para as quais $P_6(x)$ e $P_7(x)$ são soluções particulares.

40. Mostre que a equação de Legendre pode ser escrita na forma alternativa

$$\frac{d}{dx}\left[(1 - x^2)\frac{dy}{dx}\right] + n(n + 1)y = 0.$$

41. Mostre que a equação

$$\operatorname{sen}\theta\,\frac{d^2y}{d\theta^2} + \cos\theta\,\frac{dy}{d\theta} + n(n + 1)(\operatorname{sen}\theta)y = 0$$

pode ser transformada na equação de Legendre através da substituição $x = \cos\theta$.

42. Os polinômios de Legendre podem ser escritos como

$$P_n(x) = \sum_{k=0}^{[n/2]} \frac{(-1)^k(2n - 2k)!}{2^n k!\,(n - k)!\,(n - 2k)!}x^{n-2k},$$

em que $[n/2]$ é o maior inteiro menor ou igual a $n/2$. Verifique esse fato para $n = 0, 1, 2, 3, 4$ e 5.

43. Use a série binomial para mostrar formalmente que

$$(1 - 2xt + t^2)^{-1/2} = \sum_{n=0}^{\infty} P_n(x)t^n.$$

44. Use o Problema 43 para mostrar que $P_n(1) = 1$ e $P_n(-1) = (-1)^n$.

45. Use a relação de recorrência (22) e $P_0(x) = 1$, $P_1(x) = x$ para os próximos cinco polinômios de Legendre.

46. Os polinômios de Legendre são gerados pela **fórmula de Rodrigues***

$$P_n(x) = \frac{1}{2^n n!}\frac{d^n}{dx^n}(x^2 - 1)^n.$$

Verifique isso para $n = 0, 1, 2$ e 3.

47. Use explicitamente os polinômios de Legendre $P_0(x)$, $P_1(x)$, $P_2(x)$ e $P_3(x)$ para calcular $\int_{-1}^{1} P_n^2(x)\,dx$, $n = 0, 1, 2$ e 3. Generalize o resultado.

---

* **Olinde Rodrigues** (1794-1851) Rodrigues era um banqueiro francês e um matemático amador. Em matemática, ele é lembrado somente pela descoberta dessa fórmula em 1816. Em política, é reconhecido como investidor financeiro e discípulo de Count de Saint-Simon, o fundador do socialismo francês.

48. Use explicitamente os polinômios de Legendre $P_0(x)$, $P_1(x)$, $P_2(x)$ e $P_3(x)$ para calcular $\int_{-1}^{1} P_n(x)P_m(x)\,dx$ para $n \neq m$. Generalize o resultado.

49. Sabemos que $y_1 = x$ é solução para a equação de Legendre quando $n = 1$, $(1 - x^2)y'' - 2xy' + 2y = 0$. Mostre que uma segunda solução linearmente independente no intervalo $-1 < x < 1$ é

$$y_2 = \frac{x}{2} \ln\left(\frac{1 + x}{1 - x}\right) - 1.$$

Capítulo 6 *REVISÃO*

A característica marcante de uma equação de Cauchy-Euler é que, mesmo sendo uma equação diferencial com coeficientes variáveis, ela pode ser resolvida em termos de funções elementares. Uma equação de **Cauchy-Euler de segunda ordem** é qualquer equação diferencial da forma $ax^2y'' + bxy' + cy = g(x)$, em que a, b e c são constantes. Para resolver a equação homogênea, tentamos uma solução da forma $y = x^m$, e isso por sua vez conduz a uma **equação auxiliar** algébrica $am(m - 1) + bm + c = 0$. Se as raízes forem reais distintas, reais iguais ou complexas, as soluções gerais no intervalo $(0, \infty)$ serão, respectivamente,

$$y = c_1x^{m_1} + c_2x^{m_2}$$

$$y = c_1x^{m_1} + c_2x^{m_1} \ln x$$

e

$$y = x^{\alpha}[c_1 \cos(\beta \ln x) + c_2 \operatorname{sen}(\beta \ln x)].$$

Dizemos que $x = 0$ é um **ponto ordinário** da equação diferencial linear de segunda ordem $a_2(x)y'' + a_1(x)y' + a_0(x)y = 0$ quando $a_2(0) \neq 0$ e $a_2(x)$, $a_1(x)$ e $a_0(x)$ forem polinômios sem fatores comuns. Toda solução tem a forma de uma série de potências em x, $y = \sum_{n=0}^{\infty} c_nx^n$. Para encontrar os coeficientes c_n, substituímos a solução formal em série na equação diferencial e, depois de manipulações algébricas apropriadas, determinamos uma **relação de recorrência** igualando a zero o coeficiente de x^k. A iteração da relação de recorrência proporciona dois conjuntos distintos de coeficientes, um conjunto contendo o coeficiente arbitrário c_0 e o outro contendo c_1. Usando cada conjunto de coeficientes, formamos duas soluções linearmente independentes $y_1(x)$ e $y_2(x)$. Uma solução é válida pelo menos em um intervalo definido por $|x| < R$, em que R é a distância da origem ao ponto singular mais próximo da equação. Se $a_2(0) = 0$, então $x = 0$ é um **ponto singular**. Os pontos singulares são classificados em **regulares** e **irregulares**. Para determinar se $x = 0$ é um ponto singular regular, examinamos os denominadores das funções racionais P e Q que resultam quando a equação é colocada na forma $y'' + P(x)y' + Q(x)y = 0$. Sempre supomos $a_1(x)/a_2(x)$ e $a_0(x)/a_2(x)$ na forma reduzida. Se x aparece no denominador de $P(x)$ com expoente menor ou igual a 1 e no denominador de $Q(x)$ com expoente menor ou igual a 2, então $x = 0$ é um ponto singular regular. Em torno do ponto singular regular $x = 0$, o **método de Frobenius** garante que existe *pelo menos uma* solução serial $y = \sum_{n=0}^{\infty} c_nx^{n+r}$. O expoente r é uma raiz de uma **equação indicial** quadrática. Quando as raízes indiciais r_1 e $r_2 (r_1 > r_2)$ satisfazem $r_1 - r_2 \neq$ um inteiro, então podemos sempre encontrar *duas* soluções seriais linearmente independentes. Quando $r_1 - r_2$ = um inteiro, então podemos *ou não* encontrar duas soluções, mas quando $r_1 = r_2$, podemos encontrar somente uma solução serial $y = \Sigma_{n=0}^{\infty} c_n x^{n+r}$.

A **equação de Bessel** $x^2y'' + xy' + (x^2 - \nu^2)y = 0$apresenta uma singularidade regular em $x = 0$, que por sua vez é um ponto ordinário da **equação de Legendre**. Essa última equação possui uma solução polinomial quando n é um inteiro não-negativo.

Capítulo 6 *EXERCÍCIOS DE REVISÃO*

As respostas dos exercícios selecionados estão nas páginas 460 e 461 .

Nos Problemas 1-4, resolva a equação de Cauchy-Euler dada.

1. $6x^2y'' + 5xy' - y = 0$

2. $2x^3y''' + 19x^2y'' + 39xy' + 9y = 0$

3. $x^2y'' - 4xy' + 6y = 2x^4 + x^2$

4. $x^2y'' - xy' + y = x^3$

5. Especifique os pontos ordinários de $(x^3 - 8)y'' - 2xy' + y = 0$.

6. Especifique os pontos singulares de $(x^4 - 16)y'' + 2y = 0$.

Nos Problemas 7-10, especifique as singularidades regulares e irregulares da equação diferencial dada.

7. $(x^3 - 10x^2 + 25x)y'' + y' = 0$

8. $(x^3 - 10x^2 + 25x)y'' + y = 0$

9. $x^2(x^2 - 9)^2y'' - (x^2 - 9)y' + xy = 0$

10. $x(x^2 + 1)^3y'' + y' - 8xy = 0$

Nos Problemas 11 e 12, especifique um intervalo em torno de $x = 0$ para o qual uma solução em série de potências da equação diferencial dada convergirá.

11. $y'' - xy' + 6y = 0$

12. $(x^2 - 4)y'' - 2xy' + 9y = 0$

Nos Problemas 13-16, para cada equação diferencial, encontre duas soluções em série de potências em torno do ponto ordinário $x = 0$.

13. $y'' + xy = 0$

14. $y'' - 4y = 0$

15. $(x - 1)y'' + 3y = 0$

16. $y'' - x^2y' + xy = 0$

Nos Problemas 17-22, encontre duas soluções linearmente independentes para cada equação.

17. $2x^2y'' \; xy' - (x + 1)y = 0$

18. $2xy'' + y' + y = 0$

19. $x(1 - x)y'' - 2y' + y = 0$

20. $x^2y'' - xy' + (x^2 + 1)y = 0$

21. $xy'' - (2x - 1)y' + (x - 1)y = 0$

22. $x^2y'' - x^2y' + (x^2 - 2)y = 0$

23. Sem consultar a Seção 6.5, use o método de Frobenius para obter uma solução para a equação de Bessel $xy'' + y' + xy = 0$.

Capítulo 7

TRANSFORMADA DE LAPLACE

Conceitos Importantes

Operação linear
Transformada de Laplace
Transformada linear
Continuidade por partes
Ordem exponencial
Transformada de Laplace inversa
Primeiro teorema de translação
Função degrau unitária
Segundo teorema de translação
Convolução
Teorema da convolução
Equação integral de Volterra
Equação íntegro-diferencial
Impulso unitário
Função delta de Dirac

Neste capítulo, estudaremos a definição e as propriedades de uma integral conhecida como **transformada de Laplace**.

Veremos na Seção 7.5 que, quando a transformada de Laplace é aplicada a uma equação diferencial linear de ordem n com coeficientes constantes

$$a_n \frac{d^n y}{dy^n} + a_{n-1} \frac{d^{n-1} y}{dt^{n-1}} + \dots + a_1 \frac{dy}{dt} + a_0 y = g(t),$$

a equação diferencial é transformada em uma *equação algébrica* que envolve as condições iniciais $y(0)$, $y'(0)$, $y''(0)$, ..., $y^{(n-1)}(0)$. Como conseqüência dessa propriedade, a transformada de Laplace é muito conveniente para encontrarmos a solução para certos tipos de problemas de valor inicial.

Lembre-se de que, em sistemas físicos tais como um sistema massa-mola ou um circuito elétrico em série, o lado direito das equações

$$m \frac{d^2x}{dt^2} + \beta \frac{dx}{dt} + kx = f(t)$$

$$L \frac{d^2q}{dt^2} + R \frac{dq}{dt} + \frac{1}{C} q = E(t)$$

Continua

Continuação

são funções que representam uma força externa $f(t)$ ou uma voltagem impressa $E(t)$. No Capítulo 5, resolvemos problemas nos quais as funções f e E eram contínuas. Porém, funções contínuas por partes não são incomuns. Por exemplo, a voltagem impressa em um circuito pode ser

ou

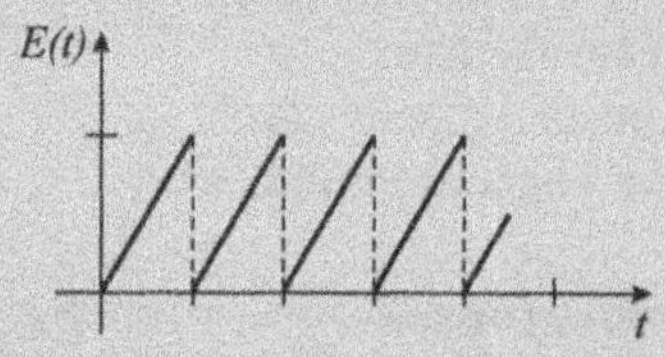

Nesse caso, resolver a equação diferencial do circuito é difícil, mas não impossível. A transformada de Laplace fornece uma ajuda inestimável na resolução de problemas como esses.

7.1 TRANSFORMADA DE LAPLACE

Em cálculo, você aprendeu que derivação e integração transformam uma função em outra. Por exemplo, a função $f(x) = x^2$ é transformada em uma função linear, em uma família de polinômios cúbicos e em uma constante através das operações de derivação, integração indefinida e integração definida:

$$\frac{d}{dx}x^2 = 2x, \qquad \int x^2\,dx = \frac{x^3}{3} + c, \qquad \int_0^3 x^2\,dx = 9.$$

Ainda, essas três operações possuem a **propriedade de linearidade**. Isso significa que, para quaisquer constantes α e β,

$$\frac{d}{dx}[\alpha f(x) + \beta g(x)] = \alpha \frac{d}{dx} f(x) + \beta \frac{d}{dx} g(x)$$

$$\int [\alpha f(x) + \beta g(x)]\, dx = \alpha \int f(x)\, dx + \beta \int g(x)\, dx \tag{1}$$

$$\int_a^b [\alpha f(x) + \beta g(x)]\, dx = \alpha \int_a^b f(x)\, dx + \beta \int_a^b g(x)\, dx$$

desde que existam as derivadas e as integrais.

Se $f(x, y)$ for uma função de duas variáveis, então uma integral definida de f em relação a uma das variáveis define uma função na outra variável. Por exemplo, temos que $\int_1^2 2xy^2\, dx = 3y^2$, em que y foi considerada como constante no processo de integração. Analogamente, uma integral definida tal como $\int_a^b K(s, t)f(t)\, dt$ transforma uma função $f(t)$ em uma função da variável s. Estamos particularmente interessados em **transformadas integrais** desse último tipo, no qual o intervalo de integração é $[0, \infty)$.

Definição Básica

Se $f(t)$ estiver definida para $t \geq 0$, então a integral imprópria

$$\int_0^\infty K(s, t) f(t)\, dt$$

é definida por um limite

$$\int_0^\infty K(s, t) f(t)\, dt = \lim_{b \to \infty} \int_0^b K(s, t) f(t)\, dt.$$

Se esse limite existe, dizemos que a integral existe ou é convergente; se o limite não existe, dizemos que a integral não existe ou é divergente. O limite em questão existirá somente para certos valores da variável s. A escolha $k(s, t) = e^{-st}$ fornece uma transformada integral especialmente importante.

DEFINIÇÃO 7.1 Transformada de Laplace

Seja f uma função definida por $t \geq 0$, Então a integral

$$\mathscr{L}\{f(t)\} = \int_0^\infty e^{-st} f(t)\, dt \tag{2}$$

é chamada de **transformada de Laplace*** de f, desde que a integral convirja.

Quando a integral imprópria (2) converge, o resultado é uma função de s. Na discussão geral, utilizaremos letras minúsculas para denotar a função a ser transformada e a letra maiúscula correspondente servem para denotar sua transformada de Laplace; por exemplo,

$$\mathscr{L}\{f(t)\} = F(s), \quad \mathscr{L}\{g(t)\} = G(s), \quad \mathscr{L}\{y(t)\} = Y(s).$$

EXEMPLO 1

Calcule $\mathscr{L}\{1\}$.

Solução

$$\mathscr{L}\{1\} = \int_0^\infty e^{-st}(1)\, dt = \lim_{b \to \infty} \int_0^b e^{-st}\, dt$$

$$= \lim_{b \to \infty} \left. \frac{-e^{-st}}{s} \right|_0^b = \lim_{b \to \infty} \frac{-e^{-sb} + 1}{s}$$

$$= \frac{1}{s}$$

desde que $s > 0$. Em outras palavras, quando $s > 0$, o expoente $-sb$ é negativo e $e^{-sb} \to 0$ quando $b \to \infty$. Quando $s < 0$, a integral é divergente. ■

O uso da notação de limite torna-se um pouco enfadonho, por isso adotaremos a notação $|_0^\infty$ como abreviação de $\lim_{b \to \infty} (\ )|_0^b$. Por exemplo,

* **Pierre Simon Marquis de Laplace** (1749-1827) Um notório matemático, físico e astrônomo, Laplace foi chamado por alguns de seus contemporâneos de "o Newton da França". Embora Laplace tenha usado a transformada integral (2) em seu trabalho sobre teoria das probabilidades, é mais provável que a integral tenha sido descoberta por Euler. Publicações importantes de Laplace foram os tratados *Mécanique Céleste* e *Théorie Analytique des Probabilités*. Nascido de uma família pobre, Laplace se tornou amigo de Napoleão, mas foi elevado à aristocracia por Luís XVIII após a Restauração.

$$\mathscr{L}\{1\} = \int_0^{\infty} e^{-st}\,dt = \left.\frac{-e^{-st}}{s}\right|_0^{\infty} = \frac{1}{s}, \qquad s > 0$$

ficando subtendido que no limite superior $e^{-st} \to 0$ quando $t \to \infty$ para $s > 0$.

$\mathscr{L}$, uma Transformada Linear

Para uma soma de funções, podemos escrever

$$\int_0^{\infty} e^{-st}[\alpha f(t) + \beta g(t)]\,dt = \alpha \int_0^{\infty} e^{-st} f(t)\,dt + \beta \int_0^{\infty} e^{-st} g(t)\,dt,$$

quando ambas as integrais convergem. Segue-se então que

$$\begin{aligned} \mathscr{L}\{\alpha f(t) + \beta g(t)\} &= \alpha \mathscr{L}\{f(t)\} + \beta \mathscr{L}\{g(t)\} \\ &= \alpha F(s) + \beta G(s). \end{aligned} \tag{3}$$

Por causa da propriedade dada em (3), $\mathscr{L}$ é uma **transformada linear**, ou **operador linear**.

Condições Suficientes para a Existência de $\mathscr{L}\{f(t)\}$

A integral que define a transformada de Laplace não converge necessariamente. Por exemplo, nem $\mathscr{L}\{1/t\}$, nem $\mathscr{L}\{e^{t^2}\}$ existem. As seguintes condições garantem a existência da transformada: f é contínua por partes em $[0, \infty)$ e f é de ordem exponencial para $t > T$. Lembre-se de que uma função f é **contínua por partes** em $[0, \infty)$ se, em qualquer intervalo $0 \leq a \leq t \leq b$, há apenas um número finito de descontinuidade e toda descontinuidade é de primeira espécie, ou seja, existem os limites laterais. Veja a Figura 7.1. O conceito de **ordem exponencial** é definido da seguinte maneira.

DEFINIÇÃO 7.2 Ordem Exponencial

Dizemos que uma função é de **ordem exponencial** se existem números c, $M > 0$ e $T > 0$ tais que $|f(t)| \leq Me^{ct}$ para todo $t > T$.

Se, por exemplo, f for uma funcão *crescente*, então a condição acima simplesmente diz que o gráfico de f no intervalo (T, ∞) não cresce mais rapidamente que o gráfico da função exponencial Me^{ct}, em que c é uma constante positiva. Veja a Figura 7.2. As funções $f(t) = t$, $f(t) = e^{-t}$ e $f(t) = 2\cos t$ são todas de ordem exponencial para $t > 0$, pois temos, respectivamente,

$$|t| \leq e^t, \qquad |e^{-t}| \leq e^t, \qquad |2\cos t| \leq 2e^t.$$

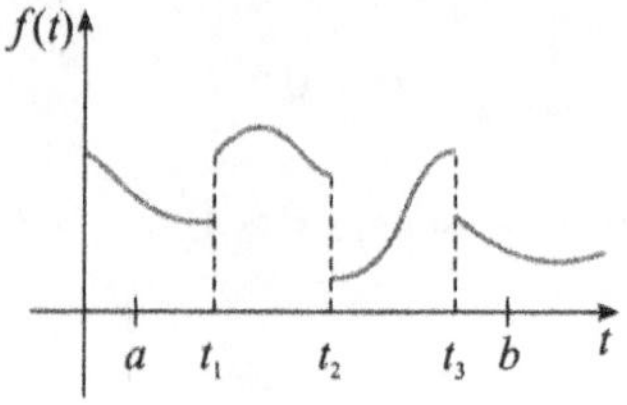

Figura 7.1

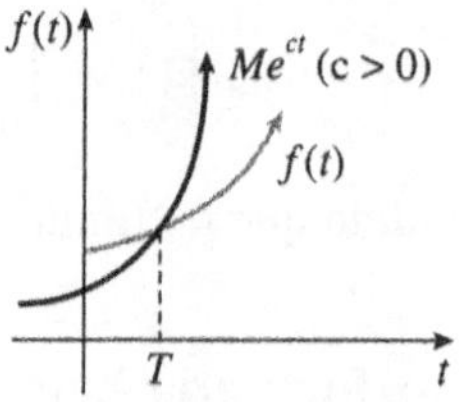

Figura 7.2

Uma comparação dos gráficos no intervalo (0, ∞) é feita na Figura 7.3

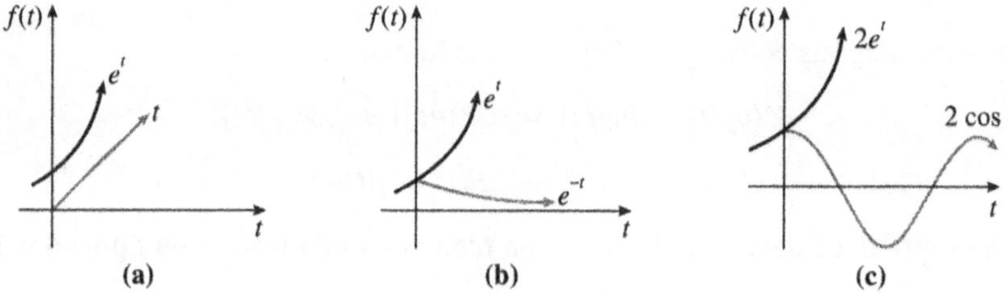

Figura 7.3

Uma função tal como $f(t) = e^{t^2}$ não é de ordem exponencial, pois, como mostrado na Figura 7.4, seu gráfico cresce mais rapidamente do que qualquer potência linear de e.

Todo polinômio é de ordem exponencial visto que, para $c > 0$,

$$|t^n| \leq Me^{ct} \quad \text{ou} \quad \left|\frac{t^n}{e^{ct}}\right| \leq M \quad \text{para } t > T$$

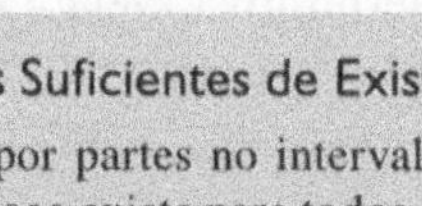

Figura 7.4

TEOREMA 7.1 Condições Suficientes de Existência

Seja $f(t)$ uma função contínua por partes no intervalo $[0, \infty)$ e de ordem exponencial para $t > T$; então, sua transformada de Laplace existe para todos $s > c$.

Prova

$$\mathscr{L}\{f(t)\} = \int_0^\infty e^{-st} f(t)\,dt$$

$$= \int_0^T e^{-st} f(t)\,dt + \int_T^\infty e^{-st} f(t)\,dt = I_1 + I_2.$$

A integral I_1 existe porque pode ser escrita como uma soma de integrais em intervalos nos quais $e^{-st} f(t)$ é contínua. Agora,

$$|I_2| \le \int_T^\infty |e^{-st} f(t)|\,dt \le M \int_T^\infty e^{-st} e^{ct}\,dt$$

$$= M \int_T^\infty e^{-(s-c)t}\,dt = -M \left. \frac{-e^{-(s+c)t}}{s-c} \right|_T^\infty$$

$$= M \frac{e^{-(s-c)T}}{s-c} \qquad \text{para } s > c.$$

Isso implica que a integral I_2 converge para todo $s > c$. Logo, a transformada existe para todo $s > c$. □

Neste capítulo, trabalharemos somente com funções de ordem exponencial e contínuas por partes. Observamos porém que essas condições são suficientes, mas não necessárias, para a existência da transformada. A função $f(t) = t^{-1/2}$ não é contínua por partes no intervalo $[0, \infty)$, mas sua transformada de Laplace existe. Veja o Problema 44.

EXEMPLO 2

Calcule $\mathscr{L}\{t\}$.

Solução Pela Definição 7.1, temos

$$\mathscr{L}\{t\} = \int_0^\infty e^{-st}\, t\,dt.$$

Integrando por partes e usando o fato de que $\lim_{t \to \infty} te^{-st} = 0$, $s > 0$, juntamente com o resultado do Exemplo 1, obtemos

$$\mathscr{L}\{t\} = \left. \frac{-te^{-st}}{s} \right|_0^\infty + \frac{1}{s} \int_0^\infty e^{-st}\,dt = \frac{1}{s}\, \mathscr{L}\{1\} = \frac{1}{s}\left(\frac{1}{s}\right) = \frac{1}{s^2}.$$ ■

EXEMPLO 3

Calcule $\mathscr{L}\{e^{-3t}\}$.

Solução Pela definição 7.1, temos

$$\mathscr{L}\{e^{-3t}\} = \int_0^\infty e^{-st}e^{-3t}\,dt$$

$$= \int_0^\infty e^{-(s+3)t}\,dt$$

$$= \left.\frac{-e^{-(s+3)t}}{s+3}\right|_0^\infty$$

$$= \frac{1}{s+3}, \qquad s > -3.$$

O resultado segue-se do fato de que $\lim_{t\to\infty} e^{-(s+3)t} = 0$ para $s + 3 > 0$ ou $s > -3$. ■

EXEMPLO 4

Calcule $\mathscr{L}\{\text{sen } 2t\}$.

Solução Pela Definição 7.1 e a integração por partes, temos

$$\mathscr{L}\{\text{sen } 2t\} = \int_0^\infty e^{-st}\,\text{sen } 2t\,dt$$

$$= \left.\frac{-e^{-st}\,\text{sen } 2t}{s}\right|_0^\infty + \frac{2}{s}\int_0^\infty e^{-st}\cos 2t\,dt$$

$$= \frac{2}{s}\int_0^\infty e^{-st}\cos 2t\,dt, \qquad s > 0$$

transformada de Laplace de sen $2t$

$$= \frac{2}{s}\left[\left.\frac{-e^{-st}\cos 2t}{s}\right|_0^\infty - \frac{2}{s}\int_0^\infty e^{-st}\,\text{sen } 2t\,dt\right]$$

$$= \frac{2}{s^2} - \frac{4}{s^2}\,\mathscr{L}\{\text{sen } 2t\},$$

$\lim_{b\to\infty} e^{-st}\cos 2t = 0,\ s > 0$

Agora calculamos $\mathscr{L}\{\text{sen } 2t\}$:

$$\left[1 + \frac{4}{s^2}\right] \mathscr{L}\{\text{sen } 2t\} = \frac{2}{s^2}$$

$$\mathscr{L}\{\text{sen } 2t\} = \frac{2}{s^2 + 4}, \qquad s > 0.$$

■

EXEMPLO 5

Calcule $\mathscr{L}\{3t - 5 \text{ sen } 2t\}$.

Solução Pelos Exemplos 2 e 4 e pela propriedade de linearidade da transformada de Laplace, podemos escrever

$$\begin{aligned} \mathscr{L}\{3t - 5 \text{ sen } 2t\} &= 3\mathscr{L}\{t\} - 5\mathscr{L}\{\text{sen } 2t\} \\ &= 3 \times \frac{1}{s^2} - 5 \times \frac{2}{s^2 + 4} \\ &= \frac{-7s^2 + 12}{s^2(s^2 + 4)}, \qquad s > 0. \end{aligned}$$

■

EXEMPLO 6

Calcule **(a)** $\mathscr{L}\{te^{-2t}\}$ e **(b)** $\mathscr{L}\{t^2 e^{-2t}\}$.

Solução (a) Pela Definição 7.1 e integração por partes, temos

$$\begin{aligned} \mathscr{L}\{te^{-2t}\} &= \int_0^\infty e^{-st}(te^{-2t})\, dt \\ &= \int_0^\infty te^{-(s+2)t}\, dt \\ &= \left.\frac{-te^{-(s+2)t}}{s+2}\right|_0^\infty + \frac{1}{s+2}\int_0^\infty e^{-(s+2)t}\, dt \\ &= \left.\frac{-e^{-(s+2)t}}{(s+2)^2}\right|_0^\infty, \qquad s > -2 \\ &= \frac{1}{(s+2)^2}, \qquad s > -2. \end{aligned}$$

(b) Novamente, a integração por partes implica

$$\mathscr{L}\{t^2e^{-2t}\} = \left.\frac{-t^2e^{-(s+2)t}}{s+2}\right|_0^{\infty} + \frac{2}{s+2}\int_0^{\infty} te^{-(s+2)t}\,dt$$

$$= \frac{2}{s+2}\int_0^{\infty} e^{-st}(te^{-2t})\,dt, \qquad s > -2$$

$$= \frac{2}{s+2}\,\mathscr{L}\{te^{-2t}\} = \frac{2}{s+2}\left[\frac{1}{(s+2)^2}\right] \qquad \Leftarrow \text{pela parte (a)}$$

$$= \frac{2}{(s+2)^3}, \qquad s > -2. \qquad \blacksquare$$

EXEMPLO 7

Calcule $\mathscr{L}\{f(t)\}$ para

$$f(t) = \begin{cases} 0, & 0 \le t < 3 \\ 2, & t \ge 3. \end{cases}$$

Solução Essa função contínua por partes está representada na Figura 7.5. Como f é definida por duas expressões, sua transformada é expressa como a soma de duas integrais:

$$\mathscr{L}\{f(t)\} = \int_0^{\infty} e^{-st}f(t)\,dt$$

$$= \int_0^{3} e^{-st}f(t)\,dt + \int_3^{\infty} e^{-st}f(t)\,dt$$

$$= \int_0^{3} e^{-st}(0)\,dt + \int_3^{\infty} e^{-st}(2)\,dt$$

$$= -\left.\frac{2e^{-st}}{s}\right|_3^{\infty}$$

$$= \frac{2e^{-3s}}{s}, \qquad s > 0. \qquad \blacksquare$$

Enunciamos a generalização de alguns dos exemplos acima nos próximos teoremas. Daqui para frente, não faremos mais referência às restrições de s; fica entendido que s pertence a um intervalo que garante a convergência da transformada de Laplace apropriada.

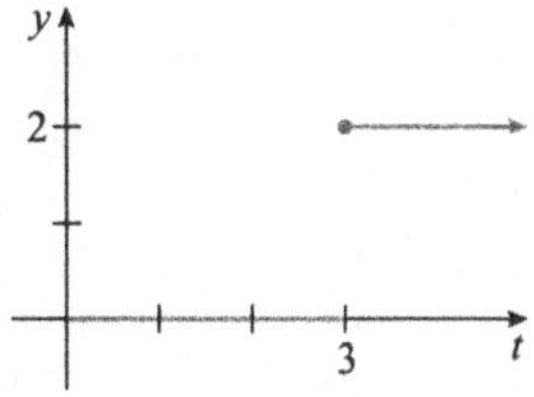

Figura 7.5

TEOREMA 7.2 Transformadas de Algumas Funções Básicas

(a) $\mathscr{L}\{1\} = \dfrac{1}{s}$

(b) $\mathscr{L}\{t^n\} = \dfrac{n!}{s^{n+1}}, \qquad n = 1, 2, 3, \ldots$

(c) $\mathscr{L}\{e^{at}\} = \dfrac{1}{s-a}$

(d) $\mathscr{L}\{\text{sen } kt\} = \dfrac{k}{s^2 + k^2}$

(e) $\mathscr{L}\{\cos kt\} = \dfrac{s}{s^2 + k^2}$

(f) $\mathscr{L}\{\text{senh } kt\} = \dfrac{k}{s^2 - k^2}$

(g) $\mathscr{L}\{\cosh kt\} = \dfrac{s}{s^2 - k^2}$

A parte (b) do Teorema 7.2 pode ser justificada da seguinte maneira: integração por partes proporciona

$$\begin{aligned}\mathscr{L}\{t^n\} &= \int_0^\infty e^{-st}t^n\,dt \\ &= -\frac{1}{s}e^{-st}t^n\Big|_0^\infty + \frac{n}{s}\int_0^\infty e^{-st}t^{n-1}dt \\ &= \frac{n}{s}\int_0^\infty e^{-st}t^{n-1}\,dt\end{aligned}$$

ou $$\mathscr{L}\{t^n\} = \frac{n}{s}\mathscr{L}\{t^{n-1}\}, \qquad n = 1, 2, 3, \ldots$$

Agora, $\mathscr{L}\{1\} = 1/s$, assim, por iteração, segue-se que

$$\mathscr{L}\{t\} = \frac{1}{s}\mathscr{L}\{1\} = \frac{2}{s^2}$$

$$\mathscr{L}\{t^2\} = \frac{2}{s}\mathscr{L}\{t\} = \frac{2}{s}\left(\frac{1}{s^2}\right) = \frac{2!}{s^3}$$

$$\mathscr{L}\{t^3\} = \frac{3}{s}\mathscr{L}\{t^2\} = \frac{3}{s}\left(\frac{1}{s^3}\right) = \frac{3!}{s^4}.$$

Embora uma prova rigorosa requeira indução matemática, parece razoável concluir, a partir desses resultados, a fórmula geral

$$\mathscr{L}\{t^n\} = \frac{n}{s}\mathscr{L}\{t^{n-1}\} = \frac{n}{s}\left[\frac{(n-1)!}{s^n}\right] = \frac{n!}{s^{n+1}}.$$

As justificativas para as partes (f) e (g) do Teorema 7.2 serão deixadas para você. Veja os Problemas 33 e 34.

EXEMPLO 8

Calcule $\mathscr{L}\{\text{sen}^2 t\}$.

Solução Com a ajuda de uma identidade trigonométrica, linearidade e das partes (a) e (e) do Teorema 7.2, obtemos

$$\mathscr{L}\{\text{sen}^2 t\} = \mathscr{L}\left\{\frac{1 - \cos 2t}{2}\right\} = \frac{1}{2}\mathscr{L}\{1\} - \frac{1}{2}\mathscr{L}\{\cos 2t\}$$

$$= \frac{1}{2} \times \frac{1}{s} - \frac{1}{2} \times \frac{s}{s^2 + 4}$$

$$= \frac{2}{s(s^2 + 4)}. \qquad \blacksquare$$

7.1 EXERCÍCIOS

As respostas dos exercícios selecionados estão nas páginas 460 e 461.

Nos Problemas 1-18, use a Definição 7.1 para calcular $\mathscr{L}\{f(t)\}$.

1. $f(t) = \begin{cases} -1, & 0 \le t < 1 \\ 1, & t \ge 1 \end{cases}$

2. $f(t) = \begin{cases} 4, & 0 \le t < 2 \\ 0, & t \ge 2 \end{cases}$

3. $f(t) = \begin{cases} t, & 0 \le t < 1 \\ 1, & t \ge 1 \end{cases}$

4. $f(t) = \begin{cases} 2t + 1, & 0 \le t < 1 \\ 0, & t \ge 1 \end{cases}$

5. $f(t) = \begin{cases} \operatorname{sen} t, & 0 \le t < \pi \\ 0, & t \ge \pi \end{cases}$

6. $f(t) = \begin{cases} 0, & 0 \le t < \pi/2 \\ \cos t, & t \ge \pi/2 \end{cases}$

7.

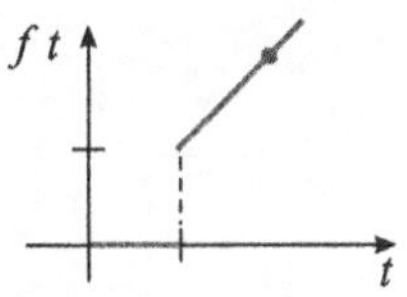

Figura 7.6

8.

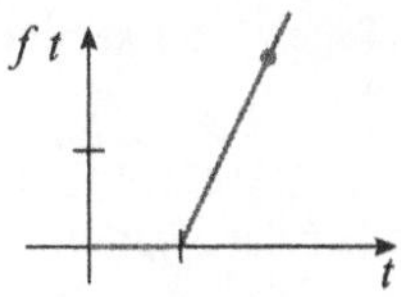

Figura 7.7

9.

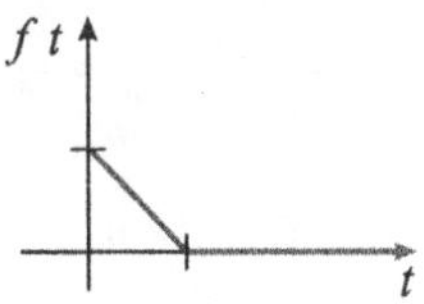

Figura 7.8

10.

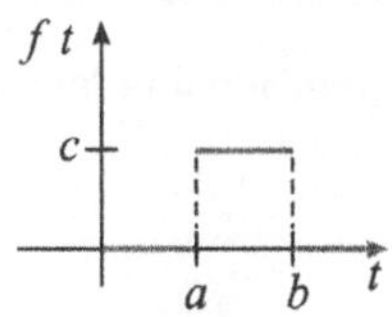

Figura 7.9

11. $f(t) = e^{t+7}$

12. $f(t) = e^{-2t-5}$

13. $f(t) = te^{4t}$

14. $f(t) = t^2 e^{3t}$

15. $f(t) = e^{-t} \operatorname{sen} t$

16. $f(t) = e^{t} \cos t$

17. $f(t) = t \cos t$

18. $f(t) = t \operatorname{sen} t$

Nos Problemas 19-42, use o Teorema 7.2 para calcular $\mathscr{L}\{f(t)\}$.

19. $f(t) = 2t^4$

20. $f(t) = t^5$

21. $f(t) = 4t - 10$

22. $f(t) = 7t + 3$

23. $f(t) = t^2 + 6t - 3$

24. $f(t) = -4t^2 + 16t + 9$

25. $f(t) = (t + 1)^3$

26. $f(t) = (2t - 1)^3$

27. $f(t) = 1 + e^{4t}$

28. $f(t) = t^2 - e^{-9t} + 5$

29. $f(t) = (1 + e^{2t})^2$

30. $f(t) = (e^{t} - e^{-t})^2$

31. $f(t) = 4t^2 - 5 \operatorname{sen} 3t$

32. $f(t) = \cos 5t + \operatorname{sen} 2t$

33. $f(t) = \operatorname{senh} kt$

34. $f(t) = \cosh kt$

35. $f(t) = e^t \operatorname{senh} t$

36. $f(t) = e^{-t} \cosh t$

37. $f(t) = \operatorname{sen} 2t \cos 2t$

38. $f(t) = \cos^2 t$

39. $f(t) = \cos t \cos 2t$ [*Sugestão*: Examine $\cos(t_1 \pm t_2)$.]

40. $f(t) = \operatorname{sen} t \operatorname{sen} 2t$

41. $f(t) = \operatorname{sen} t \cos 2t$ [*Sugestão*: Examine $\operatorname{sen}(t_1 \pm t_2)$.]

42. $f(t) = \operatorname{sen}^3 t$ [*Sugestão*: $\operatorname{sen}^3 t = \operatorname{sen} t \operatorname{sen}^2 t$.]

43. A **função gama** é definida pela integral

$$\gamma(\alpha) = \int_0^\infty t^{\alpha - 1} e^{-t}\, dt, \qquad \alpha > 0.$$

Veja o Apêndice I. Mostre que $\mathscr{L}\{t^\alpha\} = \dfrac{\gamma(\alpha + 1)}{s^{\alpha + 1}}$, $\alpha > -1$.

Nos Problemas 44-46, use o resultado do Problema 43 para calcular $\mathscr{L}\{f(t)\}$.

44. $f(t) = t^{-1/2}$

45. $f(t) = t^{1/2}$

46. $f(t) = t^{3/2}$

47. Mostre que a função $f(t) = 1/t^2$ não possui transformada de Laplace.

[Sugetão: $\mathscr{L}\{f(t)\} = \int_0^1 e^{-st} f(t)\, dt + \int_1^\infty e^{-st} f(t)\, dt$. Use a definição de integral imprópria para mostrar que $\int_0^1 e^{-st} f(t)\, dt$ não existe.]

48. Mostre que, se as funções f e g forem de ordem exponencial para $t > T$, então o produto fg também será de ordem exponencial para $t > T$.

7.2 TRANSFORMADA INVERSA

Na seção precedente, estávamos trabalhando com o problema de encontrar a transformada de uma da função, isto é, transformar uma função $f(t)$ em outra função $F(s)$ por meio da integral. Denotamos isso simbolicamente por $\mathscr{L}\{f(t)\} = F(s)$. Agora, trabalharemos com o problema inverso, ou seja, dada uma função $F(s)$, tentaremos encontrar uma função $f(t)$ cuja transformada de Laplace seja $F(s)$. Dizemos então que $f(t)$ é a **transformada de Laplace inversa** de $F(s)$ e escrevemos

$$f(t) = \mathscr{L}^{-1}\{F(s)\}.$$

O análogo do Teorema 7.2 para a transformada inversa é o seguinte:

TEOREMA 7.3 Algumas Transformadas Inversas

(a) $d1 = \mathscr{L}^{-1}\left\{\frac{1}{s}\right\}$

(b) $t^n = \mathscr{L}^{-1}\left\{\frac{n!}{s^{n+1}}\right\}, \qquad n = 1, 2, 3, \ldots$

(c) $e^{at} = \mathscr{L}^{-1}\left\{\frac{1}{s-a}\right\}$

(d) $\text{sen } kt = \mathscr{L}^{-1}\left\{\frac{k}{s^2+k^2}\right\}$

(e) $\cos kt = \mathscr{L}^{-1}\left\{\frac{s}{s^2+k^2}\right\}0$

(f) $\text{senh } kt = \mathscr{L}^{-1}\left\{\frac{k}{s^2-k^2}\right\}$

(g) $\cosh kt = \mathscr{L}^{-1}\left\{\frac{s}{s^{2sup}+k^2}\right\}$

$\mathscr{L}^{-1}$, uma Transformada Linear

A transformada de Laplace inversa é uma transformada linear;* isto é, para constantes α e β,

$$\mathscr{L}^{-1}\{\alpha F(s) + \beta G(s)\} = \alpha\mathscr{L}^{-1}\{F(s)\} + \beta\mathscr{L}^{-1}\{G(s)\},$$

em que F e G são as transformadas de algumas funções f e g.

A transformada de Laplace inversa de uma função $F(s)$ pode não ser única. Veja os Problemas 35 e 36. Para nossos propósitos, isso não é tão ruim quanto parece. Se f_1 e f_2 são contínuas por partes em $[0, \infty)$ e de ordem exponencial, então, se $\mathscr{L}\{f_1(t)\} = \mathscr{L}\{f_2(t)\}$, pode-se mostrar que f_1 e f_2 são essencialmente iguais; isto é, elas podem ser diferentes somente nos pontos de descontinuidade.

* A transformada de Laplace inversa é na verdade uma outra integral. Porém, o cálculo dessas integrais demanda o uso de variáveis complexas, o que está além do escopo deste texto.

EXEMPLO 1

$$\text{Calcule} \quad \mathscr{L}^{-1}\left\{\frac{1}{s^5}\right\}.$$

Solução Para usarmos a parte (b) do Teorema 7.3, verificamos que $n = 4$ e então multiplicamos e dividimos por 4!. Segue-se que

$$\mathscr{L}^{-1}\left\{\frac{1}{s^5}\right\} = \frac{1}{4!}\mathscr{L}^{-1}\left\{\frac{4!}{s^5}\right\} = \frac{1}{24}t^4.$$ ■

EXEMPLO 2

$$\text{Calcule} \quad \mathscr{L}^{-1}\left\{\frac{1}{s^2 + 64}\right\}.$$

Solução Ao verificar que $k^2 = 64$, multiplicamos e dividimos por 8 e usamos a parte (d) do Teorema 7.3:

$$\mathscr{L}^{-1}\left\{\frac{1}{s^2 + 64}\right\} = \frac{1}{8}\mathscr{L}^{-1}\left\{\frac{8}{s^2 + 64}\right\} = \frac{1}{8}\,\text{sen}\,8t.$$ ■

EXEMPLO 3

$$\text{Calcule} \quad \mathscr{L}^{-1}\left\{\frac{3s + 5}{s^2 + 7}\right\}.$$

Solução Essa fração pode ser escrita como uma soma de duas frações

$$\frac{3s + 5}{s^2 + 7} = \frac{3s}{s^2 + 7} + \frac{5}{s^2 + 7}.$$

Pela linearidade da transformada inversa e por (e) e (d) do Teorema 7.3, temos

$$\begin{aligned}\mathscr{L}^{-1}\left\{\frac{3s + 5}{s^2 + 7}\right\} &= 3\mathscr{L}^{-1}\left\{\frac{s}{s^2 + 7}\right\} + \frac{5}{\sqrt{7}}\mathscr{L}^{-1}\left\{\frac{\sqrt{7}}{s^2 + 7}\right\} \\ &= 3\cos\sqrt{7}\,t + \frac{5}{\sqrt{7}}\,\text{sen}\,\sqrt{7}\,t.\end{aligned}$$ ■

Frações Parciais

O uso de **frações parciais** é muito importante para encontrar a transformada de Laplace inversa. Faremos aqui uma revisão de três casos básicos dessa teoria. Por exemplo, os denominadores de

(i) $F(s) = \dfrac{1}{(s-1)(s+2)(s+4)}$ (ii) $F(s) = \dfrac{s+1}{s^2(s+2)3}$ (iii) $F(s) = \dfrac{3s-2}{s^3(s^2+4)}$

contêm, respectivamente, somente fatores lineares distintos, fatores lineares repetidos e um fator quadrático irredutível.*

EXEMPLO 4

Calcule $$\mathscr{L}^{-1}\left\{\frac{1}{(s-1)(s+2)(s+4)}\right\}.$$

Solução Existem únicas constantes A, B e C tais que

$$\frac{1}{(s-1)(s+2)(s+4)} = \frac{A}{s-1} + \frac{B}{s+2} + \frac{C}{s+4}$$

$$= \frac{A(s+2)(s+4) + B(s-1)(s+4) + C(s-1)(s+2)}{(s-1)(s+2)(s+4)}.$$

Como os denominadores são idênticos, os numeradores são idênticos:

$$1 = A(s+2)(s+4) + B(s-1)(s+4) + C(s-1)(s+2).$$

Comparando os coeficientes das potências de s em ambos os lados da igualdade, sabemos que essa última equação é equivalente a um sistema de três equações e três incógnitas A, B e C. Porém, podemos determinar essas incógnitas através de substituições. Colocando $s = 1$, $s = -2$ e $s = -4$, os zeros do denominador $(s-1)(s+2)(s+4)$, obtemos

$$1 = A(3)(5), \qquad A = 1/15,$$
$$1 = B(-3)(2), \qquad B = -1/6,$$
$$1 = C(-5)(-2), \qquad C = 1/10.$$

Então, podemos escrever

$$\frac{1}{(s-1)(s+2)(s+4)} = \frac{1/15}{s-1} - \frac{1/6}{s+2} + \frac{1/10}{s+4}$$

e assim, pela parte (c) do Teorema 7.3,

$$\mathscr{L}^{-1}\left\{\frac{1}{(s-1)(s+2)(s+4)}\right\} = \frac{1}{15}\mathscr{L}^{-1}\left\{\frac{1}{s-1}\right\} - \frac{1}{6}\mathscr{L}^{-1}\left\{\frac{1}{s+2}\right\} + \frac{1}{10}\mathscr{L}^{-1}\left\{\frac{1}{s+4}\right\}$$

* *Irredutível* significa que o fator quadrático não possui raízes reais.

$$= \frac{1}{15}e^{t} - \frac{1}{6}e^{-2t} + \frac{1}{10}e^{-4t}.$$ ■

EXEMPLO 5

Calcule
$$\mathscr{L}^{-1}\left\{\frac{s+1}{s^2(s+2)^3}\right\}.$$

Solução Suponha

$$\frac{s+1}{s^2(s+2)^3} = \frac{A}{s} + \frac{B}{s^2} + \frac{C}{s+2} + \frac{D}{(s+2)^2} + \frac{E}{(s+2)^3}$$

assim,

$$s + 1 = As(s+2)^3 + B(s+2)^3 + Cs^2(s+2)^2 + Ds^2(s+2) + Es^2.$$

Fazendo $s = 0$ e $s = -2$, concluímos que $B = 1/8$ e $E = -1/4$, respectivamente. Igualando os coeficientes de s^4, s^3 e s, obtemos

$$0 = A + C$$
$$0 = 6A + B + 4C + D$$
$$1 = 8A + 12B,$$

assim $A = -1/16$, $C = 1/16$ e $D = 0$. Daí, por (a), (b) e (c) do Teorema 7.3,

$$\mathscr{L}^{-1}\left\{\frac{s+1}{s^2(s+2)^3}\right\} = \mathscr{L}^{-1}\left\{-\frac{1/16}{s} + \frac{1/8}{s^2} + \frac{1/16}{s+2} - \frac{1/4}{(s+2)^3}\right\}$$
$$= -\frac{1}{16}\mathscr{L}^{-1}\left\{\frac{1}{s}\right\} + \frac{1}{8}\mathscr{L}^{-1}\left\{\frac{1}{s^2}\right\} + \frac{1}{16}\mathscr{L}^{-1}\left\{\frac{1}{s+2}\right\} - \frac{1}{8}\mathscr{L}^{-1}\left\{\frac{2}{(s+2)^3}\right\}$$
$$= -\frac{1}{16} + \frac{1}{8}t + \frac{1}{16}e^{-2t} - \frac{1}{8}t^2e^{-2t}.$$

Aqui, usamos também o resultado do Exemplo 6 da Seção 7.1. ■

EXEMPLO 6

Calcule
$$\mathscr{L}^{-1}\left\{\frac{3s-2}{s^3(s^2+4)}\right\}.$$

Solução Suponha

$$\frac{3s-2}{s^3(s^2-4)} = \frac{A}{s} + \frac{B}{s^2} + \frac{C}{s^3} + \frac{Ds+E}{s^2+4}$$

assim,

$$3s - 2 = As^2(s^2 + 4) + Bs(s^2 + 4) + C(s^2 + 4) + (Ds + E)s^3.$$

Fazendo $s = 0$, vemos imediatamente que $C = -1/2$. Agora, os coeficientes de s^4, s^3, s^2 e s são, respectivamente,

$$0 = A + D,\ 0 = B + E,\ 0 = 4A + C,\ 3 = 4B,$$

Segue-se então que $B = 3/4$, $E = -3/4$, $A = 1/8$ e $D = -1/8$. Logo, por (a), (b), (e) e (d) do Teorema 7.3, temos

$$\begin{aligned}\mathscr{L}^{-1}\left\{\frac{3s-2}{s^3(s^2+4)}\right\} &= \mathscr{L}^{-1}\left\{\frac{1/8}{s} + \frac{3/4}{s^2} - \frac{1/2}{s^3} + \frac{-s/8 - 3/4}{s^2+4}\right\} \\ &= \frac{1}{8}\mathscr{L}^{-1}\left\{\frac{1}{s}\right\} + \frac{3}{4}\mathscr{L}^{-1}\left\{\frac{1}{s^2}\right\} - \frac{1}{4}\mathscr{L}^{-1}\left\{\frac{2}{s^3}\right\} \\ &\quad - \frac{1}{8}\mathscr{L}^{-1}\left\{\frac{s}{s^2+4}\right\} - \frac{3}{8}\mathscr{L}^{-1}\left\{\frac{2}{s^2+4}\right\} \\ &= \frac{1}{8} + \frac{3}{4}t - \frac{1}{4}t^2 - \frac{1}{8}\cos 2t - \frac{3}{8}\operatorname{sen} 2t.\end{aligned}$$

■

Nem toda função de s é transformada de Laplace de alguma função contínua por partes de ordem exponencial.

TEOREMA 7.4 Comportamento de $F(s)$ quando $s \to \infty$

Seja $f(t)$ contínua por partes em $[0, \infty)$ e de ordem exponencial para $t > T$; então

$$\lim_{s \to \infty} \mathscr{L}^{-1}\{f(t)\} = 0.$$

Prova Como $f(t)$ é contínua por partes em $0 \le t \le T$, ela é necessariamente limitada nesse intervalo:

$$|f(t)| \le M_1 = M_1 e^{0t}.$$

Ainda,

$$|f(t)| \le M_2 e^{\gamma t}$$

para $t > T$. Se M denota o máximo de $\{M_1, M_2\}\}$ e c denota o máximo de $\{0, \gamma\}$, então

$$|\mathscr{L}\{f(t)\}| \le \int_0^\infty e^{-st}|f(t)|\, dt$$

$$= \le M \int_0^\infty e^{-st} \times e^{ct}\, dt$$

$$= -M \left. \frac{e^{-(s-c)t}}{s-c} \right|_0^{\infty} = \frac{M}{s-c}$$

para $s > c$. Como $s \to \infty$, temos $|\mathscr{L}\{f(t)\}| \to 0$ e daí $\mathscr{L}\{f(t)\} \to 0$. □

EXEMPLO 7

As funções $F_1(s) = s^2$ e $F_2(s) = s/(s+1)$ não são transformadas de Laplace de nenhuma função contínua por partes de ordem exponencial, pois

$$F_1(s) \nrightarrow 0 \quad \text{e} \quad F_2(s) \nrightarrow 0$$

quando $s \to \infty$. Dizemos que $\mathscr{L}^{-1}\{F_1(s)\}$ e $\mathscr{L}^{-1}\{F_2(s)\}$ não existem. ■

Observação Há uma outra maneira de determinar os coeficientes em uma decomposição em frações parciais no caso especial quando $\mathscr{L}\{f(t)\} = F(s)$ for um quociente de polinômios $P(s)/Q(s)$ em que $Q(s)$ é um produto de fatores lineares *distintos*:

$$F(s) = \frac{P(s)}{(s-r_1)(s-r_2)\dots(s-r_n)}.$$

Vamos ilustrar isso com um exemplo específico. Da teoria de frações parciais, sabemos que existem únicas constantes A, B e C tais que

$$\frac{s^2+4s-1}{(s-1)(s-2)(s+3)} = \frac{A}{s-1} + \frac{B}{s-2} + \frac{C}{s+3}. \tag{1}$$

Multiplicamos ambos os lados dessa última expressão por, digamos, $s - 1$. Simplificamos e então fazemos $s = 1$. Como os coeficientes de B e C são nulos, obtemos

$$\left. \frac{s^2+4s-1}{(s-2)(s+3)} \right|_{s=1} = A \quad \text{ou} \quad A = -1.$$

Agora, para obter B e C repetimos o processo com os fatores $s - 2$ e $s + 3$, respectivamente:

$$\left. \frac{s^2+4s-1}{(s-1)\boxed{(s-2)}(s+3)} \right|_{s=2} = B \quad \text{ou} \quad B = \frac{11}{5}$$

$$\left. \frac{s^2+4s-1}{(s-1)(s-2)\boxed{(s+3)}} \right|_{s=3} = C \quad \text{ou} \quad C = -\frac{1}{5}.$$

Você deve verificar por outros meios que

$$\frac{s^2+4s-1}{(s-1)(s-2)(s+3)} = \frac{-1}{s-1} + \frac{11/5}{s-2} + \frac{-1/5}{s+3}.$$

Esse processo é uma versão simplificada de um resultado conhecido como **teorema de Heaviside.***

7.2 EXERCÍCIOS

As respostas dos exercícios selecionados estão na página 462.

Nos Problemas 1-34, use o Teorema 7.3 para encontrar a transformada inversa pedida.

1. $\mathscr{L}^{-1}\left\{\frac{1}{s^3}\right\}$

2. $\mathscr{L}^{-1}\left\{\frac{1}{s^4}\right\}$

3. $\mathscr{L}^{-1}\left\{\frac{1}{s^3} - \frac{48}{s^5}\right\}$

4. $\mathscr{L}^{-1}\left\{\left(\frac{2}{s} - \frac{1}{s^3}\right)^2\right\}$

5. $\mathscr{L}^{-1}\left\{\frac{(s+1)^3}{s^4}\right\}$

6. $\mathscr{L}^{-1}\left\{\frac{(s+2)^2}{s^3}\right\}$

7. $\mathscr{L}^{-1}\left\{\frac{1}{s^2} - \frac{1}{s} + \frac{1}{s-2}\right\}$

8. $\mathscr{L}^{-1}\left\{\frac{4}{s} + \frac{6}{s^5} + \frac{1}{s+8}\right\}$

9. $\mathscr{L}^{-1}\left\{\frac{1}{4s+1}\right\}$

10. $\mathscr{L}^{-1}\left\{\frac{1}{5s-2}\right\}$

11. $\mathscr{L}^{-1}\left\{\frac{5}{s^2+49}\right\}$

12. $\mathscr{L}^{-1}\left\{\frac{10s}{s^2+16}\right\}$

13. $\mathscr{L}^{-1}\left\{\frac{4s}{4s^2+1}\right\}$

14. $\mathscr{L}^{-1}\left\{\frac{1}{4s^2+1}\right\}$

* **Oliver Heaviside** (1850-1925) Muitos resultados que apresentamos neste capítulo foram imaginados e delineados pelo engenheiro eletrônico inglês Oliver Heaviside em seu tratado *Electromagnetic Theory* de 1899. Heaviside usou originalmente aransformada de Laplace como meio para resolver equações diferenciais lineares com coeficientes constantes provenientes de sua investigação de problemas relacionados com linhas de transmissão. Como muitos de seus resultados carecem de prova formal, o cálculo operacional de Heaviside, como veio a ser chamado o procedimento, inicialmente foi visto com desprezo pelos matemáticos. Heaviside, por sua vez, chamava essa "instituição" matemática de "estúpida". Quando Heaviside, usando seus métodos simbólicos, foi capaz de obter respostas para problemas que os matemáticos não conseguiam resolver, o desprezo transformou-se em censura e seus artigos não foram mais publicados em periódicos matemáticos. Heaviside foi também o descobridor de uma camada de máxima densidade de elétrons, na atmosfera chamada de camada de Heaviside, que reflete ondas de rádio de volta para a terra. Viveu os últimos anos de sua vida recluso e na pobreza, esquecido pela comunidade científica. Morreu em uma casa sem aquecimento em 1925.

Como é de sua natureza, os matemáticos se apossaram de suas idéias, deram a elas um sólido fundamento matemático e então generalizam-nas dentro de uma teoria abstrata.

15. $\mathscr{L}^{-1}\left\{\dfrac{1}{s^2 - 16}\right\}$

16. $\mathscr{L}^{-1}\left\{\dfrac{10s}{s^2 - 25}\right\}$

17. $\mathscr{L}^{-1}\left\{\dfrac{2s - 6}{s^2 + 9}\right\}$

18. $\mathscr{L}^{-1}\left\{\dfrac{s - 1}{s^2 + 2}\right\}$

19. $\mathscr{L}^{-1}\left\{\dfrac{1}{s^2 + 3s}\right\}$

20. $\mathscr{L}^{-1}\left\{\dfrac{s + 1}{s^2 - 4s}\right\}$

21. $\mathscr{L}^{-1}\left\{\dfrac{s}{s^2 + 2s - 3}\right\}$

22. $\mathscr{L}^{-1}\left\{\dfrac{1}{s^2 + s - 20}\right\}$

23. $\mathscr{L}^{-1}\left\{\dfrac{0.9s}{(s - 0,1)(s + 0,2)}\right\}$

24. $\mathscr{L}^{-1}\left\{\dfrac{s - 3}{(s - \sqrt{3})(s + \sqrt{3})}\right\}$

25. $\mathscr{L}^{-1}\left\{\dfrac{s}{(s - 2(s - 3)(s - 6)}\right\}$

26. $\mathscr{L}^{-1}\left\{\dfrac{s^2 + 1}{s(s - 1)(s + 1)(s - 2)}\right\}$

27. $\mathscr{L}^{-1}\left\{\dfrac{2s + 4}{(s - 2)(s^2 + 4s + 3)}\right\}$

28. $\mathscr{L}^{-1}\left\{\dfrac{s + 1}{(s^2 - 4s)(s + 5)}\right\}$

29. $\mathscr{L}^{-1}\left\{\dfrac{1}{s^2(s + 4)}\right\}$

30. $\mathscr{L}^{-1}\left\{\dfrac{s - 1}{s^2(s^2 + 1)}\right\}$

31. $\mathscr{L}^{-1}\left\{\dfrac{s}{(s^2 + 4)(s + 2)}\right\}$

32. $\mathscr{L}^{-1}\left\{\dfrac{1}{s^4 - 9}\right\}$

33. $\mathscr{L}^{-1}\left\{\dfrac{1}{(s^2 + 1)(s^2 + 4)}\right\}$

34. $\mathscr{L}^{-1}\left\{\dfrac{6s + 3}{(s^2 + 1)(s^2 + 4)}\right\}$

A transformada de Laplace inversa pode não ser única. Nos Problemas 35 e 36, calcule $\mathscr{L}\{f(t)\}$.

35. $f(t) = \begin{cases} 1, & t \geq 0,\ t \neq 1,\ t \neq 2 \\ 3, & t = 1 \\ 4, & t = 2 \end{cases}$

36. $f(t) = \begin{cases} e^{3t}, & t \geq 0,\ t \neq 5 \\ 1, & t = 5 \end{cases}$

7.3 TEOREMAS DE TRANSLAÇÃO E DERIVADA DE UMA TRANSFORMADA

Não é conveniente usar a Definição 7.1 cada vez que quisermos encontrar a transformada de Laplace de uma função $f(t)$. Por exemplo, a integração por partes envolvida no cálculo de, digamos, $\mathscr{L}\{e^t t^2 \operatorname{sen} 3t\}$ é extremamente trabalhosa. Na discussão que segue, apresentamos vários teoremas que facilitam o cálculo de transformadas. Isso nos possibilita construir uma lista mais extensiva de transformadas sem a necessidade de usar a definição da transformada de

Laplace. Embora tabelas extensivas possam ser construídas, (veja o Apêndice II), não deixa de ser interessante saber as transformadas de Laplace de funções básicas tais como t^n, e^{at}, sen kt, cos kt, senh kt e cosh kt.

TEOREMA 7.5 Primeiro Teorema de Translação

Se a é um número real, então

$$\mathscr{L}\{e^{at}f(t)\} = F(s-a),$$

em que $F(s) = \mathscr{L}\{f(t)\}$

Prova A prova é imediata, pois pela Definição 7.1,

$$\mathscr{L}\{e^{at}f(t)\} = \int_0^\infty e^{-st}e^{at}f(t)\,dt = \int_0^\infty e^{-(s-a)t}f(t)\,dt = F(s-a). \quad \square$$

O gráfico de $F(s-a)$ é o gráfico de $F(s)$ deslocado sobre o eixo s para a direita, se $a > 0$, e para esquerda, se $a < 0$. Veja a Figura 7.10

(s – 2)

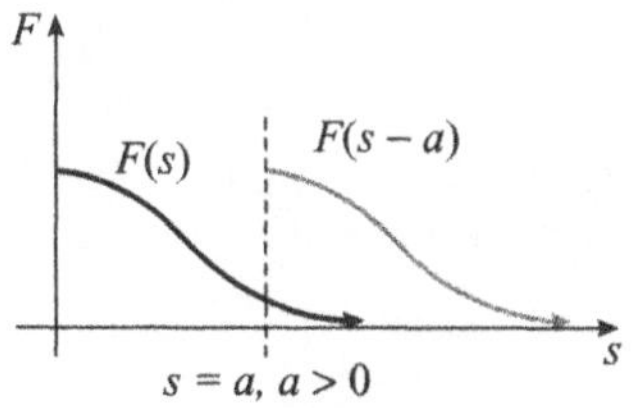

deslocamento sobre o eixo s

Algumas vezes é útil usar o simbolismo

$$\mathscr{L}\{e^{at}f(t)\} = \mathscr{L}\{f(t)\}_{s \to s-a}$$

em que $s \to s-a$ significa que substituímos s em $F(s)$ por $s-a$.

EXEMPLO 1

Calcule (a) $\mathscr{L}\{e^{5t}t^3\}$ e (b) $\mathscr{L}\{e^{-2t}\cos 4t\}$.

Solução Os resultados seguem-se do Teorema 7.5

(a) $\mathscr{L}\{e^{5t}t^3\} = \mathscr{L}\{t^3\}_{s \to s-5}$

$$= \frac{3!}{s^4}\bigg|_{s \to s-5} = \frac{6}{(s-5)^4}.$$

(b) $\mathscr{L}\{e^{-2t}\cos 4t\} = \mathscr{L}\{\cos 4t\}_{s \to s+2}$ ⇦ $a = -2$ então $s - a = s - (-2) = s + 2$

$$= \frac{s}{s^2+16}\bigg|_{s \to s+2} = \frac{s+2}{(s+2)^2+16}.$$ ■

Forma Inversa do Primeiro Teorema de Translação

A forma inversa do Teorema 7.5 pode ser escrita

(1)

em que $f(t) = \mathscr{L}^{-1}\{F(s)\}$.

EXEMPLO 2

Calcule $$\mathscr{L}^{-1}\left\{\frac{s}{s^2+6s+11}\right\}.$$

Solução

$$\mathscr{L}^{-1}\left\{\frac{s}{s^2+6s+11}\right\} = \mathscr{L}^{-1}\left\{\frac{s}{(s+3)^2+2}\right\}$$ ⇦ completando o quadrado

$$= \mathscr{L}^{-1}\left\{\frac{s+3-3}{(s+3)^2+2}\right\}$$

$$= \mathscr{L}^{-1}\left\{\frac{s+3}{(s+3)^2+2} - \frac{3}{(s+3)^2+2}\right\}$$

$$= \mathscr{L}^{-1}\left\{\frac{s+3}{(s+3)^2+2}\right\} - 3\mathscr{L}^{-1}\left\{\frac{1}{(s+3)^2+2}\right\}$$

$$= \mathscr{L}^{-1}\left\{\frac{s}{s2+2}\bigg|_{x \to s+3}\right\} - \frac{3}{\sqrt{2}}\mathscr{L}^{-1}\left\{\frac{\sqrt{2}}{s^2+2}\bigg|_{x \to s+3}\right\}$$

$$= e^{-3t}\cos\sqrt{2}t - \frac{3}{\sqrt{2}}e^{-3t}\operatorname{sen}\sqrt{2}t.$$ ⇦ de (1) e teorema 7,3 ■

EXEMPLO 3

Calcule
$$\mathscr{L}^{-1}\left\{\frac{1}{(s-1)^3}+\frac{1}{s^2+2s-8}\right\}.$$

Solução Completando o quadrado no segundo denominador e usando a linearidade, temos

$$\begin{aligned}\mathscr{L}^{-1}\left\{\frac{1}{(s-1)^3}+\frac{1}{s^2+2s-8}\right\} &= \mathscr{L}^{-1}\left\{\frac{1}{(s-1)^3}+\frac{1}{(s+1)^2-9}\right\}\\ &= \frac{1}{2!}\mathscr{L}^{-1}\left\{\frac{2!}{(s-1)^3}\right\}+\frac{1}{3}\mathscr{L}^{-1}\left\{\frac{3}{(s+1)^2-9}\right\}\\ &= \frac{1}{2!}\mathscr{L}^{-1}\left\{\left.\frac{2!}{s^3}\right|_{s\to s-1}\right\}+\frac{1}{3}\mathscr{L}^{-1}\left\{\left.\frac{3}{s^2-9}\right|_{s\to s-1}\right\}\\ &= \frac{1}{2}e^t t^2+\frac{1}{3}e^{-t}\operatorname{senh}3t.\end{aligned}$$ ■

Função Degrau Unitário

Em engenharia, encontramos freqüentemente funções que podem representar uma dualidade como "estar ligado" ou "estar desligado". Por exemplo, uma força externa agindo sobre um sistema mecânico ou uma voltagem impressa em um circuito pode ser desligada após um período de tempo. É então conveniente definir uma função especial chamada de **função degrau unitário**.

DEFINIÇÃO 7.3 Função Degrau Unitário
A função $\mathscr{U}(t-a)$ é definida por

$$\mathscr{U}(t-a)=\begin{cases}0, & 0\le t<a\\ 1, & t\ge a.\end{cases}$$

Observe que definimos $\mathscr{U}(t-a)$ somente para t maior ou igual a zero. Isso é suficiente para o estudo da transformada de Laplace. Em um sentido mais amplo, $\mathscr{U}(t-a)=0$ para $t<a$.

EXEMPLO 4

Esboce o gráfico de **(a)** $\mathscr{U}(t)$ e **(b)** $\mathscr{U}(t-2)$.

Solução (a) $\mathscr{U}(t) = 1, \quad t \geq 0$ (b) $\mathscr{U}(t-2) = \begin{cases} 0, & 0 \leq t < 2 \\ 1, & t \geq 2. \end{cases}$

Os respectivos gráficos estão representados na Figura 7.11 ■

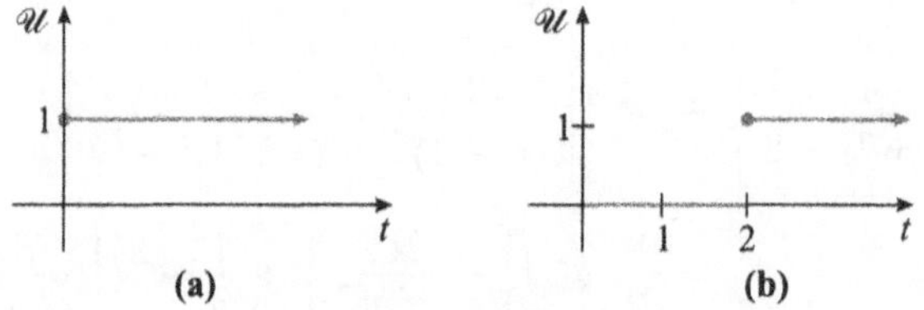

Figura 7.11

Quando multiplicada por uma outra função definida para $t \geq 0$, a função degrau unitário cancela uma porção do gráfico da função. Por exemplo, a Figura 7. 12 ilustra o gráfico de sen t, $t \geq 0$, quando multiplicada por $\mathscr{U}(t - 2\pi)$:

$$f(t) = \operatorname{sen} t\ \mathscr{U}(t-2\pi) = \begin{cases} 0, & 0 \leq t < 2\pi \\ \operatorname{sen} t, & t \geq 2\pi. \end{cases}$$

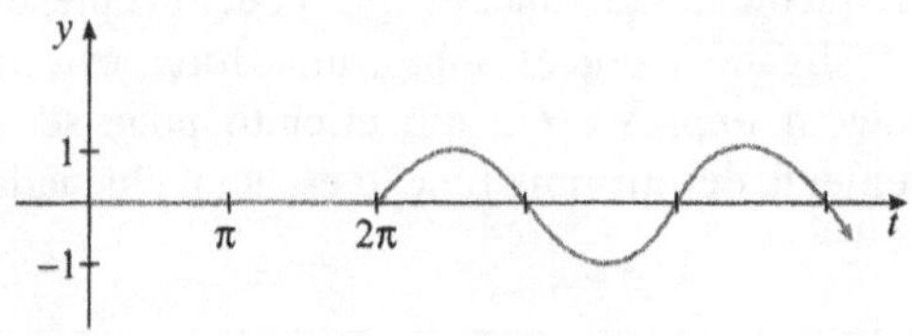

Figura 7.10

A função degrau unitário pode também ser usada para escrever funções definidas por partes em uma forma compacta. Por exemplo, a função definida por partes

$$f(t) = \begin{cases} g(t), & 0 \leq t < a \\ h(t), & t \geq a \end{cases} \tag{2}$$

pode ser escrita como

$$f(t) = g(t) - g(t)\,\mathscr{U}(t-a) + h(t)\,\mathscr{U}(t-a). \tag{3}$$

Para verificar isso, usamos a definição de $\mathscr{U}(t - a)$:

$$f(t) = \begin{cases} g(t) - g(t) \times 0 + h(t) \times 0, & 0 \leq t < a \\ g(t) - g(t) \times 1 + h(t) \times 1, & t \geq a. \end{cases}$$

Analogamente, uma função do tipo

$$f(t) = \begin{cases} 0, & 0 \le t < a \\ g(t) & a \le t < b \\ 0, & t \ge b \end{cases} \tag{4}$$

pode ser escrita

$$f(t) = g(t)[\mathcal{U}(t - a) - \mathcal{U}(t - b)]. \tag{5}$$

EXEMPLO 5

A voltagem em um circuito é dada por

$$E(t) = \begin{cases} 20t, & 0 \le t < 5 \\ 0, & t \ge 5. \end{cases}$$

Esboce o gráfico de $E(t)$. Expresse $E(t)$ em termos de funções degrau unitário.

Solução O gráfico dessa função definida por partes está representado na Figura 7.13. Agora, de (2) e (3) com $g(t) = 20t$ e $h(t) = 0$, obtemos

$$E(t) = 20t - 20t\,\mathcal{U}(t - 5).$$ ■

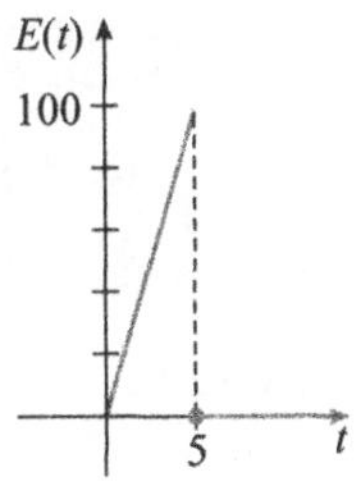

Figura 7.13

EXEMPLO 6

Considere a função $y = f(t)$ definida por $f(t) = t^3$. Compare os gráficos de

(a) $f(t) = t^3$,

(b) $f(t) = t^3, \quad t \ge 0$,

(c) $f(t - 2), \quad t \ge 0$,

(d) $f(t - 2)\,\mathcal{U}(t - 20), \quad t \ge 0$.

Solução Os respectivos gráficos estão esboçados na Figura 7.14

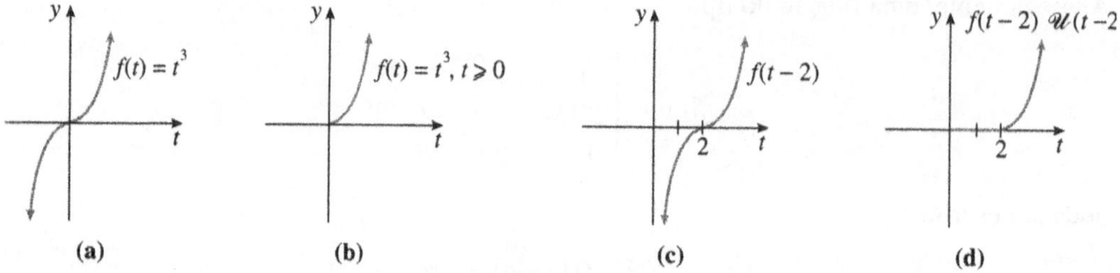

Figura 7.14 ■

Se $a > 0$, então o gráfico de $y = f(t - a)$ é o gráfico de $y = f(t)$, $t \geq 0$, transladado para a direita em a unidades. Porém, quando $f(t - a)$ é multiplicada por uma função degrau unitário $\mathscr{U}(t - a)$ da maneira ilustrada na parte (d) do Exemplo 6, então o gráfico da função

$$y = f(t - a)\,\mathscr{U}(t - a) \qquad \textbf{(6)}$$

coincide com o gráfico de $y = f(t - a)$ para $t \geq 0$, mas é identicamente nulo para $0 \leq t < a$. Veja a Figura 7.15.

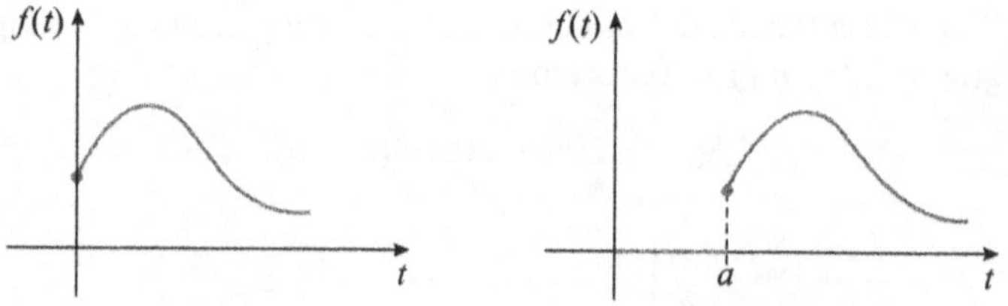

(a) $f(t),\ t \geq 0$ **(b)** $f(t-a)\ \mathscr{U}(t-a)$

deslocamento sobre o eixo t

Figura 7.15

Vimos no Teorema 7.5 que multiplicar a função $f(t)$ por uma exponencial resulta em uma translação da transformada $F(s)$. No próximo teorema, veremos que, quando $F(s)$ é multiplicada por uma função exponencial apropriada, a transformada inversa desse produto é a função transladada (6). Esse resultado é conhecido como **segundo teorema de translação**.

TEOREMA 7.6 Segundo Teorema de Translação

Se a for uma constante positiva, então

$$\mathscr{L}\{f(t - a)\,\mathscr{U}(t - a)\} = e^{-as}F(s),$$

em que $F(s) = \mathscr{L}\{f(t)\}$

Prova Da Definição 7.1, temos

$$\mathscr{L}\{f(t-a)\,\mathscr{U}(t-a)\} = \int_0^\infty e^{-st} f(t-a)\,\mathscr{U}(t-a)\,dt$$

$$= \int_0^a e^{-st} f(t-a)\,\underbrace{\mathscr{U}(t-a)}_{\boxed{\text{um para } t \geq a}}\,dt + \int_a^\infty e^{-st} f(t-a)\,\underbrace{\mathscr{U}(t-a)}_{\boxed{\text{zero para } 0 \leq t < 0}}\,dt$$

Agora, seja $v = t - a$, $dv = dt$; então

$$\mathscr{L}\{f(t-a)\,\mathscr{U}(t-a)\} = \int_0^\infty e^{-s(v+a)} f(v)\,dv$$

$$= e^{-as} \int_0^\infty e^{-sv} f(v)\,dv = e^{-as}\,\mathscr{L}\{f(t)\}. \qquad \square$$

EXEMPLO 7

Calcule $\mathscr{L}\{(t-2)^3\,\mathscr{U}(t-2)\}$.

Solução Como $a = 2$, segue-se do Teorema 7.6 que

$$\mathscr{L}\{(t-2)^3\,\mathscr{U}(t-2)\} = e^{-2s}\,\mathscr{L}\{t^3\}$$

$$= e^{-2s}\frac{3!}{s^4}$$

$$= \frac{6}{s^4}e^{-2s}. \qquad \blacksquare$$

A transformada de Laplace da função degrau unitário pode ser encontrada através da Definição 7.1 ou do Teorema 7.6. Fazendo $f(t) = 1$ no Teorema 7.6, então $f(t-a) = 1$, $F(s) = \mathscr{L}\{1\} = 1/s$, e daí

$$\mathscr{L}\{\mathscr{U}(t-a)\} = \frac{e^{-as}}{s}. \tag{7}$$

EXEMPLO 8

Encontre a transformada de Laplace da função mostrada na Figura 7.16.

Solução Com a ajuda da função degrau unitário, podemos escrever

$$f(t) = 2 - 3\,\mathscr{U}(t-2) + \mathscr{U}(t-3).$$

Usando a linearidade e o resultado (7), encontramos

$$\mathscr{L}\{f(t)\} = \mathscr{L}\{2\} - 3\mathscr{L}\{\mathscr{U}(t-2)\} + \mathscr{L}\{\mathscr{U}(t-3)\}$$

$$= \frac{2}{s} - 3\frac{e^{-2s}}{s} + \frac{e^{-3s}}{s}. \qquad \blacksquare$$

EXEMPLO 9

Calcule $\mathscr{L}\{\text{sen}\, t\, \mathscr{U}(t-2\pi)\}$.

Solução Como $a = 2\pi$, temos pelo Teorema 7.6

$$\mathscr{L}\{\text{sen}\, t\, \mathscr{U}(t-2\pi)\} = \mathscr{L}\{\text{sen}(t-2\pi)\, \mathscr{U}(t-2\pi)\}$$

⇐ sen t tem período 2π

$$= e^{-s\pi s}\{sent\}.$$

$$= \frac{e^{-2\pi s}}{s^2+1}. \qquad \blacksquare$$

EXEMPLO 10

Encontre a transformada de Laplace da função mostrada na Figura 7.17.

Solução A equação dessa reta é $y = 2t - 3$. Para cancelar esse gráfico no intervalo $0 \leq t < 1$, multiplicamos por $(2t-3)\,\mathscr{U}(t-1)$. O Teorema 7.6 não pode ser aplicado imediatamente no cálculo de $\mathscr{L}\{(2t-3)\,\mathscr{U}(t-1)\}$, pois a função a ser transformada não está na forma $f(t-a)\,\mathscr{U}(t-a)$. Escrevemos então $2t-3$ em termos de $t-1$,

$$2t-3 = 2(t-1)-1.$$

Agora estamos prontos para usar o segundo teorema de translação:

$$\mathscr{L}\{(2t-3)\,\mathscr{U}(t-1)\} = \mathscr{L}\{(2(t-1)-1)\,\mathscr{U}(t-1)\}$$

$$= e^{-s}\,\mathscr{L}\{2t-1\}$$

$$= e^{-s}\left(\frac{2}{s^2} - \frac{1}{s}\right). \qquad \blacksquare$$

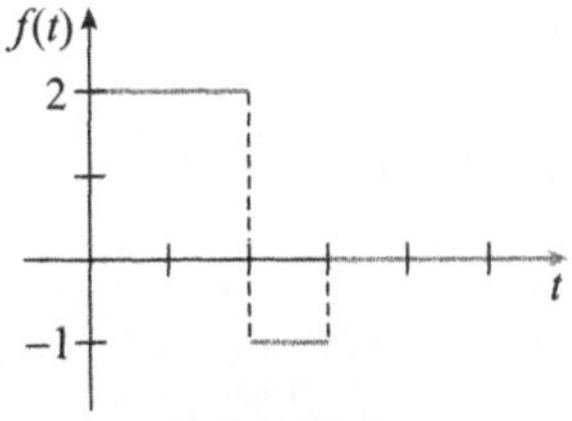

Figura 7.16

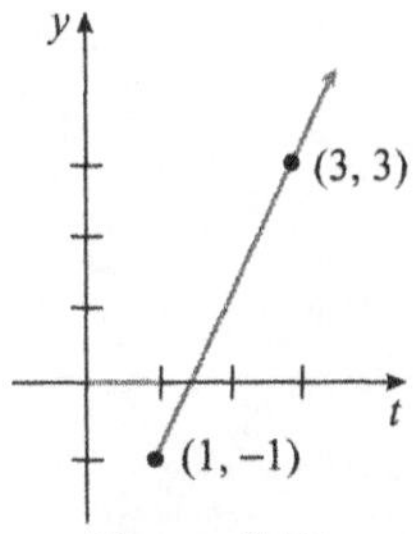

Figura 7.17

Forma Inversa do Segundo Teorema de Translação

A forma inversa do Teorema 7.6 é

$$f(t-a)\,\mathscr{U}(t-a) = \mathscr{L}^{-1}\{e^{-as}F(s)\}, \tag{8}$$

em que $a > 0$ e $f(t) = \mathscr{L}^{-1}\{F(s)\}$.

EXEMPLO 11

Calcule
$$\mathscr{L}^{-1}\left\{\frac{e^{-\pi s/2}}{s^2+9}\right\}.$$

Solução Verificamos que $a = \dfrac{\pi}{2}$ e $f(t) = \mathscr{L}^{-1}\left\{\dfrac{1}{s^2+9}\right\} = \dfrac{1}{3}\operatorname{sen} 3t$. Logo, por (8)

$$\begin{aligned}\mathscr{L}^{-1}\left\{\frac{e^{-\pi s/2}}{s^2+9}\right\} &= \frac{1}{3}\,\mathscr{L}^{-1}\left\{\frac{3}{s^2+9}\right\}\bigg|_{t \to t-\pi/2}\mathscr{U}\left(t-\frac{\pi}{2}\right)\\ &= \frac{1}{3}\operatorname{sen} 3\left(t-\frac{\pi}{2}\right)\mathscr{U}\left(t-\frac{\pi}{2}\right)\\ &= \frac{1}{3}\cos 3t\,\mathscr{U}\left(t-\frac{\pi}{2}\right).\end{aligned}$$
■

Se $F(s) = \mathscr{L}\{f(t)\}$, então, derivando sob o sinal de integração (teorema de Leibniz), temos

$$\frac{d}{ds}F(s) = \frac{d}{ds}\int_0^{\infty} e^{-st}f(t)\,dt$$

$$= \int_0^{\infty} \frac{\partial}{\partial s} [e^{-st} f(t)]\, dt$$

$$= -\int_0^{\infty} e^{-st} t f(t)\, dt$$

$$= -\mathscr{L}\{tf(t)\};$$

assim, $$\mathscr{L}\{tf(t)\} = -\frac{d}{ds}\mathscr{L}\{f(t)\}.$$

Analogamente, $$\mathscr{L}\{t^2 f(t)\} = \mathscr{L}\{t \times tf(t)\} = -\frac{d}{ds}\mathscr{L}\{tf(t)\}$$

$$= -\frac{d}{ds}\left(-\frac{d}{ds}\mathscr{L}\{f(t)\}\right) = \frac{d^2}{ds^2}\mathscr{L}\{f(t)\}.$$

Os dois resultados precedentes sugerem a fórmula geral para $\mathscr{L}\{t^n f(t)\}$.

TEOREMA 7.7 Derivadas de Transformadas

Para $n = 1, 2, 3, \ldots,$

$$\mathscr{L}\{t^n f(t)\} = (-1)^n \frac{d^n}{ds^n} F(s),$$

em que $F(s) = \mathscr{L}\{f(t)\}$.

EXEMPLO 12

Calcule **(a)** $\mathscr{L}\{te^{3t}\}$, **(b)** $\mathscr{L}\{t \text{ sen } kt\}$, **(c)** $\mathscr{L}\{t^2 \text{ sen } kt\}$ e **(d)** $\mathscr{L}\{te^{-1} \cos t\}$.

Solução Usaremos os resultados (c), (d) e (e) do Teorema 7.2.

(a) Observe nesse primeiro exemplo que podemos usar também o primeiro teorema de translação. Para aplicar o Teorema 7.7, verificamos que $n = 1$ e $f(t) = e^{3t}$:

$$\mathscr{L}\{te^{3t}\} = -\frac{d}{ds}\mathscr{L}\{e^{3t}\} = -\frac{d}{ds}\left(\frac{1}{s-3}\right) = \frac{1}{(s-3)^2}.$$

(b) $$\mathscr{L}\{t \text{ sen } kt\} = -\frac{d}{ds}\mathscr{L}\{\text{sen } kt\}$$

$$= -\frac{d}{ds}\left(\frac{k}{s^2 + k^2}\right)$$

$$= \frac{2ks}{(s^2 + k^2)^2}$$

(c) Fazendo $n = 2$ no Teorema 7.7, essa transformada pode ser escrita como

$$\mathscr{L}\{t^2 \operatorname{sen} kt\} = \frac{d^2}{ds^2}\,\mathscr{L}\{\operatorname{sen} kt\}$$

e daí, calculando as duas derivadas, obtemos o resultado. Alternativamente, podemos usar o resultado obtido na parte (b). Como $t^2 \operatorname{sen} kt = t(t \operatorname{sen} kt)$, então

$$\mathscr{L}\{t^2 \operatorname{sen} kt\} = -\frac{d}{ds}\,\mathscr{L}\{t \operatorname{sen} kt\}$$

$$= -\frac{d}{ds}\left(\frac{2ks}{(s^2+k^2)^2}\right). \quad \Leftarrow \text{pela parte (b)}$$

Derivando e simplificando, temos

$$\mathscr{L}\{t^2 \operatorname{sen} kt\} = \frac{6ks^2 - 2k^3}{(s^2+k^2)^3}.$$

(d) $$\mathscr{L}\{te^{-t}\cos t\} = -\frac{d}{ds}\,\mathscr{L}\{e^{-t}\cos t\}$$

$$= -\frac{d}{ds}\,\mathscr{L}\{\cos t\}_{s \to s+1} \quad \Leftarrow \text{primeiro teorema de translação}$$

$$= -\frac{d}{ds}\left(\frac{s+1}{(s+1)^2+1}\right)$$

$$= \frac{(s+1)^2 - 1}{[(s+1)^2+1]^2}$$

■

7.3 EXERCÍCIOS

As respostas dos exercícios selecionados estão nas páginas 462 e 463.

Nos Problemas 1-44, encontre $F(s)$ ou $f(t)$ como indicado.

1. $\mathscr{L}\{te^{10t}\}$

2. $\mathscr{L}\{te^{-6t}\}$

3. $\mathscr{L}\{t^3e^{-2t}\}$

4. $\mathscr{L}\{t^{10}e^{-7t}\}$

5. $\mathscr{L}\{e^t \operatorname{sen} 3t\}$

6. $\mathscr{L}\{e^{-2t}\cos 4t\}$

7. $\mathscr{L}\{e^{5t} \operatorname{senh} 3t\}$

8. $\mathscr{L}\left\{\dfrac{\cosh t}{e^t}\right\}$

9. $\mathscr{L}\{t(e^t + e^{2t})^2\}$

10. $\mathscr{L}\{e^{2t}(t-1)^2\}$

11. $\mathscr{L}\{e^{-t}\,\text{sen}^2 t\}$

12. $\mathscr{L}\{e^{t}\cos^2 3t\}$

13. $\mathscr{L}^{-1}\left\{\dfrac{1}{(s+2)^3}\right\}$

14. $\mathscr{L}^{-1}\left\{\dfrac{1}{(s-1)^4}\right\}$

15. $\mathscr{L}^{-1}\left\{\dfrac{1}{s^2-6s+10}\right\}$

16. $\mathscr{L}^{-1}\left\{\dfrac{1}{s^2+2s+5}\right\}$

17. $\mathscr{L}^{-1}\left\{\dfrac{s}{s^2+4s+5}\right\}$

18. $\mathscr{L}^{-1}\left\{\dfrac{2s+5}{s^2+6s+34}\right\}$

19. $\mathscr{L}^{-1}\left\{\dfrac{s}{(s+1)^2}\right\}$

20. $\mathscr{L}^{-1}\left\{\dfrac{5s}{(s-2)^3}\right\}$

21. $\mathscr{L}^{-1}\left\{\dfrac{2s-1}{s^2(s+1)^3}\right\}$

22. $\mathscr{L}^{-1}\left\{\dfrac{(s+1)^2}{(s+2)^4}\right\}$

23. $\mathscr{L}\{(t-1)\,\mathscr{U}(t-1)\}$

24. $\mathscr{L}\{e^{2-t}\,\mathscr{U}(t-2)\}$

25. $\mathscr{L}\{t\,\mathscr{U}(t-2)\}$

26. $\mathscr{L}\{(3t+1)\,\mathscr{U}(t-3)\}$

27. $\mathscr{L}\{\cos 2t\,\mathscr{U}(t-\pi)\}$

28. $\mathscr{L}\left\{\text{sen}\, t\,\mathscr{U}\left(t-\dfrac{\pi}{2}\right)\right\}$

29. $\mathscr{L}\{(t-1)^3 e^{t-1}\,\mathscr{U}(t-1)\}$

30. $\mathscr{L}\{te^{t-5}\,\mathscr{U}(t-5)\}$

31. $\mathscr{L}^{-1}\left\{\dfrac{e^{-2s}}{s^3}\right\}$

32. $\mathscr{L}^{-1}\left\{\dfrac{(1+e^{-2s})^2}{s+2}\right\}$

33. $\mathscr{L}^{-1}\left\{\dfrac{e^{-\pi s}}{s^2+1}\right\}$

34. $\mathscr{L}^{-1}\left\{\dfrac{se^{-\pi s/2}}{s^2+4}\right\}$

35. $\mathscr{L}^{-1}\left\{\dfrac{e^{-s}}{s(s+1)}\right\}$

36. $\mathscr{L}^{-1}\left\{\dfrac{e^{-2s}}{s^2(s-1)}\right\}$

37. $\mathscr{L}\{t\cos 2t\}$

38. $\mathscr{L}\{t\,\text{senh}\, 3t\}$

39. $\mathscr{L}\{t^2\,\text{senh}\, t\}$

40. $\mathscr{L}\{t^2\cos t\}$

41. $\mathscr{L}\{te^{2t}\,\text{sen}\, 6t\}$

42. $\mathscr{L}\{te^{-3t}\cos 3t\}$

43. $\mathscr{L}^{-1}\left\{\dfrac{s}{(s^2+1)^2}\right\}$

44. $\mathscr{L}^{-1}\left\{\dfrac{s+1}{(s^2+2s+2)^2}\right\}$

Nos Problemas 45-50, identifique o gráfico das funções de **(a)**–**(f)**. O gráfico de $f(t)$ está representado na Figura 7.18.

(a) $f(t) - f(t)\,\mathscr{U}(t-a)$

(b) $f(t-b)\,\mathscr{U}(t-b)$

(c) $f(t)\,\mathscr{U}(t-a)$

(d) $f(t) - f(t)\,\mathscr{U}(t-b)$

(e) $f(t)\,\mathscr{U}(t-a) - f(t)\,\mathscr{U}(t-b)$

(f) $f(t-a)\,\mathscr{U}(t-a) - f(t-a)\,\mathscr{U}(t-b)$

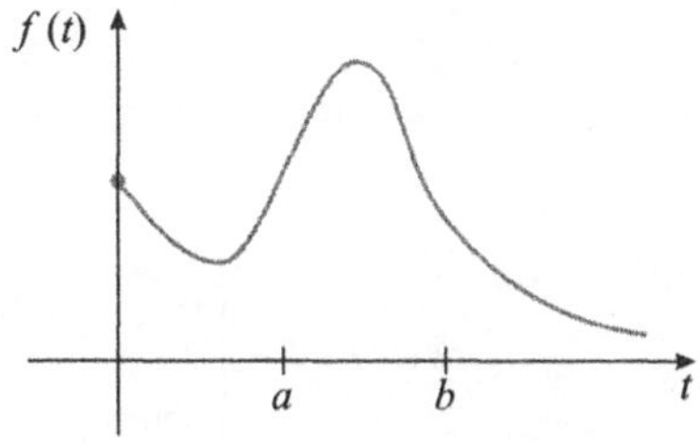

Figura 7.18

45.

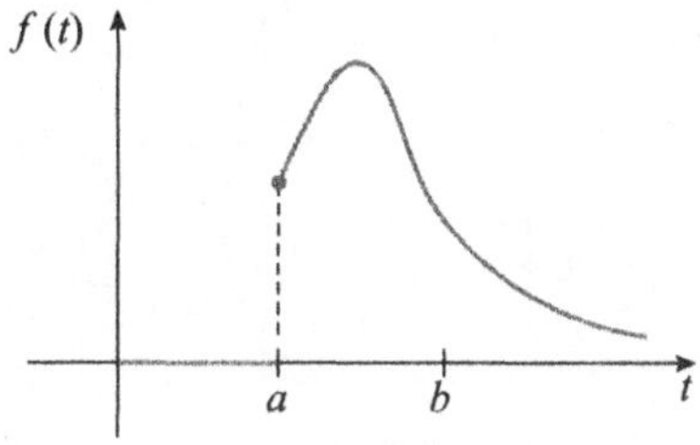

Figura 7.19

46.

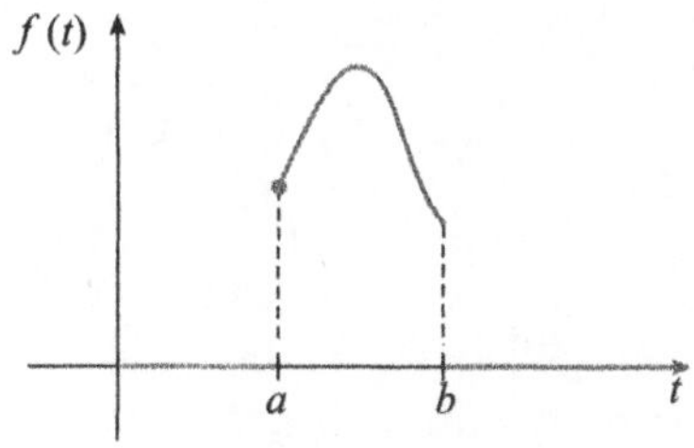

Figura 7.20

47.

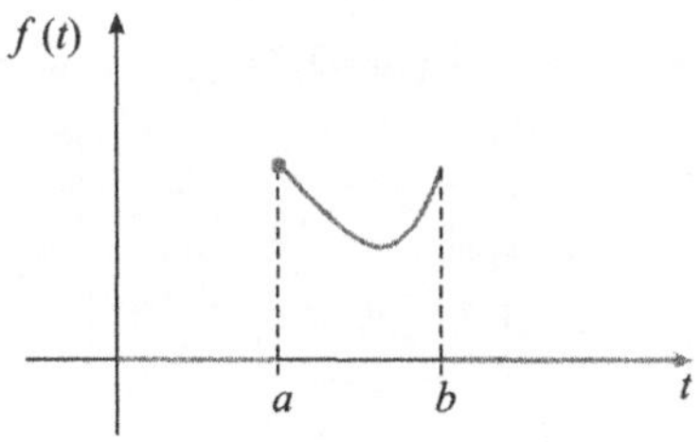

Figura 7.21

48.

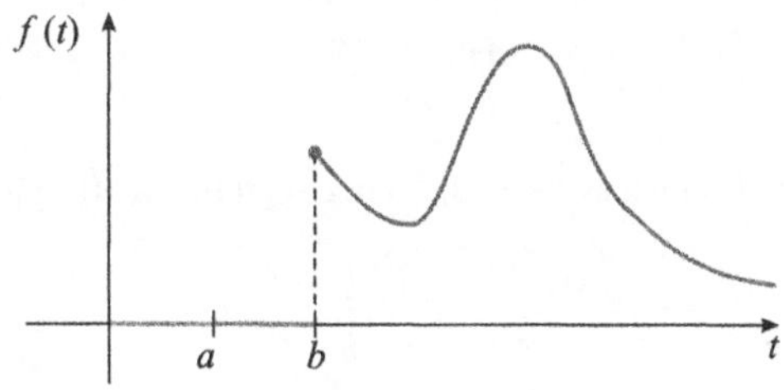

Figura 7.22

49.

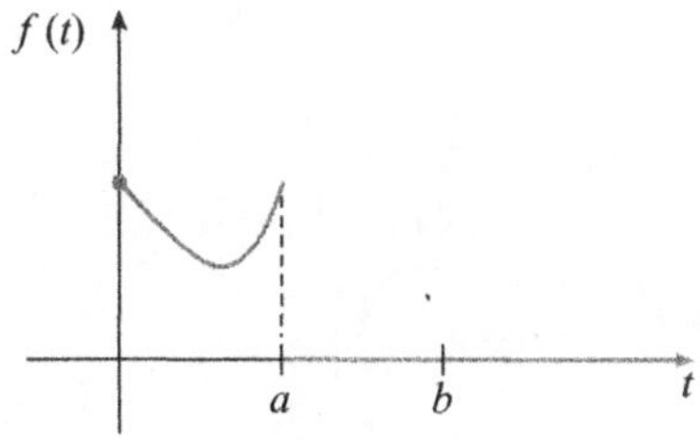

Figura 7.23

50.

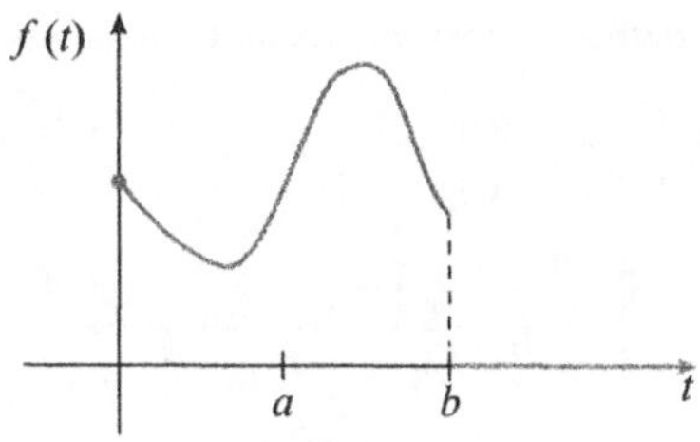

Figura 7.24

Nos Problemas 51-58, escreva cada função em termos de funções degrau unitário. Encontre a transformada de Laplace da função dada.

51. $f(t) = \begin{cases} 2, & 0 \le t < 3 \\ -2, & t \ge 3 \end{cases}$

52. $f(t) = \begin{cases} 1, & 0 \le t < 4 \\ 0, & 4 \le t < 5 \\ 1, & t \ge 5 \end{cases}$

53. $f(t) = \begin{cases} 0, & 0 \le t < 1 \\ t^2, & t \ge 1 \end{cases}$

54. $f(t) = \begin{cases} 0, & 0 \le t < \dfrac{3\pi}{2} \\ \text{sen } t, & t \ge \dfrac{3\pi}{2} \end{cases}$

55. $f(t) = \begin{cases} t, & 0 \le t < 2 \\ 0, & t \ge 2 \end{cases}$

56. $f(t) = \begin{cases} \text{sen } t, & 0 \le t < 2\pi \\ 0, & t \ge 2\pi \end{cases}$

57.

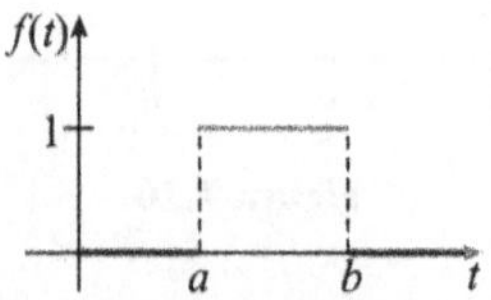

pulso retangular

Figura 7.23

58.

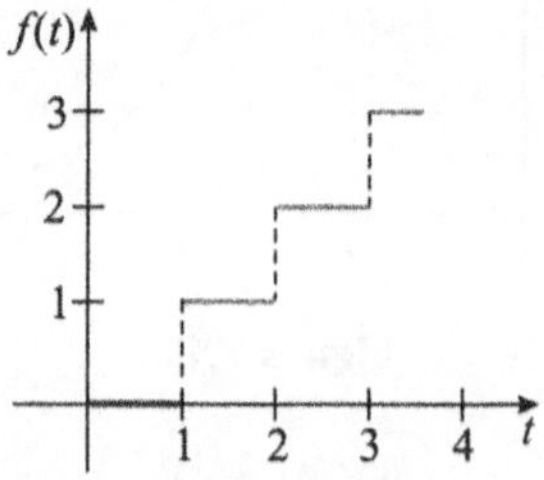

função escada

Figura 7.24

Nos Problemas 59 e 60, esboce o gráfico da função dada.

59. $f(t) = \mathscr{L}^{-1}\left\{\dfrac{1}{s^2} - \dfrac{e^{-s}}{s^2}\right\}$

60. $f(t) = \mathscr{L}^{-1}\left\{\dfrac{2}{s} - \dfrac{3e^{-s}}{s^2} + \dfrac{5e^{-2s}}{s^2}\right\}$

Nos Problemas 61-64, use o Teorema 7.7 com $n = 1$

$$f(t) = -\frac{1}{t}\,\mathscr{L}^{-1}\left\{\frac{d}{ds}F(s)\right\}$$

para encontrar a transformada de Laplace inversa dada.

61. $\mathscr{L}^{-1}\left\{\ln\dfrac{s-3}{s+1}\right\}$

62. $\mathscr{L}^{-1}\left\{\ln\dfrac{s^2+1}{s^2+4}\right\}$

63. $\mathscr{L}^{-1}\left\{\dfrac{\pi}{2} - \text{tg}^{-1}\,\dfrac{s}{2}\right\}$

64. $\mathscr{L}^{-1}\left\{\dfrac{1}{s} - \text{cotg}^{-1}\,\dfrac{4}{s}\right\}$

7.4 TRANSFORMADA DE DERIVADAS, INTEGRAIS E FUNÇÕES PERIÓDICAS

Nosso objetivo é usar a transformada de Laplace para resolver certos tipos de equações diferenciais. Para isso, precisamos calcular quantidades como $\mathscr{L}\{dy/dt\}$ e $\mathscr{L}\{d^2y/dt^2\}$. Por exemplo, se f' for contínua para $t \geq 0$, então a integração por partes proporciona

$$\mathscr{L}\{f'(t)\} = \int_0^\infty e^{-st} f'(t)\,dt$$

$$= e^{-st}f(t)\Big|_0^\infty + s\int_0^\infty e^{-st}f(t)\,dt$$

$$= -f(0) + s\mathscr{L}\{f(t)\}$$

ou

$$\mathscr{L}\{f'(t)\} = sF(s) - f(0). \tag{1}$$

Aqui, estamos supondo que $e^{-st}f(t) \to 0$ quando $t \to \infty$. Analogamente,

$$\mathscr{L}\{f''(t)\} = \int_0^\infty e^{-st} f''(t)\,dt$$

$$= e^{-st}f'(t)\Big|_0^\infty + s\int_0^\infty e^{-st}f'(t)\,dt$$

$$= -f'(0) + s\mathscr{L}\{f'(t)\}$$

$$= s\,[sF(s) - f(0)] - f'(0)$$

ou

$$\mathscr{L}\{f''(t)\} = s^2F(s) - sf(0) - f'(0). \tag{2}$$

Os resultados em (1) e (2) são casos especiais do próximo teorema, que fornece a transformada de Laplace da n-ésima derivada de f. A prova será omitida.

TEOREMA 7.8 Transformada de uma Derivada

Se $f(t), f'(t), \ldots, f^{(n-1)}(t)$ forem contínuas em $[0, \infty)$, de ordem exponencial, e se $f^{(n)}(t)$ for contínua por partes em $[0, \infty)$, então

$$\mathscr{L}\{f^{(n)}(t)\} = s^nF(s) - s^{n-1}f(0) - s^{n-2}f'(0) - \ldots - f^{(n-1)}(0),$$

em que $F(s) = \mathscr{L}\{f(t)\}$.

EXEMPLO 1

Observe que a soma kt cos kt + sen kt é a derivada de t sen kt. Então,

$$\mathscr{L}\{kt \cos kt + \operatorname{sen} kt\} = \mathscr{L}\left\{\frac{d}{dt}(t \operatorname{sen} kt)\right\}$$

$$= s\mathscr{L}\{t \operatorname{sen} kt\} \qquad \Leftarrow \text{por 1}$$

$$= s\left(-\frac{d}{ds}\mathscr{L}\{\operatorname{sen} kt\}\right) \qquad \Leftarrow \text{pelo teorema 7.7}$$

$$= s\left(\frac{2ks}{(s^2 + k^2)^2}\right) = \frac{2ks^2}{(s^2 + k^2)^2}.$$

■

Convolução

Se as funções f e g forem contínuas por partes em $[0, \infty)$, então a **convolução** de f e g, denotada por $f * g$, é dada pela integral

$$f * g = \int_0^t f(\tau)g(t - \tau)\,d\tau.$$

Deixamos como exercício mostrar que $\int_0^t f(\tau)g(t - \tau)\,d\tau = \int_0^t f(t - \tau)g(\tau)\,d\tau$; isto é,

$$f * g = g * f.$$

Veja o Problema 29. Isso significa que a convolução de duas funções é comutativa.

EXEMPLO 2

A convolução de $f(t) = e^t$ e $g(t) = \operatorname{sen} t$ é

$$e^t * \operatorname{sen} t = \int_0^t e^\tau \operatorname{sen}(t - \tau)\,d\tau \qquad (3)$$

$$= \frac{1}{2}(-\operatorname{sen} t - \cos t + e^t). \qquad (4)$$

■

É possível calcular a transformada de Laplace da convolução de duas funções, como em (3), sem precisar resolver a integral como fizemos em (4). O resultado que segue é conhecido como **teorema de convolução**.

TEOREMA 7.9 Teorema de Convolução

Sejam $f(t)$ e $g(t)$ funções contínuas por partes em $[0, \infty)$ e de ordem exponencial; então,

$$\mathscr{L}\{f * g\} = \mathscr{L}\{f(t)\}\mathscr{L}\{g(t)\} = F(s)G(s).$$

Prova Seja $F(s) = \mathscr{L}\{f(t)\} = \int_0^\infty e^{-s\tau}f(\tau)\,d\tau$

e

$$G(s) = \mathscr{L}\{g(t)\} = \int_0^\infty e^{-s\beta}g(\beta)\,d\beta.$$

Procedendo formalmente, temos

$$\begin{aligned} F(s)G(s) &= \left(\int_0^\infty e^{-s\tau}f(\tau)\,d\tau\right)\left(\int_0^\infty e^{-s\beta}g(\beta)\,d\beta\right) \\ &= \int_0^\infty\int_0^\infty e^{-s(\tau+\beta)}f(\tau)g(\beta)\,d\tau\,d\beta \\ &= \int_0^\infty f(\tau)\,d\tau \int_0^\infty e^{-s(\tau+\beta)}\,g(\beta)\,d\beta. \end{aligned}$$

Fixando τ e fazendo $t = \tau + \beta$, $dt = d\beta$, temos que

$$F(s)G(s) = \int_0^\infty f(\tau)\,d\tau \int_t^\infty e^{-st}g(t-\tau)\,dt.$$

No plano $t\tau$, estamos integrando sobre a região sombreada da Figura 7.27. Como f e g são contínuas por partes em $[0, \infty)$ e de ordem exponencial, podemos inverter a ordem de integração:

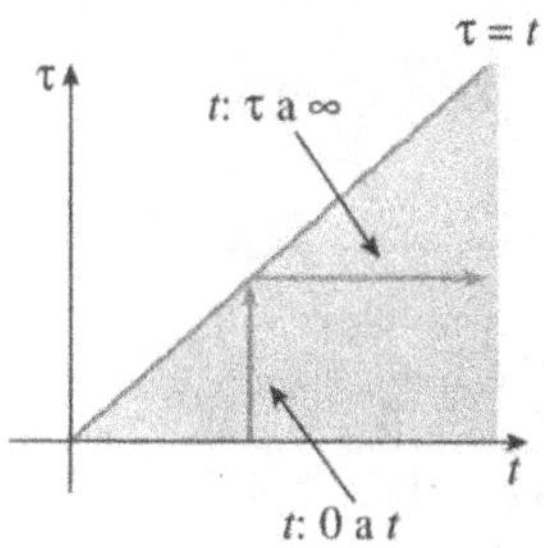

Figura 7.27

$$F(s)G(s) = \int_0^{\infty} e^{-st}\,dt \int_0^{\infty} f(\tau)g(t-\tau)\,d\tau.$$

$$= \int_0^{\infty} e^{-st}\left\{\int_0^{t} f(\tau)g(t-\tau)\,d\tau\right\}dt = \mathscr{L}\{f * g\} \qquad \square$$

Quando $g(t) = 1$ e $G(s) = 1/s$, o teorema da convolução implica que a transformada de Laplace da integral de uma função f é

$$\mathscr{L}\left\{\int_0^{t} f(\tau)\,d\tau\right\} = \frac{F(s)}{s}. \tag{5}$$

EXEMPLO 3

Calcule
$$\mathscr{L}\left\{\int_0^{t} e^{\tau}\,\text{sen}(t-\tau)\,d\tau\right\}.$$

Solução Com $f(t) = e^t$ e $g(t) = \text{sen}\, t$, o teorema da convolução diz que a transformada de Laplace da convolução de f e g é o produto de suas transformadas:

$$\mathscr{L}\left\{\int_0^{t} e^{\tau}\,\text{sen}(t-\tau)\,d\tau\right\} = \mathscr{L}\{e^t\} \times \mathscr{L}\{\text{sen}\ t\}$$

$$= \frac{1}{s-1} \times \frac{1}{s^2+1} = \frac{1}{(s-1)(s^2-1)}. \qquad \blacksquare$$

Forma Inversa do Teorema da Convolução

O teorema da convolução é algumas vezes útil no cálculo da transformada de Laplace inversa de um produto de duas transformadas. Pelo Teorema 7.9, temos

$$\mathscr{L}^{-1}\{F(s)G(s)\} = f * g. \tag{6}$$

EXEMPLO 4

Calcule
$$\mathscr{L}^{-1}\left\{\frac{1}{(s-1)(s+4)}\right\}.$$

Solução Podemos usar frações parciais, mas verificamos que

$$F(s) = \frac{1}{s-1} \quad \text{e} \quad G(s) = \frac{1}{s+4},$$

logo, $\mathscr{L}^{-1}\{F(s)\} = f(t) = e^{t}$ e $\mathscr{L}^{-1}\{G(s)\} = g(t) = e^{-4t}$.

Conseqüentemente, por (6) obtemos

$$\begin{aligned}
\mathscr{L}^{-1}\left\{\frac{1}{(s-1)(s+4)}\right\} = \int_0^t f(\tau)g(t-\tau)\,d\tau &= \int_0^t e^{\tau}e^{-4(t-\tau)}\,d\tau \\
&= e^{-4t}\int_0^t e^{5\tau}\,d\tau \\
&= e^{-4t}\,\frac{1}{5}e^{5\tau}\Big|_0^t \\
&= \frac{1}{5}e^{t} - \frac{1}{5}e^{-4t}.
\end{aligned}$$

■

EXEMPLO 5

Calcule

$$\mathscr{L}^{-1}\left\{\frac{1}{(s^2+k^2)^2}\right\}.$$

Solução Seja

$$F(s) = G(s) = \frac{1}{s^2+k^2}$$

assim

$$f(t) = g(t) = \frac{1}{k}\,\mathscr{L}^{-1}\left\{\frac{k}{s^2+k^2}\right\} = \frac{1}{k}\,\text{sen}\,kt.$$

Nesse caso, podemos concluir de (6) que

$$\mathscr{L}^{-1}\left\{\frac{1}{(s^2+k^2)^2}\right\} = \frac{1}{k^2}\int_0^t \text{sen}\,k\tau\;\text{sen}\,k(t-\tau)\,d\tau. \tag{7}$$

Agora, temos as seguintes igualdades trigonométricas

$$\cos(A+B) = \cos A\cos B - \text{sen}\,A\;\text{sen}\,B$$

e

$$\cos(A-B) = \cos A\cos B + \text{sen}\,A\;\text{sen}\,B.$$

Subtraindo a primeira da segunda, obtemos a identidade

$$\text{sen } A \text{ sen } B = \frac{1}{2}[\cos(A - B) - \cos(A + B)].$$

Fazendo $A = k\tau$ e $B = k(t - \tau)$, podemos calcular a integral em (7):

$$\begin{aligned}\mathscr{L}^{-1}\left\{\frac{1}{(s^2 + k^2)^2}\right\} &= \frac{1}{2k^2}\int_0^t [\cos k(2\tau - t) - \cos kt]\,d\tau \\ &= \frac{1}{2k^2}\left[\frac{1}{2k}\text{ sen } k(2\tau - t) - \tau \cos kt\right]_0^t \\ &= \frac{\text{sen } kt - kt\cos kt}{2k^3}.\end{aligned}$$

■

Transformada de uma Função Periódica

Se uma função f periódica tem período T, $T > 0$, então sua transformada de Laplace pode ser obtida por uma integração sobre o intervalo $[0, T]$.

TEOREMA 7.10 Transformada de uma Função Periódica

Seja $f(t)$ contínua por partes em $[0, \infty]$ e de ordem exponencial. Se $f(t)$ for periódica de período T, então

$$\mathscr{L}\{f(t)\} = \frac{1}{1 - e^{-sT}}\int_0^T e^{-st} f(t)\,dt. \tag{8}$$

Prova Escreva a transformada de Laplace como duas integrais:

$$\mathscr{L}\{f(t)\} = \int_0^T e^{-st} f(t)\,dt + \int_T^\infty e^{-st} f(t)\,dt. \tag{9}$$

Quando fazemos $t = u + T$, a última integral em (9) torna-se

$$\int_T^\infty e^{-st} f(t)\,dt = \int_0^\infty e^{-s(u+T)} f(u + T)\,du = e^{-sT}\int_0^\infty e^{-su} f(u)\,du = e^{-sT}\mathscr{L}\{f(t)\}.$$

Logo, a igualdade (9) é

$$\mathscr{L}\{f(t)\} = \int_0^T e^{-st} f(t)\,dt + e^{-sT}\mathscr{L}\{f(t)\}.$$

Explicitando $\mathscr{L}\{f(t)\}$ na equação acima, obtemos o resultado:

$$\mathscr{L}\{f(t)\} = \frac{1}{1 - e^{-sT}} \int_0^T e^{-st} f(t)\, dt. \qquad \square$$

EXEMPLO 6

Encontre a transformada de Laplace da função periódica representada pelo gráfico da Figura 7.28

Solução No intervalo $0 \leq t < 2$, a função pode ser definida por

$$f(t) = \begin{cases} t, & 0 \leq t < 1 \\ 0, & 1 \leq t < 2 \end{cases}$$

e fora do intervalo por $f(t + 2) = f(t)$. Como $T = 2$, usamos (8) e integração por partes para obter

$$\mathscr{L}\{f(t)\} = \frac{1}{1 - e^{-2s}} \int_0^2 e^{-st} f(t)\, dt \tag{10}$$

$$= \frac{1}{1 - e^{-2s}} \left[\int_0^1 e^{-st} t\, dt + \int_1^2 e^{-st}\, 0\, dt \right]$$

$$= \frac{1}{1 - e^{-2s}} \left[-\frac{e^{-s}}{s} + \frac{1 - e^{-s}}{s^2} \right] \tag{11}$$

$$= \frac{1 - (s + 1)e^{-s}}{s^2(1 - e^{-2s})}. \qquad \blacksquare$$

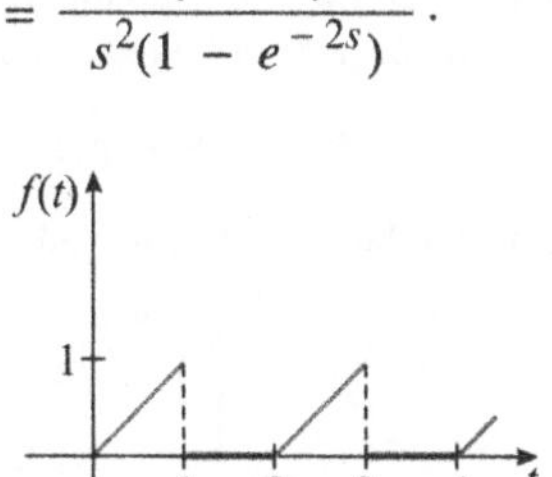

Figura 7.28

O resultado em (11) do Exemplo 6 pode ser obtido sem calcular a integral se fizermos uso do segundo teorema de translação. Se definirmos

$$g(t) = \begin{cases} t, & 0 \leq t < 1 \\ 0, & t \geq 1, \end{cases}$$

então $f(t) = g(t)$ no intervalo $[0, T]$, em que $T = 2$. Mas podemos expressar g em termos de funções degrau unitário como

$$g(t) = 1 - t\,\mathscr{U}(t-1) = t - (t-1)\,\mathscr{U}(t-1) - \mathscr{U}(t-1).$$

Com isso, (10) pode ser escrita como

$$\begin{aligned}\mathscr{L}\{f(t)\} &= \frac{1}{1-e^{-2s}}\,\mathscr{L}\{g(t)\} \\ &= \frac{1}{1-e^{-2s}}\,\mathscr{L}\{t-(t-1)\,\mathscr{U}(t-1)-\mathscr{U}(t-1)\} \\ &= \frac{1}{1-e^{-2s}}\left[\frac{1}{s^2}-\frac{1}{s^2}e^{-s}-\frac{1}{s}e^{-s}\right].\end{aligned}$$

Verifica-se facilmente que a expressão entre colchetes é idêntica a (11).

7.4 EXERCÍCIOS

As respostas dos exercícios selecionados estão nas páginas 463 e 464.

1. Use o resultado $(d/dt)e^t = e^t$ e (1) desta seção para calcular $\mathscr{L}\{e^t\}$.

2. Use o resultado $(d/dt)\cos^2 t = -\operatorname{sen} 2t$ e (1) desta seção para calcular $\mathscr{L}\{\cos^2 t\}$.

Nos Problemas 3 e 4, suponha que uma função $y(t)$ tenha a propriedade $y(0) = 1$ e $y'(0) = -1$. Encontre a transformada de Laplace da expressão dada.

3. $y'' + 3y'$

4. $y'' - 4y' + 5y$

Nos Problemas 5 e 6, suponha que uma função tenha a propriedade $y(0) = 2$ e $y'(0) = 3$. Encontre a transformada de Laplace de $y(t)$, supondo que a função $y(t)$ satisfaça a igualdade indicada.

5. $y'' - 2y' + y = 0$

6. $y'' + y = 1$

Nos Problemas 7-20, encontre a transformada de Laplace da função dada sem resolver a integral.

7. $\mathscr{L}\left\{\int_0^t e^\tau\,d\tau\right\}$

8. $\mathscr{L}\left\{\int_0^t \cos\tau\,d\tau\right\}$

9. $\mathscr{L}\left\{\int_0^t e^{-\tau}\cos\tau\,d\tau\right\}$

10. $\mathscr{L}\left\{\int_0^t \tau\operatorname{sen}\tau\,d\tau\right\}$

11. $\mathscr{L}\left\{\int_0^t \tau e^{t-\tau}\,d\tau\right\}$

12. $\mathscr{L}\left\{\int_0^t \operatorname{sen}\tau\cos(t-\tau)\,d\tau\right\}$

13. $\mathscr{L}\left\{t\int_0^t \operatorname{sen}\tau\, d\tau\right\}$

14. $\mathscr{L}\left\{t\int_0^t \tau e^{-\tau}\, d\tau\right\}$

15. $\mathscr{L}\{1 * t^3\}$

16. $\mathscr{L}\{1 * e^{-2t}\}$

17. $\mathscr{L}\{t^2 * t^4\}$

18. $\mathscr{L}\{t^2 * te^t\}$

19. $\mathscr{L}\{e^{-t} * e^t \cos t\}$

20. $\mathscr{L}\{e^{2t} * \operatorname{sen} t\}$

Nos Problemas 21 e 22, suponha $\mathscr{L}^{-1}\{F(s)\} = f(t)$. Encontre a transformada de Laplace inversa da função dada.

21. $\dfrac{1}{s+5}F(s)$

22. $\dfrac{s}{s^2+4}F(s)$

Nos Problemas 23-28, use (6) para encontrar $f(t)$.

23. $\mathscr{L}^{-1}\left\{\dfrac{1}{s(s+1)}\right\}$

24. $\mathscr{L}^{-1}\left\{\dfrac{1}{s(s^2+1)}\right\}$

25. $\mathscr{L}^{-1}\left\{\dfrac{1}{(s+1)(s-2)}\right\}$

26. $\mathscr{L}^{-1}\left\{\dfrac{1}{(s+1)^2}\right\}$

27. $\mathscr{L}^{-1}\left\{\dfrac{s}{(s^2+4)^2}\right\}$

28. $\mathscr{L}^{-1}\left\{\dfrac{1}{(s^2+4s+5)^2}\right\}$

29. Prove a propriedade comutativa da convolução $f * g = g * f$.

30. Prove a propriedade distributiva da convolução $f * (g + h) = f * g + f * h$.

Nos Problemas 31-38, use o Teorema 7.10 para encontrar a transformada de Laplace da função periódica dada.

31.

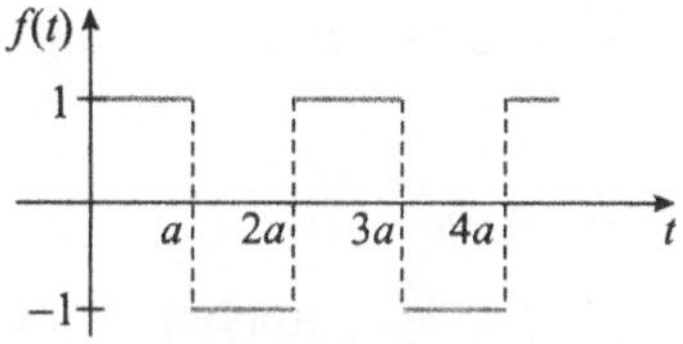

função meandro

Figura 7.29

32.

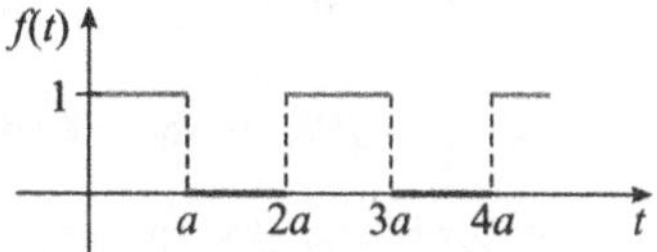

onda quadrada

Figura 7.30

33.

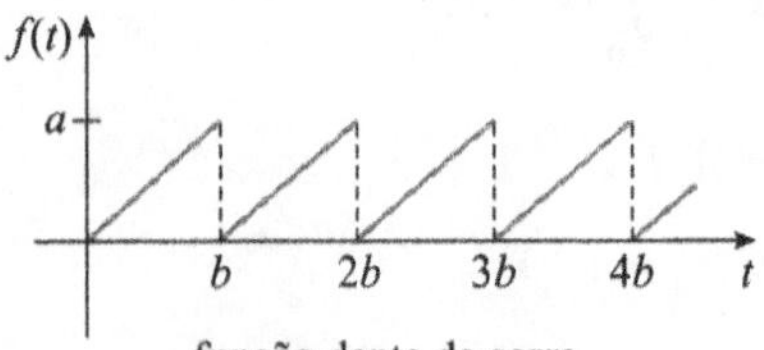

função dente de serra

Figura 7.31

34.

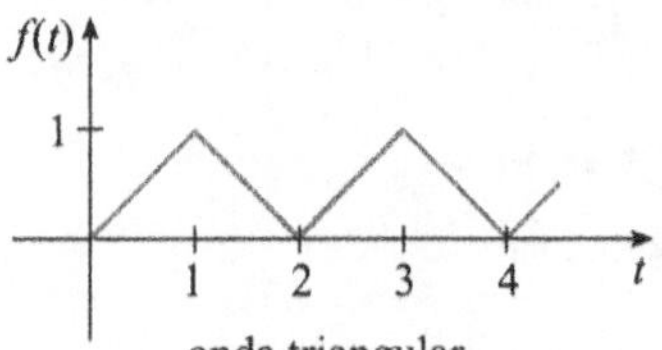

onda triangular

Figura 7.32

35.

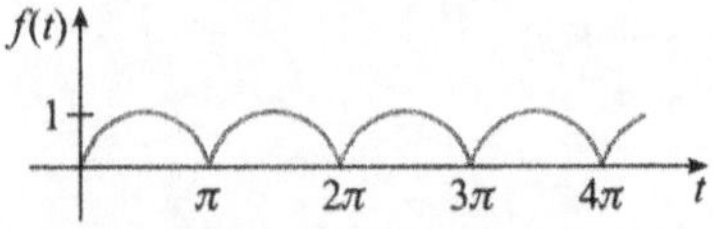

onda senoidal retificada

Figura 7.33

36.

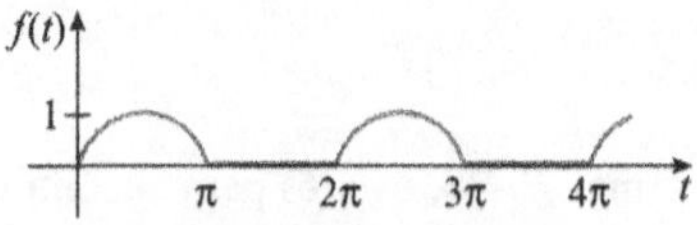

onda senoidal semi-retificada

Figura 7.34

37. $f(t) = \operatorname{sen} t$

$f(t + 2\pi) = f(t)$

38. $f(t) = \cos t$

$f(t + 2\pi) = f(t)$

7.5 APLICAÇÕES

Como $\mathscr{L}\{y^{(n)}(t)\}$, $n > 1$ depende de $y(t)$ e de suas $n - 1$ derivadas no ponto $t = 0$, a transformada de Laplace é apropriada para problemas lineares de valor inicial com coeficientes constantes. Esse tipo de equação diferencial pode ser reduzida a uma equação algébrica na função transformada $Y(s)$. Para ver isso, considere o problema de valor inicial

$$a_n \frac{d^n y}{dt^n} + a_{n-1} \frac{d^{n-1} y}{dt^{n-1}} + \dots + a_1 \frac{dy}{dt} + a_0 y = g(t)$$

$$y(0) = y_0, \quad y'(0) = y', \ \dots, \ y^{(n-1)}(0) = y_0^{(n-1)},$$

em que a_i, $i = 0, 1, \dots, n$ e $y_0, y'_0, \dots, y_0^{(n-1)}$ são constantes. Pela propriedade de linearidade da transformada de Laplace, podemos escrever,

$$a_n \mathscr{L}\left\{\frac{d^n y}{dt^n}\right\} + a_{n-1} \mathscr{L}\left\{\frac{d^{n-1} y}{dt^{n-1}}\right\} + \dots + a_0 \mathscr{L}\{y\} = \mathscr{L}\{g(t)\}. \tag{1}$$

Pelo Teorema 7.8, (1) torna-se

$$a_n [s^n Y(s) - s^{n-1} y(0) - \dots - y^{(n-1)}(0)] +$$

$$a_{n-1}[s^{n-1}Y(s) - s^{n-2}y(0) - \dots - y^{(n-2)}(0)] + \dots + a_0Y(s) = G(s)$$

ou

$$[a_n s^n + a_{n-1}s^{n-1} + \dots + a_0]Y(s) = a_n[s^{n-1}y_0 + \dots y_0^{(n-1)}]$$

$$+ a_{n-1}[s^{n-2}y_0 + \dots + y_0^{(n-2)}] + \dots G(s), \qquad (2)$$

em que $Y(s) = \mathscr{L}\{y(t)\}$ e $G(s) = \mathscr{L}\{g(t)\}$. Explicitando $Y(s)$ em (2), encontramos $y(t)$ através da transformada inversa

$$y(t) = \mathscr{L}^{-1}\{Y(s)\}.$$

O procedimento está esquematizado na Figura 7.35. Observe que esse método incorpora as condições iniciais prescritas diretamente na solução. Portanto, não há necessidade de operações separadas para determinar constantes na solução geral da equação diferencial.

Figura 7.35

EXEMPLO 1

Resolva $$\frac{dy}{dt} - 3y = e^{2t}, \qquad y(0) = 1.$$

Solução Calculamos primeiramente a transformada de cada membro da equação diferencial dada:

$$\mathscr{L}\left\{\frac{dy}{dt}\right\} - 3\mathscr{L}\{y\} = \mathscr{L}\{e^{2t}\}.$$

Daí, $\mathscr{L}\{dy/dt\} = sY(s) - y(0) = sY(s) - 1$ e $\mathscr{L}\{e^{2t}\} = 1/(s-2)$.

Resolvendo $$sY(s) - 1 - 3Y(s) = \frac{1}{s-2}$$

obtemos
$$Y(s) = \frac{s-1}{(s-2)(s-3)}.$$

Usando frações parciais:

$$\frac{s-1}{(s-2)(s-3)} = \frac{A}{s-2} + \frac{B}{s-3},$$

o que implica
$$s - 1 = A(s-3) + B(s-2).$$

Fazendo $s = 2$ e $s = 3$ na última equação, concluímos que $A = -1$ e $B = 2$, respectivamente. Conseqüentemente,

$$Y(s) = \frac{-1}{s-2} + \frac{2}{s-3}$$

e
$$y(t) = -\mathscr{L}^{-1}\left\{\frac{1}{s-2}\right\} + 2\mathscr{L}^{-1}\left\{\frac{1}{s-3}\right\}.$$

Pela parte (c) do Teorema 7.3, segue-se que

$$y(t) = -e^{2t} + 2e^{3t}.$$

■

EXEMPLO 2

Resolva $y'' - 6y' + 9y = t^2e^{3t}$, $y(0) = 2$, $y'(0) = 6$.

Solução
$$\mathscr{L}\{y''\} - 6\mathscr{L}\{y'\} + 9\mathscr{L}\{y\} = \mathscr{L}\{t^2e^{3t}\}$$

$$\underbrace{s^2Y(s) - sy(0) - y(0)}_{\boxed{\mathscr{L}\{y''\}}} - 6\underbrace{[sY(s) - y(0)]}_{\boxed{\mathscr{L}\{y'\}}} + 9\underbrace{Y(s)}_{\boxed{\mathscr{L}\{y\}}} = \underbrace{\frac{2}{(s-3)^2}}_{\boxed{\mathscr{L}\{t^2e^{3t}\}}}.$$

Usando as condições iniciais e simplificando, temos

$$(s^2 - 6s + 9)Y(s) = 2s - 6 + \frac{2}{(s-3)^3}$$

$$(s-3)^2Y(s) = 2(s-3) + \frac{2}{(s-3)^3}$$

$$Y(s) = \frac{2}{s-3} + \frac{2}{(s-3)^5}$$

assim, $$y(t) = 2\mathscr{L}^{-1}\left\{\frac{1}{s-3}\right\} + \frac{2}{4!}\,\mathscr{L}^{-1}\left\{\frac{4!}{(s-3)^5}\right\}.$$

Pelo primeiro teorema de translação, concluímos que

$$\mathscr{L}^{-1}\left\{\left.\frac{4!}{s^5}\right|_{s \to s-3}\right\} = t^4 e^{3t}.$$

Portanto, $$y(t) = 2e^{3t} + \frac{1}{12}\,t^4 e^{3t}.$$ ■

EXEMPLO 3

Resolva $$y'' + 4y' + 6y = 1 + e^{-t}, \quad y(0) = 0, \quad y'(0) = 0.$$

Solução $$\mathscr{L}\{y''\} + 4\mathscr{L}\{y'\} + 6\mathscr{L}\{y\} = \mathscr{L}\{1\} + \mathscr{L}\{e^{-t}\}$$

$$s^2Y(s) - sy(0) - y'(0) + 4[sY(s) - y(0)] + 6Y(s) = \frac{1}{s} + \frac{1}{s+1}$$

$$(s^2 + 4s + 6)Y(s) = \frac{2s+1}{s(s+1)}$$

$$Y(s) = \frac{2s+1}{s(s+1)(s^2+4s+6)}.$$

Por frações parciais

$$\frac{2s+1}{s(s+1)(s^2+4s+6)} = \frac{A}{s} + \frac{B}{s+1} + \frac{Cs+D}{s^2+4s+6},$$

o que implica

$$2s + 1 = A(s+1)(s^2+4s+6) + Bs(s^2+4s+6) + (Cs+D)s(s+1).$$

Fazendo $s = 0$ e $s = -1$, concluímos, respectivamente, que $A = 1/6$ e $B = 1/3$. Igualando os coeficientes de s^3 e s, obtemos

$$A + B + C = 0$$

$$10A + 6B + D = 2,$$

daí segue-se que $C = -1/2$ e $D = -5/3$. Logo,

$$Y(s) = \frac{1/6}{s} + \frac{1/3}{s+1} + \frac{-s/2 - 5/3}{s^2+4s+6}$$

$$= \frac{1/6}{s} + \frac{1/3}{s+1} + \frac{(-1/2)(s+2) - 2/3}{(s+2)^2 + 2}$$

$$= \frac{1/6}{s} + \frac{1/3}{s+1} - \frac{1}{2}\frac{s+2}{(s+2)^2+2} - \frac{2}{3}\frac{1}{(s+2)^2+2}.$$

Finalmente, pelas partes (a) e (c) do Teorema 7.3 e pelo primeiro teorema de translação concluímos

$$y(t) = \frac{1}{6}\mathscr{L}^{-1}\left\{\frac{1}{s}\right\} + \frac{1}{3}\mathscr{L}^{-1}\left\{\frac{1}{s+1}\right\} - \frac{1}{2}\mathscr{L}^{-1}\left\{\frac{s+2}{(s+2)^2+2}\right\}$$

$$- \frac{2}{3\sqrt{2}}\mathscr{L}^{-1}\left\{\frac{\sqrt{2}}{(s+2)^2+2}\right\}$$

$$= \frac{1}{6} + \frac{1}{3}e^{-t} - \frac{1}{2}e^{-2t}\cos\sqrt{2}t - \frac{\sqrt{2}}{3}e^{-2t}\operatorname{sen}\sqrt{2}t.$$ ■

EXEMPLO 4

Resolva $$x'' + 16x = \cos 4t, \quad x(0) = 0, \quad x'(0) = 1.$$

Solução Lembre-se de que o problema de valor inicial pode descrever o movimento forçado, sem amortecimento e ressonante de uma massa em uma mola. A massa parte com velocidade inicial de 1 unidade de comprimento por segundo para baixo a partir da posição de equilíbrio.

Transformando a equação, temos

$$(s^2 + 16)X(s) = 1 + \frac{s}{s^2+16}$$

$$x(s) = \frac{s}{s^2+16} + \frac{s}{(s^2+16)}$$

Com a ajuda da parte (d) do Teorema 7.3 e do Teorema 7.7, encontramos

$$x(t) = \frac{1}{4}\mathscr{L}^{-1}\left\{\frac{4}{s^2+16}\right\} + \frac{1}{8}\mathscr{L}^{-1}\left\{\frac{8s}{(s^2+16)^2}\right\}$$

$$= \frac{1}{4}\operatorname{sen} 4t + \frac{1}{8}t\operatorname{sen} 4t.$$ ■

EXEMPLO 5

Resolva $$x'' + 16x = f(t), \quad x(0) = 0, \quad x'(0) = 1,$$

em que
$$f(t) = \begin{cases} \cos 4t, & 0 \le t < \pi \\ 0, & t \ge \pi. \end{cases}$$

Solução A função $f(t)$ pode ser interpretada como uma força externa agindo sobre um sistema mecânico por um curto período de tempo e que depois é removida. Veja a Figura 7.36. Embora esse problema possa ser resolvido pelos métodos convencionais, o procedimento não é definitivamente conveniente quando $f(t)$ é definida por partes. Com a ajuda de (2) e (3) da Seção 7.3 e da periodicidade do co-seno, podemos reescrever f em termos da função degrau unitário como

$$f(t) = \cos 4t - \cos 4t\, \mathscr{U}(t-\pi) = \cos 4t - \cos 4(t-\pi)\, \mathscr{U}(t-\pi).$$

O segundo teorema de translação proporciona

$$\mathscr{L}\{x''\} + 16\mathscr{L}\{x\} = \mathscr{L}\{f(t)\}$$

$$s^2X(s) - sx(0) - x'(0) + 16X(s) = \frac{s}{s^2+16} - \frac{s}{s^2+16}e^{-\pi s}$$

$$(s^2+16)X(s) = 1 + \frac{s}{s^2+16} - \frac{s}{s^2+16}e^{-\pi s}$$

$$X(s) = \frac{1}{s^2+16} + \frac{s}{(s^2+16)^2} - \frac{s}{(s^2+16)^2}e^{-\pi s}.$$

Pela parte (b) do Exemplo 12 da Seção 7.3 (com $k = 4$), juntamente com (8) desta seção, obtemos

$$\begin{aligned} x(t) &= \frac{1}{4}\mathscr{L}^{-1}\left\{\frac{4}{s^2+16}\right\} + \frac{1}{8}\mathscr{L}^{-1}\left\{\frac{8s}{(s^2+16)^2}\right\} \\ &\quad - \frac{1}{8}\mathscr{L}^{-1}\left\{\frac{8s}{(s^2+16)^2}e^{-\pi s}\right\} \\ &= \frac{1}{4}\operatorname{sen} 4t + \frac{1}{8}t \operatorname{sen} 4t - \frac{1}{8}(t-\pi)\operatorname{sen} 4(t-\pi)\,\mathscr{U}(t-\pi). \end{aligned}$$

A solução encontrada é a mesma que

$$x(t) = \begin{cases} \dfrac{1}{4}\operatorname{sen} 4t + \dfrac{1}{8}t \operatorname{sen} 4t, & 0 \le t < \pi \\[2ex] \dfrac{2+\pi}{8}\operatorname{sen} 4t, & t \ge \pi. \end{cases}$$

Observe no gráfico de $x(t)$ na Figura 7.37 que a amplitude de vibração se torna estacionária tão logo a força é retirada.

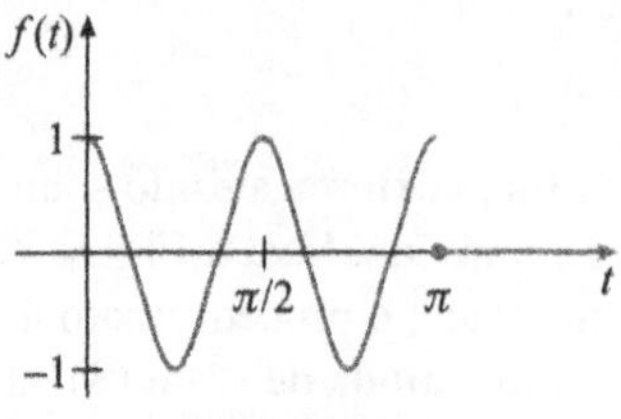

Figura 7.36

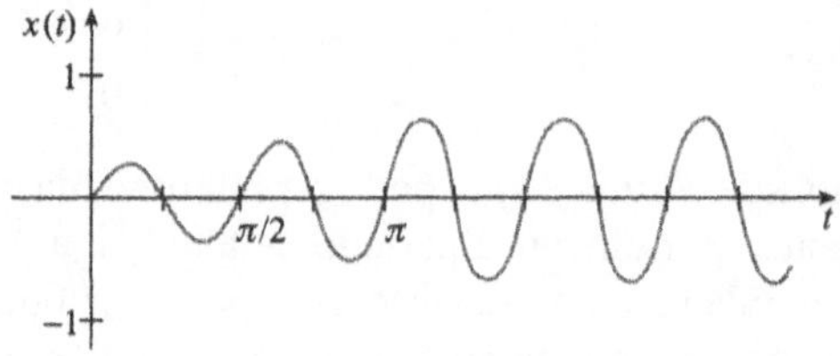

Figura 7.37 ■

EXEMPLO 6

Resolva $$y'' + 2y + y = f(t), \quad x(0) = 0, \quad y'(0) = 0,$$

em que $$f(t) = \mathscr{U}(t-1) - 2\mathscr{U}(t-2) + \mathscr{U}(t-3).$$

Solução Pelo segundo teorema de translação e algumas simplificações, a transformada da equação diferencial é

$$(s+1)^2 Y(s) = \frac{e^{-s}}{s} - 2\,\frac{e^{-2s}}{s} + \frac{e^{-3s}}{s}$$

ou $$Y(s) = \frac{e^{-s}}{s(s+1)^2} - 2\,\frac{e^{-2s}}{s(s+1)^2} + \frac{e^{-3s}}{s(s+1)^2}.$$

Com a ajuda de frações parciais, a última equação torna-se

$$Y(s) = \left[\frac{1}{s} - \frac{1}{s+1} - \frac{1}{(s+1)^2}\right]e^{-s} - 2\left[\frac{1}{s} - \frac{1}{s+1} - \frac{1}{(s+1)^2}\right]e^{-2s}$$
$$+\left[\frac{1}{s} - \frac{1}{s+1} - \frac{1}{(s+1)^2}\right]e^{-3s}.$$

Novamente, usando a forma inversa do segundo teorema de translação, encontramos

$$y(t) = [1 - e^{-(t-1)} - (t-1)e^{-(t-1)}]\,\mathscr{U}(t-1) - 2[1 - e^{-(t-2)} - (t-2)e^{-(t-2)}]\,\mathscr{U}(t-2)$$
$$+ [1 - e^{-(t-3)} - (t-3)e^{-(t-3)}]\,\mathscr{U}(t-3).$$ ■

Equação Integral de Volterra

O teorema da convolução é útil para resolver outros tipos de equações em que uma função não conhecida aparece sob um sinal de integração. No próximo exemplo, resolveremos uma **equação integral de Volterra**.

$$f(t) = g(t) + \int_0^t f(\tau)\, h(t - \tau)\, d\tau$$

para $f(t)$. As funções $g(t)$ e $h(t)$ são conhecidas.

EXEMPLO 7

Resolva
$$f(t) = 3t^2 - e^{-t} - \int_0^t f(\tau)e^{t - \tau}\, d\tau$$
para $f(t)$.

Solução Segue-se do Teorema 7.9 que

$$\mathscr{L}\{f(t)\} = 3\mathscr{L}\{t^2\} - \mathscr{L}\{e^{-t}\} - \mathscr{L}\{f(t)\}\,\mathscr{L}\{e^t\}$$

$$F(s) = 3 \times \frac{2}{s^3} - \frac{1}{s+1} - F(s) \times \frac{1}{s-1}$$

$$\left(1 + \frac{1}{s-1}\right)F(s) = \frac{6}{s^3} - \frac{1}{s+1}$$

$$\frac{s}{s-1}F(s) = \frac{6}{s^3} - \frac{1}{s+1}$$

$$F(s) = \frac{6(s-1)}{s^4} - \frac{s-1}{s(s+1)}$$

$$= \frac{6}{s^3} - \frac{6}{s^4} + \frac{1}{s} - \frac{2}{s+1}.$$

frações parciais

Portanto,

$$f(t) = 3\mathscr{L}^{-1}\left\{\frac{2!}{s^3}\right\} - \mathscr{L}^{-1}\left\{\frac{3!}{s^4}\right\} + \mathscr{L}^{-1}\left\{\frac{1}{s}\right\} - 2\mathscr{L}^{-1}\left\{\frac{1}{s+1}\right\}$$

$$= 3et^2 - t^3 + 1 - 2e^{-t}.$$

■

Circuitos em Série

Em um circuito em série, a segunda lei de Kirchhoff diz que a soma da queda de tensão em um indutor, resistor e capacitor é igual à voltagem impressa $E(t)$. Sabemos que a queda de tensão através do indutor $= L\dfrac{di}{dt}$, através do resistor $= Ri(t)$,

$$\text{e do capacitor } = \frac{1}{C}\int_0^t i(\tau)\,d\tau,$$

em que $i(t)$, é a corrente e L, R e C são constantes. Veja a Seção 1.2. Segue-se que a corrente em um circuito como o representado na Figura 7.38, satisfaz a equação íntegro-diferencial

$$L\frac{di}{dt} + Ri + \frac{1}{C}\int_0^t i(\tau)\,d\tau = E(t). \tag{3}$$

EXEMPLO 8

Determine a corrente $i(t)$ em um circuito em série L-R-C quando $L = 0{,}1$ henry, $R = 20$ ohms, $C = 10^{-3}$ farad, $i(0) = 0$ e a voltagem impressa $E(t)$ é como a dada na Figura 7.39.

Solução Como a voltagem está desligada para $t \geq 1$, podemos escrever

$$E(t) = 120t - 120t\,\mathcal{U}(t-1). \tag{4}$$

Mas, para usarmos o segundo teorema de translação, devemos reescrever (4) como

$$E(t) = 120t - 120(t-1)\,\mathcal{U}(t-1) - 120\,\mathcal{U}(t-1).$$

A equação (3) então torna-se

$$0{,}1\frac{di}{dt} + 20i + 10^3\int_0^t i(\tau)\,d\tau = 120t - 120(t-1)\,\mathcal{U}(t-1) - 120\,\mathcal{U}(t-1). \tag{5}$$

Agora, pelo Teorema 7.9,

$$\mathcal{L}\left\{\int_0^t i(\tau)\,d\tau\right\} = \frac{I(s)}{s},$$

em que $I(s) = \mathcal{L}\{i(t)\}$. Logo, a transformada da equação (5) é

$$0{,}1sI(s) + 20I(s) + 10^3\frac{I(s)}{s} = 120\left[\frac{1}{s^2} - \frac{1}{s^2}e^{-s} - \frac{1}{s}e^{-s}\right]$$

ou, após multiplicar por 10s,

$$(s+100)^2 I(s) = 1200\left[\frac{1}{s} - \frac{1}{s}e^{-s} - e^{-s}\right]$$

$$I(s) = 1200\left[\frac{1}{s(s+100)^2} - \frac{1}{s(s+100)^2}e^{-s} - \frac{1}{(s+100)^2}e^{-s}\right].$$

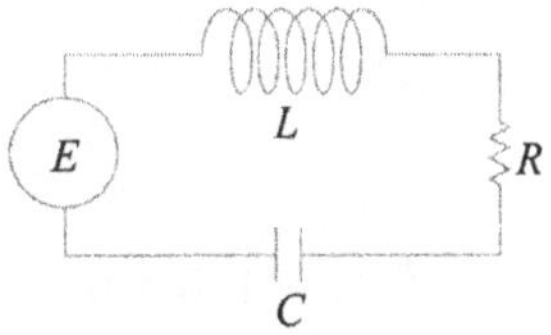

Figura 7.38

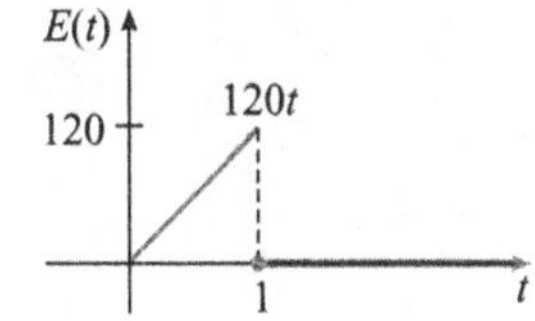

Figura 7.39

Usando frações parciais, podemos escrever

$$I(s) = 1200\left[\frac{1/10.000}{s} - \frac{1/10.000}{s+100} - \frac{1/100}{(s+100)^2} - \frac{1/10.000}{s}e^{-s}\right.$$

$$\left. + \frac{1/10.000}{s+100}e^{-s} + \frac{1/100}{(s+100)^2}e^{-s} - \frac{1}{(s+100)^2}e^{-s}\right].$$

Empregando a forma inversa do segundo teorema de translação, obtemos

$$i(t) = \frac{3}{25}[1 - \mathscr{U}(t-1)] - \frac{3}{25}[e^{-100t} - e^{100(t-1)}\mathscr{U}(t-1)]$$

$$- 12te^{-100t} - 1188(t-1)e^{-100(t-1)}\mathscr{U}(t-1).$$ ■

EXEMPLO 9

A equação diferencial para a corrente $i(t)$ em um circuito em série L-R é

$$L\frac{di}{dt} + Ri = E(t). \tag{6}$$

Determine a corrente $i(t)$ quando $i(0) = 0$ e $E(t)$ é a função representada na Figura 7.40.

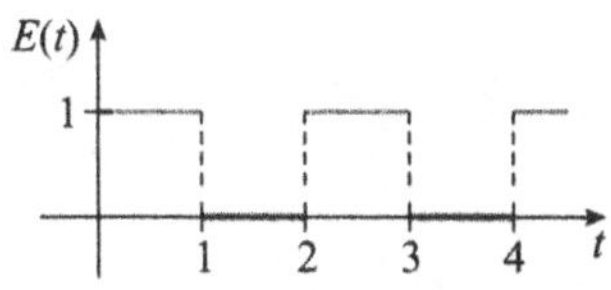

Figura 7.40

Solução A transformada de Laplace da equação é

$$LsI(s) + RI(s) = \mathscr{L}\{E(t)\}. \tag{7}$$

Como $E(t)$ é periódica com período $T = 2$, usamos (8) da Seção 7.4:

$$\mathscr{L}\{E(t)\} = \frac{1}{1 - e^{-2s}} \int_0^2 e^{-st} f(t)\, dt$$

$$= \frac{1}{1 - e^{-2s}} \left(\int_0^1 1 \times e^{-st}\, dt + \int_0^1 0 \times e^{-st}\, dt \right)$$

$$= \frac{1}{1 - e^{-2s}} \frac{1 - e^{-s}}{s} \qquad \Leftarrow \boxed{1 - e^{-2s} = (1 + e^{-s})(1 - e^{-s})}$$

$$= \frac{1}{s(1 + e^{-s})}.$$

Portanto, de (7) concluímos que

$$I(s) = \frac{1/L}{s(s + R/L)(1 + e^{-s})}. \tag{8}$$

Para encontrar a transformada de Laplace inversa dessa função, usamos primeiramente uma série geométrica. Lembre-se de que, para $|x| < 1$,

$$\frac{1}{1 + x} = 1 - x + x^2 - x^3 + \dots .$$

Substituindo x por e^{-s}, $s > 0$, temos,

$$\frac{1}{1 + e^{-s}} = 1 - e^{-s} + e^{-2s} - e^{-3s} + \dots .$$

Escrevendo

$$\frac{1}{s(s + R/L)} = \frac{L/R}{s} - \frac{L/R}{s + R/L}$$

(8) torna-se

$$I(s) = \frac{1}{R}\left(\frac{1}{s} - \frac{1}{s + R/L}\right)(1 - e^{-s} + e^{-2s} - e^{-3s} + \dots)$$

$$= \frac{1}{R}\left(\frac{1}{s} - \frac{e^{-s}}{s} + \frac{e^{-2s}}{s} - \frac{e^{-3s}}{s} + \dots\right) - \frac{1}{R}\left(\frac{1}{s + R/L} - \frac{e^{-s}}{s + R/L} + \frac{e^{-2s}}{s + R/L} - \frac{e^{-3s}}{s + R/L} + \dots\right).$$

Empregando a forma inversa do segundo teorema de translação em cada termo de ambas as séries, obtemos

$$i(t) = \frac{1}{R}\,(1 - \mathscr{U}(t - 1) + \mathscr{U}(t - 2) - \mathscr{U}(t - 3) + \dots)$$

$$-\frac{1}{R}(e^{-Rt/L} - e^{-R(t-1)/L}\,\mathcal{U}(t-1) + e^{-R(t-2)/L}\,\mathcal{U}(t-2) - e^{-R(t-3)/L}\,\mathcal{U}(t-3) + \ldots)$$

ou de maneira equivalente

$$i(t) = \frac{1}{R}(1 - e^{-Rt/L}) + \frac{1}{R}\sum_{n=1}^{\infty}(-1)^n(1 - e^{-R(t-n)/L})\,\mathcal{U}(t-n). \qquad \blacksquare$$

Para interpretar a solução do Exemplo 9, vamos supor, apenas para ilustrar, que $R = 1, L = 1$ e $0 \leq t < 4$. Nesse caso,

$$i(t) = 1 - e^{-t} - (1 - e^{t-1})\,\mathcal{U}(t-1) + (1 - e^{-(t-2)})\,\mathcal{U}(t-2) - (1 - e^{-(t-3)})\,\mathcal{U}(t-3);$$

em outras palavras,

$$i(t) = \begin{cases} 1 - e^{-t}, & 0 \leq t < 1 \\ -e^{-t} + e^{-(t-1)}, & 1 \leq t < 2 \\ 1 - e^{-t} + e^{-(t-1)} - e^{-(t-2)}, & 2 \leq t < 3 \\ -e^{-t} + e^{-(t-1)} - e^{-(t-2)} + e^{-(t-3)}, & 3 \leq t < 4. \end{cases}$$

O gráfico de $i(t)$ no intervalo [0, 4] está representado na Figura 7.41.

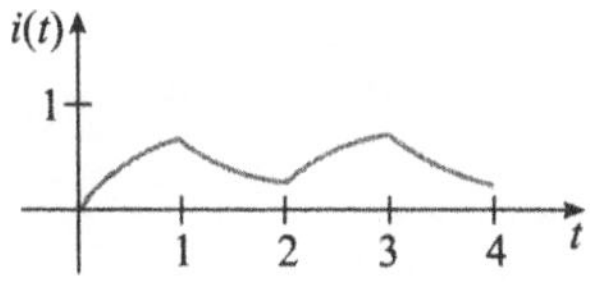

Figura 7.41

Vigas

No Exemplo 9 da Seção 1.2, vimos que a deflexão estática $y(x)$ de uma viga uniforme de comprimento L suportando uma carga $w(x)$ por unidade de comprimento satisfaz a equação de quarta ordem

$$EI\frac{d^4y}{dx^4} = w(x), \tag{9}$$

em que E é o módulo de elasticidade de Young e I é um momento de inércia de uma seção transversal da viga. Para aplicar a transformada de Laplace à equação (9), supomos que $w(x)$ e $y(x)$ estão definidos em $(0, \infty)$ e não só em $(0, L)$. Note também que o próximo exemplo é mais um problema de valor de contorno do que um problema de valor inicial.

EXEMPLO 10

Uma viga de comprimento L está fixa em ambos os extremos (engastada). Veja a Figura 7.42. Nesse caso, a deflexão $y(x)$ satisfaz (9) e as condições

$$y(0) = 0, \quad y(L) = 0, \quad y'(0) = 0 \quad \text{e} \quad y'(L) = 0.$$

As duas primeiras condições indicam que não há deflexão vertical nas extremidades; as outras duas significam que a linha de deflexão é horizontal nos extremos. Encontre a deflexão da viga quando uma carga constante w0 está uniformemente distribuída ao longo de seu comprimento, isto é, quando $w(x) = w_0$, $0 < x < L$.

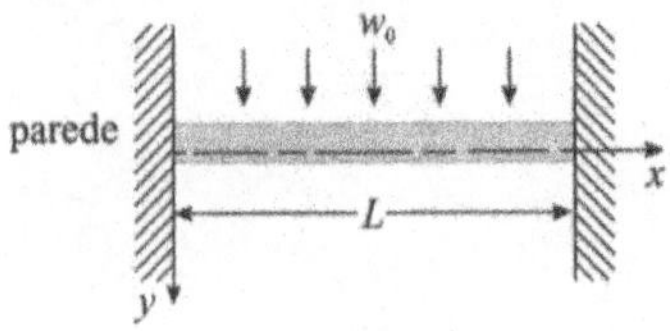

Figura 7.42

Solução A transformada de Laplace da equação (9) é

$$EI(s^4Y(s) - s^3y(0) - s^2y'(0) - sy''(0) - y'''(0)) = \frac{w_0}{s}$$

$$s^4Y(s) - sy''(0) - y'''(0) = \frac{w_0}{EIs}.$$

Se $c_1 = y''(0)$ e $c_2 = y'''(0)$, então

$$Y(s) = \frac{c_1}{s^3} + \frac{c_2}{s^4} + \frac{w_0}{EIs^5}$$

e conseqüentemente

$$y(x) = \frac{c_1}{2!}\mathscr{L}^{-1}\left\{\frac{2!}{s^3}\right\} + \frac{c_2}{3!}\mathscr{L}^{-1}\left\{\frac{3!}{s^4}\right\} + \frac{w_0}{4!EI}\mathscr{L}^{-1}\left\{\frac{4!}{s^5}\right\}$$
$$= \frac{c_1}{2}x^2 + \frac{c_2}{6}x^3 + \frac{w_0}{24EI}x^4.$$

Pelas condições dadas, $y(L) = 0$ e $y'(L) = 0$, a última equação conduz ao sistema

$$\frac{c_1}{2}L^2 + \frac{c_2}{6}L^3 + \frac{w_0}{24EI}L^4 = 0$$

$$c_1L + \frac{c_2}{2}L^2 + \frac{w_0}{6EI}L^3 = 0.$$

Resolvendo, encontramos $c_1 = w_0L^2/12EI$ e $c_2 = -w_0L/2EI$. Logo, a deflexão é dada por

$$y(x) = \frac{w_0L^2}{24EI}x^2 - \frac{w_0L}{12EI}x^3 + \frac{w_0}{24EI}x^4 = \frac{w_0}{24EI}x^2(x - L)^2.$$

■

7.5 EXERCÍCIOS

As respostas dos exercícios selecionados estão nas páginas 464 e 465.

Uma tabela das transformadas de algumas funções básicas aparece no Apêndice II.

Nos Problemas 1-26, use a transformada de Laplace para resolver a equação diferencial dada sujeita às condições iniciais indicadas. Quando apropriado, escreva f em termos de funções degrau unitário.

1. $\frac{dy}{dt} - y = 1, \quad y(0) = 0$

2. $\frac{dy}{dt} + 2y = t, \quad y(0) = -1$

3. $y' + 4y = e^{-4t}, \quad y(0) = 2$

4. $y' - y = \text{sen } t, \quad y(0) = 0$

5. $y'' + 5y' + 4y = 0, \quad y(0) = 1, \quad y'(0) = 0$

6. $y'' - 6y' + 13y = 0, \quad y(0) = 0, \quad y'(0) = -3$

7. $y'' - 6y' + 9y = t, \quad y(0) = 0, \quad y'(0) = 1$

8. $y'' - 4y' + 4y = t^3, \quad y(0) = 1, \quad y'(0) = 0$

9. $y'' - 4y' + 4y = t^3 e^{2t}, \quad y(0) = 0, \quad y'(0) = 0$

10. $y'' - 2y' + 5y = 1 + t, \quad y(0) = 0, \quad y'(0) = 4$

11. $y'' + y = \text{sen } t, \quad y(0) = 1, \quad y'(0) = -1$

12. $y'' + 16y = 1, \quad y(0) = 1, \quad y'(0) = 2$

13. $y'' - y' = e^t \cos t, \quad y(0) = 0, \quad y'(0) = 0$

14. $y'' - 2y' = e^t \,\text{senh}\, t, \quad y(0) = 0, \quad y'(0) = 0$

15. $2y''' + 3y'' - 3y' - 2y = e^{-t}, \quad y(0) = 0, \quad y'(0) = 0, \quad y''(0) = 1$

16. $y''' + 2y'' - y' - 2y = \text{sen } 3t, \quad y(0) = 0, \quad y'(0) = 0, \quad y''(0) = 1$

17. $y^{(4)} - y = 0, \quad y(0) = 1, \quad y'(0) = 0, \quad y''(0) = -1, \quad y'''(0) = 0$

18. $y^{(4)} - y = t, \quad y(0) = 0, \quad y'(0) = 0, \quad y''(0) = 0, \quad y'''(0) = 0$

19. $y' + y = f(t)$, em que $f(t) = \begin{cases} 0, & 0 \le t < 1 \\ 5, & t \ge 1 \end{cases} \quad y(0) = 0$

20. $y' + y = f(t)$, em que $f(t) = \begin{cases} 1, & 0 \le t < 1 \\ -1, & t \ge 1 \end{cases} \quad y(0) = 0$

21. $y' + 2y = f(t)$, em que $f(t) = \begin{cases} t, & 0 \le t < 1 \\ 0, & t \ge 1 \end{cases} \quad y(0) = 0$

22. $y'' + 4y = f(t)$, em que $f(t) = \begin{cases} 1, & 0 \le t < 1 \\ 0, & t \ge 1 \end{cases} \quad y(0) = 0, \quad y'(0) = -1$

23. $y'' + 4y = \text{sen}\, t\, \mathcal{U}(t - 2\pi)$, $y(0) = 1$, $y'(0) = 0$

24. $y'' - 5y' + 6y = \mathcal{U}(t - 1)$, $y(0) = 0$, $y'(0) = 1$

25. $y'' + y = f(t)$, em que $f(t) = \begin{cases} 0, & 0 \leq t < \pi \\ 1, & \pi \leq t < 2\pi \\ 0, & t \geq 2\pi \end{cases}$ $y(0) = 0$, $y'(0) = 1$

26. $y'' + 4y' + 3y = 1 - \mathcal{U}(t - 2) - \mathcal{U}(t - 4) + \mathcal{U}(t - 6)$; $y(0) = 0$, $y'(0) = 0$

Nos Problemas 27 e 28, use a transformada de Laplace para resolver a equação diferencial dada sujeita às condições de contorno indicadas.

27. $y'' + 2y' + y = 0$, $y'(0) = 2$, $y(1) = 2$

28. $y'' - 9y' + 20y = 1$, $y(0) = 0$, $y'(1) = 0$

Nos Problemas 29-38, use a transformada de Laplace para resolver a equação integral dada ou a equação íntegro-diferencial.

29. $f(t) + \int_0^t (t - \tau) f(\tau)\, d\tau = t$

30. $f(t) = 2t - 4 \int_0^t \text{sen}\, \tau f(t - \tau)\, d\tau$

31. $f(t) = te^t + \int_0^t \tau f(t - \tau)\, d\tau$

32. $f(t) + 2 \int_0^t f(\tau) \cos(t - \tau)\, d\tau = 4e^{-t} + \text{sen}\, t$

33. $f(t) + \int_0^t f(\tau)\, d\tau = 1$

34. $f(t) = \cos t + \int_0^t e^{-\tau} f(t - \tau)\, d\tau$

35. $f(t) = 1 + t - \frac{8}{3} \int_0^t f(\tau - t)^3 f(\tau)\, d\tau$

36. $t - 2f(t) = \int_0^t (e^\tau - e^{-\tau}) f(t - \tau)\, d\tau$

37. $y'(t) = 1 - \text{sen}\, t - \int_0^t y(\tau)\, d\tau$, $y(0) = 0$

38. $\frac{dy}{dt} + 6y(t) + 9 \int_0^t y(\tau)\, d\tau = 1$, $y(0) = 0$

39. Use a equação (3) para determinar a corrente $i(t)$ em um circuito em série L-R-C quando $L = 0{,}005$ henry, $R = 1$ ohm, $C = 0{,}02$ farad, $E(t) = 100[1 - \mathcal{U}(t - 1)]$ volts e $i(0) = 0$.

40. Resolva o Problema 39 quando $E(t) = 100[t - (t - 1)\mathcal{U}(t - 1)]$.

41. Lembre-se de que a equação diferencial para a carga $q(t)$ em um capacitor em um circuito em série R - C é

$$R\frac{dq}{dt} + \frac{1}{C}q = E(t),$$

em que $E(t)$ é a voltagem impressa. Veja a Seção 3.2. Use a transformada de Laplace para determinar a carga $q(t)$ quando $q(0) = 0$ e $E(t) = E_0e^{-kt}$, $k > 0$. Considere dois casos : $k \neq 1/RC$ e $k = 1/RC$.

42. Use a transformada de Laplace para determinar a carga no capacitor em um circuito em série R-C se $q(0) = q_0$, $R = 10$ ohms, $C = 0,1$ farad e $E(t)$ é a voltagem dada na Figura 7.43.

43. Use a transformada de Laplace para determinar a carga no capacitor em um circuito em série R-C se $q(0) = 0$, $R = 2,5$ ohms, $C = 0,08$ farad e $E(t)$ é a voltagem dada na Figura 7.44.

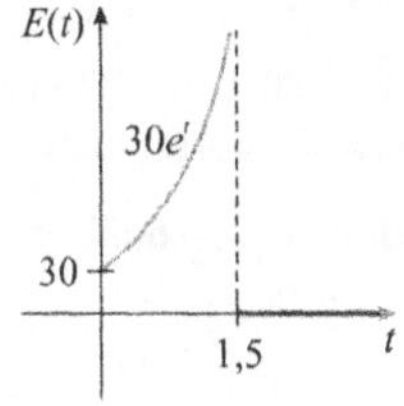

Figura 7.43

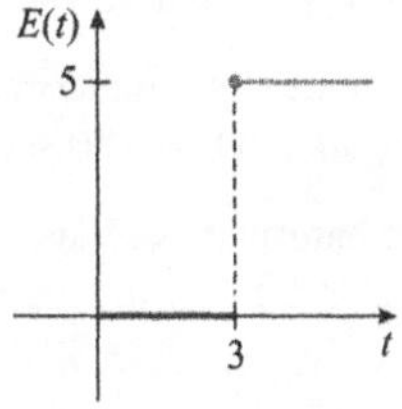

Figura 7.44

44. Use a transformada de Laplace para determinar a carga $q(t)$ no capacitor em um circuito em série R-C quando $q(0) = 0$, $R = 50$ ohms, $C = 0,01$ farad e $E(t)$ é a voltagem dada na Figura 7.45.

45. Use a transformada para determinar a corrente $i(t)$ em um circuito em série L-R quando $i(0) = 0$, $L = 1$ henry, $R = 10$ ohms e $E(t)$ é a voltagem dada na Figura 7.46.

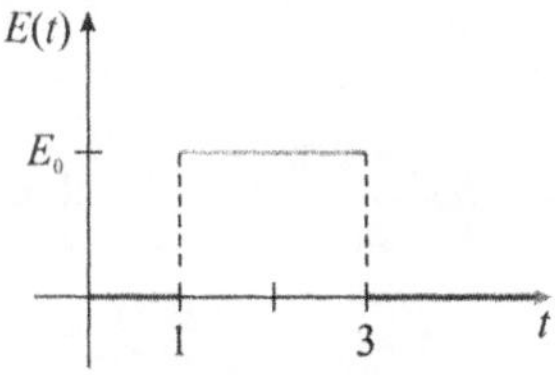

Figura 7.45

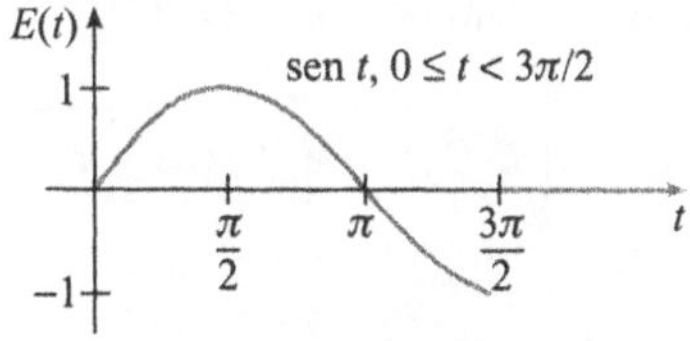

Figura 7.46

46. Resolva a equação (6) sujeita a $i(0) = 0$, em que$E(t)$ é a voltagem dada na Figura 7.47. [Sugestão: Veja o Problema 31, Exercício 7.4.]

47. Resolva a equação (6) sujeita a $i(0) = 0$, em que $E(t)$ é a voltagem dada na Figura 7.48. Especifique a solução para $0 \leq t < 2$. [Sugestão : Veja o Problema 33, Exercício 7.4]

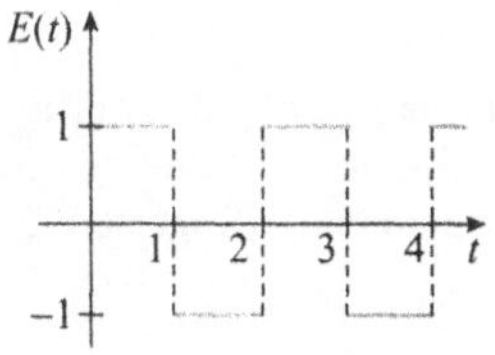

Figura 7.47

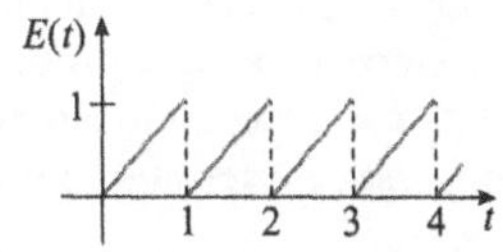

Figura 7.48

48. Lembre-se de que a equação diferencial para a carga instantânea $q(t)$ no capacitor em um circuito em série L-C-R é dada por

$$L\frac{d^2q}{dt^2} + R\frac{dq}{dt} + \frac{1}{C}q = E(t). \tag{10}$$

Veja a Seção 5.4. Use a transformada de Laplace para determinar $q(t)$ quando $L = 1$ henry, $R = 20$ ohms, $C = 0{,}005$ farad, $E(t) = 150$ volts, $t > 0$, e $q(0) = 0$, $i(0) = 0$. Qual é a corrente $i(t)$? Qual é a carga $q(t)$ se a mesma voltagem constante estiver desligada em $t \geq 2$?

49. Determine a carga $q(t)$ e a corrente $i(t)$ em um circuito em série no qual $L = 1$ henry, $R = 20$ ohms, $C = 0{,}01$ farad, $E(t) = 120$ sen $10t$ volts, $q(0) = 0$ e $i(0) = 0$. Qual é a corrente estacionária?

50. Considere a bateria de voltagem constante E_0 que carrega o capacitor representada na Figura 7.49. Se dividirmos por L e definirmos $\lambda = R/2L$ e $\omega^2 = 1/LC$, então (10) torna-se

$$\frac{d^2q}{dt^2} + 2\lambda\frac{dq}{dt} + \omega^2 q = \frac{E_0}{L}.$$

Use a transformada de Laplace para mostrar que a solução dessa equação, sujeita a $q(0) = 0$ e $i(0) = 0$, é

$$q(t) = \begin{cases} E_0C\,[1 - e^{-\lambda t}(\cosh\lambda\sqrt{\lambda^2-\omega^2}\,t + \dfrac{\lambda}{\sqrt{\lambda^2-\omega^2}}\,\text{senh}\sqrt{\lambda^2-\omega^2}\,t)], & \lambda > \omega \\ E_0C\,[1 - e^{-\lambda t}(1 + \lambda t)], & \lambda = \omega \\ E_0C\,[1 - e^{-\lambda t}(\cos\sqrt{\omega^2-\lambda^2}\,t + \dfrac{\lambda}{\sqrt{\omega^2-\lambda^2}}\,\text{sen}\sqrt{\omega^2-\lambda^2}\,t)], & \lambda < \omega. \end{cases}$$

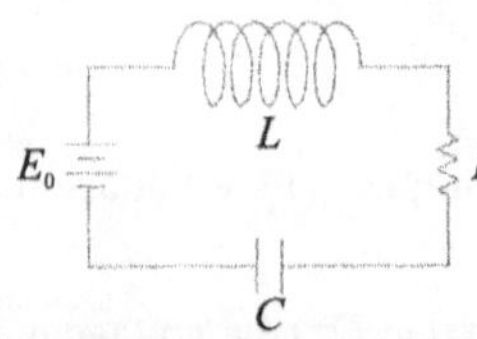

Figura 7.49

51. Use a transformada de Laplace para determinar a carga $q(t)$ no capacitor em um circuito em série L-C quando $q(0) = 0$, $i(0) = 0$ e $E(t) = E_0e^{-kt}$, $k > 0$.

52. Um peso de 4 kg distende uma mola em 2 cm. O peso é solto na posição de equilíbrio a partir do repouso. Determine a equação de movimento se uma força externa $f(t) =$ sen t age sobre o sistema durante $0 \leq t < 2\pi$ e então é removida. Ignore qualquer amortecimento. [Sugestão: Escreva a força externa impressa em termos de função degrau unitário.]

53. Um peso de 4 kg distende uma mola em 2 cm. O peso é solto a partir do repouso a 18 cm acima da posição de equilíbrio. O movimento resultante tem lugar em um meio que oferece uma força de amortecimento numericamente igual a 7/8 da velocidade instantânea do corpo. Use a transformada de Laplace para determinar a equação de movimento.

54. Um peso de 1 kg é atado a uma mola de constante elástica $k = 4{,}5$ N/m. Começando em $t = 0$, uma força igual a $f(t) = 4 \operatorname{sen} 3t + 2 \cos 3t$ age sobre o sistema. Supondo que não haja força de amortecimento presente, use a transformada de Laplace para encontrar a equação de movimento se o peso é solto a partir do repouso na posição de equilíbrio.

55. Para uma viga engastada em seu extremo esquerdo ($x = 0$) e solta em seu extremo direito ($x = L$), a deflexão $y(x)$ satisfaz (9) e

$$y(0) = 0, \quad y'(0) = 0, \quad y''(L) = 0, \quad y'''(L) = 0. \qquad (11)$$

As duas primeiras condições significam que a deflexão e a inclinação são nulas em $x = 0$. As duas outras condições dizem que o momento fletor e a força de cisalhamento são nulos em $x = L$. Use a transformada de Laplace para resolver a equação (9) sujeita a (11) quando uma carga constante w_0 está uniformemente distribuída ao longo da viga. Veja a Figura 7.50. Encontre a deflexão do ponto médio da viga. Encontre a deflexão máxima da viga.

56. Resolva o Problema 55 quando a carga é dada por

$$w(x) = \begin{cases} 0, & 0 < x < L/3 \\ w_0, & L/3 < x < 2L/3 \\ 0, & 2L/3 < x < L. \end{cases}$$

Escreva $w(x)$ em termos de funções degrau unitário.

57. Resolva o Problema 55 quando a carga é dada por

$$w(x) = \begin{cases} w_0, & 0 < x < L/2 \\ 0, & L/2 < x < L. \end{cases}$$

58. A deflexão estática $y(x)$ de uma viga que está engonçada em ambos os extremos, satisfaz a equação diferencial (9) e as condições

$$y(0) = 0, \quad y''(0) = 0, \quad y(L) = 0, \quad y''(L) = 0. \qquad (12)$$

Use a transformada de Laplace para resolver (9) sujeita a (12) quando $w(x) = w_0$, $0 < x < L$. Veja a Figura 7.51.

Nos Problemas 59 e 60 use a transformada de Laplace e o Teorema 7.7 para encontrar uma solução para a equação dada.

59. $ty'' - y' = t^2, \quad y(0) = 0$

60. $ty'' + 2ty' + 2y = 0, \quad y(0) = 0$

61. Neste problema, mostramos como a convolução pode ser usada para encontrar uma solução para um problema de valor inicial do tipo

$$ay'' + by' + cy = g(t), \quad y(0) = 0, \quad y'(0) = 0. \qquad (13)$$

(a) Mostre que a solução $y_1(t)$ para o problema de valor inicial

$$ay'' + by' + cy = 0, \quad y(0) = 0, \quad y'(0) = 1,$$

é
$$y_1(t) = \mathscr{L}^{-1}\left\{\frac{a}{a^2 + bs + c}\right\}.$$

(b) Use o resultado da parte (a) para mostrar que a solução $y_2(t)$ para o problema de valor inicial (13) é dada por

$$y_2(t) = \frac{1}{a}\, g * y_1.$$

62. Use o procedimento exposto no Problema 61 para encontrar uma solução para o problema de valor inicial

$$y'' + y = \sec t, \quad y(0) = 0, \quad y'(0) = 0.$$

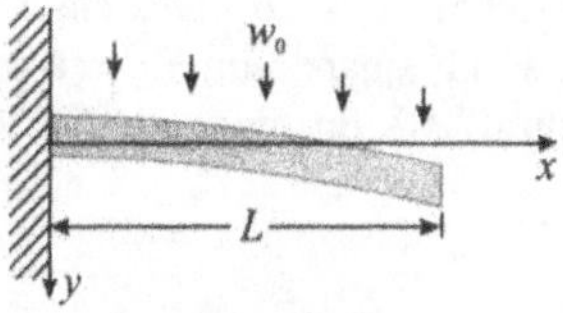

Figura 7.50

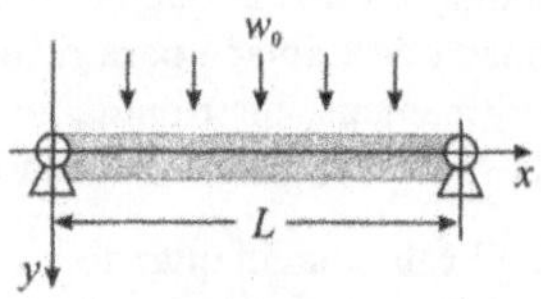

Figura 7.51

[O] 7.6 FUNÇÃO DELTA DE DIRAC

Impulso Unitário

Sistemas mecânicos estão freqüentemente sujeitos a ações de forças externas (ou força eletromotriz no caso de um circuito elétrico) de grande amplitude que agem somente por um curto período de tempo. Por exemplo, uma massa em uma mola que sofre a ação de uma martelada, uma bola de futebol quando chutada, as cordas de um piano quando atingidas pelo martelo de feltro, uma bola de tênis quando atingida pela raquete etc. ... A função

$$\delta_a(t - t_0) = \begin{cases} 0, & 0 \le t < t_0 - a \\ \dfrac{1}{2a}, & t_0 - a \le t < t_0 + a \\ 0, & t \ge t_0 + a, \end{cases} \tag{1}$$

$a > 0$, $t_0 > 0$, representada na Figura 7.52(a), pode servir como um modelo matemático de tais forças. Para um pequeno valor de a, $\delta_a(t - t_0)$ é essencialmente uma função constante de grande magnitude que age somente por um curto período de tempo. O comportamento de $\delta_a(t - t_0)$ quando $a \to 0$ é ilustrado na Figura 7.52(b). A função $\delta_a(t - t_0)$ é chamada de **impulso** unitário, pois apresenta a seguinte propriedade

$$\int_0^\infty \delta a(t - t_0)\, dt = 1.$$

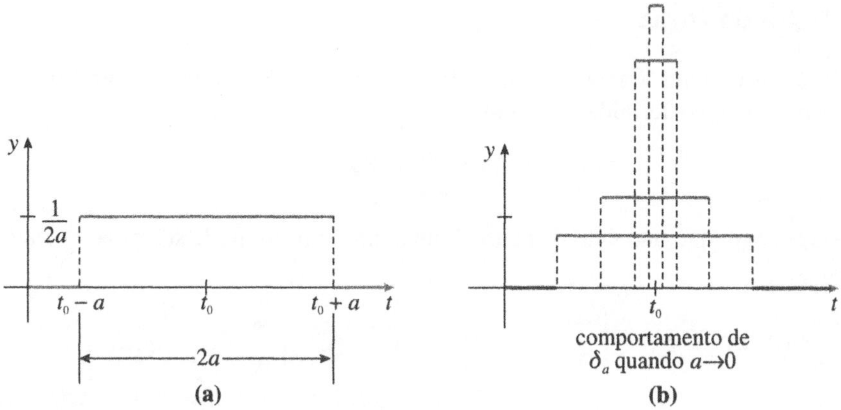

Figura 7.52

A força impulsiva que ocorre durante a colisão de dois objetos é uma força de grande magnitude e aproximadamente constante que atua no sistema por um curto período de tempo. Uma raquete batendo em uma bola de tênis imprime uma tremenda força a esta, mas a raquete esteve em contato físico com a bola somente por uma fração de segundos. Situações análogas são: boliche, golfe, um chute em uma bola de futebol, colisões atômicas, pingue-pongue, beisebol etc.

Função Delta de Dirac

Na prática, é conveniente trabalhar com outro tipo de impulso unitário, uma "função" muito próxima de $\delta_a(t - t_0)$ e definida pelo limite

$$\delta(t - t_0) = \lim_{a \to 0} \delta_a(t - t_0). \tag{2}$$

A última expressão, que não é de maneira alguma uma função, pode ser caracterizada por duas propriedades

$$\text{(i)} \quad \delta(t - t_0) = \begin{cases} \infty, & t = t_0 \\ 0, & t \neq t_0 \end{cases}, \quad \text{e} \quad \text{(ii)} \quad \int_{0,}^{\infty,} \delta(t - t_0)\, dt = 1.$$

A expressão $\delta(t - t_0)$ é chamada de **função delta de Dirac.***

É possível obter a transformada de Laplace da função delta de Dirac supondo formalmente que

$$\mathscr{L}\{\delta(t - t_0)\} = \lim_{a \to 0} \mathscr{L}\{\delta_a(t - t_0)\}.$$

TEOREMA 7.11 Transformada da Função Delta de Dirac

Para $t_0 > 0$,

$$\mathscr{L}\{\delta(t - t_0)\} = e^{-st_0}. \tag{3}$$

Prova Podemos escrever $\delta_a(t - t_0)$ em termos da função degrau unitário em virtude de (4) e (5) da Seção 7.3:

$$\delta_a(t - t_0) = \frac{1}{2a}\,[\mathscr{U}(t - (t_0 - a)) - \mathscr{U}(t - (t_0 + a))].$$

Pela linearidade e (7) da Seção 7.3, a transformada de Laplace dessa última expressão é

$$\mathscr{L}\{\delta_a(t - t_0)\} = \frac{1}{2a}\left[\frac{e^{-s(t_0 - a)}}{s} - \frac{e^{-s(t_0 + a)}}{s}\right]$$

* **Paul Adrian Maurice Dirac** (1902-1984) A função delta foi uma invenção do físico inglês contemporâneo P. A. M. Dirac. Juntamente com Max Planck, Werner Heisenberg, Erwin Schrödinger and Albert Einstein, Dirac foi um dos fundadores, entre 1900 e 1930, de uma nova maneira de descrever o comportamento dos átomos, moléculas e partículas elementares chamada *mecânica quântica*. Por seu trabalho pioneiro nesse campo, Dirac e Schrödinger dividiram em 1933 o prêmio Nobel de física. A função delta de Dirac foi usada extensivamente em seu tratado clássico de 1932, *The Principles of Quantum Mechanics*.

ou
$$\mathscr{L}\{\delta_a(t - t_0)\} = e^{-st_0}\left(\frac{e^{sa} - e^{-sa}}{2sa}\right). \tag{4}$$

Como (4) tem a forma indeterminada 0/0 quando $a \to 0$, aplicamos a regra de L'Hôpital:

$$\mathscr{L}\{\delta(t - t_0)\} = \lim_{a \to 0} \mathscr{L}\{\delta_a(t - t_0)\} = e^{-st_0} \lim_{a \to 0}\left(\frac{e^{sa} - e^{-sa}}{2sa}\right) = e^{-st_0}. \qquad \square$$

Agora, quando $t_0 = 0$, parece plausível concluir de (3) que

$$\mathscr{L}\{\delta(t)\} = 1.$$

O último resultado enfatiza o fato de que $\delta(t)$ não é o tipo usual de função que temos considerado, pois pelo Teorema 7.4, a seguinte propriedade deveria ser verdadeira, a saber, $\mathscr{L}\{f(t)\} \to 0$ quando $s \to \infty$.

EXEMPLO 1

Resolva
$$y'' + y = 4\delta(t - 2\pi)$$

sujeito a **(a)** $y(0) = 1, \quad y'(0) = 0,$ e **(b)** $y(0) = 0, \quad y'(0) = 0.$

Os dois problemas de valor inicial podem servir como modelo para descrever o movimento de uma massa em uma mola movendo-se em um meio com amortecimento desprezível. No instante $t = 2\pi$ a massa recebe um sopro brusco. Em (a), a massa parte do repouso 1 unidade abaixo da posição de equilíbrio. Em (b), a massa está em repouso na posição de equilíbrio.

Solução (a) A transformada de Laplace da equação diferencial é

$$s^2Y(s) - s + Y(s) = 4e^{-2\pi s}$$

ou
$$Y(s) = \frac{s}{s^2 + 1} + \frac{4e^{-2\pi s}}{s^2 + 1}.$$

Utilizando a forma inversa do segundo teorema de translação, encontramos

$$y(t) = \cos t + 4 \operatorname{sen}(t - 2\pi)\mathscr{U}(t - 2\pi):$$

Como $\operatorname{sen}(t - 2\pi) = \operatorname{sen} t$, a solução pode ser escrita como

$$y(t) = \begin{cases} \cos t, & 0 \le t < 2\pi \\ \cos t + 4 \operatorname{sen} t, & t \ge 2\pi. \end{cases} \tag{5}$$

Na Figura 7.53, vemos pelo gráfico de (5) que a massa exibe movimento harmônico simples até o instante $t = 2\pi$. A influência do impulso unitário aumenta a amplitude de vibração para $\sqrt{17}$ quando $t > 2\pi$.

(b) Nesse caso, a transformada da equação é simplesmente

$$Y(s) = \frac{4e^{-2\pi s}}{s^2 + 1}$$

e assim

$$y(t) = 4 \text{ sen } (t - 2\pi)\mathcal{U}(t - 2\pi)$$

$$= \begin{cases} 0 & 0 \leq t < 2\pi \\ 4 \text{ sen } t, & t \geq 2\pi. \end{cases} \tag{6}$$

O gráfico de (6) na Figura 7.54 mostra, como esperado, que a massa não se move até o instante $t = 2\pi$.

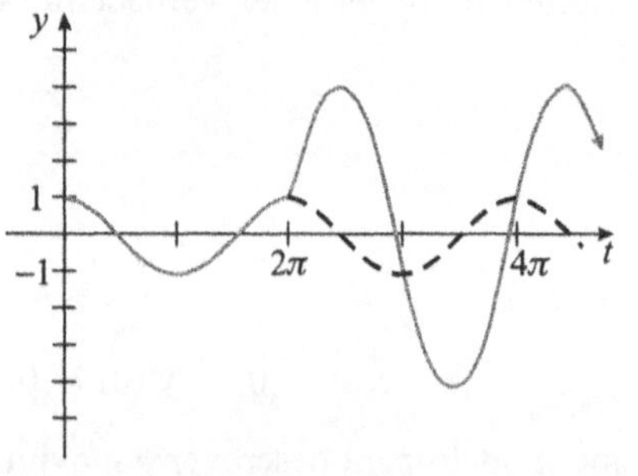

Figura 7.53

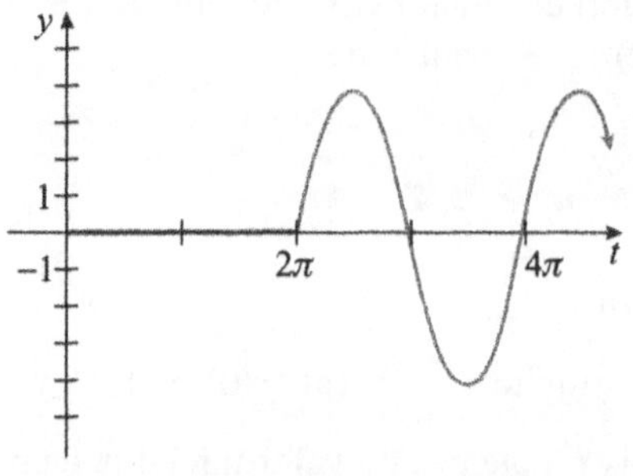

Figura 7.54 ■

Observação Se $\delta(t - t_0)$ fosse uma função no sentido usual, então a propriedade (i) da página 414 implicaria $\int_0^\infty \delta(t - t_0)\, dt = 0$ em vez de $\int_0^\infty \delta(t - t_0)\, dt = 1$. Como a função delta de Dirac não se comporta como uma função ordinária, encontrou inicialmente severas restrições por parte dos matemáticos, embora seu uso produzisse resultados corretos. Porém, nos anos 40, a controversa função de Dirac foi formalizada de maneira rigorosa pelo matemático francês Laurent Schwartz em seu livro *La Théorie de Distribution*, e isso, por sua vez, gerou um ramo inteiramente novo da matemática conhecido como *teoria das distribuições*, ou *funções generalizadas*. Na teoria moderna de funções generalizadas, (2) não é aceitável como definição de $\delta(t - t_0)$ e também não se fala de uma função cujo valor é ∞ ou zero. Embora essa teoria esteja muito além do nível deste texto, para nossos propósitos é suficiente dizer que a função delta de Dirac é definida em termos de seu efeito ou de sua ação em outras funções. Para ver isso, suponha que f seja uma função contínua em $[0, \infty)$. Então, pelo teorema do valor médio para integrais, segue-se que

$$\int_0^\infty f(t)\delta_a(t - t_0)\, dt = \int_{t_0 - a}^{t_0 + a} f(t)\left(\frac{1}{2a}\right) dt = \frac{1}{2a}\,(2af(c)) = f(c),$$

em que c é um número pertencente ao intervalo $t_0 - a < t < t_0 + a$. Quando $a \to 0$, obrigatoriamente $c \to t_0$, assim

$$\int_0^\infty f(t)\delta(t - t_0)\,dt = \lim_{a \to 0} \int_0^\infty f(t)\delta_a(t - t_0)\,dt = \lim_{a \to 0} f(c)$$

implica

$$\int_0^\infty f(t)\delta(t - t_0)\,dt = f(t_0) \tag{7}$$

Embora usemos a definição intuitiva (2) para concluir (7), o resultado é válido e pode ser obtido por meios rigorosos. O resultado em (7) pode ser usado como definição de $\delta(t - t_0)$. É conhecido como propriedade de separação, pois $\delta(t - t_0)$ tem o efeito de separar o valor $f(t_0)$ dos valores de f. Note que a propriedade (ii) na página 414 é consistente com (7) quando $f(t) = 1, 0 \leq t < \infty$. A operação integral (7) que associa um número $f(t_0)$ a uma função f induz a noção de funcional linear. Paramos por aqui e sugerimos ao leitor curioso que consulte um texto avançado.*

7.6 EXERCÍCIOS

As respostas dos exercícios selecionados estão na página 465.

Nos Problemas 1-12, use a transformada de Laplace para resolver a equação diferencial dada sujeita às condições iniciais indicadas.

1. $y' - 3y = \delta(t - 2), \quad y(0) = 0$

2. $y' + y = \delta(t - 1), \quad y(0) = 2$

3. $y'' + y = \delta(t - 2\pi), \quad y(0) = 0, \quad y'(0) = 1$

4. $y'' + 16y = \delta(t - 2\pi), \quad y(0) = 0, \quad y'(0) = 0$

5. $y'' + y = \delta\left(t - \frac{\pi}{2}\right) + \delta\left(t - \frac{3\pi}{2}\right), \quad y(0) = 0, \quad y'(0) = 0$

6. $y'' + y = \delta(t - 2\pi) + \delta(t - 4\pi), \quad y(0) = 1, \quad y'(0) = 0$

7. $y'' + 2y' = \delta(t - 1), \quad y(0) = 0, \quad y'(0) = 1$

8. $y'' - 2y' = 1 + \delta(t - 2), \quad y(0) = 0, \quad y'(0) = 1$

9. $y'' + 4y' + 5y = \delta(t - 2\pi), \quad y(0) = 0, \quad y'(0) = 0$

10. $y'' + 2y' + y = \delta(t - 1), \quad y(0) = 0, \quad y'(0) = 0$

11. $y'' + 4y' + 13y = \delta(t - \pi) + \delta(t - 3\pi), \quad y(0) = 1, \quad y'(0) = 0$

* Veja See **M. J. Lighthill**, Introduction to *Fourier Analysis and Generalized Functions* (New York: Cambridge University Press, 1958).

12. $y'' - 7y' + 6y = e^t + \delta(t-2) + \delta(t-4), \quad y(0) = 0, \quad y'(0) = 0$

13. Uma viga uniforme de comprimento L está sujeita a uma carga concentrada w_0 no ponto $x = L/2$. A viga está engastada no seu lado esquerdo e livre no extremo direito. Use a transformada de Laplace para determinar a deflexão $y(x)$ a partir da equação

$$EI\,\frac{d^4y}{dx^4} = w_0\delta\left(x - \frac{L}{2}\right),$$

em que $\quad y(0) = 0, \quad y'(0) = 0, \quad y''(L) = 0 \quad$ e $\quad y'''(L) = 0.$

14. Resolva a equação diferencial do Problema 13 sujeita a $y(0) = 0$, $y'(0) = 0$, $y(L) = 0$, $y'(L) = 0$. Nesse caso, a viga está engastada em ambos os extremos. Veja a Figura 7.55.

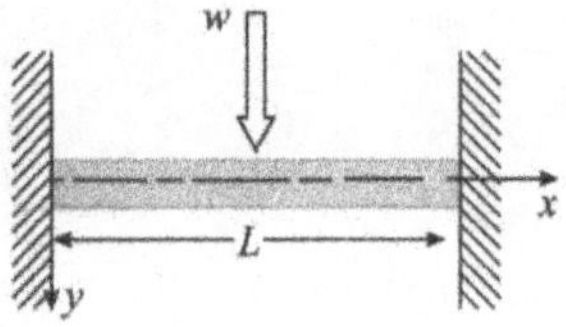

Figura 7.55

15. Use (7) para obter (3).

16. Use (7) para calcular $\displaystyle\int_0^\infty t^2 e^{-3t}\delta(t-4)\,dt.$

17. Use a transformada de Laplace e (7) para resolver

$$y'' + 2y' + 2y = \cos t\;\delta(t - 3\pi)$$

sujeita a $y(0) = 1$ e $y'(0) = -1$.

18. Para enfatizar a natureza não usual da função delta de Dirac, mostre que a "solução" para o problema de valor inicial $y'' + \omega^2 y = \delta(t)$, $y(0) = 0$, $y'(0) = 0$ não satisfaz a condição inicial $y'(0) = 0$.

19. Resolva o problema de valor inicial

$$L\,\frac{di}{dt} + Ri = \delta(t), \qquad i(0) = 0,$$

em que L e R são constantes. A solução satisfaz a condição em $t = 0$?

20. Se $\delta'(t - t_0)$ é a derivada da função delta de Dirac, então sabemos que $\mathscr{L}\{\delta'(t - t_0)\} = se^{-st_0}$, $t_0 \geq 0$. Use esse resultado para resolver $y' + 5y = \delta'(t)$ sujeita a $y(0) = 0$.

Capítulo 7 *REVISÃO*

A transformada de Laplace da função $f(t)$, $t \geq 0$, é definida pela integral

$$\mathscr{L}\{f(t)\} = \int_0^{\infty} e^{-st} f(t)\,dt = F(s).$$

O parâmetro s é usualmente restrito, de maneira que garanta a convergência da integral. Quando ela é aplicada a uma equação diferencial com coeficientes constantes como $ay'' + by' + cy = g(t)$, resulta em uma equação algébrica

$$a[s^2Y(s) - sy(0) - y'(0)] + b[sY(s) - y(0)] + cY(s) = G(s),$$

a qual depende das condições iniciais $y(0)$ e $y'(0)$. Quando esses valores são conhecidos, então determinamos $y(t)$ calculando $y(t) = \mathscr{L}^{-1}\{Y(s)\}$.

Capítulo 7 *EXERCÍCIOS DE REVISÃO*

As respostas dos exercícios selecionados estão nas páginas 465 e 466.

Nos Problemas 1 e 2, use a definição da transformada de Laplace para calcular $\mathscr{L}\{f(t)\}$.

1. $f(t) = \begin{cases} t, & 0 \leq t < 1 \\ 2 - t, & t \geq 1 \end{cases}$

2. $f(t) = \begin{cases} 0, & 0 \leq t < 1 \\ 1, & 2 \leq t < 4 \\ 0, & t \geq 4 \end{cases}$

Nos Problemas 3-24, preencha as lacunas ou responda verdadeiro/falso.

3. Se f não for contínua por partes em $[0, \infty)$, então $\mathscr{L}\{f(t)\}$ não existirá.

4. A função $f(t) = (e^t)^{10}$ não é de ordem exponencial.

5. $F(s) = s^2/(s^2 + 4)$ não é a transformada de Laplace de uma função contínua por partes e de ordem exponencial.

6. Se $\mathscr{L}\{f(t)\} = F(s)$ e $\mathscr{L}\{g(t)\} = G(s)$, então $\mathscr{L}^{-1}\{F(s)G(s)\} = f(t)g(t)$. ________

7. $\mathscr{L}\{e^{-7t}\} =$ ________

8. $\mathscr{L}\{te^{-7t}\} =$ ________

9. $\mathscr{L}\{\text{sen } 2t\} =$ ________

10. $\mathscr{L}\{e^{-3t} \text{ sen } 2t\} =$ ________

11. $\mathscr{L}\{t \text{ sen } 2t\} =$ ________

12. $\mathscr{L}\{\text{sen } 2t\, \mathscr{U}(t - \pi)\} =$ ________

13. $\mathscr{L}^{-1}\left\{\dfrac{20}{s^6}\right\} =$ ________

14. $\mathscr{L}^{-1}\left\{\dfrac{1}{3s - 1}\right\} =$ ________

15. $\mathscr{L}^{-1}\left\{\dfrac{1}{(s - 5)^3}\right\} =$ ________

16. $\mathscr{L}^{-1}\left\{\dfrac{1}{s^2 - 5}\right\} =$ ________

17. $\mathscr{L}^{-1}\left\{\dfrac{s}{s^2 - 10s + 29}\right\} =$ ______

18. $\mathscr{L}^{-1}\left\{\dfrac{e^{-5s}}{s^2}\right\} =$ ______

19. $\mathscr{L}^{-1}\left\{\dfrac{s + \pi}{s^2 + \pi^2}\, e^{-s}\right\} =$ ______

20. $\mathscr{L}^{-1}\left\{\dfrac{1}{L^2 s^2 + n^2\pi^2}\right\} =$ ______

21. $\mathscr{L}\{e^{-5t}\}$ existe para $s >$ ______.

22. Se $\mathscr{L}\{f(t)\} = F(s)$ então $\mathscr{L}\{te^{8t}f(t)\} =$ ______.

23. Se $\mathscr{L}\{f(t)\} = F(s)$ e $k > 0$, então $\mathscr{L}\{e^{a(t-k)}f(t-k)\,\mathscr{U}(t-k)\} =$ ______.

24. $1 * 1 =$ ______.

Nos Problemas 25-28, (a) expresse f em termos de função degrau unitário, (b) calcule $\mathscr{L}\{f(t)\}$ e (c) calcule $\mathscr{L}\{e^t f(t)\}$.

25.

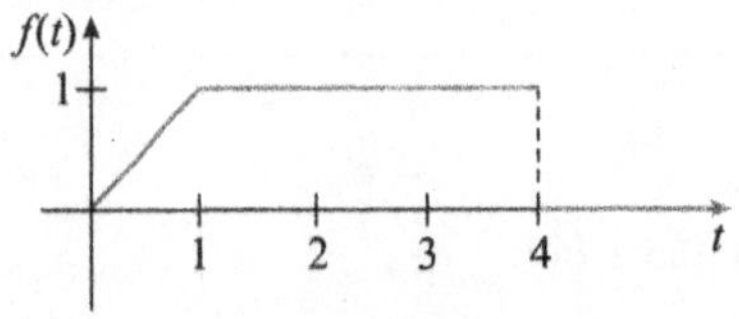

Figura 7.56

26.

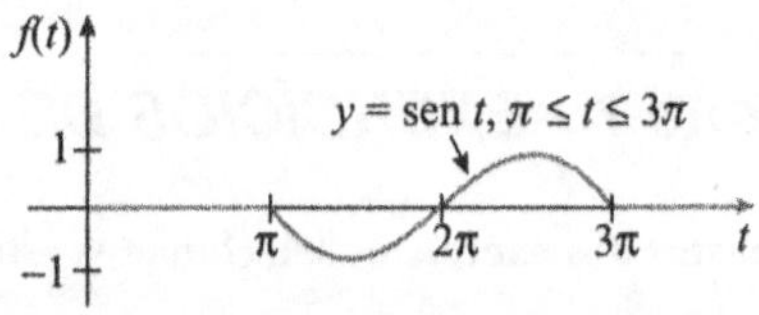

Figura 7.57

27.

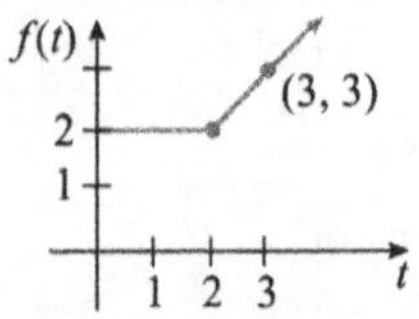

Figura 7.58

28.

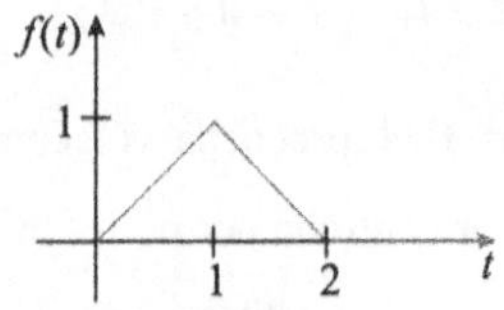

Figura 7.59

Nos Problemas 29-36, use a transformada de Laplace para resolver a equação dada.

29. $y'' - 2y' + y = e^t$, $y(0) = 0$, $y'(0) = 5$

30. $y'' - 8y' + 20y = te^t$, $y(0) = 0$, $y'(0) = 0$

31. $y'' - 4y' + 6y = 30\,\mathscr{U}(t - \pi)$, $y(0) = 0$, $y'(0) = 0$

32. $y'' + 6y' + 5y = t - t\,\mathscr{U}(t - 2)$, $y(0) = 1$, $y'(0) = 0$

33. $y' - 5y = f(t)$, em que $f(t)$

$$= \begin{cases} t^2, & 0 \leq t < 1 \\ 0, & t \geq 1 \end{cases} \quad y(0) = 1.$$

34. $f(t) = 1 - 2\int_0^t e^{-3\tau} f(t-\tau)\,d\tau$

35. $y'(t) = \cos t$

$$+ \int_0^t y(\tau)\cos(t-\tau)\,d\tau, \quad y(0) = 1$$

36. $\int_0^t f(\tau)f(t-\tau)\,d\tau = 6t^3$

37. A corrente $i(t)$ em um circuito em série R-C pode ser determinada a partir da equação integral

$$Ri = \frac{1}{C}\int_0^t i(\tau)\,d\tau = E(t),$$

em que $E(t)$ é a voltagem impressa. Determine $i(t)$ quando $R = 10$ ohms, $C = 0{,}5$ farad e $E(t) = 2(t^2 + t)$.

38. Um circuito em série contém um indutor, um resistor e um capacitor para os quais $L = 1/2$ henry, $R = 10$ ohms e $C = 0{,}01$ farad, respectivamente. A voltagem

$$E(t) = \begin{cases} 10, & 0 \leq t < 5 \\ 0, & t \geq 5 \end{cases}$$

é aplicada ao circuito. Determine a carga instantânea $q(t)$ no capacitor para $t > 0$ se $q(0) = 0$ e $q'(0) = 0$.

39. Uma viga em balanço (cantiléver) uniforme de comprimento L está engastada em seu extremo esquerdo ($x = 0$) e livre em seu extremo direito. Encontre a deflexão $y(x)$ se a carga por unidade de comprimento é dada por

$$w(x) = \frac{2w_0}{L}\left[\frac{L}{2} - x + \left(x - \frac{L}{2}\right)\mathcal{U}\left(x - \frac{L}{2}\right)\right].$$

40. Quando uma viga uniforme é suportada por uma fundação elástica, a equação diferencial para sua deflexão $y(x)$ é

$$\frac{d^4y}{dx4} + 4a^4y = \frac{w(x)}{EI},$$

em que a é uma constante. No caso em que $a = 1$, encontre a deflexão $y(x)$ de uma viga elasticamente suportada de comprimento π que está engastada em concreto em ambos os extremos quando a carga concentrada w_0 é aplicada em $x = \pi/2$. [*Sugestão:* Use a tabela de transformadas de Laplace no Apêndice II.]

APÊNDICES

Conceitos Importantes

Função gama
Fatorial generalizado
Menores
Cofator
Regra de Cramer
Número complexo
Parte real
Parte imaginária
Conjugado
Módulo
Fórmula polar
Argumento

I FUNÇÃO GAMA

A definição de Euler para **função gama*** é

$$\Gamma(x) \int_0^\infty t^{x-1} e^{-t}\, dt. \tag{1}$$

A convergência da integral requer $x - 1 > -1$, ou $x > 0$. A relação de recorrência

$$\Gamma(x+1) = x\Gamma(x), \tag{2}$$

que vimos na Seção 6.5 pode ser obtida a partir de (1) através da integração por partes. Temos, quando $x = 1$,

$$\Gamma(1) = \int_0^\infty e^{-t} dt = 1$$

e então por (2), temos

$$\Gamma(2) = 1\Gamma(1) = 1$$

$$\Gamma(3) = 2\Gamma(2) = 2 \times 1$$

$$\Gamma(4) = 3\Gamma(3) = 3 \times 2 \times 1,$$

e assim por diante. Dessa maneira, vemos que, quando n é um inteiro positivo,

$$\Gamma(n+1) = n!$$

Por essa razão, a função gama é freqüentemente chamada de **fatorial generalizado**.

Embora a forma integral (1) não convirja para $x < 0$, pode ser mostrado através de definições alternativas que a função gama é definida para todos os valores reais e complexos, *exceto* $x = -n$, $n = 0, 1, 2, \ldots$. Como conseqüência, (2) é na verdade válido para $x \neq -n$. Considerada como uma função de variável real x, o gráfico de $\Gamma(x)$ é como mostrado na Figura A.1. Observe que os inteiros não-positivos correspondem às assíntotas verticais do gráfico.

Nos Problemas 27-33 dos Exercícios 6.5, utilizamos o fato de que $\Gamma(\frac{1}{2}) = \sqrt{\pi}$. Esse resultado pode ser deduzido de (1) fazendo $x = 1/2$:

$$\Gamma(\tfrac{1}{2}) \int_0^\infty t^{1/2} e^{-t} dt. \tag{3}$$

* Essa função foi definida por Euler em seu texto *Institutiones calculi integralis* publicado em 1768.

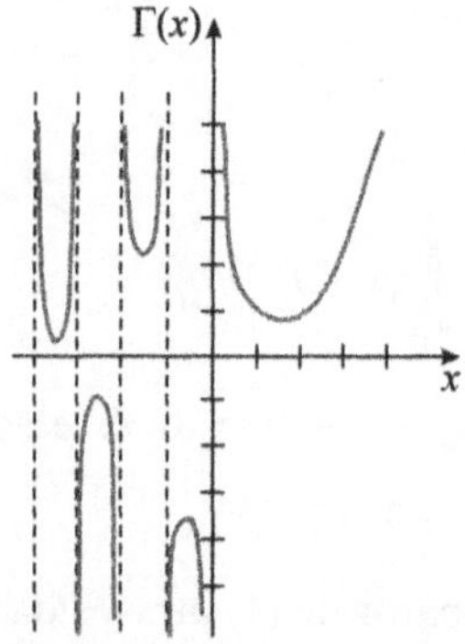

Figura A.1

Quando substituímos $t = u^2$, (3) pode ser escrita como

$$\Gamma(\tfrac{1}{2}) = 2\int_0^\infty e^{-u^2}\,du.$$

Mas
$$\int_0^\infty e^{-u^2}\,du = \int_0^\infty e^{v-2}\,dv,$$

e daí
$$[\Gamma(\tfrac{1}{2})]^2 = \left(2\int_0^\infty e^{-u^2}\,du\right)\left(2\int_0^\infty e^{-v^2}\,dv\right)$$

$$= 4\int_0^\infty\int_0^\infty e^{-(u^2+v^2)}\,du\,dv.$$

Usando coordenadas polares $u = r\cos\theta$, $v = r\,\text{sen}\,\theta$, podemos calcular a integral dupla:

$$4\int_0^\infty\int_0^\infty e^{-(u^2+v^2)}\,du\,dv = 4\int_0^{\pi/2}\int_0^\infty e^{-r^2}\,r\,dr\,d\theta = \pi.$$

Logo
$$[\Gamma(\tfrac{1}{2})]^2 = \pi \quad \text{ou} \quad \Gamma(\tfrac{1}{2}) = \sqrt{\pi}.$$

EXEMPLO 1

Calcule
$$\Gamma(-1/2).$$

Solução Segue-se de (2) que, com $x = -1/2$,

$$\Gamma\left(\frac{1}{2}\right) = -\frac{1}{2}\,\Gamma\left(-\frac{1}{2}\right).$$

Portanto
$$\Gamma\left(-\frac{1}{2}\right) = -2\Gamma\left(\frac{1}{2}\right) = -2\sqrt{\pi}.$$

■

Apêndice I EXERCÍCIOS

As respostas dos exercícios selecionados estão na página 466.

1. Calcule **(a)** $\Gamma(5)$ **(b)** $\Gamma(7)$ **(c)** $\Gamma(-3/2)$ **(d)** $\Gamma(-5/2)$

2. Use (1) e o fato de que $\Gamma(6/5) = 0{,}92$ para calcular $\int_0^{\infty} x^5 e^{-x^5}\,dx$. [*Sugestão:* Faça $t = x^5$.]

3. Use (1) e o fato de que $\Gamma(5/3) = 0{,}89$ para calcular $\int_0^{\infty} x^4 e^{-x^3}\,dx$.

4. Calcule $\int_0^{\infty} x^3 \left(\ln \frac{1}{x} \right)^3 dx$. [*Sugestão:* Faça $t = -\ln x$.]

5. Use o fato de que $\Gamma(x) > \int_0^1 t^{x-1} e^{-t}\,dt$ para mostrar que $\Gamma(x)$ é ilimitada quando $x \to 0^+$.

6. Use (1) para deduzir (2) quando $x > 0$.

II TRANSFORMADAS DE LAPLACE

	$f(t)$	$\mathscr{L}\{f(t)\} = F(s)$
1.	1	$\dfrac{1}{s}$
2.	t	$\dfrac{1}{s^2}$
3.	t^n	$\dfrac{n!}{s^{n+1}}$, n um inteiro positivo
4.	$t^{-1/2}$	$\sqrt{\dfrac{\pi}{s}}$
5.	$t^{1/2}$	$\dfrac{\sqrt{\pi}}{2s^{3/2}}$
6.	t^{α}	$\dfrac{\Gamma(\alpha+1)}{s^{\alpha+1}}$, $\alpha > -1$
7.	$\operatorname{sen} kt$	$\dfrac{k}{s^2+k^2}$
8.	$\cos kt$	$\dfrac{s}{s^2+k^2}$

	$f(t)$	$\mathscr{L}\{f(t)\} = F(s)$
9.	$\text{sen}^2 kt$	$\dfrac{2k^2}{s(s^2 + 4k^2)}$
10.	$\cos^2 kt$	$\dfrac{s^2 + 2k^2}{s(s^2 + 4k^2)}$
11.	e^{at}	$\dfrac{1}{s - a}$
12.	$\text{senh } kt$	$\dfrac{k}{s^2 - k^2}$
13.	$\cosh kt$	$\dfrac{s}{s^2 + k^2}$
14.	$\text{senh}^2 kt$	$\dfrac{2k^2}{s(s^2 - 4k^2)}$
15.	$\cosh^2 kt$	$\dfrac{s^2 - 2k^2}{s(s^2 - 4k^2)}$
16.	te^{at}	$\dfrac{1}{(s - a)^2}$
17.	$t^n e^{at}$	$\dfrac{n!}{(s - a)^{n+1}}$, n um inteiro positivo
18.	$e^{at} \text{sen } kt$	$\dfrac{k}{(s - a)^2 + k^2}$
19.	$e^{at} \cos kt$	$\dfrac{s - a}{(s - a)^2 + k^2}$
20.	$e^{at} \text{sen } kt$	$\dfrac{k}{(s - a)^2 - k^2}$
21.	$e^{at} \cosh kt$	$\dfrac{s - a}{(s - a)^2 - k^2}$
22.	$t \text{ sen } kt$	$\dfrac{2ks}{(s^2 + k^2)^2}$
23.	$t \cos kt$	$\dfrac{s^2 - k^2}{(s^2 + k^2)^2}$
24.	$\text{sen } kt + kt \cos kt$	$\dfrac{2ks^2}{(s^2 + k^2)^2}$

	$f(t)$	$\mathscr{L}\{f(t)\} = F(s)$
25.	$\operatorname{sen} kt - kt \cos kt$	$\dfrac{2k^3}{(s^2 + k^2)^2}$
26.	$t \operatorname{senh} kt$	$\dfrac{2ks}{(s^2 - k^2)^2}$
27.	$t \cosh kt$	$\dfrac{s^2 + k^2}{(s^2 - k^2)^2}$
28.	$\dfrac{e^{at} - e^{bt}}{a - b}$	$\dfrac{1}{(s - a)(s - b)}$
29.	$\dfrac{ae^{at} - be^{bt}}{a - b}$	$\dfrac{s}{(s - a)(s - b)}$
30.	$1 - \cos kt$	$\dfrac{k^2}{s(s^2 + k^2)}$
31.	$kt - \operatorname{sen} kt$	$\dfrac{k^3}{s^2(s^2 + k^2)}$
32.	$\dfrac{a \operatorname{sen} bt - b \operatorname{sen} at}{ab(a^2 - b^2)}$	$\dfrac{1}{(s^2 + a^2)(s^2 + b^2)}$
33.	$\dfrac{\cos bt - \cos at}{a^2 - b^2}$	$\dfrac{s}{(s^2 + a^2)(s^2 + b^2)}$
34.	$\operatorname{sen} kt \operatorname{senh} kt$	$\dfrac{2k^2 s}{s^4 + 4k^4}$
35.	$\operatorname{sen} kt \cosh kt$	$\dfrac{k(s^2 + 2k^2)}{s^4 + 4k^4}$
36.	$\cos kt \operatorname{senh} kt$	$\dfrac{k(s^2 - 2k^2)}{s^4 + 4k^4}$
37.	$\cos kt \cosh kt$	$\dfrac{s^3}{s^4 + 4k^4}$
38.	$J_0(kt)$	$\dfrac{1}{\sqrt{s^2 + k^2}}$
39.	$\dfrac{e^{bt} - e^{at}}{t}$	$\ln \dfrac{s - a}{s - b}$

	$f(t)$	$\mathscr{L}\{f(t)\} = F(s)$
40.	$\dfrac{2(1 - \cos kt)}{t}$	$\ln \dfrac{s^2 + k^2}{s^2}$
41.	$\dfrac{2(1 - \cosh kt)}{t}$	$\ln \dfrac{s^2 - k^2}{s^2}$
42.	$\dfrac{\text{sen}\, at}{t}$	$\text{arctg}\left(\dfrac{a}{s}\right)$
43.	$\dfrac{\text{sen}\, at \ \cos bt}{t}$	$\dfrac{1}{2}\text{arctg}\dfrac{a+b}{s} + \dfrac{1}{2}\text{arctg}\dfrac{a-b}{s}$
44.	$\dfrac{1}{\sqrt{\pi t}}\, e^{-a^2/4t}$	$\dfrac{e^{-a\sqrt{s}}}{\sqrt{s}}$
45.	$\dfrac{a}{2\sqrt{\pi t^3}}\, e^{-a^2/4t}$	$e^{-a\sqrt{s}}$
46.	$\text{erfc}\left(\dfrac{a}{2\sqrt{t}}\right)$	$\dfrac{e^{-a\sqrt{s}}}{s}$
47.	$2\sqrt{\dfrac{t}{\pi}}\, e^{-a^2/4t} - a\,\text{erfc}\left(\dfrac{a}{2\sqrt{t}}\right)$	$\dfrac{e^{-a\sqrt{s}}}{s\sqrt{s}}$
48.	$e^{ab}e^{b^2 t}\,\text{erfc}\left(b\sqrt{t} + \dfrac{a}{2\sqrt{t}}\right)$	$\dfrac{e^{-a\sqrt{s}}}{\sqrt{s}(\sqrt{s} + b)}$
49.	$-e^{ab}e^{b^2 t}\,\text{erfc}\left(b\sqrt{t} + \dfrac{a}{2\sqrt{t}}\right) + \text{erfc}\left(\dfrac{a}{2\sqrt{t}}\right)$	$\dfrac{be^{-a\sqrt{s}}}{s(\sqrt{s} + b)}$
50.	$\delta(t)$	1
51.	$\delta(t - t_0)$	e^{-st_0}
52.	$e^{at} f(t)$	$F(s - a)$
53.	$f(t - a)\,\mathscr{U}(t - a)$	$e^{-as}F(s)$
54.	$\mathscr{U}(t - a)$	$\dfrac{e^{-as}}{s}$
55.	$f^{(n)}(t)$	$s^n F(s) - s^{(n-1)} f(0) - \ldots - f^{(n-1)}(0)$
56.	$t^n f(t)$	$(-1)^n \dfrac{d^n}{ds^n} F(s)$
57.	$\displaystyle\int_0^t f(\tau) g(t - \tau)\, d\tau$	$F(s)G(s)$

III REVISÃO DE DETERMINANTES

O determinante de uma matriz **A** 2 × 2 é definido por

$$\begin{vmatrix} a_{11} & a_{12} \\ a_{21} & a_{22} \end{vmatrix} = a_{11}a_{22} - a_{12}a_{21}.$$

Menores e Cofatores

Para uma matriz **A** $n \times n$, seja a_{ij} a entrada na i-ésima linha e j-ésima coluna. O **menor** M_{ij} associado a a_{ij} é o determinante da matriz $(n - 1) \times (n - 1)$ obtida eliminando-se a i-ésima linha e a j-ésima coluna da matriz. O **cofator** C_{ij} associado a a_{ij} é um *assinalado*, especificamente

$$C_{ij} = (-1)^{i+j} M_{ij}.$$

EXEMPLO 1

Os cofatores da matriz 3 × 3

$$\begin{pmatrix} 2 & 4 & 7 \\ 1 & 2 & 3 \\ 1 & 5 & 3 \end{pmatrix} \qquad (1)$$

são

$$C_{11} = (-1)^{1+1}M_{11} = \begin{vmatrix} 2 & 3 \\ 5 & 3 \end{vmatrix} = -9 \qquad C_{12} = (-1)^{1+2}M_{12} = (-1)\begin{vmatrix} 1 & 3 \\ 1 & 3 \end{vmatrix} = 0 \qquad C_{13} = (-1)^{1+3}M_{13} = \begin{vmatrix} 1 & 2 \\ 1 & 5 \end{vmatrix} = 3$$

$$C_{21} = (-1)^{2+1}M_{21} = (-1)\begin{vmatrix} 4 & 7 \\ 5 & 3 \end{vmatrix} = 23 \qquad C_{22} = (-1)^{2+2}M_{22} = \begin{vmatrix} 2 & 7 \\ 1 & 3 \end{vmatrix} = -1 \qquad C_{23} = (-1)^{2+3}M_{23} = (-1)\begin{vmatrix} 2 & 4 \\ 1 & 5 \end{vmatrix} = -6$$

$$C_{31} = (-1)^{3+1}M_{31} = \begin{vmatrix} 4 & 7 \\ 2 & 3 \end{vmatrix} = -2 \qquad C_{32} = (-1)^{3+2}M_{32} = (-1)\begin{vmatrix} 2 & 7 \\ 1 & 3 \end{vmatrix} = 1 \qquad C_{33} = (-1)^{3+3}M_{33} = \begin{vmatrix} 2 & 4 \\ 1 & 2 \end{vmatrix} = 0.$$

■

Cálculo do Determinante por Cofatores

Pode ser provado que um *determinante* pode ser calculado em termos de cofatores:

Multiplique as entradas a_{ij} em qualquer linha (ou coluna) pelo seu respectivo cofator C_{ij} e some as n parcelas.

Com isso, um determinante* 3×3 pode ser calculado através de três determinantes 2×2, um determinante 4×4 através de quatro determinantes 3×3, e assim por diante.

EXEMPLO 2

Calcule o determinante da matriz em (1).

Solução Desenvolvendo pela primeira linha, temos

$$\begin{vmatrix} 2 & 4 & 7 \\ 1 & 2 & 3 \\ 1 & 5 & 3 \end{vmatrix} = 2\begin{vmatrix} 2 & 3 \\ 5 & 3 \end{vmatrix} + 4(-1)\begin{vmatrix} 1 & 3 \\ 1 & 3 \end{vmatrix} + 7\begin{vmatrix} 1 & 2 \\ 1 & 5 \end{vmatrix} = 3.$$

Alternativamente, podemos calcular o determinante, digamos, desenvolvendo pela segunda coluna:

$$\begin{vmatrix} 2 & 4 & 7 \\ 1 & 2 & 3 \\ 1 & 5 & 3 \end{vmatrix} = 4(-1)\begin{vmatrix} 1 & 3 \\ 1 & 3 \end{vmatrix} + 2\begin{vmatrix} 2 & 7 \\ 1 & 3 \end{vmatrix} + 5(-1)\begin{vmatrix} 2 & 7 \\ 1 & 3 \end{vmatrix} = 3. \quad \blacksquare$$

Observamos que, se um determinante possui uma linha (ou coluna) contendo vários zeros como entrada, então a sabedoria nos diz que devemos calculá-lo desenvolvendo por essa linha (ou coluna).

Regra de Cramer

Determinantes são algumas vezes úteis na resolução de sistemas algébricos de n equações lineares com n incógnitas:

$$\begin{aligned} a_{11}x_1 + a_{12}x_2 + \ldots + a_{1n}x_n &= b_1 \\ a_{21}x_1 + a_{22}x_2 + \ldots + a_{2n}x_n &= b_2 \\ &\vdots \\ a_{n1}x_1 + a_{n2}x_2 + \ldots + a_{nn}x_n &= b_n\,. \end{aligned} \tag{2}$$

* Embora um determinante de uma matriz numérica seja um número, algumas vezes é conveniente nos referirmos a ele como se fosse uma formação em quadro.

Seja **A** a matriz dos coeficientes de (2) e seja

$$\det \mathbf{A} = \begin{vmatrix} a_{11} & a_{12} & \dots & a_{1n} \\ a_{21} & a_{22} & \dots & a_{2n} \\ . & . & . & . \\ . & . & . & . \\ . & . & . & . \\ a_{n1} & a_{n2} & \dots & a_{nn} \end{vmatrix}.$$

se

$$\det \mathbf{A}_k = \begin{vmatrix} a_{11} & a_{12} & \dots & a_{1,\,k-1} & b_1 & a_{1,\,k+1} & \dots & a_{1n} \\ a_{21} & a_{22} & \dots & a_{2,\,k-1} & b_2 & a_{2,\,k+1} & \dots & a_{2n} \\ . & & . & & . & . & & . \\ . & & . & & . & . & & . \\ . & & . & & . & . & & . \\ a_{n1} & a_{n2} & \dots & a_{n,\,k-1} & b_n & a_{n,\,k+1} & \dots & a_{nn} \end{vmatrix}$$

(com a seta indicando a coluna b: *k*-ésima coluna)

em que A_k é a matriz **A** com sua *k*-ésima coluna substituída por

$$\begin{matrix} b_1 \\ b_2 \\ . \\ . \\ . \\ b_n \end{matrix}$$

então (2) possui a única solução

$$x_1 = \frac{\det \mathbf{A}_1}{\det \mathbf{A}}, \quad x_2 = \frac{\det \mathbf{A}_2}{\det \mathbf{A}}, \quad \dots, \quad x_n = \frac{\det \mathbf{A}_n}{\det \mathbf{A}} \qquad \mathbf{(3)}$$

desde que det $\mathbf{A} \neq 0$. Esse método de resolução é conhecido como **regra de Cramer.***

* Essa regra foi assim chamada em homenagem a **Gabriel Cramer** (1704-1752), um matemático suíço que primeiro publicou esse resultado em 1750.

EXEMPLO 3

Resolva o sistema

$$\begin{aligned} 3x + 2y + z &= 7 \\ x - y + 3z &= 3 \\ 5x + 4y - 2z &= 1 \end{aligned}$$

pela regra de Cramer.

Solução A solução requer o cálculo de quatro determinantes

$$\det \mathbf{A} = \begin{vmatrix} 3 & 2 & 1 \\ 1 & -1 & 3 \\ 5 & 4 & -2 \end{vmatrix} = 13, \quad \det \mathbf{A}_1 = \begin{vmatrix} 7 & 2 & 1 \\ 3 & -1 & 3 \\ 1 & 4 & -2 \end{vmatrix} = -39,$$

$$\det \mathbf{A}_2 = \begin{vmatrix} 3 & 7 & 1 \\ 1 & 3 & 3 \\ 5 & 1 & -2 \end{vmatrix} = 78, \quad \det \mathbf{A}_3 = \begin{vmatrix} 3 & 2 & 7 \\ 1 & -1 & 3 \\ 5 & 4 & 1 \end{vmatrix} = 52.$$

Logo, por (3) temos

$$x = \frac{\det \mathbf{A}_1}{\det \mathbf{A}} = -3, \quad y = \frac{\det \mathbf{A}_2}{\det \mathbf{A}} = 6, \quad z = \frac{\det \mathbf{A}_3}{\det \mathbf{A}} = 4 \qquad \blacksquare$$

Sistemas Homogêneos

Se $b_i = 0$, $i = 1, 2, \ldots, n$, dizemos que o sistema (2) é **homogêneo**. Se pelo menos um dos b_i for diferente de zero, o sistema é **não-homogêneo**. Agora, se $\det \mathbf{A} \neq 0$, (3) implica que a única solução para um sistema homogêneo é $x_1 = 0$, $x_2 = 0$, $\ldots$, $x_n = 0$. Se $\det \mathbf{A} = 0$, então um sistema homogêneo com n equações lineares e n incógnitas possui infinitas soluções. Essas soluções podem ser encontradas resolvendo o sistema por eliminação. Se $\det \mathbf{A} = 0$, então um sistema não-homogêneo pode ter ou infinitas soluções ou nenhuma solução.

Apêndice III EXERCÍCIOS

As respostas dos exercícios selecionados estão na página 466.

Nos Problemas 1-8, calcule o determinante.

1. $\begin{vmatrix} 2 & 4 & 6 \\ -1 & 5 & 1 \\ 0 & 2 & -3 \end{vmatrix}$

2. $\begin{vmatrix} 1 & 4 & 2 \\ -2 & 6 & 3 \\ 9 & 8 & 4 \end{vmatrix}$

3. $\begin{vmatrix} 2 & 0 & 5 \\ 0 & 7 & 9 \\ -6 & 1 & 4 \end{vmatrix}$

4. $\begin{vmatrix} 79 & 81 & 40 \\ 22 & 16 & 59 \\ 0 & 0 & 0 \end{vmatrix}$

5. $\begin{vmatrix} 1 & 2 & 3 & 4 \\ 1 & 1 & 0 & 0 \\ 8 & 7 & 0 & 0 \\ 9 & 5 & 3 & 0 \end{vmatrix}$

6. $\begin{vmatrix} 1 & 0 & 9 & 0 & 3 \\ 2 & 1 & 7 & 0 & 0 \\ 0 & 0 & 2 & 0 & 0 \\ -1 & 1 & 5 & 2 & 2 \\ 2 & 2 & 8 & 1 & 1 \end{vmatrix}$

7. $\begin{vmatrix} e^t & e^{3t} & e^{-t} \\ e^t & 3e^{3t} & -e^{-t} \\ e^t & 9e^{3t} & e^{-t} \end{vmatrix}$

8. $\begin{vmatrix} e^{2t} & \text{sen } t & \cos t \\ 2e^{2t} & \cos t & -\text{sen } t \\ 4e^{2t} & -\text{sen } t & -\cos t \end{vmatrix}$

Nos Problemas 9-12, use a regra de Cramer para resolver o sistema de equações dado.

9. $\begin{aligned} 2x + y &= 1 \\ 3x + 2y &= -2 \end{aligned}$

10. $\begin{aligned} 5x + 4y &= -1 \\ 10x - 6y &= 5 \end{aligned}$

11. $\begin{aligned} x + 2y + z &= 8 \\ 2x - 2y + 2z &= 7 \\ x - 4y + 3z &= 1 \end{aligned}$

12. $\begin{aligned} 4x + 3y + 2z &= 8 \\ -x + 2z &= 12 \\ 3x + 2y + z &= 3 \end{aligned}$

13. Dado o sistema

$$\begin{aligned} x - y + 2z &= 0 \\ 2x + y - z &= 0 \\ 4x - y + 3z &= 0. \end{aligned}$$

(a) Se **A** denota a matriz dos coeficientes, mostre que det **A** = 0.

(b) Mostre que o sistema possui infinitas soluções.

(c) Explique o significado geométrico do sistema.

14. Dado o sistema

$$\begin{aligned} a_1x + b_1y &= c_1 \\ a_2x + b_2y &= c_2. \end{aligned}$$

Seja **A** a matriz dos coeficientes.

(a) Explique o significado geométrico de det **A** ≠ 0.

(b) Explique o significado geométrico de det **A** = 0.

IV NÚMEROS COMPLEXOS

Um **número complexo** é uma expressão da forma

$$z = a + bi, \quad \text{em que} \quad i^2 = -1.$$

Os números reais a e b são chamados de **parte real** e **parte imaginária** de z, respectivamente. Na prática, o símbolo i é escrito $i = \sqrt{-1}$. O número $\overline{z} = a - bi$ é chamado de o **conjugado** de z.

EXEMPLO 1

Pelas propriedades dos radicais, temos

$$\sqrt{-25} = \sqrt{25}\sqrt{-1} = 5i. \quad \blacksquare$$

EXEMPLO 2

Os conjugados dos números complexos $z_1 = 4 + 5i$ e $z_2 = 3 - 2i$ são $\overline{z}_1 = 4 + 5i$ e $\overline{z}_2 = 3 + 2i$ respectivamente.

■

Soma, Diferença e Produto

A **soma**, **diferença** e **produto** de dois números complexos $z_1 = a_1 + b_1 i$ e $z_2 = a_2 + b_2 i$ são definidos como:

(i) $z_1 + z_2 = (a_1 + a_2) + (b_1 + b_2)i$

(ii) $z_1 - z_2 = (a_1 - a_2) + (b_1 - b_2)i$

(iii) $z_1 z_2 = (a_1 a_2 - b_1 b_2) + (a_1 b_2 + b_1 a_2)i.$

Em outras palavras, para somar ou subtrair dois números complexos, nós simplesmente somamos ou subtraímos as correspondentes partes reais e imaginárias. Para multiplicar dois números complexos, usamos a lei distributiva e o fato de que $i^2 = -1$

EXEMPLO 3

Se $z_1 = 4 + 5i$ e $z_2 = 3 - 2i$, então

$$z_1 + z_2 = (4 + 3) + (5 + (-2))i = 7 + 3i$$

$$z_1 - z_2 = (4 - 3) + (5 - (-2))i = 1 + 7i$$

$$\begin{aligned} z_1 z_2 &= (4 + 5i)(3 - 2i) \\ &= (4 + 5i)3 + (4 + 5i)(-2i) \\ &= 12 + 15i - 8i - 10i^2 \\ &= (12 + 10) + (15 - 8)i = 22 + 7i. \end{aligned}$$ ■

O produto de um número complexo $z = a + bi$ pelo seu conjugado $\bar{z} = a - bi$ é o número real

$$z\bar{z} = a^2 + b^2. \tag{1}$$

Quociente

O quociente de dois números complexos z_1 e z_2 é obtido multiplicando-se o numerador e o denominador de z_1/z_2 pelo conjungado do denominador z_2 e usando (1). O próximo exemplo ilustra esse procedimento.

EXEMPLO 4

$$\begin{aligned} \frac{z_1}{z_2} &= \frac{4 + 5i}{3 - 2i} \\ &= \frac{4 + 5i}{3 - 2i}\,\frac{3 + 2i}{3 + 2i} \\ &= \frac{12 + 15i + 8i + 10i^2}{9 + 4} = \frac{2}{13} + \frac{23}{13}\,i \end{aligned}$$ ■

Interpretação Geométrica

Olhando a e b como coordenadas de um ponto (a, b) no plano, podemos interpretar um número complexo $z = a + bi$ como um **vetor** começando na origem e terminando em (a, b), (veja a Figura A.2). O comprimento do vetor é chamado de **módulo** de z e é escrito como r ou $|z|$. Pelo teorema de Pitágoras, temos que

$$r = |z| = \sqrt{a^2 + b^2}.$$

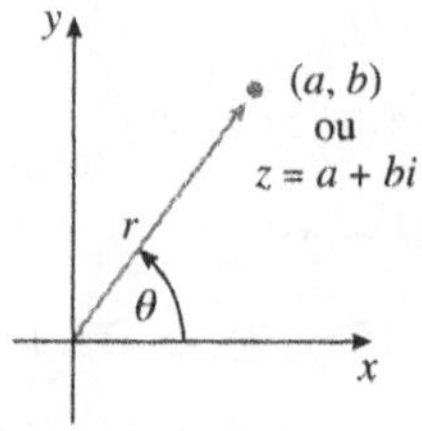

Figura A.2

Pela Figura A.2, vemos que o ângulo θ que o vetor faz com o eixo x positivo satisfaz

$$a = r \cos \theta \quad \text{e} \quad b = r \text{ sen } \theta.$$

Logo,

$$z = r \cos \theta + ir \text{ sen } \theta \quad \text{ou} \quad z = r(\cos \theta + i \text{ sen } \theta). \tag{2}$$

A última forma é chamada de **forma polar** do número complexo z. O ângulo θ é chamado de **argumento** de z.

Fórmula de Euler

A série de potências $$e^x = \sum_{n=0}^{\infty} \frac{X^n}{n!}$$

converge para todo número real ou complexo. Se fizermos $X = i\theta$, θ um número real, então

$$e^{i\theta} = \sum_{n=0}^{\infty} \frac{(i\theta)^n}{n!} = 1 + i\theta + \frac{i^2\theta^2}{2!} + \frac{i^3\theta^3}{3!} + \frac{i^4\theta^4}{4!} + \frac{i^5\theta^5}{5!} \tag{3}$$

$$+ \frac{i^6\theta^6}{6!} + \frac{i^7\theta^7}{7!} + \ldots .$$

Agora, $i^2 = -1$, $i^3 = -i$, $i^4 = 1$, $i^5 = i$ e assim por diante. Logo, (3) pode ser separada em parte real e parte imaginária:

$$e^{i\theta} = \left(1 - \frac{\theta^2}{2!} + \frac{\theta^4}{4!} - \frac{\theta^6}{6!} + \ldots\right) + i\left(\theta - \frac{\theta^3}{3!} + \frac{\theta^5}{5!} - \frac{\theta^7}{7!} + \ldots\right). \tag{4}$$

Mas, lembramos que

$$\cos \theta = \sum_{n=0}^{\infty} \frac{(-1)^n}{(2n)!} \theta^{2n} \quad \text{e} \quad \text{sen } \theta = \sum_{n=0}^{\infty} \frac{(-1)^n}{(2n+1)!} \theta^{2n+1},$$

em que cada série converge para todo número real θ. Portanto, (4) pode ser escrita como

$$\boldsymbol{e^{i\theta} = \cos \theta + i \text{ sen } \theta.} \tag{5}$$

Esse último resultado é conhecido como **fórmula de Euler**. Note que, em vista de (5) , a forma polar (2) de um número complexo pode ser expressa de maneira compacta:

$$z = re^{i\theta}. \tag{6}$$

EXEMPLO 5

Encontre a forma polar (6) de $z = 1 - i$.

Solução O gráfico do número complexo está representado na Figura A.3. Como $a = 1$ e $b = -1$, o módulo de z é

$$r = \sqrt{1^2 + (-1)^2} = \sqrt{2}.$$

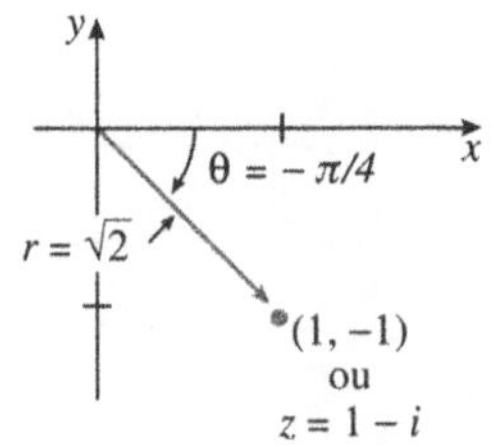

Figura A.3

Como mostra a Figura A.3, tg $\theta = -1$ e daí podemos tomar como argumento de z o ângulo $\theta = -\pi/4$. Logo, a forma polar do número é

$$z = \sqrt{2}e^{-i\pi/4}.$$ ■

Apêndice IV **EXERCÍCIOS**

As respostas dosexercícios selecionados estão na página 466.

Nos Problemas 1-10, sejam $z_1 = 2 - i$ e $z_2 = 5 + 3i$. Faça a operação indicada.

1. $z_1 + \bar{z}_2$

2. $4z_1 + z_2$

3. $2z_1 - 3z_2$

4. z_1z_2

5. $(z_1)^2$

6. $\bar{z}_1(i + z_2)$

7. z_1/z_2

8. z_2/z_1

9. $1/z_2$

10. z_1/i

Nos Problemas 11-20, escreva o número complexo dado na forma polar (6).

11. $z = 1$

12. $z = -4i$

13. $z = i^2$

14. $z = 6i^5$

15. $z = 2 + 2i$

16. $z = -\sqrt{5} - \sqrt{5}i$

17. $z = 6 + 6\sqrt{3}i$

18. $z = -10\sqrt{3} + 10i$

19. $z = i(1 - \sqrt{3}i)$

20. $z = -7 + 7i$

Nos Problemas 21-22, expresse o número complexo dado na forma $z = a + bi$.

21. $z = 8e^{-i\pi}$

22. $z = 2e^{i7\pi/4}$

23. Prove o **teorema de DeMoivre:*** Para qualquer inteiro positivo n ,

$$[r(\cos\theta + i \text{ sen } \theta)]^n = r^n[\cos n\theta + i \text{ sen } n\theta].$$

24. Use o teorema de DeMoivre do Problema 23 para calcular $(1 + i)^{10}$.

25. Use a fórmula de Euler para mostrar que

$$\cos\theta = \frac{e^{i\theta} + e^{-i\theta}}{2} \quad \text{e} \quad \text{sen } \theta = \frac{e^{i\theta} - e^{-i\theta}}{2i}.$$

* Esse teorema foi assim chamado em homenagem ao matemático francês **Abraham DeMoivre** (1667-1754).

RESPOSTAS DOS EXERCÍCIOS SELECIONADOS

EXERCÍCIOS 1.1, p. 11-13

1. linear, segunda ordem

3. não-linear, primeira ordem

5. linear, quarta ordem

7. não-linear, segunda ordem

9. linear, terceira ordem

11. $2y' + y = 2(-\frac{1}{2})e^{-x/2} + e^{-x/2} = 0$

13. $\frac{dy}{dx} - 2y - e^{3x} = (3e^{3x} + 20e^{2x})$
$- 2(e^{3x} + 10e^{2x}) - e^{3x} = 0$

15. $y' - 25 - y^2 = 25\sec^2 5x - 25(1 + \text{tg}^2 5x)$
$= 25\sec^2 5x - 25\sec^2 5x = 0$

17. $y' + y - \text{sen}\, x = \frac{1}{2}\cos x + \frac{1}{2}\,\text{sen}\, x$
$- 10e^{-x} + \frac{1}{2}\,\text{sen} - \frac{1}{2}\cos x + 10e^{-x} - \text{sen}\, x = 0$

19. $yx^2 = 1$ implica $d(yx^2) = 0$
ou $2yx\,dx + x^2\,dy = 0$

21. $y - 2xy' - y(y')^2 = y - 2x\frac{c_1}{2y} - y\frac{c_1^2}{4y^2}$
$= \frac{y^2 - (c_1x + (c_1^2/4))}{y}$
$= \frac{y^2 - y^2}{y} = 0$

23. $y' - \frac{1}{x}y - 1 = 1 + \ln x - \ln x - 1 = 0$

25. $\frac{d}{dt}\frac{2 - X}{1 - X} = 1$

$$\left[\frac{-1}{2 - X} + \frac{1}{1 - X}\right]\frac{dX}{dt} = 1$$

simplificando, $\frac{dX}{dt} = (2 - X)(1 - X)$

27. A diferencial de $c_1 = xe^{y/x}/(x + y)^2$ é
$\{(x + y)^2[xe^{y/x}(x\,dy - y\,dx/x^2) + e^{y/2}\,dx]$
$- xe^{y/x}2(x + y)(dx + dy)\}/(x + y)^4 = 0.$

Multiplicando por $-x^2(x + y)^3e^{-y/x}$ e simplificando temos $(x^2 + y)^2\,dx + (x^2 - xy)\,dy = 0.$

29. $y'' - 6y' + 13y = 5e^{3x}\cos 2x - 12e^{3x}\,\text{sen}\, 2x$
$+ 12e^{3x}\,\text{sen}\, 2x - 18e^{3x}\cos 2x + 13e^{3x}\cos 2x = 0$

31. $y'' = \cosh x + \text{senh}\, x = y$

33. $y'' + (y')^2 = -\frac{1}{(x + c_1)^2} + \frac{1}{(x + c_1)^2} = 0$

35. $x\frac{d^2y}{dx^2} + 2\frac{dy}{dx} = x(2c_2x^{-3}) + 2(-c_2x^{-2}) = 0$

37. $x^2y'' - 3xy' + 4y$
$= x^2(5 + 2\ln x) - 3x(3x + 2x\ln x)$
$+ 4(x^2 + x^2\ln x) = 9x^2 - 9x^2$
$+ 6x^2\ln x - 6x^2\ln x = 0$

39. $y''' - 3y'' + 3y' - y$
$= x^2e^x + 6xe^x + 6e^x - 3x^2e^x - 12xe^x$
$+ 6e^x + 3x^2e^x + 6xe^x - x^2e^x = 0$

41. Para $x < 0$,
$xy' - 2y = x(-2x) - 2(-x^2) = 0$;
para $x \geq 0$,
$xy' - 2y = x(2x) - 2(x^2) = 0$.

43. $y - xy' - (y')^2 = cx + c^2 - x(c) - c^2 = 0$;
$k = -1/4$

45. $y = -1$

47. $m = 2$ e $m = 3$

49. $m = \dfrac{1 \pm \sqrt{5}}{2}$

51. Para $y = x^2$,
$$x^2y'' - 4xy' + 6y = x^2(x) - 4x(2x) + 6x^2 = 8x^2 - 8x^2 = 0;$$
para $y = x^3$,
$$x^2y'' - 4xy' + 6y \quad x^2(6x) - 4x(3x^2) + 6x^3 = 12x^3 - 12x^3 = 0;$$
sim; sim

53. **(a)** $y = 0$;

(b) nenhuma solução real;

(c) $y = 1$ ou $y = -1$

EXERCÍCIOS 1.2, p. 31-35

1. $d\dfrac{v}{dt} + \dfrac{k}{m}v = g$

3. **(a)** $k = gR^2$;

(b) $\dfrac{d^2r}{dt^2} - \dfrac{gR^2}{r^2} = 0$;

(c) $v\dfrac{dv}{dr} - \dfrac{gR^2}{r^2} = 0$

5. $L\dfrac{di}{dt} + Ri = E(t)$

7. $L\dfrac{dh}{dt} = -\dfrac{\pi}{750}\sqrt{h}$

9. $\dfrac{dh}{dt} = -\dfrac{1}{30\sqrt{h}(10 - h)}$

11. $\dfrac{dh}{dt} + kx = r, \quad k > 0$

13. $mx'' = -k\cos\theta \qquad my'' = -mg - k\operatorname{sen}\theta$
$$= -k \times \frac{1}{v}\frac{dx}{dt} \qquad = -mg - k \times \frac{1}{v}\frac{dy}{dt}$$
$$= -|c|\frac{dx}{dt} \qquad = -mg - |c|\frac{dy}{dt}$$

15. Usando $\operatorname{tg}\phi = \dfrac{x}{y}$, $\operatorname{tg}\left(\dfrac{\pi}{2} - \theta\right) = \dfrac{dy}{dx}$,
$\operatorname{tg}\theta = \dfrac{dx}{dy}$, e $\operatorname{tg}\phi = \operatorname{tg} 2\theta$
$$= \frac{2\operatorname{tg}\theta}{1 - \operatorname{tg}^2\theta},$$
obtemos $x\left(\dfrac{dx}{dy}\right)^2 + 2y\dfrac{dx}{dy} = x$.

17. Combinando a segunda lei de Newton com sua lei de gravitação, obtemos
$$m\frac{d^2y}{dt^2} = -k_1\frac{mM}{y^2},$$
em que M é a massa da terra e k_1, uma constante de proporcionalidade. Dividindo por m, temos
$$\frac{d^2y}{dt^2} = -\frac{k}{y^2},$$
em que $k = k_1M$. A constante k é gR^2, em que R é o raio da terra. Isso segue-se do fato de que na superfície da terra $y = R$. Logo,
$$k_1\frac{mM}{R^2} = mg$$
$$k_1M = gR^2 \quad \text{ou} \quad k = gR^2.$$
Se a queima total de combustível ocorre em $t = 0$, então
$$y(0) = R + y_B,$$
em que y_B é a distância do foguete à superfície da terra no instante em que o combustível se extinguiu e
$$y'(0) = V_B$$
é a velocidade correspondente nesse instante.

19. $\dfrac{dy}{dx} = -\dfrac{y}{\sqrt{s^2 - y^2}}$

21. $\dfrac{dA}{dt} = k(M - A), \quad k > 0$

Capítulo 1 Exercícios de Revisão, p. 36-37

1. ordinária, primeira ordem, não-linear

3. parcial, segunda ordem.

9. $y = x^2$

11. $y = \frac{x^2}{2}$

13. $y = 0, \quad y = e^x$

15. $y = 0, \quad y = \cos x, \quad y = \text{sen } x$

17. $x < 0$ ou $x > 1$

19. $\frac{dh}{dt} = -\frac{25\sqrt{2g}}{16\pi} h^{-3/2}$

EXERCÍCIOS 2.1, p. 42-43

1. semiplano definido por $y > 0$ ou $y < 0$

3. semiplano definido por $x > 0$ ou $x < 0$

5. as regiões definidas por
$y > 2, \; y < -2,$ ou $-2 < y < 2$

7. qualquer região que não contenha (0, 0)

9. o plano xy todo

11. $y = 0 \quad y = x^3$

13. Há algum intervalo em torno de $x = 0$ no qual a única solução é $y = 0$.

15. $y = 0, \; y = x$. Não, a função dada não é diferenciável em $x = 0$.

17. sim

19. não

EXERCÍCIOS 2.2, p. 50-52

1. $y = -\frac{1}{5}\cos 5x + c$

3. $y = \frac{1}{3}e^{-3x} + c$

5. $y = x + 5\ln|x + 1| + c$

7. $y = cx^4$

9. $y^{-2} = 2x^{-1} + c$

11. $-3 + 3x\ln|x| = xy^3 + cx$

13. $-3e^{-2y} = 2e^{3x} + c$

15. $2 + y^2 = c(4 + x^2)$

17. $y^2 = x - \ln|x + 1| + c$

19. $\frac{x^3}{3}\ln x - \frac{1}{9}x^3 = \frac{y^2}{2} + 2y + \ln|y| + c$

21. $S = ce^{kr}$

23. $\frac{P}{1 - P} = ce^t$ ou $P = \frac{ce^t}{1 + ce^t}$

25. $4\cos y = 2x + \text{sen } 2x + c$

27. $-2\cos x + e^y + ye^{-y} + e^{-y} = c$

29. $(e^x + 1)^{-2} + 2(e^y + 1)^{-1} = c$

31. $(y + 1)^{-1} + \ln|y + 1| = \frac{1}{2}\ln\left|\frac{x + 1}{x - 1}\right| + c$

33. $y - 5\ln|y + 3| = x - 5\ln|x + 4| + c$
ou $\left(\frac{y + 3}{x + 4}\right)^5 = c_1 e^{y - x}$

35. $-\text{cotg } y = \cos x + c$

37. $y = \text{sen}\left(\frac{x^2}{2} + c\right)$

39. $-y^{-1} = tg^{-1}(e^x) + c$

41. $(1 + \cos x)(1 + e^y) = 4$

43. $\sqrt{y^2 + 1} = 2x^2 + \sqrt{2}$

45. $x = \text{tg}(4y - 3\pi/4)$

47. $xy = e^{-(1 + 1/x)}$

49. **(a)** $y = 3\frac{1 - e^{6x}}{1 + e^{6x}}$;

(b) $y = 3$;

(c) $y = 3\frac{2 - e^{6x - 2}}{2 + e^{6x - 2}}$

51. $y = 1$

53. $y = 1$

55. $y = 1 + \frac{1}{10} \operatorname{tg} \frac{x}{10}$

57. $y = -x - 1 + \operatorname{tg}(x + c)$

59. $2y - 2x + \operatorname{sen} 2(x + y) = c$

61. $4(y - 2x + 3) = (x + c)^2$

EXERCÍCIOS 2.3, p. 58-60

1. homogênea de grau 3

3. homogênea de grau 2

5. não-homogênea

7. homogênea de grau 0

9. homogênea de grau − 2

11. $x \ln|x| + y = cx$

13. $(x - y) \ln|x - y| = y + c(x - y)$

15. $x + y \ln|x| = cy$

17. $\ln(x^2 + y^2) + 2 \operatorname{tg}^{-1}(y/x) = c$

19. $4x = y(\ln|y| - c)^2$

21. $y^9 = c(x^3 + y^3)^2$

23. $(y/x)^2 = 2 \ln|x| + c$

25. $e^{2x/y} = 8 \ln|y| + c$

27. $x \cos(y/x) = c$

29. $y + x = cx^2 e^{y/x}$

31. $y^3 + 3x^3 \ln|x| = 8x^3$

33. $y^2 = 4x(x + y)^2$

35. $\ln|x| = e^{y/x} - 1$

37. $4x \ln|y/x| + x \ln x + y - x = 0$

39. $3x^{3/2} \ln x + 3x^{1/2}y + 2y^{3/2} = 5x^{3/2}$

41. $(x + y) \ln|y| + x = 0$

43. $\ln|y| = -2(1 - x/y)^{1/2} + \sqrt{2}$

45. Pela homogeneidade, a equação pode ser escrita como

$$M(x/y,\ 1)\, dx + N(x/y,\ 1)\, dy = 0.$$

Com $v = x/y$, segue-se que

$$M(v,\ 1)(v\, dy + y\, dv) + N(v,\ 1)\, dy = 0$$

$$[vM(v,\ 1) + N(v,\ 1)]\, dy + yM(v,\ 1)\, dv = 0$$

ou $$\frac{dy}{y} + \frac{M(v,\ 1)\, dv}{vM(v,\ 1) + N(v,\ 1)} = 0.$$

47. $$\frac{dy}{dx} = -\frac{M(x,\ y)}{N(x,\ y)} = -\frac{y^n M(x/y,\ 1)}{y^n N(x/y,\ 1)}$$

$$= -\frac{M(x/y,\ 1)}{N(x/y,\ 1)} = G(x/y)$$

EXERCÍCIOS 2.4, p. 67-68

1. $x^2 - x + \frac{3}{2}y^2 + 7y = c$

3. $\frac{5}{2}x^2 + 4xy - 2y^4 = c$

5. $x^2y^2 - 3x + 4y = c$

7. não exata, mas é homogênea

9. $xy^3 + y^n \cos x - \frac{1}{2}x^2 = c$

11. não exata

13. $xy - 2xe^x + 2e^x - 2x^3 = c$

15. $x + y + xy - 3 \ln|xy| = c$

17. $x^3y^3 - \operatorname{tg}^{-1} 3x = c$

19. $-\ln|\cos x| + \cos x \operatorname{sen} y = c$

21. $y - 2x^2y - y^2 - x^4 = c$

23. $x^4y - 5x^3 - xy + y^3 = c$

25. $\frac{1}{3}x^3 + x^2y + xy^2 - y = \frac{4}{3}$

27. $4xy + x^2 - 5x + 3y^2 - y = 8$

29. $y^2 \operatorname{sen} x - x^3y - x^2 + y \ln y - y = 0$

31. $k = 10$

33. $k = 1$

35. $M(x,\ y) = ye^{xy} + y^2 - (y/x^2) + h(x)$

37. $M(x, y) = 6xy^3$
$N(x, y) = 4y^3 + 9x^2y^2$
$\partial M/\partial y = 18xy^2 = \partial N/\partial x$
solução é $3x^2y^3 + y^4 = c$

39. $M(x, y) = -x^2y^2 \text{ sen } x + 2xy^2 \cos x$
$N(x, y) = 2x^2y \cos x$
$\partial M/\partial y = -2x^2y \text{ sen } x + 4xy \cos x = \partial N/\partial x$
solução é $x^2y^2 \cos x = c$

41. $M(x, y) = 2xy^2 + 3x^2$
$N(x, y) = 2x^2y$
$\partial M/\partial y = 4xy = \partial N/\partial x$
solução é $x^2y^2 + x^3 = c$

43. A solução é uma equação diferencial separável de primeira ordem pode ser escrita $h(y)\,dy - g(x)\,dx = 0$. Identificando $M(x, y) = -g(x)$ e $N(x, y) = h(y)$, vemos que $\partial M/\partial y = 0 = \partial N/\partial x$.

EXERCÍCIOS 2.5, p. 77-78

1. $y = ce^{5x}, \quad -\infty < x < \infty$

3. $y = \frac{1}{3} + ce^{-4x}, \quad -\infty < x < \infty$

5. $y = \frac{1}{4}e^{3x} + ce^{-x}, \quad -\infty < x < \infty$

7. $y = \frac{1}{3} + ce^{-x^3}, \quad -\infty < x < \infty$

9. $y = x^{-1}\ln x + cx^{-1}, \quad 0 < x < \infty$

11. $x = -\frac{4}{5}y^2 + cy^{-1/2}, \quad 0 < y < \infty$

13. $y = -\cos x + \dfrac{\text{sen } x}{x} + \dfrac{c}{x}, \quad 0 < x < \infty$

15. $y = \dfrac{c}{e^x + 1}, \quad -\infty < \infty$

17. $y = \text{sen } x + c \cos x, \quad -\pi/2 < x < \pi/2$

19. $y = \frac{1}{7}x^3 - \frac{1}{5}x + cx^{-4}, \quad 0 < x < \infty$

21. $y = \dfrac{1}{2x^2}e^x + \dfrac{c}{x^2}e^{-x}, \quad 0 < x < \infty$

23. $y = \sec x + c \text{ cosec } x, \quad 0 < x < \pi/2$

25. $x = \dfrac{1}{2}e^y - \dfrac{1}{2y}e^y + \dfrac{1}{4y^2}e^y + \dfrac{c}{y^2}e^{-y}, \quad 0 < y < \infty$

27. $y = e^{-3x} + \dfrac{c}{x}e^{-3x}, \quad 0 < x < \infty$

29. $x = 2y^6 + cy^4, \quad 0 < y < \infty$

31. $y = e^{-x}\ln(e^x + e^{-x}) + ce^{-x}, \quad -\infty < x < \infty$

33. $x = \dfrac{1}{y} + \dfrac{c}{y}e^{-y^2}, \quad 0 < y < \infty$

35. $(\sec\theta + \text{tg }\theta)\,r = \theta - \cos\theta + c, \quad -\pi/2 < \theta < \pi/2$

37. $y = \frac{5}{3}(x + 2)^{-1} + c(x + 2)^{-4}, \quad -2 < x < \infty$

39. $y = 10 + ce^{-\text{senh}\,x}, \quad -\infty < x < \infty$

41. $y = 4 - 2e^{-5x}, \quad -\infty < x < \infty$

43. $i(t) = E/R + (i_0 - E/R)e^{-Rt/L}, \quad -\infty < t < \infty$

45. $y = \text{sen } x \cos x - \cos x, \quad -\pi/2 < x < \pi/2$

47. $T(t) = 50 + 150e^{kt}, -\infty < t < \infty$

49. $(x + 1)y = x\ln x - x + 21, \quad 0 < x < \infty$

51. $y = \dfrac{2x}{x - 2}, \quad 2 < x < \infty$

53. $x = \frac{1}{2}y + 8/y, \quad 0 < y < \infty$

55. $y = \begin{cases} \frac{1}{2}(1 - e^{-2x}), & 0 \le x \le 3 \\ \frac{1}{2}(e^6 - 1)e^{-2x}, & x > 3 \end{cases}$

57. $y = \begin{cases} \frac{1}{2} + \frac{3}{2}e^{-x^2}, & 0 \le x < 1 \\ (\frac{1}{2}e + \frac{3}{2})e^{-x^2}, & x \ge 1 \end{cases}$

EXERCÍCIOS 2.6, p. 83-84

1. $y^3 = 1 + cx^{-3}$

3. $y^{-3} = x + \frac{1}{3} + ce^{3x}$

5. $e^{x/y} = cx$

7. $y^{-3} = -\frac{9}{5}x^{-1} + \frac{49}{5}x^{-6}$

9. $x^{-1} = 2 - y^2 - e^{-y^2/2}$,

a equação é de Bernoulli na variável x.

11. $y = 2 + \dfrac{1}{ce^{-3x} - 1/3}$

13. $y = \dfrac{2}{x} + \dfrac{1}{cx^{-3} - x/4}$

15. $y = -e^x + \dfrac{1}{ce^{-x} - 1}$

17. $y = -2 + \dfrac{1}{ce^{-x} - 1}$

19. $y = cx + 1 - \ln c;\ y = 2 + \ln x$

21. $y = cx - c^3;\ 27y^2 = 4x^3$

23. $y = cx - e^c;\ y = x\ln x - x$

EXERCÍCIOS 2.7, p. 87

1. $x^2e^{2y} = 2x\ln x - 2x + c$

3. $e^{-x} = y\ \ln|y| + cy$

5. $-e^{-y/x^4} = x^2 + c$

7. $x^2 + y^2 = x - 1 + ce^{-x}$

9. $\ln(\text{tg } y) = x + cx^{-1}$

11. $x^3y^3 = 2x^3 - 9\ln|x| + c$

13. $e^y = -e^{-x}\cos x - ce^{-x}$

15. $y^2\ln x = ye^y - e^y + c$

17. $y = \ln|\cos(c_1 - x)| + c_2$

19. $y = -\dfrac{1}{c_1}(1 - c_1^2x^2)^{1/2} + c_2$

21. A equação dada é uma equação de Clairaut em $u = y'$. A solução é $y = c_1x^2/2 + x + c_1^3x + c_2$.

23. $h = c_1 + c_2x^2$

25. $\frac{1}{3}y^3 - c_1y = x + c_2$

27. $y = -\sqrt{1 - x^2}$

EXERCÍCIOS 2.8, p. 82

1. $y_1(x) = 1 - x$

$y_2(x) = 1 - \dfrac{x}{1!} + \dfrac{x^2}{2!}$

$y_3(x) = 1 - \dfrac{x}{1!} + \dfrac{x^2}{2!} - \dfrac{x^3}{3!}$

$y_4(x) = 1 - \dfrac{x}{1!} + \dfrac{x^2}{2!} - \dfrac{x^3}{3!} + \dfrac{x^4}{4!}$;

$y_n(x) \to e^{-x}$ como $n \to \infty$

3. $y_1(x) = 1 + x^2$

$y_2(x) = 1 + \dfrac{x^2}{1!} + \dfrac{x^4}{2!}$

$y_3(x) = 1 + \dfrac{x^2}{1!} + \dfrac{x^4}{2!} + \dfrac{x^6}{3!}$

$y_4(x) = 1 + \dfrac{x^2}{1!} + \dfrac{x^4}{2!} + \dfrac{x^6}{3!} + \dfrac{x^8}{4!}$

$y_n(x) \to e^{x^2}$ como $n \to \infty$

5. $y_1(x) = y_2(x) = y_3(x) = y_4(x) = 0$;
$y_n(x) \to 0$ quando $n \to \infty$

7. **(a)** $y_1(x) = x$
$y_2(x) = x + \frac{1}{3}x^3$
$y_3(x) = x + \frac{1}{3}x^3 + \frac{2}{15}x^5 + \frac{1}{63}x^7$

(b) $y = \text{tg } x$

(c) Desenvolvimento em série de Mclaurin de tg x é
$x + \frac{1}{3}x^3 + \frac{2}{15}x^5 + \frac{17}{315}x^7 + \ldots,\ |x| < \pi/2.$

Capítulo 2 Exercícios de Revisão, p. 92-93

1. as regiões definidas por $x^2 + y^2 > 25$ e $x^2 + y^2 < 25$

3. falso

5. **(a)** linear em x

(b) homogênea exata linear em y

(c) Clairaut

(d) Bernoulli em x

(e) separável

(f) separável, Ricatti

(g) linear em x

(h) homogênea

(i) Bernoulli

(j) homogênea, exata, Bernoulli

(k) separável, homogênea, exata, linear em x e em y

(l) exata, linear em y

(m) homogênea

(n) separável

(o) Clairaut

(p) Ricatti

7. $2y^2 \ln y - y^2 = 4xe^x - 4e^x - 1$

9. $2y^2 + x^2 = 9x^6$

11. $e^{xy} - 4y^3 = 5$

13. $y = \frac{1}{4} - 320(x^2 + 4)^{-4}$

15. $\dfrac{1}{x^4 - x^4 \ln |x|}$

17. $x^2 - \text{sen}\,\dfrac{1}{y^2} = c$

19. $y_1(x) = 1 + x + \frac{1}{3}x^3$

$y_2(x) = 1 + x + x^2 + \frac{2}{3}x^3 + \frac{1}{6}x^4 + \frac{2}{15}x^5 + \frac{1}{63}x^7$

EXERCÍCIOS 3.1, p. 100-102

1. $x^2 + y^2 = c_2^2$

3. $2y^2 + x^2 = c_2$

5. $2 \ln |y| = x^2 + y^2 + c_2$

7. $y^2 = 2x + c_2$

9. $2x^2 + 3y^2 = c_2$

11. $x^3 + y^3 = c_2$

13. $y^2 \ln |y| + x^2 = c_2 y^2$

15. $y^2 - x^2 = c_2 x$

17. $2y^2 = 2 \ln |x| + x^2 + c_2$

19. $y = \frac{1}{4} - \frac{1}{6}x^2 + c_2 x^{-4}$

21. $2y^3 = 3x^2 + c_2$

23. $2 \ln(\cosh y) + x^2 = c_2$

25. $y^{5/3} = x^{5/3} + c_2$

27. $y = 2 - x + 3e^{-x}$

29. $r = c_2 \text{ sen } \theta$

31. $r^2 = c_2 \cos 2\theta$

33. $r = c_2 \text{ cosec } \theta$

35. Seja β o ângulo de inclinação, medido a partir do eixo x positivo, da reta tangente a uma curva da família dada. Seja ϕ o ângulo de inclinação da tangente à trajetória. No ponto em que as curvas se interceptam, o ângulo entre as tangentes é α. A partir da análise das figuras, concluímos que existem dois casos possíveis e que $\phi = \beta \pm \alpha$. Logo, a inclinação da reta tangente à trajetória é

$$\frac{dy}{dx} = \text{tg } \phi = \text{tg}(\beta \pm \alpha)$$

$$= \frac{\text{tg } \beta \pm \text{tg } \alpha}{1 \mp \text{tg } \beta \text{ tg } \alpha}$$

$$= \frac{f(x, y) \pm \text{tg } \alpha}{1 \mp f(x, y) \text{ tg } \alpha}$$

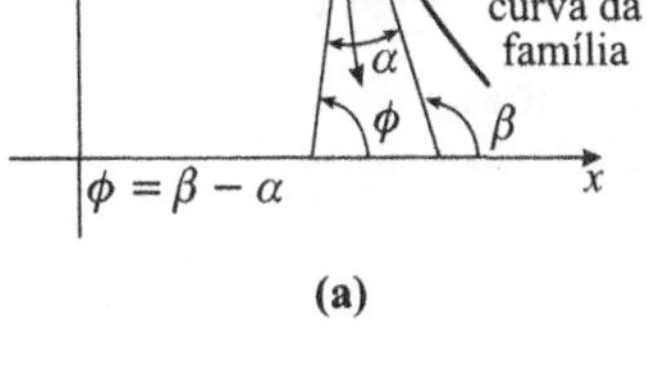

(a)

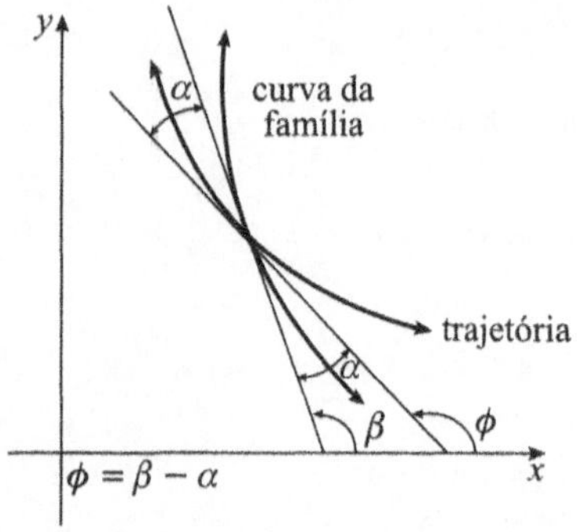

(b)

37. $\mp \frac{2}{\sqrt{3}} \operatorname{tg}^{-1}\left(\frac{y}{x}\right) + \ln c_2(x^2 + y^2) = 0$

39. Como a equação dada é quadrática em c_1, segue-se da fórmula quadrática que

$$c_1 = -x \pm \sqrt{x^2 + y^2}.$$

Derivando essa última expressão e explicitando dy/dx, temos

$$\frac{dy}{dx} = \frac{-x + \sqrt{x^2 + y^2}}{y}$$

e

$$\frac{dy}{dx} = \frac{-x - \sqrt{x^2 + y^2}}{y}.$$

Essas duas equações correspondem às escolhas $c_1 > 0$ e $c_1 < 0$ na família dada, respectivamente. Multiplicando essas duas derivadas, obtemos

$$\left(\frac{dy}{dx}\right)_{(1)} \times \left(\frac{dy}{dx}\right)_{(2)} = \frac{x^2 - x^2 - y^2}{y^2} = -1.$$

Isso mostra que a família é auto-ortogonal.

41. A equação diferencial da família ortogonal é $(x - y)dx + (x + y)dy = 0$. A verificação se faz substituindo $x = c_2e^{-t} \cos t$ e $y = c_2e^{-t} \operatorname{sen} t$ na equação.

EXERCÍCIOS 3.2, p. 113-115

1. 7,9 anos; 10 anos

3. 760

5. 11 horas

7. 136,5 horas

9. $I(15) = 0.00098I_0$, ou $I(15)$ é aproximadamente 0,1% de I_0.

11. 15.600 anos

13. $T(1) = 31{,}67°$F, aproximadamente 3,06 minutos.

15. $i(t) = \frac{3}{5} - \frac{3}{5}e^{-500t}$; $i \to \frac{3}{5}$ quando $t \to \infty$

17. $q(t) = \frac{1}{100} - \frac{1}{100}e^{-50t}$; $i(t) = \frac{1}{2}e^{-50t}$

19. $i(t) = \begin{cases} 60 - 60e^{-t/10}, & 0 \le t \le 20 \\ 60(e^2 - 1)e^{-t/10}, & t > 20 \end{cases}$

21. $A(t) = 200 - 170e^{-t/50}$

23. $A(t) = 1000 - 1000e^{-t/100}$

25. 64,38 g

27. **(a)** $v(t) = \frac{mg}{k} + \left(v_0 - \frac{mg}{k}\right)e^{-kt/m}$

(b) $v \to \frac{mg}{k}$ quando $t \to \infty$

(c) $s(t) = \frac{mg}{k}t - \frac{mg}{k}\left(v_0 - \frac{mg}{k}\right)e^{-kt/m} + \frac{mg}{k}\left(v_0 - \frac{mg}{k}\right) + s_0$

29. $E(t) = E_0e^{-(t - t_1)/RC}$

31. **(a)** $P(t) = P_0e^{(k_1 - k_2)t}$

(b) $k_1 > k_2$, há mais nascimentos que mortes, logo, a população aumenta.

$k_1 = k_2$, uma população constante pois o número de nascimentos é igual ao número de mortes.

$k_1 < k_2$, há mais mortes que nascimentos, a população diminui.

33. A partir de $r^2\, d\theta = \frac{L}{M}dt$ obtemos

$$A = \frac{1}{2}\int_{\theta_1}^{\theta_2} r^2\, d\theta = \frac{1}{2}\frac{L}{M}\int_a^b dt = \frac{1}{2}\frac{L}{M}(b - a).$$

EXERCÍCIOS 3.3, p. 128-132

1. 1834; 2000

3. 1.000.000; 52,9 meses

5. **(a)** Por separação de variável,

$$\frac{dP}{P(a - b \ln P)} = dt,$$

assim

$$-(1/b) \ln |a - b \ln P| = t + c_1$$

$$a - b \ln P = c_2 e^{-bt} \qquad (e^{-bc_1} = c_2)$$

$$\ln P = (a/b) - ce^{-bt} \qquad (c_2/b = c)$$

$$P(t) = e^{a/b} \times e^{-ce^{-bt}}$$

(b) Se $P(0) = P_0$, então

$$P_0 = e^{a/b}e^{-c} = e^{a/b - c}$$

assim $\ln P_0 = (a/b) - c$

$$c = (a/b) - \ln P_0.$$

7. 29,3 gramas; $X \to 60$ como $t \to \infty$; 0 grama de A e 30 gramas de B.

9. Para $\alpha \neq \beta$, podemos separar a equação diferencial,

$$\frac{1}{\alpha - \beta}\left[-\frac{1}{\alpha - X} + \frac{1}{\beta - X}\right]dx = k\,dt.$$

Segue-se imediatamente que

$$\frac{1}{\alpha - \beta}[\ln |\alpha - X| - \ln |\beta - X|] = kt + c$$

ou

$$\frac{1}{\alpha - \beta} \ln \left|\frac{\alpha - X}{\beta - X}\right| = kt = c.$$

Para $\alpha = \beta$, a equação pode ser escrita como

$$(\alpha - X)^{-2}\,dX = k\,dt.$$

Segue-se que $(\alpha - X)^{-1} = kt + c$ ou

$$X = \alpha - \frac{1}{kt + c}.$$

11. **(a)** $v^2 = (2gR^2/y) + v_0^2 - 2gR.$

Notamos que, quando y aumenta, v diminui. Em particular, se $v_0^2 - 2gR < 0$, então há algum valor de y para $v = 0$; o foguete pára e volta à terra sob a influência da gravidade. Porém, se $v_0^2 - 2gR \geq 0$, então $v > 0$ para todos os valores de y. Logo, devemos ter $v_0 \geq \sqrt{2gR}$.

13. Usando a condição $y'(1) = 0$, encontramos

$$\frac{dy}{dx} = \frac{1}{2}[x^{-v_1/v_2} - x^{-v_1/v_2}].$$

Agora se então se $v_1 = v_2$, então $y = \frac{1}{4}x^2 - \frac{1}{2} \ln x - \frac{1}{4}$; se $v_1 \neq v_2$, então

$$y = \frac{1}{2}\left[\frac{x^{1 + (v_1/v_2)}}{1 + \dfrac{v_1}{v_2}} - \frac{x^{1 - (v_1/v_2)}}{1 - \dfrac{v_1}{v_2}}\right] + \frac{v_1 v_2}{v_2^2 - v_1^2}.$$

15. $2h^{1/2} = -\frac{1}{25}t + 2\sqrt{20}$; $t = 50\sqrt{20}\,s$

17. Para calcular a integral indefinida do lado esquerdo de

$$\frac{\sqrt{100 - y^2}}{y}\,dy = -dx$$

usamos a substituição $y = 10 \cos \theta$, segue-se que

$$x = 10 \ln\left(\frac{10 + \sqrt{100 - y^2}}{y}\right) - \sqrt{100 - y^2}.$$

19. Fazendo a substituição $w = x^2$, a equação diferencial torna-se

$$w = y\frac{dw}{dy} + \frac{1}{4}\left(\frac{dw}{du}\right)^2,$$

a qual é uma equação de Clairaut. A solução é

$$x^2 = cy + \frac{c^2}{4}.$$

Se $2c_1 = c$, vemos que

$$x^2 = 2c_1 y + c_1^2$$

descreve uma família de parábolas.

21. $-\gamma \ln y + \delta y = \alpha \ln x - \beta x + c$

23. **(a)** A equação $2\dfrac{d^2\theta}{dt^2}\dfrac{d\theta}{dt} + 2\dfrac{g}{l} \operatorname{sen}\theta\dfrac{d\theta}{dt} = 0$ é a mesma que

$$\frac{d}{dt}\left(\frac{d\theta}{dt}\right)^2 + 2\frac{g}{l} \operatorname{sen}\theta\frac{d\theta}{dt} = 0.$$

Integrando essa última equação em relação a t e usando as condições iniciais, obtemos o resultado.

(b) De (a),

$$dt = \sqrt{\frac{l}{2g}}\,\frac{d\theta}{\sqrt{\cos\theta - \cos\theta_0}}.$$

Integrando a última equação, obtemos o tempo que o pêndulo leva para ir de $\theta = \theta_0$ a $\theta = 0$:

$$t = \sqrt{\frac{l}{2g}}\int_0^{\theta_0}\frac{d\theta}{\sqrt{\cos\theta - \cos\theta_0}}.$$

O período é o tempo total T para ir de $\theta = \theta_0$ e voltar a $\theta = \theta_0$. Isto é,

$$T = 4\sqrt{\frac{l}{2g}}\int_0^{\theta_0}\frac{d\theta}{\sqrt{\cos\theta - \cos\theta_0}}$$

$$= 2\sqrt{\frac{2l}{g}}\int_0^{\theta_0}\frac{d\theta}{\sqrt{\cos\theta - \cos\theta_0}}.$$

Capítulo 3 Exercícios de Revisão, p. 133-134

1. $y^3 + 3/x = c_2$

3. $2(y-2)^2 + (x-1)^2 = c_2^2$

5. $P(45) = 8{,}99$ bilhões

7. $x(t) = \dfrac{\alpha c_1 e^{\alpha k_1 t}}{1 + c_1 e^{\alpha k_1 t}}, \quad y(t) = c_2(1 + c_1 e^{\alpha k_1 t})^{k_2/k_1}$

9. **(a)** $T(t) = \dfrac{T_2 + BT_1}{1+B} + \dfrac{T_1 - T_2}{1+B}\,e^{k(1+B)t};$

(b) $\dfrac{T_2 + BT_1}{1+B};$

(c) $\dfrac{T_2 + BT_1}{1+B}$

EXERCÍCIOS 4.1, p. 162-167

1. $y = \frac{1}{2}e^x - \frac{1}{2}e^{-x}$

3. $y = \frac{3}{5}e^{4x} + \frac{2}{5}e^{-x}$

5. $y = 3x - 4x\ln x$

7. $y = 0, \ y = x^2$

9. **(a)** $y = e^x\cos x - e^x \operatorname{sen} x$

(b) nenhuma solução

(c) $y = e^x\cos x + e^{-\pi/2}e^x \operatorname{sen} x$

(d) $y = c_2 e^x \operatorname{sen} x$, em que c_2 é arbitrário

11. $(-\infty, 2)$

13. $\lambda = n, \ n = 1, 2, 3, \ldots$

15. dependente

17. dependente

19. dependente

21. independente

23. $W(x^{1/2}, x^2) = \frac{3}{2}x^{3/2} \neq 0$ em $(0, \infty)$

25. $W(\operatorname{sen} x, \operatorname{cosec} x) = -2\operatorname{ctg} x$.

$W = 0$ somente em $x = \pi/2$ no intervalo.

27. $W(e^x, e^{-x}, e^{4x}) = -30e^{4x} \neq 0$ em $(-\infty, \infty)$

29. não

31. **(a)** $y'' - 2y^3 = \dfrac{2}{x^3} - 2\left(\dfrac{1}{x}\right)^3 = 0$

(b) $y'' - 2y^3 = \dfrac{2c}{x^2} - 2\dfrac{c^3}{x^3} = \dfrac{2}{x^3}c(1 - c^2) \neq 0$

para $c \neq 0, \pm 1$

33. As funções satisfazem a equação diferencial e são linearmente independentes no intervalo, pois

$W(e^{-3x}, e^{4x}) = 7e^x \neq 0; \ y = c_1e^{-3x} + c_2e^{4x}$.

35. As funções satisfazem a equação diferencial e são linearmente independentes no intervalo, pois

$W(e^x\cos 2x, e^x \operatorname{sen} 2x) = 2e^{2x} \neq 0;$

$y = c_1e^x\cos 2x + c_2e^x \operatorname{sen} 2x.$

37. As funções satisfazem a equação diferencial e são linearmente independentes no intervalo, pois

$W(x^3, x^4) = x^6 \neq 0; \ y = c_1x^3 + c_2x^4.$

39. As funções satisfazem a equação diferencial e são linearmente independentes no intervalo, pois

$W(x, x^{-2}, x^{-2}\ln x) = 9x^{-6} \neq 0;$

$y = c_1x + c_2x^{-2} + c_3x^{-2}\ln x.$

41. e^{2x} e e^{5x} formam um conjunto fundamental de soluções para a equação homogênea; $6e^{x}$ é uma solução particular para a equação não-homogênea.

43. e^{2x} e xe^{2x} formam um conjunto fundamental de soluções para a equação homogênea; $x^2e^{2x} + x - 2$ é uma solução particular da equação não-homogênea.

45. **(a)** Os gráficos mostram que y_1 e y_2 não são múltiplos um do outro. Ainda

$$x^2y_1'' - 4xy_1' + 6y_1 = x^2(6x) - 4x(3x^2) + 6x^3$$
$$= 12x^3 - 12x^3 = 0$$

Para $x \geq 0$, a demonstração de que y_2 é uma solução para a equação é exatamente como feita acima para y_1.

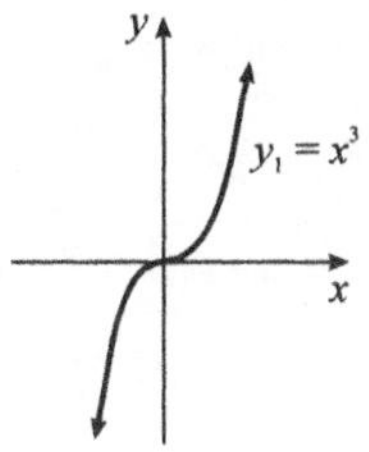

(a)

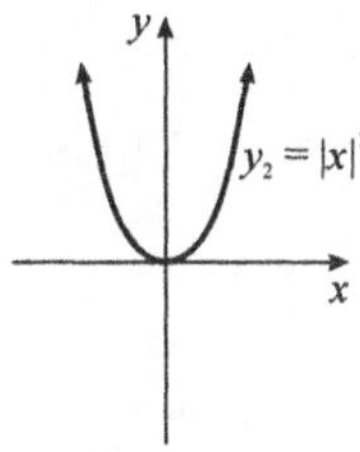

(b)

Para $x < 0$, $y_2 = -x^3$ assim

$$x^2y_2'' - 4xy_2' + 6y_2 = x^2(-6x)$$
$$- 4x(-3x^2) + 6(-x^3)$$
$$= -12x^3 + 12x^3 = 0.$$

(b) Para $x \geq 0$,

$$W(y_1, y_2) = \begin{vmatrix} x^3 & x^3 \\ 3x^2 & 3x^2 \end{vmatrix} = 3x^5 - 3x^5 = 0.$$

Para $x < 0$,

$$W(y_1, y_2) = \begin{vmatrix} x^3 & -x^3 \\ 3x^2 & -3x^2 \end{vmatrix} = -3x^5 + 3x^5 = 0.$$

Logo $W(y_1, y_2) = 0$, para todo valor real de x.

(c) Não, $a_2(x) = x^2$ é zero em $x = 0$.

(d) Como $Y_1 = y_1$, precisamos mostrar somente

$$x^2Y_2'' - 4xY_2' + 6Y_2 = x^2(2) - 4x(2x) + 6x^2$$
$$= 8x^2 - 8x^2 = 0$$

e $W(x^3, x^2) = -x^4$. Logo Y_1 e Y_2 são linearmente independentes no intervalo.

(e) $Y_1 = x^3$, $Y_2 = x^2$, ou $y_2 = |x|^3$

(f) Nenhuma; formamos uma solução geral no intervalo no qual $a_2(x) \neq 0$ para todo x no intervalo. A combinação linear

$$y = c_1Y_1 + c_2Y_2$$

será uma solução geral para a equação, digamos, no intervalo $(0, \infty)$.

47. **(a)** Como y_1 e y_2 são soluções para a equação diferencial dada, temos

$$a_2(x)y_1'' + a_1(x)y_1' + a_0(x)y_1 = 0$$

e $$a_2(x)y_2'' + a_1(x)y_2' + a_0(x)y_2 = 0.$$

Agora, multiplicando a primeira equação por y_2 e a segunda por y_1 e subtraindo a primeira da segunda:

$$a_2(x)[y_1y_2'' - y_2y_1''] + a_1(x)[y_1y_2' - y_2y_1'] = 0.$$

Verificamos facilmente que

$$\frac{dW}{dx} = \frac{d}{dx}(y_1y_2' - y_2y_1') = y_1y_2'' - y_2y_1'',$$

e daí segue-se que

$$a_2(x)\frac{dW}{dx} + a_1(x)W = 0.$$

(b) Como essa última equação é linear de primeira ordem, o fator de integração é

$$e^{\int [a_1(x)/a_2(x)]\,dx}$$

Logo, de

$$\frac{d}{dx}\left[e^{\int [a_1(x)/a_2(x)]\,dx}W\right] = 0$$

obtemos $W = ce^{-\int [a_1(x)/a_2(x)]\,dx}$

(c) Substituindo $x = x_0$ no resultado obtido, encontramos $c = W(x_0)$.

(d) Como uma função exponencial nunca se anula quando $W(x_0) \neq 0$, segue-se da parte (c) que $W \neq 0$. Por outro lado, se $W(x_0) = 0$, temos imediatamente que $W = 0$.

49. Da parte (c) do Problema 47, temos

$$W(y_1,\ y_2) = W(y_1(x_0),\ y_2(x_0))e^{-\int_{x_0}^{x} dt/t}$$

$$= \begin{vmatrix} k_1 & k_3 \\ k_2 & k_4 \end{vmatrix} e^{-\ln(x/x_0)}$$

$$= (k_1k_4 - k_3k_2)\left(\frac{x_0}{x}\right).$$

EXERCÍCIOS 4.2, p. 172-173

1. $y_2 = e^{-5x}$

3. $y_2 = xe^{2x}$

5. $y_2 = \text{sen } 4x$

7. $y_2 = \text{senh } x$

9. $y_2 = xe^{2x/3}$

11. $y_2 = x^4 \ln|x|$

13. $y_2 = 1$

15. $y_2 = x^2 + x + 2$

17. $y_2 = x \cos(\ln x)$

19. $y_2 = x$

21. $y_2 = x \ln x$

23. $y_2 = x^3$

25. $y_2 = x^2$

27. $y_2 = 3x + 2$

29. $y_2 = \frac{1}{2}[\text{tg } x \sec x + \ln|\sec x + \text{tg } x|]$

31. $y_2 = e^{2x},\ y_p = -\frac{1}{2}$

33. $y_2 = e^{2x},\ y_p = \frac{5}{2}e^{3x}$

EXERCÍCIOS 4.3, p. 180-182

1. $y = c_1 + c_2e^{-x/4}$

3. $y = c_1e^{-6x} + c_2e^{6x}$

5. $y = c_1 \cos 3x + c_2 \text{ sen } 3x$

7. $y = c_1e^{3x} + c_2e^{-2x}$

9. $y = c_1e^{-4x} + c_2xe^{-4x}$

11. $y = c_1e^{(-3+\sqrt{29})x/2} + c_2e^{(-3-\sqrt{29})x/2}$

13. $y = c_1e^{2x/3} + c_2e^{-x/4}$

15. $y = e^{2x}(c_1 \cos x + c_2 \text{ sen } x)$

17. $y = e^{-x/3}\left(c_1 \cos \frac{\sqrt{2}}{3}x + c_2 \text{ sen } \frac{\sqrt{2}}{3}x\right)$

19. $y = c_1 + c_2e^{-x} + c_3e^{5x}$

21. $y = c_1e^{x} + e^{-x/2}\left(c_2 \cos \frac{\sqrt{3}}{2}x + c_3 \text{ sen } \frac{\sqrt{3}}{2}x\right)$

23. $y = c_1e^{-x} + c_2e^{3x} + c_3xe^{3x}$

25. $y = c_1e^{x} + e^{-x}(c_2 \cos x + c_3 \text{ sen } x)$

27. $y = c_1e^{-x} + c_2xe^{-x} + c_3x^2e^{-x}$

29. $y = c_1 + c_2x + e^{-x/2}\left(c_3 \cos \frac{\sqrt{3}}{2}x + c_4 \text{ sen } \frac{\sqrt{3}}{2}x\right)$

31. $y = c_1 \cos \frac{\sqrt{3}}{2}x + c_2 \text{ sen } \frac{\sqrt{3}}{2}x$

$+ c_3x \cos \frac{\sqrt{3}}{2}x + c_4x \text{ sen } \frac{\sqrt{3}}{2}x$

33. $y = c_1 + c_2e^{-2x} + c_3e^{2x} + c_4 \cos 2x + c_5 \text{ sen } 2x$

35. $y = c_1e^{x} + c_2xe^{x} + c_3e^{-x} + c_4xe^{-x} + c_5e^{-5x}$

37. $y = 2 \cos 4x - \frac{1}{2} \text{ sen } 4x$

39. $y = -\frac{3}{4}e^{-5x} + \frac{3}{4}e^{-x}$

41. $y = -e^{x/2} \cos(x/2) + e^{x/2} \text{ sen}(x/2)$

43. $y = 0$

45. $y = e^{2(x-1)} - e^{x-1}$

47. $y = \frac{5}{36} - \frac{5}{36}e^{-6x} + \frac{1}{6}xe^{-6x}$

49. $y = -\frac{1}{6}e^{2x} + \frac{1}{6}e^{-x} \cos \sqrt{3}x - \frac{\sqrt{3}}{6}$

$e^{-x} \text{ sen } \sqrt{3}x$

51. $y = 2 - 2e^{x} + 2xe^{x} - \frac{1}{2}x^2e^{x}$

53. $y = e^{5x} - xe^{5x}$

55. $y = -2 \cos x$

57. $\frac{d^3y}{dx^3} + 6\frac{d^2y}{dx^2} - 15\frac{dy}{dx} - 100y = 0$

59. $y = c_1e^x + e^{4x}(c_2 \cos x + c_3 \operatorname{sen} x)$

61. $y'' - 3y' - 18y = 0$

63. $y''' - 7y'' = 0$

65. $y = e^{-\sqrt{2}x/2}\left(c_1 \cos \frac{\sqrt{2}}{2}x + c_2 \operatorname{sen} \frac{\sqrt{2}}{2}x\right) + e^{\sqrt{2}x/2}\left(c_3 \cos \frac{\sqrt{2}}{2}x + c_4 \operatorname{sen} \frac{\sqrt{2}}{2}x\right)$

EXERCÍCIOS 4.4, p. 193-195

1. $y = c_1e^{-x} + c_2e^{-2x} + 3$

3. $y = c_1e^{5x} + c_2xe^{5x} + \frac{6}{5}x + \frac{3}{5}$

5. $y = c_1e^{-2x} + c_2xe^{-2x} + x^2 - 4x + \frac{7}{2}$

7. $y = c_1 \cos\sqrt{3}x + c_2 \operatorname{sen}\sqrt{3}x + (-4x^2 + 4x - \frac{4}{3})e^{3x}$

9. $y = c_1 + c_2e^x + 3x$

11. $y = c_1e^{x/2} + c_2xe^{x/2} + 12 + \frac{1}{2}x^2e^{x/2}$

13. $y = c_1 \cos 2x + c_2 \operatorname{sen} 2x - \frac{3}{4}x \cos 2x$

15. $y = c_1 \cos x + c_2 \operatorname{sen} x - \frac{1}{2}x^2 \cos x + \frac{1}{2}x \operatorname{sen} x$

17. $y = c_1e^x \cos 2x + c_2e^x \operatorname{sen} 2x + \frac{1}{4}xe^x \operatorname{sen} 2x$

19. $y = c_1e^{-x} + c_2xe^{-x} - \frac{1}{2}\cos x + \frac{12}{25}\operatorname{sen} 2x - \frac{9}{25}\cos 2x$

21. $y = c_1 + c_2x + c_3e^{6x} - \frac{1}{4}x^2 - \frac{6}{37}\cos x + \frac{1}{37}\operatorname{sen} x$

23. $y = c_1e^x + c_2xe^x + c_3x^2e^x - x - 3 - \frac{2}{3}x^3e^x$

25. $y = c_1 \cos x + c_2 \operatorname{sen} x + c_3x \cos x + c_4x \operatorname{sen} x + x^2 - 2x - 3$

27. $y_p = 4 + \frac{4}{3}\cos 2x$

29. $y = \sqrt{2}\operatorname{sen} 2x - \frac{1}{2}$

31. $y = -200 + 200e^{-x/5} - 3x^2 + 30x$

33. $y = -10e^{-2x}\cos x + 9e^{-2x}\operatorname{sen} x + 7e^{-4x}$

35. $x = \frac{F_0}{2\omega^2}\operatorname{sen}\omega t - \frac{F_0}{2\omega}t\cos\omega t$

37. $y = -\frac{1}{6}\cos x - \frac{\pi}{4}\operatorname{sen} x + \frac{1}{2}x\operatorname{sen} x + \frac{1}{3}\operatorname{sen} 2x$

39. $y = 11 - 11e^x + 9xe^x + 2x - 12x^2e^x + \frac{1}{2}e^{5x}$

41. $y = 6\cos x - 6(\operatorname{cotg} 1)\operatorname{sen} x + x^2 - 1$

43. $y = \begin{cases} \cos 2x + \frac{5}{6}\operatorname{sen} 2x + \frac{1}{3}\operatorname{sen} x, & 0 \le x \le \pi/2 \\ \frac{2}{3}\cos 2x + \frac{5}{6}\operatorname{sen} 2x, & x > \pi/2 \end{cases}$

EXERCÍCIOS 4.5, p. 200-201

1. $(D + 5)y = 9 \operatorname{sen} x$

3. $(3D^2 - 5D + 1)y = e^x$

5. $(D^3 - 4D^2 + 5D)y = 4x$

7. $(3D - 2)(3D + 2)$

9. $(D - 6)(D + 2)$

11. $D(D + 5)^2$

13. $(D - 1)(D - 2)(D + 5)$

15. $D(D + 2)(D^2 - 2D + 4)$

21. D^4

23. $D(D - 2)$

25. $D^2 + 4$

27. $D^3(D^2 + 16)$

29. $(D + 1)(D - 1)^3$

31. $D(D^2 - 2D + 5)$

33. $1, x, x^2, x^3, x^4$

35. $e^{6x}, e^{-3x/2}$

37. $\cos\sqrt{5}x, \operatorname{sen}\sqrt{5}x$

39. $1, e^{5x}, xe^{5x}$

EXERCÍCIOS 4.6, p. 208-209

1. $y = c_1e^{-3x} + c_2e^{3x} - 6$

3. $y = c_1 + c_2e^{-x} + 3x$

5. $y = c_1e^{-2x} + c_2xe^{-2x} + \frac{1}{2}x + 1$

7. $y = c_1 + c_2x + c_3e^{-x} + \frac{2}{3}x^4 - \frac{8}{3}x^3 + 8x^2$

9. $y = c_1e^{-3x} + c_2e^{4x} + \frac{1}{7}xe^{4x}$

11. $y = c_1e^{-x} + c_2e^{3x} - e^x + 3$

13. $y = c_1 \cos 5x + c_2 \operatorname{sen} 5x + \frac{1}{4} \operatorname{sen} x$

15. $y = c_1e^{-3x} + c_2xe^{-3x} - \frac{1}{49}xe^{4x} + \frac{2}{343}e^{4x}$

17. $y = c_1 e^{-x} + c_2e^x + \frac{1}{6}x^3e^x - \frac{1}{4}x^2e^x + \frac{1}{4}xe^x - 5$

19. $y = e^x(c_1 \cos 2x + c_2 \operatorname{sen} 2x) + \frac{1}{3}e^x \operatorname{sen} x$

21. $y = c_1 \cos 5x + c_2 \operatorname{sen} 5x - 2x \cos 5x$

23. $y = e^{-x/2}\left(c_1 \cos \frac{\sqrt{3}}{2}x + c_2 \operatorname{sen} \frac{\sqrt{3}}{2}x\right)$
$+ \operatorname{sen} x + 2 \cos x - x \cos x$

25. $y = c_1 + c_2x + c_3e^{-8x} + \frac{11}{256}x^2 + \frac{7}{32}x^3 - \frac{1}{16}x^4$

27. $y = c_1e^x + c_2xe^x + c_3x^2e^x + \frac{1}{6}x^3e^x + x - 13$

29. $y = c_1 + c_2x + c_3e^x + c_4xe^x + \frac{1}{2}x^2e^x + \frac{1}{2}x^2$

31. $y = c_1e^{x/2} + c_2e^{-x/2} + c_3 \cos \frac{x}{2} + c_4 \operatorname{sen} \frac{x}{2} + \frac{1}{8}xe^{x/2}$

33. $y = \frac{5}{8}e^{-8x} + \frac{5}{8}e^{8x} - \frac{1}{4}$

35. $y = -\frac{41}{125} + \frac{41}{125}e^{5x} - \frac{1}{10}x^2 + \frac{9}{25}x$

37. $y = -\pi \cos x - \frac{11}{3} \operatorname{sen} x - \frac{8}{3} \cos 2x + 2x \cos x$

39. $y = 2e^{2x} \cos 2x - \frac{3}{64}e^{2x} \operatorname{sen} 2x + \frac{1}{8}x^3 + \frac{3}{16}x^2 + \frac{3}{32}x$

41. $y_p = Axe^x + Be^x \cos 2x + Ce^x \operatorname{sen} 2x$
$+ Exe^x \cos 2x + Fxe^x \operatorname{sen} 2x$

EXERCÍCIOS 4.7, p. 217-218

1. $y = c_1 \cos x + c_2 \operatorname{sen} x + x \operatorname{sen} x$
$+ \cos x \ln|\cos x|$; $(-\pi/2, \pi/2)$

3. $y = c_1 \cos x + c_2 \operatorname{sen} x + \frac{1}{2} \operatorname{sen} x - \frac{1}{2}x \cos x$
$= c_1 \cos x + c_3 \operatorname{sen} x - \frac{1}{2}x \cos x$; $(-\infty, \infty)$

5. $y = c_1 \cos x + c_2 \operatorname{sen} x + \frac{1}{2} - \frac{1}{6} \cos 2x$; $(-\infty, \infty)$

7. $y = c_1e^x + c_2e^{-x} + \frac{1}{4}xe^x - \frac{1}{4}xe^{-x}$
$= c_1e^x + c_2e^{-x} + \frac{1}{2}x \operatorname{senh} x$; $(-\infty, \infty)$

9. $y = c_1e^{2x} + c_2e^{-2x}$
$+ \frac{1}{4}\left(e^{2x} \ln|x| - e^{-2x} \int_{x_0}^{x} \frac{e^{4t}}{t}\, dt\right),$
$x_0 > 0$; $(0, \infty)$

11. $y = c_1e^{-x} + c_2e^{-2x} + (e^{-x} + e^{-2x})$
$\times \ln(1 + e^x)$; $(-\infty, \infty)$

13. $y = c_1e^{-2x} + c_2e^{-x} - e^{-2x} \operatorname{sen} e^x$; $(-\infty, \infty)$

15. $y = c_1e^x + c_2xe^x - \frac{1}{2}e^x \ln(1 + x^2)$
$+ xe^x \operatorname{tg}^{-1}x$; $(-\infty, \infty)$

17. $y = c_1e^{-x} + c_2xe^{-x} - \frac{1}{2}x^2e^{-x} \ln x$
$- \frac{3}{4}x^2e^{-x}$; $(0, \infty)$

19. $y = c_1e^x \cos 3x + c_2e^x \operatorname{sen} x$
$-\frac{1}{27}e^x \cos 3x \ln|\sec 3x + \operatorname{tg} 3x|$;
$(-\pi/6, \pi/6)$

21. $y = c_1 + c_2 \cos x + c_3 \operatorname{sen} x - \ln|\cos x|$
$- \operatorname{sen} x \ln|\sec x + \operatorname{tg} x|$; $(-\pi/2, \pi/2)$

23. $y = c_1e^x + c_2e^{2x} + c_3e^{-x} + \frac{1}{8}e^{3x}$; $(-\infty, \infty)$

25. $y = \frac{1}{4}e^{-x/2} + \frac{3}{4}e^{x/2} + \frac{1}{8}x^2e^{x/2} - \frac{1}{4}xe^{x/2}$

27. $y = \frac{4}{9}e^{-4x} + \frac{25}{36}e^{2x} - \frac{1}{4}e^{-2x} + \frac{1}{9}e^{-x}$

29. $y = c_1x + c_2x \ln x + \frac{2}{3}x(\ln x)^3$

31. $y = c_1x^{-1/2}\cos x + c_2x^{-1/2}\operatorname{sen} x + x^{-1/2}$

33. **(a)** $y_{p1} = 4x^2 - 16x + 21$

(b) $y_{p2} = xe^{-x}\ln x$

(c) $y_p = 4x^2 - 16x + 21 + xe^{-x}\ln x$

Capítulo 4 Exercícios de Revisão, p. 219-220

1. $y = 0$

3. Falso, as funções $f_1(x) = 0$ e $f_2(x) = e^x$ são linearmente dependentes em $(-\infty, \infty)$, mas f_2 não é múltiplo de f_1.

5. $(-\infty, 0)$; $(0, \infty)$

7. falso

9. $y_p = A + Bxe^x$

11. $y_2 = \operatorname{sen} 2x$

13. $y = c_1e^{(1+\sqrt{3})x} + c_2e^{(1-\sqrt{3})x}$

15. $y = c_1 + c_2e^{-5x} + c_3xe^{-5x}$

17. $y = c_1e^{-x/3} + e^{-3x/2}\left(c_2\cos\frac{\sqrt{7}}{2}x + c_3\operatorname{sen}\frac{\sqrt{7}}{2}x\right)$

19. $y = c^{3x/2}\left(c_1\cos\frac{\sqrt{11}}{2}x + c_2\operatorname{sen}\frac{\sqrt{11}}{2}x\right) + \frac{4}{5}x^3 + \frac{36}{25}x^2 + \frac{46}{125}x - \frac{222}{625}$

21. $y = c_1 + c_2e^{2x} + c_3e^{3x} + \frac{1}{5}\operatorname{sen} x - \frac{1}{5}\cos x + \frac{4}{3}x$

23. $y = e^{x-\pi}\cos x$

25. $y = e^x(c_1\cos x + c_2\operatorname{sen} x) - e^x\cos x\ln|\sec x + \operatorname{tg} x|$

27. $y = \frac{2}{5}e^{x/2} - \frac{2}{5}e^{3x} + xe^{3x} - 4$

EXERCÍCIOS 5.1, p. 233-236

1. Uma massa de 125 g atada a uma mola é solta de um ponto 3 unidades acima da posição de equilíbrio com velocidade inicial de 2 m/s para cima. A constante elástica é 3 N/m.

3. $x(t) = 2\sqrt{2}\operatorname{sen}\left(5t - \frac{\pi}{4}\right)$

5. $x(t) = \sqrt{5}\operatorname{sen}(\sqrt{2}t + 3{,}6052)$

7. $x(t) = \frac{\sqrt{101}}{10}\operatorname{sen}(10t + 1{,}4711)$

9. 2,45 N

11. $\sqrt{2}\pi/8$

13. $x(t) = -\frac{1}{4}\cos 4\sqrt{6}t$

15. **(a)** $x(\pi/12) = -1/4$; $x(\pi/8) = -1/2$; $x(\pi/6) = -1/4$; $x(\pi/4) = 1/2$; $x(9\pi/32) = \sqrt{2}/4$

(b) 4 m/s; para baixo

(c) $t = (2n+1)\pi/16$, $n = 0, 1, 2, \ldots$

17. **(a)** a massa de 20 kg

(b) a massa de 20 kg; a massa de 50 kg

(c) $t = n\pi$, $n = 0, 1, 2, 3, \ldots$; na posição de equilíbrio; a massa de 50 kg está movendo-se para cima enquanto a massa de 20 kg está movendo-se para cima quando n é par e para baixo quando n é impar.

19. $x(t) = \frac{1}{2}\cos 2t + \frac{3}{4}\operatorname{sen} 2t = \frac{\sqrt{13}}{4}\operatorname{sen}(2t + 0{,}5880)$

21. **(a)** $x(t) = -\frac{2}{3}\cos 10t + \frac{1}{2}\operatorname{sen} 10t = \frac{5}{6}\operatorname{sen}(10t - 0{,}927)$

(b) 5/6 m; $\pi/5$

(c) 15 ciclos

(d) 0,721 s

(e) $(2n+1)\pi/20 + 0{,}0927$, $n = 0, 1, 2, \ldots$

(f) $x(3) = -0{,}597$ m

(g) $x'(3) = -5{,}814$ m/s

(h) $x''(3) = 59{,}702$ m/s^2

(i) $\pm 8\frac{1}{3}$ m/s

(j) $0{,}1451 + n\pi/5$; $0{,}3545 + n\pi/5$, $n = 0, 1, 2, \ldots$

(k) $0{,}3545 + n\pi/5$; $n = 0, 1, 2, \ldots$

23. 120 N/m; $x(t) = \frac{\sqrt{3}}{12}\operatorname{sen} 8\sqrt{3}t$

25. Usando $x(t) = c_1 \cos \omega t + c_2 \operatorname{sen} \omega t$, $x(0) = x_0$ e $x'(0) = v_0$, encontramos $c_1 = x_0$ e $c_2 = v_0/\omega$. O resultado segue-se de $A = \sqrt{c_1^2 + c_2^2}$.

27. $x(t) = 2\sqrt{2} \cos\left(5t + \frac{5\pi}{4}\right)$

29. Quando $\omega t + \phi = (2m + 1)\pi/2$, $|x''| = A\omega^2$. Mas $T = 2\pi/\omega$ implica $\omega = 2\pi/T$ e $\omega^2 = 4\pi^2/T^2$. Portanto, a magnitude da aceleração é $|x''| = 4\pi^2 A/T^2$.

EXERCÍCIOS 5.2, p. 245-248

1. Uma massa de 62,5 g está atada a uma mola cuja constante é 1 N/m. O sistema é amortecido com uma força de resistência numericamente igual a 2 vezes a velocidade instantânea. O peso parte da posição de equilíbrio com velocidade de 1,5 m/s para cima.

3. **(a)** acima;

(b) para cima

5. **(a)** abaixo;

(b) para baixo

7. $\frac{1}{4}$ s; $\frac{1}{2}$ s, $x(\frac{1}{2}) = e^{-2}$; isto é, a massa está aproximadamente 0,14 m abaixo da posição de equilíbrio.

9. **(a)** $x(t) = \frac{4}{3}e^{-2t} - \frac{1}{3}e^{-8t}$

(b) $x(t) = -\frac{2}{3}e^{-2t} + \frac{5}{3}e^{-8t}$

11. **(a)** $x(t) = e^{-2t}[-\cos 4t - \frac{1}{2} \operatorname{sen} 4t]$

(b) $x(t) = \frac{\sqrt{5}}{2} e^{-2t} \operatorname{sen}(4t + 4{,}249)$

(c) $t = 1{,}294$ s

13. **(a)** $\beta > 5/2$;

(b) $\beta > 5/2$;

(c) $0 < \beta < 5/2$

15. $x(t) = \frac{2}{7}e^{-7t} \operatorname{sen} 7t$

17. $v_0 > 2$ m/s

19. Suponha $\gamma = \sqrt{\omega^2 - \lambda^2}$. Então, a derivada de $x(t) = Ae^{-\lambda t} \operatorname{sen}(\omega t + \phi)$ é

$$x'(t) = Ae^{-\lambda t}[\gamma \cos(\gamma t + \phi) - \lambda \operatorname{sen}(\gamma t + \phi)].$$

Logo $x'(t) = 0$, implica

$$\operatorname{tg}(\gamma t + \phi) = \frac{\gamma}{\lambda},$$

de onde segue-se que

$$t = \frac{1}{\gamma}\left[\operatorname{tg}^{-1}\frac{\gamma}{\lambda} + k\pi - \phi\right].$$

A diferença entre dois máximos (ou mínimos) sucessivos é portanto

$$t_{k+2} - t_k = (k + 2)(\pi/\gamma) - k(\pi/\gamma) = 2\pi/\gamma.$$

21. $$t^*_{k+1} - t^*_k = \frac{(2k+3)\pi/2 - \phi}{\sqrt{\omega^2 - \lambda^2}} - \frac{(2k+1)\pi/2 - \phi}{\sqrt{\omega^2 - \lambda^2}} = \frac{\pi}{\sqrt{\omega^2 - \lambda^2}}$$

23. Denote o quasi-período por $+2\pi/\sqrt{\omega^2 - \lambda^2}$ a ser denotado por T_q. Da equação (15), temos

$$\frac{x_n}{x_{n+2}} = \frac{x(t)}{x(t + T_q)} = \frac{e^{-\gamma t}\operatorname{sen}(\sqrt{\omega^2 - \lambda^2}\,t + \phi)}{e^{-\gamma(t + T_q)}\operatorname{sen}(\sqrt{\omega^2 - \lambda^2}\,(t + T_q) + \phi)} = e^{\gamma T_q}$$

pois,

$$\operatorname{sen}(\sqrt{\omega^2 - \lambda^2}\,t + \phi) = \operatorname{sen}(\sqrt{\omega^2 - \lambda^2}\,(t + T_q) + \phi).$$

Logo,

$$\ln\left(\frac{x_n}{x_{n+2}}\right) = \lambda T_q = \frac{2\pi\lambda}{\sqrt{\omega^2 - \lambda^2}}.$$

EXERCÍCIOS 5.3, p. 257-259

1. $$x(t) = e^{-t/2}\left(-\frac{4}{3}\cos\frac{\sqrt{47}}{2}t - \frac{64}{3\sqrt{47}}\operatorname{sen}\frac{\sqrt{47}}{2}t\right) + \frac{10}{3}(\cos 3t + \operatorname{sen} 3t)$$

3. $x(t) = \frac{1}{4}e^{-4t} + te^{-4t} - \frac{1}{4}\cos 4t$

5. $$x(t) = -\frac{1}{2}\cos 4t + \frac{9}{4}\operatorname{sen} 4t + \frac{1}{2}e^{-2t}\cos 4t - 2e^{-2t}\operatorname{sen} 4t$$

7. $m\frac{d^2x}{dt^2} = -k(x - h) - \beta\frac{dx}{dt}$ ou

$$\frac{d^2x}{dt^2} + 2\lambda\frac{dx}{dt} + \omega^2 x = \omega^2 h(t), \text{ em que}$$

$2\lambda = \beta/m$ e $\omega^2 = k/m$.

9. **(a)** $x(t) = \frac{2}{3}$ sen $4t - \frac{1}{3}$sen $8t$

(b) $t = n\pi/4$, $n = 0, 1, 2, \ldots$

(c) $t = \pi/6 + n\pi/2$, $n = 0, 1, 2, \ldots$

e $t = \pi/3 + n\pi/2$, $n = 0, 1, 2, \ldots$

(d) $\sqrt{3}/2$ cm, $-\sqrt{3}/2$ cm

(e)

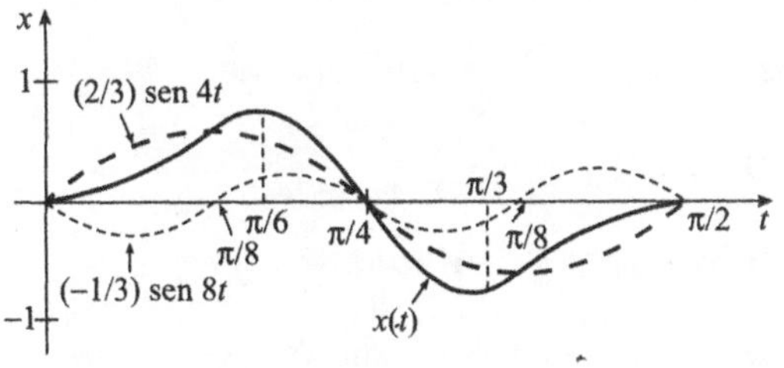

11. **(a)** $g'(\gamma) = 0$ implica $\gamma(\gamma^2 - \omega^2 + 2\lambda^2) = 0$ logo, $\gamma = 0$ ou $\gamma = \sqrt{\omega^2 - 2\lambda^2}$. O primeiro teste da derivada pode ser usado para verificar que $g(\gamma)$ é um máximo no último valor

(b) $g\sqrt{\omega^2 - 2\lambda^2)} = F_0/2\lambda\sqrt{\omega^2 - \lambda^2}$

13. $x_p = -5 \cos 2t + 5$ sen $2t$

$= 5\sqrt{2}$ sen$\left(2t - \frac{\pi}{4}\right)$

15. **(a)** $x(t) = x_c + x_p$

$= c_2 \cos \omega t + c_2$ sen $\omega t + \dfrac{F_0}{\omega^2 - \gamma^2} \cos \gamma t,$

em que as condições iniciais implicam que

$c_1 = -F_0/(\omega^2 - \gamma^2)$ e $c_2 = 0$.

(b) Pela regra de L'Hôpital, o limite dado é o mesmo que

$$\lim_{\gamma \to \omega} \frac{F_0(-t \text{ sen } \gamma t)}{-2\gamma} = \frac{F_0}{2\omega} \quad t \text{ sen } \omega t.$$

17. $x(t) = -\cos 2t - \frac{1}{8}$ sen $2t + \frac{3}{4}\, t$ sen $2t + \frac{5}{4}\, t \cos 2t$

19. **(a)** Lembre-se de que

$\cos(u - v) = \cos u \cos v +$ sen u sen v

$\cos(u + v) = \cos u \cos v -$ sen u sen v.

Subtraindo, temos

sen u sen $v = \frac{1}{2}[\cos(u - v) - \cos(u + v)]$.

Fazendo $u = \frac{1}{2}(\gamma - \omega)t$ e $v = \frac{1}{2}(\gamma + \omega)t$, obtemos

sen $\frac{1}{2}(\gamma - \omega)t$ sen $\frac{1}{2}(\gamma + \omega)t = \frac{1}{2}[\cos \omega t - \cos \gamma t]$.

do qual o resultado segue-se.

(b) Para ε pequeno, $\gamma \approx \omega$ assim $\gamma + \omega \approx 2\gamma$ e portanto

$$\frac{-2F_0}{(\omega + \gamma)(\omega - \gamma)} \text{ sen } \frac{1}{2}(\gamma - \omega)t \text{ sen } \frac{1}{2}(\gamma + \omega)t$$

$$\approx \frac{F_0}{2\gamma\varepsilon} \text{ sen } \varepsilon t \text{ sen } \frac{1}{2}(2\gamma)t.$$

(c) Pela regra de L'Hôpital, o limite dado é o mesmo que

$$\lim_{\varepsilon \to 0} \frac{F_0 t \cos \varepsilon t \text{ sen } \gamma t}{2\gamma} =$$

$$= \frac{F_0}{2\gamma}\, t \text{ sen } \gamma t = \frac{F_0}{2\omega}\, t \text{ sen } \omega t.$$

EXERCÍCIOS 5.4, p. 264-265

1. $q(t) = -\frac{15}{4} \cos 4t + \frac{15}{4}$; $i(t) = 15$ sen $4t$

3. subamortecido

5. 4,568 coulombs; 0,0509 s

7. $q(t) = 10 - 10e^{-3t}(\cos 3t +$ sen $3t)$;

$i(t) = 60e^{-3t}$ sen $3t$; 10,432 coulombs

9. $q_p = \frac{100}{13}$ sen $t + \frac{150}{13} \cos t$

$i_p = \frac{100}{13} \cos t - \frac{150}{13}$ sen t

13. $q(t) = -\frac{1}{2}e^{-10t}(\cos 10t +$ sen $10t) + \frac{3}{2}$; $\frac{3}{2}$ coulombs

15. Mostre que $dZ/dC = 0$ quando $C = 1/L\gamma^2$. Nesse valor Z é um mínimo e a amplitude correspondente E_0/Z é um máximo.

17. $$q(t) = \left(q_0 - \frac{E_0C}{1 - \gamma^2LC}\right) \cos \frac{t}{\sqrt{LC}}$$

$$+ \sqrt{LC}\, i_0 \text{ sen } \frac{t}{\sqrt{LC}} + \frac{E_0C}{1 - \gamma^2LC} \cos \gamma t;$$

$$i(t) = i_0 \cos \frac{t}{\sqrt{LC}}$$

$$-\frac{1}{\sqrt{LC}}\left(q_0-\frac{E_0C}{1-\gamma^2LC}\right)\operatorname{sen}\frac{t}{\sqrt{LC}}$$

$$-\frac{E_0C\gamma}{1-\gamma^2LC}\operatorname{sen}\gamma t$$

19. $\theta(t)=\frac{1}{2}\cos 4t+\frac{\sqrt{3}}{2}\operatorname{sen} 4t;\ 1;\ \pi/2;\ 2/\pi$

Capítulo 5 Exercícios de Revisão, p. 267-269

1. 8 cm

3. 5/4 m

5. Falso; poderia haver uma força externa agindo no sistema

7. superamortecido

9. 9/2 N/m

11. $x(t)=-\frac{2}{3}e^{-2t}+\frac{1}{3}e^{-4t}$

13. $0<m\le 2$

15. $\gamma=8\sqrt{3}/3$

17. $x(t)=e^{-4t}$
$$\times\left(\frac{26}{17}\cos 2\sqrt{2}\,t+\frac{28\sqrt{2}}{17}\operatorname{sen} 2\sqrt{2}\,t\right)+\frac{8}{17}e^{-t}$$

19. (a) $q(t)=-\frac{1}{150}\operatorname{sen} 100t+\frac{1}{75}\operatorname{sen} 50t$

(b) $i(t)=-\frac{2}{3}\cos 100t+\frac{2}{3}\cos 50t$

(c) $t=n\pi/50,\ n=0,1,2,\ldots$

EXERCÍCIOS 6.1, p. 284-285

1. $y=c_1x^{-1}+c_2x^2$

3. $y=c_1+c_2\ln x$

5. $y=c_1\cos(2\ln x)+c_2\operatorname{sen}(2\ln x)$

7. $y=c_1x^{(2-\sqrt{6})}+c_2x^{(2+\sqrt{6})}$

9. $y=c_1\cos(\frac{1}{5}\ln x)+c_2\operatorname{sen}(\frac{1}{5}\ln x)$

11. $y=c_1x^{-2}+c_2x^{-2}\ln x$

13. $y=x[c_1\cos(\ln x)+c_2\operatorname{sen}(\ln x)]$

15. $y=x^{-1/2}\left[c_1\cos\left(\frac{\sqrt{3}}{6}\ln x\right)+c_2\operatorname{sen}\left(\frac{\sqrt{3}}{6}\ln x\right)\right]$

17. $y=c_1x^3+c_2\cos(\sqrt{2}\ln x)+c_3\operatorname{sen}(\sqrt{2}\ln x)$

19. $y=c_1x^{-1}+c_2x^2+c_3x^4$

21. $y=c_1+c_2x+c_3x^2+c_4x^{-3}$

23. $y=2-2x^{-2}$

25. $y=\cos(\ln x)+2\operatorname{sen}(\ln x)$

27. $y=2(-x)^{1/2}-5(-x)^{1/2}\ln(-x)$

29. $y=c_1+c_2\ln x+\frac{x^2}{4}$

31. $y=c_1x^{-1/2}+c_2x^{-1}+\frac{1}{15}x^2-\frac{1}{6}x$

33. $y=c_1x+c_2x\ln x+x(\ln x)^2$

35. $y=c_1x^{-1}+c_2x^{-8}+\frac{1}{30}x^2$

37. $y=x^2[c_1\cos(3\ln x)+c_2\operatorname{sen}(3\ln x)]+\frac{4}{13}+\frac{3}{10}x$

39. $y=c_1x^2+c_2x^{-10}-\frac{1}{7}x^{-3}$

41. $u(r)=\left(\frac{u_0-u_1}{b-a}\right)\frac{ab}{r}+\frac{u_1b-u_0a}{b-a}$

43. $y=c_1(x-1)^{-1}+c_2(x-1)^4$

45. $y=c_1\cos(\ln(x+2))+c_2\operatorname{sen}(\ln(x+2))$

EXERCÍCIOS 6.2, p. 296-297

1. $(-1, 1]$

3. $[-\frac{1}{2}, \frac{1}{2})$

5. $[2, 4]$

7. $(-5, 15)$

9. $\{0\}$

11. $x+x^2+\frac{1}{3}x^3-\frac{1}{30}x^5+\ldots$

13. $x-\frac{2}{3}x^3+\frac{2}{15}x^5-\frac{4}{315}x^7+\ldots$

15. $x^2-\frac{2}{3}x^4+\frac{23}{45}x^6-\frac{44}{105}x^8+\ldots$

17. $x+\frac{1}{3}x^3+\frac{2}{15}x^5+\frac{17}{315}x^7+\ldots$

19. $1 + \frac{1}{2}x^2 - \frac{1}{12}x^4 + \frac{1}{24}x^6 - \ldots$

21. $y = ce^{-x}$; $y = c_0 \sum_{n=0}^{\infty} \frac{(-1)^n}{n!} x^n$

23. $y = ce^{x^3/3}$; $y = c_0 \sum_{n=0}^{\infty} \frac{1}{n!}\left(\frac{x^3}{3}\right)^n$

25. $y = c/(1 - x)$; $y = c_0 \sum_{n=0}^{\infty} x^n$

27. $y = C_1 \cos x + C_2 \operatorname{sen} x$;

$$y = c_0 \sum_{n=0}^{\infty} \frac{(-1)^n}{(2n)!} x^{2n} + c_1 \sum_{n=0}^{\infty} \frac{(-1)^n}{(2n+1)!} x^{2n+1}$$

29. $y = C_1 + C_2 e^x$;

$$y = c_0 + c_1 \sum_{n=1}^{\infty} \frac{x^n}{n!} = c_0 - c_1 + c_1 \sum_{n=0}^{\infty} \frac{x^n}{n!}$$

$$= c_0 - c_1 + c_1 e^x$$

EXERCÍCIOS 6.3, p. 306-307

1. $y_1(x) = c_0\left[1 + \frac{1}{3 \times 2} x^3 + \frac{1}{6 \times 5 \times 3 \times 2} x^6 + \frac{1}{9 \times 8 \times 6 \times 5 \times 3 \times 2} x^9 + \ldots\right]$

$y_2(x) = c_1\left[x + \frac{1}{4 \times 3} x^4 + \frac{1}{7 \times 6 \times 4 \times 3} x^7 + \frac{1}{10 \times 9 \times 7 \times 6 \times 4 \times 3} x^{10} + \ldots\right]$

3. $y_1(x) = c_0\left[1 - \frac{1}{2!} x^2 - \frac{3}{4!} x^4 - \frac{21}{6!} x^6 - \ldots\right]$

$y_2(x) = c_1\left[x + \frac{1}{3!} x^3 - \frac{5}{5!} x^5 + \frac{45}{7!} x^7 + \ldots\right]$

5. $y_1(x) = c_0\left[1 - \frac{1}{3!} x^3 + \frac{4^2}{6!} x^6 - \frac{7^2 \times 4^2}{9!} x^9 + \ldots\right]$

$y_2(x) = c_1\left[x - \frac{2^2}{4!} x^4 + \frac{5^2 \times 2^2}{7!} x^7 - \frac{8^2 \times 5^2 \times 2^2}{10!} x^{10} + \ldots\right]$

7. $y_1(x) = c_0$; $y_2(x) = c_1 \sum_{n=1}^{\infty} \frac{1}{n} x^n$

9. $y_1(x) = c_0$; $\sum_{n=0}^{\infty} x^{2n}$; $y_2(x) = c_1 \sum_{n=0}^{\infty} x^{2n+1}$

11. $y_1(x) = c_0\left[1 + \frac{1}{4}x^2 - \frac{7}{4 \times 4!} x^4 + \frac{23 \times 7}{8 \times 6!} x^6 - \ldots\right]$

$y_2(x) = c_1\left[x - \frac{1}{6}x^3 + \frac{14}{2 \times 5!} x^5 - \frac{34 \times 14}{4 \times 7!} x^7 - \ldots\right]$

13. $y_1(x) = c_0[1 + \frac{1}{2}x^2 + \frac{1}{6}x^3 + \frac{1}{6}x^4 + \ldots]$

$y_2(x) = c_1[x + \frac{1}{2}x^2 + \frac{1}{2}x^3 + \frac{1}{2}x^4 + \ldots]$

15. $y(x) = -2[1 + \frac{1}{2!}x^2 + \frac{1}{3!}x^3 + \frac{1}{4!}x^4 + \ldots] + 6x$

$= 8x - 2e^x$

17. $y(x) = 3 - 12x^2 + 4x^4$

19. $y_1(x) = c_0[1 - \frac{1}{6}x^3 + \frac{1}{120}x^5 + \ldots]$

$y_2(x) = c_1[x - \frac{1}{12}x^4 + \frac{1}{180}x^6 + \ldots]$

21. $y_1(x) = c_0[1 - \frac{1}{2}x^2 + \frac{1}{6}x^3 - \frac{1}{40}x^5 + \ldots]$

$y_2(x) = c_1[x - \frac{1}{6}x^3 + \frac{1}{12}x^4 - \frac{1}{60}x^5 + \ldots]$

23. $y_1(x) = c_0\left[1 + \frac{1}{3!} x^3 - \frac{4}{6!} x^6 - \frac{7 \times 4}{9!} x^9 + \ldots\right]$

$= c_1\left[x + \frac{2}{4!}x^4 + \frac{5 \times 2}{7!} x^7 + \frac{8 \times 5 \times 2}{10!} x^{10} + \ldots\right.$

$+ \frac{1}{2!}x^2 + \frac{3}{5!}x^5 + \frac{6 \times 3}{8!}x^8 + \frac{9 \times 6 \times 3}{11!}x^{11} + \ldots$

25. Para $n = 1$: $y = x$; para $n = 2$: $y = 1 - 2x^2$.

EXERCÍCIOS 6.4, p. 328-329

1. $x = 0$, ponto singular irregular

3. $x = -3$, ponto singular regular; $x = 3$, ponto singular irregular

5. $x = 0, 2i, -2i$, pontos singulares regulares

7. $x = -3, 2$, pontos singulares regulares

9. $x = 0$, ponto singular irregular; $x = -5, 5, 2$, pontos singulares regulares

11. $r_1 = \frac{3}{2}$, $r_2 = 0$;

$$y(x) = C_1 x^{3/2}\left[1 - \frac{2}{5}x + \frac{2^2}{7 \times 5 \times 2}x^2 - \frac{2^3}{9 \times 7 \times 5 \times 3!}x^3 + \dots\right] + C_2\left[1 + 2x - 2x^2 + \frac{2^3}{3 \times 3!}x^3 - \dots\right]$$

13. $r_1 = \frac{7}{8}$, $r_2 = 0$

$$y(x) = C_1 x^{7/8}\left[1 - \frac{2}{15}x + \frac{2^2}{23 \times 15 \times 2}x^2 - \frac{2^3}{31 \times 23 \times 15 \times 3!}x^3 + \dots\right] + C_2\left[1 - 2x - \frac{2^2}{9 \times 2}x^2 - \frac{2^3}{17 \times 9 \times 3!}x^3 + \dots\right]$$

15. $r_1 = \frac{1}{3}$, $r_2 = 0$;

$$y(x) = C_1 x^{1/3}\left[1 + \frac{1}{3}x + \frac{1}{3^2 \times 2}x^2 + \frac{1}{3^3 \times 3!}x^3 + \dots\right] + C_2\left[1 + \frac{1}{2}x + \frac{1}{5 \times 2}x^2 + \frac{1}{8 \times 5 \times 2}x^3 + \dots\right]$$

17. $r_1 = \frac{5}{2}$, $r_2 = 0$

$$y(x) = C_1 x^{5/2}\left[1 + \frac{2 \times 2}{7}x + \frac{2^2 \times 3}{9 \times 7}x^2 + \frac{2^3 \times 4}{11 \times 9 \times 7}x^3 + \dots\right] + C_2\left[1 + \frac{1}{3}x - \frac{1}{6}x^2 - \frac{1}{6}x^3 - \dots\right]$$

19. $r_1 = \frac{2}{3}$, $r_2 = \frac{1}{3}$;

$$y(x) = C_1 x^{2/3}[1 - \tfrac{1}{2}x + \tfrac{5}{28}x^2 - \tfrac{1}{21}x^3 + \dots] + C_2 x^{1/3}[1 - \tfrac{1}{2}x + \tfrac{1}{5}x^2 - \tfrac{7}{120}x^3 + \dots]$$

21. $r_1 = 1$, $r_2 = -\frac{1}{2}$;

$$y(x) = C_1 x\left[1 + \frac{1}{5}x + \frac{1}{5 \times 7}x^2 + \frac{1}{5 \times 7 \times 9}x^3 x^2 \dots\right] + C_2 x^{-1/2}\left[1 + \frac{1}{2}x + \frac{1}{2 \times 4}x^2 + \frac{1}{2 \times 4 \times 6}x^3 + \dots\right]$$

23. $r_1 = 0$, $r_2 = -1$;

$$y(x) = C_1 x^{-1}\sum_{n=0}^{\infty}\frac{1}{(2n)!}x^{2n} + C_2 x^{-1}\sum_{n=0}^{\infty}\frac{1}{(2n+1)!}x^{2n+1} = \frac{1}{x}[C_1 \cosh x + C_2 \operatorname{sen} x]$$

25. $r_1 = 4$, $r_2 = 0$;

$$y(x) = C_1\left[1 + \frac{2}{3}x + \frac{1}{3}x^2\right] + C_2\sum_{n=0}^{\infty}(n+1)x^{n+4}$$

27. $r_1 = r_2 = 0$;

$$y(x) = C_1 y_1(x) + C_2\left[y_1(x)\ln x + y_1(x) \times \left(-x + \frac{1}{4}x^2 - \frac{1}{3 \times 3!}x^3 + \frac{1}{4 \times 4!}x^4 - \dots\right)\right],$$

em que $y_1(x) = \sum_{n=0}^{\infty}\frac{1}{n!}x^n = e^x$

29. $r_1 = r_2 = 0$;

$$y(x) = C_1 y_1(x) + C_2[y_1(x)\ln x + y_1(x) \times (2x + \tfrac{5}{4}x^2 + \tfrac{23}{27}x^3 + \dots)],$$

em que $y_1(x) = \sum_{n=0}^{\infty}\frac{(-1)^n}{(n!)^{2n}}x^n$

31. $r_1 = r_2 = 1$;

$$y(x) = C_1 x e^{-x} + C_2 x e^{-x} \times \left[\ln x + x + \frac{1}{4}x^2 + \frac{1}{3 \times 3!}x^3 + \dots\right]$$

33. $r_1 = 2$, $r_2 = 0$;

$$y(x) = C_1x^2 + C_2\left[\frac{1}{2}x^2 \ln x - \frac{1}{2} + x - \frac{1}{3!}x^3 + \ldots\right]$$

35. O método de Frobenius proporciona somente a solução $y(x) = 0$.

37. A suposição $y = \sum_{n=0}^{\infty} c_n x^{n+r}$ conduz a

$$c_n[(n + r)(n + r + 2) - 8] = 0$$

para $n \geq 0$. Para $n = 0$ e $c_0 \neq 0$ temos $r^2 + 2r - 8 = 0$ e assim $r_1 = 2$, $r_2 = -4$. Para esses valores, somos forçados a fazer $c_n = 0$ para $n > 0$. Logo, uma solução pode ser obtida na forma $y = c_0x^r$. Segue-se que a solução geral em $0 < x < \infty$ é $y = C_1x^2 + C_2x^{-4}$.

39. $r(r - 1) + \frac{5}{3}r - \frac{1}{3} = 0$; $r_1 = \frac{1}{3}$, $r_2 = -1$

EXERCÍCIOS 6.5, p. 343-347

1. $y = c_1J_{1/3}(x) + c_2J_{-1/3}(x)$

3. $y = c_1J_{5/2}(x) + c_2J_{-5/2}(x)$

5. $y = c_1J_0(x) + c_2Y_0(x)$

7. $y = c_1J_2(3x) + c_2Y_2(3x)$

9. Depois de usarmos a mudança de variável, a equação diferencial torna-se

$$x^2v'' + xv' + (\lambda^2x^2 - \tfrac{1}{4})v = 0.$$

Como a solução da última equação é

$$v = c_1J_{1/2}(\lambda x) + c_2J_{-1/2}(\lambda x),$$

temos

$$y = c_1x^{-1/2}J_{1/2}(\lambda x) + c_2x^{-1/2}J_{-1/2}(\lambda x).$$

11. Após substituir na equação diferencial, encontramos

$$xy'' + (1 + 2n)y' + xy$$

$$= x^{-n-1}[x^2J_n'' + xJ_n' + (x^2 - n^2)J_n]$$

$$= x^{-n-1} \times 0 = 0.$$

13. Do Problema 10 com $n = \frac{1}{2}$ encontramos $y = x^{1/2}J_{1/2}(x)$; do Problema 11 com $n = -\frac{1}{2}$, encontramos $y = x^{1/2}J_{-1/2}(x)$.

15. Do Problema 10 com $n = -1$, encontramos $y = x^{-1}J_{-1}(x)$; do Problema 11 com $n = 1$, encontramos $y = x^{-1}J_1(x)$ mas com $J_{-1}(x) = -J_1(x)$, não obtemos nenhuma nova solução.

17. Do Problema 12 com $\lambda = 1$ e $v = \pm\frac{3}{2}$, encontramos $y = \sqrt{x}J_{3/2}(x)$ e $y = \sqrt{x}J_{-3/2}(x)$.

19. Usando a sugestão, podemos escrever

$$xJ_v'(x) = -v\sum_{n=0}^{\infty}\frac{(-1)^n}{n!\,\Gamma(1+v+n)}\left(\frac{x}{2}\right)^{2n+v}$$

$$+ 2\sum_{n=0}^{\infty}\frac{(-1)^n(n+v)}{n!(n+v)\Gamma(n+v)}\left(\frac{x}{2}\right)^{2n+v}$$

$$= -v\sum_{n=0}^{\infty}\frac{(-1)^n}{n!\Gamma(1+v+n)}\left(\frac{x}{2}\right)^{2n+v}$$

$$+ x\sum_{n=0}^{\infty}\frac{(-1)^n}{n!\,\Gamma(n+v)}\left(\frac{x}{2}\right)^{2n+v-1}$$

$$= -vJ_v(x) + xJ_{v-1}(x).$$

21. Subtraindo as equações

$$xJ_v'(x) = vJ_v(x) - xJ_{v+1}(x)$$

$$xJ_v'(x) = -vJ_v(x) + xJ_{v-1}(x)$$

temos $2vJ_v(x) = xJ_{v+1}(x) + xJ_{v-1}(x)$.

23. Do Problema, 20, $\frac{d}{dr}[rJ_1(r)] = rJ_0(r)$. Portanto

$$\int_0^x rJ_0(r)\,dr = \int_0^x \frac{d}{dr}[rJ_1(r)]\,dr = rJ_1(r)\Big|_0^x$$

$$= xJ_1(x).$$

25. Começando com

$$x^nJ_0 = x^{n-1}xJ_0 = x^{n-1}\frac{d}{dx}(xJ_1)$$

e então integrando por partes.

27. $J_{-1/2}(x) = \sqrt{\dfrac{2}{\pi x}}\cos x$

29. $J_{-3/2}(x) = \sqrt{\dfrac{2}{\pi x}}\left[-\operatorname{sen} x - \dfrac{\cos x}{x}\right]$

31. $J_{-5/2}(x) = \sqrt{\frac{2}{\pi x}}\left[\frac{3}{x}\,\text{sen}\,x + \left(\frac{3}{x^2} - 1\right)\cos x\right]$

33. $J_{-7/2}(x) = \sqrt{\frac{2}{\pi x}}\left[\left(1 - \frac{15}{x^2}\right)\text{sen}\,x + \left(\frac{6}{x} - \frac{15}{x^3}\right)\cos x\right]$

35. $y = c_1 I_\upsilon(x) + c_2 I_{-\upsilon}(x)$, $\upsilon \neq$ inteiro

37. Como $1/\Gamma(1 - m + n) = 0$ quando $n \leq m - 1$, m um inteiro positivo,

$$J_{-m}(x) = \sum_{n=0}^{\infty} \frac{(-1)^n}{n!\Gamma(1 - m + n)}\left(\frac{x}{2}\right)^{2n - m}$$

$$= \sum_{n=m}^{\infty} \frac{(-1)^n}{n!\,\Gamma(1 - m + n)}\left(\frac{x}{2}\right)^{2n + m}$$

$$= \sum_{k=0}^{\infty} \frac{(-1)^{k+m}}{(k+m)!\,\Gamma(1+k)}\left(\frac{x}{2}\right)^{2k+m} \quad (n = k + m)$$

$$= (-1)^m \sum_{k=0}^{\infty} \frac{(-1)^k}{\Gamma(1 + k + m)k!}\left(\frac{x}{2}\right)^{2k + m}$$

$$= (-1)^m J_m(x).$$

39. **(a)** $P_6(x) = \frac{1}{16}(231x^6 - 315x^4 + 105x^2 - 5)$

$P_7(x) = \frac{1}{16}[429x^7 - 693x^5 + 315x^3 - 35x]$

(b) $y = P_6(x)$ satisfaz $(1 - x^2)y'' - 2xy' + 42y = 0$.

$y = P_7(x)$ satisfaz $(1 - x^2)y'' - 2xy' + 56y = 0$.

41. Se $x = \cos\theta$, então $\frac{dy}{d\theta} = \frac{dy}{dx}\frac{dx}{d\theta} = -\,\text{sen}\,\theta\,\frac{dy}{dx}$ e

$\frac{d^2y}{d\theta^2} = \text{sen}^2\theta\,\frac{d^2y}{dx^2} - \cos\theta\,\frac{dy}{dx}$. Agora a

equação original pode ser descrita como

$$\frac{d^2y}{d\theta^2} + \frac{\cos\theta}{\text{sen}\,\theta}\frac{dy}{d\theta} + n(n + 1)y = 0,$$

assim

$$\text{sen}^2\theta\,\frac{d^2y}{dx^2} - 2\cos\theta\,\frac{dy}{dx} + n(n + 1)y = 0.$$

Como $x = \cos\theta$ e $\text{sen}^2\theta = 1 - \cos^2\theta = 1 - x^2$, obtemos

$$(1 - x^2)\frac{d^2y}{dx^2} - 2x\frac{dy}{dx} + n(n + 1)y = 0.$$

43. Usando série binomial, formalmente temos

$$(1 - 2xt - t^2)^{-1/2} = 1 + \frac{1}{2}(2xt - t^2) + $$

$$+ \frac{1 \times 3}{2^2 2!} \times (2xt - t^2)^2 + \ldots.$$

Agrupando as potências de t encontramos

$$(1 - 2xt + t^2)^{-1/2} = 1 \times t^0 + x \times t + \tfrac{1}{2}(3x^2 - 1)t^2 + \ldots$$

$$= P_0(x)t^0 + P_1(x)t + P_2(x)t^2 + \ldots.$$

45. Para $k = 1$, $P_2(x) = \frac{1}{2}[3xP_1(x) - P_0(x)]$
$= \frac{1}{2}(3x^2 - 1)$.

Para $k = 2$, $P_3(x) = \frac{1}{3}[5xP_2(x) - 2P_1(x)]$
$= \frac{1}{2}(5x^3 - 3x)$.

Para $k = 3$, $P_4(x) = \frac{1}{4}[7xP_3(x) - 3P_2(x)]$
$= \frac{1}{8}(35x^4 - 30x^2 + 3)$.

Para $k = 4$, $P_5(x) = \frac{1}{5}[9xP_4(x) - 4P_3(x)]$
$= \frac{1}{8}(63x^5 - 70x^3 + 15x)$.

Para $k = 5$, $P_6(x) = \frac{1}{6}[11xP_5(x) - 5P_4(x)]$
$= \frac{1}{16}(231x^6 - 315x^4 + 105x^2 - 5)$

47. Para $n = 0, 1, 2, 3$, os valores das integrais são $2, \frac{2}{3}, \frac{2}{5}$ e $\frac{2}{7}$, respectivamente. No caso geral,

$$\int_{-1}^{1} P_n^2(x)\,dx = \frac{2}{2n + 1}, \quad n = 0, 1, 2, \ldots$$

49. y_2 é obtido de (4) da Seção 4.2.

Capítulo 6 Exercícios de Revisão, p. 348

1. $y = c_1x^{-1/3} + c_2x^{1/2}$

3. $y(x) = c_1x^2 + c_2x^3 + x^4 - x^2\ln x$

5. Os pontos singulares são $x = 0$, $x = -1 + \sqrt{3}i$, $x = -1 - \sqrt{3}i$. Todos os outros valores de x, reais ou complexos são pontos ordinários.

7. ponto singular regular $x = 0$; ponto singular irregular $x = 5$

9. ponto singular regular; $x = -3$, $x = 3$; ponto singular irregular $x = 0$

11. $|x| < \infty$

13. $y_1(x) = c_0\left[1 - \frac{1}{3 \times 2}x^3 + \frac{1}{6 \times 5 \times 3 \times 2}x^6 - \frac{1}{9 \times 8 \times 6 \times 5 \times 3 \times 2}x^9 + \ldots\right]$

$y_2(x) = c_1\left[x - \frac{1}{4 \times 3}x^4 + \frac{1}{7 \times 6 \times 4 \times 3}x^7 - \frac{1}{10 \times 9 \times 7 \times 6 \times 4 \times 3}x^{10} + \ldots\right]$

15. $y_1(x) = c_0[1 + \frac{3}{2}x^2 + \frac{1}{2}x^3 + \frac{5}{8}x^4 + \ldots]$

$y_2(x) = c_1[x + \frac{1}{2}x^3 + \frac{1}{4}x^4 + \ldots]$

17. $r_1 = 1$, $r_2 = -\frac{1}{2}$;

$y(x) = C_1x\left[1 + \frac{1}{5}x + \frac{1}{7 \times 5 \times 2}x^2 + \frac{1}{9 \times 7 \times 5 \times 3 \times 2}x^3 + \ldots\right] + C_2x^{-1/2}\left[1 - x - \frac{1}{2}x^2 - \frac{1}{3^2 \times 2}x^3 - \ldots\right]$

19. $r_1 = 3$, $r_2 = 0$;

$y_1(x) = C_3\left[x^3 + \frac{5}{4}x^4 + \frac{11}{8}x^5 + \ldots\right]$

$y(x) = C_1y_1(x) + C_2\left[-\frac{1}{36}y_1(x)\ln x + y_1(x) \times \left(-\frac{1}{3}\frac{1}{x^3} + \frac{1}{4}\frac{1}{x^2} + \frac{1}{16}\frac{1}{x} + \ldots\right)\right]$

21. $r_1 = r_2 = 0$; $y(x) = C_1e^x + C_2e^x \ln x$

23. $y(x) = c_0\left[1 - \frac{1}{2^2}x^2 + \frac{1}{2^4(1 \times 2)^2}x^4 - \frac{1}{2^6(1 \times 2 \times 3)^2}x^6 + \ldots\right]$

EXERCÍCIOS 7.1, p. 360-362

1. $\frac{2}{s}e^{-s} - \frac{1}{s}$

3. $\frac{1}{s^2} - \frac{1}{s^2}e^{-s}$

5. $\frac{1 + e^{-sx}}{s^2 + 1}$

7. $\frac{e^{-s}}{s} + \frac{e^{-s}}{s^2}$

9. $\frac{1}{s} - \frac{1}{s^2} + \frac{e^{-s}}{s^2}$

11. $\frac{e^7}{s - 1}$

13. $\frac{1}{(s - 4)^2}$

15. $\frac{1}{s^2 + 2s + 2}$

17. $\frac{s^2 - 1}{(s^2 + 1)^2}$

19. $\frac{48}{s^5}$

21. $\frac{4}{s^2} - \frac{10}{s}$

23. $\frac{2}{s^3} + \frac{6}{s^2} - \frac{3}{s}$

25. $\frac{6}{s^4} + \frac{6}{s^3} + \frac{3}{s^2} + \frac{1}{s}$

27. $\frac{1}{s} + \frac{1}{s - 4}$

29. $\frac{1}{s} + \frac{2}{s - 2} + \frac{1}{s - 4}$

31. $\frac{8}{s^3} - \frac{15}{s^2 + 9}$

33. Use senh $kt = \frac{e^{kt} - e^{-kt}}{2}$ para mostrar que

$\mathscr{L}\{\text{senh } kt\} = \frac{k}{s^2 - k^2}$.

35. $\frac{1}{2(s - 2)} - \frac{1}{2s}$

37. $\frac{2}{s^2 + 16}$

39. $\left(\frac{s}{s^2 + 9} + \frac{s}{s^2 + 1}\right)$

41. $\left(\dfrac{3}{s^2+9}-\dfrac{1}{s^2+1}\right)$

43. O resultado segue-se fazendo $u = st$ em

$$\mathscr{L}\{t^\alpha\} = \int_0^\infty t^\alpha e^{-st}\,dt.$$

45. $\dfrac{\frac{1}{2}\Gamma(\frac{1}{2})}{s^{3/2}} = \dfrac{\sqrt{\pi}}{2s^{3/2}}$

47. Em $0 \le t \le 1$, $e^{-st} \ge e^{-s}\,(s > 0)$. Portanto,

$$\int_0^1 e^{-st}\frac{1}{t^2}\,dt \ge e^{-s}\int_0^1 \frac{1}{t^2}\,dt.$$

A última integral diverge.

EXERCÍCIOS 7.2, p. 369-370

1. $\frac{1}{2}t^2$

3. $t - 2t^4$

5. $1 + 3t + \frac{3}{2}t^2 + \frac{1}{6}t^3$

7. $t - 1 + e^{2t}$

9. $\frac{1}{4}e^{-t/4}$

11. $\frac{5}{7}$ sen $7t$

13. $\cos(t/2)$

15. $\frac{1}{4}$ senh $4t$

17. $2\cos 3t - 2$ sen $3t$

19. $\frac{1}{3} - \frac{1}{3}e^{-3t}$

21. $\frac{3}{4}e^{-3t} + \frac{1}{4}e^{t}$

23. $0{,}3e^{0{,}1t} + 0{,}6e^{-0{,}2t}$

25. $\frac{1}{2}e^{2t} - e^{3t} + \frac{1}{2}e^{6t}$

27. $-\frac{1}{3}e^{-t} + \frac{8}{15}e^{2t} - \frac{1}{5}e^{-3t}$

29. $\frac{1}{4}t - \frac{1}{8}$ sen $2t$

31. $-\frac{1}{4}e^{-2t} + \frac{1}{4}\cos 2t + \frac{1}{4}$ sen $2t$

33. $\frac{1}{3}$ sen $t - \frac{1}{6}$ sen $2t$

35. $1/s$

EXERCÍCIOS 7.3, p. 381-384

1. $\dfrac{1}{(s-10)^2}$

3. $\dfrac{6}{(s+2)^4}$

5. $\dfrac{3}{(s-1)^2+9}$

7. $\dfrac{3}{(s-5)^2-9}$

9. $\dfrac{1}{(s-2)^2}+\dfrac{2}{(s-3)^2}+\dfrac{1}{(s-4)^2}$

11. $\dfrac{1}{2}\left[\dfrac{1}{s+1}-\dfrac{s+1}{(s+1)^2+4}\right]$

13. $\frac{1}{2}t^2e^{-2t}$

15. e^{3t} sen t

17. $e^{-2t}\cos t - 2e^{-2t}$ sen t

19. $e^{-t} - te^{-t}$

21. $5 - t - 5e^{-t} - 4te^{-t} - \frac{3}{2}t^2e^{-t}$

23. $\dfrac{e^{-s}}{s^2}$

25. $\dfrac{e^{-2s}}{s^2} + 2\dfrac{e^{-2s}}{s}$

27. $\dfrac{s}{s^2+4}e^{-\pi s}$

29. $\dfrac{6e^{-s}}{(s-1)^4}$

31. $\frac{1}{2}(t-2)^2\,\mathscr{U}(t-2)$

33. $-$sen $t\,\mathscr{U}(t-\pi)$

35. $\mathscr{U}(t-1) - e^{-(t-1)}\mathscr{U}(t-1)$

37. $\dfrac{s^2-4}{(s^2+4)^2}$

39. $\dfrac{6s^2+2}{(s^2-1)^3}$

41. $\dfrac{12s-24}{[(s-2)^2+36]^2}$

43. $\frac{1}{2}t \text{ sen } t$

45. (c)

47. (f)

49. (a)

51. $f(t) = 2 - 4\,\mathscr{U}(t-3)$;

$\mathscr{L}\{f(t)\} = \dfrac{2}{s} - \dfrac{4}{s}e^{-3s}$

53. $f(t) = t^2\,\mathscr{U}(t-1)$

$= (t-1)^2\,\mathscr{U}(t-1) + 2(t-1)\,\mathscr{U}(t-1) + \mathscr{U}(t-1)$;

$\mathscr{L}\{f(t)\} = 2\dfrac{e^{-s}}{s^3} + 2\dfrac{e^{-s}}{s^2} + \dfrac{e^{-s}}{s}$

55. $f(t) = t - t\,\mathscr{U}(t-2)$

$= t - (t-2)\,\mathscr{U}(t-2) - 2\,\mathscr{U}(t-2)$;

$\mathscr{L}\{f(t)\} = \dfrac{1}{s^2} - \dfrac{e^{-2s}}{s^2} - 2\dfrac{e^{-2s}}{s}$

57. $f(t) = \mathscr{U}(t-a) - \mathscr{U}(t-b)$;

$\mathscr{L}\{f(t)\} = \dfrac{e^{-as}}{s} - \dfrac{e^{-bs}}{s}$

59.

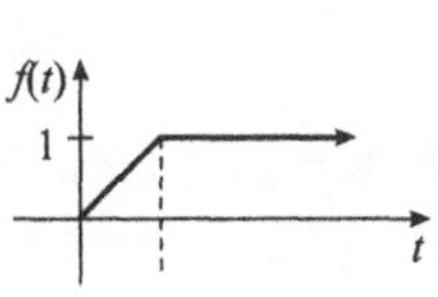

61. $\dfrac{e^{-t} - e^{3t}}{t}$

63. $\dfrac{\text{sen } 2t}{t}$

EXERCÍCIOS 7.4, p. 392-394

1. Como $f'(t) = e^t$, $f(0) = 1$, segue-se de (1) que $\mathscr{L}\{e^t\} = s\mathscr{L}\{e^t\} - 1$. Resolvendo, temos $\mathscr{L}\{e^t\} = 1/(s-1)$.

3. $(s^2+3s)F(s) - s - 2$

5. $F(s) = \dfrac{2s-1}{(s-1)^2}$

7. $\dfrac{1}{s(s-1)}$

9. $\dfrac{s+1}{s[(s+1)^2+1]}$

11. $\dfrac{1}{s^2(s-1)}$

13. $\dfrac{3s^2+1}{s^2(s^2+1)^2}$

15. $\dfrac{6}{s^5}$

17. $\dfrac{48}{s^8}$

19. $\dfrac{s-1}{(s+1)[(s-1)^2+1]}$

21. $\displaystyle\int_0^t f(\tau)e^{-5(t-\tau)}\,d\tau$

23. $1 - e^{-t}$

25. $-\frac{1}{3}e^{-t} + \frac{1}{3}e^{2t}$

27. $\frac{1}{4}t \text{ sen } 2t$

29. O resultado segue-se fazendo $u = t - \tau$ na primeira integral.

31. $\dfrac{(1-e^{-as})^2}{s(1-e^{-2as})} = \dfrac{1-e^{-as}}{s(1+e^{-as})}$

33. $\dfrac{a}{s}\left(\dfrac{1}{bs} - \dfrac{1}{e^{bs}-1}\right)$

35. $\dfrac{\text{cotgh}(\pi s/2)}{s^2+1}$

37. $\dfrac{1}{s^2+1}$

EXERCÍCIOS 7.5, p. 407-412

1. $y = -1 + e^t$

3. $y = te^{-4t} + 2e^{-4t}$

5. $y = \frac{4}{3}e^{-t} - \frac{1}{3}e^{-4t}$

7. $y = \frac{1}{9}t + \frac{2}{27} - \frac{2}{27}e^{3t} + \frac{10}{9}te^{3t}$

9. $y = \frac{1}{20}t^5e^{2t}$

11. $y = \cos t - \frac{1}{2}\,\text{sen}\, t - \frac{1}{2}\,t\cos t$

13. $y = \frac{1}{2} - \frac{1}{2}e^t\cos t + \frac{1}{2}e^t\,\text{sen}\, t$

15. $y = -\frac{8}{9}e^{-t/2} + \frac{1}{9}e^{-2t} + \frac{5}{18}e^t + \frac{1}{2}e^{-t}$

17. $y = \cos t$

19. $y = [5 - 5e^{-(t-1)}]\,\mathscr{U}(t-1)$

21. $y = -\frac{1}{4} + \frac{1}{2}t + \frac{1}{4}e^{-2t} - \frac{1}{4}\mathscr{U}(t-1)$

$- \frac{1}{2}(t-1)\,\mathscr{U}(t-1)$

$+ \frac{1}{4}e^{-2(t-1)}\,\mathscr{U}(t-1)$

23. $y = \cos 2t - \frac{1}{6}\,\text{sen}\, 2(t-2\pi)\,\mathscr{U}(t-2\pi)$

$+ \frac{1}{3}\,\text{sen}(t-2\pi)\,\mathscr{U}(t-2\pi)$

25. $y = \text{sen}\, t + [1 - \cos(t-\pi)\,\mathscr{U}(t-\pi)$

$- [1 - \cos(t-2\pi)\,\mathscr{U}(t-2\pi)$

27. $y = (e+1)te^{-t} + (e-1)e^{-t}$

29. $f(t) = \text{sen}\, t$

31. $f(t) = -\frac{1}{8}e^{-t} + \frac{1}{8}e^t + \frac{3}{4}te^t + \frac{1}{4}t^2e^t$

33. $f(t) = e^{-t}$

35. $f(t) = \frac{3}{8}e^{2t} + \dfrac{1}{8}e^{-2t} + \dfrac{1}{2}\cos 2t + \frac{1}{4}\,\text{sen}\, 2t$

37. $y = \text{sen}\, t - \dfrac{1}{2}\,t\,\text{sen}\, t$

39. $i(t) = 20.000[te^{-100t} - (t-1)e^{-100(t-1)}\,\mathscr{U}(t-1)]$

41. $q(t) = \dfrac{E_0C}{1-kRC}(e^{-kt} - e^{-t/RC});$

$q(t) = \dfrac{E_0}{R}\,te^{-t/RC}$

43. $q(t) = \frac{2}{5}\mathscr{U}(t-3) - \frac{2}{5}e^{-5(t-3)}\,\mathscr{U}(t-3)$

45. $i(t) = \dfrac{1}{101}e^{-10t} - \dfrac{1}{101}\cos t + \dfrac{10}{101}\,\text{sen}\, t$

$- \dfrac{10}{101}e^{-10(t-3\pi/2)}\,\mathscr{U}\left(t - \dfrac{3\pi}{2}\right)$

$+ \dfrac{10}{101}\cos\left(t-\dfrac{3\pi}{2}\right)\mathscr{U}\left(t-\dfrac{3\pi}{2}\right)$

$+ \dfrac{1}{101}\,\text{sen}\left(t-\dfrac{3\pi}{2}\right)\mathscr{U}\left(t-\dfrac{3\pi}{2}\right)$

47. $i(t) = \dfrac{t}{R} + \dfrac{L}{R^2}(e^{-Rt/L} - 1)$

$+ \dfrac{1}{R}\displaystyle\sum_{n=1}^{\infty}(e^{-R(t-n)/L} - 1)\,\mathscr{U}(t-n)$

Para $0 \le t < 2$,

$$i(t) = \begin{cases} \dfrac{t}{R} + \dfrac{L}{R^2}(e^{-Rt/L} - 1), & 0 \le t < 1 \\ \dfrac{t}{R} + \dfrac{L}{R^2}(e^{-Rt/L} - 1) & \\ \quad + \dfrac{1}{R^2}(e^{-R(t-1)/L} - 1), & 1 \le t < 2 \end{cases}$$

49. $q(t) = \frac{3}{5}e^{-10t} + 6te^{-10t} - \frac{3}{5}\cos 10t;$

$i(t) = -60te^{-10t} + 6\,\text{sen}\, 10t;$

a corrente estacionária é 6 sen $10t$

51. $q(t) = \dfrac{E_0}{L\left(k^2 + \dfrac{1}{LC}\right)}[e^{-kt} - \cos(t/\sqrt{LC})]$

$+ \dfrac{kE_0\sqrt{C/L}}{k^2 + \dfrac{1}{LC}}\,\text{sen}(t/\sqrt{LC})$

53. $x(t) = -\dfrac{3}{2}e^{-7t/2}\cos\dfrac{\sqrt{15}}{2}t - \dfrac{7\sqrt{15}}{10}e^{-7t/2}\,\text{sen}\dfrac{\sqrt{15}}{2}t$

55. $y(x) = \dfrac{w_0}{EI}\left(\dfrac{L^2}{4}x^2 - \dfrac{L}{6}x^3 + \dfrac{1}{24}x^4\right);$

$\frac{17w_0L^4}{384EI}$; $\frac{w_0L^4}{8EI}$

57. $y(x) = \frac{w_0L^2}{16EI}x^2 - \frac{w_0L}{12EI}x^3 + \frac{w_0}{24EI}x^4$

$- \frac{w_0}{243EI}\left(x - \frac{L}{2}\right)\mathcal{U}\left(x - \frac{L}{2}\right)$

59. $y = \frac{1}{3}t^3 + \frac{1}{2}ct^2$

EXERCÍCIOS 7.6, p. 417-418

1. $y = e^{3(t-2)}\mathcal{U}(t-2)$

3. $y = \text{sen}\, t + \text{sen}\, t\, \mathcal{U}(t - 2\pi)$

5. $y = -\cos t\, \mathcal{U}\left(t - \frac{\pi}{2}\right) + \cos t\, \mathcal{U}\left(t - \frac{3\pi}{2}\right)$

7. $y = \frac{1}{2} - \frac{1}{2}e^{-2t} + [\frac{1}{2} - \frac{1}{2}e^{-2(t-1)}]\, \mathcal{U}(t-1)$

9. $y = e^{-2(t-2\pi)}\text{sen}\, t\, \mathcal{U}(t - 2\pi)$

11. $y = e^{-2t}\cos 3t + \frac{2}{3}e^{-2t}\,\text{sen}\, 3t$

$+ \frac{1}{3}e^{-2(t-\pi)}\,\text{sen}\, 3(t-\pi)\, \mathcal{U}(t-\pi)$

$+ \frac{1}{3}e^{-2(t-3\pi)}\,\text{sen}\, 3(t-3\pi)\, \mathcal{U}(t-3\pi)$

13. $y(x) = \begin{cases} \frac{P_0}{EI}\left(\frac{L}{4}x^2 - \frac{1}{6}x^3\right), & 0 \le x < L/2 \\ \frac{P_0L^2}{4EI}\left(\frac{1}{2}x - \frac{L}{12}\right), & L/2 \le x \le L \end{cases}$

15. De (7) com $f(t) = e^{-st}$, temos

$$\mathscr{L}\{\delta(t - t_0)\} = \int_0^{\infty} = e^{-st}\delta(t - t_0)\, dt = e^{-st_0}.$$

17. $y = e^{-t}\cos t + e^{-(t-3\pi)}\,\text{sen}\, t\, \mathcal{U}(t - 3\pi)$

19. $i(t) = \frac{1}{L}e^{-Rt/L}$; não

Capítulo 7 Exercícios de Revisão, p. 419-421

1. $\frac{1}{s^2} - \frac{2}{s^2}e^{-s}$

3. falso

5. verdadeiro

7. $\frac{1}{s+7}$

9. $\frac{2}{s^2+4}$

11. $\frac{4s}{(s^2+4)^2}$

13. $\frac{1}{6}t^5$

15. $\frac{1}{2}t^5e^{5t}$

17. $e^{5t}\cos 2t + \frac{5}{2}e^{5t}\,\text{sen}\, 2t$

19. $\cos \pi(t-1)\, \mathcal{U}(t-1) + \text{sen}\, \pi(t-1)\, \mathcal{U}(t-1)$

21. -5

23. $e^{-ks}F(s-a)$

25. (a) $f(t) = t - (t-1)\, \mathcal{U}(t-1) - \mathcal{U}(t-4)$

(b) $\mathscr{L}\{f(t)\} = \frac{1}{s^2} - \frac{1}{s^2}e^{-s} - \frac{1}{s}e^{-4s}$

(c) $\mathscr{L}\{e^tf(t)\} = \frac{1}{(s-1)^2} - \frac{1}{(s-1)^2}e^{-(s-1)}$

$- \frac{1}{(s-1)^2}e^{-4(s-1)}$

27. (a) $f(t) = 2 + (t-2)\, \mathcal{U}(t-2)$

(b) $\mathscr{L}\{f(t)\} = \frac{2}{s} + \frac{1}{s^2}e^{-2s}$

(c) $\mathscr{L}\{e^tf(t)\} = \frac{2}{s-1} + \frac{1}{(s-1)^2}e^{-2(s-1)}$

29. $y = 5te^t + \frac{1}{2}t^2e^t$

31. $y = 5\,\mathcal{U}(t-\pi) - 5e^{2(t-\pi)}\cos\sqrt{2}\,(t-\pi)\,\mathcal{U}(t-\pi)$

$+ 5\sqrt{2}\,e^{2(t-\pi)}\,\text{sen}\,\sqrt{2}\,(t-\pi)\,\mathcal{U}(t-\pi)$

33. $y = -\frac{2}{125} - \frac{2}{25}t - \frac{1}{5}t^2 + \frac{127}{125}e^{5t}$

$- [-\frac{37}{125} - \frac{12}{25}(t-1) - \frac{1}{5}(t-1)^2$

$+ \frac{37}{125}e^{5(t-1)}]\,\mathcal{U}(t-1)$

35. $y = 1 + t + \frac{1}{2}t^2$

37. $i(t) = -9 + 2t + 9e^{-t/5}$

39. $y(x) = \dfrac{w_0}{12EIL}\left[-\dfrac{1}{5}x^5 + \dfrac{L}{2}x^4 - \dfrac{L^2}{2}x^3 + \dfrac{L^3}{4}x^2 + \dfrac{1}{5}\left(x - \dfrac{L}{2}\right)^5 \mathcal{U}\left(x - \dfrac{L}{2}\right)\right]$

EXERCÍCIOS Apêndice I, p. 425

1. **(a)** 24 **(b)** 720 **(c)** $4\sqrt{\pi}/3$ **(d)** $-8\sqrt{\pi}/15$

3. 0,297

5. $\Gamma(x) > \int_0^1 t^{x-1}e^{-t}\,dt > e^{-1}\int_0^1 t^{x-1}e^{-t}\,dt = \dfrac{1}{xe}$

para $x > 0$. As $x \to 0^+$, $1/x \to +\infty$.

EXERCÍCIOS Apêndice III, p. 432-433

1. -58 **3.** 248 **5.** 12 **7.** $16e^{3t}$

9. $x = 4,\ y = -7$ **11.** $x = 4,\ y = 3/2,\ z = 1$

13. Seja $z = t$, t real arbitrário. A solução é $x = -t/3$, $y = 5t/3$, $z = t$;o sistema representa interseção linear de dois planos.

EXERCÍCIOS Apêndice IV, p. 437-438

1. $7 - 4i$ **3.** $-11 - 11i$ **5.** $3 - 4i$

7. $\frac{7}{34} - \frac{11}{34}i$ **9.** $\frac{5}{34} - \frac{3}{34}i$ **11.** $z = e^{i\pi/2}$

13. $z = e^{i\pi}$ **15.** $z = 2\sqrt{2}\,e^{i\pi/4}$ **17.** $z = 12e^{i\pi/3}$

19. $z = 2e^{i\pi/6}$ **21.** $z = -8$

ÍNDICE ANALÍTICO

Lei de resfriamento de Newton, 21, 107